Frenz | Öffentliches Recht

Öffentliches Recht

Eine nach Anspruchszielen geordnete Darstellung zur Examensvorbereitung

Von
Professor Dr. jur. Walter Frenz

7., neu bearbeitete Auflage 2017

Verlag Franz Vahlen

Zitiervorschlag: *Frenz* ÖffR Rn.

www.vahlen.de

ISBN 978 3 8006 5424 6

© 2017 Verlag Franz Vahlen GmbH
Wilhelmstraße 9, 80801 München
Druck: Druckhaus Nomos
In den Lissen 12, 76547 Sinzheim

Satz: Jung Crossmedia Publishing GmbH, Lahnau
Umschlaggestaltung: Martina Busch, Grafikdesign, Homburg Saar

Gedruckt auf säurefreiem, alterungsbeständigem Papier
(hergestellt aus chlorfrei gebleichtem Zellstoff)

Vorwort zur 7. Auflage

In der 7. Auflage wird wiederum Basiswissen mit examensträchtigen Problemen und aktuellen Entscheidungen kombiniert, die jeweils an der im Prüfungsaufbau erforderlichen Stelle aufgezeigt werden. Wie auch in den vorherigen Auflagen boten insbesondere das Verfassungsrecht und die Grundlagen des Europarechts zahlreiche Neuerungen. Sowohl das BVerfG als auch der EuGH entschieden zum OMT-Beschluss der EZB (Rn. 41, 56). Im Grundrechtsteil wurden viele Entwicklungen fortgeschrieben und akzentuiert: zum Kopftuchverbot an Schulen und Kindergärten (Art. 4 I GG, Rn. 394 ff.), zum Sampling (Art. 5 III GG, Rn. 708), zum Atomausstieg (Art. 14 GG, Rn. 530) und zum Datenschutz, für den das BVerfG zum BKA-Gesetz entschied (Rn. 455 f.), der EuGH zu Google, Vorratsdatenspeicherung und Safe-Harbor-Abkommen (Rn. 44, 428, 449 f.). Die Bedeutung der europäischen Grundfreiheiten zeigte sich deutlich in der 2. DocMorris-Entscheidung des EuGH im Fall Parkinson, in der die deutsche Preisbindung bei Arzneimitteln keinen Bestand hatte. Voraussichtlich ist auch ein Versandverbot unionswidrig (Rn. 92). Im Verwaltungsrecht ergab sich Aktuelles vor allem vor dem Hintergrund der Flüchtlingsproblematik und damit im Baurecht und bei der Obdachloseneinweisung.

Die Bearbeitung befindet sich auf dem Stand von Ende 2016. Für ihre Mithilfe bei der Aktualisierung der Literatur sowie der Formatierung danke ich sehr herzlich Frau Dr. phil. Kristina Fischer M.A., Herrn Sascha Ohlenforst, Herrn Julian Rahe, der mir diverse Anregungen gab, und Frau Alina Wennemann M.A.

Absolventen des 1. Staatsexamens bedanken sich immer wieder dafür, dass dieses Buch im Öffentlichen Recht die Grundlage für ihr Prädikatsexamen gelegt hat. Aber auch über kritische Hinweise und Anregungen würde ich mich sehr freuen. Ich erbitte sie an:

Univ.-Prof. Dr. Walter Frenz
RWTH Aachen
Wüllnerstr. 2
52062 Aachen
0241–8095691
e-mail: frenz@bur.rwth-aachen.de

Aachen, im Februar 2017   *Walter Frenz*

Aus dem Vorwort zur 1. Auflage

Fernsehaufnahmen im Gerichtssaal und Rundfunkfreiheit, Bilder Carolines von Monaco und Pressefreiheit, rechtsradikale Aufzüge und Versammlungsverbot, Kammerpflichtmitgliedschaft für EU-ausländische Anbieter und gemeinschaftliche Dienstleistungsfreiheit, Kampfhundeeinschläferung und Eigentumsschutz, Hundehaltungsverordnungen und Bestimmtheitsgebot, Werbebeschränkungen für Rechtsanwälte oder Warnung vor BSE und Berufsfreiheit – das Öffentliche Recht wimmelt von aktuellen Fragestellungen. Dieser besondere Reiz macht aber ein systematisches Vorgehen nicht entbehrlich. Es bildet vielmehr die Basis zur vollen Erfassung neuer Entwicklungen.

Während dem Zivilrecht der Anspruchsaufbau selbstverständlich zugrunde liegt, wird er im Öffentlichen Recht vielfach vernachlässigt. Dabei bildet er auch in diesem Gebiet die Basis für gute Klausurergebnisse. Im Öffentlichen Recht ergibt er sich wesentlich aus dem Anspruchsziel: Abwehr, Leistung oder Feststellung, unterteilt nach Normen, Verwaltungs- und Realakten bzw. aufgegliedert in die europäische Ebene sowie die nationale Verfassungs- und Verwaltungsebene. Daher bedarf es einer nach Anspruchszielen geordneten Darstellung zur Examensvorbereitung.

Nach diesem Muster geordnet, wird das für das 1. Juristische Staatsexamen erforderliche Wissen aus allen Gebieten des Öffentlichen Rechts dargelegt. Dadurch treten Zusammenhänge hervor, die bei einer getrennten Behandlung der Einzelgebiete so nicht deutlich werden. Die Probleme werden oft nur kurz angerissen und auch nicht durchgehend vollständig dargestellt, Beispielsfälle verkürzt. Gerade im Öffentlichen Recht ist es unmöglich, alle Einzelheiten zu kennen. Umso wichtiger ist die Beherrschung von Strukturen und der Systematik, um einen unbekannten Fall lösen zu können. Die aufgenommenen Beispiele und Einzelfragen dienen daher der Verdeutlichung. Klassischen Entscheidungen und der aktuellen Rspr. entnommen, decken sie aber weitgehend die in Standardfällen zu erwartenden Konstellationen ab.

Inhaltsübersicht

Inhaltsverzeichnis

Verzeichnis der Abbildungen, Übersichten und Schemata

Abkürzungsverzeichnis

aA	andere(r) Ansicht/Auffassung
abl.	ablehnend
Abs.	Absatz
abw.	abweichend
AL	Ad legendum (Zeitschrift)
aE	am Ende
AEUV	Vertrag über die Arbeitsweise der Europäischen Union
aF	alte(r) Fassung
AG	Amtsgericht, Aktiengesellschaft
allg.	allgemein
ALR	Allgemeines Landrecht für die Preußischen Staaten
Alt.	Alternative
Anm.	Anmerkung
AöR	Archiv des öffentlichen Rechts (Zeitschrift)
APR	Allgemeines Persönlichkeitsrecht
Art.	Artikel
AT	Allgemeiner Teil
AtG	Gesetz über die friedliche Verwendung der Kernenergie und den Schutz gegen ihre Gefahren
AufenthG	Gesetz über den Aufenthalt, die Erwerbstätigkeit und die Integration von Ausländern im Bundesgebiet
Aufl.	Auflage
ausf.	ausführlich
ausdr.	ausdrücklich
BauGB	Baugesetzbuch
BauO	Bauordnung
BauNVO	Baunutzungsverordnung
Bay, bay	Bayern, bayerisch
BayAGVwGO	Gesetz zur Ausführung der Verwaltungsgerichtsordnung Bayern
BayBO	Bayerische Bauordnung
BayDSG	Bayerisches Datenschutzgesetz
BayGO	Bayerische Gemeindeordnung
BayPAG	Bayerisches Polizeiaufgabengesetz
BayStrWG	Bayerisches Straßen- und Wegegesetz
BayVBl.	Bayerische Verwaltungsblätter (Zeitschrift)
BayVersG	Bayerisches Versammlungsgesetz
BayVwVfG	Bayerisches Verwaltungsverfahrensgesetz
BBG	Bundesbeamtengesetz
BBodSchG	Bundesbodenschutzgesetz
BDSG	Bundesdatenschutzgesetz
BeamtStG	Gesetz zur Regelung des Statusrechts der Beamtinnen und Beamten in den Ländern
Bek.	Bekanntmachung
Beschl.	Beschluss
BGB	Bürgerliches Gesetzbuch
BGH	Bundesgerichtshof
BGHZ	Entscheidungen des Bundesgerichtshofs in Zivilsachen
BImSchG	Bundes-Immissionsschutzgesetz
BND	Bundesnachrichtendienst
BR	Bundesrat
BRRG	Beamtenrechtsrahmengesetz
BSG	Bundessozialgericht

Bsp.	Beispiel/e
BT	Bundestag, Besonderer Teil
BVerfG	Bundesverfassungsgericht
BVerfGE	Entscheidungen des Bundesverfassungsgerichts
BVerfGG	Bundesverfassungsgerichtsgesetz
BVerwG	Bundesverwaltungsgericht
BVerwGE	Entscheidungen des Bundesverwaltungsgerichts
BW	Baden-Württemberg
BWahlG	Bundeswahlgesetz
BWGO	Gemeindeordnung Baden-Württemberg
BWLBauO	Landesbauordnung Baden-Württemberg
BWLGastG	Landesgaststättengesetz Baden-Württemberg
BWPolG	Polizeigesetz Baden-Württemberg
BWStrG	Straßengesetz Baden-Württemberg
BWStrWG	Straßen- und Wegegesetz Baden-Württemberg
BWVerf	Verfassung des Landes Baden-Württemberg
BWVwGO	Verwaltungsgerichtsordnung Baden-Württemberg
BWVwVG	Verwaltungsvollstreckungsgesetz Baden-Württemberg
bzgl.	bezüglich
bzw.	beziehungsweise
ca.	circa
d.	der, des, durch
dh	das heißt
DÖV	Die Öffentliche Verwaltung (Zeitschrift)
Drs.	Drucksache
DVBl.	Deutsches Verwaltungsblatt (Zeitschrift)
DVP	Deutsche Verwaltungspraxis (Zeitschrift)
Einl.	Einleitung
einschr.	einschränkend
EGGVG	Einführungsgesetz zum Gerichtsverfassungsgesetz
EGMR	Europäischer Gerichtshof für Menschenrechte
EMRK	Europäische Menschenrechtskonvention
etc	et cetera
EuG	Gericht der Europäischen Union
EuGH	Europäischer Gerichtshof
EUR	Euro
EuR	Europarecht (Zeitschrift)
EuropaR	Europarecht
EUV	Vertrag über die Europäische Union
EuZW	Europäische Zeitschrift für Wirtschaftsrecht
evtl.	eventuell
EWS	Europäisches Wirtschafts- und Steuerrecht (Zeitschrift)
EZB	Europäische Zentralbank
f., ff.	folgende Seite bzw. Seiten
FBA	Folgenbeseitigungsanspruch
FFK	Fortsetzungsfeststellungsklage
Fn.	Fußnote
FS	Festschrift
FStrG	Bundesfernstraßengesetz
G	Gesetz
GastG	Gaststättengesetz
gem.	gemäß
GewArch	Gewerbearchiv (Zeitschrift)

GewO .... Gewerbeordnung
GG .... Grundgesetz
ggf. .... gegebenenfalls
GO .... Gemeindeordnung
GoA .... Geschäftsführung ohne Auftrag
GOBT .... Geschäftsordnung des Deutschen Bundestages
GRCh .... Charta der Grundrechte der Europäischen Union
grdl. .... grundlegend
grds. .... grundsätzlich
GVG .... Gerichtsverfassungsgesetz

HdB .... Handbuch
HessLV ...... Hessische Landesverfassung
hM .... herrschende Meinung
HRG .... Hochschulrahmengesetz
Hrsg. .... Herausgeber
Hs. .... Halbsatz

idF .... in der Fassung
idR .... in der Regel
iE .... im Einzelnen
insbes. .... insbesondere
iS .... im Sinne
iSd .... im Sinne der, des
iSv .... im Sinne von
iVm .... in Verbindung mit

JA .... Juristische Arbeitsblätter (Zeitschrift)
JURA .... Juristische Ausbildung (Zeitschrift)
JuS .... Juristische Schulung (Zeitschrift)
JuSchG ...... Jugendschutzgesetz

KAG .... Kommunalabgabengesetz
Kap. .... Kapitel
KommunalR .... Kommunalrecht
krit. .... kritisch
KrWG .... Gesetz zur Förderung der Kreislaufwirtschaft und Sicherung der umweltverträg-
lichen Bewirtschaftung von Abfällen
KSchG ...... Kündigungsschutzgesetz
KunstUrhG .... Gesetz betreffend das Urheberrecht an Werken der bildenden Künste und der
Photographie
KVS .... Kommunalverfassungsstreit
LBauO ...... Landesbauordnung

LG .... Landgericht
LMBG ...... Lebensmittel- und Bedarfsgegenständegesetz
Ls. .... Leitsatz
Luftsicherheits-
gesetz .... LuftSiG
LVerfG ...... Landesverfassungsgericht

mAnm ...... mit Anmerkung
MEPolG ..... Musterentwurf eines einheitlichen Polizeigesetzes
mN .... mit Nachweisen
mwN .... mit weiteren Nachweisen

NJW .... Neue Juristische Wochenschrift (Zeitschrift)
NSOG ...... Niedersächsisches Gesetz über die öffentliche Sicherheit und Ordnung

NdsVBl. . . . . . . Niedersächsische Verwaltungsblätter (Zeitschrift)
NordÖR . . . . . . Zeitschrift für Öffentliches Recht in Norddeutschland
Nr. . . . . Nummer
NRW . . . . Nordrhein-Westfalen, nordrhein-westfälisch
NRWAGVwGO . Gesetz zur Ausführung der Verwaltungsgerichtsordnung Nordrhein-Westfalen
NRWBauO . . . . . Bauordnung Nordrhein-Westfalen
NRWHG . . . . . . Gesetz über die Hochschulen des Landes Nordrhein-Westfalen
NRWGO . . . . . . Gemeindeordnung Nordrhein-Westfalen
NRWIFG . . . . . . Informationsfreiheitsgesetz Nordrhein-Westfalen
NRWJustG . . . . . Justizgesetz Nordrhein-Westfalen
NRWOBG . . . . . Ordnungsbehördengesetz Nordrhein-Westfalen
NRWPolG . . . . . Polizeigesetz Nordrhein-Westfalen
NRWPresseG . . . Pressegesetz Nordrhein-Westfalen
NRWStrWG . . . . Straßen- und Wegegesetz Nordrhein-Westfalen
NRWVerf . . . . . . Verfassung für das Land Nordrhein-Westfalen
NRWVwVG . . . . Verwaltungsvollstreckungsgesetz Nordrhein-Westfalen
NVersG . . . . Niedersächsisches Versammlungsgesetz
NVwZ . . . . Neue Zeitschrift für Verwaltungsrecht
NVwZ-RR . . . . . Neue Zeitschrift für Verwaltungsrecht – Rechtsprechungs-Report
NWDSchG . . . . . Gesetz zum Schutz und zur Pflege der Denkmäler im Lande Nordrhein-Westfalen
NWVBl. . . . . Nordrhein-Westfälische Verwaltungsblätter (Zeitschrift)

ÖffR . . . . Öffentliches Recht
OLG . . . . Oberlandesgericht
ör . . . . öffentlich-rechtlich
OVG . . . . Oberverwaltungsgericht

ParteiG . . . . Gesetz über die politischen Parteien
PBefG . . . . Personenbeförderungsgesetz
POR . . . . Polizei- und Ordnungsrecht
PUAG . . . . Untersuchungsausschussgesetz

RhPf . . . . Rheinland-Pfalz
ROG . . . . Raumordnungsgesetz
RL . . . . Richtlinie
Rn. . . . . Randnummer(n)
Rs. . . . . Rechtssache
Rspr. . . . . Rechtsprechung

S. . . . . Satz
Sachs, sächs . . . . . Sachsen, sächsisch
SächsGemO . . . . Sächsische Gemeindeordnung
Slg. . . . . Sammlung
sog. . . . . sogenannt
StaatsR . . . . Staatsrecht
StabMechG . . . . . Stabilisierungsmechanismusgesetz
StGB . . . . Strafgesetzbuch
StPO . . . . Strafprozessordnung
str. . . . . streitig, strittig
stRspr . . . . ständige Rechtsprechung
StudZR . . . . Studentische Zeitschrift für Rechtswissenschaft Heidelberg
StVO . . . . Straßenverkehrsordnung

TierSchG . . . . . . Tierschutzgesetz
TKG . . . . Telekommunikationsgesetz

u. . . . . und
UAbs. . . . . Unterabsatz

XXVIII

Verzeichnis der abgekürzt zitierten Literatur

W. Kahl/Waldhoff, C./Walter, C. (Hrsg.), Bonner Kommentar zum Grundgesetz, Stand: 10/2016 (zit.: BK/*Bearbeiter*)

Benda, E./Klein, E./Klein, O., Verfassungsprozessrecht, 3. Aufl. 2012 (zit.: *Benda/Klein* Verfassungs-ProzR)

Burgi, M., Kommunalrecht, 5. Aufl. 2015 (zit.: *Burgi* KommunalR)

Degenhart, C., Staatsrecht I, 31. Aufl. 2015 (zit.: *Degenhart* StaatsR I)

Detterbeck, S., Allgemeines Verwaltungsrecht mit Verwaltungsprozessrecht, 14. Aufl. 2016 (zit.: *Detterbeck* VerwR AT)

Dreier, H. (Hrsg.), Grundgesetz, Kommentar, Band I (Art. 1–19), 3. Aufl. 2013 (zit.: Dreier/*Bearbeiter*)

Ehlers, D./Pünder, H. (Hrsg.), Allgemeines Verwaltungsrecht, 15. Aufl. 2016 (zit.: Ehlers/Pünder/*Bearbeiter* AllgVerwR)

Ehlers, D. (Hrsg.), Europäische Grundrechte und Grundfreiheiten, 4. Aufl. 2014 (zit.: Ehlers/*Bearbeiter*)

Epping, V., Grundrechte, 6. Aufl. 2014 (zit.: *Epping* GR)

Fleury, R., Verfassungsprozessrecht, 10. Aufl. 2015 (zit.: *Fleury* VerfassungsProzR)

Frenz, W., Handbuch Europarecht, Band I, 2. Aufl. 2012, Band II, 2. Aufl. 2015, Band III ff., 2007 ff. (zit.: *Frenz* HdB EuropaR I [bis VI])

Gärditz, K. F. (Hrsg.), Verwaltungsgerichtsordnung mit Nebengesetzen, Kommentar, 2013 (zit.: Gärditz/*Bearbeiter*)

Gersdorf, H., Verwaltungsprozessrecht, 5. Aufl. 2014 (zit.: *Gersdorf* VerwProzR)

Götz, V., Allgemeines Polizei- und Ordnungsrecht, 15. Aufl. 2013 (zit.: *Götz* POR)

Gusy, C., Polizei- und Ordnungsrecht, 9. Aufl. 2014 (zit.: *Gusy* POR)

Herdegen, M., Europarecht, 17. Aufl. 2015 (zit.: *Herdegen* EuropaR)

Hesse, K., Grundzüge des Verfassungsrechts der Bundesrepublik Deutschland, 20. Aufl. Neudruck 1999 (zit.: *Hesse* Grundzüge VerfassungsR)

Hobe, S., Europarecht, 8. Aufl. 2014 (zit.: *Hobe* EuropaR)

Hufen, F., Staatsrecht II, Grundrechte, 5. Aufl. 2016 (zit.: *Hufen* StaatsR II)

Hufen, F., Verwaltungsprozessrecht, 9. Aufl. 2013 (zit.: *Hufen* VerwProzR)

Ipsen, J., Allgemeines Verwaltungsrecht, 9. Aufl. 2015 (zit.: *Ipsen* VerwR AT)

Ipsen, J., Staatsrecht I – Staatsorganisationsrecht, 28. Aufl. 2016 (zit.: *Ipsen* StaatsR I)

Ipsen, J., Staatsrecht II – Grundrechte, 19. Aufl. 2016 (zit.: *Ipsen* StaatsR II)

Isensee, J./Kirchhof, P., Handbuch des Staatsrechts, Bd. 1 ff., 3. Aufl. 2003 ff. (zit.: HdBSt/*Bearbeiter*)

Jarass, H. D., Bundes-Immissionsschutzgesetz, 11. Aufl. 2015 (zit.: *Jarass* BImSchG)

Jarass, H. D./Pieroth, B., GG – Grundgesetz für die Bundesrepublik Deutschland, 14. Aufl. 2016 (zit.: Jarass/Pieroth)

Kämmerer, J. A., Staatsorganisationsrecht, 3. Aufl. 2016 (zit.: *Kämmerer* StaatsorganisationsR)

Kingreen, T./Poscher, R., Grundrechte Staatsrecht II, 32. Aufl. 2016 (zit.: *Kingreen/Poscher* StaatsR II)

Knack, H./Henneke, H.-G., Verwaltungsverfahrensgesetz – Kommentar, 10. Aufl. 2014 (zit.: Knack/Henneke/*Bearbeiter* VwVfG)

Knemeyer, F.-L., Polizei- und Ordnungsrecht, 11. Aufl. 2007 (zit.: *Knemeyer* POR)

Kopp, F. O./Ramsauer, U., Verwaltungsverfahrensgesetz, 17. Aufl. 2016 (zit.: *Kopp/Ramsauer*)

Kopp, F. O./Schenke, W.-R., Verwaltungsgerichtsordnung, 22. Aufl. 2016 (zit.: Kopp/Schenke/*Bearbeiter*)

Lechner, H./Zuck, R., Bundesverfassungsgerichtsgesetz, 7. Aufl. 2015 (zit.: *Lechner/Zuck* BVerfGG)

Lisken, H./Denninger, E., Handbuch des Polizeirechts, 5. Aufl. 2012 (zit.: Lisken/Denninger/*Bearbeiter* Hdb PolizeiR)

Mann, T./Wahrendorf, V., Verwaltungsprozessrecht, 4. Aufl. 2015 (zit.: *Mann/Wahrendorf* VerwProzR)

Manssen, G., Staatsrecht II – Grundrechte, 13. Aufl. 2016 (zit.: *Manssen* StaatsR II)

Maunz, T./Dürig, G., Grundgesetz-Kommentar, Stand: 07/2016 (zit.: Maunz/Dürig/*Bearbeiter*)

Maurer, H., Allgemeines Verwaltungsrecht, 18. Aufl. 2011 (zit.: *Maurer* VerwR AT)

Maurer, H., Staatsrecht I – Grundlagen, Verfassungsorgane, Staatsfunktionen, 6. Aufl. 2010 (zit.: *Maurer* StaatsR I)

Obermayer, K./Funke-Kaiser, M. (Hrsg.), Kommentar zum Verwaltungsverfahrensgesetz, 4. Aufl. 2014 (zit.: Obermayer/Funke-Kaiser/*Bearbeiter*)

Ossenbühl, F./Cornils, M., Staatshaftungsrecht, 6. Aufl. 2013 (zit.: *Ossenbühl/Cornils* StaatshaftungsR)

Peine, F.-J., Allgemeines Verwaltungsrecht, 11. Aufl. 2014 (zit.: *Peine* VerwR AT)

Pieper, S. U., Fälle und Lösungen zum Europarecht, 2. Aufl. 2004 (zit.: *Pieper* Fälle EuropaR)

Pietzner, R./Ronellenfitsch, M., Assessorexamen im Öffentlichen Recht, 13. Aufl. 2014 (zit.: *Pietzner/ Ronellenfitsch* Assessorexamen ÖffR)

Sachs, M. (Hrsg.), Grundgesetz, Kommentar, 7. Aufl. 2014 (zit.: Sachs/*Bearbeiter*)

Schenke, W.-R., Verwaltungsprozessrecht, 14. Aufl. 2014 (zit.: *Schenke* VerwProzR)

Schlaich, K./Korioth, S., Das Bundesverfassungsgericht, 10. Aufl. 2015 (zit.: *Schlaich/Korioth* Das BVerfG)

Schmitt Glaeser, W./Horn, H.-D., Verwaltungsprozeßrecht, 15. Aufl. 2000 (zit.: *Schmitt Glaeser/Horn* VerwProzR)

Schoch, F. (Hrsg.), Besonderes Verwaltungsrecht, 15. Aufl. 2013 (zit.: Schoch/*Bearbeiter*)

Schoch, F./Schneider, J.-P./Bier, W., Verwaltungsgerichtsordnung, Kommentar, Stand: 6/2016 (zit.: Schoch/Schneider/Bier/*Bearbeiter*)

Schwerdtfeger, G./Schwerdtfeger, A., Öffentliches Recht in der Fallbearbeitung, 14. Aufl. 2012 (zit.: *Schwerdtfeger/Schwerdtfeger* Fallbearbeitung ÖffR)

Sodan, H./Ziekow, J., Grundkurs Öffentliches Recht, 7. Aufl. 2016 (zit.: *Sodan/Ziekow* GK ÖffR)

Sodan, H./Ziekow, J. (Hrsg.), Verwaltungsgerichtsordnung, 4. Aufl. 2014 (zit.: NK-VwGO/*Bearbeiter*)

Steiner, U. (Hrsg.), Besonderes Verwaltungsrecht, 8. Aufl. 2006 (zit.: Steiner/*Bearbeiter* VerwR BT)

Stelkens, P./Bonk, H. J./Sachs, M., Verwaltungsverfahrensgesetz, Kommentar, 8. Aufl. 2014 (zit.: Stelkens/Bonk/Sachs/*Bearbeiter*)

Stern, K., Staatsrecht II ff., 1980 ff. (zit.: *Stern* StaatsR II oder III/1)

Tettinger, P. J./Erbguth, W./Mann, T., Besonderes Verwaltungsrecht, 11. Aufl. 2012 (zit.: *Tettinger/Erbguth/Mann* BesVerwR)

Ule, C. H., Verwaltungsprozeßrecht, 9. Aufl. 1987 (zit.: *Ule* VerwProzR)

Ule, C. H./Laubinger, H. W., Verwaltungsverfahrensrecht, 4. Aufl. 1998 (zit.: *Ule/Laubinger* VerwVerfR)

v. Mangoldt, H./Klein, F./Starck, C., Grundgesetz, Bd. 1 ff., 6. Aufl. 2010 f. (zit.: v. Mangoldt/Klein/Starck/*Bearbeiter*)

v. Münch, I./Kunig, P. (Hrsg.), Grundgesetz-Kommentar, Bd. I f., 6. Aufl. 2012 (zit.: v. Münch/Kunig/*Bearbeiter*)

Wolff, H. J./Bachof, O./Stober, R./Kluth, W., Verwaltungsrecht, 2010 (zit.: *Wolff/Bachof/Stober/Kluth* VerwR)

Einführung

Wer will was von wem woraus? Das ist der im Zivilrecht übliche Obersatz für die 1
Falllösung. Er lässt sich auch für das öffentliche Recht fruchtbar machen. Dadurch ergibt sich auch in diesem Rechtsgebiet ein anspruchsbezogener Aufbau, der eine Aufgabenlösung im Ansatz zu strukturieren vermag. Er entspricht zudem den Sachgesetzlichkeiten des öffentlichen Rechts. Hier hat der Anspruchsteller vielfach ebenso ein konkretes Begehren gegen einen bestimmten Anspruchsgegner auf der Basis einer Norm.

Dieses Begehren des Anspruchstellers schlägt sich bereits in dem **adäquaten Rechts-** 2
schutzverfahren nieder, verwaltungsprozessual ausgedrückt in der statthaften Klageart. Mit dieser prozessualen Seite ist als Grundlage für eine Sachentscheidung (daher: Sachurteilsvoraussetzungen) in einer öffentlich-rechtlichen Klausur jedenfalls aus dem Verwaltungsrecht schon zum 1. Staatsexamen zu beginnen. Es gibt aber auch Fragestellungen, die nicht auf die Untersuchung der Zulässigkeit und Begründetheit einer Klage zielen, etwa weil nur die Verfassungsmäßigkeit eines Gesetzes zu untersuchen ist. Dann hat der Anspruchsaufbau unmittelbar auf der sachlichen Ebene zu beginnen, wie es im Zivilrecht für die 1. Staatsprüfung üblich ist. In dem genannten Beispiel ist an den formellen und materiellen Rechtmäßigkeitsvoraussetzungen und damit vor allem potenziell verletzten Grundrechten anzusetzen.

»Wer« ist der Anspruchsteller? Das kann der Bürger, aber auch der Staat sein, der vom 3
Einzelnen oder von anderen staatlichen Einheiten ein bestimmtes Verhalten einfordert. Aus der Rechtsform des Anspruchstellers können sich neben Konsequenzen für den Rechtsschutz insbesondere solche für die Trägerschaft von Grundrechten ergeben (s. Art. 19 III GG).

»Was« bezeichnet das **Begehren des Anspruchstellers.** Das öffentliche Recht ist ent- 4
scheidend dadurch geprägt, dass der Einzelne dem Staat gegenübersteht. Hat der Staat gehandelt oder steht sein Handeln unmittelbar bevor, sollen diese Maßnahmen abgewehrt werden. Benötigt der Bürger staatliches Handeln, zielt er auf den Erlass entsprechender Maßnahmen. Will er nur staatliche Maßnahmen auf ihre Rechtmäßigkeit überprüft haben, verlangt er die Feststellung der Rechtswidrigkeit. Danach ist zwischen **Abwehr-, Leistungs- und Feststellungsbegehren** zu unterscheiden. Alle drei Ziele können auch staatliche Einheiten verfolgen, indem sie etwa die Rechtmäßigkeit eines von einer anderen staatlichen Einheit erlassenen Rechtsaktes bezweifeln, vom Bürger die Erstattung einer Leistung verlangen oder wie insbesondere im Kommunalverfassungsstreit festgestellt wissen wollen, dass das Verhalten eines anderen Organs rechtswidrig war.

Das **Anspruchsziel** ist weiter danach zu differenzieren, auf welchen Gegenstand es 5
sich bezieht. In Betracht kommen **Normen, Verwaltungsakte (VA) und sonstige Maßnahmen,** insbesondere Realakte und Geldzahlungen. Davon kann bereits abhängen, an welche Gerichtsbarkeit sich der Anspruchsteller wendet und anhand welcher Rechtsordnung er eine Überprüfung verlangen kann.

6   Unionsrechtliche **Normen** können jedenfalls nahezu[1] ausschließlich vor dem Gerichtshof der EU anhand von europäischem Primärrecht überprüft werden, formelle
Gesetze vor dem BVerfG nach den Maßstäben des GG und ebenfalls vor dem EuGH
nach den Vorgaben des (europäischen) Unionsrechts, Landesgesetze ggf. zusätzlich
vor den Landesverfassungsgerichten nach Landesverfassungsrecht. Satzungen und andere untergesetzliche Normen unterliegen hingegen der Zuständigkeit der Oberver-
waltungsgerichte bzw. der Verwaltungsgerichtshöfe nach § 47 VwGO (ggf. ivm dem
jeweiligen AGVwGO).

7   **Zumeist** wird der Bürger diese Normen bzw. ihre Wirkungen abwehren wollen, sodass
es sich um **Abwehrbegehren** handelt. Es kommen aber auch Leistungsbegehren in Betracht, so im Hinblick auf die Einforderung grundrechtlicher Schutzpflichten, oder genereller und aus prozessualer Sicht die Normerlassklage. Für untergesetzliche Rechtsnormen ändert sich dann die gerichtliche Zuständigkeit (hier Verwaltungsgerichte),[2]
nicht hingegen für formelle Gesetze. Vor dem BVerfG bleibt auch das Verfahren identisch, nämlich für den Bürger stets die – freilich subsidiäre – Verfassungsbeschwerde,
für die in Art. 93 I Nr. 2 GG genannten berechtigten Organ(teil)e die abstrakte Normenkontrolle, für Richter die konkrete Normenkontrolle nach Art. 100 I GG.

8   Das verwaltungsgerichtliche Klagesystem ist für **VA** fein nach dem vorgebrachten Klagegegenstand ausdifferenziert. Ihre Abwehr erfolgt durch die Anfechtungs-, ihre Einforderung durch die Verpflichtungsklage, die Feststellung ihrer Nichtigkeit bzw. eines
durch sie begründeten Rechtsverhältnisses durch die Feststellungs-, die ihrer Rechtswidrigkeit durch die Fortsetzungsfeststellungsklage. Geht es nicht um einen bereits erlassenen VA, ist sowohl im Hinblick auf die Unterlassung als auch für die Vornahme
von **Realakten** oder Geldzahlungen die allgemeine Leistungsklage einschlägig, subsidiär die Feststellungsklage.

9   Nach diesem einheitlichen Anspruchssystem im öffentlichen Recht ist diese **nach An-
spruchszielen geordnete Darstellung** gegliedert. Das tendenziell häufigste Ziel ist die
Abwehr staatlichen Handelns, sei es in Gestalt von Normen, von VA oder sonstigen
Maßnahmen. Es folgt der Erlass von Maßnahmen, wiederum gegliedert nach Normen,
VA und sonstigen Maßnahmen. Schließlich wird die Feststellung der Rechtswidrigkeit
dargelegt, unterteilt nach dem Verhalten von nationalen Verfassungsorganen und dem
Verwaltungshandeln.

10 »Von wem« das jeweilige Anspruchsziel einzufordern ist, bezeichnet den **Anspruchsgegner.** Dieser wird bei der verwaltungsgerichtlichen Klage im Rahmen des richtigen
Klagegegners bzw. der Passivlegitimation festgestellt und ist im Regelfall der staatlichen Seite zuzuordnen.

11 »Woraus« bezeichnet die **Anspruchsnorm.** Auch sie ist vom Anspruchsziel her zu ermitteln. Damit stellt sich zugleich die Frage nach dem »**Weshalb«.** Dadurch lässt sich
möglicherweise erst beantworten, ob etwa eine öffentlich-rechtliche oder eine zivilrechtliche Anspruchsnorm in Betracht kommt. Bei einer Äußerung oder einem Hausverbot hängt dies vom Kontext ab, in dem diese Handlungen stehen.

---

1 BVerfGE 89, 155 – Maastricht; 123, 267 – Lissabon. Näher → Rn. 50 ff.
2 Zur Normerlassklage → Rn. 1101.

Nur (regelmäßig öffentlich-rechtliche) **Abwehrnormen** können zur Abwehr staat- 12
licher Maßnahmen bzw. ihrer Wirkungen führen. Im Hinblick auf Gesetze sind das
die europäischen Grundfreiheiten und die Grundrechte als Abwehrrechte; in ihrer Eigenschaft als Schutzpflichten und Leistungsrechte können sie, wenn auch höchst selten, den Erlass von Gesetzen erfordern.

Für VA ist Ausgangspunkt der Begründetheitsprüfung (in der Anfechtungssituation) 13
§ 113 I 1 VwGO. Die **subjektiv-rechtliche Abwehrnorm** vermittelt die Klagebefugnis
nach § 42 II VwGO und eröffnet so die Prüfung der Rechtmäßigkeit des VA. Für den
Adressaten des VA ist nicht näher zu prüfen; Art. 2 I GG ist jedenfalls einschlägig. Bei
Drittanfechtungsklagen ist vorrangig nach einer einfachgesetzlichen Abwehrgrundlage
zu suchen.

Bei sonstigem Staatshandeln hilft vor allem der **Unterlassungsanspruch** weiter. Der 14
Folgenbeseitigungsanspruch beinhaltet bereits ein positives staatliches Handeln,
wenn auch, um die Folgen vorangegangenen Tuns rückgängig zu machen. **Geldzahlungen** können vor allem aus (auch zivilrechtlichen) Schadensersatz-, Entschädigungs-
und Erstattungsansprüchen geltend gemacht werden.

VA können zumeist aus **einfachgesetzlichen Anspruchsnormen** wie § 75 BauO, § 18 15
StrWG oder § 8 NRWGO verlangt werden. Wird gleichwohl der Erlass eines VA ab-
gelehnt oder unterlassen, ist dies rechtswidrig, und der Kläger wird dadurch in seinen
Rechten verletzt. Dies ist nach § 113 V VwGO zu prüfen.

Für **Feststellungsbegehren** ist nach einem Ansatz zu suchen, um die Rechtmäßigkeit 16
zu prüfen. Bei der Feststellungsklage hängt dies letztlich vom Bestehen des zur Untersuchung gestellten Rechtsverhältnisses ab. Bei der nach Klageerhebung umgestellten
Fortsetzungsfeststellungsklage liegt der Prüfungsansatz in dem ursprünglichen Klagebegehren.

Auf der Basis dieser Vorüberlegungen ist je nach Aufgabenstellung das Anspruchsziel 17
zu definieren. Aus ihm ergibt sich dann, unter welchen Voraussetzungen eine Klage
zulässig und begründet bzw. das geltend gemachte Begehren erfolgreich ist. Die daraus
resultierenden **Obersätze** werden ausgefüllt durch das materielle Recht und die geltend gemachten subjektiven Rechte. Diese Methode der Falllösung nach dem Anspruchsziel wird im Folgenden näher aufgezeigt.

Anspruchsziele im Öffentlichen Recht

Abwehr   Erlass/Leistung   Feststellung (Rechtswidrigkeit)

- bzgl. Normen/VA/sonst. Regierungs-/Verwaltungshandeln/Geld
- va aus Grundfreiheiten/Grundrechten/einfachgesetzlichen Anspruchsnormen
- vor Gerichtshof der EU/BVerfG/OVG/VG/Zivilgerichten

1. Teil. Abwehr von Maßnahmen

Das erste Hauptklageziel im öffentlichen Recht ist die Aufhebung von Maßnahmen. **18** Die Voraussetzungen und Rechtsfolgen sind jeweils unterschiedlich, je nachdem, ob es sich um Normen, Verwaltungs- oder Realakte handelt. Weiter ist zwischen dem Unionsrecht und dem nationalen Recht zu differenzieren. Weil allerdings das Unionsrecht im Wesentlichen von den mitgliedstaatlichen Organen vollzogen wird, sind »Verwaltungsakte«, genauer adressatenbezogene **Beschlüsse** nach Art. 288 AEUV, und Realakte von Unionsorganen eher selten. Zudem ist die Abwehr adressatenbezogener Beschlüsse vor dem Gerichtshof der EU in das allgemeine Klagesystem eingeordnet und daher im Zusammenhang mit einem Vorgehen gegen Normen zu erörtern.

1. Kapitel. Abwehr von Normen

Je nach erlassendem Organ gestaltet sich das Vorgehen gegen Normen unterschiedlich. **19** Es ist zwischen europarechtlichen, nationalgesetzlichen und untergesetzlichen Rechtsnormen zu differenzieren.

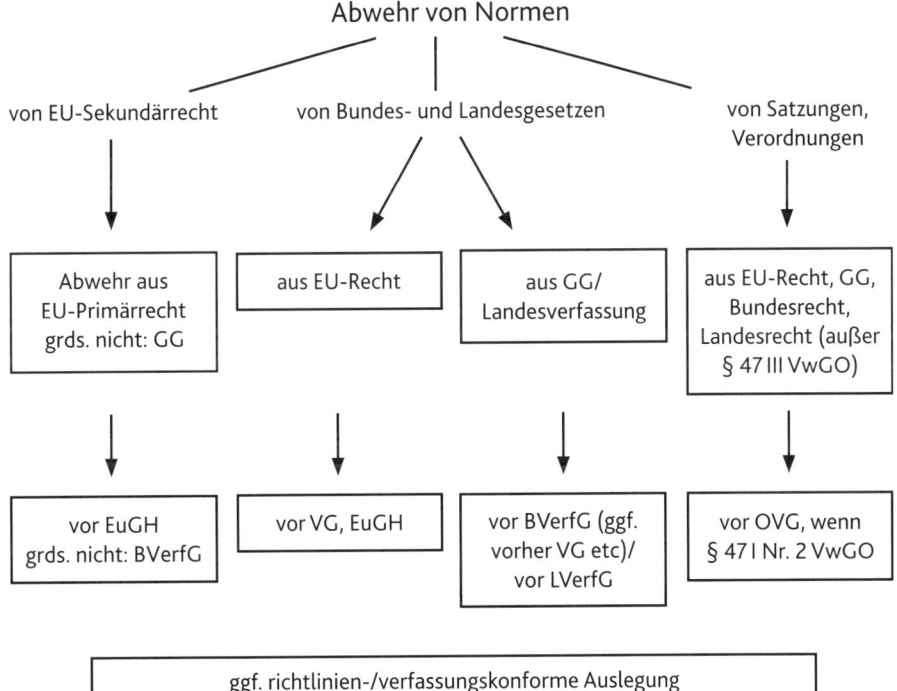

§ 1 Europarechtliche Normen[1]

A. Primärrecht[2]

I. Grundlagen

20 Grundlage des Unionsrechts sind die EU-Verträge, insbesondere der AEUV.[3] Diese bilden das sog. **primäre Unionsrecht.** Es stellt die höchste Rechtsebene im Unionsrecht dar und kann daher weder vom Gerichtshof der EU überprüft noch von den Unionsorganen geändert werden. **»Herren der Verträge«** sind vielmehr die **Mitgliedstaaten.** Im Rahmen des ordentlichen oder des vereinfachten Vertragsänderungsverfahrens nach Art. 48 EUV werden **Änderungen** durch eine Konferenz der Vertreter der Regierungen der Mitgliedstaaten oder einstimmig im **Europäischen Rat, der Versammlung der Regierungschefs** beschlossen.

21 Wirksam werden diese Modifikationen aber erst, wenn sie von allen Mitgliedstaaten ratifiziert wurden. In der Bundesrepublik Deutschland bedarf es hierfür eines **Zustimmungsgesetzes** nach Art. 23 I 2 GG, soweit Vertragsänderungen auf Unionsebene wie regelmäßig mit (weiteren) Hoheitsübertragungen einhergehen. Dieses Gesetz ist ein nationaler Rechtsakt und unterliegt daher den Maßstäben des deutschen Verfassungsrechts. Art. 23 I 1 GG verpflichtet zur Wahrung elementarer Grundsätze, Art. 23 I 3 GG verweist gerade auch für Änderungen und Ergänzungen der **Unionsverträge** auf Art. 79 II, III GG. Mit einem solchen Zustimmungsgesetz verliert die Bundesrepublik Deutschland in dem erfassten Bereich ihre Hoheitsgewalt und öffnet sich insoweit der europäischen Rechtsordnung. Die Union kann als neue Hoheitsträgerin unmittelbar auf die deutschen Staatsbürger einwirken. Damit erwachsen aus dem Zustimmungsgesetz konkrete Gefährdungen für die nationalen Grundrechte. Daraus ergibt sich die **Antragsbefugnis zur Verfassungsbeschwerde.**[4]

22 Die Antragsbefugnis kann auch auf **Art. 38 I 1 GG** gestützt werden.[5] Aus diesem grundrechtsgleichen Recht folgt das subjektive Recht der wahlberechtigten Deutschen, an der Wahl der Abgeordneten des Deutschen Bundestages teilzunehmen (**Anspruch auf Demokratie**).[6] Dadurch beeinflussen die Wähler die Ausübung von Staatsgewalt und schaffen für diese die demokratische Legitimation auf Bundesebene, wie sie in Art. 20 I, II GG vorgegeben und durch Art. 79 III GG abgesichert ist.[7] Der Kern des Demokratieprinzips ist durch Art. 1 iVm Art. 79 III GG gewährleistet.[8] Daher darf die **durch Wahl legitimierte Staatsgewalt nicht derart beschnitten** werden, **dass ihr faktisch kein wesentlicher Handlungsspielraum mehr verbleibt.** Der finanzielle Gestal-

---

1 Grundfälle zum Europarecht: *Hummer/Vedder/Lorenzmeier*, Europarecht in Fällen, 2016; *Arndt/Fischer/Fetzer*, Fälle zum Europarecht, 2015.
2 Ausführlichere Darstellung bei *Herdegen* EuropaR § 8 Rn. 4ff. Grundlegende Entscheidungen: EuGH ECLI:EU:C:1963:1 – van Gend & Loos mit Besprechung *Fischer* JA 2000, 113ff.; EuGH ECLI:EU:C:1964:66 – Costa/ENEL.
3 Zur Entwicklung *Hobe* EuropaR Rn. 11ff.
4 Vom Ansatz her BVerfGE 123, 267 (335) – Lissabon; 89, 155 (166) – Maastricht, wenngleich im Hinblick auf die Europäische Union verneint.
5 BVerfGE 123, 267 (330) – Lissabon; 89, 155 (171f.) – Maastricht.
6 Zu den verfassungsrechtlichen Grundlagen der Wahl des Deutschen Bundestages *Burkiczak* JuS 2009, 810.
7 Zur demokratischen Legitimation *Voßkuhle/Kaiser* JuS 2009, 803.
8 BVerfG DVBl. 2016, 1050 Rn. 33 – OMT.

tungsspielraum und damit die Haushaltsautonomie dürfen nicht verloren gehen.[9] Ansonsten würde die Staatsgewalt nicht mehr an das Volk rückgekoppelt sein. Die Wahl des Bundestages würde zum bloßen Formalakt, der mit den tatsächlichen Machtverhältnissen nichts zu tun hätte. Das demokratische Prinzip nach Art. 20 I, II GG wäre entgegen Art. 79 III (iVm Art. 1 I) GG in seinem Wesensgehalt angetastet, der demokratische Gehalt des Wahlrechts nach Art. 38 I 1 GG liefe leer.

Allerdings sind **auf europäischer Ebene** nicht mehr nur Rat und Kommission die **23** normgestaltenden Organe, sondern auch das **gewählte Parlament.** Im Rahmen des ordentlichen Gesetzgebungsverfahrens nach Art. 288 I iVm Art. 294 AEUV wirkt dieses gleichberechtigt mit dem Rat zusammen. Zudem verbleiben dem Deutschen Bundestag auch nach dem Lissabonner Vertrag[10] so viele Zuständigkeiten, dass er noch genügend Raum zur Ausübung von Staatsgewalt hat, wie es seiner Wahl durch das Volk nach Art. 38, 20 iVm 1 I GG entspricht. Seine Zuständigkeiten können in dem Maß reduziert werden, in dem das gleichfalls demokratisch legitimierte Europäische Parlament (weiter) an Einfluss auf die Normgebung gewinnt. Das BVerfG verlangt allerdings für die Entwicklung zu einem EU-Bundesstaat ein **staatsanaloges Legitimationsniveau,** das es wegen der ungleichgewichtigen Vertretung der Mitgliedstaaten im EU-Parlament nicht gegeben sieht.[11]

Unabhängig davon müssen die nationalen **Gesetzgebungsorgane** zustimmen, wenn **24** ihr Einfluss dadurch zurückgedrängt wird, dass inhaltliche Änderungen erfolgen (auch im vereinfachten Verfahren nach Art. 48 VI EUV wie im ESM-Vertrag, der sehr formal eingeordnet und für unionsrechtskonform befunden wurde[12]) oder von einer einstimmigen zu einer mehrheitlichen Beschlussfassung übergegangen wird (s. zB Art. 48 VII, 81 III UAbs. 2 AEUV: Wechsel vom besonderen zum ordentlichen Gesetzgebungsverfahren nach Art. 294 AEUV). Solche faktischen Vertragsänderungen sind formalen gleichzustellen und benötigen daher regelmäßig ein Zustimmungsgesetz nach Art. 23 I 2 GG, außer die betroffenen Sachbereiche sind schon vertraglich hinreichend bestimmt. Dann bedarf es nur der Zustimmung der deutschen Gesetzgebungsorgane.[13] Sehen Vertragsbestimmungen für inhaltliche Konkretisierungen Vetomöglichkeiten der deutschen Regierungsvertreter vor (s. Art. 82 III, 83 III AEUV), muss ein solcher **Notbremsemechanismus** nach den vorherigen Weisungen der nationalen Gesetzgebungsorgane ausgeübt werden.[14]

---

9 Bereits BVerfGE 129, 124 – ESFS.

10 Zum Vertrag von Lissabon *Mayer* JuS 2010, 189; *Herrmann* JURA 2010, 161.

11 BVerfGE 123, 267 (364f., 368ff.) – Lissabon; krit. zu diesem demokratiebezogenen Solange-Vorbehalt etwa *Frenz* HdB EuropaR V Rn. 310ff.

12 EuGH ECLI:EU:C:2012:756 – Pringle; dazu *Frenz* EWS 2013, 27.

13 BVerfGE 123, 267 (387ff.) – Lissabon; aufbereitet bei *Frenz* HdB EuropaR V Rn. 296ff.

14 BVerfGE 123, 267 (413f.) – Lissabon für die Strafrechtspflege.

II. ESM-Vertrag[15]

1. Materielle Grenzen

25   **Fall** nach BVerfGE 132, 195 – ESM-Vertrag: Der Vertrag zur Einrichtung des europäischen Stabilitäts-mechanismus (ESM-Vertrag) und der Vertrag über Stabilität, Koordinierung und Steuerung in der Wirt-schafts- und Währungsunion (sog. **Fiskalvertrag**) ermöglichen Finanzhilfen und -garantien der Ver-tragsstaaten an notleidende EU-Staaten.

Das Wahlrecht nach Art. 38 I GG und das Demokratieprinzip nach Art. 20 I und II iVm Art. 79 III GG müssen weiterhin hinreichend faktisches Gewicht haben; daher muss die haushaltspolitische Ge-samtverantwortung des Bundestages erhalten bleiben. Die Entscheidung über Einnahmen und Ausga-ben der öffentlichen Hand gehört zu den unaufgebbaren Bestandteilen des Verfassungsstaates und unterliegt daher den Entscheidungen des **Deutschen Bundestages.** Dieser darf daher keine **finanz-wirksamen Mechanismen** begründen, die diese Entscheidungshoheit dadurch antasten, dass sie zu nicht überschaubaren haushaltsbedeutsamen Überlastungen führen können. Dazu gehören auch Maßnahmen der EZB auf der Basis des OMT-Beschlusses zum Ankauf von Staatsanleihen auf dem Sekundärmarkt, der bei einem Ausfall zu Nachsicherungspflichten der nationalen Zentralbanken und damit letztlich der Mitgliedstaaten führen kann.[16] Eine Haftungsübernahme für Willensentscheidun-gen anderer Staaten ist ausgeschlossen.

Um solche nicht überschaubaren **haushaltsbedeutsamen Belastungen** zu vermeiden, begrenzt das BVerfG die Regelungen des ESM-Vertrages. Die dort in Art. 8 V 1 festgelegte Haftungsbeschränkung auf ihren jeweiligen Anteil am genehmigten Stammkapital und damit die auf Deutschland entfallen-den – entsprechend dem haushaltspolitischen Einschätzungsspielraum zu akzeptierenden – 190 Mrd. EUR werden absolut gesetzt und damit auch auf notwendige Kapitalnachschüsse bei **Zahlungsausfall** eines anderen ESM-Mitglieds erstreckt. Darüber hinausgehende Zahlungspflichten können daher nach dem BVerfG nicht ohne Zustimmung des Bundestages begründet werden. Einen entsprechenden **Vor-behalt** muss Deutschland **im Ratifikationsverfahren** anbringen.

Dieser Vorbehalt müsste aber eigentlich noch weiter gehen: Auch höhere **Nachschusspflichten** mit erneuter konstitutiver Zustimmung des Bundestages in unerwarteten Notsituationen, um die Bonität des ESM zu sichern, müssten schon jetzt betragsmäßig näher fixiert werden, damit keine unüber-schaubaren haushaltsbedeutsamen Belastungen entstehen. Zudem dürfen diese nicht antizipiert ge-billigt werden. Wenn sie notwendig sind, stellt sich nämlich die Frage, ob die Ereignisse sich nicht derart überschlagen, dass eine Zustimmung des Bundestages diese nur noch »alternativlos« nach-zeichnet oder vorher kaum einholbar ist. Dies liegt auch darin begründet, dass Entscheidungen von solcher Tragweite nicht vom Haushaltsausschuss wahrgenommen werden können, sondern einer Ent-scheidung des Plenums bedürfen, wie dies auch für Entscheidungen über wesentliche Änderungen des Verfahrens und der Bedingungen der Kapitalabrufe des ESM zutrifft. Es zählt damit nicht die formale Bezeichnung, sondern die faktische Auswirkung.

Grundlage für sachgerechte Entscheidungen des Bundestages ist die **Information** (näher → Rn. 26). Daher dürfen Regelungen des ESM-Vertrages über die Unverletzlichkeit der Unterlagen und die beruf-liche Schweigepflicht der Organmitglieder des ESM und aller für den ESM tätigen Personen dieses umfassende Informationsbedürfnis nicht einschränken. Eine entsprechende Vertragsauslegung hat die Bundesrepublik Deutschland durch einen **Ratifikationsvorbehalt** sicherzustellen. Die im ESM-Ver-trag festgelegten Restriktionen beziehen sich daher nur auf Informationsflüsse an unberechtigte Dritte und damit namentlich an Beteiligte am Kapitalmarkt.

Die Fortentwicklung der **Währungsunion** durch den neu eingeführten Art. 136 III AEUV ermächtigt dazu, dauerhafte Mechanismen zur gegenseitigen Hilfeleistung der Mitgliedstaaten des Euro-Wäh-rungsgebietes einzurichten. Damit droht das **Prinzip der Eigenständigkeit der nationalen Haushalte** angetastet zu werden. Deren grundsätzliche Eigenverantwortlichkeit bleibt allerdings erhalten. Zu-

---

15 Näher *Ehlers* JURA 2013, 1; *Calliess* NVwZ 2013, 97; *Frenz* EWS 2013, 27.
16 Zum OMT-Urteil des BVerfG näher → Rn. 56.

dem wird nur eine Möglichkeit eröffnet; bei deren Gebrauch müssen aber die deutschen Gesetzgebungsorgane zustimmen. In Art. 136 III AEUV sind zudem nicht die Unionsorgane entscheidungsbefugt, sondern die Mitgliedstaaten selbst. Das unterscheidet ihn von Zustimmungsvorbehalten bei einem Handeln der Union in besonders demokratiesensiblen Bereichen im Lissabon-Vertrag.

2. Reichweite der Mitwirkung des Bundestages

Fall nach BVerfGE 131, 152: Die Bundesregierung hat den Bundestag gem. dem in Art. 23 II 2 GG formulierten **Unterrichtsrecht** nicht umfassend und zum frühestmöglichen Zeitpunkt über den »Europäischen Stabilitätsmechanismus« (ESM) und den »Euro-Plus-Pakt« informiert. Der Bundesminister der Finanzen erklärte, dass eine mündliche Unterrichtung über Sitzungen der Finanzminister der Euro-Gruppe ausreiche.   26

Die Bundesregierung muss dem Bundestag »vor einer Mitwirkung an Rechtsetzungsakten der Europäischen Union Gelegenheit zur Stellungnahme … geben (Art. 23 III 1 GG) und diese Stellungnahme bei den Verhandlungen … berücksichtigen (Art. 23 III 2 GG)«. Grundlage dafür ist eine hinreichende Information.

Allerdings ist nicht eindeutig, wie genau »Umfang und Reichweite der Informationspflichten und -rechte« nach Art. 23 II 2 GG gestaltet sind. Sowohl der ESM-Vertrag als auch der »Euro-Plus-Pakt« sind rechtstechnisch kein Unionsrecht, sondern **völkerrechtliche Verträge zwischen** den **Mitgliedstaaten.**[17] Der Wortlaut des Art. 23 II GG ist offen und daher weit auszulegen. Mit Art. 23 GG wird auf die Verschiebung im nationalen Gewaltengefüge im Rahmen der europäischen Integration reagiert. Die EU kann nämlich selbst Recht setzen, das sich unmittelbar auf die Bürger auswirkt. Um die Regierungen der Mitgliedstaaten nicht zu sehr in diesem Feld einzuschränken, ohne die parlamentarische Mitwirkung auszuschalten, werden die nationalen Parlamente in den Integrationsprozess stärker eingebunden. Art. 23 II GG entspricht ebenfalls dem »im Demokratieprinzip verankerten Grundsatz **parlamentarischer Öffentlichkeit«.** Diese Transparenz ermöglicht bei den Bürgern eine höhere Akzeptanz bei den Entscheidungen der EU. Art. 20 II 2 GG fordert einen effektiven Einfluss der Bürger auf die Ausübung der Staatsgewalt.[18] Daraus ergibt sich die Notwendigkeit, Bundestag und Bundesrat umfassend und so früh wie möglich zu unterrichten, damit diese an dem Prozess mitwirken können. Die Stärkung der nationalen Parlamente ist auch in Art. 12 EUV festgelegt.

Wenn völkerrechtliche Verträge und politische Initiativen auf das in den EU-Verträgen niedergelegte Integrationsprogramm bezogen werden, fallen sie daher unter die Informationspflicht der Bundesregierung. Der Bundestag besitzt eine **haushaltspolitische Gesamtverantwortung,** die auch bei internationalen und europäischen Verbindlichkeiten greift.[19] Diese weite Auslegung ist historisch begründet und schon im Vertrag von Maastricht gewollt. Mit der Ratifikation des Vertrags von Lissabon wurde dies nicht geändert.[20]

Um sein Mitwirkungsrecht nach Art. 23 GG ausfüllen zu können, muss der **Bundestag in sachlicher, zeitlicher und förmlicher Hinsicht ausreichend informiert** werden.[21]

Ihm ist genügend Zeit einzuräumen. Nur so kann er an der nationalen Willensbildung mitarbeiten. Weiter benötigt er eine ausreichende Informationsgrundlage, damit er den europäischen Integrationsprozess begleiten und beeinflussen kann. Er muss in der Lage sein, eine fundierte Stellungnahme abzugeben und soll nicht bloß den Prozess nachvollziehen können.

Die Grenzen der Unterrichtungspflicht sind in der Gewaltenteilung begründet. Die Bundesregierung besitzt »einen **Kernbereich exekutiver Eigenverantwortung«** und muss daher während einer internen Willensbildung das Parlament nicht unterrichten.[22] Dies war zB beim Euro-Plus-Pakt der Fall. Die Bundesregierung legte dem Bundestag keine Unterlagen hierzu vor, weil sie noch keine einheitliche

---

17 *v. Kielmansegg* EuR 2012, 654 (657).
18 BVerfGE 131, 152 Rn. 113.
19 BVerfGE 131, 152 Rn. 114.
20 BVerfGE 131, 152 Rn. 104.
21 BVerfGE 131, 152 Rn. 90.
22 BVerfGE 131, 152 Rn. 115.

Position abgestimmt hatte. Erst wenn die Bundesregierung intern Zwischenergebnisse abgestimmt hat, ist der Bundestag zu informieren.[23]

Die Unterrichtung des Bundestages muss indes bei komplexen Sachverhalten besonders umfassend sein. Es sind daher sämtliche Unterlagen und Dokumente sowie informelle und (noch) nicht schriftlich festgehaltene Sachstände weiterzuleiten. Dabei ist unerheblich, ob die Bundesregierung über offiziellen Weg oder sonstige Weise an die Informationen gekommen ist. Dieser Vorgang ist dynamisch zu verstehen. Auch die Geheimhaltung von Dokumenten ist kein Hindernis, diese weiterzuleiten.[24] Schließlich können diese vertraulich behandelt werden (Geheimschutzordnung Bundestag). Eine verzögerte Weiterleitung ist nur hinnehmbar, wenn die Bundesregierung die Voraussetzungen des Art. 23 II 2 GG prüft.[25]

Der Bundestag muss als Ganzer auf schriftlichem Weg informiert werden. Die **Schriftform** ist allerdings nicht explizit vorgegeben, ermöglicht aber eine leichtere Information aller Adressaten. Ergänzungen oder Erläuterungen können auch mündlich weitergegeben werden.[26] Handelt es sich jedoch um eine dringende Angelegenheit, für die innerhalb kurzer Zeit keine schriftlichen Unterlagen erstellt werden können, ist auch eine mündliche Unterrichtung ausreichend.

Die Unterrichtungspflicht nach Art. 23 II 2 GG bezieht sich aber nur auf Vorgänge, die entweder von gewisser Bedeutung sind oder noch in einem sehr frühen Stadium der Meinungsbildung. Hier reichen wesentliche Eckpunkte und die Möglichkeit des Anforderns von weiteren Informationen aus.[27] So wird eine »Überflutung« des Bundestages verhindert und die Arbeitsfähigkeit der Regierung gewährleistet. Da die Bundesregierung den Bundestag zum ESM und Euro-Plus-Pakt nicht umfassend und frühzeitig sowie lediglich mündlich informierte, hat sie ihn in seinen Rechten nach Art. 23 II 2 GG verletzt.[28] Eine spätere Information – egal ob schriftlich oder mündlich – ändert nichts an der Verletzung von Art. 23 II 2 GG. Eine Geheimhaltungspflicht war nicht gegeben.[29] Das BVerfG ließ das Argument nicht gelten, dass sich Entwürfe ändern und deswegen aktualisiert werden müssen, eine frühe Information des Bundestages also zu vermehrtem Arbeitsaufwand führte. Es ging um eine rechtzeitige Information als solche, um die Entscheidungsfindung des Bundestages zu ermöglichen. Ein Abwarten, bis ein Ergebnis feststeht, bringt den Bundestag in eine »charakteristische Ratifikationslage«[30]. Er hatte keine Möglichkeit, an der Ausgestaltung des ESM und des Euro-Plus-Paktes mitzuwirken.

3. Eilbedürftigkeit

27 Der Eilbedürftigkeit einiger Entscheidungen des Bundestages bei europäischen Sachverhalten wird das **StabMechG** gerecht. Es erlaubt die Bildung eines Sondergremiums, das zeitnaher einberufen werden kann als der komplette Bundestag. Das Sondergremium muss spiegelbildlich zum Plenum zusammengesetzt sein.[31] Dieses Kriterium wurde im Zusammenhang mit dem ESFS verletzt, da die CDU/CSU-Fraktion einen Sitz weniger, die FDP-Fraktion einen mehr hatte.[32]

28 Damit können aber nur weniger bedeutsame Konstellationen erfasst werden, die in ihren Grundzügen schon rechtlich eingefangen sind. Das ist aber nicht immer eindeutig. So wecken »die Erfahrungen mit der Durchführung des Griechenland-Hilfsprogramms ... Zweifel, ob die Abwicklung eines solchen Programms (zB Auszahlung von Tranchen) wirklich so unpolitisch erfolgt, dass ein Teilgremium – so das BVerfG

---

23 *v. Kielmansegg* EuR 2012, 654 (664).
24 BVerfGE 131, 152 Rn. 119.
25 BVerfGE 131, 152 Rn. 128.
26 BVerfGE 131, 152 Rn. 131.
27 BVerfGE 131, 152 Rn. 121.
28 BVerfGE 131, 152 Rn. 133.
29 BVerfGE 131, 152 Rn. 148.
30 BVerfGE 131, 152 Rn. 152.
31 BVerfG NVwZ 2012, 495 (500): »Grundsatz der Spiegelbildlichkeit«.
32 BVerfG NVwZ 2012, 495 (503).

in der Entscheidung vom 7.9.2011 – ausreicht«.[33] Im Zweifel ist daher der Bundestag als Ganzer einzubeziehen, um eine hinreichende demokratische Legitimation zu wahren.

B. Sekundärrecht[34]

I. Überprüfung am europäischen Primärrecht

Unionsrechtliches Sekundärrecht ist von den Organen der Union auf der Basis des Primärrechts gesetzt und damit von diesem abgeleitet. Es muss daher in vollem Umfang mit ihm vereinbar sein. Das gilt für alle in Art. 288 AEUV genannten Rechtsakte. Von besonderer Bedeutung sind Verordnungen, die »materiellen Gesetze des Unionsrechts«, und Richtlinien,[35] die von den Mitgliedstaaten umzusetzenden »Transformatoren«, aber auch Beschlüsse, die »VA« des Unionsrechts, weniger Empfehlungen. Prominentes Beispiel ist der OMT-Beschluss der EZB, der vom EuGH am EU-Primärrecht und auf dieser Basis vom BVerfG auf die Einhaltung der Verfassungsgrenzen überprüft wurde. **29**

1. Verfahren vor dem Gerichtshof der EU[36]

a) **Nichtigkeitsklage, Art. 263 AEUV**[37]. Gegen Verordnungen, Richtlinien und Beschlüsse, aber auch sonstige Rechtshandlungen, die materielle Rechtswirkungen nach außen zu erzeugen vermögen,[38] kann der Gerichtshof der EU im Wege der **Nichtigkeitsklage nach Art. 263 AEUV** angerufen werden. Die in Abs. 2 aufgeführten Organe sind **privilegierte Klageberechtigte** und brauchen daher nicht subjektiv betroffen zu sein; die Klagen anderer Organe müssen hingegen nach Art. 263 III AEUV auf die Wahrung eigener Rechte abzielen. **30**

Natürliche oder juristische Personen müssen nach Art. 263 IV AEUV **klagebefugt sein**. An sie muss eine Handlung gerichtet sein bzw. eine Handlung muss sie unmittelbar und individuell betreffen. Das setzt voraus, dass der Kläger gegenüber anderen Betroffenen aufgrund persönlicher oder objektiver Umstände **herausgehoben und damit individualisiert** ist.[39] Das ist etwa der Fall, wenn der betreffende Rechtsakt nur bestimmte Personen und einen bereits abgeschlossenen Sachverhalt betrifft.[40] Für **Rechtsakte mit Verordnungscharakter**, die den Kläger unmittelbar betreffen und keine Durchführungsmaßnahmen nach sich ziehen, wird **auf** das Erfordernis einer **in-** **31**

---

33 *Nettesheim* NJW 2012, 1409 (1411).
34 Näher bei *Herdegen* EuropaR § 8 Rn. 39 ff. Wichtige Entscheidungen: EuGH ECLI:EU: C:1974:133 – van Duyn; ECLI:EU:C:1995:260 – Großkrotzenburg; ECLI:EU:C:2004:12 – Wells; ECLI:EU:C:2004:584 – DRK; ECLI:EU:C:2013:625 Rn. 31 f. – Inuit; ECLI:EU:C:2015:400 – Gauweiler (OMT).
35 *Herrmann/Michl* JuS 2009, 1065.
36 *Böhm* JA 2009, 679; *Schröder* DÖV 2009, 61; *Thiele* EuR 2010, 30.
37 *Hamer* JA 2004, 728; *Mächtle* JuS 2015, 28; *Jährig* VR 2013, 91; *Baumeister* EuR 2005, 1; *Ehlers* JURA 2009, 31. Übungsfall: *Krenn* JuS 2013, 428; zu den Neuerungen bei der Individualnichtigkeitsklage *Frenz/Distelrath* NVwZ 2010, 162; *Everling* EuZW 2010, 572; *Cremer* DÖV 2010, 58; *Gundel* EWS 2012, 65. Wichtige Urteile: EuGH ECLI:EU:C:2012:823 – Kommission/Planet.
38 S. EuGH ECLI:EU:C:1971:32 Rn. 38/42 – AETR; ECLI:EU:C:1986:166 Rn. 24 – Les Verts.
39 EuGH ECLI:EU:C:1963:17 (S. 238) – Plaumann; ECLI:EU:C:1980:209 Rn. 5 – Philip Morris; ECLI:EU:C:1986:42 Rn. 21 – Cofaz.
40 EuGH ECLI:EU:C:1982:337 Rn. 7 – Alusuisse.

dividuellen Betroffenheit verzichtet. Nach dem EuGH[41] sind aber entgegen dem offenen Wortlaut nur diejenigen Rechtsakte erfasst, die nicht in einem Gesetzgebungsverfahren und damit ohne Beteiligung des Europäischen Parlaments verabschiedet wurden: Aus den Vorarbeiten zu Art. III-365 IV des Entwurfs eines Vertrags über eine Verfassung für Europa geht hervor, dass die Änderung von Art. 263 IV AEUV zwar dazu dienen sollte, die Zulässigkeitsvoraussetzungen für Nichtigkeitsklagen natürlicher und juristischer Personen zu erweitern, doch sollten die Zulässigkeitsvoraussetzungen für Gesetzgebungsakte nicht geändert werden. Für sie sollte das Kriterium »unmittelbar und individuell betroffen« weiterhin gelten. Danach wird natürlichen und juristischen Personen unter weniger strengen Voraussetzungen die Erhebung von Nichtigkeitsklagen gegen Handlungen mit allgemeiner Geltung ermöglicht, aber **unter Ausschluss von Gesetzgebungsakten.**[42]

32 Im Interesse eines **effektiven Rechtsschutzes** (s. auch Art. 47 GRCh) ist das Merkmal der Rechtsakte mit Verordnungscharakter indes weiter auszulegen. Soll ein vollständiges Rechtsschutzsystem geschaffen werden, muss der Einzelne Rechtsschutz immer dann erlangen können, wenn er in seiner Rechtsposition unmittelbar beeinträchtigt wird, weil seine Rechte eingeschränkt oder ihm Pflichten auferlegt werden.[43] Das gilt auch im Hinblick auf allgemein gültige Regelungen, die ihn nicht besonders herausheben, wenn er mangels noch erforderlicher (nationaler) Durchführungsmaßnahmen auch vor nationalen Gerichten keinen (hinreichenden) Rechtsschutz zu erlangen vermag. Die Provokation eines nationalen Durchführungsaktes und eines sich daran anschließenden gerichtlichen Verfahrens durch einen Verstoß gegen die fragliche Unionsvorschrift ist unzumutbar, eine Schadensersatzklage nach Art. 340 II AEUV sichert keine umfassende Rechtmäßigkeitskontrolle.[44] Für die individuelle Betroffenheit kommt es auch nicht darauf an, ob eine Verabschiedung mit oder ohne Gesetzgebungsverfahren erfolgte – entgegen der Judikatur: Diese privilegiert nur Gesetzgebungsakte mit Beteiligung des Europäischen Parlaments, ohne nach den Auswirkungen zu fragen. Die genetische Auslegung dominiert im Gegensatz zur sonstigen Dominanz wirkungsbezogener Aspekte. Zudem wird so Art. 47 GRCh nicht zur vollen Effektivität verholfen.

33 Für Klagen natürlicher oder juristischer Personen ist das EuG nach Art. 256 I AEUV iVm Art. 51 EuGH-Satzung zuständig.[45]

34 Die Klage kann jeweils nur auf die in Art. 263 II AEUV bezeichneten Gründe gestützt werden. Die Klagefrist beträgt nach Art. 263 VI AEUV zwei Monate. Die Klage ist **begründet, wenn einer der Nichtigkeitsgründe des Art. 263 II AEUV** vorliegt.[46]

35 **b) Vorlageverfahren, Art. 267 AEUV**[47]. Das Vorlageverfahren ist gem. **Art. 267 AEUV von den nationalen Gerichten einzuleiten.** Über diesen Weg haben Individuen, die Unionsrecht vor nationalen Gerichten einklagen, eher als über Art. 263

---

41 S. EuGH ECLI:EU:C:2013:625 Rn. 56 f. – Inuit.
42 EuGH ECLI:EU:C:2013:625 Rn. 60 – Inuit.
43 Zu den Individualklagemöglichkeiten *Görlitz/Kubicki* EuZW 2011, 248; *Haukeland Fredriksen* ZEuS 2005, 99; *Herrmann* NVwZ 2011, 1352.
44 So auch bereits EuG ECLI:EU:T:2002:112 Rn. 45 f. – Jégo-Quéré.
45 Vgl. *Streinz* JuS 2014, 184.
46 → Rn. 36 ff.
47 Näher → Rn. 72 ff.

AEUV die Möglichkeit, ihre Angelegenheit zum EuGH zu bringen, wenn auch nicht unmittelbar selbst, sondern mittelbar über die angerufenen Gerichte. Auch das **BVerfG** akzeptiert mittlerweile seine Rolle als **Vorlagegericht** und nahm sie vor seiner Überprüfung des OMT-Beschlusses auf seine Vereinbarkeit mit dem GG wahr.[48] Ein Angriff auf sekundäres Unionsrecht kann sich dabei daraus ergeben, dass dessen Vereinbarkeit mit primärem Unionsrecht zweifelhaft ist. Die Vorlage bezieht sich nach Art. 267 I lit. b AEUV auf die Handlungen der Organe, Einrichtungen und sonstigen Stellen der Union. Das sind alle rechtserheblichen Akte, also insbesondere das sekundäre Unionsrecht.

2. Überprüfungsgründe

Sekundäres Unionsrecht verstößt dann gegen primäres Unionsrecht, wenn es formell oder materiell unionsrechtswidrig ist.　**36**

a) **Formelle Rechtmäßigkeit.** Die europäische Normsetzung wird vor allem durch das **Prinzip der begrenzten Einzelermächtigung nach Art. 5 II EUV** begrenzt. Danach dürfen die Unionsorgane Rechtsakte nur erlassen, wenn sie über eine in den Verträgen ausdrücklich festgelegte Kompetenz verfügen. Diese muss allerdings klar bestimmt sein und darf nicht verändert oder fortlaufend erweiternd ausgelegt werden. Ansonsten wird nach dem BVerfG zugleich das nationale Demokratiegebot verletzt.[49]　**37**

> **Beispiel** nach BVerfG NJW 2016, 3583 – CETA: So zieht das BVerfG in Betracht, dass sich der Beschluss des Rates der EU über die vorläufige Anwendung von CETA möglicherweise als **Ultra-vires-Akt** erweist und die durch Art. 79 III GG geschützte Verfassungsidentität berührt (Rn. 50). Es sieht keine Vertragsschlusskompetenz der EU für Portfolioinvestitionen, den Investitionsschutz, den internationalen Seeverkehr, die gegenseitige Anerkennung von Berufsqualifikationen und den Arbeitsschutz (Rn. 52). Danach soll die **Gemeinsame Handelspolitik** nur Investitionen erfassen, die der Sache nach dem Kontrollerwerb eines Unternehmens oder dem Erwerb von Immobilien dienen (Rn. 53). Da diese **Unternehmensinvestitionen** schwer von Portfolioinvestitionen abzugrenzen und mit Letzteren sachlich jedenfalls als grenzüberschreitende Kapitalanlagen und im Hinblick auf ihren notwendigen eigentumsrechtlichen Schutz sachlich verwandt sind, gehören jedoch beide Gruppen zum Schutzbereich des Art. 207 I AEUV, der mit dem Vertrag von Lissabon erweitert und auf ausländische Direktinvestitionen erstreckt werden sollte; zumindest ist der Union für alle zwei Kategorien nach Art. 3 II AEUV die ausschließliche Zuständigkeit für den Abschluss internationaler Abkommen einzuräumen. Die EU-Handelspolitik nach Art. 207 I AEUV beschränkt sich a priori nicht auf die Errichtung einer Zollunion und damit auf den Abbau von Zollschranken, sondern erfasst den Abbau vor allem der nichttarifären Beschränkungen und damit sämtliche Marktzugangs- und auch Behandlungsstandards nach einer Niederlassung. Dazu gehört entgegen dem BVerfG (Rn. 54 unter Verweis auf Art. 345 AEUV) auch der **Enteignungsschutz.** Dieser Schutz läuft jedenfalls partiell leer, wenn die Betroffenen nur die nationalen und damit an die Gesetze des enteignenden Staates gebundene Gerichte anrufen können: Internationale (Schieds-)Gerichte sichern die Überprüfung von Enteignungen auch an internationalen Standards. Erst dadurch wird ein umfassender Investorenschutz gewährleistet, der auch gegenüber normativen nationalen Eingriffen hilft. Bei dieser Sicht liegt **kein Ultra-vires-Akt** vor.　**38**

Eine Unionskompetenz fehlt grundsätzlich für Verfahrensfragen. Daher gilt der **Grundsatz der mitgliedstaatlichen Verfahrensautonomie.** Allerdings bedarf das　**39**

---

48 BVerfGE 134, 366 – OMT-Beschluss; krit. Anm. *Frenz* DVBl. 2014, 451.
49 BVerfGE 123, 267 (352) – Lissabon.

Unionsrecht des Vollzugs durch die Mitgliedstaaten, da der EU selbst ein Verwaltungsunterbau fehlt. Um Verfälschungen des Unionsrechts zu verhindern, müssen das mitgliedstaatliche Verwaltungsverfahren und die Verwaltungsorganisation so ausgestaltet sein, dass die ordnungsgemäße Durchführung des Unionsrechts sichergestellt ist. Die Tragweite und die Wirksamkeit des Unionsrechts dürfen durch sie nicht beeinträchtigt werden.[50] Um diese beiden Elemente zu wahren, darf das Unionsrecht Vorgaben enthalten bzw. die Anwendung nationalen Rechts prägen.[51]

Das **Subsidiaritätsprinzip** nach Art. 5 III EUV hat bislang keine praktische Bedeutung erlangt.[52] Was die äußere Form und das Verfahren bei Erlass eines Rechtsaktes anbelangt, ist nur die **Verletzung wesentlicher Formvorschriften** beachtlich, also solcher, deren Beachtung möglicherweise einen anderen Inhalt bedingt hätte. Hierzu zählen die Begründungspflicht nach Art. 296 II AEUV und die Verletzung von Anhörungs- und Beteiligungsrechten. Um das richtige Verfahren zu wählen, bedarf es der exakten Zuordnung einer Maßnahme zu einer bestimmten **Kompetenzgrundlage.** Maßgeblich ist der nach Ziel und Inhalt **objektiv ersichtliche Hauptzweck einer Maßnahme.**[53]

40   **b) Materielle Rechtmäßigkeit. aa) Unionspolitik.** Sekundäres Unionsrecht ist aus den Unionsverträgen abgeleitet. Es muss sich daher nicht nur **im Rahmen der Kompetenzvorschrift** bewegen, auf die es gestützt ist, sondern auch an die **inhaltlichen Vorgaben** der jeweiligen Unionspolitik halten, der es entstammt.

41   **Fall** nach EuGH ECLI:EU:C:2015:400 – OMT (Gauweiler) mAnm Frenz DVBl. 2015, 978:
Die Beschlüsse des EZB-Rates vom 5. und 6.9.2012 genehmigten den Ankauf von Staatsanleihen notleidender Eurostaaten am Sekundärmarkt (Outright Monetary Transactions – OMT).

I. Währungs- und nicht Wirtschaftspolitik

Eine ausschließliche Unionskompetenz besteht nach Art. 3 I lit. c AEUV nur im Bereich der **Währungspolitik.** Diese ist nicht genau definiert, umfasst aber nach Art. 127 I und Art. 282 II AEUV als **vorrangiges Ziel** die Gewährleistung der **Preisstabilität**[54]. Dabei werden **mittelbare Auswirkungen auf die Stabilität des Euro-Währungsgebietes** vorausgesetzt, ohne dass dadurch eine wirtschaftspolitische Maßnahme entsteht[55]. Im Übrigen unterstützt das ESZB auch nach Art. 119 II AEUV über die Preisstabilität die allgemeine Wirtschaftspolitik in der Union.[56] Damit greifen nach dem System des Vertrages beide notwendig ineinander, sodass bei mittelbaren Auswirkungen **keine Kompetenzüberschreitung** entgegen dem Prinzip der begrenzten Einzelermächtigung nach Art. 5 II EUV vorliegt. Daran ändert auch die notwendige Einhaltung eines makroökonomischen Anpassungsprogramms nichts, das im Gegenteil das währungspolitische Instrument der Anleihekäufe sachgerecht beschränkt: Der ESM, für den daher eine wirtschaftspolitische Kompetenz relevant wurde,[57] unterscheidet sich deutlich vom System Europäischer Zentralbanken (ESZB).[58] Die parallele Beurteilung beider durch das BVerfG[59] läuft daher ins Leere.

---

50 EuGH ECLI:EU:C:1983:233 Rn. 22ff. – Deutsche Milchkontor.
51 Näher dazu am Bsp. der Rücknahme von VA → Rn. 968.
52 Seine Einhaltung mahnt allerdings BVerfGE 123, 267 (353) – Lissabon an.
53 S. etwa EuGH ECLI:EU:C:1991:373 Rn. 9 – »Post-Tschernobyl«-Verordnung.
54 EuGH ECLI:EU:C:2015:400 Rn. 43 – OMT (Gauweiler).
55 EuGH ECLI:EU:C:2015:400 Rn. 51 – OMT (Gauweiler) unter Verweis auf EuGH ECLI:EU:C:2012:756 Rn. 56 – Pringle.
56 EuGH ECLI:EU:C:2015:400 Rn. 59 – OMT (Gauweiler).
57 S. EuGH ECLI:EU:C:2012:756 Rn. 60 – Pringle.
58 EuGH ECLI:EU:C:2015:400 Rn. 63 f. – OMT (Gauweiler).
59 BVerfG DVBl. 2014, 445 (448).

Das BVerfG sah hingegen, wie seine Vorlagefragen zeigen (Rn. 10), wirtschaftspolitische Kompetenzen berührt.[60] Zwar entstehen erhebliche Auswirkungen auf die wirtschaftliche Entwicklung, indem die Zinsen niedrig gehalten werden. Dies basiert aber auf dem vertraglich zugewiesenen währungspolitischen Instrument und bildet daher im Ausgangspunkt Währungspolitik. Deren Einsatz für eine positive wirtschaftliche Entwicklung entspricht dem effet utile des angelegten Kompetenzsystems und hindert zudem Friktionen in anderen Bereichen, die wie eine möglichst hohe Beschäftigung Elementaranliegen der europäischen Integration sind. Daraus ergibt sich schon die Verwobenheit der Politikfelder. Die Hauptziele nach Art. 3 III EUV können zudem bei der Interpretation der Kompetenzen nicht außer Acht bleiben, wenn es zumindest textuelle Anhaltspunkte gibt. Jedenfalls können zumal positive Rückwirkungen auf andere Politikbereiche nicht kompetenzausschließend wirken, außer dies ist wie für die Industriepolitik nach Art. 173 III UAbs. 2 AEUV explizit angeordnet. Hier wurden primär währungspolitische Ziele in Form einer ordnungsgemäßen geldpolitischen Transmission und der Einheitlichkeit der Geldpolitik sowie letztlich der Preisstabilität verfolgt (Rn. 47ff.). Jedenfalls lässt sich eine solche Auslegung vor allem ausweislich Art. 119 II, 282 II AEUV herleiten; sie ist daher **vertretbar auch im Sinne des BVerfG** und bildet daher keine evidente Kompetenzüberschreitung im Sinne der Ultra-vires-Kontrolle.[61]

II. Verhältnismäßigkeit als maßgebliche Grenze

Die klare Grenze für den Kauf von Staatsanleihen am Sekundärmarkt begründet der allgemeine Verhältnismäßigkeitsgrundsatz nach Art. 5 IV EUV. Insoweit besteht zwar ein weites Ermessen (Rn. 68). Indes muss dessen Ausübung zur Ermöglichung einer gerichtlichen Kontrolle sorgfältig begründet werden (Art. 296 II AEUV), was der EuGH hier bejaht. Materiell sind die **Eignung** und die **Erforderlichkeit** im Hinblick auf die angestrebten Ziele zu wahren (Rn. 81). Die Ziele des aufgelegten Programms sollen erreicht und die **Ankäufe beendet** werden, **wenn** diese **Ziele erreicht** sind (Rn. 82). Überhöhte Risikoaufschläge für Staatsanleihen bestimmter Mitgliedstaaten tangieren die Einheitlichkeit der Geldpolitik und dürfen nach nicht offensichtlich fehlerhafter ökonomischer Beurteilung durch den Ankauf von Staatsanleihen reduziert werden.

Im Übrigen dürfen nur die Staatsanleihen von Mitgliedstaaten erworben werden, die an einem makroökonomischen Anpassungsprogramm teilnehmen sowie erneut Zugang zum Anleihemarkt haben; die Laufzeit der Anleihen sollte regelmäßig unter drei Jahren liegen (Rn. 86). Damit wird nur ein **begrenzter Teil der Staatsanleihen** erfasst. Welcher, kann aber schwerlich a priori feststehen, würde doch ansonsten den Ankäufen bzw. ihrer bloßen Ankündigung ihre positive Wirkung gerade im Hinblick auf die Stabilität des Euro genommen, die in jüngster Zeit in elementarer Weise gestützt werden musste und konnte. Daher ist eine quantitative Beschränkung eher schädlich als nützlich (Rn. 88 entgegen der Vorlage des BVerfG, s. Rn. 10). Zwar steht die vom BVerfG festgelegte Obergrenze von 190 Mrd. EUR an Staatshilfe im Raum, um die nationale Haushaltsautonomie zu wahren.[62] Indes geht es hier nicht um eine Verpflichtung der Mitgliedstaaten. Auch insoweit sind ESM und OMT zu unterscheiden.

III. Keine Antastung gesunder Haushaltspolitik

Weiter entscheidend ist für den EuGH die Einhaltung der Grenze des Art. 123 I AEUV, die jede **finanzielle Unterstützung** der EZB, des ESZB sowie der nationalen Zentralbanken **zugunsten eines Mitgliedstaates** verbietet.[63] Das schließt nach dem EuGH nur aus, Staatsanleihen von den Mitgliedstaaten unmittelbar zu erwerben und dass der Ankauf von Anleihen am Sekundärmarkt dieselben Wirkungen hat wie der unmittelbare Erwerb von Staatsanleihen an den Primärmärkten, wie es die EZB gerade zu vermeiden sucht (Rn. 105ff.).

Indes wird der Anreiz gesunder Haushaltspolitik schon dadurch genommen, dass die Möglichkeit solcher Ankäufe besteht und die Mitgliedstaaten darauf spekulieren. Erfolgt der Ankauf, gehen die Zinsen für Anleihen zurück und die Kurse hoch, sodass eine Stabilisierung unabhängig von Konsolidierungsanstrengungen der Mitgliedstaaten erfolgt. Letztlich wird ihnen damit der **Anreiz für eine gesunde**

60 Näher BVerfG DVBl. 2014, 445 (448) – OMT-Vorlage.
61 BVerfG DVBl. 2016, 1050 – OMT.
62 BVerfGE 129, 124 (183) – EFS; → Rn. 25.
63 Bereits EuGH ECLI:EU:C:2012:756 Rn. 132 – Pringle.

Haushaltspolitik genommen, wie es dem Kernanliegen des Art. 123 I AEUV entspricht. Darin lag bereits der Kardinalfehler des Pringle-Urteils.[64] Nunmehr leitet der EuGH aus diesem Erfordernis verschiedene Begrenzungen ab (Rn. 112 ff.), so die notwendige **Ungewissheit der Mitgliedstaaten**, ob ihre Anleihen aufgekauft werden, und die **jederzeitige Wiederverkäuflichkeit der Anleihen**, damit die Wirkungen am Markt potenziell vorübergehend sind. Damit ist die Auslegung von Art. 123 I AEUV jedenfalls nicht evident außerhalb der gängigen Interpretationsgrundsätze und damit auch nach dem BVerfG nicht ultra vires.

IV. Ergebnis

Die Beschlüsse des EZB-Rates zur Genehmigung des Ankaufs von Staatsanleihen notleidender Eurostaaten am Sekundärmarkt sind formell und materiell unionsrechtskonform. Wegen der Möglichkeit einer primärrechtskonformen Handhabung scheiden auch eine Nichtanwendung der EZB-Beschlüsse für die Bundesrepublik Deutschland sowie eine verhinderte Mitwirkung der Bundesbank als Folge eines Ultra-vires-Aktes aus.

42 **bb) Grundfreiheiten**[65]. Die Grundfreiheiten nach Art. 30, 34, 49, 56 AEUV beziehen sich auf die Mitgliedstaaten bzw. das Verhältnis zwischen ihnen. Nur Art. 45 AEUV gewährleistet die Freizügigkeit der Arbeitnehmer ohne diesen Bezug. Aber auch die anderen Vorschriften garantieren bestimmte Handlungsmöglichkeiten, indem sie Beschränkungen bzw. Diskriminierungen verbieten. Daher ist es ein **Gebot des effet utile**, dass **auch die Unionsorgane** an sie **gebunden** sind. Ihre Aufgabe ist vor allem die Verwirklichung des Binnenmarktes, der den freien Verkehr von Waren, Personen, Dienstleistungen und Kapital gemäß den Bestimmungen der Verträge gewährleisten will. Das impliziert ihre Einhaltung und weitergehend ihre Förderung, nicht aber ihre grenzenlose Beschränkung. Eine solche Begrenzung kann nur auf der Basis anderer unionsrechtlicher Zielvorgaben erfolgen wie etwa des Umweltschutzes.[66]

43 **cc) Europäische Grundrechte**[67]. Die Grundrechte nach der Charta der Grundrechte der EU (GRCh) sind nach Art. 6 I EUV fester Bestandteil des Europarechts und mit den Verträgen rechtlich gleichrangig. Damit sind keine Fallgestaltungen denkbar, die vom Unionsrecht erfasst würden, ohne dass die EU-Grundrechte anwendbar wären: Die Anwendbarkeit des Unionsrechts umfasst die Anwendbarkeit der durch die Charta garantierten Grundrechte.[68] Das gilt sogar für eine lediglich unterstützende Tätigkeit im Rahmen des intergouvernementalen ESM.[69] Bereits seit Langem fest anerkannt sind insbesondere die **Eigentums- und die Berufsfreiheit** (s. Art. 15, 17 GRCh) einschließlich rechtsstaatlicher Überprüfungsmaßstäbe und damit insbesondere des Verhältnismäßigkeitsgrundsatzes. Die Berufsfreiheit wird etwa beeinträchtigt durch die Vorgabe einer Etikettierung[70] oder eine Beschränkung der freien Wahl des Ge-

---

64 Näher *Frenz* EWS 2013, 27 (30 f.), allerdings vor allem bezogen auf Art. 125 I AEUV.
65 Näher → Rn. 84 ff.; *Ruffert* JuS 2014, 662; *Rosenfeldt/Würdemann* EuR 2016, 453; *Manger-Nestler/ Noack* JuS 2013, 503.
66 Zum Inhalt und zur Prüfung der Grundfreiheiten → Rn. 84 ff. Die dort entwickelten Prüfungsgesichtspunkte sind freilich von ihrem Bezug zu den Mitgliedstaaten zu lösen und auf die Unionstätigkeit zu beziehen. Für diese geht es letztlich um eine praktische Konkordanz der verschiedenen Ziele.
67 *Bucher* ZEuS 2016, 203; *Giegerich* ZEuS 2016, 3; *Frenz* DVBl. 2015, 741; *Manger-Nestler/Noack* JuS 2013, 503; Ehlers/*Ehlers et al.* §§ 14 ff.; *Frenz* HdB EuropaR IV; *Jarass,* GRCh; *Meyer,* Charta der Grundrechte der EU. Wichtige Urteile: EuGH ECLI:EU:C:2013:105 – Åkerberg Fransson; ECLI:EU:C:2010:662 – Schecke und Eifert; ECLI:EU:C:2015:650 – Schrems; ECLI:EU: C:2016:701 – Ledra.
68 EuGH ECLI:EU:C:2013:105 Rn. 21 – Åkerberg Fransson.
69 EuGH ECLI:EU:C:2016:701 Rn. 67 ff. – Ledra.
70 EuGH ECLI:EU:C:1986:377 Rn. 9 – Keller für Wein.

schäftspartners.[71] Die Rechtfertigung solcher Beeinträchtigungen prüfte der Gerichtshof der EU indes gerade für die Eigentums- und Berufsfreiheit nicht im Hinblick darauf, inwieweit Einzelne durch Maßnahmen in ihren Rechten verletzt werden. Er stellte vielmehr darauf ab, ob die Beschränkungen tatsächlich den gemeinwohldienenden Zwecken der Union entsprechen und die Grundrechte nicht in ihrem Wesensgehalt antasten. Danach sind **nur unverhältnismäßige, nicht tragbare Eingriffe ausgeschlossen.**[72] Dementsprechend hielt der EuGH noch keine Maßnahme wegen Verstoßes gegen die Berufsfreiheit für unionswidrig.[73]

Allerdings prüft der EuGH mittlerweile für manche Grundrechte strenger, insbesondere auch das mildeste Mittel.[74] Auch insoweit erfolgt eine individualbezogene Abwägung, so im Hinblick auf Internetveröffentlichungen. Für die Grundrechte auf Achtung des Privatlebens und auf Datenschutz hat der EuGH **unabdingbare Kerngehalte** herausgearbeitet. **44**

So gewährleisten Art. 7, 8 GRCh eine **einzelfallbezogene Kontrolle** der Weitergabe **personenbezogener Daten** bei den (nationalen) Kontrollstellen. Der Betroffene muss nur geltend machen, der Zielstaat gewährleiste nach seinem Recht und seiner Praxis kein angemessenes Schutzniveau. Er muss gegen die Entscheidung der Kontrollstelle ein Gericht anrufen können. Diese Rechte können nicht durch EU-Sekundärrecht ausgehebelt werden, das eine generelle Datenweitergabe und damit ohne Prüfung vorsieht, ebenso wenig durch eine Vereinbarung mit einem Drittstaat. Daher war das **Safe-Harbor-Abkommen** mit den USA unionsrechtswidrig.[75]

Grundrechte sollen gerade den Einzelnen vor dem Zugriff öffentlicher Gewalt schützen. Daher kann nicht allein das Grundrecht als solches dominieren bzw. seine gesellschaftliche Funktion ausschlaggebend sein, sondern die Freiheitseinbußen des Einzelnen müssen der Bezugspunkt sein. Das zeigt auch die GRCh durch ihre häufige Formulierung »jede Person« bzw. »jeder Mensch«; zudem bilden die **Grundrechte die notwendige Ergänzung auch der Grundfreiheiten,**[76] die gerade den Einzelnen begünstigen sollen. Die lange praktizierte Konzeption des EuGH, generell nur zu prüfen, ob die fragliche Maßnahme zur Erreichung des verfolgten Ziels offensichtlich ungeeignet ist und ob sie evident irrig erscheint, wenn auf unsicherer Tatsachen- und Erkenntnisbasis künftige Auswirkungen zu beurteilen sind,[77] ist überholt. Bei einer individualbezogenen Grundrechtskonzeption müssen für einen solchen **grobmaschigen Prüfungsmaßstab** sachbezogene Gründe bestehen. Generell kommt er nicht mehr in Betracht, auch nicht für die Wirtschaftsgrundrechte. Der Ansatz auch bei deutschen Grundrechten ist ein weitgehender Gestaltungsspielraum bei der Regelung **wirtschaftlicher Sachverhalte.** **45**

---

71 EuGH ECLI:EU:C:1986:377 Rn. 9 – Neu.
72 EuGH ECLI:EU:C:1994:367 Rn. 78 – Bananen; noch EuGH ECLI:EU:C:2012:526 – Deutsches Weintor; ECLI:EU:C:2016:338 Rn. 56 – Bank of Industry and Mine; ECLI:EU:C:2016:701 Rn. 70 – Ledra mwN.
73 Calliess/Ruffert/*Ruffert*, EUV/AEUV, 5. Aufl. 2016, Art. 15 GRCh Rn. 17.
74 EuGH ECLI:EU:C:2010:662 Rn. 81 ff. – Schecke und Eifert zu Datenschutz- und Persönlichkeitsverletzungen.
75 EuGH ECLI:EU:C:2015:650 Rn. 38 ff., 61 ff. – Schrems.
76 Näher *Frenz* HdB EuropaR I Rn. 66 ff.; *Frenz* HdB EuropaR IV Rn. 622 ff.
77 EuGH ECLI:EU:C:1994:367 Rn. 90 – Bananen. Auch noch EuGH ECLI:EU:C:2008:728 – Arcelor; ECLI:EU:C:2012:526 – Deutsches Weintor.

II. Überprüfung sekundären Unionsrechts an deutschem Recht

46 Insbesondere Verordnungen und Beschlüsse wirken wie nationale Gesetze und VA unmittelbar auf den Rechtskreis des Bürgers ein.[78] Art. 23 I 2 GG ermöglicht dies als innerstaatliche Norm, indem er die Übertragung von Hoheitsgewalt auf die europäische Ebene vorsieht und damit korrespondierend die deutsche Rechtsordnung für Unionsrecht so öffnet, wie dieses selbst wirkt. Damit stellt sich die Frage: Kann dem Unionsrecht als Korrelat zu dieser Öffnung deutsches Verfassungsrecht entgegengesetzt werden? Dann können die **Gerichte** bei Zweifeln an der Vereinbarkeit nach Art. 100 I GG unionsrechtliche »Gesetze« **dem BVerfG vorlegen** und müssen dies auch, ohne selbst darüber befinden zu können. Eine solche Konzentration beim BVerfG gebietet die europarechtsfreundliche Anwendung von Verfassungsrecht.[79] Soweit es um die Wahrung der Grundrechte geht, kommt insbesondere die Verfassungsbeschwerde als Verfahren in Betracht; über die mögliche Geltendmachung von Art. 38 I bzw. Art. 1 I iVm Art. 20 I GG (**Anspruch auf Demokratie** → Rn. 22)[80] ist diese aber weit geöffnet. Für deren Zulässigkeit müsste dann allerdings unionsrechtliches Sekundärrecht öffentliche Gewalt iSv Art. 93 I Nr. 4 a GG sein.

1. Unmittelbare Wirkung von Unionsrechtsakten

47 **Verordnungen** kommt wie nationalen Gesetzen unmittelbare Wirkung zu. Gemäß Art. 288 II AEUV sind sie in allen ihren Teilen verbindlich und gelten unmittelbar in jedem Mitgliedstaat. Somit können sie für die Bürger der Bundesrepublik Deutschland ohne einen dazwischentretenden Umsetzungsakt Rechte und Pflichten erzeugen. Auch Beschlüsse können gem. Art. 288 IV AEUV an den Einzelnen gerichtet sein, und selbst an Staaten adressierte Beschlüsse und vor allem **Richtlinien** können unmittelbare Wirkung erzeugen, wenn sie **hinreichend unbedingt und konkret formuliert** sind und die **Umsetzungsfrist abgelaufen** ist.[81]

48 Letztere richten sich aber an die Mitgliedstaaten und nicht an die Bürger. Daher vermögen sie **nicht** über eine unmittelbare Wirkung aus sich heraus **Pflichten für den Bürger** zu begründen. Eine unmittelbare Wirkung zwischen Privaten ist daher ausgeschlossen. Wenn jedoch Verwaltungsstellen Bürger belasten, sind die dadurch begründeten Pflichten staatsvermittelt. Die Behörden nehmen die Richtlinienbestimmung auf und wenden sie an. Der Bürger wird also entsprechend Art. 288 III AEUV indirekt über eine mitgliedstaatliche Stelle verpflichtet.[82] Das gilt auch für nicht unmittelbar wirkende Richtlinien, soweit sie vom deutschen Gesetzgeber umgesetzt werden, ohne dass er einen Umsetzungsspielraum hat.[83]

---

78 → Rn. 47.
79 BVerfGE 123, 267 (354) – Lissabon.
80 BVerfG DVBl. 2016, 1050, Rn. 33 – OMT; → Rn. 56.
81 Näher → Rn. 1276.
82 S. EuGH ECLI:EU:C:1995:260 Rn. 23 f. – Großkrotzenburg; nur bei Begründung der konkreten privaten Pflicht durch die nationale Behörde ECLI:EU:C:2004:12 Rn. 56 f. – Wells.
83 S. BVerfGE 118, 79 (95, 97) – Emissionshandel.

2. Kooperationsverhältnis von BVerfG und Gerichtshof der EU[84]

Unmittelbar zulasten des Bürgers wirkende Unionsrechtsakte können, indem sie 49
Pflichten auferlegen, auch deutsche **Grundrechte beschränken.** Von daher berühren
sie die Gewährleistungen des GG. Daraus leitete das BVerfG schon in seiner Maas-
tricht-Entscheidung ab, dass sein Aufgabenbereich eröffnet sei, den Grundrechtsschutz in Deutschland sicherzustellen. Dieser soll sich auch auf Rechtsakte supranatio-
naler Organisationen und damit der Europäischen Union beziehen; diese seien daher
öffentliche Gewalt nach Art. 93 I Nr. 4a GG.[85] **Vorrangig** ist zwar der **Gerichtshof
der EU** zuständig. Wenn dieser den Grundrechtsschutz nicht hinreichend sicherstellt,
kann aber das BVerfG angerufen werden, um die unabdingbaren Grundrechtsstandards zu wahren.[86] Das gilt auch nach der Entscheidung zum EU-Haftbefehl jedes
Mal dann, wenn die menschenwürdebezogenen Kerngehalte der Grundrechte nicht
eingehalten werden,[87] sonst nur, wenn insgesamt der Standard nach der deutschen
Grundrechtsordnung nicht gewahrt wird.[88]

Seine Kontrollkompetenz bezog das BVerfG in seiner Lissabon-Entscheidung in Fort- 50
führung bzw. Erweiterung des Maastricht-Urteils auf die **Wahrung der Kompetenzgrenzen der Union** (→ Rn. 37 f.) sowie auf die **nationale Verfassungsidentität.** Wesentliche Grundlage dafür ist der Gewährleistungsgehalt des Wahlrechts, welches die
Grundsätze des Demokratiegebots nach Art. 20 I und II GG umfasst, die Art. 79 III
GG als Identität der Verfassung garantiert.[89] Zum Demokratiegebot gehört gleichermaßen die Wahrung der vom Gesetzgeber im Übertragungsgesetz festgelegten Kompetenzgrenzen. Beide Ansätze stehen gleichrangig nebeneinander.[90] Die **Ultra-vires-
Kontrolle** des BVerfG greift ein, wenn Unionsorgane die ihnen zugewiesenen Zuständigkeitsgrenzen und damit insbesondere das **Prinzip der begrenzten Einzelermächtigung** (→ Rn. 37) überschreiten. Es muss sich dabei um hinreichend qualifizierte und
damit drastische bzw. evidente Überschreitungen der europarechtlichen Kompetenzgrenzen handeln, die das Kompetenzgefüge zwischen Union und Mitgliedstaaten tangieren.[91] Der Gerichtshof der EU hat als Organ der Judikative das Recht, Fehler zu
machen **(Anspruch auf Fehlertoleranz),**[92] solange er sich nur im Bereich der ge-
bräuchlichen juristischen Auslegungsmethoden hält und keine objektiv willkürliche
Auslegung vorliegt.[93]

> **Beispiel** nach BVerfGE 126, 286 – Mangold: Ein Unternehmen stellte einen älteren Mitarbeiter 51
> sachgrundlos befristet ein, ohne dass damals nach nationalem Recht ein Weiterbeschäftigungs-
> anspruch bestand. Einen solchen gründete das BAG in Anknüpfung an das EuGH-Urteil
> Mangold (ECLI:EU:C:2005:709 Rn. 75 – Mangold; ebenso ECLI:EU:C:2010:21 Rn. 21 –
> Swedex) auf das Verbot einer Diskriminierung wegen des Alters als einen »allgemeinen

---

84 *Ludwigs/Sikora* EWS 2016, 121; *Frenz* DVBl. 2016, 1056; *Voßkuhle* NVwZ 2010, 1; wichtige Entscheidungen: BVerfGE 123, 267 – Lissabon; 126, 286 – Mangold; DVBl. 2016, 1050 – OMT.
85 Abl. noch BVerfGE 58, 1 (27) – Eurocontrol I.
86 BVerfGE 89, 155 (175) – Maastricht.
87 Auch der EuGH ECLI:EU:C:2016:198 – Aranyosi prüft mittlerweile die Einhaltung der Menschenwürde in Form des spezielleren Art. 4 GRCh.
88 BVerfGE 140, 317 – Europäischer Haftbefehl; krit. zu Recht *Sauer* NJW 2016, 1134.
89 BVerfGE 129, 124 (177) – EFS.
90 BVerfG DVBl. 2016, 1050 Rn. 153 – OMT.
91 BVerfGE 126, 286 (304) – Mangold; BVerfG DVBl. 2016, 1050 – OMT.
92 BVerfGE 126, 286 (307) – Mangold; BVerfG DVBl. 2016, 1050 – OMT.
93 BVerfG DVBl. 2016, 1050 Rn. 149 – OMT.

Grundsatz des Gemeinschaftsrechts«, obwohl dieser darin so nicht ausdrücklich aufgeführt ist (s. aber den damals schon verabschiedeten, jedoch noch nicht verbindlichen Art. 21 GRCh). Ob dieser Grundsatz zu Recht auf die gemeinsamen Verfassungstraditionen und völkerrechtlichen Verträge der Mitgliedstaaten gestützt wurde, ließ das BVerfG ausdrücklich offen. Selbst eine rechtsmethodisch nicht mehr vertretbare **Rechtsfortbildung** verstößt erst dann gegen das **Prinzip der begrenzten Einzelermächtigung** und liegt damit **ultra vires,** wenn sie praktisch kompetenzbegründend wirkt oder in ein Grundrecht eingreift. Hier baut sie aber immer noch auf bereits erlassenem Sekundärrecht zur Verhinderung von Diskriminierungen wegen des Alters auf und lädt dieses nur mit einem allgemeinen primärrechtlichen Grundsatz auf, der gerade keine neuen Aufgaben oder Zuständigkeiten begründen darf (vgl. Art. 51 II GRCh).

52 Auch im Hinblick auf die Ultra-vires-Kontrolle ist Rechtsschutz zuerst auf Unionsebene zu suchen, bei Gerichtsentscheidungen wie dem Urteil Mangold im Wege der Vorlage nach Art. 267 AEUV.[94] Die **Identitätskontrolle** bezieht sich darauf, dass die Unionsorgane den unantastbaren Kerngehalt der Verfassungsidentität des GG nach Art. 23 I 3 iVm Art. 79 GG und damit insbesondere die Grundsätze der Art. 1 und 20 GG wahren. Bei Überschreitungen behält sich das BVerfG vor, **Unionsrecht in Deutschland** für **unanwendbar** zu erklären.[95] Der EU-Haftbefehl führt dann nicht zur Auslieferung in EU-Staaten, wenn dort Anhaltspunkte für menschenunwürdige Haftbedingungen bestehen.[96]

53 Die Zulässigkeit **grundrechtsbezogener Verfassungsbeschwerden** setzt ebenso wie die entsprechenden **Richtervorlagen** in der Begründung eine **sorgfältige Gegenüberstellung** voraus, dass im Vergleich zum nationalen Standard auf Unionsebene der jeweils als unabdingbar gebotene Grundrechtsschutz generell nicht gewährleistet ist. Dieser Schutz muss hinter den zum Zeitpunkt der Solange II-Entscheidung gegebenen zurückgefallen sein,[97] da er damals ausreichend gewährleistet war,[98] obwohl die aufgezeigten (→ Rn. 42 ff.) Schutzdefizite bereits bestanden. Das BVerfG billigte die allgemeine Abwägung zwischen den Gemeinwohlzielen der Unionsrechtsordnung und der Wesensgehaltsgarantie der Grundrechte und verglich nur allgemein die bestehenden Grundrechtsstandards.[99] Diese Methode der Gegenüberstellung verankerte das BVerfG explizit.[100] Weil der EuGH seine damals angelegte Rspr. fortführte und nur weiter präzisierte, war eine Anrufung des BVerfG praktisch nie zulässig. Nunmehr sieht das BVerfG im Einzelfall seine Zuständigkeit gegeben, wenn ein Verstoß gegen Art. 1 I GG bzw. den **menschenwürdebezogenen Kerngehalt** anderer Grundrechte vorliegen soll.[101] Zum davon betroffenen **EU-Haftbefehl** und dem Vollzug hat aber nunmehr auch der EuGH spezifisch die Wahrung menschenwürdiger Haftbedingungen geprüft.[102]

---

94 BVerfGE 126, 286 (304) – Mangold.
95 BVerfGE 123, 267 (353 f.) – Lissabon-Vertrag.
96 BVerfGE 140, 317 – Europäischer Haftbefehl; BVerfG Beschl. v. 6.9.2016 – 2 BvR 890/16, Rn. 32 ff.; näher sogleich → Rn. 53 aE.
97 BVerfGE 102, 147 (164) – Bananenmarktordnung; krit. zur Methode *Nettesheim* NVwZ 2002, 932.
98 BVerfGE 73, 339 (378) – Solange II.
99 BVerfGE 73, 339 (380) – Solange II.
100 BVerfGE 102, 147 (2. Ls., 164) – Bananenmarktordnung; ebenso BVerfGE 123, 267 (335) – Lissabon.
101 BVerfGE 140, 317 – Europäischer Haftbefehl; krit. zu Recht *Sauer* NJW 2016, 1134.
102 EuGH ECLI:EU:C:2016:198 – Aranyosi.

Damit ist das BVerfG insoweit im Ansatz letztlich auf der Linie seiner **Solange-Rspr.** 54
geblieben: Solange der Gerichtshof der EU einen wirksamen, dem deutschen vergleichbaren Grundrechtsschutz gegenüber der Hoheitsgewalt der Union gewährleistet, braucht das BVerfG seine Gerichtsbarkeit nicht auszuüben. Entsprechende Verfassungsbeschwerden sind dann unzulässig, ebenso Richtervorlagen nach Art. 100 I
GG[103], so im Falle der **Bananenmarktordnung.**[104] Damit obliegt dem Gerichtshof
der EU der »Grundrechtsschutz in jedem Einzelfall für das gesamte Gebiet der Europäischen Gemeinschaften (Union)«. Er ist insoweit gesetzlicher Richter nach Art. 101 I
2 GG und Vorlageinstanz für nationale Gerichte (→ Rn. 72 ff.). Auf eine fehlende Vorlage kann daher eine Verfassungsbeschwerde gestützt werden (→ Rn. 80). Gleichwohl
sieht sich das BVerfG explizit in einer Reservezuständigkeit für die »generelle Gewährleistung der unabdingbaren Grundrechtsstandards«.[105] Der Emissionshandels-Be-
schluss übertrug diese Grundsätze auf die Überprüfung von deutschem Recht, das in
Umsetzung einer Richtlinie ergeht, soweit der nationale Gesetzgeber keinen Umsetzungsspielraum hat.[106] Auch hier sind (prinzipiell) die europäischen Grundrechte heranzuziehen. Nur im Rahmen eines Umsetzungsspielraums greifen lediglich die **nationalen Grundrechte** ein (näher → Rn. 80 f.).

Das **BVerfG** behält sich also eine auf Verfassungskerngehalte beschränkte **Restzustän-** 55
digkeit vor, wenn auch subsidiär und in Kooperation mit dem Gerichtshof der EU.
Mit diesem Ansatz eines **Kooperationsverhältnisses zwischen BVerfG und Gerichtshof der EU** indes begründete die europäische Integration keine einseitige Öffnung, sondern in Ergänzung dazu eine wechselseitige Beziehung, die die Geltung
deutscher Verfassungsgehalte auch auf europäische Rechtsakte erstrecken und vor
allem die Anwendung Letzterer hindern kann. Das schon frühere Hauptargument ist,
dass unabdingbare Grenzen für die Übertragung von deutscher Hoheitsgewalt auf die
europäische Ebene bestehen, die jetzt in Art. 23 I 3 GG aufgestellt sind. Diese müssen
die nationalen Verfassungsorgane aufgrund der ihnen obliegenden Integrationsverantwortung fortwährend wahren, und zwar auch bei jeder Veränderung der textlichen
Grundlagen des europäischen Primärrechts einschließlich vereinfachter Änderungs-
verfahren und Vertragsabrundungen.[107] Werden diese Verfassungsgrenzen überschritten, kann dies zur Nichtanwendung (nicht Ungültigkeit!) von Unionsrecht führen.[108]
Danach kann auch fortlaufend die etwaige Überschreitung der Kompetenzgrenzen
durch den unionsrechtlichen Normgeber kontrolliert werden.

Fall nach BVerfG DVBl. 2016, 1050 – OMT mAnm *Frenz* DVBl. 2016, 1056: Kann der Ankauf von 56
Staatsanleihen durch die EZB fortgeführt werden oder muss Deutschland dagegen etwas unterneh-
men? Immerhin hat der EuGH (ECLI:EU:C:2015:400 – OMT, → Rn. 41) dafür Bedingungen aufgestellt:
Ankäufe dürfen nicht angekündigt werden, ihr Volumen muss im Voraus begrenzt sein; zur vorherigen
Emission eines Schuldtitels muss eine Mindestfrist verstrichen sein. Die erworbenen Schuldtitel müs-

---

103 BVerfGE 73, 339 (2. Ls., 387) – Solange II; unter umgekehrtem Vorzeichen BVerfGE 37, 271 – So-
      lange I.
104 BVerfGE 102, 147 – Bananenmarktordnung. Zu den Grundrechtsproblemen → Rn. 43 ff. S. auch
      EuGH ECLI:EU:C:1996:452 Rn. 25 ff. – Port.
105 BVerfGE 89, 155 (175) – Maastricht.
106 BVerfGE 118, 79 (95, 97) – Emissionshandel; EuGH ECLI:EU:C:2013:105 Rn. 21, 27 – Åkerberg
      Fransson.
107 BVerfGE 123, 267 (355) – Lissabon: Formal sichert dies der Gesetzesvorbehalt nach Art. 23 I 2 GG.
108 Schon BVerfGE 37, 271 (280 ff.) – Solange I; auch BVerfGE 73, 339 (375 f.) – Solange II.

sen von Mitgliedstaaten mit die Finanzierung ermöglichendem Zugang zum Anleihemarkt erworben und dürfen dann lediglich ausnahmsweise bis zur Endfälligkeit gehalten werden; generell sind sie wieder dem Markt zuzuführen bzw. erst gar nicht zu kaufen, wenn die Erforderlichkeit der Intervention entfällt.

I. Nationalrechtlich fundierter und daher begrenzter Anwendungsvorrang

Es gilt grundsätzlich der Anwendungsvorrang des Unionsrechts. Art. 23 I GG enthält ein »**Wirksamkeits- und Durchsetzungsversprechen für das Unionsrecht**« (Rn. 117). Der Anwendungsvorrang besteht daher prinzipiell auch im Verhältnis zu entgegenstehendem nationalen Verfassungsrecht und lässt dieses im konkreten Fall unanwendbar sein (Rn. 118); auch nationale Durchführungsstellen können von der umfassenden GG-Bindung freigestellt werden (Rn. 119).

Der Anwendungsvorrang ergibt sich nach dem BVerfG aber trotz des erfolgten EU-Beitritts nicht nur aus dem Unionsrecht, sondern immer noch aus dem – fortwirkenden – innerstaatlichen **Rechtsanwendungsbefehl des Zustimmungsgesetzes** zu den Verträgen[109] und wird deshalb durch den Rahmen der geltenden Verfassungsordnung limitiert (Rn. 120).[110] Während der Vorrang des Unionsrechts gegenüber dem einfachen Gesetzesrecht als solcher unbestritten ist, besteht der Vorrang vor nationalem Verfassungsrecht aus Sicht des BVerfG daher nur in den Grenzen der Art. 23 GG und Art. 79 III GG. Werden diese nicht eingehalten, kann das BVerfG das Recht der EU für in Deutschland nicht anwendbar erklären.[111] Es partizipiert nicht am europarechtlichen Anwendungsvorrang – entgegen der absoluten und keine Ausnahme zulassenden Konzeption des EuGH,[112] die dem System des Unionsrechts mit umfassender Geltung in allen Mitgliedstaaten zugrunde liegt.[113]

Die einheitliche Geltung sieht auch das BVerfG als zentrales Element des Unionsrechts (Rn. 118) und will sie nur sehr restriktiv durchbrechen (»ausnahmsweise«, Rn. 141), als ultima ratio zum Schutz der unaufgebbaren Verfassungsbestandteile (**grundsätzliche Integrationsoffenheit**). Allerdings sieht das BVerfG die europäische Integration auch durch die **Mitgliedstaaten** als **Herren der Verträge** gekennzeichnet, die durch nationale Geltungsanordnungen über das Ob und die Reichweite von Geltung und Vorrang des Unionsrechts bestimmen könnten (Rn. 140). Damit indes nimmt das BVerfG der von ihm selbst mit zentraler Bedeutung versehenen einheitlichen Geltung des Unionsrechts (Rn. 117) ihre Essentialität und stellt sie in die Disposition der Mitgliedstaaten. Dadurch wird der Wesenskern des Unionsrechts beeinträchtigt. Jedenfalls dieser ist mit dem Beitritt eines jeden Mitgliedstaates anerkannt und vermag daher nicht hinterher infrage gestellt zu werden – auch nicht durch unabdingbares nationales Verfassungsrecht. Ansonsten liegt eine Übertragung von Hoheitsgewalt gleichsam mit angezogener Handbremse vor.

Im konkreten Fall fragt sich: Bildet der Ankauf von Staatsanleihen entsprechend seiner Auswirkungen Wirtschaftspolitik, welche die Union nur unterstützen, aber nicht gestalten darf, oder ist er ausgehend vom formalen Ausgangspunkt der Steuerung der Inflation Währungspolitik? Der EuGH geht von Letzterem aus (→ Rn. 41). Dabei ist aus Sicht des BVerfG unschädlich, dass der EuGH die angegebenen Ziele des Kaufs von Staatsanleihen nicht näher hinterfragt und die mittelbaren Folgewirkungen auf die eigentlich den Mitgliedstaaten vorbehaltene Wirtschaftspolitik (s. Art. 119 I und auch II AEUV) außer Acht lässt (Rn. 178), solange er nur im Ergebnis bei einer wertenden Gesamtbetrachtung im Wesentlichen zur Einhaltung der vom BVerfG aufgestellten Bedingungen gelangt, wenn auch erst unter Einbeziehung der im Falltext genannten, gerichtlich durch den EuGH kontrollierten Anforderungen an die Durchführung des OMT-Programms (Rn. 190, 193). Das Volumen ist begrenzt, sodass die stabilitätswahrende Maßnahme der Währungspolitik nur entsprechend Art. 119 II AEUV die Wirt-

---

109 Darin liegt ein Hauptansatz zur Kritik, mwN *Frenz* HdB EuropaR V, Rn. 263 ff.

110 Schon BVerfGE 73, 339 (375) – Solange II; BVerfGE 89, 155 (190) – Maastricht; BVerfGE 123, 267 (400) – Lissabon-Vertrag.

111 BVerfGE 123, 267 (400 f.) – Lissabon-Vertrag.

112 Klassisch EuGH ECLI:EU:C:1970:114 Rn. 3 – Internationale Handelsgesellschaft.

113 Näher *Lenaerts* EuR 2015, 3 (12 ff.).

schaftspolitik unterstützt und das Verbot monetärer Haushaltsfinanzierung nach Art. 123 AEUV einhält (Rn. 195 ff.).

Insoweit treten die Bedenken des BVerfG im Hinblick auf die verfassungsrechtliche Dimension des **Prinzips der begrenzten Einzelermächtigung zurück**. Um die kompetenziellen Grundlagen der EU wahren zu können, schließt das BVerfG die vom EuGH zugestandenen weiten Einschätzungs- und Ermessensspielräume (Rn. 179) eigentlich aus (Rn. 185), behält sich aber die Durchsetzung seiner restriktiveren Sicht nur für den Fall vor, dass **fundamentale Belange der Mitgliedstaaten berührt** sind (Rn. 186). Dies ist im Hinblick auf die Wahrung der **Budgethoheit des Bundestags** angesichts drohender Risiken aus dem Ankauf von Staatsanleihen durch die EZB sicherlich der Fall. Jedoch geht es nur um die Offensichtlichkeit der Kompetenzüberschreitung, welche das BVerfG beanstanden kann (Rn. 190).

II. Fortlaufende Schutzpflichten nationaler Organe aus Art. 1 iVm Art. 79 III GG (Anspruch auf Demokratie)

Das OMT-Programm greift auf Unionsebene und hilft anderen Mitgliedstaaten, belastet aber umgekehrt im »Schadensfall« den Bundeshaushalt. Daher hilft nur die Gegensteuerung durch die deutschen Staatsorgane, indem sie von vornherein nicht zustimmen – was erfolgte und nicht mehr möglich ist, sondern nur in Zukunft in Betracht kommt. Oder sie ergreifen Maßnahmen zur Aufhebung oder Begrenzung des OMT-Programms. Aber auch diese Handlungspflicht ist daran gebunden, dass die der EU übertragenen Hoheitsrechte überschritten werden; davor sollen die Staatsorgane den **Bürger** bewahren und so seinen **»Anspruch auf Demokratie«** sichern. Diesen leitet das BVerfG nicht nur aus Art. 38 GG ab, sondern sieht ihn in der Würde des Menschen verankert und dadurch zugleich beschränkt auf die Abwehr von Strukturveränderungen im staatsorganisationsrechtlichen Gefüge (Rn. 124, 126).

Diese Schutzpflicht greift hier nur nicht ein, weil die Möglichkeiten nach dem OMT-Programm der EZB jedenfalls in ihrer Umsetzung bereits vom EuGH eingegrenzt und diese Limitierungen vom BVerfG zwar als eigentlich nicht hinreichend kritisiert, aber im Hinblick auf das grundsätzliche Auslegungsmonopol des EuGH als noch akzeptabel angesehen wurden. Schließlich besteht eine **konkrete Handlungspflicht** wie bei den grundrechtlichen Schutzpflichten nur dann, wenn sich die grundsätzliche Integrationsverantwortung unter bestimmten rechtlichen und tatsächlichen Voraussetzungen verdichtet – etwa bei einem **Ankauf von Staatsanleihen in astronomischer Höhe**. Dann sind im Falle der Nachhaftung die Budgetrechte des Bundestags massiv bedroht (Rn. 215 f.), sodass der Kern des Demokratieprinzips nach Art. 1 iVm Art. 79 III GG angetastet wird, der auch im Hinblick auf EU-Maßnahmen nicht disponibel ist (Rn. 133). Das macht jedenfalls konkrete Erfolge versprechende Maßnahmen und ggf. auch eine bestimmte Vorgehensweise notwendig, wenn nur so der unverzichtbare Menschenwürdekern aufrechterhalten werden kann. Hier besteht eine weitere **Beobachtungspflicht,** weil gegenwärtig die Maßgaben des EuGH eingehalten sind und auch die haushaltspolitische Gesamtverantwortung des Bundestags und damit ein Kernbereich des Demokratieprinzips nicht gefährdet sind. Diese dürfen aber auch nicht durch das Volumen und die Risikostruktur der erworbenen Anleihen tangiert werden; daraus darf kein konkretes Risiko für den Bundeshaushalt erwachsen; dies ist ungewiss und fortlaufend zu beobachten (Rn. 220).

III. Ergebnis

Den OMT-Beschluss und seine Durchführung sieht das BVerfG im Rahmen des von Deutschland auf den Weg gebrachten europäischen Integrationsprogramms, da der EuGH in seinem OMT-Urteil vor allem mit seiner Verhältnismäßigkeitsprüfung des Ankaufs von Staatsanleihen eine wichtige Begrenzung gefunden hat. Damit sind weder die Kompetenzgrenzen des Unionsrechts evident überschritten noch die Verfassungsidentität nach dem GG angetastet. Allerdings müssen die deutschen Verfassungsorgane fortlaufend beobachten, ob sich aus den Anleihenkäufen der EZB konkrete Risiken für die Budgethoheit des Bundestages und damit letztlich den Anspruch des Bürgers auf Demokratie ergeben.

3. Widerspruch zum europäischen Integrationsprozess nach den Verträgen und Art. 23 GG

57 Auch eine subsidiäre Restzuständigkeit des BVerfG nach Vorlage an den EuGH, aber mit dem Anspruch, EU-Maßnahmen im Einzelfall in Deutschland nicht anwendbar sein zu lassen, bereitet jedoch Probleme. Behielte sich eine solche jedes nationale Verfassungsgericht vor, wäre die **einheitliche Anwendung des Unionsrechts nicht mehr sichergestellt.** Diese ist aber die Grundlage für die Verwirklichung der europäischen Integration. Dieses Hauptziel der Unionsverträge zeigen insbesondere Art. 4 III EUV und Art. 18 AEUV. Tiefergehend konnte die Unionsrechtsordnung erst entstehen, weil die Mitgliedstaaten ihre Souveränitätsrechte in einem bestimmten Bereich beschränkt und auf die europäische Ebene übertragen haben. Daher hat die unmittelbare Wirkung von **Unionsrecht** zur Folge, dass ein **Anwendungsvorrang vor innerstaatlichem Recht** besteht.[114] Somit geht sekundäres Unionsrecht ebenso dem nationalen Recht vor, einschließlich den Grundrechten,[115] und kann a priori nicht an ihm gemessen werden.

58 Das **unterscheidet das Unionsrecht von völkerrechtlichen Verträgen,** die erst über ein nationales Zustimmungsgesetz nach Art. 59 II GG in die innerstaatliche Rechtsordnung **transformiert** werden (müssen). Daher geht auch die **EMRK** nicht nationalem Recht vor, sondern muss in dieses eingepasst und von den staatlichen Organen einschließlich der Gerichte nur **berücksichtigt,** nicht hingegen unmittelbar und in vollem Umfang angewendet werden. Sie gilt auch nur als einfaches Bundesgesetz und ist daher **wie anderes Gesetzesrecht im Rahmen methodisch vertretbarer Auslegung zu beachten. Sie beeinflusst die Auslegung der Grundrechte, geht ihnen aber nicht vor.** Lediglich insoweit sind die Träger deutscher öffentlicher Gewalt auch an die Entscheidungen des EGMR gebunden. In diesem Umfang gehören die Gewährleistungen der **EMRK** freilich zur **Bindung an Recht und Gesetz nach Art. 20 III GG.**[116] Weitergehend bilden die Grundrechte der EMRK allerdings gem. Art. 6 III EUV als allgemeine Grundsätze einen **Teil des Unionsrechts** und sind daher von den Unionsorganen in Gänze zu wahren, sind sie doch regelmäßig über die GRCh in die Gehalte der europäischen Grundrechte eingegangen (s. Art. 6 I UAbs. 2 EUV sowie Art. 52 III GRCh).

59 Art. 23 I GG geht davon aus, dass Hoheitsrechte unmittelbar auf die europäische Ebene übertragen werden. Es ist nicht vorgesehen, dass danach noch eine Prüfung von Unionsrecht an deutschen Verfassungsstandards stattfindet. Diese hat vielmehr zum Zeitpunkt der Übertragung zu erfolgen.[117] Ist daher einmal Hoheitsgewalt auf die europäische Ebene übertragen, darf keine Kontrolle an deutschen Verfassungsstandards durch das BVerfG mehr stattfinden. Das BVerfG hat deshalb auch keine Auslegungskompetenz, ob die Grenzen nach Unionsrecht gewahrt wurden. Dieses entwickelt sich zudem nach der Übertragung der Hoheitsgewalt notwendig fort,[118] wie auch Art. 23 I 1 GG voraussetzt. **Unionsrechtliches Sekundärrecht ist der deutschen (Verfassungs-)Gerichtsbarkeit gänzlich entzogen** und daher schon **keine öffentliche Gewalt nach Art. 93 I Nr. 4 a GG.**

4. Zustandekommen sekundären Unionsrechts

60 Sekundärrecht wird allerdings **unter Beteiligung deutscher Vertreter im Rat** erlassen. Diese sind zwar in ein Unionsorgan eingebunden. Die Zusammensetzung des Ra-

---

114 EuGH ECLI:EU:C:1964:66 S. 1269 ff. – Costa/ENEL; BVerfGE 75, 223 (244) – Kloppenburg.
115 EuGH ECLI:EU:C:1970:114 Rn. 3 f. – Internationale Handelsgesellschaft.
116 BVerfGE 111, 307 (316 ff., 323 f.) – Görgülü; → Rn. 142 f., → Rn. 699 ff.; zum Einfluss der EMRK auf die grundrechtliche Fallbearbeitung *Hoffmann/Mellech/Rudolphi* JURA 2009, 256.
117 → Rn. 20.
118 Vgl. BVerfGE 90, 286 (6. Ls., 350 f.) – Auslandseinsätze der Bundeswehr.

tes aus nationalen Vertretern ist aber Ausdruck der fortbestehenden Entscheidungsgewalt der Einzelstaaten auf europäischer Ebene.[119] Diese Vertreter wurden **innerstaatlich bestellt und unterstehen innerstaatlichen Anordnungen.** Soweit solche deutschen Organe innerhalb einer supranationalen Organisation wirken, sind sie daher **in Ausübung deutscher Staatsgewalt** tätig.[120] Dementsprechend sind sie an die nationalen Gesetzgebungsorgane rückgekoppelt, wenn es um konkretisierendes Vertragsrecht wie nach Art. 81 III UAbs. 2 AEUV (dort **Notbremsemechanismus**) geht oder gar faktische Vertragsänderungen anstehen (→ Rn. 22 aE). Das folgt aus dem **Demokratiegebot** nach Art. 20 I, II GG. Zudem sind die deutschen Organe nach Art. 1 III, 20 III GG den Grundrechten unterworfen. Eingebunden in ein Unionsorgan und auf der Basis übertragener Hoheitsgewalt tätig, kann aber nur die Einhaltung der **unabdingbaren Standards** beim Abstimmungsverhalten der deutschen Vertreter im Rat eingefordert werden.

Zumal wenn ein europäischer Rechtsakt nach seiner Verabschiedung nicht mehr angegriffen werden kann, ist die Antragsbefugnis für die **Verfassungsbeschwerde** auch vor einer unmittelbaren Wirkung nach Inkrafttreten gegeben. Weitere mögliche Verfahren sind Art. 93 I Nr. 1 (**Organstreit**) und Nr. 3 (**Bund-Länder-Streitigkeit**) GG. 61

Das gilt nicht, wenn bei der **Umsetzung einer Richtlinie** den deutschen Grundrechten entsprochen werden kann (Bsp.: Tabakrichtlinie).[121] Der Verweis schon in diesem Zusammenhang auf den späteren Grundrechtsschutz durch den EuGH und ggf. das BVerfG[122] kann indes nur dann in vollem Umfang den nationalen Grundrechtsschutz gewährleisten, wenn man von einem Kooperationsverhältnis zwischen den Gerichten ausgeht (→ Rn. 49 ff.). 62

> **Fall** nach BVerfGE 80, 74 – Rundfunkrichtlinie: Zur Wahrung der Länderrechte beantragt der Freistaat Bayern beim BVerfG eine einstweilige Anordnung gegen eine Mitwirkung der Bundesregierung an der EU-Rundfunkrichtlinie. 63
>
> Im Verfahren nach § 32 BVerfGG sind die Folgen, die ohne Ergehen der einstweiligen Anordnungen trotz Erfolg in der Hauptsache einträten, gegen die Nachteile bei ihrem Erlass und Erfolglosigkeit im Hauptsacheantrag (hier Art. 93 I Nr. 3 GG) abzuwägen. Könnte die Bundesregierung wegen der einstweiligen Anordnung an der Entstehung der Richtlinie nicht mitwirken, wäre ihr zugleich eine länderfreundlichere Mitgestaltung verwehrt. Ohne einstweilige Anordnung könnte die Bundesregierung hingegen auf politischem Wege eine eher die Länderzuständigkeiten wahrende Rundfunkrichtlinie erzielen. Dieser Vorteil überwiegt den Nachteil einer (vorläufigen) Bindung des Antragstellers. Der Antrag auf Erlass einer einstweiligen Anordnung ist daher abzuweisen.

5. Umsetzung und Anwendung durch Organe deutscher Staatsgewalt

Ausprägungen deutscher Staatsgewalt sind an sich auch die Organe, die Richtlinien umsetzen bzw. unmittelbar wirkendes Unionsrecht anwenden. Daher könnten auch deren Handlungen an den Grundrechten zu messen sein.[123] Nach dem BVerfG besteht ein **Anwendungshindernis im Inland,** wenn ein solcher EU-Rechtsakt außerhalb der 64

---

119 BVerfGE 89, 155 (186 f.) – Maastricht.
120 BVerfGE 80, 74 – EG-Rundfunkrichtlinie.
121 BVerfG NJW 1990, 974 – Tabakrichtlinie.
122 So BVerfG NJW 1990, 974 – Tabakrichtlinie.
123 Wohl BVerfGE 89, 155 (174) – Maastricht.

auf die Union übertragenen Hoheitsgewalt erging, sich mithin ultra vires bewegt oder die nationale Verfassungsidentität antastet.[124]

65 Indes wird der Gehalt dieser Rechtsakte allein vom Unionsrecht bestimmt, welches eine eigenständige und nach Übertragung von der nationalen eine separate Rechtsordnung bildet. Nationale Vollzugsorgane haben Unionsrecht daher so anzuwenden, wie es nach diesem Recht auszulegen ist. Das **Auslegungsmonopol** dafür hat ausweislich Art. 267 AEUV der Gerichtshof der EU. Damit sind die Vollzugsorgane eingebunden in die europäische Rechtsanwendung, die deshalb durch nationale Verwaltungsstellen erfolgt, weil eine europäische Verwaltungsebene nur in geringem Maße existiert. Die **Stellung der nationalen Vollzugsorgane** als **deutsche Staatsgewalt** ist daher **formal** und inhaltlich überlagert durch die Vorgaben des Europarechts; sie sind nur der ausführende verlängerte Arm zur Anwendung des Unionsrechts. Dieses steht daher in Streit, und es gelten ausschließlich unionsrechtliche Maßstäbe und damit auch EU-Grundrechte.[125]

66 Bei der **Umsetzung von Richtlinien** wird der nationale Gesetzgeber tätig. Indes ist auch er inhaltlich an die Vorgaben des Unionsrechts gebunden. Richtlinien geben zwar nach Art. 288 III AEUV nur das zu erreichende Ziel vor. Ihre Umsetzung verlangt aber eine strukturelle Deckungsgleichheit; **Aufbau und Inhalt der nationalen Rechtsetzung müssen** also **mit dem der Richtlinie korrespondieren**.[126] Insoweit ist auch das nationale Umsetzungsrecht nur die Kopie des sekundären Unionsrechts und daher nicht an den nationalen Maßstäben und insbesondere Grundrechten zu überprüfen, sondern allein an den unionsrechtlichen (→ Rn. 54ff.).[127] Diese **Prüfung** nimmt allerdings nicht das BVerfG vor, sondern das **jeweilige Fachgericht**, das bei Zweifeln über die Grundrechtskonformität gem. Art. 267 AEUV dem EuGH vorzulegen hat. Erst wenn dann der EuGH die Richtlinie, auf deren Basis das deutsche Recht erging, für ungültig erklärt, kann die nationale Norm an den Grundrechten gemessen und ggf. dem BVerfG nach Art. 100 GG vorgelegt werden.[128]

67 Allerdings räumen Richtlinien oft **Umsetzungsspielräume** ein, sind sie doch nur in ihren Zielen verbindlich. Besitzen insoweit die Mitgliedstaaten Gestaltungsmöglichkeiten, können sie diese jenseits der unionsrechtlichen Vorgaben nach ihren Vorstellungen und damit nach nationalen Maßstäben ausfüllen. Insoweit gelten daher auch **die nationalen Verfassungsnormen einschließlich der Grundrechte**.[129] Das gilt auch bei Verordnungen, die noch nationale Regelungen ermöglichen. Entscheidend ist der von den Unionsorganen gewählte Harmonisierungsgrad. Bei einer **Vollharmonisierung** bleibt kein Raum mehr für nationales Recht.

68 Entsprechendes gilt für die Vollzugstätigkeit. Hier kommt zwar zum Tragen, dass die Verwaltungstätigkeit grundsätzlich nationalen Maßstäben unterliegt (→ Rn. 39f.). Ma-

---

124 BVerfGE 123, 267 (354) – Lissabon; näher auch zum Folgenden → Rn. 49ff.

125 EuGH ECLI:EU:C:2013:105 Rn. 21, 27 – Åkerberg Fransson.

126 EuGH ECLI:EU:C:1991:87 Rn. 6 – Grundwasserschutzrichtlinie. Näher zu den Umsetzungserfordernissen → Rn. 111ff.

127 BVerfGE 118, 79 (98) – Emissionshandel; BVerwGE 124, 47 (56f.) – Emissionshandel; EuGH ECLI:EU:C:2013:105 Rn. 21, 27 – Åkerberg Fransson.

128 BVerfGE 118, 79 (97f.) – Emissionshandel.

129 BVerfG NJW 1990, 974 – Tabakrichtlinie; BVerfGE 118, 79 (98) – Emissionshandel; BVerwGE 124, 47 (63) – Emissionshandel.

teriell ist aber Unionsrecht anzuwenden und damit prägend – einschließlich der EU-Grundrechte.[130]

§ 2 Vereinbarkeit deutscher Gesetze mit Unionsrecht

A. Verfahrensmöglichkeiten[131]

I. Kommission und Mitgliedstaaten[132]

Widerspricht ein deutsches Gesetz primärem oder sekundärem (s. Art. 4 III EUV) **69** Unionsrecht, kommt ein **Vertragsverletzungsverfahren**[133] in Betracht. Dieses wird nach **Art. 258 AEUV** durch die **Kommission** eingeleitet. Zunächst muss diese aber in einem ersten Mahnschreiben dem Mitgliedstaat mitteilen, welches Verhalten wogegen verstößt, und ihm nach Art. 258 I AEUV Gelegenheit zur Äußerung geben. Danach hat sie ihm gem. Art. 258 I, II AEUV eine begründete Stellungnahme mit Abhilfefrist zu übermitteln. Erst wenn er dieser nicht fristgerecht nachkommt, kann sie nach pflichtgemäßem Ermessen Klage erheben. Davor ist immer noch eine Einigung möglich – wie jetzt für die deutsche PKW-Maut.

Nach **Art. 259 AEUV** kann auch **jeder Mitgliedstaat** gegen einen anderen Mitglied- **70** staat ein Vertragsverletzungsverfahren einleiten. Dies drohen nun verschiedene Nachbarstaaten im Hinblick auf eine deutsche **PKW-Maut** an. Zuvor aber haben sie die Kommission nach Maßgabe von Art. 259 II, III AEUV damit zu befassen. Hat diese eine Maßnahme für unionsrechtskonform befunden, handelt es sich allerdings um einen hohlen und damit verzichtbaren Formalismus – außer es handelt sich um eine modifizierte nationale Regulierung. Jedenfalls können die Mitgliedstaaten nach Ablauf von drei Monaten Klage erheben (Art. 259 IV AEUV).

Das Verfahren nach Art. 258, 259 AEUV ist **begründet, wenn eine Vertragsverlet-** **71** **zung vorliegt.** Der Mitgliedstaat braucht sie nicht verschuldet zu haben. Der EuGH stellt die Vertragsverletzung fest. Der Mitgliedstaat ist dann aus Unionsrecht verpflichtet, sie zu beheben. Ein Zwangsgeld kann nach Art. 260 II AEUV festgesetzt werden.

II. Gerichte

1. Vorlageverfahren, Art. 267 AEUV[134]

Das **Vorlageverfahren nach Art. 267 AEUV** hat ausschließlich **Unionsrecht zum** **72** **Gegenstand** und nicht nationales Recht. Der EuGH darf auch nicht über die Vereinbarkeit von nationalem Recht mit Unionsrecht befinden. Indes können die nationalen Gerichte **Auslegungsfragen** an den Gerichtshof stellen, aus deren Beantwortung sich letztlich ergibt, ob nationales Recht mit Unionsrecht übereinstimmt. Damit können

---

130 EuGH ECLI:EU:C:2013:105 – Åkerberg Fransson.
131 Näher *Frenz* HdB EuropaR V Rn. 2516 ff.
132 Zu den europäischen Institutionen und Grundstrukturen allg. *Frenz* HdB EuropaR VI Rn. 1 ff.
133 Am Bsp. direkter Steuern *Kischel* IWB 2015, 279; *Thiele*, Europäisches Prozessrecht, 2. Aufl. 2014, § 5.
134 *Ruffert* JuS 2015, 374; *Temming* ZESAR 2015, 298; Übungsfall: *Epping*, Grundrechte, S. 465; wichtige Entscheidungen: EuGH ECLI:EU:C:1966:39 – Vaasen-Göbbels; ECLI:EU:C:1982:107 – Nordsee; ECLI:EU:C:1982:335 – CILFIT; ECLI:EU:C:1987:452 – Foto Frost; ECLI:EU:C:2003:513 – Köbler; BVerfGE 126, 286 – Mangold; 134, 366 – OMT.

die nationalen Gerichte **aus den Antworten des EuGH** eine **Unvereinbarkeit nationaler Gesetze** mit Unionsrecht **entnehmen** und diese dann unangewendet lassen.

2. Voraussetzungen

73 Nach **Art. 267 III AEUV** durchgehend **vorlageverpflichtet** sind **die letztinstanzlichen Gerichte** – einschließlich BVerfG (→ Rn. 35). Die Vorlagepflicht soll das Auslegungsmonopol des EuGH sichern, also umfassend bestehen. Für sie kommt es daher auf eine konkrete Betrachtungsweise an, nicht darauf, ob gegen eine Entscheidung des betreffenden Gerichts generell Rechtsmittel möglich sind. Vorlagepflichtig sind demnach nicht nur die Bundesgerichte, sondern alle **Gerichte, deren Urteile im konkreten Fall nicht mehr mit der Berufung oder Revision angreifbar sind.** Außerordentliche Rechtsmittel wie eine Verfassungsbeschwerde schließen die Vorlagepflicht nicht aus, ist doch ungewiss, ob sie zum Zuge kommen (s. § 93 a BVerfGG). Dem Eilverfahren folgt hingegen regelmäßig das Hauptsacheverfahren nach.

74 Das Monopol des EuGH zur Auslegung der Unionsverträge wird auf jeden Fall berührt, wenn ein nationales Gericht sich **über** eine **unionsrechtliche Norm hinwegsetzen** will. Daher ist in diesem Fall wie nach Art. 100 I GG die Vorlagepflicht nicht auf ein letztinstanzliches Gericht beschränkt, sondern sie erfasst jedes Gericht,[135] auch im einstweiligen Rechtsschutz.[136]

75 Allerdings erübrigt sich eine Vorlage an den Gerichtshof, wenn die **Rechtslage klar** ist. Hier steht die Auslegung fest, und das nationale Gericht hat sie zu wahren. Das ist der Fall, wenn der EuGH eine Frage schon entschieden hat – dann besteht eine faktische Bindung aller Gerichte, die allerdings die Möglichkeit einer Wiedervorlage bei verbleibenden Unsicherheiten nicht berührt. Die Interpretation ist auch klar, wenn eine Auslegungsfrage bei vernünftiger Betrachtung eindeutig ist.[137]

76 **Zweifel** bestehen allerdings in den Fällen der **Mehrheitsentscheidung eines Spruchkörpers.** Das gilt auch dann, wenn nur die Minderheit der Richter Zweifel an der Auslegung hat.

77 Erfolgt trotz bestehender Zweifel **keine Vorlage** und wird damit die Vorlagepflicht verletzt, kann dies einen **Staatshaftungsanspruch** begründen (→ Rn. 1388 ff.).

78 Die **vorlagefähigen Fragen** ergeben sich aus Art. 267 I AEUV. Gegenstand der Vorabentscheidung des Gerichtshofs ist danach ausschließlich das Unionsrecht, nicht nationales Recht. Der EuGH kann aber unvollkommen gestellte Fragen in seinem Sinne umformulieren.

79 Nach Art. 267 II AEUV muss das vorlegende Gericht die Frage zum Unionsrecht für **entscheidungserheblich** halten. Es beurteilt diese Frage nach seinem nationalen Recht, das grundsätzlich den Rechtsstreit bestimmt. Eine Frage ist allerdings offensichtlich nicht entscheidungserheblich, wenn etwa der bezeichnete Akt eines EU-Organs nicht rechtserheblich ist oder das Verfahren vor dem vorlegenden Gericht zum Zeitpunkt des Vorabentscheidungsersuchens bereits abgeschlossen war.

---

135 EuGH ECLI:EU:C:1987:452 Rn. 12 ff. – Foto Frost im Wege der richterlichen Rechtsfortbildung über den Wortlaut des Art. 267 III AEUV hinaus.
136 IE → Rn. 1010 f. (bei § 80 V VwGO) und → Rn. 1287 f. (bei § 123 VwGO).
137 Näher EuGH ECLI:EU:C:1982:335 Rn. 16 – CILFIT.

3. Verletzung von Art. 101 I 2 GG

Legt ein nationales Gericht nicht vor, obwohl es nach Art. 267 AEUV zur Vorlage ver-   80
pflichtet wäre, wird einem Kläger diese klärende Instanz des **EuGH** und damit der **gesetzliche Richter** trotz **Art. 101 I 2 GG** entzogen. Diese Verletzung kann der Einzelne
im Wege der **Verfassungsbeschwerde** geltend machen. Es findet insoweit aber nur eine
Prüfung am Willkürverbot statt. Dieses ist namentlich dann verletzt, wenn das nationale letztinstanzliche Hauptsachegericht

- die Vorlage überhaupt nicht in Erwägung zieht, obwohl Unionsrecht entscheidungserheblich und zugleich zweifelhaft ist (**grundsätzliche Verkennung der Vorlagepflicht**),
- bewusst von der Rspr. des Gerichtshofs der EU abweicht und gleichwohl nicht oder
  nicht erneut vorlegt (**bewusstes Abweichen ohne Vorlagebereitschaft**),
- eine Judikatur des Gerichtshofs der EU zu einer entscheidungserheblichen unionsrechtlichen Frage gänzlich fehlt, nicht erschöpfend oder eine Fortentwicklung praktisch nicht bzw. nur entfernt möglich ist (**Unvollständigkeit der Rspr.**). Allerdings
  besteht insoweit ein richterlicher Beurteilungsspielraum, der in unvertretbarer
  Weise überschritten sein muss. Das ist vor allem dann gegeben, wenn mögliche Ge-
  genauffassungen gegenüber der vom nationalen Gericht vertretenen Meinung eindeutig vorzuziehen sind.[138]

Fall nach BVerfG NJW 2001, 1267: Das BVerwG (E 108, 289) hält ein deutsches Gesetz, das eine   81
sechsmonatige Vollzeittätigkeit in einer Praxis für Allgemeinmedizin zur Voraussetzung für die Bezeichnung »praktischer Arzt« bzw. »praktische Ärztin« macht und eine zwölfmonatige Teilzeittätig-
keit nicht genügen lässt, unter Verweis auf den begrenzten Anwendungsbereich des Art. 157 AEUV offenbar für unionsrechtskonform und verneint daher eine Vorlagepflicht.

Der EuGH hat sehr dezidiert den Grundsatz der **Gleichbehandlung der Geschlechter** als Grundrecht
herausgearbeitet und aus ihm das umfassende Verbot der unmittelbaren oder mittelbaren Benachteiligung wegen des Geschlechts abgeleitet.[139] Sind von einer zwingenden Vollzeitregelung mehr Frauen
als Männer nachteilig betroffen, liegt eine versteckte Diskriminierung vor.[140] Da das BVerwG diese
Rspr. des EuGH grundsätzlich verkannte, legte es zu Unrecht nicht vor und verletzte Art. 101 I 2 GG.

III. Individuen

Der Einzelne hat die Möglichkeit, ein nationales Gericht wegen der **Verletzung ihm**   82
zustehender unionsrechtlicher Rechte anzurufen[141] und in diesem Verfahren dann
unter den Voraussetzungen des Art. 267 AEUV eine Vorlage an den EuGH zu erreichen. Freilich kann er **nur** über diesen **indirekten Weg** eine Überprüfung von deutschen Gesetzen am Unionsrecht herbeiführen: formell indirekt, weil er sich nicht
selbst an den Gerichtshof der EU zu wenden vermag, in sachlicher Hinsicht indirekt,
weil der Gerichtshof seinen konkreten Fall gar nicht behandelt, sodass nur indirekt
Rückschlüsse aus der Antwort gezogen werden können.

---

138 BVerfGE 126, 286 (316) – Mangold.
139 Bereits EuGH ECLI:EU:C:1978:130 Rn. 26, 29 – Defrenne; ECLI:EU:C:1984:116 Rn. 16 f. – Raz-
   zouk und Beydoun.
140 EuGH ECLI:EU:C:1989:328 Rn. 16 – Rinner-Kühn.
141 Zu auf Unionsrecht gestützten Anfechtungsklagen → Rn. 780 ff., zu Verpflichtungsklagen
   → Rn. 1132.

B. Ansatzpunkte für eine Unionsrechtswidrigkeit

83 Eine Vertragsverletzung durch einen Mitgliedstaat liegt vor, wenn irgendein Träger hoheitlicher Gewalt dieses Staates einschließlich vom Staat beeinflusster privatrechtlicher Organisationen und Gerichte Unionsrecht verletzt hat. Dazu kann die nationale Gesetzgebung gehören, aber auch deren Umsetzung und Ausführung. Auf interne Verhältnisse kann sich der Mitgliedstaat nicht berufen. Diese so einzurichten, dass Unionsrecht nicht verletzt wird, fällt in seine Verantwortung. Da das Unionsrecht Anwendungsvorrang vor dem nationalen Recht genießt, haben **die nationalen Verwaltungen und Gerichte unionsrechtswidrige nationale Bestimmungen unangewendet zu lassen;**[142] insoweit besitzen sie also im Einzelfall ein Normverwerfungsrecht und unterliegen zugleich einer Normverwerfungspflicht.

I. Unionsrechtliches Primärrecht[143]

84 Die **Grundfreiheiten**[144] und das allgemeine **Diskriminierungsverbot** nach Art. 18 AEUV sind die (Kern-)Rechte des primären Unionsrechts, die durch mitgliedstaatliches Verhalten verletzt werden können. Ihre Struktur ist vergleichbar mit den deutschen Grundrechten: Es wird ein bestimmter Freiraum gewährleistet, der nur dann zulässig beeinträchtigt werden kann, sofern eine Rechtfertigung besteht. Daher ergibt sich als **Grundschema:**

Prüfung der europäischen Grundfreiheiten

A. Schutzbereich
  I. Verbotstatbestand, Gewährleistung
  II. Keine Schutzbereichsbegrenzung
B. Beeinträchtigung
- Offene Diskriminierung (formale Ungleichbehandlung nach der Staatszugehörigkeit) oder
- Versteckte Diskriminierung (formale Gleichbehandlung, aber faktische Benachteiligung nur der Waren/Personen aus anderen Mitgliedstaaten) oder
- Allgemeine Beschränkung (Behinderung von Waren/Personen aus anderen Mitgliedstaaten): Dassonville-/Keck-Formel
C. Rechtfertigung
  I. Rechtfertigungsgrund
    1. geschrieben
    2. ungeschrieben (Cassis-Formel)
  II. Rechtfertigung im konkreten Fall
    1. Keine willkürliche Diskriminierung
    2. Wahrung des (europarechtlichen) Verhältnismäßigkeitsprinzips:
      a) Geeignetheit
      b) Zwingende Erforderlichkeit, kein milderes Mittel (Hauptprüfungspunkt des EuGH)

---

142 EuGH ECLI:EU:C:1964:66 – Costa/ENEL; zu den neueren Entwicklungen *Stenmans,* Die Unanwendbarkeit nationaler Rechtsvorschriften wegen Unionsrechtswidrigkeit, 2015.

143 Allg. zum Primärrecht → Rn. 20, → Rn. 36 ff.

144 S. Ehlers/*Ehlers et al.* §§ 7 ff.; *Frenz* HdB EuropaR I; Übungsfälle: *Böhm* JA 2009, 328; *Ruffert* JuS 2009, 97.

> c) Angemessenheit: Proportionalität zwischen verfolgtem Zweck und beeinträchtigter Grundfreiheit (praktische Relevanz bislang nur bei Schutzpflichten)
> 3. Wahrung der (europäischen) Grundrechte, ggf. Abwägung mit beeinträchtigter Grundfreiheit durch Verhältnismäßigkeitsprüfung

1. Warenverkehrsfreiheit, Art. 34 AEUV[145]

a) Schutzbereich. Art. 34 AEUV verbietet mengenmäßige Einfuhrbeschränkungen sowie alle Maßnahmen gleicher Wirkung. Entsprechend der systematischen Stellung in Titel II bezieht sich diese Freiheit auf Waren. Diese sind in Art. 28 AEUV definiert. Darunter fallen alle Erzeugnisse, die einen Geldwert haben und deshalb Gegenstand von Handelsgeschäften sein können – so auch Strom.[146] Einen Geldwert haben auch Stoffe, für deren Abnahme bezahlt werden muss, vor allem also Abfälle; diese werden gegen Bezahlung abgenommen und sind damit Gegenstand von Handelsgeschäften.[147] Danach könnten auch Drogen erfasst sein. Darauf bezogene Handelsgeschäfte sind aber von vornherein verboten.[148]   85

b) Beeinträchtigung. Eine Maßnahme gleicher Wirkung nach Art. 34 AEUV ist jede Handelsregelung eines Mitgliedstaates, die geeignet ist, den Handel innerhalb der Union unmittelbar oder mittelbar, tatsächlich oder potenziell zu behindern (Dassonville-Formel).[149] Hauptsächlich verstoßen nationale Regelungen gegen die Warenverkehrsfreiheit, die inländische Produkte begünstigen.   86

Fall nach EuGH ECLI:EU:C:1987:126 – Reines Bier: In der Bundesrepublik Deutschland erlaubt ein Gesetz nur das Inverkehrbringen solcher Getränke als Bier, die nach dem deutschen »Reinheitsgebot« gebraut wurden. Eine holländische Firma möchte ihr nach einem anderen Verfahren hergestelltes, in den Niederlanden legal vertriebenes Bier auch in Deutschland verkaufen.   87

Dass in Deutschland nur nach dem deutschen Reinheitsgebot gebraute Getränke mit den Zutaten Wasser, Hopfen und Malz als Bier verkauft werden dürfen, kann den Absatz und damit den Warenverkehr von »Bieren« behindern, die in anderen Mitgliedstaaten unter Zufügung auch anderer Inhaltsstoffe hergestellt werden. Um in Deutschland Bier nach dem Reinheitsgebot verkaufen zu können, müsste eigens nach diesem Rezept produziert werden.

Vertriebsbezogene Maßnahmen stellen bei unterschiedsloser Anwendung und tatsächlich gleichen Auswirkungen auf einheimische Waren und solche aus anderen Mitgliedstaaten keine Beschränkung iSv Art. 34 AEUV dar (Keck-Formel).[150] **Vertriebsbezogene Maßnahmen sind – im Gegensatz zu produkt- und damit auf die Erzeugerin**   88

---

145 *Würdemann/Glöckle* ZEuS 2016, 85; *Cremer/Bothe* EuZW 2015, 413; *Ruffert,* JuS 2014, 662; *Manger-Nestler/Noack,* JuS 2013, 503; *Übungsfälle: Ogorek* JA 2016, 556; *Arndt/Fetzer/Fischer,* Fälle zum Europarecht, 8. Aufl. 2015. Wichtige Entscheidungen: EuGH ECLI:EU:C:1974:82 – Dassonville; ECLI:EU:C:1979:42 – Cassis mit Besprechung *Odendahl* JA 1996, 18; ECLI:EU:C:1993:932 – Keck; ECLI:EU:C:2000:12 – TK-Heimdienst; ECLI:EU:C:2003:664 – DocMorris; ECLI:EU:C:2016:776 – Parkinson. Zu Schutzpflichten → Rn. 1088.
146 EuGH ECLI:EU:C:1994:171 Rn. 28 – Almelo.
147 EuGH ECLI:EU:C:1992:310 Rn. 26ff. – Wallonische Abfälle.
148 Dazu: EuGH ECLI:EU:C:2010:774 – Josemans.
149 EuGH ECLI:EU:C:1974:82 Rn. 5 – sog. Dassonville-Formel.
150 S. EuGH ECLI:EU:C:1993:932 Rn. 16 – Keck.

selbst bezogenen Maßnahmen – solche, die bestimmte **Verkaufsmodalitäten beschränken oder verbieten.** Ihre weitgehende Ausklammerung entspricht dem ausschließlichen Produktbezug des Art. 34 AEUV. Garantiert bleiben muss aber die wirksame Sicherung der Warenverkehrsfreiheit, die gerade auch durch indirekte Beeinträchtigungen gefährdet wird. Daher zählt die Versperrung oder Eignung zur Behinderung des Marktzugangs.[151]

89 Die Beschränkung des Verkaufs von Bieren, die nicht dem Reinheitsgebot entsprechen, berührt zwar den Vertrieb, knüpft aber nicht an die Modalitäten des Verkaufs, sondern an die Produktzusammensetzung an.

90 c) **Rechtfertigung.** Eine Beeinträchtigung der Warenverkehrsfreiheit kann einmal zB aus Gründen des **Gesundheitsschutzes** nach Art. 36 AEUV gerechtfertigt sein. Hinzu kommen darüber hinausgehende **immanente Schranken.** Diese beruhen darauf, dass den nationalen Rechtsordnungen Unterschiede und Besonderheiten immanent sind, die für das innerstaatliche System von fundamentaler Bedeutung sein können. Sich daraus ergebende Hemmnisse müssen daher hingenommen werden, soweit sie zur Wahrung zwingender Gründe des Allgemeininteresses notwendig sind (**Cassis-Formel**). Dazu gehören auch die **Lauterkeit des Handelsverkehrs** und der **Verbraucherschutz.**[152] Die **Unionsgrundrechte** können ebenfalls Beeinträchtigungen der Grundfreiheiten rechtfertigen – so die Versammlungsfreiheit vorübergehende Beschränkungen grenzüberschreitender Warentransporte.[153]

91 Die Beschränkung der Bezeichnung Bier kann schwerlich auf den Gesundheitsschutz zielen. Zusatzstoffe finden sich auch bei anderen Lebensmitteln, ohne dass dadurch Verbraucher zu Schaden kommen. Diese Restriktion dient aber dazu, dass der Verbraucher nur bestimmte Eigenschaften verbindet und seine Wahl unter diesem Gesichtspunkt trifft. Sie ist geeignet, **Verwechslungen** zu **vermeiden.** Hierfür **genügt** aber auch eine **ausreichende Kennzeichnung.** Diese bildet ein milderes Mittel. Ein Verkaufsverbot unter der Bezeichnung »Bier« droht demgegenüber Verbrauchergewohnheiten zu zementieren und dadurch Marktzutrittsschranken für EU-ausländische Produkte zu errichten. Die Verbrauchergewohnheiten sollen sich aber gerade fortentwickeln können, um den Markt für Produkte aus allen EU-Mitgliedstaaten offen zu halten. Die Erforderlichkeit fehlt daher.

92 **Fall** nach EuGH ECLI:EU:C:2016:776 – Parkinson mAnm *Frenz* GewArch 2017, 27: Eine Regelung in Deutschland bindet die Preise für Arzneimittel auch zulasten von Internetversandhandelsapotheken. Die Alternative soll ein vollständiges Verbot des Versandhandels bilden.

Warenverkehrsfreiheit

I. Beeinträchtigung der Warenverkehrsfreiheit
II. Rechtfertigung aus Gesundheitsgründen
III. Alternativen
IV. Ergebnis

---

151 EuGH ECLI:EU:C:2010:725 Rn. 51, 54 – Ker Optika; ECLI:EU:C:2003:664 Rn. 74 – DocMorris.
152 EuGH ECLI:EU:C:1979:42 Rn. 8 – Cassis. Darin wird vielfach eine tatbestandsimmanente Begrenzung der Warenverkehrsfreiheit gesehen. Dies ändert aber nichts an der freiheitsbeschränkenden Wirkung der fraglichen nationalen Maßnahme, die »gerechtfertigt werden« muss (so auch explizit EuGH ECLI:EU:C:1987:126 Rn. 28 – Reinheitsgebot für Bier und schon ECLI:EU:C:1979:42 Rn. 9 – Cassis: »zur Rechtfertigung«).
153 EuGH ECLI:EU:C:2003:333 Rn. 79f. – Schmidberger (Brenner-Blockade) zu grundfreiheitlichen Schutzpflichten; dazu → Rn. 1259.

I. Beeinträchtigung der Warenverkehrsfreiheit

Die Keck-Doktrin unterscheidet nach produkt- und verkaufsbezogenen Maßnahmen und klammert reine Verkaufsmodalitäten aus dem Tatbestand von Art. 34 AEUV aus, außer der Absatz der inländischen Erzeugnisse und der Erzeugnisse aus anderen Mitgliedstaaten wird rechtlich bzw. tatsächlich unterschiedlich berührt. Damit dürfen aber diese Verkaufsmodalitäten nicht geeignet sein, den Marktzugang für Erzeugnisse aus anderen Mitgliedstaaten zu versperren oder stärker zu behindern als dies für inländische Erzeugnisse zutrifft.

Das Internet bildet für Apotheken aus anderen EU-Staaten ein Mittel, das für den unmittelbaren Zugang zum deutschen Markt eher geeignet ist und daher bei einem Ausschluss ihren Marktzugang stärker zu behindern geeignet ist als für inländische Erzeugnisse.[154] Die Festsetzung einheitlicher Apothekenabgabepreise nimmt ausländischen Apotheken die Möglichkeit günstigerer Angebote und **hindert** damit ihren **Marktzugang** stärker als für inländische Erzeugnisse, jedenfalls **potenziell**.[155]

Dieser Ansatz liegt parallel zu dem bei den an der Dienstleistungsfreiheit gemessenen nationalen Tariftreue- und Mindestlohnbestimmungen bei der Vergabe öffentlicher Aufträge. Durch solche Zusatzbedingungen gehen den Anbietern aus anderen EU-Staaten Wettbewerbsvorteile durch niedrige Löhne und damit Angebotspreise verloren, sodass es einer Rechtfertigung bedarf, die nur bei allgemeinen und tatsächlichen Mindestlöhnen vorhanden ist.[156]

II. Rechtfertigung aus Gesundheitsgründen

1. Ansatz

Da die Warenverkehrsfreiheit beschränkt ist, geht es um die Rechtfertigung aus Gesundheitsgründen. Gesundheit und Leben von Menschen nehmen zwar den höchsten Rang ein und die Mitgliedstaaten haben das Bestimmungsrecht, auf welchem Niveau und wie sie diesen Schutz gewährleisten wollen.[157] Dabei haben aber die Mitgliedstaaten die Grundfreiheiten zu wahren. Diese können sie allerdings legitim vor allem durch das Erfordernis einschränken, die regelmäßige Versorgung des Landes für wichtige medizinische Zwecke sicherzustellen.[158]

Vor diesem Hintergrund beurteilt der EuGH, ob das Preisbindungssystem, wie von Deutschland vorgetragen, vor einem **ruinösen Preiswettbewerb** schützt und so niedergelassene Apotheken vor allem in ländlichen oder dünn besiedelten Gebieten erhält. Zudem geht er auf die Frage ein, ob nur traditionelle Apotheken eine sichere und qualitativ hochwertige Arzneimittelversorgung vor allem in Notfällen sowie eine individuelle Beratung und eine wirksame Kontrolle der abgegebenen Arzneimittel gewährleisten können.

2. Bereits fehlende Eignung der Preisbindung

Der EuGH befürwortet noch nicht einmal die Eignung zur Gewährleistung einer flächendeckenden und gleichmäßigen Versorgung der Bevölkerung mit verschreibungspflichtigen Arzneimitteln. Er sieht die **Darlegungslast** nicht gewahrt, nach der es den nationalen Behörden obliegt, die dafür erforderlichen Beweise beizubringen, und zwar in einer Weise, dass genaue Angaben zur Stützung des mitgliedstaatlichen Vorbringens erfolgen.[159] Im Gegenteil tendiert der EuGH eher zur Ungeeignetheit der ergriffenen Maßnahme, indem er aus einigen Unterlagen der Kommission entnimmt, dass mehr Preiswettbewerb unter den Apotheken die gleichmäßige Versorgung gerade fördern würde: Es würden Anreize zur Niederlassung in Gegenden gesetzt, in denen wegen der geringeren Zahl an Apotheken höhere Preise verlangt werden können.[160]

Der EuGH untermauert seine eigene Argumentation nicht näher. Dies muss er auch gar nicht, weil er damit die deutsche Argumentation schon im Ansatz erschüttert. Im Gegenteil müsste Deutschland

---

154 EuGH ECLI:EU:C:2016:776 Rn. 23 – Parkinson.
155 EuGH ECLI:EU:C:2016:776 Rn. 26 – Parkinson.
156 S. EuGH ECLI:EU:C:2008:189 – Rüffert; ECLI:EU:C:2014:2235 – Bundesdruckerei; ECLI:EU: C:2015:760 – Landau; abgrenzend *Frenz* DVBl. 2016, 50.
157 EuGH ECLI:EU:C:2016:776 Rn. 30 – Parkinson.
158 EuGH ECLI:EU:C:2016:776 Rn. 31 – Parkinson.
159 EuGH ECLI:EU:C:2016:776 Rn. 35, 37) – Parkinson.
160 EuGH ECLI:EU:C:2016:776 Rn. 38 – Parkinson.

näher vorbringen, dass der Ausschluss des Preiswettbewerbs die gleichmäßige Versorgung auch in unattraktiven Gegenden sichert. Dies müsste im Übrigen auch im Hinblick auf das nunmehr geforderte Versandverbot von Arzneimitteln erfolgen. Daher ist nicht sicher, ob auch in den Zeiten der umfassenden Verbreitung des Internets die ursprüngliche Rechtfertigung des EuGH eines Verbots des Versandhandels im DocMorris-Urteil aufrechterhalten würde; diese Rechtfertigung betraf ohnehin nur verschreibungspflichtige Medikamente.[161]

Entsprechendes gilt im Hinblick auf die Sicherung einer qualitativ hochwertigen Versorgung mit verschreibungspflichtigen Arzneimitteln. Auch insoweit fehlen dem EuGH Belege, dass sich die Versandapotheken ohne eine Preisregelung einen Preiswettbewerb liefern könnten, der ruinös wäre und damit wichtige Leistungen wie die zur Notfallversorgung nicht mehr gewährleisten könnten. Im Gegenteil tendiert der EuGH dazu, dass gerade ein Preiswettbewerb mit den Versandapotheken solche Aktivitäten wie Vorratshaltung und Sortimentsvielfalt gewährleisten würde.[162] Der Gerichtshof zeigt auf, wie die traditionellen Apotheken durch bessere Beratung und Notfallversorgung gerade im Wettbewerb bestehen könnten.[163] Eine flächendeckende und qualitativ **hochwertige Versorgung** sieht der EuGH damit eher durch Wettbewerb als durch einheitliche Preisfestsetzung gewährleistet.

3. Ausscheiden allgemeiner Überlegungen

Allgemeine Überlegungen, wie der Umstand, dass ein gesundheitlich geschwächter Patient nicht erst eine Marktanalyse durchführen könne, um eine Apotheke mit günstigen Arzneimitteln zu finden, ist für den EuGH gänzlich irrelevant; er verlangt relevante wissenschaftliche Untersuchungen.[164] Auch insoweit verweist der EuGH auf mögliche Vorteile der Patienten durch Preiswettbewerb, weil so verschreibungspflichtige Arzneimittel gerade günstiger werden könnten, als sie von Deutschland aktuell festgelegt werden.[165] Auch die Notwendigkeit von Arzneimitteln und eines wirksamen Schutzes der Gesundheit zu angemessenen Preisen[166] spricht damit für Wettbewerb und nicht für einheitliche Preisfestsetzung. Diese ist danach nicht gerechtfertigt und bildet einen Verstoß gegen die Warenverkehrsfreiheit.

III. Alternativen

1. Freie Preisfestsetzung auch für inländische Apotheken

Welcher Ausweg bietet sich gleichwohl aus gegenteiliger deutscher Sicht zum Schutz der nationalen Apotheken an? Es bleibt zum einen, die einheitliche Preisfestsetzung auch für inländische Apotheken fallen zu lassen. Dann können auch diese durch eigenständige Preisbildung im Wettbewerb möglicherweise zusätzliche Kunden gewinnen oder durch eine besonders qualifizierte Beratung vorhandene Kundschaft auch bei höheren Preisen halten. Automatisch oder aus Verfassungsrecht ist allerdings eine solche Abschaffung der einheitlichen Preisfestsetzung für inländische Apotheken nicht gegeben.[167] Die Grundfreiheiten verlangen nur den Abbau von Beschränkungen für Anbieter aus anderen Mitgliedstaaten, nicht hingegen für die eigenen Staatsangehörigen. Die **Inländerdiskriminierung** ist zulässig.

2. (Internet)Versandhandelsverbot

Der andere Weg besteht auch nicht ohne Weiteres im Verbot des Internetversandhandels. Diesen hat der EuGH nicht bei Medikamenten ohne Verschreibungspflicht bejaht. Vielmehr hat der EuGH differenziert und bei verschreibungspflichtigen Medikamenten den Internetversandhandel insbesondere im Hinblick auf die gravierenden Konsequenzen für verbotsfähig gehalten, die sowohl der Missbrauch der verschreibungspflichtigen Medikamente als auch ihre Etikettierung in einer fremden Sprache haben kann.[168]

---

161 EuGH ECLI:EU:C:2003:664 Rn. 119 – DocMorris.
162 EuGH ECLI:EU:C:2016:776 Rn. 39f. – Parkinson.
163 EuGH ECLI:EU:C:2016:776 Rn. 24, 39 – Parkinson.
164 EuGH ECLI:EU:C:2016:776 Rn. 42 – Parkinson.
165 EuGH ECLI:EU:C:2016:776 Rn. 43 – Parkinson.
166 Bereits EuGH ECLI:EU:C:1976:67 Rn. 25 – de Peijper.
167 Teilweise anders auf der Basis der Verhältnismäßigkeitskontrolle BVerfG JZ 2007, 354 mit abl. Anm. *Frenz*; krit. auch *Leisner* GewArch 2006, 393.
168 EuGH ECLI:EU:C:2003:664 Rn. 119 – DocMorris.

Eine daraus resultierende Gefährdung von Leben und Gesundheit des Menschen besteht dagegen nicht bei Medikamenten ohne Verschreibungspflicht. Deren Fehlen zeigt vielmehr, dass die Verwendung dieser Medikamente keiner ärztlichen Kontrolle bedarf. Etwaige **Informations- und Beratungsbedürfnisse** können auch über interaktive Elemente im Internet sichergestellt werden. Ein **missbräuchlicher Erwerb** von Medikamenten ist in herkömmlichen Apotheken nicht notwendig schwieriger als im Wege des Versandhandels,[169] da keine Warnpflicht oder gar ein Verkaufsverbot besteht. Zudem unterliegen auch Internetapotheken Pflichten, sodass ein gewisser Schutz der Kunden gegeben ist. Diese Pflichten sind immer noch milder als ein vollständiges Verkaufsverbot über den elektronischen Bestellweg.[170] Weil das Internet inzwischen noch gebräuchlicher geworden ist als vor nunmehr 13 Jahren, liegt es nahe, dass auch Internetapotheken verstärkter Kontrolle unterliegen und einen Missbrauch auch verschreibungspflichtiger Medikamente verhindern können sowie eine Etikettierung in der jeweiligen Landessprache sicherstellen. Letzteres bildet auch die mildere Maßnahme.

Wenig erfolgversprechend klingt auch der Rechtfertigungsgrund der erheblichen finanziellen Gefährdung des **Gleichgewichts des Systems der sozialen Sicherheit,** welchen der EuGH im (ersten) Fall DocMorris anführte: Er verlangte erstmals die »Intaktheit des nationalen Gesundheitswesens«.[171] Dazu musste der EuGH damals nicht näher Stellung nehmen, weil keine Argumente vorgetragen waren.[172] Vor dem Hintergrund der Feststellungen des EuGH im jetzigen Parkinson-Urteil liegt es nahe, dass durch mehr Wettbewerb die Kosten für das Gesundheitswesen auch für verschreibungspflichtige Medikamente gesenkt werden, wenn ausländische Apotheken in den Wettbewerb hierzulande eingreifen können. Das ist hingegen weitestgehend ausgeschlossen, und zwar noch mehr als durch eine Preisbindung, wenn der Versandhandel gänzlich verboten wird. Damit kommt ein solcher Ausschluss erst recht nicht als zulässiges Instrument zur Beschränkung der Warenverkehrsfreiheit in Betracht, wenn schon eine Preisbindungsklausel ausscheidet.

IV. Ergebnis

Die Preisbindung für Arzneimittel ist geeignet, vor allem den Marktzugang ausländischer Internetversandhandelsapotheken zu behindern. Diese Beschränkung der Warenverkehrsfreiheit ist nicht etwa aus Gesundheitsgründen gerechtfertigt. Deutschland hätte genauere Darlegungen auf der Basis wissenschaftlicher Untersuchungen machen müssen, um zu belegen, dass eine flächendeckende und hochwertige sowie preisgünstige Versorgung nur auf der Basis von teilweiser Begrenzung des Wettbewerbs in Betracht kommt. Der EuGH präferiert demgegenüber den Wettbewerb auch zur Sicherstellung eines umfassenden und qualitativ hochwertigen Versorgungsniveaus. Daher dürfte auch die Wiedereinführung des Versandhandelsverbotes schwerfallen, zumal ein solches Verbot vom EuGH im ersten DocMorris-Urteil nur für verschreibungspflichtige Medikamente gerechtfertigt wurde, und auch dies nur, um Missbrauch zu verhindern. Davor schützen aber die nunmehr erweiterten Möglichkeiten des Internets.

2. Personenfreizügigkeit, Art. 45, 49 AEUV[173]

a) **Schutzbereich. Art. 45 AEUV** gewährleistet umfassend **die Freizügigkeit der Ar-** 93 **beitnehmer aus anderen EU-Mitgliedstaaten.** Arbeitnehmer üben auf bestimmte Zeit gegen Vergütung eine weisungsgebundene unselbstständige Tätigkeit aus (zB auch Profifußballer).[174] Eng verwandt mit der Arbeitnehmerfreizügigkeit ist die **Nie-**

---

169 EuGH ECLI:EU:C:2003:664 Rn. 114 – DocMorris.

170 EuGH ECLI:EU:C:2003:664 Rn. 103 ff., 119 – DocMorris.

171 EuGH ECLI:EU:C:2003:664 Rn. 122 f. – DocMorris.

172 EuGH ECLI:EU:C:2003:664 Rn. 123 – DocMorris.

173 Wichtige Entscheidungen: EuGH ECLI:EU:C:1974:133 – van Duyn; ECLI:EU:C:1992:40 – Deutsche Bundespost; ECLI:EU:C:1995:463 – Bosman; ECLI:EU:C:2000:296 – Angonese; ECLI:EU:C:2002:592 – Payroll.

174 Zur Berufsausübung als Arbeitnehmertätigkeit BVerwG NVwZ 2001, 333; Übungsfall zu Ausländerklauseln im Sport: *Streinz/Herrmann* JuS 2008, 903 sowie → Rn. 102 ff.

derlassungsfreiheit nach **Art. 49 AEUV.**[175] Sie sichert die Aufnahme selbstständiger Berufe in einem anderen Mitgliedstaat. **Inländer** werden nur erfasst, wenn auch sie **von den Möglichkeiten des Unionsrechts Gebrauch gemacht** haben, indem sie etwa im EU-Ausland studierten oder praktizierten,[176] und sich damit in einer Lage befinden, die der von EU-Ausländern entspricht. Gegenständlich **ausgeschlossen** sind nach **Art. 45 IV AEUV Tätigkeiten in der öffentlichen Verwaltung** bzw. nach **Art. 51 AEUV** solche, die in einem Mitgliedstaat dauernd oder zeitweise mit der Ausübung öffentlicher Gewalt verbunden sind. Darauf wird auch Art. 45 IV AEUV beschränkt. Entsprechend dem Ausnahmecharakter der Vorschriften muss die Tätigkeit eine **unmittelbare und spezifische Teilnahme an der Ausübung öffentlicher Gewalt aufweisen.**[177]

94 Eine solche hat der **Notar**[178], **nicht** aber der **Anwalt.** Seine Eigenschaft als Organ der Rechtspflege tritt hinter seiner selbstständigen Tätigkeit zurück und ist nicht mit der Ausübung von Hoheitsbefugnissen verknüpft.

95 **aa) Grundsatz der Inländergleichbehandlung.** Die Personenfreizügigkeit bildet zum einen ein Diskriminierungsverbot. Angehörige anderer EU-Staaten dürfen **nicht schlechter behandelt werden als Inländer.** Werden also besondere Anforderungen an die Ausübung bestimmter beruflicher Tätigkeiten gestellt, müssen diese gleichermaßen für beide Personengruppen gelten. Sie dürfen sich auch faktisch nicht nachteilig auf Unionsbürger aus anderen Mitgliedstaaten auswirken. Ansonsten sind sie auf diese nicht anwendbar.

96 Daraus ergibt sich allerdings **nicht notwendig** die **Anerkennung ausländischer Abschlüsse.** Diese setzt eine entsprechende Harmonisierungsrichtlinie voraus. Ansonsten können von EU-ausländischen Berufstätigen dieselben Voraussetzungen wie von Inländern verlangt werden. Die generelle Ablehnung von Bewerbern mit ausländischen Diplomen würde aber in den entsprechenden Bereichen die Personenfreizügigkeit aushöhlen. Daher müssen **im EU-Ausland erworbene Qualifikationen adäquat berücksichtigt** werden. Diese Grundsätze werden nunmehr in der Berufsanerkennungsrichtlinie[179] näher ausgestaltet.

97 Zu prüfen ist die **materielle Gleichwertigkeit** der erworbenen Kenntnisse. Das dafür angewandte Prüfungsverfahren muss eine objektive Beurteilung der Gleichwertigkeit ermöglichen. Die formale Bezeichnung ist weniger bedeutsam. Maßgeblich ist, ob die Kenntnisse und Fähigkeiten ausreichen, um den nationalen Voraussetzungen zu genügen. Ist dies nicht der Fall, können zusätzliche Anforderungen gestellt werden, die aber verhältnismäßig sein müssen. Umgekehrt müssen Anforderungen für Absolventen aus anderen EU-Staaten nicht von vornherein niedriger angesetzt werden.[180]

---

175 *Hatje* JURA 2003, 160; *Burk* JURA 2010, 284.
176 ZB EuGH ECLI:EU:C:1994:62 – Scholz.
177 EuGH ECLI:EU:C:1974:68 Rn. 44f. – Reyners. Zu Art. 45 IV AEUV EuGH ECLI:EU:C:1987:284 Rn. 10 – CNR.
178 Gleichwohl für eine Öffnung aus Gründen der Verhältnismäßigkeit GA *Cruz Villalón,* EuGH ECLI:EU:C:2010:513. Anders aber EuGH ECLI:EU:C:2011:334 – Kommission/Belgien.
179 RL 2005/36/EG, ABl. EU 2005 L 255, 22.
180 Für den Referendardienst EuGH ECLI:EU:C:2009:771 – Pésla.

Beispiel nach BGH NJW 1997, 867 – Anwaltsfall: Dass ein Grieche, der in Deutschland An- **98** walt werden will, eine **Ergänzungsprüfung** für das deutsche Recht ablegen muss, ist im Interesse der Mandanten notwendig und verletzt daher nicht die Niederlassungsfreiheit.

bb) Freiheitsrecht. Zugleich bildet die Personenfreizügigkeit ein Freiheitsrecht. Die **99** Unionsbürger sollen sich ohne **Hindernisse** zu beruflichen Zwecken in andere Mitgliedstaaten begeben können. Daher werden Behinderungen von EU-Ausländern auch dann erfasst, wenn keine Vergleichbarkeit mit Inländern besteht. Sie müssen aber den **Marktzugang beeinträchtigen** und dürfen sich nicht bloß auf die Binnenverhältnisse des jeweiligen Mitgliedstaates auswirken.

Elementar für grenzüberschreitend tätige Unionsbürger ist auch, sich in dem **anderen** **100** **Mitgliedstaat frei bewegen und aufhalten zu können.** Dieses Freiheitsrecht wurde allerdings mittlerweile von dem grundfreiheitlichen Fundament gelöst. Unabhängig von einer (un-)selbstständigen Tätigkeit gewährleistet Art. 21 AEUV ein allgemeines Bewegungs- und Aufenthaltsrecht.[181] Dieses wurde in der Freizügigkeitsrichtlinie[182] konkretisiert. Es gilt ebenfalls für Studierende.[183] Dieses Recht zum Eintritt und Aufenthalt besteht aber nur für Arbeitnehmer und Selbstständige unabhängig von einem umfassenden Krankenversicherungsschutz und ausreichenden Existenzmitteln.[184] Es erstreckt sich auf **Familienangehörige,** die zB auch an den Sozial- und Infrastrukturleistungen einschließlich des Studienplatzangebotes dieses Mitgliedstaates teilhaben. Hier gilt dann wiederum der Grundsatz der Inländergleichbehandlung.

b) Beeinträchtigung. Die Personenfreizügigkeit verbietet als Ausprägung des allge- **101** meinen Diskriminierungsverbots **unmittelbare und mittelbare Diskriminierungen.** Eine direkte Beeinträchtigung liegt vor, wenn eine bestimmte Tätigkeit nur durch Inländer ausgeübt werden kann. Denselben Effekt können aber **indirekte Beeinträchtigungen** haben wie die Notwendigkeit, bestimmte Wohnzeiten aufzuweisen[185] oder bestimmte Voraussetzungen im Inland zu erfüllen.[186]

Die Personenfreizügigkeit stellt zudem ein **umfassendes Beschränkungsverbot** auf **102** und wendet sich gegen Bestimmungen, die einen Staatsangehörigen eines Mitgliedstaates daran hindern oder davon abhalten, sein Herkunftsland zu verlassen, um von seinem Recht auf Freizügigkeit Gebrauch zu machen. Erfasst werden auch indirekte Beschränkungen, die unabhängig von der Staatsangehörigkeit angewendet werden. Dazu gehören Transferregelungen, die einen Wechsel in einen anderen Mitgliedstaat unter die Bedingung einer Ablösesumme stellen.

Fall nach EuGH ECLI:EU:C:1995:463 – Bosman; dazu *Hobe/Tietje* JuS 1996, 486: Ein belgischer Fuß- **103** ballspieler ist neben einem Franzosen, einem Italiener und einem Brasilianer Lizenzfußballspieler bei einem deutschen Bundesligaverein, an den er sich durch eine hohe Ablösesumme gebunden sieht. Die Spielordnung bestimmt hingegen, dass bei Meisterschafts- und Pokalspielen nur drei Ausländer unter Einrechnung der EU-Ausländer spielen dürfen.

---

181 Näher *Frenz* HdB EuropaR I Rn. 4023 ff.
182 RL 2004/38/EG über das Recht der Unionsbürger und ihrer Familienangehörigen, sich im Hoheitsgebiet der Mitgliedstaaten frei zu bewegen und aufzuhalten, ABl. EU 2004 L 158, 77.
183 Spezifisch dazu näher *Frenz* JA 2007, 4.
184 S. zu sog. Armutseinwanderern → Rn. 1277.
185 EuGH ECLI:EU:C:1993:92 Rn. 9 ff. – Kommission/Luxemburg.
186 EuGH ECLI:EU:C:1991:441 Rn. 9 ff. – Le Manoir.

> Die Bestimmungen des AEUV sind auf den Profi-Fußball als wirtschaftliche Betätigung anwendbar. Profifußballer sind Arbeitnehmer iSd Art. 45 AEUV. Die Einschränkung der Spielmöglichkeiten beruht insoweit auf der Staatsangehörigkeit und ist daher diskriminierend, der grenzüberschreitende Club-wechsel wird durch die Ablösebedingung beeinträchtigt. Die Entfaltungsmöglichkeiten der Spieler werden allerdings nicht durch staatliche Vorschriften, sondern durch das **DFB-Statut** behindert, das keinen öffentlich-rechtlichen Charakter hat. Dieses hat aber in der Fußballwelt denselben Stellenwert wie eine staatliche Regelung. Zudem differiert der Regelungscharakter in den verschiedenen Mitglied-staaten. Die wirksame und gleichmäßige Verwirklichung des Art. 45 AEUV erfordert daher seine An-wendung auch auf private kollektive Reglements.[187]

104 **c) Rechtfertigung.** Beeinträchtigungen der Personenfreizügigkeit können nach **Art. 45 III AEUV bzw. 52 AEUV aus Gründen der öffentlichen Ordnung, Sicher-heit und Gesundheit** gerechtfertigt sein. Diese unionsrechtlichen Begriffe sind als Teil einer Ausnahmebestimmung **eng auszulegen.**[188] So darf das Aufenthalts- und Bleibe-recht[189] nur bei tatsächlichen und hinreichend schweren Gefährdungen beschränkt werden, die ein Grundinteresse der Gesellschaft berühren und durch die Anwesenheit bzw. das Verhalten der auszuweisenden Person bedingt sind.[190] Bloße Verstöße gegen Meldebestimmungen etwa reichen dafür nicht aus.[191]

105 Eine andere Beschränkungsmöglichkeit wird in Art. 45 ff. AEUV und Art. 49 ff. AEUV nicht genannt. Über einen solchen spezifischen Rechtfertigungstatbestand hinaus er-möglicht die **Cassis-Formel** (→ Rn. 90) weitere Beschränkungen im Bereich der Wa-renverkehrsfreiheit. Mit deren Grundstruktur der Bestimmung eines Schutzbereichs und der Rechtfertigung von Beeinträchtigungen sind die anderen Freiheiten vergleich-bar.[192] Daher kann auf sie der Grundansatz der Cassis-Formel übertragen werden. Eine Beeinträchtigung auch der anderen Grundfreiheiten kann deshalb durch »**zwin-gende Gründe des Allgemeininteresses**« gerechtfertigt sein, sofern der Verhältnismä-ßigkeitsgrundsatz gewahrt ist.[193]

106 So könnte auch die Beschränkung der Arbeitnehmerfreizügigkeit durch die DFB-Statuten als **quasi-staatliche Maßnahmen** im Fall Bosman gerechtfertigt sein, wenn diese Bestimmungen einen vertrags-konformen Zweck verfolgen und aus zwingenden Gründen des Allgemeininteresses gerechtfertigt wären. Die Transfersperren ohne Ablöse sind aber zur Rekrutierung und Förderung von Jungspielern nicht geeignet und nicht erforderlich, um die weltweite Organisation des Fußballs zu schützen.

3. Dienstleistungsfreiheit, Art. 56 und 57 AEUV[194]

107 Art. 56 AEUV gewährleistet den freien **grenzüberschreitenden Austausch von Dienstleistungen** iSv Art. 57 AEUV auch ohne die Begründung einer Niederlassung in einem anderen Mitgliedstaat. Die **Struktur** ist aber **parallel zur Niederlassungs-**

---

187 Vgl. auch Art. 45 III lit. a AEUV; anders aber für Art. 34 AEUV EuGH ECLI:EU:C:1987:418 Rn. 23 f. – Vlaamse Reisbureaus.

188 EuGH ECLI:EU:C:1974:133 Rn. 18 f. – van Duyn.

189 → Rn. 100.

190 EuGH ECLI:EU:C:1975:137 Rn. 26, 28 f. – Rutili; ECLI:EU:C:1977:172 Rn. 33, 35 – Bouchereau. S, Art. 27 II Freizügigkeitsrichtlinie.

191 EuGH ECLI:EU:C:1976:57 Rn. 38, 40 – Royer.

192 → Rn. 84 und näher *Jarass* EuR 1995, 202.

193 EuGH ECLI:EU:C:1974:131 Rn. 10, 12 – van Binsbergen; ECLI:EU:C:1982:334 Rn. 11 ff. – Codi-tel, für die Dienstleistungsfreiheit.

194 Übungsfall: *Häde* JuS 2006, 540; wichtige Entscheidungen: EuGH ECLI:EU:C:1991:79 – Griechi-sche Fremdenführer; ECLI:EU:C:2015:760 – Landau; ECLI:EU:C:2010:504 – Stoß.

freiheit,[195] wie der Verweis in Art. 62 AEUV belegt. Dementsprechend sind gem. Art. 62 iVm Art. 51 AEUV allenfalls hoheitliche Tätigkeiten ausgenommen. In den anderen Bereichen kann etwa bei niedrigen Standards EU-ausländischer Anbieter nach Art. 62 iVm Art. 52 AEUV eine Begrenzung aus Gründen der öffentlichen Sicherheit, Ordnung (einschl. der Menschenwürde)[196] oder Gesundheit oder den ungeschriebenen Gründen nach der **Cassis-Formel** (→ Rn. 90, 105) gerechtfertigt sein.

Beispiel nach EuGH ECLI:EU:C:2000:527 – Corsten; ECLI:EU:C:2003:662 – Schnitzer: Einem niederländischen Unternehmen werden Estrich-Arbeiten in Deutschland verwehrt, weil es nicht in die Handwerksrolle eingetragen ist. – Dieses formale Erfordernis ist geeignet, **Dienstleistungen** aus einem anderen Mitgliedstaat zu unterbinden oder **weniger attraktiv** zu machen. Es beschränkt daher, obwohl unterschiedslos auf in- und ausländische Anbieter anwendbar, die Dienstleistungsfreiheit. Eine Rechtfertigung aus zwingenden Gründen des Allgemeininteresses entsprechend der Cassis-Formel (→ Rn. 90) besteht nicht, wenn die Voraussetzungen für die Aufnahme der Tätigkeit bereits im Herkunftsland geprüft wurden: An diese Feststellung sind die deutschen Behörden gebunden. Eine **Pflichtmitgliedschaft in der Handwerksrolle** aus Gründen der Qualitätssicherung und des Verbraucherschutzes kann daher nur im Falle einer Niederlassung und für eine Dienstleistung **allenfalls pro forma sowie kostenfrei** erforderlich sein, um die Einhaltung grundlegender Bestimmungen sicherzustellen. **108**

Beispiel nach EuGH ECLI:EU:C:2010:505 – Carmen Media; ECLI:EU:C:2010:504 – Stoß sowie ECLI:EU:C:2010:503 – Winner Wetten: Private Wetten werden mit der Begründung eingeschränkt, dass die Teilnehmer nicht spielsüchtig werden sollen. Dies trifft auch Wettanbieter aus anderen EU-Staaten. Demgegenüber finden in staatlicher Obhut Wetten statt und werden auch beworben. Das Anbieten von Wetten unterfällt der Dienstleistungsfreiheit. Diese wird durch Verbote beschränkt. Ein Rechtfertigungsgrund ist der **Verbraucherschutz,** der über die Cassis-Formel für alle Grundfreiheiten eingreift (→ Rn. 105). Allerdings wird dieser Rechtfertigungsgrund insoweit nicht vollständig verfolgt, da staatliche Wettanbieter parallele Produkte anbieten. Daher dürfen diese allenfalls höchst zurückhaltend werben. Nur dann ist die hinreichende Stringenz gewahrt, die eine Maßnahme erst geeignet macht, das angestrebte Ziel (hier Schutz der Verbraucher vor Spielsucht) zu erreichen. Dieses **Ziel muss also in kohärenter und systematischer Weise verfolgt werden,** um tatsächlich eine Beschränkung der Dienstleistungsfreiheit zu rechtfertigen. Insoweit sind auch die **mitgliedstaatlichen Beurteilungsspielräume begrenzt,** die der EuGH im Rahmen der Rechtfertigung von Grundfreiheiten in jüngster Zeit verstärkt betont.[197] **109**

Fall nach EuGH ECLI:EU:C:2007:492 – Schwarz:[198] Schulgeld an inländischen Schulen kann als Sonderausgabe die Einkommensteuer mindern, nicht hingegen Schulgeld an Schulen in anderen EU-Staaten, um den Staatshaushalt zu schonen. **110**

Dass Eltern, die auf ihr inländisches Arbeitseinkommen oder auf ihre Einnahmen als Selbstständige Steuern zahlen, ihre Kinder ins Ausland zur Schule schicken, macht sie selbst nicht zu Wanderarbeitnehmern oder in einen anderen EU-Staat wechselnden Selbstständigen. Die Personenfreizügigkeit (Art. 45, 49 AEUV) ist daher nicht einschlägig. Indes fällt auch das Empfangen von Dienstleistungen in einem anderen Mitgliedstaat unter Art. 56 AEUV **(passive Dienstleistungsfreiheit).** Voraussetzung ist aber nach Art. 57 AEUV deren Entgeltlichkeit. Damit muss der Schulunterricht im Wesentlichen

---

195 Allg. *Hatje* JURA 2003, 160.
196 EuGH ECLI:EU:C:2004:614 Rn. 39 ff. – Laserdrome.
197 S. bereits EuGH ECLI:EU:C:2009:316 Rn. 42 – DocMorris; näher *Frenz* HdB EuropaR V Rn. 3509 ff.
198 Parallel zu einer Einkommensteuerbefreiung für nebenberufliche und quasi ehrenamtliche Lehrdienstleistungen nur an inländischen Universitäten EuGH ECLI:EU:C:2007:816 – Jundt.

privat finanziert sein. Entscheidend ist dabei die besuchte Schule im Ausland und nicht eine vergleichbare Einrichtung in Deutschland. Wird eine überwiegend aus öffentlichen Geldern finanzierte Schule in einem anderen Mitgliedstaat besucht, ist die subsidiäre allgemeine Bewegungs- und Aufenthaltsfreiheit nach Art. 21 I AEUV einschlägig.[199]

Dass Zahlungen an ausländische Schulen steuerlich nicht geltend gemacht werden können, hält Inländer infolge einer höheren Belastung davon ab, ihre Kinder in solche Schulen zu schicken, und erschwert damit die Wahrnehmung der **(passiven) Dienstleistungsfreiheit** bzw. der allgemeinen Bewegungsfreiheit. Zudem wird mittelbar ein darauf abgestimmtes Angebot von Schulen in anderen EU-Staaten und damit bei Entgeltlichkeit die aktive Dienstleistungsfreiheit beeinträchtigt. Wegen dieser Auswirkungen auf unionsrechtliche Freiheitsgarantien ist es unbeachtlich, dass den Mitgliedstaaten sowohl die Steuer- als auch die Bildungshoheit verblieben sind. Beide dürfen sie nur unter Wahrung des (allgemein gültigen) Unionsrechts ausüben.

Eine **Verringerung des Steueraufkommens** und damit des Staatshaushalts sind in Art. 62 iVm Art. 52 AEUV nicht benannt. Sie bilden rein inländische finanzielle Interessen und können daher keinen zwingenden Grund des Allgemeininteresses zur Einschränkung der Grundfreiheiten bilden. Soweit man eine ansonsten übermäßige finanzielle Belastung beschränkter staatlicher Finanzmittel, die dann das gesamte Niveau der Förderung beträfe, als Rechtfertigungsgrund akzeptiert, müsste die Förderung ausländischer Schulbesuche durch Steuererleichterungen gleichheitskonform und verhältnismäßig gedeckt werden. Sie dürfte also nicht gänzlich ausgeschlossen, sondern nur auf das Maß begrenzt werden, das auch bei kostenpflichtigen inländischen Schulbesuchen gewährt wird, sei es der Höhe nach, sei es nach objektiven Qualitätskriterien, die gleichermaßen Anwendung finden.

Daher ist auch eine Beeinträchtigung von Art. 21 I AEUV nicht gerechtfertigt, auf den bei Unanwendbarkeit von Art. 56 AEUV zurückzugreifen wäre. Abzustellen wäre dann auf die allgemeine Bewegungsfreiheit der Schüler, die gleichfalls nur gleichheitsgerecht und verhältnismäßig beschränkt werden darf.

II. Vereinbarkeit mit unionsrechtlichem Sekundärrecht

1. Unionsrechtsverstoß, insbesondere Anforderungen an die Umsetzung von Richtlinien

111 Deutsche Normen müssen nicht nur europäisches Primär-, sondern auch Sekundärrecht wahren, dem gleichfalls ein Anwendungsvorrang zukommt. Besondere Bedeutung haben dabei Verordnungen und Richtlinien.

112 **Fall** nach EuGH ECLI:EU:C:2000:2 – Kreil (Frauen zur Bundeswehr): Die Richtlinie 76/207/EWG verlangt die Gleichbehandlung von Männern und Frauen beim Berufszugang, ermöglicht aber in Art. 2 II in engem Rahmen geschlechtsspezifisch begründete Ausnahmen.

Der Ausschluss von **Frauen** vom **Dienst an der Waffe** gem. Art. 12a IV 2 GG, § 1 II SG war nicht mit der Richtlinie vereinbar; ein Ausnahmetatbestand iSd Art. 2 II der Richtlinie liegt nicht vor. Verteidigung ist zwar an sich den Mitgliedstaaten vorbehalten, wird hier aber in Gestalt der auch in diesem Bereich begründeten Arbeitsverhältnisse betroffen. Nur können aus den Besonderheiten der Verteidigung Ausnahmen gerechtfertigt werden, so in Kampfverbänden,[200] aber wie bei Ausnahmevorschriften üblich nur in engem Umfang und damit nicht generell. Rechtsfolge des Richtlinienverstoßes war die Unanwendbarkeit von § 1 II SG und Art. 12a IV 2 GG aF[201], soweit sie auch einem freiwilligen Dienst von Frauen in der Bundeswehr entgegenstanden.

---

199 Diese greift auch beim Zugang an staatliche Hochschulen; dazu *Frenz* JA 2007, 4 (8); zum Bafög-Anspruch EuGH ECLI:EU:C:2007:626 Rn. 28 ff. – Morgan und Bucher.
200 EuGH ECLI:EU:C:1986:206 Rn. 38 – Johnston.
201 → Rn. 57 f. zum Vorrang auch gegenüber nationalem Verfassungsrecht.

Nationale Rechtssätze ergehen mittlerweile vielfach zur **Umsetzung von Unions-** **113**
richtlinien. Sie sind unionsrechtswidrig und begründen eine Vertragsverletzung, wenn
sie den Umsetzungserfordernissen nicht entsprechen. Da Richtlinien nach Art. 288 III
AEUV nur das zu erreichende Ziel vorgeben, müssen sie nicht wörtlich umgesetzt werden. Um aber den Richtlinien zur hinreichenden Durchsetzung zu verhelfen, muss die
vollständige Anwendung ihres materiellen Gehalts tatsächlich gewährleistet sein. Das
ist sie nur, wenn die Begünstigten die entsprechenden Gehalte ohne Schwierigkeit zu
erfassen vermögen. Daher muss **das nationale Umsetzungsrecht unzweifelhaft ver-**
bindlich sein.

Verwaltungsvorschriften genügen hierfür nicht. Ihr zwingender Charakter ist nicht in **114**
einer Weise anerkannt, dass der Einzelne Gewissheit über den Umfang seiner Rechte
haben kann. Sie sind nämlich nicht ohne Weiteres außenverbindlich.[202] Auch die Struktur muss deckungsgleich sein,[203] damit sich gerade Personen aus anderen EU-Mitgliedstaaten in das den Richtlinien korrespondierende nationale Recht leicht einfinden können. Diese scharfen Umsetzungserfordernisse sind letztlich ein **Gebot des effet utile.**

2. Richtlinienkonforme Auslegung[204]

Nationales Recht ist dann aufgrund des Anwendungsvorrangs des Unionsrechts unan- **115**
wendbar, wenn es gegen dieses verstößt und deshalb kein Weg gefunden werden kann,
es doch noch mit Unionsrecht in Einklang zu bringen. Ein solcher Weg ist die **unions-**
rechtskonforme Auslegung. Diese soll nach dem EuGH das gesamte nationale Recht
ergreifen. Nicht nur das in Umsetzung der betroffenen Richtlinie ergangene nationale
Recht ist danach »so weit wie möglich anhand des Wortlauts und des Zwecks dieser
Richtlinie aus(zu)legen, um das in ihr gewünschte Ergebnis zu erreichen und so
Art. 249 III EG (288 III AEUV) nachzukommen«[205]. Bei einer solchen Auslegung bei-
nahe um jeden Preis wird allerdings die Grenze zur unmittelbaren Anwendung einer
Richtlinie (→ Rn. 1276) im Ergebnis bereits überschritten.

Bei nationalem Umsetzungsrecht sind hingegen die Vorgaben der einschlägigen EU- **116**
Richtlinie schon aufgrund des Normanlasses einzubeziehen. Denn nur auf diese Weise
ist sichergestellt, dass die Richtlinienvorgaben in den Mitgliedstaaten vollständig und
richtig umgesetzt werden, wie es Art. 4 III EUV[206] bzw. speziell Art. 288 III AEUV
fordern. Das gilt unabhängig davon, ob die Richtlinie hinreichend genau und bestimmt
ist. Aus diesem Ansatz ergeben sich auch eindeutig die Grenzen: Die Pflicht zur richtlinienkonformen Auslegung reicht nur so weit, wie die Richtlinienvorgaben gehen.
Lassen sie den Mitgliedstaaten Freiräume oder ermöglichen sie verschiedene Interpre-
tationen, ist nach nationalen Maßstäben auszulegen.

Beispiel nach BVerwGE 89, 320 – Diätwurstfall: § 17 I Nr. 5 S. 1, S. 2 lit. b LMBG verbietet das **117**
Inverkehrbringen von Lebensmitteln unter irreführender Bezeichnung, wozu auch zur Täuschung geeignete Produktbezeichnungen gehören. Nur nach innerstaatlichem Recht betrach-

---

202 EuGH ECLI:EU:C:1991:225 Rn. 23 – Kommission/Deutschland; ECLI:EU:C:1991:224 Rn. 20 –
Kommission/Deutschland.
203 Anschaulich EuGH ECLI:EU:C:1991:87 Rn. 8 – Grundwasserschutzrichtlinie.
204 *Kühling* DVBl. 2006, 857; *Kubitza* EuZW 2016, 691; *Tonikidis* JA 2013, 598; Übungsfall: *Kamann/*
Selmayr JuS 1998, 148.
205 EuGH ECLI:EU:C:2004:584 Rn. 113 – DRK; s. auch BGHZ 179, 27: Auslegung über den Wortlaut einer nationalen Norm hinaus; dazu *Pfeiffer* NJW 2009, 412.
206 EuGH ECLI:EU:C:1986:206 Rn. 53 – Johnston.

tet, würde dies dazu führen, dass Wursterzeugnisse mit reduziertem Fettgehalt und pflanzlichen statt tierischen Fetten lediglich als Diäterzeugnis und nicht unter der Bezeichnung Wurst vertrieben werden dürfen. Dadurch wird der Verbraucher allerdings nach der Etikettierungsrichtlinie 79/112/EWG eindeutig nicht irregeführt. Ein Bezeichnungs- und darauf gegründetes Verkehrsverbot widerspräche zudem wie im Bierfall[207] der **Warenverkehrsfreiheit** nach Art. 34 AEUV, die den Vertrieb aller legal in einem Mitgliedstaat hergestellten Erzeugnisse grundsätzlich ohne Beschränkung der Bezeichnung verlangt. Ein Verstoß gegen Unionsrecht liegt aber dann nicht vor, wenn § 17 LMBG entsprechend unionsrechtskonform ausgelegt werden kann. Das ist durch eine einschränkende Interpretation des Begriffs »zur Täuschung geeignete Produktbezeichnungen« vor dem Hintergrund der Etikettierungsrichtlinie und der Warenverkehrsfreiheit möglich. Auch Diätwurst ist daher ohne Irreführung Wurst und darf als solche in Verkehr gebracht werden.

Ein aktuelles Beispiel ist die Erweiterung der Verpflichtung zu energieverbrauchsbezogenen Angaben in Immobilienanzeigen auf Makler, obwohl diese § 16a EnEV nicht nennt: Die Vorgabe des Art. 12 IV RL 2010/31/EG ist zwar umfassend und ohne personelle Beschränkung.[208] Für **Bußgelder** (§ 27 II Nr. 6 iVm § 16a EnEV) gilt aber »**Nulla poena sine lege**«. Sie können daher nicht gegen Makler verhängt werden.

§ 3 Überprüfung deutscher Gesetze am Grundgesetz

118 Am naheliegendsten auch und gerade in Klausuren ist die Überprüfung von deutschen Gesetzen am GG. Hierfür steht eine Reihe von Verfahren zur Verfügung, die zwar nicht alle wie die Verfassungsbeschwerden (auch) auf die Abwehr von Normen gerichtet sind, zu einer solchen jedoch im Ergebnis führen können, wenn sie zulässig und begründet sind. Die Überprüfungsgründe lassen sich systematisieren. Der Schwerpunkt liegt zumeist in der Vereinbarkeit mit den Grundrechten (→ 251 ff.).

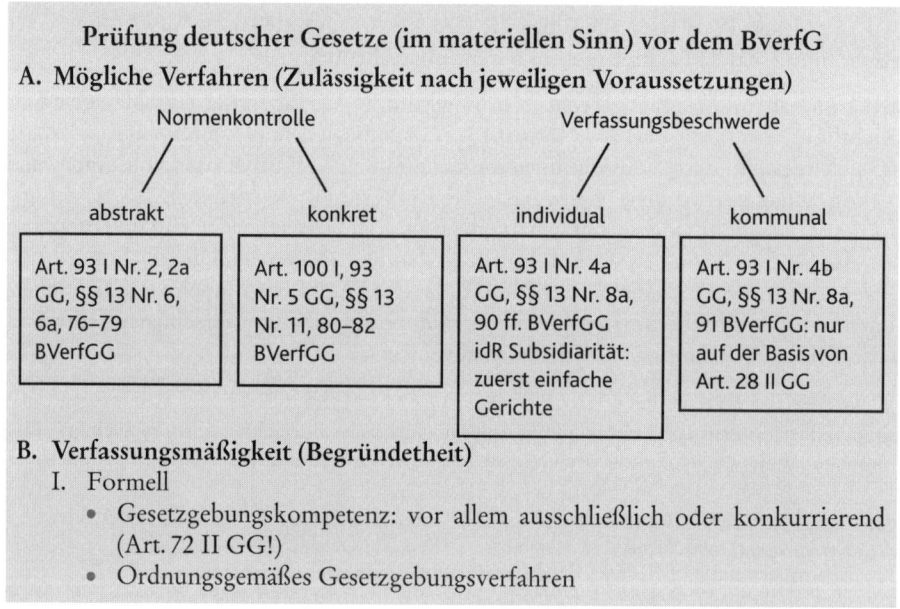

Prüfung deutscher Gesetze (im materiellen Sinn) vor dem BVerfG

A. Mögliche Verfahren (Zulässigkeit nach jeweiligen Voraussetzungen)

Normenkontrolle — Verfassungsbeschwerde

abstrakt | konkret | individual | kommunal

abstrakt	konkret	individual	kommunal
Art. 93 I Nr. 2, 2a GG, §§ 13 Nr. 6, 6a, 76–79 BVerfGG	Art. 100 I, 93 Nr. 5 GG, §§ 13 Nr. 11, 80–82 BVerfGG	Art. 93 I Nr. 4a GG, §§ 13 Nr. 8a, 90 ff. BVerfGG idR Subsidiarität: zuerst einfache Gerichte	Art. 93 I Nr. 4b GG, §§ 13 Nr. 8a, 91 BVerfGG: nur auf der Basis von Art. 28 II GG

B. Verfassungsmäßigkeit (Begründetheit)
  I. Formell
  • Gesetzgebungskompetenz: vor allem ausschließlich oder konkurrierend (Art. 72 II GG!)
  • Ordnungsgemäßes Gesetzgebungsverfahren

---

207 → Rn. 91.
208 LG Bayreuth Urt. v. 28.4.2016 – 1 B HK O 57/15, Rn. 23; LG Münster Urt. v. 25.11.2015 – 21 O 87/15, Rn. 21.

II. Materiell
- Rechtsstaatsprinzip (vor allem Rückwirkungsverbot)
- Sozialstaats- und Demokratieprinzip
- Grundrechte

A. Verfahrensarten

I. Abstrakte Normenkontrolle, Art. 93 I Nr. 2 GG; §§ 13 Nr. 6, 76 ff. BVerfGG[209]

1. Antragsberechtigung

Gemäß Art. 93 I Nr. 2 GG, § 76 BVerfGG können die Bundesregierung, eine Landes-   119
regierung oder ein Viertel der Mitglieder des Bundestages[210] einen Antrag auf abstrakte
Normenkontrolle stellen.

2. Prüfungsgegenstand

Gegenstand des Verfahrens kann **jede vor- oder nachkonstitutionelle** materielle bun-   120
des- oder landesrechtliche **Norm** sein. Sie muss allerdings **verkündet** sein; eine vorbeugende Normenkontrolle findet grundsätzlich nicht statt. Die **Ausnahme** bilden
Zustimmungsgesetze zu völkerrechtlichen Verträgen nach Art. 59 II GG bzw. zu
Hoheitsübertragungen auf die europäische Ebene nach Art. 23 I 2 GG[211] oder auf eine
andere zwischenstaatliche Einrichtung wie die NATO nach Art. 24 I GG. Eine völkerrechtliche Bindung ist nämlich grundsätzlich unumkehrbar,[212] ebenso eine Übertragung von Hoheitsgewalt.

3. Antragsbefugnis

Der Antragsteller muss die Norm für mit dem GG nicht vereinbar bzw. im Gegensatz   121
zu einem anderen in § 76 I Nr. 2 BVerfGG genannten Organ für mit dem GG vereinbar
halten. Die Regelung des Art. 93 I Nr. 2 GG geht der im Wortlaut engeren Bestimmung
des § 76 I Nr. 1 BVerfGG vor. Daher genügen auch **Zweifel**.[213] Demgegenüber sieht das
BVerfG in § 76 I Nr. 1 BVerfGG eine zulässige verengende Ausgestaltung der verfassungsrechtlichen Zulässigkeitsvoraussetzungen und fordert, dass der Antragsteller
von der Unvereinbarkeit der Norm **überzeugt** ist.[214]

Der Nichtanwendung nach § 76 I Nr. 2 BVerfGG steht es gleich, wenn eine Norm   122
wegen Unvereinbarkeit mit dem GG oder sonstigem Bundesrecht nicht vollzogen
oder in relevanter Weise missachtet wird. Auch dann bleibt sie unangewendet.

---

209 *Michael* ZJS 2014, 254; *Geis/Schmidt* JuS 2012, 121. Übungsfälle: *Glaser* JURA 2008, 949; *Haensle*
JURA 2015, 196. Wichtige Entscheidungen: BVerfGE 10, 20 – Stiftung »Preußischer Kulturbesitz«;
39, 1 – Schwangerschaftsabbruch I; 61, 149 – Staatshaftungsgesetz.
210 Also nicht jede Fraktion. Die Mitgliederstärke ergibt sich aus § 1 I BWahlG.
211 → Rn. 20, 46.
212 Vgl. zu den Ausnahmen insbes. Art. 54 ff. WVRK.
213 Zum Streitstand vgl. *Schlaich/Korioth* BVerfG Rn. 130 mwN.
214 BVerfGE 96, 133 (137 f.) – Wahlleistungsausschluss von Beihilfefähigkeit.

4. Klarstellungsinteresse

123   Das BVerfG[215] verlangt darüber hinaus ein »besonderes objektives Interesse« des Antragstellers, dass die Gültigkeit der Norm klargestellt wird. Dieses Interesse wird durch die Antragstellung indiziert. Aus diesem Grunde sind **keine hohen Anforderungen** an diese Voraussetzung zu stellen. Das BVerfG braucht allerdings nicht bemüht zu werden, wenn es bereits eindeutige Entscheidungen gibt oder nach Art. 37 GG die Auffassung des Antragstellers über Bundeszwang durchgesetzt werden kann.

5. Ordnungsgemäßer Antrag und Frist

124   Der Antrag ist gem. § 23 BVerfGG schriftlich und begründet einzureichen. Er ist nicht fristgebunden.

Abstrakte Normenkontrolle nach Art. 93 I Nr. 2 GG

I. Antragsberechtigung: Bundes-, Landesregierung, 1/4 Mitglieder Bundestag, § 76 I BVerfGG
II. Antragsgegenstand: jede verkündete Norm sowie Zustimmungsgesetze zu völkerrechtlichen Verträgen und EU-Hoheitsübertragungen
III. Antragsbefugnis: Zweifel bzgl. GG-Konformität, Art. 93 I Nr. 2 GG
IV. Besonderes Klarstellungsinteresse
V. Form schriftlich (§ 23 BVerfGG), ohne Frist

II. Abstrakte Normenkontrolle nach Art. 93 I Nr. 2 a, II GG, § 13 Nr. 6 a BVerfGG[216]

125   Die abstrakte Normenkontrolle gegen Bundesgesetze nach Art. 93 I Nr. 2a GG, § 13 Nr. 6a BVerfGG ist auf die Einhaltung der Voraussetzungen des **Art. 72 II GG** (→ Rn. 191 ff.) spezifisch abgestimmt. Daher ist in diesem Fall eine Antragsbefugnis nur dann gegeben, wenn Meinungsverschiedenheiten oder Zweifel darüber bestehen, ob die Voraussetzungen des Art. 72 II GG vorliegen. Im Rahmen der abstrakten Normenkontrolle nach Art. 93 I Nr. 2a GG sind die Länder in Gestalt ihrer Regierungen und Parlamente sowie der Bundesrat antragsbefugt.

126   Gemäß **Art. 93 II GG** kann die **Feststellung** beantragt werden, **dass die Erforderlichkeit für eine bundesgesetzliche Regelung nicht mehr besteht.** Dieses im Zuge der Föderalismusreform eingefügte Verfahren bezieht sich auf Art. 72 IV GG, der eine Ersetzung durch Landesrecht vorsieht, wenn eine bundesgesetzliche Regelung nicht mehr erforderlich ist. Gleichgestellt sind nach Art. 125a II 2 GG Altgesetze. Diese Möglichkeit kann ein Bundesgesetz eröffnen (→ Rn. 198f.). Fehlt ein solches, kann es gem. Art. 93 II 2 GG durch die Feststellung des BVerfG ersetzt werden. Zulässigkeitsvoraussetzung gem. Art. 93 II 3 GG ist aber, dass eine Gesetzesvorlage nach Art. 72 IV GG im Bundestag abgelehnt und/oder schon nicht beraten bzw. im Bundesrat abgelehnt wurde.

---

215 StRspr, BVerfGE 6, 104 (110) – Sperrklausel; 73, 118 (150) – Niedersächsisches Landesrundfunkgesetz; BVerfGE 101, 1 (30) – Hennenhaltungsverordnung.
216 *Renck* JuS 2004, 770.

Abstrakte Normenkontrolle nach Art. 93 I Nr. 2 a, II GG

I. Antragsberechtigung: Bundesrat, Landesregierung, Landesparlament, § 76 III BVerfGG

II. Antragsgegenstand: Einhaltung von Art. 72 II GG/Art. 72 IV GG/Art. 125 a II 2 GG

III. Antragsbefugnis: Meinungsverschiedenheiten oder Zweifel bzgl. Einhaltung Art. 72 II/IV/Art. 125 a II 2 GG

IV. bei Art. 93 II GG zusätzlich: Gesetzesvorlage nach Art. 72 III, 125 a II 2 GG abgelehnt o. schon nicht innerhalb eines Jahres beraten

III. Konkrete Normenkontrolle: Richtervorlage, Art. 100 GG, § 13 Nr. 11, §§ 80–82 BVerfGG[217]

1. Vorlageberechtigung und Prüfungsgegenstand

Vorlageberechtigt ist jedes Gericht in einem schwebenden Verfahren. Zweck des Verfahrens ist unter anderem, die Autorität des unter der Herrschaft des GG tätig gewordenen Gesetzgebers zu wahren.[218] Daher können **nur förmliche und nachkonstitutionelle Gesetze** vorgelegt werden. Vorkonstitutionelle Gesetze sind nachkonstitutionellen gleichzusetzen, wenn sie in den Willen des Bundesgesetzgebers aufgenommen wurden, indem die alte Norm als Gesetz neu verkündet wurde[219] oder auf ihr aufbauend und in engem sachlichen Zusammenhang mit ihr geänderte Vorschriften ergingen.[220] Unionsrechtsakte sind jedenfalls grundsätzlich nicht dem BVerfG, sondern gem. Art. 267 AEUV dem EuGH vorzulegen.[221] Soweit dies Gerichte (pflichtwidrig → Rn. 80) unterlassen, kann indes das BVerfG wegen einer Verletzung des Anspruches auf den gesetzlichen Richter nach Art. 101 GG im Wege der (Urteils-)Verfassungsbeschwerde angerufen werden.   **127**

2. Überzeugung von der Verfassungswidrigkeit

Das vorlegende Gericht muss von der Verfassungswidrigkeit der vorgelegten Norm überzeugt sein. **Bloße Zweifel genügen nicht.** An der Überzeugung fehlt es insbesondere, wenn das Gericht verfassungskonform auslegen kann.[222] Eine Rüge der Nichtigkeit durch die Prozessvertreter ist nicht erforderlich (§ 80 III BVerfGG).   **128**

3. Entscheidungserheblichkeit

Der verfassungsgerichtlichen Entscheidung und einer damit verbundenen Verzögerung des Rechtsstreites bedarf es nur, wenn die infrage stehende Norm entscheidungserheblich ist. Das bedeutet, dass der Rechtsstreit im Ergebnis und damit **vom Tenor her anders zu entscheiden** ist, als wenn diese Bestimmung wegen Verfassungswidrigkeit unangewendet bliebe. Eine andere Entscheidung ist auch die Unzulässigkeit statt   **129**

---

217 *Geis/Schmidt* JuS 2012, 121. Übungsfall: *Wienbracke* JA 2015, 604; *Enzensperger* VR 2016, 379. Wichtige Entscheidungen: BVerfGE 37, 271 – Solange I; 49, 89 – Kalkar; 58, 300 – Nassauskiesung.
218 BVerfGE 68, 337 (344 f.); 86, 71 (77).
219 BVerfGE 64, 217 (220 ff.).
220 BVerfGE 66, 248 (254) – Enteignung zugunsten Energieversorgung.
221 → Rn. 54 f., 35.
222 BVerfGE 87, 114 (133) – Kleingartenpachtvertrag.

der Unbegründetheit. Vorläufige und Zwischenentscheidungen berühren regelmäßig nicht das Endergebnis des Rechtsstreits.

130 Im **einstweiligen Rechtsschutz** werden aber vielfach faktisch die endgültigen Entscheidungen weitgehend vorweggenommen, um effektiven Rechtsschutz zu gewährleisten.[223] Teilweise findet auch gar kein Hauptsacheverfahren mehr statt. Dann werden de facto dauerhaft wirkende Entscheidungen getroffen, sodass eine Entscheidungserheblichkeit wiederum besteht. Ansonsten entfiele die Entscheidung des BVerfG über die Gültigkeit des entsprechenden Gesetzes entgegen dem Zweck des Art. 100 I GG.[224]

131 Die Entscheidungserheblichkeit bezieht sich sowohl auf die Norm als solche wie auch auf ihre Verfassungsmäßigkeit. Sie fehlt, wenn die Norm bereits aus anderen Gründen unanwendbar ist. Ein Beispiel ist eine unionsrechtswidrige Norm.[225] Dann kommt es für die Entscheidung des Rechtsstreites auf die verfassungsrichterliche Entscheidung nicht mehr an.

132 Die Vorlage ist nach § 80 II BVerfGG zu begründen. Die Entscheidungserheblichkeit ist entbehrlich, wenn »die Vorlagefrage von allgemeiner und grundsätzlicher Bedeutung für das Gemeinwohl und deshalb ihre Entscheidung dringlich ist«.[226] Diese Frage wurde zB bei § 7 AtG aufgrund der grundsätzlichen Bedeutung für die deutsche Energiepolitik und der umfangreichen, zeitaufwendigen und kostspieligen Beweisaufnahme bejaht.[227]

> **Vorlage an das BverfG**
>
>   I. Vorlageberechtigung: jedes Gericht
> II. Prüfungsgegenstand: förmliche Gesetze
> III. Überzeugung von der Verfassungswidrigkeit
> IV. Entscheidungserheblichkeit (zu begründen, § 80 II BVerfGG), außer bei grundsätzlicher Bedeutung: dann stets möglich

IV. Individualverfassungsbeschwerde[228]

133 Das für Klausuren bedeutsamste Verfahren vor dem BVerfG ist die Individualverfassungsbeschwerde nach Art. 93 I Nr. 4a GG, § 13 Nr. 8a BVerfGG. Deren Zulässigkeitsvoraussetzungen ergeben sich im Einzelnen aus **§§ 90 ff. BVerfGG.**

1. Beschwerdefähigkeit

134 Jedermann kann gem. § 90 I BVerfGG Verfassungsbeschwerde erheben. Das ist jeder, der **Träger von Grundrechten** oder grundrechtsgleichen Rechten sein kann. Bei natürlichen Personen ist dies immer der Fall.

---

223 S. näher → Rn. 1001.
224 S. aus der Perspektive des einstweiligen Rechtsschutzes → Rn. 1009 ff.
225 BVerfGE 85, 191 (203 ff.) – Nachtarbeitsverbot und → Rn. 83.
226 BVerfGE 47, 146 – »Schneller Brüter«.
227 BVerfGE 47, 146 (151 ff.) – »Schneller Brüter«.
228 *Michael* ZJS 2014, 490; Übungsfälle: *Wittreck* JuS 2006, 729; *Mengeler* JuS 2016, 997. Wichtige Entscheidungen: BVerfGE 6, 32 – Elfes; 7, 198 – Lüth; 7, 377 – Apothekenurteil; 93, 1 – Kruzifix.

Inländischen juristischen Personen müssen Grundrechte hingegen gem. Art. 19 III GG **135**
ihrem Wesen nach zustehen können.[229] Nach der Lehre vom personalen Substrat muss
der Durchgriff auf die hinter der juristischen Person stehenden Menschen sinnvoll erscheinen.[230] Ein anderer Ansatz stellt auf eine grundrechtstypische Gefährdungslage
ab.[231] Entscheidend ist die **Grundrechtsfähigkeit** für das konkret betroffene Grundrecht. Dabei sind **juristische Personen nicht nur im engeren Sinne** zu verstehen, sondern es werden auch Personengesellschaften, politische Parteien und ihre Untergliede-
rungen etc erfasst. Das gilt im Hinblick auf Art. 14 GG nicht nur für die oHG und die
KG, deren Parteifähigkeit fest anerkannt ist,[232] sondern auch für die **GbR,** die als Ge-
samthandsgemeinschaft gem. § 718 I BGB Rechtspositionen wie namentlich das Eigentumsrecht einnehmen kann.[233]

a) Juristische Personen des Privatrechts. Juristische Personen des Privatrechts sind **136**
heute als Rechtsform unabdingbar, damit sich auch der Einzelne in vollem Umfange
entfalten kann. Das gilt insbesondere für den wirtschaftlichen Bereich, aber auch für
das Vereinsleben. Daher sind sie **regelmäßig Grundrechtsträger.** Das gilt nicht, wenn
sie in vollständigem oder überwiegendem[234] **(gemischt-wirtschaftliche Unternehmen)** Staatsbesitz sind – außer sie würden sonst in ihrer Niederlassungsfreiheit, die bei
verfolgtem Erwerbszweck auch für öffentliche Träger gilt (Art. 54 II AEUV), beschränkt, ohne dass eine hinreichende Rechtfertigung besteht.[235]

b) Juristische Personen des öffentlichen Rechts. Juristischen Personen des öffent- **137**
lichen Rechts wird diese Fähigkeit hingegen vom BVerfG regelmäßig abgesprochen. Sie
sind Bestandteil des Staates und stehen nicht wie Private außerhalb. Die Grundrechtsfähigkeit wird ihnen nur dann zugestanden, wenn sie »von den ihnen durch die Rechtsordnung übertragenen Aufgaben her unmittelbar einem durch bestimmte Grundrechte
geschützten Lebensbereich zugeordnet sind« und insoweit »Bürgern (auch) zur Verwirklichung ihrer individuellen Grundrechte dienen«.[236] Ansonsten kann nicht der Staat
gegen den Staat die Grundrechte einfordern (Konfusionsargument). Eine Ausnahme besteht nach Art. 54 II AEUV für staatliche Einheiten aus der EU; die Argumente gelten
wegen der Einbeziehung juristischer Personen des öffentlichen Rechts entsprechend,
vorausgesetzt ein Erwerbszweck wird verfolgt. Dies wird näher zu prüfen sein.

Ein solches Band zu einem grundrechtlich geschützten Lebensbereich besitzen **öffent- 138
lich-rechtliche Rundfunkanstalten** hinsichtlich Art. 5 I GG, **Universitäten** für Art. 5
III GG und **Religionsgesellschaften** wegen Art. 4, 140 GG iVm Art. 137 WRV. Nicht
Grundrechtsträger sein sollen hingegen zB Ärzte- und Handwerkskammern, gewerbliche Berufsgenossenschaften[237] und die Gemeinden selbst hinsichtlich Art. 14 GG,
auch wenn ihnen gehörende Grundstücke beeinträchtigt werden.[238]

---

229 *Hummel* JA 2010, 346; Grundfälle: *Krausnick* JuS 2008, 869 (965).
230 BVerfGE 21, 362 (369).
231 *Kingreen/Poscher* StaatsR II Rn. 174.
232 BVerfGE 4, 7 (12, 17) – Investitionshilfe.
233 BVerfG NJW 2002, 3533.
234 Mehr als 50%, vgl. BVerfGE 128, 226 (244, 246 f.) – Fraport.
235 BVerfG NJW 2017, 217 (Ls. 2) Rn. 191 ff. – Atomausstieg für den schwedischen Staatskonzern Vattenfall.
236 BVerfGE 68, 193 (207) – Zahntechniker-Innung; 75, 192 (196 f.) – Sparkasse.
237 BVerfG DVBl. 2001, 63.
238 BVerfGE 61, 82 (108) – Sasbach.

139 Im letzten Falle ist die Gefährdungssituation einer juristischen Person des öffentlichen Rechts aber mit der von Privatpersonen vergleichbar. Zum Teil wird daher bei Vorliegen einer »grundrechtstypischen Gefährdungslage« einer juristischen Person des öffentlichen Rechts deren Grundrechtsfähigkeit bejaht.[239]

140 Für die Sicherung der Grundrechte können auch öffentlich-rechtliche Rechtspersonen eine maßgebliche Position erfüllen. So können die Kommunen sich gegen Landes- und Regionalplanungen wenden, welche die spätere Beeinträchtigung von Individualgrundrechten wesentlich vorzeichnen. Ärzte- und Handwerkskammern können die Berufsfreiheit ihrer Mitglieder im Rahmen ihrer Verbandstätigkeit maßgeblich verteidigen. Ausgangspunkt muss daher entgegen der hM (→ Rn. 138) sein, inwieweit juristische Personen des öffentlichen Rechts eine **Funktion für die Sicherung individueller Grundrechte** einnehmen. Art. 19 III GG dient damit wie auch Art. 19 IV GG der wirksamen Sicherung der individuellen Grundrechte.[240] Davon ausgehend ist eine wirkungsorientierte Betrachtung ihrer Funktion für die Grundrechte des Bürgers entscheidend. Danach sind Ärzte- und Handwerkskammern regelmäßig Grundrechtsträger, partiell auch Kommunen.

2. Beschwerdegegenstand

141 Beschwerdegegenstand ist nach § 90 I BVerfGG ein **Akt öffentlicher Gewalt.** Dazu gehören nicht nur Gesetze, sondern auch Akte der vollziehenden Gewalt oder der Rspr. Welche Wirkungen von diesen Akten ausgehen müssen, ist nicht näher aufgeführt. Daher zählen auch Akte mit rein tatsächlichen Wirkungen dazu. Indem § 90 I BVerfGG nur eine mögliche Verletzung »durch die öffentliche Gewalt« verlangt, kann auch ein Unterlassen beachtlich sein.[241]

142 Das Grundgesetz und damit auch die Verfassungsbeschwerde sind auf die **deutsche Staatsgewalt** bezogen. Die Rechtsakte europäischer Organe ergehen demgegenüber in Bereichen, die der deutsche Gesetzgeber gerade einer supranationalen Instanz übertragen hat. Sie können daher ebenso wie die ihren Vorgaben entsprechenden Umsetzungsakte allenfalls bezogen auf die Einhaltung der Übertragungsgrenzen mit der Verfassungsbeschwerde angegriffen werden (→ Rn. 59, 64ff.). Diese kann generell nur gegen die Übertragung selbst sowie gegen Mitwirkungsakte deutscher Vertreter an der europäischen Rechtssetzung erhoben werden (→ Rn. 20, 60ff.).

143 Zudem kann die Verfassungsbeschwerde darauf gestützt werden, dass die **Gewährleistungen der EMRK nicht berücksichtigt** wurden (→ Rn. 58). Nicht diese sind dann allerdings Prüfungsmaßstab, sondern dies ist zusammen mit dem Rechtsstaatsprinzip das jeweils einschlägige Grundrecht, in dessen Auslegung die EMRK einzubeziehen ist.[242]

3. Beschwerdebefugnis[243]

144 Die Beschwerdebefugnis ist nach § 90 I BVerfGG gegeben, wenn der Beschwerdeführer behaupten kann, in einem Grundrecht oder einem grundrechtsgleichen Recht verletzt zu sein. Diese Behauptung muss gem. § 92 BVerfGG hinreichend substanziiert sein. Eine Grundrechtsverletzung darf nicht von vornherein ausgeschlossen sein. Die

---

239 ZB *Kingreen/Poscher* StaatsR II Rn. 174.
240 Näher *Frenz* VerwArch 85 (1994), 22 (38ff.).
241 S. dazu → Rn. 1103 im Zusammenhang mit den grundrechtlichen Schutzpflichten.
242 BVerfGE 111, 307 (317, 329f.) – Görgülü.
243 *Hartmann* JuS 2003, 897.

angegriffene Maßnahme muss also den Regelungsbereich des vom Beschwerdeführer als verletzt gerügten Grundrechts betreffen können. Um Popularklagen zu vermeiden, muss die Betroffenheit **selbst, gegenwärtig und unmittelbar** sein. Dies bereitet insbesondere bei Verfassungsbeschwerden gegen Gesetze Probleme.

Selbst betroffen ist der Beschwerdeführer, wenn er in eigenen Grundrechten berührt **145** ist. Dies ist der Fall, wenn er entweder Adressat der grundrechtsbeeinträchtigenden Maßnahme ist oder wenn er unmittelbar rechtlich und nicht bloß faktisch, mittelbar oder wirtschaftlich betroffen ist.[244]

Die Betroffenheit ist nicht **gegenwärtig**, wenn sie irgendwann einmal in der Zukunft **146** eintreten kann. Das ist der Fall bei noch nicht in Kraft getretenen Gesetzen, aber auch dann, wenn der Beschwerdeführer von der Regelung des Gesetzes noch nicht erfasst ist. Etwas anderes gilt allerdings, wenn ein Gesetz zwar noch nicht auf den Beschwerdeführer Anwendung findet, aber ihn bereits heute zu **nicht mehr korrigierbaren Dispositionen** veranlasst.

> **Beispiel:** Ein Gesetz beschränkt die Niederlassung von Ärzten auf ein bestimmtes Kontingent **147** pro Bezirk. Medizinstudent M überlegt sich, das Medizinstudium abzubrechen. Abiturient A zweifelt daran, das Medizinstudium aufzunehmen. Die **Entscheidung für die Aufnahme oder für den Abbruch eines Studiums** ist regelmäßig nicht mehr korrigierbar, sodass eine endgültige Disposition vorliegt.

In engem Zusammenhang mit der gegenwärtigen steht die **unmittelbare** Betroffenheit. **148** Sie setzt voraus, dass es keines Vollzugsaktes mehr bedarf, damit eine Regelung gegenüber dem Beschwerdeführer wirkt, mithin das angegriffene Gesetz selbst durchgreift. Das ist dann der Fall, wenn der Einzelne überhaupt nicht über eine staatliche Maßnahme auf der Basis eines Gesetzes informiert wird, so bei Datenaustausch aufgrund der Anti-Terrordatei.[245] Vollzugsakte brauchen aber nicht abgewartet zu werden, wenn bereits vorher **nicht mehr korrigierbare Entscheidungen** oder Dispositionen getroffen oder unterlassen werden.

> **Beispiel** nach BVerfGE 110, 274 – Ökosteuer: Die Einführung einer Stromsteuer und die Er- **149** höhung der Mineralölsteuer sind gesetzlich so eindeutig normiert, dass die einzelnen Wirtschaftsteilnehmer die auf sie zukommenden Belastungen bereits absehen können und daher auf dieser Basis ihr Verhalten ausrichten. Allerdings verneinte das BVerfG eine mögliche Verletzung in Art. 12 I und 14 I GG (→ Rn. 553, 499, 502 f., 512 ff.) und bejahte nur eine potenzielle von Art. 3 I GG (→ Rn. 577, 585, 589).

Bei endgültigen Festlegungen **steuert** bereits das **Gesetz selbst Verhalten** und erzeugt **150** die Wirkung, die normalerweise aus Vollzugsakten erwächst, und greift damit unmittelbar in den grundrechtsgeschützten Rechtskreis ein. Es macht daher selbst unmittelbar betroffen. Somit ist dem Beschwerdeführer nicht zuzumuten, den Vollzugsakt abzuwarten. Dies ist neben **berufswahlregelnden Normen** insbesondere bei **Straf- und Ordnungswidrigkeitsvorschriften** der Fall.[246]

---

244 BVerfGE 28, 314 (320); 34, 338 (340); 51, 369 (376 f.) – Auflösungsgesetz.
245 BVerfG NJW 2013, 1499 (Rn. 83) näher → Rn. 457.
246 BVerfGE 89, 69 (82) – Haschischkonsum.

4. Rechtswegerschöpfung und Subsidiarität der Verfassungsbeschwerde[247]

151   Nach § 90 II BVerfGG kann eine Verfassungsbeschwerde erst nach Erschöpfung des Rechtsweges erhoben werden. Zwar ist gegen formelle Gesetze unmittelbar ein anderer Rechtsweg als zu den Verfassungsgerichten nicht gegeben, sodass eine Verfassungsbeschwerde ungeachtet des § 90 II 1 BVerfGG erhoben werden könnte. Die Möglichkeit einer Verfassungsbeschwerde an das **Landesverfassungsgericht** bleibt nach § 90 III BVerfGG unberührt; sie kann **parallel** ergriffen werden.[248]

152   § 90 II 1 BVerfGG steht indes umfassend für die Wahrung der in Art. 92 GG vorausgesetzten Aufgabenverteilung zwischen dem BVerfG und den Fachgerichten. Letztere haben den Sachverhalt aufzubereiten und zu würdigen und daher auch als erste die Grundrechte zu wahren. Das BVerfG anzurufen ist nur die letzte Möglichkeit und damit subsidiär. Dieses Gericht gilt es auch zu entlasten. Daher sind **sämtliche Möglichkeiten auszuschöpfen, durch die der Grundrechtsschutz auf andere Weise erreicht werden kann.** Bei formellen Gesetzen ist dies **auch die inzidente Normenkontrolle** in einem fachgerichtlichen Verfahren.[249] Damit gilt es, gesetzesvollziehende Rechtsakte abzuwarten und dann gegen diese vor den Verwaltungsgerichten vorzugehen.

153   Allerdings zieht sich dadurch der Rechtsschutz für den Bürger in die Länge. Dies ist insbesondere dann unzumutbar, wenn Grundrechtsschutz nicht mehr rechtzeitig zu erlangen ist, weil etwa Entscheidungen nicht mehr korrigierbar sind (→ Rn. 146 ff.). Eine Existenzgefährdung ist aber näher darzulegen.[250] Vor allem in diesem Fall hat das BVerfG gem. § 90 II 2 BVerfGG die **Möglichkeit**, entsprechend dem Wortlaut »kann« indes nicht die Pflicht zur **Vorabentscheidung.** Bei Gesetzen wird eine solche Entscheidung aber eher ergehen als bei VA (→ Rn. 698).

5. Frist

154   Verfassungsbeschwerden gegen Gesetze sind nach § 93 III BVerfGG innerhalb eines Jahres nach ihrem Inkrafttreten möglich, gegen Entscheidungen binnen eines Monats, § 93 I BVerfGG.

6. Prozessfähigkeit[251]

155   Die Fähigkeit, ein Grundrecht selbst geltend zu machen, mithin Prozesshandlungen aus eigenem Recht vorzunehmen, wurde an die **Grundrechtsmündigkeit** gekoppelt.[252] Die Berechtigung aus Grundrechten kann indes nicht vom Alter oder vom Geisteszustand abhängen. So ist etwa auch der Nasciturus aus Art. 2 II GG grundrechtsfähig (→ Rn. 1092). Daher müssen zB Minderjährige durch ihre Eltern vertreten werden können.[253] Das ist aber eine Frage der Prozessfähigkeit. Ob ein eigenes Auftreten möglich ist, entscheidet sich danach, ob sich der Minderjährige insbesondere vor dem Hintergrund der Rechtsordnung als reif darstellt.

---

247 BVerfGE 71, 305. Vgl. zur Subsidiarität der Rechtssatzverfassungsbeschwerde BVerfGE 72, 39. *Peters/Markus* JuS 2013, 887.
248 Derzeit nur in Bayern, Hessen und Mecklenburg-Vorpommern relevant, da die dortigen Landesverfassungen und Landesverfassungsgerichte die Prüfungskompetenzen der Landesverfassungsgerichte nicht auf Akte der Landesgewalt beschränken, *Schlaich/Korioth* BVerfG Rn. 351.
249 BVerfGE 58, 81 (105) – Ausbildungsausfallzeiten; 72, 39 (44).
250 BVerfG Beschl. v. 10.10.2016 – 1 BvR 2136/14.
251 *Michael* ZJS 2014, 490; Übungsfall: *Nolte/Roggon* JuS 2015, 801.
252 Etwa *v. Mutius* JURA 1987, 272.
253 *Walter* FamRZ 2001, 1.

So gilt zB der 15-Jährige, wenn er sich auf Art. 4 GG beruft, unter Beachtung des § 5 RelKErzG als reif **156** und ist somit prozessfähig, ebenso der 16-jährige Geschäftsinhaber, der Art. 12 GG geltend macht, gem. § 112 BGB.

7. Praxis: Annahme der Verfassungsbeschwerde

Verfassungsbeschwerden bedürfen gem. § 93a BVerfGG der Annahme zur Entschei- **157** dung. Eine Pflicht dazu besteht bei grundsätzlicher verfassungsrechtlicher Bedeutung und bei entsprechender Relevanz zur Grundrechtsdurchsetzung. Dies ist aber keine Zulässigkeitsvoraussetzung.

Zulässigkeit der Individualverfassungsbeschwerde

I. Beschwerdefähigkeit, § 90 I BVerfGG: Jedermann: Träger von Grundrechten; problematisch bei juristischen Personen des öffentlichen Rechts bzw. im Staatsbesitz

II. Beschwerdegegenstand, § 90 I BVerfGG: Akt öffentlicher Gewalt; EU höchstens bei Überschreitung von Übertragungsgrenzen

III. Beschwerdebefugnis, § 90 I BVerfGG: selbst, gegenwärtig und unmittelbar betroffen; hinreichende Substanziierung, § 92 BVerfGG

IV. Rechtswegerschöpfung und Subsidiarität der Verfassungsbeschwerde, § 92 II BVerfGG

V. Frist: 1 Jahr gegen Gesetze (§ 93 III BVerfGG), 1 Monat gegen Entscheidungen (§ 93 I BVerfGG)

VI. Prozessfähigkeit: bei Grundrechtsmündigkeit

VII. Praxis: Annahme der Verfassungsbeschwerde

V. Kommunalverfassungsbeschwerde[254]

1. Zulässigkeit

Art. 93 I Nr. 4b GG, § 91 BVerfGG eröffnet den Kommunen die Möglichkeit der Ver- **158** fassungsbeschwerde **wegen Verletzung** ihrer **Selbstverwaltungsgarantie.** Sie ist beschränkt auf Gesetze. Beschwerdebefugt sind Gemeinden und Gemeindeverbände. Sie müssen behaupten können, durch ein Bundes- oder Landesgesetz in ihrem Recht auf Selbstverwaltung nach Art. 28 II GG verletzt zu sein.

2. Recht auf kommunale Selbstverwaltung, Art. 28 II GG[255]

a) **Schutzbereich. Das Recht auf kommunale Selbstverwaltung nach Art. 28 II GG** **159** hat zwei Komponenten, nämlich eine aufgaben- und eine gestaltungsbezogene. Den Kommunen stehen gem. Art. 28 II GG grundsätzlich »alle Angelegenheiten der örtlichen Gemeinschaft« zu, und diese dürfen sie »in eigener Verantwortung regeln«, mithin ohne Beeinflussung durch Kreise, Land oder Bund nach eigenen Vorstellungen gestalten. Der Schutzbereich umfasst also grundsätzlich **alle Angelegenheiten der örtlichen Gemeinschaft,** und diese müssen dem **Verantwortungsbereich der Kommunen** unterfallen und dort verbleiben. Daher kann auch die materielle **Privatisierung eines kommunalen Weihnachtsmarktes** durch die Gemeinde selbst ausgeschlossen sein.[256]

---

254 *Schmidt* JA 2008, 763.
255 *Brüning* JURA 2015, 592; *Welti* JA 2006, 871. Wichtige Entscheidung: BVerfGE 79, 127 – Rastede.
256 BVerwG DVBl. 2009, 1382 – Weihnachtsmarkt; näher → Rn. 1230.

160 An dieses Aufgaben- und Verantwortungsverteilungsprinzip ist der Bund bei seiner Gesetzgebung gebunden. Er hat mithin sowohl die **Zuständigkeit der Gemeinden für den örtlichen Wirkungskreis als auch deren eigene Gestaltungsmacht in diesem Bereich** zu wahren. Die Beschränkung der Eigenverantwortlichkeit sowie der Entzug örtlicher Angelegenheiten sind somit rechtfertigungsbedürftig, und zwar auch dann, wenn die Aufgaben hoheitlich auf einen höheren Verwaltungsträger übertragen werden (sog. Hochzonung).[257]

161 Diejenigen Angelegenheiten der örtlichen Gemeinschaft, die nicht durch Gesetz einem anderen Verwaltungsträger zugewiesen sind, dürfen die Gemeinden auch ohne besonderen Kompetenztitel wahrnehmen, nicht aber die Kreise als Gemeindeverbände nach Art. 28 II 2 GG; sonst wären nicht eigens zugeordnete Aufgaben im Ansatz doppelt besetzt. Diese **gemeindliche Allzuständigkeit,** die »Universalität des gemeindlichen Wirkungskreises«, gehört zum Wesensgehalt des Art. 28 II GG und ist damit **unantastbar.**[258]

162 **Örtliche Angelegenheiten** werden durch »diejenigen Bedürfnisse und Interessen … gebildet, die in der örtlichen Gemeinschaft **wurzeln** oder auf sie einen spezifischen Bezug haben«. Diese sind »den Gemeindeeinwohnern gerade als solchen gemeinsam …, indem sie das Zusammenleben und -wohnen der Menschen in der (politischen) Gemeinde betreffen«.[259] Einzubeziehen sind aber auch die Funktionen der gemeindlichen Selbstverwaltung, ebenso der Wandel von Aufgaben, der eine Erfüllung durch größere Einheiten notwendig machen kann, so im Bereich der Abfallentsorgung. Erforderlich ist immer ein örtlicher Bezug. Dieser fehlt etwa, wenn eine Gemeinde allgemein vor Sekten warnt.[260]

163 Ausprägungen der Befugnis der Gemeinden zu eigenverantwortlicher Führung der Geschäfte sind die typischen **Gemeindehoheiten,** nämlich die Satzungshoheit, Personalhoheit, Daseinsvorsorge, Organisationshoheit, Planungshoheit, Finanzhoheit, Gebietshoheit und Kulturhoheit. Art. 28 II 3 GG gewährleistet eigens auch die **finanzielle Eigenverantwortung.** Die gemeindliche Selbstverwaltung wird daher auch bei einer Einengung des finanziellen Spielraumes beschränkt, wenn diese auf die Wahrnehmung der örtlichen Angelegenheiten durchschlägt. Dazu können Mittelkürzungen führen, ebenso die Übertragung neuer Aufgaben, ohne dass mit diesen neue Finanzzuweisungen einhergehen. Letzteres ist nunmehr wegen des **Durchgriffsverbotes nach Art. 84 I 7 und 85 I 2 GG** ausgeschlossen. Danach dürfen den Gemeinden und Gemeindeverbänden durch Bundesgesetz keine Aufgaben übertragen werden.

164 Dagegen verstoßende, aber schon **in der Vergangenheit erlassene Gesetze** werden allerdings nicht erfasst. Sie können nur durch die Länder nach **Art. 125a I 2 GG** ersetzt werden. Sieht dann die Landesverfassung eine Kostenübernahme für (neue) übertragene Aufgaben der Kommunen vor, müssen sich die Länder daran halten, wenn sie ein entsprechendes Gesetz erlassen.

b) Geringerer Schutz für Kreise

165 **Beispiel** nach BVerfGE 119, 331 – Hartz IV-AG: Den Kreisen werden einzelne Leistungen der Grundsicherung für Arbeitssuchende (»Hartz-IV«) zugewiesen, ohne dass die sich daraus ergebenden finanziellen Mehrbelastungen voll ausgeglichen werden. Zudem sollten die Kreise

---

257 BVerfGE 79, 127 (153) – Rastede.
258 BVerfGE 79, 127 (146) – Rastede.
259 BVerfGE 79, 127 (151) – Rastede.
260 VerfGH Bayern NVwZ 1998, 392; s. auch BVerwGE 87, 237 – Atomwaffenfreie Zone.

Arbeitsgemeinschaften mit der Bundesagentur für Arbeit bilden, um eine Wahrnehmung »aus einer Hand« zu sichern.

Art. 28 II 2 GG garantiert die Selbstverwaltung der Gemeindeverbände, also den **Kreisen, nur eingeschränkt.** Der Aufgabenbereich ist lediglich im gesetzlichen Rahmen gewährleistet, also nicht wie bei den Gemeinden durch ureigene, verfassungsmäßig zugewiesene Angelegenheiten definiert. Es besteht damit bloß das **Selbstverwaltungsrecht als solches.** Dieses darf **nicht entwertet werden.** Deshalb müssen den Kreisen in einem Mindestmaß Aufgaben zugewiesen sein, die sie eigenverantwortlich wahrnehmen können. Diese überörtlichen[261], kreiskommunalen Angelegenheiten des eigenen Wirkungskreises müssen »für sich genommen und im Vergleich zu zugewiesenen staatlichen Aufgaben ein Gewicht haben, **das der institutionellen Garantie der Kreise als Selbstverwaltungskörperschaften gerecht wird**« (BVerfG, → Rn. 137). Insoweit besteht eine Mindestgewährleistung, die den Wesensgehalt von Art. 28 II 2 GG ausmacht und daher nicht unterschritten werden darf. **166**

Damit dürfen die Aufgaben des **übertragenen Wirkungskreises** nicht die eigenen Aufgaben in den Hintergrund drängen. Sie dürfen zudem die **Verwaltungskapazitäten nicht derart binden, dass** mit ihnen der garantierte **Mindestbestand** an zugewiesenen Selbstverwaltungsaufgaben des **eigenen Wirkungskreises nicht mehr ausreichend wahrgenommen** werden kann. Dies muss konkret dargelegt werden. Eine Vermutung spricht bei der Zuweisung neuer wie beim Entzug vorhandener Aufgaben gegen einen Eingriff in das Selbstverwaltungsrecht der Kreise. Sie ist hier nicht widerlegt. **167**

Ob darüber hinaus **Art. 28 II 3 GG** Kreisen **eine angemessene Finanzausstattung** für übertragene Aufgaben gewährleistet, lässt das BVerfG (→ Rn. 162) offen. Es sieht ihn durch die gesetzliche Regelung nicht verletzt, da sie einen Erstattungsanspruch – wenn auch an die Länder – vorsieht. Entscheidend muss dann aber sein, ob die Kreise tatsächlich eine adäquate Zuweisung für die vom Bund zugewiesenen Aufgaben erhalten. Anderenfalls läuft angesichts knapper Kassen jedenfalls die Garantie eigenverantwortlicher Aufgabenerledigung weitgehend leer. **168**

Im Gegensatz zum Aufgabenbestand, der auf gesetzlicher Zuweisung beruht, ist die **eigenverantwortliche Aufgabenerledigung** den Kreisen in gleicher Weise **wie den Gemeinden garantiert** (Art. 28 II 2 und 1 GG). Sie umfasst die Personalauswahl und damit auch die Entscheidung, eine Aufgabe allein oder mit anderen Organisationen der Behörden und Verwaltungsträgern wahrzunehmen und hierfür gemeinsame Institutionen zu gründen (sog. **Kooperationshoheit**). **169**

Allerdings besteht diese Gewährleistung nur nach Maßgabe der Gesetze. Der Gesetzgeber darf **organisatorische Vorgaben** machen und daher auch die Aufgabenübertragung auf einen gemeinsamen Träger[262] vorsehen. Damit greift er zwar nicht in den Kernbereich ein, **weicht** aber **vom** durch Art. 28 II GG aufgestellten prinzipiellen **Vorrang einer dezentralen Aufgabenwahrnehmung ab**. Ordnet er verbindlich eine gleichzeitige Aufgabenerledigung durch verschiedene Verwaltungsbehörden an, muss er dies damit als Eingriff in die Selbstverwaltungsgarantie der Kreise **rechtfertigen.** Daran fehlt es hier. **170**

---

261 Die örtlichen Angelegenheiten obliegen den Gemeinden.

262 Eine solche hier freilich nicht sehend Sondervotum *Broß* ua, BVerfGE 119, 331: Betrauung der Hartz IV-AGen nur mit Durchführung der Aufgaben. Indes nehmen die AGen die Aufgaben operativ eigenständig wahr, um die Leistungen »aus einer Hand« zu gewähren. Daher bedarf es der Abstimmung von Bundesagentur und Kommunalverwaltung, BVerfGE 119, 331 Rn. 183 f. – Arbeitslosengeld II.

171 Zudem muss der Gesetzgeber dann die **Verwaltungszuständigkeiten nach Art. 83 ff. GG wahren.** Sie sind darin erschöpfend geregelt und grundsätzlich abweichungsfest, also unabdingbar. Nach Art. 83 GG führen die Länder die Bundesgesetze als eigene Angelegenheiten aus. Die Gemeinden und Gemeindeverbände sind staatsorganisationsrechtlich den Ländern zugeordnet. Die **Verwaltungen** von Bund und Ländern bzw. Kommunen sind als in sich geschlossene Einheiten voneinander **getrennt.** Das ist Ausdruck geteilter demokratischer Legitimation im Bundesstaat. Dementsprechend bedarf es einer klaren Zuordnung von Verwaltungszuständigkeiten. Eine **Mischverwaltung** ist bis auf begrenzte Ausnahmen **ausgeschlossen.**

172 Sie ist **nur für eine eng umgrenzte Verwaltungsmaterie wegen eines besonderen sachlichen Grundes** möglich. Die Grundsicherung für Arbeitssuchende bildet einen der größten Sozialverwaltungsbereiche. Um sie »aus einer Hand« zu gewähren, bestehen auch andere organisatorische Möglichkeiten als die Schaffung gemeinsamer Träger. In Betracht kommt die ausschließliche Wahrnehmung durch den Bund oder die Kreise, die im Übrigen für die alleinige Aufgabenerfüllung optieren konnten. Daher verstößt die Vorgabe der Hartz IV-Arbeitsgemeinschaften als gemeinsame Einrichtungen einer bundesunmittelbaren Körperschaft und der Kreise gegen Art. 28 II 2 iVm Art. 83 GG.

173 **c) Rechtfertigung von Einschränkungen.** Sowohl der **Entzug von örtlichen Aufgaben** als auch eine **Beschränkung der** gemeindlichen **Eigenverantwortlichkeit bedürfen** der **Rechtfertigung.** Die gemeindliche Selbstverwaltung ist ohne immanente Schranken gewährleistet und bildet einen elementaren Bestandteil des deutschen Staatsaufbaus. Daher genügen zur Rechtfertigung von Beschränkungen nicht bloße Zweckmäßigkeits- und Effektivitätserwägungen wie Verwaltungsvereinfachung, Wirtschaftlichkeit und Sparsamkeit, sondern es bedarf **allgemeiner Belange des Gemeinwohls.** Ein Gemeinwohlbelang ist allerdings auch die ordnungsgemäße Aufgabenerfüllung, da Gemeinden zum Staatsaufbau gehören und letztlich durch sie staatliche Aufgaben wie zB die Daseinsvorsorge erfüllt werden. Die rechtfertigenden Gründe für den Entzug von Aufgaben oder die Beschränkung der Eigenverantwortung **müssen** jedoch **die Bedeutung des Verteilungsprinzips nach Art. 28 II GG überwiegen.**[263]

174 Die Organisationshoheit soll der Bundesgesetzgeber auch ohne spezifische Rechtfertigung beeinträchtigen können.

175 **Fall** nach BVerfGE 91, 228 – Gleichstellungsbeauftragte: Ein Landesgesetz verpflichtet die Gemeinden, eine Gleichstellungsbeauftragte zu bestellen.

Diese Pflicht schränkt die kommunale Befugnis zur freien organisatorischen Gestaltung der Verwaltung ein. Allerdings ist diese Vorgabe punktuell; den Gemeinden verbleibt noch organisatorischer Gestaltungsraum. Der Kernbereich von Art. 28 II GG ist daher nicht berührt, eine Beschränkung bei hinreichender Rechtfertigung möglich. Die kommunale Eigenverantwortlichkeit ist allerdings nur »im Rahmen der Gesetze« gewährleistet und erscheint zudem historisch nicht so durchgehend ausgeprägt wie der unabgeleitete gemeindliche Wirkungskreis. Das deutet auf eine schwächere Absicherung und eine mögliche Ausformung durch staatliche Regelungen hin. Das BVerfG verneint eine prinzipielle Allzuständigkeit im organisatorischen Bereich und verlangt keine spezifische Rechtfertigung von Beschränkungen. Diese können danach auch auf Gründe der Verwaltungsvereinfachung, Sparsamkeit und Übersichtlichkeit, also der Effektivität gestützt werden. Den Gemeinden müssen nur hinreichende organisatorische Spielräume verbleiben, um auf örtliche Gegebenheiten reagieren zu können. Diese bestehen selbst im Bereich der Gleichberechtigung fort, weil die Kommunen zusätzliche Maß-

---

263 BVerfGE 79, 127 (153) – Rastede für den Entzug von Aufgaben.

nahmen treffen können. Die Vorgabe einer Gleichstellungsbeauftragten dient nur dazu, die Verwaltung zu vereinheitlichen und die Förderung der Gleichberechtigung zu effektuieren.

Indes ist die **Organisationshoheit elementar** für die Eigenverantwortlichkeit der 176
Kommunen. Diese wiederum wird in Art. 28 II GG untrennbar und gleichbedeutend mit den Angelegenheiten der örtlichen Gemeinschaft genannt. Beide Elemente sind auch faktisch untrennbar: Eigene Aufgaben sind wie eine leere Hülse, wenn sie nicht eigenverantwortlich einschließlich eigener organisatorischer Vorstellungen wahrgenommen werden können. Aufgabe und Verantwortung gehören daher zusammen. Deshalb sind **Einschränkungen** auch gleichermaßen **nur bei einer besonderen Rechtfertigung** zulässig.[264]

Diese besteht für die Vorgabe einer Gleichstellungsbeauftragten in dem besonderen Verfassungsauftrag 177
nach Art. 3 II GG. Die Bedeutung seiner Durchsetzung kann auch das Interesse der Kommunen an einem Erhalt ihrer Organisationshoheit überwiegen. Notwendig ist aber, dass jedenfalls partiell Defizite eigener kommunaler Bemühungen vorliegen. Nur dann ist die landesgesetzliche Vorgabe einer Gleichstellungsbeauftragten erforderlich.

Kommunalverfassungsbeschwerde

A. Zulässigkeit Beschwerdefähigkeit:
    I. Gemeinden und Gemeindeverbände, § 91 BVerfGG
    II. Beschwerdegegenstand: Gesetze
    III. Beschwerdebefugnis: Behauptung einer Verletzung von Art. 28 II GG
B. Begründetheit Recht auf kommunale Selbstverwaltung, Art. 28 II GG:
    I. Schutzbereich
    II. Rechtfertigung von Einschränkungen

VI. Einstweiliger Rechtsschutz[265]

In allen Verfahren ist das BVerfG nach § 32 BVerfGG befugt, einstweilige Anordnun- 178
gen zu erlassen. Das kann von Amts wegen oder auf Antrag erfolgen. Ein entsprechender Antrag ist unter folgenden Voraussetzungen zulässig:[266]

Einstweiliger Rechtsschutz vor dem BVerfG

1. Zulässigkeit
- Das **BVerfG** muss für die bereits anhängige oder zu erwartende Hauptsache (»Streitfall«) gem. Art. 93 GG, § 13 BVerfGG **zuständig** sein.
- Ein **Antrag** muss gem. § 23 BVerfGG vorliegen; allerdings ist umstritten, ob auch eine Entscheidung von Amts wegen möglich ist.
- Der Antragsteller muss **antragsberechtigt** sein. Diese Voraussetzung liegt parallel zum Hauptsacheverfahren. Bei dessen Anhängigkeit können auch etwaige Antragsgegner und Beigeladene einen Antrag stellen.
- Eine **Frist** ist **nicht** vorgesehen.
- Geht der Anordnungsantrag über das hinaus, was im Hauptsacheverfahren erreicht werden kann, läuft er ins Leere, und das **Rechtsschutzbedürfnis** fehlt.

---

264 *Frenz* VerwArch 86 (1995), 378 (382 ff.).
265 *Bäcker* JuS 2013, 119; Übungsfall: *Scherer* JuS 2015, 914.
266 Näher *Fleury* VerfassungsProzR Rn. 487 ff.

Auch darf die Hauptsache nicht vorweggenommen werden, außer der Rechtsschutz des Antragstellers würde ansonsten vereitelt.[267] Die Hauptsache darf nicht offensichtlich unzulässig oder unbegründet sein.[268] Zwar bleiben deren Erfolgsaussichten in der Begründetheitsprüfung für die einstweilige Anordnung außer Betracht (→ Rn. 63). Kann sie aber von vornherein nicht durchdringen, ergibt eine einstweilige Anordnung keinen Sinn. Es fehlt daher das Rechtsschutzbedürfnis.

2. Begründetheit

- Der Antrag auf Erlass einer einstweiligen Anordnung ist begründet, wenn eine **Dringlichkeit** nach § 32 I BVerfGG vorliegt, mithin eine Entscheidung in der Hauptsache etwa wegen **irreversibler Nachteile** nicht abgewartet werden kann (→ Rn. 1080) und die vorzunehmende **Folgenbeurteilung** und -abwägung (→ Rn. 63) zugunsten des Antragstellers ausfällt.
- Bei einer Verfassungsbeschwerde ist dabei nicht nur die Schwere des Eingriffs in die Rechtsposition des Beschwerdeführers einzubeziehen, sondern auch die Belange anderer Grundrechtsträger und der Allgemeinheit sind relevant. **Wiegen** die insoweit **bei Ablehnung** einer einstweiligen Anordnung **zu erwartenden Nachteile schwerer als diejenigen bei Erlass** und Erfolglosigkeit der Hauptsache, ist eine **einstweilige Anordnung** zu erlassen.[269]
- Da bei **Organstreitverfahren** eine einstweilige Anordnung in die Autonomie eines anderen Verfassungsorgans übergreift, ist ein **strenger Maßstab** anzulegen. Es kann nur um die vorläufige Sicherung der strittigen organschaftlichen Rechte gehen; diese dürfen **nicht** dadurch überspielt werden, dass **vollendete Tatsachen** geschaffen werden.[270]
- Eine einstweilige Anordnung ist stets **ausgeschlossen,** wenn sich der in der **Hauptsache** gestellte **Antrag von vornherein** als **unzulässig oder** als **offensichtlich unbegründet** erweist.[271]

178a   **Fall** nach BVerfG NVwZ 2016, 1171: Europäischen Richtlinienvorgaben gemäß schrieb der deutsche Gesetzgeber vor, dass Warnaufdrucke auf Tabakerzeugnissen anzubringen sind, und zwar mit kurzen Übergangsfristen, welche einen Unternehmer insolvent zu werden lassen drohen. Dazu wurde allerdings nichts Näheres vorgetragen.

§ 32 BVerfGG ermöglicht dem BVerfG den Erlass von einstweiligen Anordnungen, welche auch die Anwendung einer Norm entfallen lassen. Dies muss aber erfolgen, um schwere Nachteile abzuwehren, drohende Gewalt zu verhindern oder aus einem anderen wichtigen Grund für das Gemeinwohl dringend geboten sein. Entsprechend hoch ist die Messlatte. Es wird ein strenger Maßstab angelegt.
§ 32 BVerfGG ermöglicht dem BVerfG den Erlass von einstweiligen Anordnungen, welche auch die Anwendung einer Norm entfallen lassen. Dies muss aber erfolgen, um schwere Nachteile abzuwehren, drohende Gewalt zu verhindern oder aus einem anderen wichtigen Grund für das Gemeinwohl dringend geboten sein. Entsprechend hoch ist die Messlatte. Es wird ein strenger Maßstab angelegt. Grundvoraussetzung ist, dass der Ausgang des Hauptsacheverfahrens offen ist. Der Verfassungsbeschwerdeantrag darf also weder von vornherein unzulässig noch offensichtlich unbegründet sein. Hier

---

267 Näher → Rn. 1083.
268 BVerfGE 93, 181 (187) – Rasterfahndung.
269 BVerfGE 93, 181 (187f.) – Rasterfahndung.
270 BVerfGE 118, 111 (122) – ISAF II.
271 BVerfGE 117, 359 (366) – ISAF; 118, 111 (122) – ISAF II.

geht es um Vorgaben aus einer EU-Richtlinie. Daher greift grundsätzlich der EU-Grundrechtsschutz. Das gilt nur dann nicht, wenn der EU-Rechtsakt ultra vires liegt oder die Identität das GG antastet oder aber der Grundrechtsstandard auf EU-Ebene generell hinter dem unabdingbar gebotenen Grundrechtsschutz nach dem GG zurückbleibt. Das ist hier nicht der Fall, außer man sieht die kurzen Übergangsfristen als primärrechtswidrig an und verlangt daher eine Vorlage des BVerfG an den EuGH (Rn. 32 f.). Allerdings hat der EuGH generell den Vertrauensschutz sehr gering angesetzt, wenngleich er zu dieser speziellen Frage noch keine Entscheidung getroffen hat. Der Hauptanwendungsfall ist ohnehin, dass Gestaltungsspielräume für den nationalen Umsetzungsgesetzgeber bestehen und insoweit die Grundrechte eingreifen.

Ist der Ausgang des Hauptsacheverfahrens offen, gilt es die Nachteile, die eintreten, wenn eine einstweilige Anordnung nicht erginge, der Antrag aber in der Hauptsache Erfolg hätte, mit den Nachteilen abzuwägen, die entstünden, wenn die begehrte einstweilige Anordnung erlassen würde, dem Antrag in der Hauptsache aber der Erfolg zu versagen wäre. Hier sind einander gegenüberzustellen die besonders schwerwiegenden und irreparablen Schäden, die aus der Vollziehung des Gesetzes erwachsen, einerseits und die Risiken aus dem Hinausgehen über die Entscheidungskompetenz des BVerfG in der Hauptsache sowie das Interesse an einem effektiven Vollzug des Unionsrechts andererseits. Es hat schon ein Urteil des EuGH v. 4.5.2016[272] die Unionsrechtskonformität der beanstandeten Regelung erwiesen. Damit ist zu erwarten, dass die Regelung rechtmäßig ist. Der effektive Vollzug des Unionsrechts geriete daher in Gefahr.

Weil der EuGH schon entschieden hat, ist nicht zu erwarten, dass nochmals eine Vorlage an ihn erfolgt; zudem ist vor allem die Verhältnismäßigkeit als zentrales Element der Grundrechtsprüfung geklärt. Daher sind Nachteile wirtschaftlicher Art des Beschwerdeführers nur begrenzt berücksichtigungsfähig. Zudem kann nicht der wirtschaftliche Nachteil, der lediglich einem Einzelnen durch den Vollzug eines Gesetzes entsteht, geeignet sein, die Aussetzung von Normen zu begründen, außer ein Gewerbebetrieb unterliegt unmittelbar der Gefahr, durch den Vollzug der gesetzlichen Regelung vollständig zum Erliegen zu kommen und damit irreparablen Schaden zu erleiden. Hierfür sind allerdings nicht hinreichende Gesichtspunkte dargelegt. Die Darlegungslast wird wegen des Ausnahmecharakters einer einstweiligen Anordnung sehr hoch angesetzt. Spezifische Nachteile wegen der fehlenden bzw. als unzureichend beanstandeten Übergangsfrist sind nicht vorgebracht; dass bereits daraus die Insolvenz drohe, ist nicht aufgezeigt worden. Daher konnte die beantragte einstweilige Anordnung auf Aussetzung verschiedener Vorschriften des TabakerzG sowie der TabakerzV nicht befürwortet werden.

B. Entscheidung des BVerfG

Verstoßen Gesetze gegen das Grundgesetz oder Landesgesetze gegen sonstiges Bundesrecht, sieht **§ 78 BVerfGG** ihre **Nichtigerklärung** vor. Dann würde aber vielfach überhaupt kein Gesetz mehr in dem entsprechenden Bereich existieren. Daher wählt das BVerfG zumeist andere Entscheidungsformen wie die bloße **Unvereinbarerklärung** mit der Aufforderung an den Gesetzgeber, den verfassungswidrigen Rechtszustand bis zu einem bestimmten Zeitpunkt zu beheben. Bei Gleichheitsverstößen würde zudem die Nichtigerklärung von Gesetzen den Entscheidungsspielraum des Gesetzgebers verkürzen, ob er eine Regelung auf die gleichheitswidrig nicht erfassten Fälle ausdehnt oder gänzlich entfallen lässt. Die Verbindlichkeit und Wirkung der Entscheidungen des BVerfG bestimmen sich nach §§ 31, 79 BVerfGG. In Ausnahmefällen erlässt das BVerfG gem. § 35 BVerfGG eine eigene **Übergangsregelung**, um unabwendbare existenzielle Nachteile zu vermeiden.[273]

179

---

272 EuGH ECLI:EU:C:2016:323.
273 S. BVerfGE 121, 317 (376) – Nichtraucherschutz.

C. Verfassungsmäßigkeit eines Gesetzes[274]

180 Ein Gesetz ist verfassungswidrig, wenn es formell und/oder materiell nicht mit der Verfassung übereinstimmt. In formeller Hinsicht sind Zuständigkeit, Form und Verfahren zu prüfen, in materieller Hinsicht vor allem Grundrechtsverstöße.

I. Formelle Verfassungsmäßigkeit

181 Die formelle Verfassungsmäßigkeit eines Bundesgesetzes setzt voraus, dass der Bund nach Art. 70 ff. GG für seinen Erlass eine **Kompetenz** hat, das **Gesetzgebungsverfahren** nach Art. 76 ff. GG eingehalten und das Gesetz gem. Art. 82 GG ordnungsgemäß **ausgefertigt und verkündet** wurde.

1. Gesetzgebungskompetenz des Bundes[275]

182 Nach Art. 70 I GG besitzt der Bund die Gesetzgebungskompetenz nur dann, wenn sie ihm grundgesetzlich zugewiesen ist.

183 a) **Ausschließliche Gesetzgebungskompetenz.** Besitzt der Bund die ausschließliche Gesetzgebungskompetenz, haben die Länder überhaupt keine originäre Gesetzgebungsbefugnis, sondern gem. **Art. 71 GG** nur eine durch Bundesgesetz verliehene und damit derivative. Der Bund kann daher eine Materie auch ungeregelt lassen, ohne seine Gesetzgebungsbefugnis zu verlieren. Die entsprechenden Gegenstände ergeben sich aus **Art. 73 GG.**

184 Dazu gehört nach Art. 73 I Nr. 5 GG unter anderem der Warenverkehr mit dem Ausland und damit etwa auch das Verbringen und die Einfuhr von Kampfhunden aus dem Ausland.[276] Hingegen gehört zum **Luftverkehr nach Art. 73 I Nr. 6 GG** nicht ein Zusammenwirken des Bundes mit den Ländern unter **Einsatz der Streitkräfte** zum Abschuss von Flugzeugen, die als Angriffsmittel verwendet werden (→ Rn. 262 f.). Die Kompetenz für solche Bundesregelungen folgt unmittelbar aus **Art. 35 II 2, III 1 GG.** Ein Unglücksfall kann auch mit an Sicherheit grenzender Wahrscheinlichkeit eintreten sowie absichtlich herbeigeführt werden. Der Einsatz der Streitkräfte darf aber nicht mit spezifisch militärischen Waffen erfolgen. Art. 87a II GG verlangt für den Einsatz außerhalb der Verteidigung eine ausdrückliche Normierung, Art. 35 II 2, III 1 GG sehen indes nur eine Hilfe bzw. Unterstützung zur Gefahrenabwehr vor, welche aber ihrerseits keine militärischen Mittel erlaubt, sondern lediglich den Einsatz von Polizeikräften.[277] Art. 87a IV GG lässt den Einsatz militärischer Waffen nur unter strikten Begrenzungen zu.[278] Auch eine dauerhafte Unterstützung der Streitkräfte bei der Gefahrenabwehr ist nach der Verfassung unzulässig, wenn die Situation über die in Art. 35 II 2, III GG genannten Fälle hinausgeht.[279]

185 Diese grundsätzliche Kompetenzbegrenzung darf auch nicht durch die eigens eingefügte ausschließliche **Kompetenz zur Abwehr von Gefahren des internationalen Terrorismus nach Art. 73 I Nr. 9a GG** unterlaufen werden. Diese besteht aber ohnehin nur im Hinblick auf das Bundeskriminalpolizeiamt bei länderübergreifenden Gefahren, ist subsidiär und kann auch durch Maßnahmen der Überwachung und der Prävention ausgefüllt werden. **Streitkräfte** dürfen nach Art. 35 III 1 GG – auch in Eilfällen – bei einem überregionalen Katastrophennotstand nur eingesetzt werden, wenn die Bundesregierung dies als Kollegialorgan beschließt.[280] Ausnahmen sind nicht vorgesehen. Damit es aber zu keiner zeitlichen Verzögerung kommt, welche die Gefahrenabwehr beeinträchtigen kann, ist dem Bundesverteidigungsmi-

---

274 *Hellermann/Steinbeck* JURA 2006, 213. Übungsfall: *Proelß* VR 2006, 26.
275 Nach der Föderalismusreform *Ipsen* NJW 2006, 2801; *Degenhart* NVwZ 2006, 1209. Wichtige Entscheidungen: BVerfGE 8, 104 – Volksbefragung; 24, 367 – Hamburger Deichordnung; 61, 149 – Staatshaftungsgesetz; 106, 62 – Altenpflege; 111, 226 – Juniorprofessur.
276 BVerfGE 110, 141 (158) – Kampfhunde; s. auch → Rn. 535 f.
277 BVerfGE 115, 118 (146 ff.) – Flugzeugabschuss.
278 BVerfG NVwZ 2012, 1239.
279 *Ladiges* NVwZ 2012, 1225 (1227).
280 BVerfG NVwZ 2012, 1239.

nister eine vorläufige Eilentscheidungskompetenz zuzuerkennen – allerdings nur bei einem länderübergreifenden Katastrophennotstand nach Art. 35 III 1 GG: Ist der Notstand regional, kann das betroffene Bundesland die Hilfe der Streitkräfte nach Art. 35 II 2 GG anfordern, worüber dann der Verteidigungsminister entscheidet.[281]

Die **Telekommunikation** nach Art. 73 I Nr. 7 GG erfasst lediglich die **technische Seite** der Errichtung **186** einer Telekommunikationsinfrastruktur und der Informationsübermittlung, nicht hingegen die übermittelten Inhalte oder die Art der Nutzung, so zu Überwachungszwecken,[282] wohl aber den **Datenschutz als Folgeregelung zu technischen Bedingungen der Informationsübermittlung**.[283] Daran anknüpfende Maßnahmen können aber nunmehr ggf. auf Art. 73 I Nr. 9a GG gestützt werden, wenn durch eine Überwachung der Telekommunikation die Vorbereitung eines Terroranschlages aufgedeckt werden und dafür das Bundeskriminalpolizeiamt zuständig sein soll, weil die Zuständigkeit einer Landespolizeibehörde nicht erkennbar ist oder die oberste Landesbehörde um eine Übernahme ersucht. Die Gewinnung von **sicherheitsrelevanten Erkenntnissen im Ausland** durch den BND nach dem BND-Gesetz (G10) deckt **Art. 73 I Nr. 1 GG** ab.[284] Gegenständlich werden Regelungen mit Bezug auf die Auslandsaufklärung und zur politischen Information der Bundesregierung sowie entsprechende Datenweitergaben erfasst, nicht aber eigenständige Datenerhebungen.[285]

Art. 73 I Nr. 10 GG erfasst die Zusammenarbeit des Bundes und der Länder im Bereich der Sicherheit **187** nicht nur für fachliche, sondern auch für fachübergreifende Regelungen – etwa zum Austausch von Daten zwischen Nachrichtendiensten und Polizeibehörden; es geht um die Lockerung föderaler Zuständigkeitsgrenzen in der Kriminalpolizei (lit. a), wodurch zwar nur bedeutsame Straftaten von Gewicht erfasst sind, indes auch die Prävention inbegriffen ist.[286]

Die **historische Auslegung** spielt im Bereich der Gesetzgebungskompetenzen eine **188** sehr **große Rolle**. Schließlich sind die einzelnen Felder sehr detailliert aufgeführt und mit je eigenem Hintergrund aufgenommen worden.

b) Konkurrierende Gesetzgebungskompetenz. aa) Bundesgesetzgebung unab- **189** **hängig von einer Erforderlichkeit.** Die meisten Gebiete unterfallen gem. **Art. 74 GG** der konkurrierenden Gesetzgebungskompetenz des Bundes. Sie wurde im Zuge der **Föderalismusreform** deutlich umgestaltet.[287] Es bedarf nämlich nicht mehr durchhend der Erforderlichkeit für eine Gesetzgebung des Bundes. Diese ist dann entbehrlich, wenn es sich um eine sog. **Kernkompetenz** handelt.[288] Da die Erforderlichkeit in diesen Fällen stets anzunehmen ist, kann der Bund praktisch wie bei der ausschließlichen Gesetzgebungskompetenz immer Gesetze erlassen. Nur bleiben die Länder weiterhin zuständig, wenn und soweit der Bund seine Gesetzgebungskompetenz nicht ausgefüllt hat (→ Rn. 200 ff.).

Auch die neu eingeführte **Abweichungskompetenz** nach Art. 72 III GG besteht unab- **190** hängig von der Erforderlichkeit einer Bundesregelung. Hier dürfen aber die Länder von der Gesetzgebung des Bundes abweichen (→ Rn. 203). Gleichwohl gilt diese weiter. Sie wird nur in den Bundesländern nicht angewendet, die eine abweichende Regelung getroffen haben (Anwendungs-, nicht Geltungsvorrang). Sie ist daher wieder heranzuziehen, wenn eine Landesregelung aufgehoben wird oder ausläuft. Dadurch existiert kein rechtsfreier Raum. Die Landesregelung ist auch dann nicht mehr anzu-

---

281 *Ladiges* NVwZ 2012, 1225 (1227) mwN.
282 BVerfGE 113, 348 (368) – Telekommunikationsüberwachung; s. auch → Rn. 211 sowie dann → Rn. 206.
283 BVerfGE 125, 260 (314) – Vorratsdatenspeicherung II.
284 BVerwGE 130, 180 (189) – Strategische Telefonüberwachung (G10).
285 BVerfG NJW 2013, 1499 (1502) Rn. 101 – Antiterrordatei.
286 BVerfG NJW 2013, 1499 (1502) Rn. 98 f. – Antiterrordatei.
287 Grundfall: *Stöbener* JURA 2008, 327 ff.
288 *Ipsen* NJW 2006, 2801 (2803).

wenden, wenn der Bund seinerseits wieder eine Regelung erlässt. Auch dies kann er, ohne eine Erforderlichkeit dafür darlegen zu müssen. Die bloße Existenz eines abweichenden Landesgesetzes genügt. Stets geht das spätere Gesetz vor (**Lex-posterior-Regel, Art. 72 III 3 GG**). Das Bundesgesetz tritt aber nach Art. 72 III 2 GG frühestens sechs Monate nach seiner Verkündung in Kraft, außer diese Frist wurde mit Zustimmung des Bundesrates anders festgesetzt.

191   **bb) Erforderlichkeit bundesgesetzlicher Regelung.** In den anderen Fällen besteht eine konkurrierende Gesetzgebungskompetenz des Bundes nach **Art. 72 II GG** nur dann, wenn eine bundesgesetzliche Regelung erforderlich ist. Diese durch die Neuregelung 1994 eingefügte Klausel wollte die Bundeskompetenz einschränken und deren Begrenzung justiziabel machen. Dieses Ziel ist bei der Auslegung zu berücksichtigen. Der erste Bezugspunkt für die Erforderlichkeit nach Art. 72 II GG sind **gleichwertige Lebensverhältnisse** im Bundesgebiet. Gleichwertig bedeutet nicht einheitlich. Daher genügt nicht bereits, dass bundeseinheitliche Regelungen in Kraft gesetzt oder die Lebensverhältnisse verbessert werden sollen. Diese letztgenannte Grenze folgt auch aus Art. 91a I GG, wo aus diesem Grund nur eine Mitwirkung des Bundes an Länderaufgaben vorgesehen ist; dieser erlangt also nicht zur Verbesserung der Lebensverhältnisse allein die Gesetzgebungskompetenz.[289]

192   **Beispiele** nach BVerfGE 106, 62 – Altenpflege: So genügt für ein Gesetz, das die Ausbildung zum Altenpflegeberuf regelt, nicht das Ziel einer Verbesserung der Ausbildungsstandards, obwohl die davon sicherlich profitierenden Lebensumstände der Pflegebedürftigen dem Begriff der Lebensverhältnisse unterfallen. Vielmehr bedarf es der durch **Tatsachenmaterial fundierten Feststellung, dass sich die Lebensverhältnisse** der Pflegebedürftigen oder der Altenpfleger tatsächlich oder voraussichtlich bzw. konkret absehbar[290] **auseinanderentwickeln**, weil sie einzelne oder mehrere Bundesländer durch Mängel in der Altenpflegeausbildung deutlich schlechter stellen.[291]

nach BVerfGE 140, 65 – Betreuungsgeld: Ein **Betreuungsgeld** für zuhause bleibende, ihre Kleinkinder selbst erziehende Mütter (als »**Herdprämie**« kritisiert) wäre nur zur Herstellung gleichwertiger Lebensverhältnisse erforderlich gewesen, wenn sich die Lebensverhältnisse in den Ländern in erheblicher, das bundesstaatliche Sozialgefüge beeinträchtigender Weise auseinanderentwickelt hätten oder sich eine derartige Entwicklung konkret abzeichnete. Das traf aber nicht zu. Bei dieser Beurteilung muss grundsätzlich jede Fürsorgeleistung für sich genommen den Voraussetzungen des Art. 72 II GG genügen.

193   Insoweit kann aber der zweite Bezugspunkt der Erforderlichkeit eingreifen, nämlich die Wahrung der **Rechts- oder Wirtschaftseinheit** im gesamtstaatlichen Interesse. Auch auf dieser Basis kann der Bund nicht tätig werden, um allgemein die Lebensverhältnisse zu verbessern oder sonstige Gemeinwohlinteressen zu verfolgen – so zur Förderung zuhause bleibender Mütter, die ihre Kinder selbst erziehen. Es geht um die institutionellen **Voraussetzungen des Bundesstaates.** Diesem sind unterschiedliche Rechtslagen immanent. Die Rechtseinheit iSv Art. 72 II GG ist daher nur dann einschlägig, wenn die Gesetzesvielfalt in den Ländern eine Rechtszersplitterung mit problematischen Folgen (Bedrohung der Rechtssicherheit und Freizügigkeit) darstellt.

---

289 BVerfGE 106, 62 (144) – Altenpflege.
290 Darauf abstellend BVerfGE 111, 226 (253) – Juniorprofessur.
291 BVerfGE 106, 62 (153f.) – Altenpflege.

Das gilt etwa bei unterschiedlichen Personenstandsregelungen, welche die Eheschließung und Scheidung nicht bundesweit gleichermaßen rechtlich anerkennen und behandeln.[292]   **194**

> **Beispiel** nach BVerfGE 110, 141 (176 f.) – Kampfhunde: Insbesondere kann der Bund nicht mit seiner Gesetzgebung auf divergierenden landesrechtlichen Regelungen aufbauen, da er dann nicht Uneinheitlichkeit überwindet, sondern verstärkt. Das trifft zu, wenn er das Züchten von und den Handel mit gefährlichen Hunden entgegen einem landesrechtlichen Verbot unter Strafe stellt. Daher war § 143 I StGB verfassungswidrig.   **195**

Die Wahrung der Wirtschaftseinheit zielt darauf, den Wirtschaftsraum der Bundesrepublik durch bundeseinheitliche Rechtsetzung funktionsfähig zu halten. Insbesondere richten unterschiedliche **berufliche Ausbildungen** wie auch divergierende Zugangsmöglichkeiten zu Berufen oder Gewerben Schranken bzw. Hindernisse für den wirtschaftlichen Verkehr im Bundesgebiet auf und verzerren die Verteilung des personellen und sachlichen Potenzials. Werden durch solche Auswirkungen die Belange nicht nur eines Bundeslandes beeinträchtigt, kann der Bund regelnd eingreifen.   **196**

So kann der Bund die Ausbildung für Altenpfleger einheitlich regeln, um diesen Beruf zur Verhinderung einer Mangelsituation attraktiver zu machen und die Mobilität zu sichern, sodass die Fachkräfte gleichmäßig verteilt und gerade auch an Brennpunkten in Ballungszentren vorhanden sind.[293]   **197**

Entfällt die Erforderlichkeit, kann gem. Art. 72 IV GG ein Bundesgesetz die Ersetzung der betroffenen Bundesregelung durch Landesrecht ermöglichen. Dass eine Bundesregelung nicht mehr erforderlich ist, kann im Wege eines **Kompetenzkontrollverfahrens nach Art. 93 II GG** festgestellt werden. Diese Feststellung **ersetzt ein Gesetz nach Art. 72 IV GG.** Ein darauf gerichteter Antrag ist aber erst zulässig, wenn eine Gesetzesvorlage nach Art. 72 IV GG nicht zum Erfolg führte (→ Rn. 126).   **198**

Durch Bundesgesetz kann gem. **Art. 125 a II 2 GG** die Ersetzung durch Landesrecht auch für solche **Altgesetze** ermöglicht werden, die vor der ab 16.11.1994 geltenden Änderung des Art. 72 II GG ergingen und dessen **nunmehrige Anforderungen an die Erforderlichkeit nicht erfüllen,** also nicht mehr als Bundesgesetze erlassen werden dürften. Ergeht ein solches Bundesgesetz nicht, gelten diese Altgesetze gem. Art. 125 a II 1 GG als Bundesrecht fort.   **199**

cc) Folgen für die Landesgesetzgebung. Bei einer lediglich konkurrierenden Normgebungskompetenz des Bundes können die Länder nach Art. 72 I GG immer noch Gesetze erlassen, **solange und soweit** der Bund seine Gesetzgebungskompetenz nicht ausgeübt hat. Das gilt, auch wenn die Erforderlichkeit nicht zu prüfen ist oder nach Art. 72 II GG vorliegt. Besteht eine **Abweichungskompetenz der Länder,** können diese auch und gerade dann eigene Regulierungen treffen, **wenn** der **Bund ein Gesetz erlassen hat.**   **200**

> **Beispiel** nach BVerfGE 121, 317 – Nichtraucherschutz: Zwar hat der Bund entsprechend seiner Gesetzgebungskompetenz für den **Arbeitsschutz nach Art. 74 I Nr. 12 GG** den Schutz von Nichtrauchern am Arbeitsplatz durch betriebliche Rauchverbote geregelt. **Indes** beinhalten die **Nichtrauchergesetze** den **Schutz der Gesamtbevölkerung** (→ Rn. 569 f.), auch wenn davon mittelbar die Beschäftigten in Gaststätten profitieren und dies auch sollen. Nicht das Ziel einer **Regelung,** sondern ihr **Gegenstand** ist **für die Verteilung der Gesetzgebungskompetenzen** zwischen Bund und Ländern **entscheidend** (BVerfGE 121, 317 Rn. 118).   **201**

---

292 BVerfGE 106, 62 (145 f.) – Altenpflege.
293 BVerfGE 106, 62 (153, 157) – Altenpflege.

202 Diese Gesetzgebungskompetenz der Länder gilt sogar dann, wenn das Land eine gleichlautende Regelung trifft. Entscheidend ist das Vorliegen einer Bundesregelung. Sie löst eine Abweichungskompetenz aus. Wird sie ausgeübt, greift die lex-posterior-Regel ein (→ Rn. 190). Allerdings muss das Landesgesetz mit europarechtlichen Vorgaben und zwingendem Bundesrecht übereinstimmen, um Anwendungsvorrang vor einem Bundesgesetz entfalten zu können.

203 Eine Abweichungskompetenz der Länder besteht auch für die **Einrichtung der Behörden** und für das **Verwaltungsverfahren im Bereich der Bundesauftragsverwaltung nach Art. 84 I GG.** Die Einrichtung der Behörden bezieht sich auf das »Ob«, mithin die Gründung, und auf das »Wie«, also die Ausgestaltung. Dazu gehört auch eine Veränderung des Aufgabenspektrums, nicht aber eine rein quantitative Vermehrung bereits bestehender Aufgaben.[294] Auch das Verwaltungsverfahren, also das »Wie« des Verwaltungshandelns, muss selbst betroffen sein. Nach Art. 84 I 1 GG regeln die Länder zwar, bei der Ausführung der Bundesgesetze als eigene Angelegenheiten, die Einrichtung der Behörden und das Verwaltungsverfahren. Allerdings können dazu Bundesgesetze gem. Art. 84 I 2 GG »etwas anderes bestimmen«, wozu nicht mehr die Zustimmung des Bundesrates erforderlich ist (→ Rn. 232f.). Als Kompensation können die Länder nunmehr von einer solchen Bundesregelung abweichen. Es gilt dann gem. Art. 84 I 4 iVm Art. 72 III 3 GG das Landesgesetz als späteres Gesetz, außer der Bund macht seinerseits erneut von seiner Grundkompetenz nach Art. 84 I 2 GG Gebrauch. Ein solches Bundesgesetz tritt gem. Art. 84 I 3 GG frühestens sechs Monate nach seiner Verkündung in Kraft, außer diese Karenzzeit wird mit Zustimmung des Bundesrates ausgeschlossen; die Länder können von ihm wiederum abweichen, und zwar ohne eine Sperrfrist.

204 Lediglich in Ausnahmefällen kann der Bund nach **Art. 84 I 5 GG** wegen eines besonderen Bedürfnisses nach bundeseinheitlicher Regelung das **Verwaltungsverfahren ohne Abweichungsmöglichkeit für die Länder** regeln. Das gilt vor allem für Regelungen des Umweltverfahrensrechts, so namentlich der integrierten Vorhabengenehmigung. Dafür muss dann der Bundesrat (weiterhin) zustimmen.

205 Außerhalb der Abweichungskompetenz und damit in den anderen Fällen konkurrierender Gesetzgebung des Bundes beginnt die **Sperrwirkung des Bundesgesetzes** zeitlich mit der Verkündung, spätestens mit dem Inkrafttreten.[295] Sie tritt in der Sache ein, wenn der Bund eine Materie erschöpfend und damit abschließend geregelt hat.[296] Generell ist anhand des Gesetzes und des erfassten gesamten Normenbereiches näher zu untersuchen, ob und vor allem inwieweit der Bund von seiner Gesetzgebungszuständigkeit Gebrauch gemacht hat. In erster Linie ist auf das Bundesgesetz selbst abzustellen, sodann auf den hinter dem Gesetz stehenden Regelungszweck, ferner auf die Gesetzgebungsgeschichte und die Gesetzesmaterialien.[297] Wurde ein **Gebiet** in einem Gesetz **nicht geregelt,** kann der Bund auch absichtlich auf eine Regelung verzichtet haben, sodass gleichfalls die Länderkompetenz gesperrt ist. Das gilt auch dann, wenn ein Landesgesetzgeber die Bundesregelung für unzureichend hält. Weitergehend haben sich die Länder an die Konzeption einer Bundesregelung zu halten; sie dürfen diese nicht verfälschen, damit die Rechtsordnung nicht widersprüchlich wird. Dadurch ist die Ausübung von Landeskompetenzen beschränkt.[298]

---

294 BVerfGE 75, 108 (151f.) – Künstlersozialversicherung; 77, 288 (299) – Kommunale Planungshoheit.
295 *Jarass/Pieroth* Art. 72 Rn. 13.
296 BVerfGE 85, 134 (142) mwN.
297 BVerfGE 113, 348 (371) – Präventive Telekommunikationsüberwachung.
298 BVerfGE 98, 265 (300f.) – Schwangerschaftsabbruch.

Beispiel nach BVerfGE 113, 348 (372ff.) – Präventive Telekommunikationsüberwachung: So **206** hat der Bundesgesetzgeber die Überwachung der Telekommunikation zu Zwecken der Strafverfolgung in §§ 100a, 100b, 100g, 100h und 100i StPO bewusst auf konkret begangene oder zumindest konkret vorbereitete Taten beschränkt. Dass eine **Datenermittlung im Vorfeld der Begehung einer Straftat** fehlt, liegt im Interesse rechtsstaatlicher Bestimmtheit und Verhältnismäßigkeit sowie der engen BVerfG-Rspr. in diesem Bereich (§§ 81b, 81g StPO e contrario sowie → Rn. 470f. gegenüber → Rn. 434). Ein Land kann daher nicht seine Polizei zur Telekommunikationsüberwachung ermächtigen, um Vorsorge für die Verfolgung von Straftaten zu treffen. Dies würde auch in Widerspruch zu der Beschränkung des Bundesgesetzgebers stehen.

Das Aussparen einer bestimmten Materie kann aber auch bedeuten, dass der Bund **207** **keine erschöpfende Regelung** treffen wollte.

So erstreckt sich das BImSchG nur auf anlagenbezogene Regelungen. In § 49 III BImSchG lässt es eigens **208** landesrechtliche Ermächtigungen für kommunale verhaltens- und gebietsbezogene Regelungen unberührt, also unangetastet. Damit bleibt ein Bereich explizit von der Bundesgesetzgebung ausgespart. Das gilt auch bei Verweisungen auf Landesrecht oder »Ermächtigungen« an die Länder (zB § 11 BBodSchG). Mittlerweile darf sich die Bundesgesetzgebung ohnehin gem. Art. 74 I Nr. 24 GG nicht mehr auf **verhaltensbezogenen Lärm** erstrecken und kann insoweit gem. Art. 125a I 2 GG durch Landesrecht ersetzt werden.

dd) Einzelgegenstände. Die Gegenstände der konkurrierenden Gesetzgebung sind in **209** Art. 74 GG abschließend aufgeführt und daher auch entsprechend genau zu interpretieren.

Beispiel nach BVerfGE 109, 190 – Straftäterunterbringung: Zum **Strafrecht nach Art. 74 I** **210** **Nr. 1 GG** gehören nicht nur die primär repressiven Straffolgen als Vergeltung für ein rechtlich verbotenes, schuldhaftes Verhalten, sondern auch andere, unabhängig von einer Schuld eingreifende Unrechtsfolgen, solange eine Straftat nur den Anlass oder Bezug bildet. Das folgt aus der engen Verzahnung der verschiedenen Straffolgen in einem einheitlichen Normwerk, die eine auseinanderfallende Kompetenz sachfremd erscheinen ließe, sowie aus der für die Auslegung für Kompetenznormen sehr bedeutsamen Entstehungsgeschichte (→ Rn. 188) und Staatspraxis, die in ihrer tradierten Form in Art. 74 I Nr. 1 GG Eingang fand. Dass Art. 103 II GG nur dem Schuldausgleich dienende Sanktionen erfasst,[299] ist durch dessen Charakter als freiheitsgewährleistendes Rückwirkungsverbot der Strafbarkeit begründet. Strafrecht nach Art. 74 I Nr. 1 GG bilden daher (im Gegensatz zu Art. 103 II GG) **auch die Maßregeln der Besserung und Sicherung einschließlich präventiver Reaktionen** und damit ebenfalls die Straftäterunterbringung. Da der Bund diese Materie in §§ 61ff. (66!) StGB[300] abschließend regeln wollte, sind die Länder auch für vervollständigende Regelungen nicht mehr kompetent und entsprechende Landesregelungen ausgeschlossen.[301] Daran ändert auch die Föderalismusreform nichts. Durch sie verlor der Bund nur die Kompetenz für den **Strafvollzug,** also nicht für die Straffolgen als solche, sondern höchstens für deren Vollziehung.

Beispiel nach BVerfGE 113, 348 (369ff.) – Präventive Telekommunikationsüberwachung: Die **211** Verhütung von Straftaten gehört nicht zum (strafrechtlichen) **gerichtlichen Verfahren nach** **Art. 74 I Nr. 1 GG,** wohl aber die Vorsorge für die spätere Verfolgung von Straftaten. Dadurch werden nämlich, wenn auch präventiv, Beweise für ein künftiges Strafverfahren gesichert. Für diese **Strafverfolgungsvorsorge** hat der Bund aber keine allgemeine abschließende Regelung

---

299 IE BVerfGE 109, 133 (167ff.) – Sicherungsverwahrung; → Rn. 254ff.
300 Zur Vereinbarkeit mit GG sowie EMRK → Rn. 261, BVerfGE 128, 326; zur weiteren Entwicklung
   Frenz DVBl. 2013, 1572.
301 Zu den Rechtsfolgen → Rn. 179.

getroffen.[302] Das Recht des Untersuchungshaftvollzugs auch während des gerichtlichen Verfahrens ist von vornherein explizit ausgeklammert.

212   **Fall** nach BVerwGE 129, 318: Landesrecht verbietet Anlagen der Außenwerbung im Außenbereich zur Abwehr von Veranstaltungen.

Die Gesetzgebungszuständigkeit des Bundes für das Bodenrecht nach Art. 74 I Nr. 18 GG erstreckt sich auf die bodenbezogene Planung. Bei den Verboten der Anlagen der Außenwerbung handelt es sich demgegenüber entsprechend der – maßgeblichen – Zielsetzung, aber auch aufgrund des objektbezogenen Gegenstandes um »Baupolizeirecht«, das traditionell den Ländern obliegt.

213   **Beispiel** nach BVerfGE 102, 26 – Frischzellen: Der **Verkehr mit Arzneien nach Art. 74 I Nr. 19 GG** umfasst nur das Inverkehrbringen nach außen, also etwa den Vertrieb über Apotheken, nicht hingegen die eigene Verwendung von Arzneien durch Ärzte. Verwenden Ärzte Frischzellen nur für eigene Patienten, beschränken sie diese von vornherein auf einen begrenzten Wirkungskreis. Das Verbot, Frischzellen zu Therapiezwecken zu verwenden, betrifft daher nicht den Verkehr mit Arzneien, sondern die Überwachung ärztlicher Behandlung. Für diese aber sind die Länder zuständig.

214   **Beispiel** nach BVerfGE 110, 141 (170 ff.) – Kampfhunde: Der **Tierschutz nach Art. 74 I Nr. 20 GG** bezieht sich auf den Schutz von Tieren, nicht hingegen den von Menschen. Er ist zwar weit auszulegen und dient daher umfassend der Vermeidung von Schmerzen, Leiden oder Schäden bei Tieren im Rahmen der Haltung, Pflege, Unterbringung oder Beförderung, nicht aber dem Schutz der menschlichen Gesundheit vor Tieren. **Nicht** der Bund, sondern die Länder besitzen daher die Gesetzgebungskompetenz für den **Schutz des Menschen vor gefährlichen Hunden** und die damit verbundene Gefahrenabwehr.

215   Im Ansatz umfassend abgedeckt wird in **Art. 74 I Nr. 11 GG** das **Recht der Wirtschaft**. Gemeint sind alle das wirtschaftliche Leben und die wirtschaftliche Betätigung regelnden Normen.[303] Dazu gehören gerade Normen, die das Wirtschaftsleben steuern, und damit auch Abgaben; für Steuern ist allerdings Art. 105 GG lex specialis. Die aufgeführten Wirtschaftszweige sind zwar abschließend, decken aber das Wirtschaftsleben weitestgehend ab und erstrecken sich zB auch auf Gebührenregelungen für Ärzte,[304] die nicht im gewerberechtlichen Sinne gewerblich tätig sind, sondern freiberuflich. Diese weite Konzeption rechtfertigt sich aus der umfassenden Bezeichnung »Recht der Wirtschaft«.[305] Ausdrücklich **ausgeklammert** wurden aber **mit der Föderalismusreform** das **Recht des Ladenschlusses**, der Gaststätten, der Spielhallen, der Schaustellung von Personen, der Messen, der Ausstellungen und Märkte. Für diese bisher weitestgehend in der Gewerbeordnung geregelten Materien sind daher nach Art. 70 I GG die Länder zuständig. Für das Recht des Ladenschlusses müssen aber Bundesregelungen zum Arbeitsrecht einschließlich des Arbeitsschutzes und damit zur Arbeitszeit auf der Basis von Art. 74 I Nr. 12 GG noch Raum lassen.[306]

216   Auch nach der Föderalismusreform fehlt eine umfassende Kompetenz für den **Umweltschutz**. Dieser wird aber in seinen Einzelbereichen erfasst, und zwar insbesondere

---

302 BVerwGE 141, 329; näher dazu → Rn. 871.
303 BVerfGE 68, 319 (330) – Gebührenordnung für Ärzte; BVerwGE 97, 12 (14 ff.) – Buchmachererlaubnis.
304 BVerfGE 68, 319 (331 f.) – Gebührenordnung für Ärzte.
305 Für eine weite Auslegung des Gewerbebegriffs v. Mangoldt/Klein/Starck/*Oeter* Art. 74 Rn. 96.
306 BVerfGE 125, 39 (88) – Berliner Ladenöffnungszeiten.

in **Art. 74 I Nr. 24 GG.** Dieser Kompetenztitel erstreckt sich nunmehr explizit auf den gesamten Bereich der Abfallwirtschaft.[307]

Art. 74 I Nr. 26 Alt. 2 GG weist das Recht der Gentechnik umfassend dem Bundesge-   **217**
setzgeber zu, also sowohl für die Humangentechnik als auch für die Gentechnik in Bezug auf Tiere und Pflanzen.[308]

c) Entfallene Rahmengesetzgebungskompetenz. Die frühere Rahmengesetzge-   **218**
bungskompetenz des Bundes nach Art. 75 GG, zu der das Urteil zu den Juniorprofes-
soren erging,[309] ist durch die Föderalismusreform entfallen. Die entsprechenden Materien (s. Art. 74 I Nr. 27–33 GG) werden weitgehend von der Abweichungskompetenz
nach Art. 72 III GG erfasst (→ Rn. 190, 200 ff.).

d) Ungeschriebene Kompetenzen[310]**.** Durch die Föderalismusreform unangetastet   **219**
bleiben die ungeschriebenen Kompetenzen. So besteht weiterhin eine **Kompetenz
kraft Sachzusammenhangs,** wenn eine zugewiesene Materie verständigerweise nicht
geregelt werden kann, ohne eine nicht ausdrücklich zugewiesene Materie mitzure-
geln.[311]

Das gilt etwa für die **Jugendpflege** als notwendiger Teil der öffentlichen Fürsorge nach Art. 74 I Nr. 7   **220**
GG. Vielfach handelt es sich dann aber um eine Frage der Reichweite zugewiesener Kompetenzen.[312]
Diese sind zuerst näher zu untersuchen.

Aus einem solchen Sachzusammenhang kann sich auch eine **Annexkompetenz** erge-   **221**
ben.[313] Der Bund bleibt zwar innerhalb des zugewiesenen Sachbereichs, bedarf aber
für die Vorbereitung oder Durchführung eines Annexfeldes. Das gilt namentlich für
die Regelung der Ordnungs- und Polizeigewalt in einem Sachgebiet, sofern man eine
solche Verbindung nicht bereits dem insoweit traditionellen Kompetenzumfang entnimmt.[314]

Eine **Gesetzgebungskompetenz** des Bundes kann auch **aus der Natur der Sache** er-   **222**
wachsen. Dann kann ein Sachgebiet naturgemäß nur vom Bund geregelt werden, so
der Regierungssitz oder der Nationalfeiertag. Dadurch dürfen aber nicht Kompetenz-
begrenzungen umgangen werden.[315]

2. Gesetzgebungsverfahren[316]

Verstöße gegen das Gesetzgebungsverfahren machen ein Gesetz nur dann verfassungs-   **223**
widrig, wenn sie für die Wahrung der Rechte der beteiligten Organe **wesentliche Verfahrensvorschriften**[317] und nicht bloße Ordnungsvorschriften verletzen. Bei den
grundgesetzlichen Bestimmungen ist dies stets der Fall, nicht durchgehend hingegen

---

307 S. bereits BVerfGE 98, 106 (120) – Kommunale Verpackungsteuer.
308 BVerfGE 128, 1 – Gentechnikgesetz.
309 BVerfGE 111, 226 – Juniorprofessur.
310 *Ehlers* JURA 2000, 323.
311 BVerfGE 98, 265 (300) – Schwangerschaftsabbruch.
312 Für diesen Fall BVerfGE 22, 180 (213) – Jugendhilfe sowie → Rn. 210 für die Maßregeln der Besse-
    rung und Sicherung als Teil des Strafrechts.
313 BVerfG NJW 1996, 2497 (2498).
314 So BVerfGE 97, 198 (218 ff.) für die Bundesbahnpolizei.
315 S. BVerfGE 15, 1 (24) – Seewasserstraßen.
316 *Frenzel* JuS 2010, 27 (119); Übungsfälle: *Huber* JURA 2014, 1282.
317 → Rn. 39.

bei den Normen der Geschäftsordnungen, wie sich aus Art. 82 I GG »nach den Vorschriften dieses GG« ergibt. Diese einfachgesetzlichen Normen müssen Konkretisierungen der grundgesetzlichen sein.

224 **a) Initiative und Beschluss des Bundestages.** Am Anfang steht die Gesetzesinitiative durch die **nach Art. 76 I GG** berechtigten Organe. »Aus der Mitte des Bundestages« wird nach § 76 I Geschäftsordnung des Bundestages (GOBT) konkretisiert durch eine Fraktion oder 5 % der Mitglieder des Bundestages. Vorlagen des Bundesrates (nicht eines Landes oder der Länder als Gesamtheit) sowie der Bundesregierung bedürfen eines **Vorverfahrens nach Art. 76 II bzw. III GG.**

Da die GOBT lediglich den Charakter einer autonomen Satzung hat, die im Range unter dem GG steht, kann ein Verstoß gegen die GOBT ein Gesetz nicht verfassungswidrig machen. Es ist allein auf einen Verstoß gegen das GG selbst abzustellen, wenn es etwa um die Frage geht, ob ein einzelner Abgeordneter im Rahmen des Art. 76 I GG ein Initiativrecht hat: »Aus der Mitte des Bundestages« schließt nur ein Initiativrecht des Bundestages als Ganzem aus. Danach lässt Art. 76 I GG auch das Initiativrecht eines einzelnen BT-Abgeordneten zu.[318] Dies wird aber auch als **Initiativrecht nur einer Gruppe von Abgeordneten** gesehen.[319] Das BVerfG überließ die nähere Bestimmung der parlamentarischen Praxis.[320]

225 In Art. 76 I GG nicht erwähnt ist der **Vermittlungsausschuss.** Er soll nach Art. 77 II GG einen Kompromiss zwischen Bundestag und -rat finden. Daher muss er sich im Rahmen des Anrufungsbegehrens des initiativberechtigten Organs und des Gesetzgebungsverfahrens bewegen, hat aber **selbst kein Initiativrecht.**[321] Er darf **keine eigenständige inhaltliche Änderung** einbringen.[322]

226 Nach Einbringung durch ein initiativberechtigtes Organ hat der **Bundestag** in drei Lesungen zu beraten (§§ 78 ff. GOBT) und entsprechend der in **Art. 42 II GG** vorgesehenen **relativen Mehrheit** zu beschließen. Auch bei der Anwesenheit nur weniger Abgeordneter ist von der Beschlussfähigkeit auszugehen, es sei denn, deren Fehlen wurde in einer Sitzung explizit festgestellt, § 45 GOBT. Ein Verstoß gegen das Demokratieprinzip aus Art. 20 II GG besteht nicht, weil die Parlamentarier im Gesetzgebungsverfahren ausreichend mitwirken können, auch wenn sie an der Schlussabstimmung nicht teilnehmen. Werden die drei Lesungen nicht eingehalten, verstößt dies allein gegen die GOBT, was für sich keinen Verfassungsverstoß begründet und daher unbeachtlich ist.

227 **b) Beteiligung des Bundesrates**[323]. Ausgangspunkt für das endgültige Zustandekommen eines Gesetzes ist Art. 78 GG. Ein Zustimmungsgesetz kommt nur zustande, wenn der Bundesrat zustimmt (s. Art. 77 IIa GG). Hierfür bedarf es nach Art. 52 III 1 GG der Mehrheit seiner Stimmen.

---

318 Vgl. *Elicker*, JA 2005, 513 (514).
319 *Stern* StaatsR II 621. Sollte das Gesetz trotzdem beschlossen werden, so hat sich die Mehrheit den Entwurf so zu Eigen gemacht, dass die Missachtung des Quorums unbeachtlich ist (*Frenzel* JuS 2010, 119 [120]).
320 Vgl. BVerfGE 1, 144 (Rn. 39).
321 BVerfGE 120, 56 (75 f.) – Gesetzesinitiativrecht.
322 BVerfGE 125, 104 – Personenbeförderung Ausgleichsbetrag.
323 *Hebeler* JA 2003, 522; *Tappe* JuS 2003, 887.

Fall nach BVerfGE 106, 310 – Zuwanderungsgesetz: Für das Land B stimmt im Bundesrat Minister Z mit »Ja«, Minister S mit »Nein«, sodann auf Nachfrage des Bundesratspräsidenten der Ministerpräsident mit »Ja«. | 228

Gemäß Art. 51 III 2 GG können die Stimmen eines Landes im Bundesrat nur einheitlich abgegeben werden. Die Einzelvertreter handeln daher für das ganze Land und nicht autonom. Erfolgen mehrere Stimmabgaben, dürfen diese nicht divergieren, sondern müssen übereinstimmen.

Zulässig ist jedoch die Vereinbarung einer Stimmführerschaft, sodass ein einzelner Vertreter alle Stimmen eines Landes abgeben kann. Diese muss aber dann auch durchgehalten werden; keiner darf widersprechen. Sie muss weiter dem Land selbst entspringen, da es gem. Art. 51 III 1 GG an ihm liegt, wie viele Mitglieder es entsendet und wie es seine Stimmen abgibt. Sie kann also nicht durch den Bundesratspräsidenten herbeigeführt werden.

Das Eingreifen des Bundesratspräsidenten vermag daher auch keine vorherige uneinheitliche Stimmabgabe zu heilen. Dieser hat nur das Recht zur Klärung, welchen Willen ein Land tatsächlich geäußert hat. Einer solchen Klärung bedarf es jedoch nicht, wenn dieser Wille wie hier in Form der uneinheitlichen Stimmabgabe offenbar feststeht. Dann besteht kein Recht zur Nachfrage, die im Übrigen an alle maßgeblichen Vertreter erfolgen müsste; der Ministerpräsident besitzt keine Vorrangstellung, da er in Art. 51 I GG nicht genannt wird. Eine Zustimmung des Landes B liegt daher nicht vor. Ist sie für eine Zustimmung des Bundesrates erforderlich, kommt das Gesetz nicht zustande. Wird sie gleichwohl vom Bundesratspräsidenten festgestellt, ist das Gesetz wegen Verstoßes gegen Art. 78 GG nichtig.[324]

Ein Einspruchsgesetz kommt hingegen zustande, wenn der Bundesrat | 229

- zustimmt oder
- den Antrag gem. Art. 77 II GG auf Einberufung des Vermittlungsausschusses nicht stellt oder zurücknimmt oder darauf verzichtet,
- innerhalb der Frist des Art. 77 III GG keinen Einspruch einlegt,
- den Einspruch zurücknimmt oder
- der Einspruch vom Bundestag gem. Art. 77 IV GG überstimmt wird.

Wie sich aus dem »wenn« in Art. 77 III GG ergibt, muss der **Vermittlungsausschuss** | 230 **angerufen** werden, **bevor Einspruch** eingelegt wird; ansonsten ist das Gesetz zustande gekommen.

Daher bedarf es der sorgfältigen **Unterscheidung zwischen Einspruchs- und Zu-** | 231 **stimmungsgesetzen.** Letztere müssen im GG bestimmt sein.

Das bisher häufig eingreifende Zustimmungserfordernis nach **Art. 84 I GG** für die Einrichtung der Be- | 232 hörden und das Verwaltungsverfahren ist mit der Föderalismusreform weitgehend entfallen. Es gilt nur noch nach Art. 84 I 6 GG, wenn der Bund wegen eines besonderen Bedürfnisses nach bundeseinheitlicher Regelung das Verwaltungsverfahren ausnahmsweise ohne Abweichungsmöglichkeit für die Länder regelt. Dafür haben die Länder nunmehr grundsätzlich eine Abweichungskompetenz (→ Rn. 200 ff.). Damit entfällt auch die Zustimmungsbedürftigkeit für **Änderungsgesetze,** selbst wenn sie ursprünglich zustimmungsbedürftige Inhalte modifizieren oder sich zwar auf nicht zustimmungsbedürftige Teile beziehen, dadurch aber die Bedeutung und Tragweite eines Gesetzes und damit auch der darin enthaltenen verfahrens- und organisationsrechtlichen Vorschriften verändern.[325] Insoweit besteht dann eine Abweichungskompetenz der Länder für diese Vorschriften (s. auch Art. 125b II GG).

---

324 Ausf. *Schenke* NJW 2002, 1318. AA Sondervotum *Osterloh* und *Lübbe-Wolff* BVerfGE 106, 310 (337 ff.).

325 S. zu Art. 84 I GG aF BVerfGE 37, 363 (363 f.) – Zustimmungsgesetz.

233 Der Gesetzgeber kann aufgrund seines Rechts zur Gesetzgebung ein Gesetzeswerk in zustimmungsbedürftige und zustimmungsfreie Teile aufspalten und getrennt in den Bundestag einbringen.[326]

234 **c) Gegenzeichnung und Verkündung**[327]. Schließlich ist ein Gesetz nach **Art. 58 GG** durch den Bundeskanzler oder den zuständigen Bundesminister gegenzuzeichnen und dann vom Bundespräsidenten nach **Art. 82 I GG** auszufertigen und zu verkünden. Ohne diesen integrierenden Bestandteil des Rechtsetzungsaktes wird das Gesetz nicht rechtswirksam bzw. rechtsverbindlich.[328]

II. Materielle Verfassungsmäßigkeit

235 In einer zweiten Stufe ist die inhaltliche Vereinbarkeit eines Gesetzes mit dem GG zu prüfen. Überragende Bedeutung kommt dabei den Grundrechten zu.[329] Von Bedeutung können aber auch Staatszielbestimmungen und Strukturprinzipien sein, insbesondere das Rechts- und Sozialstaatsprinzip.

1. Rechtsstaatsprinzip, Art. 20 III GG[330]

236 Ausfluss des Rechtsstaatsprinzips (Art. 20 III GG) ist die **Rechtssicherheit,** die besagt, dass der Adressat einer Norm die Rechtslage erkennen und sein Verhalten danach ausrichten kann. Sich auf die Normgebung verlassen und sie befolgen kann der Bürger nur dann, wenn sie in sich widerspruchsfrei ist.[331]

237 **Beispiel** nach BVerfGE 133, 168 – Verständigung im Strafprozess: Zum Rechtsstaatsprinzip gehören auch **Rechtssicherheit** und die **Unschuldsvermutung:** Letztere verbiete Strafen und gleichwirkende Maßnahmen ohne prozessordnungsgemäßen Schuldnachweis; die Schuld darf dem Betroffenen im Rechtsverkehr erst nach einem rechtskräftigen Nachweis vorgehalten werden.[332] Der Grundsatz »Keine Strafe ohne Schuld« **(Schuldprinzip)** ist weitergehend Ausdruck der Würde des Menschen als eigenverantwortlich handelnde Person; Grundlage dafür ist die Ermittlung des wahren Sachverhalts.[333] Der Beschuldigte muss selbst entscheiden können, ob er aussagt und sich selbst belastet.[334] Dabei muss der zuständige Richter unvoreingenommen und neutral sein sowie ein faires Strafverfahren mit möglicher selbstgewählter anwaltlicher Verteidigung sicherstellen.[335] Diese Eckpunkte dürfen durch **Absprachen im Strafprozess** nicht angetastet werden. Für solche dürfen daher **keine sachwidrigen Anreize** geschaffen werden.[336] Risikobehaftet sind mithin Verständigungen zwischen Gericht und Verfahrensbeteiligten, die dem Angeklagten eine **Strafobergrenze** zusagen, wenn er gesteht.[337] Die Handhabung der Wahrheitserforschung, die rechtliche Subsumtion und die Grundsätze der Strafzumessung müssen der freien Disposition der Verfahrensbeteiligten und des Gerichts

---

326 BVerfGE 105, 313 (338) – »Homoehe«. Zu ihr → Rn. 335.
327 *Gröpl* JURA 1995, 641.
328 *Jarass/Pieroth* Art. 82 Rn. 1.
329 S. sogleich §§ 4, 5.
330 *Voßkuhle/Kaufhold* JuS 2010, 116.
331 BVerfGE 98, 83 – Landessonderabfallabgaben zum Verhältnis von Bundes- und Landesgesetzgebung.
332 BVerfGE 133, 168 = NJW 2013, 1058 Rn. 61.
333 BVerfGE 133, 168 = NJW 2013, 1058 Rn. 56.
334 BVerfGE 133, 168 = NJW 2013, 1058 Rn. 60.
335 BVerfGE 133, 168 = NJW 2013, 1058 Rn. 62 f.
336 BVerfGE 133, 168 = NJW 2013, 1058 Rn. 63 aE.
337 BVerfGE 133, 168 = NJW 2013, 1058 Ls. 2.

entzogen sein.[338] Verständigungen sind daher nur begrenzt zulässig, und zwar lediglich auf der Grundlage der Vorschriften des Verständigungsgesetzes (§ 257c StPO), die die verfassungsrechtlichen Vorgaben hinreichend absichern; darüber hinausgehende sog. informelle Absprachen sind unzulässig (§ 257c I StPO);[339] zudem muss überprüft werden, dass die gesetzlichen Vorgaben eingehalten werden und ausreichend sind; ggf. bedarf es der Nachbesserung.[340]

Das Rechtsstaatsprinzip verlangt weiter, dass sich der Einzelne auf die staatliche Gesetzgebung verlassen, ihr vertrauen kann (**Vertrauensschutz**). Er muss sein Verhalten im Vorhinein nach ihr ausrichten können. **238**

Daher dürfen Gesetze über den strikten Art. 103 II GG hinaus grundsätzlich nicht in die Vergangenheit zurückwirken (**Rückwirkungsverbot**). Gänzlich entwertet wird entwickeltes Vertrauen, wenn Gesetze bereits abgewickelte Sachverhalte anders regeln,[341] also im Nachhinein auf die Zeit vor ihrer Verkündung einwirken. Eine solche **echte Rückwirkung** (bzw. Rückbewirkung von Rechtsfolgen)[342] ist daher verboten, außer »zwingende Gründe des gemeinen Wohls oder ein nicht« (mehr) »vorhandenes schutzbedürftiges Vertrauen des Einzelnen« gestatten eine Durchbrechung.[343] **239**

Das ist insbesondere der Fall, wenn **240**

- der Betroffene mit einer Regelung rechnen musste (vor allem bei Gesetzesbeschluss),
- die Rechtslage unklar und verworren ist (zB Teilfragen der Haftung für Altlasten vor dem BBodSchG),
- sich eine neue Rechtsnorm im Nachhinein als ungültig erweist und rückwirkend korrigiert wird.

Die **unechte Rückwirkung** (bzw. tatbestandliche Rückanknüpfung)[344] betrifft dagegen gegenwärtige, noch nicht abgeschlossene Sachverhalte. Auf diese wirkt eine Norm für die Zukunft und nicht für die Vergangenheit ein. Die unechte Rückwirkung ist daher **grundsätzlich zulässig**.[345] Gleichwohl wird damit eine Rechtsposition nachträglich entwertet. Deshalb setzt eine unechte Rückwirkung voraus, dass die sie tragenden Gründe des Gemeinwohls den **Vertrauensschutz** (und die grundrechtlichen Belange der Betroffenen) **überwiegen**.[346] Das ist zumal dann der Fall, wenn die vorhandenen Gegebenheiten bereits eine echte Rückwirkung rechtfertigen würden. Bei entsprechend gewichtigen Beeinträchtigungen der Betroffenen sind Übergangsregelungen zu treffen, so bei einer Änderung von Prüfungsanforderungen.[347] **241**

Sind Eigentumspositionen berührt, ergeben sich diese **Rückwirkungsgrenzen unmittelbar aus Art. 14 I GG,** der gerade Bestehendes schützt und somit das Vertrauen darauf sowie Rechtssicherheit gewährleistet. Jüngstes Beispiel ist die Beschleunigung des **242**

---

338 BVerfGE 133, 168 = NJW 2013, 1058 Ls. 1.
339 BVerfGE 133, 168 = NJW 2013, 1058 Ls. 3, 4.
340 BVerfGE 133, 168 = NJW 2013, 1058 Ls. 2.
341 BVerfGE 89, 48 (66).
342 So die neuere Terminologie des zweiten Senates des BVerfGE 63, 343 (353) – Rechtshilfevertrag; 72, 200 (241 f.) – Doppelbesteuerungsabkommen.
343 BVerfGE 72, 200 (258) – Doppelbesteuerungsabkommen.
344 S. BVerfGE 63, 343 (353); 72, 200 (241 f.) – Doppelbesteuerungsabkommen.
345 BVerfGE 95, 64 (86) – Mietpreisbindung; stRspr.
346 BVerfGE 72, 200 (242 f.) – Doppelbesteuerungsabkommen.
347 BVerfGE 79, 212 (217 ff.).

Atomausstiegs (→ Rn. 530).[348] Die Vereinbarkeit der Rückwirkung mit dem Übermaß-verbot und damit die Geeignetheit sowie die Erforderlichkeit sind daher vor der Ab-wägung zwischen Veränderungsgrund und Bestandsinteresse zu prüfen.[349]

243   **Fall** nach BVerfGE 72, 175: Seit Langem durch Subventionen niedrig gehaltene Darlehenszinsen für weitgehend getilgte Kredite werden an gesteigerte Realeinkommen angepasst, um Mittel für den Wohnungsbau durch aktuell finanzschwächere und damit förderungswürdigere Personen freizube-kommen.

Die Zinsvergünstigung beruht auf einseitiger staatlicher Gewährung und nicht auf Eigenleistung; der Hausbau wird durch staatliche Hilfe ermöglicht und nicht im Nachhinein unmöglich gemacht oder entzogen, sondern nur (leicht) verteuert. Damit wird lediglich Vertrauen enttäuscht, nicht Eigentum angetastet. Einschlägig ist daher Art. 2 I GG. Weil die Darlehen laufen und die Zinsen nur für die Zu-kunft angehoben werden, liegt eine unechte Rückwirkung vor. Wegen der Länge der Darlehen und der gestiegenen Einkommen konnten die Begünstigten kaum noch auf eine Beibehaltung der niedrigen Zinsen vertrauen. Jedenfalls wird dieses geringe Maß an Vertrauen durch den Gemeinwohlbelang des sachgerechten Subventionseinsatzes überwogen.

2. Sozialstaatsprinzip, Art. 20 I GG[350]

244   Deutlich geringere Bedeutung kommt dem **Sozialstaatsprinzip** zu. Es bedarf in be-sonderem Maße der Konkretisierung und gewährleistet im Wesentlichen nur die »Mindestvoraussetzungen eines menschenwürdigen Daseins«.[351] Dies gilt in Verbin-dung mit Art. 1 I GG, und zwar wegen der universellen Geltung der Menschenwürde auch für Asylbewerber (→ Rn. 253). Staatliche Leistungen wie der Hochschulzugang, die ursprünglich auch auf das Sozialstaatsprinzip gestützt wurden,[352] sind auch Gegen-stand der Grundrechte als Leistungsrechte (→ Rn. 1090).

3. Demokratieprinzip[353]

245   Auch das Demokratieprinzip nach Art. 20 I GG kann Gesetzen entgegenstehen. **Aus-übung von Staatsgewalt** und damit alles amtliche Handeln mit Entscheidungscharak-ter[354] bedarf nach Art. 20 II GG **demokratischer Legitimation.** Entscheidungen müs-sen sich vom Volk herleiten. Dies bezieht das BVerfG auf das nationale Volk und leitet daher eine **unabdingbare Begrenzung möglicher Unionskompetenzen** sowie not-wendige **Mitwirkungen der deutschen Gesetzgebungsorgane** bei formellen und fak-tischen Vertragsänderungen ab.[355] Innerstaatlich dürfen Entscheidungen weder **perso-nell** noch **inhaltlich** völlig auf außerstaatliche Stellen übertragen werden.[356] Dabei gilt die **Legitimationskette** Volksparlament – Regierung – Verwaltung. Volksabstimmun-gen wie solche über einen **EU-Austritt** sind nicht vorgesehen; es besteht jedenfalls auf

---

348 BVerfG NJW 2017, 217 – Atomausstieg.
349 BVerfGE 95, 64 (82) – Mietpreisbindung.
350 *Voßkuhle/Wischmeyer* JuS 2015, 693. Wichtige Entscheidungen: BVerfGE 1, 97 – Hinterbliebenen-rente; 39, 32 – AOK-Beschluss.
351 BVerfGE 40, 121 (133) für die Sozialhilfe, BVerfGE 82, 60 (80) sowie BVerfGE 125, 175 – Hartz IV iVm den Grundrechten im Hinblick auf das Existenzminimum → Rn. 253 zu Art. 1 I GG sowie auch zu Art. 6 I GG → Rn. 1099.
352 S. BVerfGE 33, 303 (331) – Numerus clausus.
353 *Pieroth* JuS 2010, 473.
354 BVerfGE 83, 60 (90) – Ausländerwahlrecht.
355 BVerfGE 123, 267 (341, 349 ff.) – Lissabon; → Rn. 22, 49 ff.
356 VerfGH NRW DVBl. 1997, 1107 (1110) – Braunkohlenausschuss.

Bundesebene **keine unmittelbare Demokratie.**[357] Es genügt, wenn die Mehrheit der stimmberechtigten Mitglieder demokratisch legitimiert ist und in Bindung an die Gesetze entscheidet. Diese Anforderungen gelten nicht nur für das amtliche Handeln nach außen, sondern auch, wenngleich je nach Ferne zum Außenauftrag abgemildert, für den behördeninternen Bereich als Grundlage für die Wahrnehmung der Amtsaufgaben. Will der Gesetzgeber die Beschäftigten an Entscheidungen über innerdienstliche Maßnahmen mit Rücksicht auf deren spezifische Arbeitnehmerinteressen beteiligen, so müssen die staatlich eingesetzten Amtsträger zumindest mitentscheiden.[358]

> **Beispiel** nach BVerfGE 123, 39 – Wahlcomputer: Auch die Ausübung der demokratischen **246** Mitwirkung muss dem Demokratieprinzip nach Art. 20 I und II GG sowie Art. 38 I GG entsprechen. Der Grundsatz der **Öffentlichkeit der Wahl** verlangt eine öffentliche Überprüfbarkeit aller wesentlichen Schritte einer Wahl, außer andere verfassungsrechtliche Belange rechtfertigen eine Ausnahme. Daran fehlt es beim Einsatz **elektronischer Wahlgeräte,** wenn nicht der Bürger die wesentlichen Schritte der Wahlhandlung und der Ergebnisermittlung zuverlässig und ohne besondere Sachkenntnis überprüfen kann.

> **Fall** nach BayVerfGH v. 21.11.2016 – Vf.15-VIII-14 u. Vf.8-VIII-15: Bayern möchte eine konsultative **247** Volksbefragung zum Austritt Bayerns aus der EU durchführen. Ist das mit dem Demokratieprinzip vereinbar? Wie verhält es sich mit einem deutschen EU-Austritt?

> In Bayern sind Volksentscheide und Volksbegehren vorgesehen. Erstere sind verbindlich (Art. 72 I Bayernverfassung – BV), Letztere bereiten einen Volksentscheid vor, wobei der Landtag ein Volksbegehren ablehnen (Art. 74 BV) und damit selbst inhaltlich Einfluss nehmen kann; er darf dem Volk einen eigenen Gesetzesentwurf zur Entscheidung mit vorlegen. Korrespondierend dazu entschied der BayVerfGH am 21.11.2016, dass die 2015 neu eingeführten **konsultativen Volksbefragungen verfassungswidrig** sind. Sie gehen als Akte der Staatswillensbildung über den Numerus clausus der in Art. 7 II BV vorgesehenen vorgenannten Möglichkeiten der Volksbeteiligung hinaus (Rn. 94 ff.) und verschieben den politischen Handlungsspielraum durch einen aufgebauten Handlungsdruck. Auch bei rechtlicher Unverbindlichkeit einer nach Art. 88a Landeswahlgesetz (LWG) vorgesehenen Volksbefragung können sich die politischen Organe, welche »die Bürger in einer wahlrechtsähnlichen Weise an die Urne gerufen haben«, über deren Votum nur schwer hinwegsetzen (Rn. 108).
> Damit wird vor allem die Stellung der Staatsregierung, die neben der Landtagsmehrheit solche Volksbefragungen initiieren und damit gleichsam »von oben« verordnen kann, im Verfassungsgefüge gestärkt – zulasten des Parlaments. Die unmittelbare Demokratie wird aufgewertet, die repräsentative Demokratie faktisch geschwächt und so auch die Bedeutung der alle fünf Jahre stattfindenden Landtagswahl gemindert; das Kräfteverhältnis und der Gestaltungsspielraum der Organe können verschoben werden. Die Opposition konnte keine Volksbefragung anstoßen. Allerdings ist aus Sicht des BayVerfGH die Systemverschiebung nicht so stark, dass sie nicht durch Verfassungsänderung beschlossen werden könnte (Rn. 109 f., 116 ff.).
> Ohne eine solche Verfassungsänderung bleiben aber die Mitwirkungsmöglichkeiten durch Volksbegehren und Volksentscheid entsprechend Art. 72 f. BV auf die Gesetzgebung beschränkt. Der Ausnahmecharakter ergibt sich aus der Funktion der **plebiszitären Elemente als Ergänzung zur vorgegebenen repräsentativen Demokratie,** die den Grundsatz bildet (Rn. 102). Allerdings lässt die in der Verfassung angelegte hohe Wertschätzung plebiszitärer Elemente aus Sicht des BayVerfGH eine Anreicherung um konsultative Volksbefragungen durch Verfassungsänderung zu – sofern eine Systemverschiebung jedenfalls durch eine angepasste Umsetzung namentlich **im Hinblick auf budgetäre Folgen ausgeschlossen** ist (Rn. 122 ff.). Wie beim ESM bildet das Geld einen wesentlichen Gesichtspunkt für eine Zuweisung der Entscheidungshoheit an das Parlament.

---

357 Abgesehen von einer Verschiebung der Ländergrenzen, Art. 29 II GG.
358 BVerfGE 93, 37 (70 ff.) – Mitbestimmung der Personalräte.

Jedenfalls muss die Entscheidungshoheit der repräsentativen Organe gesichert sein. Tiefgreifende finanzielle Auswirkungen dürfen daher nicht mit Volksbefragungen einhergehen, wie dies auch bei einem Austritt Bayerns aus der Europäischen Union oder auch nur aus der Bundesrepublik Deutschland der Fall wäre, wie der Brexit zeigt. **Elementare Fragen** unterliegen auch nach dem BayVerfGH der repräsentativen Demokratie und damit der Entscheidung des **Parlaments**. Volksbefragungen sind höchstens Beiwerk, wenn man sie nicht gänzlich als mit der Volkssouveränität und dem Rechtsstaat unvereinbar erachtet.[359]

Zumindest käme auch nach einer Verfassungsänderung infolge der finanziellen Auswirkungen eine Abstimmung über einen Austritt Bayerns aus der EU oder aus Deutschland nicht in Betracht. Bezogen auf die EU würde eine Volksbefragung ohnehin den zu wahrenden **Rahmen der Landeskompetenz**[360] überschreiten.

Auch in der **Bundesrepublik** würde eine **Volksbefragung** über einen Verbleib in der EU, sofern sie überhaupt verfassungskonform angesetzt werden könnte, allein den Austritt Deutschlands nicht herbeiführen. Vielmehr müssten der **Bundestag und** auch der **Bundesrat** zustimmen. Die Bundesregierung allein zeichnet zwar für die Außenpolitik verantwortlich, kann aber eine solch fundamentale Frage nicht allein entscheiden.[361] Der auf eine **Beendigung der europäischen Integration im Rahmen der EU** jedenfalls[362] analog[363] heranzuziehende Art. 23 I 3 GG verlangt eine vorherige Zustimmung von Bundestag und Bundesrat, und zwar nach Art. 79 II GG mit 2/3 Mehrheit.[364] Das gilt zumal deshalb, weil Deutschland über Art. 23 GG auch verfassungsrechtlich an die EU gebunden ist. Daher liegt jedenfalls im Ergebnis eine Verfassungsänderung vor.[365] Eine Ausnahme besteht höchstens dann, wenn die EU die in Art. 23 I 1 GG verlangten Grundanforderungen an Demokratie, Rechtsstaat, Grundrechte etc verletzt[366] und sich damit selbst außerhalb des Übertragungsrahmens stellt.

Schon das Maastricht-Urteil bezog die Möglichkeit des Austritts insbesondere auf eine erhebliche Abweichung vom vertraglichen Integrationsprogramm,[367] während das Lissabon-Urteil von einer »umkehrbaren Selbstbindung« spricht und daher den Austritt generell eröffnet sieht; der Übertragungspakt muss »von Verfassungswegen ... prinzipiell widerruflich sein«.[368] Spinnt man diesen Ansatz fort, bedarf es eines diesen Akt aufhebenden Austrittsgesetzes als Pendant zum Zustimmungsgesetz. In diesem sind dann auch Eckpunkte für Austrittsverhandlungen im Hinblick auf ein **Austrittsabkommen** nach Art. 50 II EUV aufzunehmen. Diesem Abkommen als Ausdruck – wenn auch des Endpunktes – der europäischen Integration haben dann wiederum Bundestag und Bundesrat zuzustimmen.

Die Beteiligung an der europäischen Integration als solche verlangt auch das BVerfG.[369] In welchem Ausmaß sagt das Gericht nicht. Bei einem Austritt wäre aber ein Band zur europäischen Integration nur noch dann gegeben, wenn zentrale Regelungen jedenfalls partiell erhalten blieben, so vor allem im Hinblick auf den Binnenmarkt. Ein **harter Brexit** mit völliger Loslösung käme **schwerlich** in Betracht.

---

359 HdBSt III/*Krause* § 35 Rn. 23 ff.
360 *Martini* DÖV 2015, 981 (985).
361 *Streinz*, EUV/AEUV, 2. Aufl. 2012, Art. 50 EUV Rn. 4.
362 Wenn es sich nicht schon um »vergleichbare Regelungen« nach Art. 23 I 3 GG handelt.
363 *Thiele* EuR 2016, 281 (293).
364 Calliess/Ruffert/*Calliess*, EUV/AEUV, 5. Aufl. 2016, Art. 50 EUV Rn. 4.
365 Für eine Unvereinbarkeit eines Austritts mit dem aktuellen GG Dreier/*Pernice*, GG, Bd. II, 3. Aufl. 2015, Art. 23 Rn. 45.
366 *Thiele* EuR 2016, 281 (293).
367 BVerfGE 89, 155 (204) – Maastricht.
368 BVerfGE 123, 267 (350) – Lissabon.
369 BVerfGE 123, 267 (346 f.) – Lissabon.

D. Prüfung durch den Bundespräsidenten[370]

Im Rahmen der Ausfertigung nach Art. 82 GG stellt sich die Frage nach dem Prü- **248**
fungsrecht des Bundespräsidenten. Er ist zur Ausfertigung verpflichtet und damit an
die Entscheidung der Gesetzgebungsorgane gebunden. Voraussetzung ist aber, dass
das Gesetz nach den Vorschriften dieses GG zustande gekommen ist. Daher kann der
Bundespräsident jedenfalls den Gang des Gesetzgebungsverfahrens und insbesondere
das Zustandekommen nach Art. 78 GG prüfen (sog. **formelles Prüfungsrecht**).

Ein **materielles Prüfungsrecht** des Bundespräsidenten ist umstritten. Gegen ein sol- **249**
ches[371] spricht, dass nach Art. 93, 100 GG in erster Linie dem BVerfG die Prüfung der
Verfassungsmäßigkeit von Gesetzen zugewiesen ist. Zudem ist der Bundespräsident
im Gegensatz zum Bundestag nicht unmittelbar demokratisch legitimiert und soll
dem Demokratieprinzip und dem Prinzip der Gewaltenteilung nach Art. 20 II GG zu-
folge **nicht in** die **Entscheidungen des** unmittelbar demokratisch legitimierten Gesetzgebers eingreifen. Auch der Wortlaut des Art. 82 GG (»zustande gekommenen«)
sowie die systematische Heranziehung des Art. 78 GG sprechen gegen ein materielles
Prüfungsrecht des Bundespräsidenten. Freilich ist auch der Bundespräsident gem.
Art. 1 III, 20 III GG an Gesetz und Verfassung gebunden.[372] Er hat durch Art. 82 GG
eine **eigene Funktion** im Gesetzgebungsverfahren. Das legt ein umfassendes materielles Prüfungsrecht nahe.[373]

Die Verfassungsbindung von Staatsorganen kann indes deren Aufgabenzuschnitt nicht **250**
unbeachtet lassen. Beim Zustandekommen der Gesetze hat der **Bundespräsident nur**
eine **formale Rolle**. Die **Normenkontrolle obliegt** dem **BVerfG**, und zwar im Nachhinein. Dessen Entscheidung hat der Bundespräsident daher grundsätzlich nicht vor-
zugreifen. Einen **Verfassungsbruch** muss er aber **nicht sehenden Auges** in Kauf nehmen. Er **kann** deshalb Gesetze bei der Ausfertigung **auf evidente materiell-rechtliche
Verstöße** kontrollieren,[374] muss dies aber nicht.

§ 4 Grundrechte[375]

A. Relativer und absoluter Schutz (Menschenwürde)

I. Grundlagen

Gesetzliche Normen verstoßen insbesondere dann gegen höherrangiges Recht und **251**
sind damit verfassungswidrig, wenn sie Grundrechte verletzen. Das bildet regelmäßig
den **Hauptprüfungspunkt** einer **Verfassungsbeschwerde**, ist aber auch im Rahmen
anderer Verfahren relevant. Sind Landesgesetze zu prüfen, ist zu untersuchen, ob Landesverfassungen (weitergehende) Grundrechte enthalten, die (gleichfalls) verletzt sein

---

370 *Schoch* JURA 2007, 354. Zum unions- und völkerrechtlichen Prüfungsrecht: *Schladebach/Koch*
     JURA 2016, 355. Übungsfälle: *Nolte/Tams* JuS 2006, 1088; *Stumpf* JuS 2010, 35; *Conradt* JuS 2000,
     L 52.
371 *Linke* DÖV 2009, 434 (436f.).
372 Zirkulär sind hier Art. 56, 61 GG: Sie knüpfen an die Stellung des Bundespräsidenten an, erweitern
     sie aber nicht.
373 *Stern* StaatsR II 232ff.; *Sachs/Nierhaus* Art. 54 Rn. 9, Art. 82 Rn. 5ff.
374 So etwa v. *Münch/Kunig/Bryde* Art. 82 Rn. 6; *Jarass/Pieroth* Art. 82 Rn. 3.
375 *Epping* GR; *Hufen* StaatsR II; *Ipsen* StaatsR II; *Manssen* StaatsR II; *Kingreen/Poscher* StaatsR II;
     Prüfungstechnik: *Kielmansegg* JuS 2008, 23; Grundfälle: *Kielmansegg* JuS 2009, 19, 118, 216.

können. Auch die Rechtswidrigkeit eines VA kann sich daraus ergeben, dass er gegen ein Grundrecht verstößt. Das kann deshalb der Fall sein, weil er auf einer verfassungswidrigen Ermächtigungsgrundlage beruht. Aber auch unabhängig davon kann ein Einzelakt gegen Grundrechte verstoßen, nämlich wenn er die grundrechtlichen Grenzen des Ermessens überschreitet oder das Übermaßverbot verletzt.[376]

252 Die **Grundrechtsprüfung** beginnt damit, was und wer vom **Schutzbereich** des jeweiligen Grundrechts umfasst ist. Daraufhin ist zu fragen, ob der zu prüfende hoheitliche Akt diesen grundrechtlich geschützten Bereich beeinträchtigt, mithin einen **Eingriff** darstellt. Eine festgestellte Beeinträchtigung führt jedoch dann nicht zu einer verfassungswidrigen Verletzung dieses Grundrechts, wenn sie **gerechtfertigt** ist. Das setzt einen **Rechtfertigungsgrund** und die Einhaltung der für eine solche Einschränkung geltenden Schranken, also der **Schranken-Schranken** voraus.

II. Menschenwürdiges Existenzminimum

253 **Absolut verboten** sind hingegen gem. Art. 1 I GG **Beeinträchtigungen der Menschenwürde.**[377] Daher ist insoweit nur das Vorliegen eines Eingriffs zu prüfen, eine Rechtfertigung ist nicht möglich (→ Rn. 471 zum »Großen Lauschangriff«). Eine andere Frage ist eine notwendige Konkretisierung und Aktualisierung. Eine solche ist für das aus Art. 1 I GG iVm dem Sozialstaatsprinzip des Art. 20 I GG folgende **Grundrecht auf Gewährleistung eines menschenwürdigen Existenzminimums** erforderlich. Dieses Grundrecht gibt als solches nur die unerlässlichen materiellen Voraussetzungen für die physische Existenz und für ein Mindestmaß an Teilhabe am gesellschaftlichen, kulturellen und politischen Leben vor. Den konkreten Anspruchsumfang muss dann der Gesetzgeber ermitteln, freilich in einem **transparenten und sachgerechten Verfahren,** und zwar **realitätsgerecht sowie nachvollziehbar** auf der Grundlage verlässlicher Zahlen und schlüssiger Berechnungsverfahren.[378] Das gilt auch für Asylbewerber.[379] Auch für Flüchtlinge besteht also **kein grundrechtsunmittelbarer Leistungsanspruch.** Die Mindeststandards müssen erst in der gesetzlichen Verwirklichung gewahrt werden. Damit dürfen sie aber auch nicht unterschritten werden – etwa bei Leistungskürzungen für Asylbewerber.

Wegen des mitgliedstaatlichen Spielraums auf der Basis von Art. 24 RL 2004/38 und Art. 70 IV VO (EG) Nr. 883/2004 greifen auch die **EU-Grundrechte** nicht ein. Daher prüft der EuGH nicht näher, ob namentlich auf der Basis der Menschenwürde nach Art. 1 GRCh ein Anspruch auf Sozialleistungen besteht. Zwar ist die Materie durch die VO (EG) Nr. 883/2004 sowie die RL 2004/38/EG geregelt. Indes werden dort nicht die Voraussetzungen festgelegt, unter denen ein Anspruch auf Sozialleistungen als besondere beitragsunabhängige Geldleistungen nach Art. 70 VO (EG) Nr. 338/2004 besteht. Dies ist vielmehr Sache des Gesetzgebers jedes Mitgliedstaates.[380] Damit führen die Mitgliedstaaten ihr eigenes Recht durch, wenn sie die Voraussetzungen und den Umfang der Gewährung solcher Geldleistungen festlegen, nicht aber das Recht der Union, wie es Art. 51 I GRCh für die Geltung der EU-Grundrechte verlangt.

---

376 Dazu näher → Rn. 925f., 932ff.
377 *Hufen* JuS 2010, 1.
378 BVerfGE 125, 175 – Hartz IV (Regelleistungen nach SGB II); näher → Rn. 1277.
379 Näher BVerfGE 132, 134, Rn. 100ff. – Asylbewerberleistungsgesetz.
380 EuGH ECLI:EU:C:2014:2358 Rn. 89 – Dano (Hartz IV).

Die Mitgliedstaaten müssen allerdings die **Fundamentalprinzipien des Unionsrechts** wahren. Daher stellt sich die Frage, ob die **Universalgeltung der Menschenwürde** nicht sämtliche Bereiche erfasst, welche durch Unionsrecht normiert bzw. zumindest wie hier durch das allgemeine Freizügigkeitsrecht (auch → Rn. 1277, 1461) überformt sind, auch wenn den Mitgliedstaaten die Regelung überlassen wird. Diese müssen dann eine Regelung treffen, welche die Menschenwürde wahrt – indes bezogen auf das Gesamtniveau der Union und nicht des Aufnahmemitgliedstaates.[381]

III. Haft und Sicherungsverwahrung

1. Grundlagen

Beispiel nach BVerfGE 117, 71 – Vollstreckung einer lebenslangen Freiheitsstrafe: § 57a I iVm § 57 I StGB ermöglicht die Aussetzung des Strafrests bei lebenslanger Freiheitsstrafe nach 15 Jahren nur, wenn nicht die besondere Schwere der Schuld des Verurteilten die weitere Vollstreckung gebietet, dies unter Berücksichtigung des Sicherheitsinteresses der Allgemeinheit verantwortet werden kann und der Verurteilte einwilligt.   **254**

Die Menschenwürde verlangt, jeden **Menschen als Subjekt zu achten** – auch den Straftäter. Dieser darf somit entsprechend der Dürig'schen Objektformel **nicht** zum bloßen **Objekt** der Verbrechensbekämpfung gemacht werden. Er muss daher stets die **Chance** haben, **die Freiheit wieder zu erlangen,** und in seinem **Eigenwert geachtet** werden. Da das GG aber von der **Gemeinschaftsbezogenheit des Individuums** ausgeht, kann der Einzelne zum Schutz überragender Gemeinschaftsgüter bei entsprechender Gefährlichkeit auch **langdauernd untergebracht** werden bzw. inhaftiert bleiben.   **255**

Dabei müssen aber die Eigenständigkeit des Betroffenen und für diesen **fortlaufend die reelle Chance für ein selbstverantwortliches Leben in Freiheit** gewahrt werden.[382] Auch insoweit ist daher eine Resozialisierung zu versuchen bzw. auf sie hinzuwirken und schädlichen Auswirkungen des Freiheitsentzugs entgegenzuwirken. In regelmäßigen Abständen ist die Fortdauer der Unterbringung zu prüfen; die Anforderungen steigen mit zunehmendem Zeitablauf (s. § 67d III StGB). Die Menschenwürde wird damit im Vollzug gewahrt. Es bedarf danach keiner zeitlichen Begrenzung der Unterbringung schon bei ihrer Anordnung bzw. einer automatischen Aussetzung einer lebenslangen Freiheitsstrafe nach 15 Jahren, auch wenn die besondere Schwere der Schuld keine weitere Vollstreckung mehr gebietet. Somit ist Art. 1 I GG nicht beeinträchtigt, das GG insoweit nicht verletzt.   **256**

Art. 2 II 2 GG ist zwar beeinträchtigt. Auch der Verzicht auf eine Höchstgrenze bei der erstmaligen Festsetzung einer Unterbringung bzw. die Nichtaussetzung einer lebenslangen Freiheitsstrafe ist aber wegen des möglichen dauerhaften Schutzes geeignet und erforderlich, um den von besonders gefährlichen Straftätern drohenden Rechtsgutsverletzungen zu begegnen (Rechtfertigungsgrund). Der **Gesetzgeber** hat für diese **Einschätzung und Prognose** zumal angesichts der auf dem Spiel stehenden hochwertigen Rechtsgüter einen weiten **Spielraum.** Dieser besteht allerdings in der Praxis umso weniger, je länger der Freiheitsentzug dauert. Dann ist eine immer sorgfältigere Überprüfung der Fortdauer erforderlich; das gilt für die Sachaufklärung wie für die Begründung.[383] Infolge der erforderlichen Überprüfungsmechanismen und Vorkehrungen im Rahmen der Unterbringung bzw. der fortdauernden lebenslangen Freiheitsstrafe ist auch die Zumutbarkeit gewahrt. Mit § 67d III bzw. §§ 57f. StGB ist ein Ausgleich zwischen dem Resozialisierungsanspruch und dem Freiheitsgrundrecht des Verurteilten einerseits und dem Sicherungsinteresse der Allgemeinheit andererseits geschaffen und zudem der Gesetzesvorbehalt des Art. 2 II 3 GG beachtet. Die Wesensgehaltsgarantie (Art. 19 II GG → Rn. 477ff.) ist nicht verletzt, da die Aussicht auf Freiheit fortbesteht und der Freiheitsentzug hinreichend durch Allge-   **257**

---

381 *Frenz* NJW 2013, 1210 (1212).
382 BVerfGE 64, 261 (272f., 277) – Hafturlaub; 45, 187 (229) – lebenslange Freiheitsstrafe.
383 S. im Hinblick auf die notwendige Einbeziehung einer Erprobung des Gefangenen in Vollzugslockerungen, die nicht ohne hinreichenden Grund versagt werden dürfen, BVerfG NJW 2009, 1941.

meininteressen legitimiert ist. Sind so auch die Schranken-Schranken eingehalten, ist eine Rechtfertigung gegeben.

258 Das **Rückwirkungsverbot des Art. 103 II GG** greift für Maßregeln der Besserung und Sicherung nicht ein (→ Rn. 210). Er gilt nur für staatliche Maßnahmen, die hoheitlich missbilligend auf ein schuldhaftes Verhalten reagieren, nicht hingegen für die Aussetzung einer bereits verhängten Freiheitsstrafe. Daher greift der Maßstab des Art. 104 I 1 GG iVm dem Rechtsstaatsprinzip. Wegen der auf dem Spiel stehenden Güter ist sogar eine tatbestandliche Rückanknüpfung gedeckt, nämlich für eine **nachträgliche Anordnung der Sicherungsverwahrung**.[384] Das Bestimmtheitsgebot hat hier freiheitsgewährleistende Funktion und ist daher besonders streng. Die gesetzliche Regelung muss den rechtlichen Maßstab genügend präzise vorgeben; unbestimmte Rechtsbegriffe sind aber nicht ausgeschlossen, wenn sie nach den gängigen Methoden ausgelegt werden können. Das **Doppelbestrafungsverbot nach Art. 103 III GG** verbietet ebenfalls nur eine erneute Bestrafung und erfasst nicht Maßregeln der Besserung und Sicherung.[385]

2. Nachträgliche Sicherungsverwahrung

259 Aufgrund der Maßgaben des EGMR (→ Rn. 58) darf allerdings eine (nachträgliche) **Sicherungsverwahrung nicht als Fortsetzung der Haft** angeordnet werden, weil die Strafe ansonsten entgegen Art. 7 I 2 EMRK höher liegt als die im Zeitpunkt der Begehung der strafbaren Handlung angedrohte Strafe. Es fehlt nach dem EGMR die gesetzliche Grundlage für die Strafe. Bei einer solchen Überschreitung fehlt es auch an einer rechtmäßigen Haft, die eine Freiheitsentziehung nach Art. 5 I 2 EMRK legitimiert. Entsprechendes gilt für die **Verlängerung der Sicherungsverwahrung** über die frühere Höchstdauer von zehn Jahren hinaus.[386] Daher muss der andere Charakter der Sicherungsverwahrung deutlich werden, wie dies etwa im Jugendstrafrecht der Fall ist.[387] Dies wird durch das **Therapieunterbringungsgesetz** sichergestellt, das bei einer »psychischen Störung« einen Aufenthalt in speziellen Einrichtungen vorsieht. Dabei ist auch die staatliche Schutzpflicht für Leben (s. auch Art. 1, 2 EMRK) und Gesundheit einzubeziehen.[388]

260 Wird der Täter in einem psychiatrischen Krankenhaus untergebracht, ist die danach folgende Sicherungsverwahrung ein neuer und eigenständiger Grundrechtseingriff.[389] Sie kommt nur nach § 66b III StGB in Betracht und unterliegt einer strikten Verhältnismäßigkeitsprüfung. Sie ist lediglich zum Schutz höchster Verfassungsgüter erlaubt. Der Betroffene darf darauf vertrauen, dass ihm die Sicherungsverwahrung erspart bleibt, wenn diese im Urteil weder angeordnet noch vorbehalten wurde. Im Zweifel ist die Unterbringung in einem psychiatrischen Krankenhaus der Sicherungsverwahrung vorzuziehen, weil dort medizinische und therapeutische Behandlungsmöglichkeiten angeboten werden. § 72 II StGB erlaubt, beide Maßregeln nebeneinander anzuordnen, falls nicht nur eine dem erstrebten Zweck dient.[390]

261 **Fall nach BVerfGE 131, 268 – Sicherungsverwahrung:** Gegen einen mehrmals verurteilten Sexualverbrecher wurde die Sicherungsverwahrung angeordnet, wie im Strafurteil vorbehalten.

Die ein solches Vorgehen ermöglichenden § 66a I und § 66a II StGB aF verstoßen gegen das **Abstandsgebot** (→ Rn. 259), weil sich die Unterbringung während der Sicherungsverwahrung nicht wesentlich von der während des Strafvollzugs unterscheidet. Während Letztere eine Sanktion für begangene Straftaten ist, dient Erstere der Vorbeugung von Straftaten und dem Schutz der Allgemeinheit.

384 BVerfG NJW 2010, 1514 Rn. 31 zu § 66b III StGB.
385 BVerfG NJW 2010, 1514 Rn. 21.
386 EGMR Urt. v. 13.1.2011 – Beschwerdenr. 17792/07 – Kallweit, 20008/07 – Mautes, 27360/04 und 42225/07 – Schummer.
387 S. BGH NJW 2010, 1539 Rn. 64f. in Auseinandersetzung mit EGMR Urt. v. 17.12.2009, Beschwerdenr. 19359/04.
388 BGH NJW 2010, 1539 Rn. 68.
389 BVerfG Beschl. v. 6.2.2013 – 2 BvR 2122/11, 2 BvR 2705/11, Rn. 31.
390 BVerfG Beschl. v. 6.2.2013 – 2 BvR 2122/11, 2 BvR 2705/11.

Dem Häftling sind daher Hafterleichterungen zu gewähren. Eine Neuregelung hatte bis zum 31.5.2013 zu erfolgen (→ Rn. 259 aE).[391]

Allerdings steht die vorbehaltene Sicherungsverwahrung nicht zu Art. 1 I GG in Widerspruch. Sie dient auch als **Präventivmaßnahme** dem Schutz der Allgemeinheit.[392] Indes darf die Menschenwürde niemandem genommen werden; der daraus folgende Achtungsanspruch auch des Straftäters ist zu wahren. Daher muss die Freiheitsentziehung menschenwürdig gestaltet werden und der Täter darf »nicht zum bloßen Objekt der Verbrechensbekämpfung«[393] gemacht werden. Der Täter soll wenigstens eine Chance haben, seine Freiheit wiederzuerlangen.

Während der Sicherungsverwahrung muss die Vollzugsanstalt die schädlichen Auswirkungen des Freiheitsentzugs ausschließen. Der Häftling soll sich nach seiner Entlassung im normalen Leben zurechtfinden können. Der Täter wird zwar während einem Großteil seiner Haft über sein weiteres Schicksal im Ungewissen gelassen. Er kann jedoch das Eintreten der vorbehaltenen Sicherungsverwahrung durch ein kooperatives Verhalten bei Therapien beeinflussen. Ihm bleibt daher, wie erforderlich, während seiner Haft die **Perspektive, seine Freiheit wiederzuerlangen**.[394]

Wird direkt bei der Urteilsverkündung die Sicherungsverwahrung vorbehalten, muss diese nicht zwangsläufig eintreten. Es wird am Ende der Strafhaft geprüft, ob die **Gefährlichkeitsprognose** weiterhin besteht und die vorbehaltene Sicherungsverwahrung tatsächlich angeordnet werden muss. Eine Überwachung eines aus der Sicherungsverwahrung Entlassenen ist nur bei einer konkreten Gefahr für die Bürger oder zur Verhinderung eines Verbrechens möglich.[395]

Auch Art. 2 II iVm Art. 104 I 1 GG ist nicht verletzt, obwohl der Schutz der Freiheit der Person einen hohen Rang unter den Grundrechten einnimmt und daher der Verhältnismäßigkeitsgrundsatz strikt zu wahren ist. Dabei steht das **Sicherungsbedürfnis der Allgemeinheit** dem Freiheitsanspruch des Untergebrachten gegenüber.[396] Es bedarf daher einer fortbestehenden negativen Prognose, dass der Betroffene für die Allgemeinheit gefährlich ist. Sind keine Straftaten begangen worden, die körperliche oder seelische Schäden beim Opfer verursacht haben, ist eine Anordnung der Sicherungsverwahrung regelmäßig ausgeschlossen.[397]

Eine vorbehaltene Sicherungsverwahrung ist auch unter Einbeziehung der Wertungen des Art. 5 I EMRK rechtskonform.[398] Art. 5 I 2 lit. a EMRK verlangt für eine Freiheitsentziehung eine Verurteilung; dabei genügt ein hinreichender Kausalzusammenhang – etwa durch einen Vorbehalt späterer Anordnung im Strafurteil,[399] in dem damit die spätere Freiheitsentziehung angelegt ist.[400]

Die vorbehaltene Sicherungsverwahrung knüpft an das erste Urteil an. Zu diesem Zeitpunkt kann noch keine Aussage über die Gefährlichkeit des Betroffenen für die Allgemeinheit getroffen werden. Es wird aber eine breitere Tatsachengrundlage für die endgültige Entscheidung geschaffen.[401]Anders verhält es sich, wenn eine Sicherungsverwahrung ohne Vorbehalt dazu im ursprünglichen Strafurteil angeordnet wird.[402]

Das **Bestimmtheitsgebot** – hier nach Art. 104 I 1 GG, da keine Strafe nach Art. 103 II GG vorliegt – wird durch die vorbehaltene Sicherungsverwahrung eingehalten – auch unter Berücksichtigung der Anforderungen der EMRK. Die Anforderungen sind hinreichende Zugänglichkeit, Präzision und vorhersehbare Anwendbarkeit. Die Gründe für die Anordnung einer vorbehaltenen Sicherungsverwahrung müssen vom Gericht überprüfbar dargelegt werden. So kann der »Net-Widening-Effekt« vermieden

391 BVerfGE 128, 326.
392 BVerfGE 131, 268 Rn. 74.
393 BVerfGE 131, 268 Rn. 71.
394 BVerfGE 131, 268 Rn. 76.
395 VGH Mannheim Beschl. v. 31.1.2013 – 1 S 1817/12.
396 BVerfGE 131, 268 Rn. 80.
397 BVerfGE 131, 268 Rn. 84.
398 BVerfGE 131, 268 Rn. 92.
399 S. EGMR NJW 2011, 3423 – Haidn/Deutschland.
400 BVerfGE 131, 268 Rn. 106.
401 BVerfGE 131, 268 Rn. 112.
402 EGMR Urt. v. 19.4.2012 – Beschwerdenr. 61272/09 Rn. 75.

werden, dass nämlich der Vorbehalt rein vorsorglich angeordnet wird.[403] Es muss also sehr wahrscheinlich sein, dass der Täter auch noch nach der Entlassung aus dem Freiheitsentzug für die Allgemeinheit gefährlich ist.

Im Rahmen der **Rechtssicherheit** muss der Betroffene lediglich die Dauer der Freiheitsentziehung zum Zeitpunkt der verbindlichen Entscheidung kennen.[404] Es ist durchaus mit Art. 20 III GG vereinbar, dass die verbindliche Zeitspanne aufgrund vorhandener Bedenken über die Gefährlichkeit des Täters nach Ablauf der Haft nicht konkret vom Gericht festgelegt wurde. Der vorbehaltenen Sicherungsverwahrung ist immanent, dass erst später über die Anordnung entschieden wird. So wird die Entscheidung auf einer fundierten Grundlage getroffen, da das Verhalten des Betroffenen während der Freiheitsstrafe mit einfließen kann. Er hat also auch eine Einwirkungsmöglichkeit auf eine günstige Gefahrenprognose.

III. Flugzeugabschuss

262 **Beispiel** nach BVerfGE 115, 118 – Flugzeugabschuss (zur fehlenden Gesetzgebungskompetenz → Rn. 183 ff.): § 14 III LuftSiG ermächtigt die Streitkräfte zum Abschuss von Flugzeugen, in denen sich Menschen in der Hand von Terroristen befinden, die eine solche Maschine zur Angriffswaffe gegen andere Menschen verwenden.

263 Der **Mensch** wird auch zum Objekt des Staates, wenn der Staat ihn zum Abschuss freigibt, und sei es zur Rettung anderer. Gerade dadurch wird er **Mittel zum Zweck und damit »verdinglicht und zugleich entrechtlicht«**[405]. Er hat auf diese Rettungsaktion des Staates keinen Einfluss. Über sein Leben wird einseitig verfügt. Ihm wird daher sein Wert abgesprochen. Dieser steht ihm unabhängig von der (noch) zu erwartenden Dauer des individuellen menschlichen Lebens zu. Eine vorsätzliche Tötung unschuldiger Menschen ist danach gänzlich ausgeschlossen, auch wenn sie dem Tod geweiht scheinen, zumal in einer solchen Extremsituation Prognosefehler und damit Fehlentscheidungen unterlaufen können.

264 Diese aus Art. 1 I GG gewonnene Wertung bestimmt in den genannten Fällen die **Ausfüllung des Grundrechts auf Leben** nach Art. 2 II 1 GG. Das menschliche Leben ist die »vitale Basis der Menschenwürde«[406]. Da diese unter absolutem Schutz steht, kann der Gesetzesvorbehalt nach Art. 2 II 3 GG nicht Vorschriften legitimieren, die gegen die Menschenwürde verstoßen. Das vermag auch nicht die staatliche Schutzpflicht für das Leben der Opfer eines etwaigen Flugzeugangriffs. Bei ihrer Erfüllung kommt dem Staat ein weiter Einschätzungs-, Wertungs- und Gestaltungsspielraum zu (→ Rn. 1094 ff.).

265 Bedenklich stimmt allerdings, dass damit die Flugzeuge, die am 11. 9. 2001 auf das World Trade gesteuert wurden, auch bei einer Möglichkeit dazu nach deutschem Verfassungsrecht nicht hätten abgeschossen werden dürfen. Schließlich kamen dabei Tausende von Menschen zu Tode. Zwar kann man **nicht Leben gegen Leben** aufrechnen.[407] Indes handelt es sich um eine Extremsituation auch zulasten der **Betroffenen auf der Erde**. Ist der Staat an wirksamen Maßnahmen zu ihrem Schutz gehindert, werden auch sie Opfer eines durch sie nicht beherrschbaren Vorganges. **Gibt der Staat ihr Leben von vornherein preis**, indem er ein Vorgehen gegen Angriffsflugzeuge erst gar nicht vorsieht, macht er (auch) sie zum **Objekt** und negiert ihre Subjektsqualität, nur dass er nicht aktiv handelt. Das Ergebnis bleibt aber gleich, nämlich der staatlich in Kauf genommene Tod Unschuldiger. Damit stehen sich zwei Ausprägungen der Menschenwürde gegenüber: die der unschuldigen Passagiere im Flugzeug und die der nichtsahnenden Opfer des Terrorangriffs am Boden. Diesen Konflikt erörterte das BVerfG nicht. Nimmt man ihn hinzu,

---

403 BVerfGE 131, 268 Rn. 121.
404 BVerfGE 131, 268 Rn. 125.
405 BVerfGE 115, 118 (154).
406 BVerfGE 115, 118 (152).
407 S. *Schenke* NJW 2006, 736 (738), der die Entscheidung billigt.

liegt eine mögliche Legitimation eines Flugzeugabschusses darin, die Menschenwürde der auf dem Boden befindlichen Betroffenen zu schützen, mithin in der **staatlichen Schutzpflicht aus Art. 1 I GG.** Diese ist höchstens deshalb nachrangig, weil sie wegen ihrer objektiv-rechtlichen Ableitung für sich selbst zu unbestimmt ist (→ Rn. 1094). Indes ist die Menschenwürde als solche nicht relativierbar, selbst wenn ihr eine bloße Ausstrahlungswirkung zukommt. Auch Letztere ist objektiv-rechtlich begründet. Die Würde des Menschen bildet einen unantastbaren Wert, der nach Art. 1 I 2 GG gleichermaßen zu achten und zu schützen ist.

Eine Opferrolle fehlt hingegen, soweit Menschen selbst ein **Flugzeug als Waffe** zur Vernichtung menschlichen Lebens einsetzen wollen. Dann setzt sich der Staat gegen einen von dieser Person ausgehenden rechtswidrigen Angriff zur Wehr und wendet sich daher gegen einen **Menschen als Subjekt,** nicht als Objekt. Damit ist die **Menschenwürde nicht** tangiert. Der **Eingriff in das Recht der Täter auf Leben ist durch die staatliche Schutzpflicht für das Leben der Opfer nach Art. 2 II 1 GG gerechtfertigt.** Eines Rückgriffs auf Art. 1 I GG bedarf es insoweit nicht. **266**

Dem **Leben** kommt im GG ein **Höchstwert** zu. Zu dessen sicherem Schutz ist ein Abschuss des Täterflugzeugs geeignet und erforderlich; ein milderes Mittel ist nicht ersichtlich. Die Intensität des Lebensschutzes zugunsten der Täter ist durch deren Angriffsverhalten gemindert, von dem sie zudem jederzeit durch ein klares Abdrehen oder ein Landen des Flugzeugs erkennbar ablassen können. Etwaige Prognoseunsicherheiten und Fehleinschätzungen gehen zulasten des Angreifers. Die Angemessenheit ist daher gewahrt. Allerdings muss die mögliche Tötung von Menschen, die sich im Bereich der durch den Flugzeugabschuss niedergehenden Trümmer aufhalten, adäquat berücksichtigt werden. **267**

B. Schutzbereich

Prüfung eines Grundrechtseingriffs			**268**

A. Schutzbereich
- sachlich: bei mehreren potenziell einschlägigen Grundrechten: Abgrenzung nach Vorrang und Schwerpunkt; bei Konkurrenz Beginn mit sachnäherem Grundrecht
- persönlich: zB Deutschen-Grundrechte, juristische Personen (Art. 19 III GG)

B. Eingriff
- unmittelbar final (klassischer Eingriff)
- faktisch/mittelbar (moderner Eingriff): Problem der Begrenzung

C. Rechtfertigung

Grundrecht mit einfachem bzw. qualifiziertem Gesetzesvorbehalt: dieser oder gegenläufiges Verfassungsrecht (str.)	Grundrecht mit Ausgestaltungsvorbehalt (Art. 14 I 2 GG)	Grundrechte ohne Gesetzesvorbehalt: kollidierendes Verfassungsrecht; auch Notwendigkeit eines Gesetzes

wenn nicht lediglich Einzelakt: Gesetz formell und materiell verfassungsgemäß (wie Schema → Rn. 118 sub B.), vor allem Verhältnismäßigkeit Art. 19 I, II GG

Ausgangspunkt der Prüfung ist damit die Ermittlung des Schutzbereichs in sachlicher und personeller Hinsicht. Ergibt sich, dass mehrere Grundrechte in ihrem Schutzbereich berührt sind, ist zu klären, in welchem Konkurrenzverhältnis sie zueinander stehen, ob man also nur eines oder mehrere prüfen muss. **269**

I. Bestimmung des Schutzbereichs am Beispiel von Art. 4 GG[408]

1. Glauben und Gewissen

270 Den Ausgangspunkt für die Bestimmung des Schutzbereichs bildet der oftmals nicht hinreichend beachtete Grundgesetztext. Auszugehen ist von den in ihm enthaltenen Begriffen, aus denen sich der Gewährleistungsgehalt erschließt. Dabei ist aber von vornherein in den Blick zu nehmen, wenn ein Grundrecht einen verschiedene Begriffe verbindenden, einheitlichen Schutzbereich hat. Dies zeigt sich deutlich an **Art. 4 GG**, dessen Abs. 1 und 2 das einheitliche Grundrecht der Glaubens- und Bekenntnisfreiheit bilden (→ Rn. 282 ff.). **Regelungsgegenstand** von Art. 4 I GG bilden Glauben und Gewissen. Der **Glaube** verkörpert eine feste Vorstellung, die sich nicht nur auf diese Welt bezieht, sondern darüber hinaus geht. Darunter fällt insbesondere der Glaube an Gott bzw. die Verneinung seiner Existenz. Er manifestiert sich nicht nur im Christentum, sondern auch in anderen Religionen oder kleinen Glaubensgruppen.

271 Der Glaube kann sich aber auch aus einer bestimmten Weltanschauung ergeben. Daher greift der Begriff der Religionsfreiheit zu kurz; umfassender ist der Begriff der **Glaubensfreiheit**. Aus dieser Freiheit folgt nicht nur das Recht, einen bestimmten Glauben zu haben, sondern als Kehrseite auch das Recht, gerade keinen bestimmten Glauben annehmen zu müssen (negative Glaubensfreiheit). Dies gilt entsprechend auch für die anderen Grundrechte. Daher beinhalten die durch die **Grundrechte** verbürgten Freiheiten eine **positive** und eine **negative** Seite: Man darf etwas tun, muss es aber nicht.

272 **Dem Glauben voraus** liegt eine **Gewissensentscheidung.** Das ist eine an sittlichen Kategorien ausgerichtete Entscheidung des Einzelnen, die er für sich als verbindlich ansieht.[409] Dabei ist nicht notwendig auf einen ethischen Standard abzustellen.[410] Eine solche (sittliche) Kategorie kann aber auch der Glaube bilden. Damit kann eine Gewissensentscheidung umgekehrt auch Ausfluss des Glaubens sein. Aufgrund der weltanschaulichen Neutralität des Art. 4 I GG werden auch lediglich vereinzelt feste Überzeugungen geschützt.[411]

2. Glaubens- und Bekenntnisfreiheit

273 Aus dem Glauben und dem Gewissen erwächst dann das religiöse und weltanschauliche Bekenntnis. Neben die innere Freiheit tritt damit als deren Folge die **äußere Freiheit, Glauben und Gewissen zu manifestieren, zu bekennen und zu verbreiten.**[412] Dazu gehört, der inneren religiösen Überzeugung gemäß zu handeln (zB Tragen eines Kopftuchs, → Rn. 396, 706). Das BVerwG verlangt, dass die entsprechende Handlung durch die eigene Religion zwingend vorgegeben ist.

---

408 *Neureither* JuS 2006, 1067; *ders.* JuS 2007, 20; *Frenz* JA 2009, 493; Übungsfälle: *Bellardita/Neureither* JuS 2005, 1000; *Wittreck* JuS 2006, 729; *Enzensperger* VR 2016, 276; wichtige Entscheidungen: zu Art. 4 I GG: BVerfGE 24, 236 – Aktion Rumpelkammer; 32, 98 – Gesundbeter; 83, 341 – Bahá'i; 93, 1 – Kruzifix; 104, 337 – Schächten (dazu *Sydow* JURA 2002, 615; *Häußler* JA 2002, 548); 105, 279 – Bhagwan (→ Rn. 345 und *Winkler* JA 2003, 113); BVerfG NJW 2003, 2815 – Verkäuferin mit Kopftuch (→ Rn. 706); BVerfGE 108, 282 (294 ff.) – Lehrerin mit Kopftuch (→ Rn. 396); BVerwGE 112, 314 – Rastafari; BVerfG NVwZ 2008, 72 – Ethikunterricht; BVerwGE 141, 223 – Schulgebet; zu Art. 4 III GG: BVerfGE 12, 45 – Kriegsdienstverweigerung I; 69, 1 – Kriegsdienstverweigerung II.
409 S. BVerwGE 94, 82 (87).
410 BVerfGE 41, 29 (50) – Simultanschule.
411 BVerwGE 94, 82 (87); 33, 23 (28 f.) – Eidesverweigerung.
412 BVerfGE 32, 98 (106 f.) – Gesundbeter; 69, 1 (33 f.) – Kriegsdienstverweigerung II.

So könnte das islamisch-religiöse Verbot, das Fleisch nicht geschächteter Tiere zu essen, nicht das **274** Schlachten ohne Betäubung in Deutschland umschließen, da auch auf andere Lebensmittel oder Importfleisch ausgewichen werden kann.[413] Indes kann die **Schlachtung ohne Betäubung** die Grundlage für die Befolgung religiöser Regeln beim Essen von Fleisch bilden und daher zumindest religiös motiviert sein.[414] Dementsprechend müssen auch gläubige muslimische Metzger Tiere ohne Betäubung schlachten können,[415] wenn ihnen dies ihr Glaube vorgibt.[416]

Die innere religiöse Überzeugung hängt nicht etwa davon ab, ob das fragliche Verhal- **275** ten durch eine nach Art. 137 V WRV anzuerkennende Glaubensgemeinschaft verbindlich vorgegeben ist. Sie kann vielmehr auch einer speziellen Glaubensrichtung entspringen, dient doch Art. 4 I GG besonders dem Minderheitenschutz.[417] Dass das BVerfG eine gemeinsame und nicht nur individuelle Glaubensüberzeugung verlangt,[418] ist eine Einschränkung nach § 4a II Nr. 2 TierSchG, die aus Gründen des Tierschutzes gerechtfertigt ist (→ Rn. 389)[419] und Missbrauch ausschließt.[420]

Die Bekenntnisfreiheit umfasst auch und gerade religiöse Symbole wie das Kruzifix.[421] **276** Allerdings kann aufgrund der daneben stehenden **negativen Glaubens- und Bekenntnisfreiheit** (s. auch Art. 136 III, IV, 141 WRV), die sich auch in der Ablehnung derartiger Symbole manifestieren kann, das Recht erwachsen, solchen gerade nicht unausweichlich ausgesetzt zu sein.[422] Das gilt auf der Basis der **Weltanschauungsfreiheit** auch für die **Feiertagsruhe** (Art. 139 WRV iVm Art. 40 GG): Nicht-kommerzielle Veranstaltungen müssen daher ausnahmsweise möglich sein.[423]

So kann ein Anspruch der Eltern bestehen, dass ihr Kind in einem Kindergarten nicht an einem gemein- **277** samen **Tischgebet** teilnehmen muss und es daher bis zu dessen Ende etwa mit einer Erzieherin beim (zunächst gemeinsamen) Händewaschen bleibt.[424] Kein religiöser Bezug und daher auch kein Verstoß gegen die Neutralitätspflicht des Staates besteht hingegen, wenn Kinder ohne Verkleidungs- und aktivem Teilnahmezwang an einer **Schulkarnevalsveranstaltung** bzw. an einem **Schultheaterprojekt** »Mein Körper gehört mir« zur Sensibilisierung für sexuelle Themen teilzunehmen haben; insoweit besteht daher **Schulpflicht**.[425]

Ein Kreistagsmitglied kann verlangen, dass ein vom Kreistagsvorsitzenden in amtlicher Funktion im Sit- **278** zungssaal angebrachtes **Kreuz wieder entfernt** wird.[426]

Fall nach BVerfG NVwZ 2008, 72 – Ethikunterricht: Das Bundesland Berlin verlangt von den Schülern, **279** am Ethikunterricht teilzunehmen, ohne sich abmelden zu können.

Art. 4 I und II iVm Art. 6 II 1 GG garantiert den Eltern das Recht zur Kindererziehung in religiöser und weltanschaulicher Hinsicht (→ Rn. 324). Indem alle Schüler verpflichtend am Ethikunterricht teilneh-

---

413 BVerwGE 99, 1 (7 f.) – Schächten.
414 Zur Rechtfertigung einer Beschränkung → Rn. 387 ff., 393.
415 Insoweit einen Schutz aus Art. 12 I bzw. bei türkischen Staatsangehörigen aus Art. 2 I iVm Art. 4 I und II GG annehmend BVerfGE 104, 337 (345 f.) – Schächten; → Rn. 329.
416 BVerwGE 112, 227 (230).
417 → Rn. 399 f.
418 BVerfGE 104, 337 (354 f.) – Schächten; s. bereits BVerwGE 112, 227 (234 ff.).
419 BVerfGE 127, 183 (185 f.).
420 BVerwGE 112, 227 (234).
421 Zum Kopftuch → Rn. 396.
422 BVerfGE 93, 1 (19 ff.) – Kruzifix; anders Sondervotum *Seidl* ua, BVerfGE 93, 1 (30 ff.). Zur Abwägung → Rn. 398 f.
423 BVerfG Beschl. v. 27.10.2016 – 1 BvR 458/10.
424 VGH Kassel NJW 2003, 2846 (2847).
425 BVerfG NJW 2009, 3151.
426 VGH Kassel NJW 2006, 1227. S. auch → Rn. 396 f.

men müssen, bleibt der Religionsunterricht nur noch als Wahlmöglichkeit bei entsprechender Mehrbeanspruchung. Er bleibt aber weiterhin offen. Der Inhalt des Ethikunterrichts ist gerade bekenntnis- und weltanschauungsneutral. Damit wahrt der Staat seine **Neutralitätspflicht** (→ Rn. 396). Ein Anspruch auf einen bestimmten religionsbezogenen Unterricht besteht nicht. Wenn man gleichwohl einen Eingriff bejaht, ist dieser durch den staatlichen **Erziehungsauftrag** nach Art. 7 I GG und die diesen konkretisierende **Schulpflicht** gerechtfertigt. Wie die Länder diesen Auftrag wahrnehmen, unterliegt weitestgehend ihrer Gestaltungsfreiheit, solange sie neutral und tolerant gegenüber den unterschiedlichen Religions- und Wertvorstellungen sind. Bei Wahrung dieser Grundanforderungen darf ein Land die Teilnahme an einem Pflichtfach vorschreiben, ohne die (negative) Religionsfreiheit und das Erziehungsrecht der Eltern zu verletzen.

280   **Fall** nach BVerwGE 141, 223 – Schulgebet: Der muslimische Schüler M verlangt einen Raum, um ungestört seinem rituellen Mittagsgebet nachkommen zu können.

Ein solcher Anspruch könnte aus Gründen der Toleranz geboten sein. Zurückhaltung ist nur bei staatlichen Aktivitäten erforderlich.[427] Die **individuelle positive Glaubensfreiheit** umfasst auch die **Teilnahme an den kultischen Handlungen,** die ein Glaube vorschreibt oder in denen er Ausdruck findet. Dazu gehört unter anderem die Verrichtung von Gebeten, und zwar zeitlich so, wie es der Einzelne vertretbar den objektiven Glaubensregeln entnimmt. Auch wenn nach diesen Regeln die Möglichkeit dazu besteht, muss der Einzelne also sein Gebet nicht auf die Zeit nach Beendigung der Schule verschieben. Er hat auch die freie Wahl des Ortes dafür.

Dieses Recht trifft aber auf die verfassungsunmittelbare **negative Glaubensfreiheit** der anderen Schüler sowie den staatlichen **Erziehungsauftrag** nach Art. 7 I GG, nach dem auch der **Schulfriede** zu gewährleisten ist. Hinzu kommt das Elternrecht nach Art. 6 II GG, das iVm Art. 4 I GG die Kindererziehung in religiöser und weltanschaulicher Hinsicht sowie auch das Fernhalten der eigenen Kinder von als falsch empfundenen Glaubensüberzeugungen umschließt.

Nach dem BVerwG und nunmehr auch dem BVerfG reicht das verfassungsrechtliche Gebot religiöser Neutralität des Staates nicht aus (→ Rn. 396 ff.). Es geht um die Verwirklichung einer eigenen Entscheidung des Gläubigen, die der Staat nur zu dulden hat und die er sich damit nicht zu eigen macht. Indes können auch daraus Haltungen des Staates etwa im Hinblick auf tolerierte Handlungen deutlich werden und Gegenreaktionen provozieren. Jedenfalls treffen verschiedene Verfassungsgüter aufeinander, deren Ausgleich schwierig ist. Daher steht den staatlichen Organen ein weiter Einschätzungs-, Wertungs- und Gestaltungsspielraum zu. Entscheidend ist nur, dass Schutzvorkehrungen getroffen werden, die nicht offensichtlich ungeeignet oder völlig unzulänglich sind, um das gebotene Schutzziel zu erreichen. Daher ist es vertretbar, zur Erhaltung des Schulfriedens M das **Mittagsgebet** nicht in einem Schulraum vornehmen zu lassen, würden doch dadurch andere Schüler beeinflusst, ggf. provoziert. Daraus erwächst sogar, wie vom BVerwG verlangt, eine **konkrete Gefahr für den Schulfrieden.** Daher ist die vom BVerwG ohne Einschränkungen **geprüfte Verhältnismäßigkeit** gewahrt. Ein milderes Mittel ist nicht ersichtlich. Es ist daher erforderlich. Zudem würden ggf. Schüler anderer Glaubensrichtungen zu einem parallelen Verhalten animiert, sodass die Räume für Gebete möglicherweise gar nicht ausreichen und der Gleichheitssatz verletzt werden müsste.

Hinreichende normative Grundlage soll eine **Landesnorm** bilden, wonach die Vorgaben für die Erreichung des Bildungs- und Erziehungsziels und für das Zusammenleben und die Ordnung in der Schule einzuhalten sind. Angesichts der grundrechtlich aufgeladenen Konfliktlage kann dies nur für die Abwehr konkreter Gefahren genügen; darüber hinaus und damit für die Konkretisierung des Gebots staatlicher Neutralität im Hinblick auf abstrakt mögliche Gefährdungen des Schulfriedens bedarf es einer spezifischen gesetzlichen Regelung – außer man begreift den Grundsatz der staatlichen Neutralität in Religions- und Glaubensangelegenheiten wie der EGMR als Wert an sich (→ Rn. 402).

281   Vom Glauben getragen sind auch Vereinigungen. **Geschützt ist daher auch die kollektive Glaubensfreiheit,** sich etwa innerhalb von Gemeinschaften zusammenzu-

---

427 Bejahend die 1. Instanz VG Berlin DVBl. 2010, 132 (nur Ls.).

schließen. Ihnen gegenüber ist der Staat zu weltanschaulich-religiöser Neutralität verpflichtet. Die Kirchen und andere Bekenntnisse sind grundsätzlich gleich zu behandeln. **Religionsgesellschaften** mit dem Status einer **Körperschaft des öffentlichen Rechts** sind allerdings nach Art. 140 GG iVm Art. 137 ff. WRV verfassungsmäßig privilegiert; vor allem haben sie das Recht zur Steuererhebung nach Art. 137 VI WRV. Diesen Status nach Art. 140 GG iVm Art. 137 V 2 WRV zu erlangen, setzt ein insgesamt rechtstreues, die Prinzipien des Art. 79 III GG achtendes Verhalten voraus, nicht aber eine positive Grundeinstellung zum Staat: Dessen religiös motivierte Ablehnung ist vielmehr eine Ausprägung der Religionsfreiheit.[428] Umgekehrt darf die Feiertagsruhe selbst an einem Karfreitag nicht zu einem völligen Ausschluss nicht-kommerzieller Veranstaltungen führen, jedenfalls wenn sie von der Weltanschauungsfreiheit getragen sind: Es gibt **keine absolute Feiertagsruhe.**[429]

Art. 4 II GG nimmt den Gedanken der Bekenntnisfreiheit nochmals auf und bildet daher mit Abs. 1 ein **einheitliches Grundrecht der Glaubens- und Bekenntnisfreiheit.** Entsprechend weit und vielfältig wie die inneren Grundlagen ist deren Ausdruck nach außen und damit die ungestörte Religionsausübung geschützt. Religiöse Entfaltung bedingt eine gewisse Ruhe. Daraus ergibt sich eine staatliche Schutzverpflichtung, die durch den objektiv-rechtlichen **Schutzauftrag für die Sonn- und Feiertage** aus Art. 139 WRV iVm Art. 140 GG konkretisiert wird und zu einer Begrenzung der Sonntagsladenöffnung führt.[430] Die Sonntagsruhe ist dabei die Regel, sodass eine Ladenöffnung an vier Sonntagen in Folge ohne weitere Voraussetzung selbst in der Vorweihnachtszeit dagegen verstößt.[431] **282**

Religiöse Aktivitäten können dabei zum einen von allen Glaubensrichtungen ausgehen, selbst von **Sekten.** Zum anderen werden die vielfältigsten Formen erfasst. Die ungestörte Religionsausübung bezieht sich daher nicht nur auf klassische Feiern oder Prozessionen, sondern etwa auch auf **kirchliche Sammlungen.**[432] Es fallen also sämtliche Ausdrucksformen darunter, sofern sie nur von einem Glauben getragen sind. **283**

Ein solcher **Glaubensbezug** fehlt bei rein kommerziellem Hintergrund. Eine generelle Abgrenzung ist dabei naturgemäß schwierig. Kriterien für den Einzelfall können etwa langjährige bzw. traditionelle Handhabe und der Zusammenhang zu Grundaussagen des Glaubens wie auch die öffentlich bekannte und anerkannte Art der Praxis als Religionsausübung sein.[433] **284**

Beispiel: So steht bei der Sternsingeraktion das christliche Gebot der Caritas im Vordergrund, und zudem ist bekannt, dass die gesammelten Geldmittel für Solidaritätsaktionen in der Dritten Welt verwendet werden. **285**

Wegen des umfassenden Schutzes der Glaubensfreiheit ist auch bei Aktivitäten von Sekten zunächst davon auszugehen, dass dieses Verhalten von Art. 4 GG umfasst ist. **286**

---

428 BVerfGE 102, 370 (390 ff.) – Zeugen Jehovas.
429 BVerfG Beschl. v. 27.10.2016 – 1 BvR 458/10.
430 BVerfGE 125, 39 (79) – Berliner Ladenöffnungszeiten auch im Hinblick auf die Bedeutung der Arbeitsruhe für das soziale Leben.
431 BVerfGE 125, 39 (95) – Berliner Ladenöffnungszeiten.
432 BVerfGE 24, 236 – Aktion Rumpelkammer.
433 Dieses Kriterium kann jedoch aufgrund nachfolgender Erwägungen nicht im Umkehrschluss dazu führen, dass eine öffentlich nicht anerkannte Glaubenspraxis aus dem Schutzbereich ausgeschlossen ist (vgl. BVerfGE 41, 29 [50] – Simultanschule).

Der Schutzbereich soll auch bei »überwiegender« wirtschaftlicher Betätigung nicht überspannt und erst verlassen sein, wenn der Glaubensbezug nur als Vorwand für die Verfolgung wirtschaftlicher Zwecke dient.[434] Selbst ein vor allem erwerbswirtschaftlichen Zwecken dienender Informationsstand, durch den auch Mitglieder geworben werden, soll danach Art. 4 GG unterfallen.[435] Indes gewährleistet dieses Grundrecht in erster Linie die Glaubensfreiheit und allenfalls auf diese bezogen und untergeordnet wirtschaftliche Aktivitäten. **Der Erwerbszweck darf** daher **nur nebenbei auftreten.**[436] Nicht erfasst werden Organisationen mit primärem ökonomischem Charakter (zB Scientology[437]) und Aktivitäten, die nur bei Gelegenheit der Glaubensausübung stattfinden, also nur in äußerem Zusammenhang damit stehen, wie etwa der Verkauf von Speisen und Getränken anlässlich eines religiösen Treffens.[438]

II. Abgrenzung der Schutzbereiche und Konkurrenzen[439]

287   Für einen Lebenssachverhalt kann der Schutzbereich mehrerer Grundrechte eröffnet sein. Vor der Annahme einer derartigen **Grundrechtskonkurrenz** sind jedoch die verschiedenen Schutzbereiche präzise voneinander abzugrenzen.

1. Meinungs-[440] und Versammlungsfreiheit[441]

288   **a) Meinung.** Der Schutzbereich des **Art. 5 I GG** erfasst unter dem Begriff der Meinung alle Äußerungen in Wort, Schrift und Bild, die im Rahmen einer geistigen Auseinandersetzung[442] zumindest auch Stellung nehmen bzw. einen bestimmten Standpunkt beziehen, mithin eine Tendenz beinhalten; auf den Wert, die Richtigkeit oder die Vernünftigkeit der Äußerung kommt es nicht an.[443] **Tatsachenbehauptungen und -mitteilungen** fallen unter diesen weiten Meinungsbegriff, wenn sie selbst etwa durch ihre Auswahl mit einer Wertung verbunden sind[444] oder sich mit einer wertenden Äußerung verbinden oder vermischen, mithin meinungsbezogen sind.[445] Das ist insbe-

---

434 BVerwGE 90, 112 (116ff.).
435 BVerwG NJW 1997, 408. Dieser Aspekt sei nur relevant für die Abwägung mit den gegenläufigen Belangen der Straßenbenutzer im Hinblick auf eine Sondernutzungserlaubnis; dazu allg. → Rn. 1219ff.
436 Ebenso v. Mangoldt/Klein/Starck/*Starck* Art. 4 Rn. 54.
437 Offen auch OLG Köln NJW 1998, 3721 (3724).
438 Vgl. BVerfGE 19, 129 (133). Aber auch hier kann die Abgrenzung schwierig sein, wenn der Erlös dieses Verkaufs zB karitativen Zwecken zugeführt wird.
439 Dazu allg. *Pischel* JA 2006, 357.
440 *Epping/Lenz* JURA 2007, 881; zur Einschränkung der Meinungsfreiheit durch Sonderrecht *Lepsius* JURA 2010, 527; Übungsfälle: *Staufer* JURA 2009, 549; *Payandeh* JuS 2016, 909; *Enzensperger* VR 2016, 352; wichtige Entscheidungen: BVerfGE 7, 198 – Lüth; 25, 256 – Blinkfüer; 61, 1 – Wahlkampf; 90, 241 – Auschwitzlüge; 93, 266 – »Soldaten sind Mörder« (dazu → Rn. 704); 101, 361 – Caroline von Monaco (→ Rn. 368ff.); 124, 300 – Wunsiedel.
441 *Lembke* JuS 2005, 1081; *Froese* JA 2015, 679; Übungsfälle: *Reinemann* VR 2006, 200; *Otto* JuS 2011, 143; wichtige Entscheidungen: BVerfGE 69, 315 – Brokdorf; 73, 206 – Mutlangen; 85, 69 – Spontanversammlung; 104, 92 – Wackersdorf.
442 Nicht beim Einsatz wirtschaftlicher Machtmittel, BVerfGE 25, 256 – Blinkfüer.
443 BVerfGE 61, 1 (8) – Wahlkampf; 65, 1 (41) – Volkszählung.
444 v. Münch/Kunig/*Wendt* Art. 5 Rn. 9 mit Erweiterung auf alle Äußerungen aus einem individuellen Mitteilungsbedürfnis einschließlich falscher Tatsachenmitteilungen (Rn. 10; dagegen BVerfGE 99, 185 [197]; 90, 241 [249] – Auschwitzlüge).
445 BVerfG NJW 2003, 1856.

sondere dann der Fall, wenn die Tatsachenbehauptung Voraussetzung der Bildung einer Meinung ist.[446]

Bewusst unwahre Tatsachenbehauptungen sind allerdings durch Art. 5 I GG nicht geschützt,[447] sehr **289**
wohl aber unbewiesene, wenn auch abgeschwächt.[448] Bei **Werturteilen** ist hingegen eine Wahrheitsbeurteilung ausgeschlossen; sie sind grundsätzlich frei und können nur unter besonderen Umständen beschränkt werden – so bei einer Schmähkritik. Daher werden nicht nur sachlich-differenzierte Äußerungen geschützt. Gerade Kritik darf auch pointiert, polemisch und überspitzt erfolgen. Einen Sonderfall bilden hingegen herabsetzende Äußerungen, die sich als Formalbeleidigung oder Schmähung darstellen. Hinsichtlich des Vorliegens von Formalbeleidigungen und Schmähkritik sind allerdings strenge Maßstäbe anzuwenden. Selbst die Bezeichnung »widerwärtige, boshafte, dümmliche Staatsanwältin« bzw. »geisteskranke Staatsanwältin« kann als ausfällige Kritik eine Meinungsäußerung bilden, die mit dem Persönlichkeitsrecht der betroffenen Person abzuwägen ist.[449] Ein Anwalt darf seinen Kollegen als »Winkeladvokaten« bezeichnen, sofern nur ein gewisser Sachbezug vorliegt.[450]
Eine Grenze besteht hingegen, wenn die **Diffamierung der Person** im Vordergrund steht. Sie liegt bei einer die Öffentlichkeit wesentlich berührenden Frage aber nur ausnahmsweise vor und ist eher auf die Privatfehde beschränkt. Selbst im **Fall Böhmermann** wurde in einem Strafverfahren die Meinungsfreiheit für ein Gedicht in einem bestimmten Kontext bejaht.[451] Schärfere Töne sind bei einem unmittelbar vorangegangenen Angriff auf die Ehre möglich: Dann kann eine diesem Angriff entsprechende, ähnlich wirkende Erwiderung gerechtfertigt sein. Wer im öffentlichen Meinungskampf zu einem abwertenden Urteil Anlass gegeben hat, muss eine scharfe Reaktion auch dann hinnehmen, wenn sie das persönliche Ansehen mindert.[452]

Fall nach BVerfGE 124, 300 – Wunsiedel (Heß-Gedenkveranstaltung): Eine Gedenkkundgebung für **290** den früheren Führer-Stellvertreter Rudolf Heß im bayerischen Wunsiedel wird gem. § 15 I VersG verboten, weil entgegen § 130 IV StGB die nationalsozialistische Gewalt- und Willkürherrschaft in einer die Würde der Opfer verletzenden Weise gebilligt und verherrlicht wird.

Die Versammlungsfreiheit kann nur so weit eingeschränkt werden, wie die Meinungsfreiheit nicht gewährleistet ist. Der Inhalt einer Meinungsäußerung, der im Rahmen von Art. 5 GG nicht unterbunden zu werden vermag, kann nicht Maßnahmen rechtfertigen, die Art. 8 GG beschränken. Die **Reichweite der Versammlungsfreiheit** richtet sich also insoweit **nach dem Umfang des Schutzes von Art. 5 I, II GG**. Die Meinungsfreiheit ist **umfassend konzipiert** und soll **nicht bestimmte Meinungen ausschließen**, selbst wenn sie die demokratische Ordnung grundlegend umgestalten wollen. Ihre Bekämpfung obliegt dem freien Widerstreit der verschiedenen Meinungen. Daher ist der Schutzbereich von Art. 5 I GG selbst dann eröffnet, wenn nationalsozialistisches Gedankengut verbreitet wird. Der Ansatz kann nur in einer gerechtfertigten Beschränkung liegen. Die **Bundesrepublik ist als Gegenentwurf zum nationalsozialistischen Unrechtsregime entstanden**, dessen Terror nicht mit allgemeinen Kategorien erfasst werden kann. Daher sind Art. 5 I, II GG **Grenzen immanent, die nationalsozialistische Gewalt- und Willkürherrschaft gut zu heißen**. Daraus ergibt sich aber **kein allgemeines Verbot**, rechtsradikales oder auch nationalsozialistisches Gedankengut zu verbreiten, **sofern** dabei **nur eine geistige Wirkung** erzielt wird. Indes reicht die Wirkung einer solchen Verbreitung leicht darüber hinaus und führt zur **Gefährdung des inneren Friedens** oder zur Beunruhigung im Ausland. Die Erhaltung des inneren Friedens legitimiert daher ein spezifisch gegen die insoweit gefährdende Verbreitung nationalsozialistischen Gedankenguts gerichtetes Verbot nach § 15 I VersG iVm § 130 IV StGB. Das **Erfordernis**, dass nur **allgemeine Gesetze** die Meinungsfreiheit beschränken dürfen (→ Rn. 362), ist darauf bezogen **teleologisch reduziert** und kann für diese einzigartige Konstellation keine Geltung beanspruchen.

446 BVerfGE 94, 1 (7).
447 BVerfGE 54, 208 (219); abl. v. Münch/Kunig/*Wendt* Art. 5 Rn. 10.
448 → Rn. 382.
449 BVerfG NJW 2016, 2870 Rn. 13 ff.
450 BVerfG NJW 2013, 3021 Rn. 20 f. mAnm *Frenz* DVBl. 2013, 1256.
451 S. LG Hamburg Beschl. v. 17.5.2016 – 324 O 255/16.
452 BVerfG NVwZ 2016, 761 – Kachelmann.

291   Geschützt ist im Ergebnis also **jede Art der Meinungskundgabe,** sofern sie **nicht bewusst verzerrt ist oder** dem anderen mehr oder weniger **gewaltsam aufgezwungen** werden soll. Die Aufzählung in Art. 5 I 1 GG ist mithin nicht abschließend. Unabdingbare Grenzen werden durch zulässige Beschränkungen gesetzt. So wird die anwaltliche Werbung etwa durch Schockbilder auf Tassen jedenfalls durch das Sachlichkeitsgebot des § 43 b BRAO begrenzt.[453]

292   **b) Versammlung.** Ausgangspunkt der **Schutzbereichsbestimmung des Art. 8 I GG** ist der Begriff der **Versammlung.** Voraussetzung dafür ist zunächst das Zusammenkommen mehrerer, also von mindestens zwei[454] Personen. Dieses muss »friedlich und ohne Waffen« sein. Der Zusatz »Waffen« deutet auf eine Unfriedlichkeit von einigem Gewicht, wenn nicht gar auf ein aggressives Verhalten. Nur »Handlungen von einiger Gefährlichkeit« wie »Gewalttätigkeiten oder aggressive Ausschreitungen«, nicht aber etwa Sitzblockaden[455] und selbst Ankettungen als Form des passiven Protestes,[456] schließen daher den Schutz des Art. 8 I GG aus, und auch dies nur, sofern diese Gewalttätigkeiten nicht lediglich von Einzelnen hervorgerufen und getragen werden.[457] Bei der Entscheidung über Ordnungswidrigkeiten ist der Rechtsverstoß mit der grundrechtlich geschützten Versammlungsfreiheit abzuwägen.[458]

293   Bei den friedlich zusammenkommenden Teilnehmern muss eine positive **innere Verbindung** hinzutreten. Ausgeschlossen sind daher Zusammenkünfte, die nur eine andere Versammlung verhindern wollen,[459] sowie bloße Ansammlungen, namentlich zufällige Menschenaufläufe (zB en passant an einem Informationsstand anhaltende Passanten). Hingegen genügt eine bloße Reaktion mehrerer auf eine Demonstration durch »schlüssiges Verhalten« als Beitrag zur öffentlichen Meinungsbildung, nicht aber als bloße Provokation.[460] Umstritten sind die Anforderungen, die an das Kriterium der inneren Verbindung der Teilnehmer zu richten sind.

294   **Beispiel** nach BVerfG NJW 2001, 2459 – Love Parade: In Berlin zwischen Ernst-Reuter-Platz und Brandenburger Tor trafen sich jedes Jahr im Juli hunderttausende begeisterter Raver zur Loveparade, um »mitzuraven«, »abzutanzen« und Spaß zu haben. Ursprüngliches Motto war »Friede, Freude, Eierkuchen«.

295   Historischer Hintergrund für die Normierung der Versammlungsfreiheit war der Schutz vor staatlichen Eingriffen in politische Versammlungen. Danach muss Zweck der Versammlung die Erörterung öffentlicher Angelegenheiten sein. Betrachtet man Art. 8 GG als Komplementärrecht zur Meinungsfreiheit, bedarf es der Diskussion oder Kundgabe von Meinungen als Zweck. Das **BVerfG** betont die **fundamentale Bedeutung der Versammlungsfreiheit für die Demokratie**[461] und verlangt daher einen

---

453 BVerfG NJW 2015, 1438.
454 Maunz/Dürig/*Depenheuer* Art. 8 Rn. 44; andere verlangen drei bzw. sieben.
455 BVerfGE 73, 206 (248) – Mutlangen; 87, 399 (406) – Kasernenblockade.
456 BVerfGE 104, 92 (103f.) – Wackersdorf. Insoweit stellt sich aber das Problem gezielter Gewaltausübung bei einer Behinderung Dritter. Deshalb aA Sondervotum *Haas* BVerfGE 104, 92 (115ff.).
457 BVerfGE 69, 315 (359ff.) – Brokdorf. Näher →Rn. 473f. auch zu Spontandemonstrationen. BVerfGE 84, 203ff. – Republikaner.
458 BVerfG NJW 2014, 2706 (Ls. 2).
459 BVerfGE 84, 203 (209f.) – Republikaner; zu den Konsequenzen für polizeiliche Maßnahmen →Rn. 1655ff.
460 Hier durch die »rechte Szene«, BVerfG NVwZ 2011, 422.
461 Bereits BVerfGE 69, 315 (344f.) – Brokdorf.

Bezug auf den Prozess der öffentlichen Meinungsbildung.[462] Das darf aber nur nicht zweifelsfrei auszuschließen sein.[463]

Die Loveparade war nicht auf die Diskussion oder Kundgabe von Meinungen gerichtet, ihr politischer Charakter daher zweifelhaft. Ihr Ziel war nicht die Einwirkung auf die öffentliche (politische) Meinungsbildung, womit auch nach dem BVerfG Musik- und Tanzveranstaltungen Versammlungsqualität erlangen (zB Rock gegen Rechts). **296**

Indes ist Art. 8 GG schon von seiner Stellung wie auch von seinem Wortlaut her nicht auf Art. 5 I GG bezogen und auch nicht allein auf eine demokratische Funktion reduziert.[464] Der Begriff »Versammlung« ist vielmehr weit. Der Schutz ist daher »nicht auf Versammlungen beschränkt, auf denen argumentiert und gestritten wird, sondern umfasst vielfältige Formen gemeinsamen Verhaltens **bis hin zu nichtverbalen Ausdrucksformen**« jedenfalls an Orten, an denen ein kommunikativer Verkehr eröffnet ist: Es musste nur eine tatsächliche Bereitstellung erfolgen und so ein öffentliches Forum eröffnet sein;[465] das gilt auch bei fehlender Anmeldung trotz Pflicht dazu (→ Rn. 473). Versammlungen müssen nur »Ausdruck **gemeinschaftlicher, auf Kommunikation angelegter Entfaltung** sein«.[466] Ein solches gemeinsames Verhalten ist bei Vorführungen, Konzerten oÄ nur dann gegeben, wenn ein gemeinsames kommunikatives Erlebnis geschaffen und nicht wie bei Fußballspielen lediglich ein Ereignis verfolgt werden soll. **297**

Soweit bei der Loveparade das Zusammenkommen und Mitmachen vieler »Gleichgesinnter« den besonderen Charakter der Veranstaltung ausmachte und zwischen diesen eine intensive Kommunikation stattfand, wenn auch weniger durch Sprechen als durch Tanzen, griff Art. 8 GG ein. Nur dieses Ergebnis entspricht auch dem Wandel der Kommunikationsformen, solange nicht im Laufe der Entwicklung bei der Loveparade das kommerzielle Element dominierte. Jedenfalls die genau dagegen auch unter Verteilung von Handzetteln gerichtete Veranstaltung bildete eine Demonstration.[467] **298**

c) Überschneidungen. Eindeutig ist der Versammlungscharakter **politischer Demonstrationen.** Da auf ihnen auch Meinungen geäußert werden, ist potenziell aber auch Art. 5 I GG einschlägig. Dass Art. 8 GG die kollektive und Art. 5 GG die individuelle Meinungsäußerung schützt, zeigt eine Linie für die Abgrenzung: **Art. 8 GG** garantiert die **versammlungsspezifische Betätigung**, Art. 5 GG die **Meinungsäußerungen einzelner Teilnehmer.** Lassen sich diese von der Versammlung abgrenzen, greift nur **Art. 5 I GG.**[468] Fließen das kollektive und das individuelle Element ineinander bzw. lassen sich beide wie bei einem Blockadeaufruf in einer Anti-Flughafendemonstration nicht sauber trennen, sind die Gewährleistungsbereiche beider Grundrechte berührt; sie sind nebeneinander anzuwenden.[469] Es gelten die jeweiligen Schranken. Der durch Art. 5 GG gedeckte Inhalt einer Meinungsäußerung kann daher keine Beschränkung von Art. 8 GG legitimieren.[470] **299**

---

462 BVerfGE 104, 92 (104) – Wackersdorf.
463 So BVerwGE 129, 42 – »Fuckparade 2001«.
464 *Kingreen/Poscher* StaatsR II Rn. 774 f., 797; Dreier/*Schulze-Fielitz* Art. 8 Rn. 27.
465 BVerfG NJW 2014, 2706 für einen Friedhof.
466 So auch der Grundsatz von BVerfGE 69, 315 (343) – Brokdorf.
467 BVerwGE 129, 42 (49 ff.) – »Fuckparade 2001«: informative Elemente schließen eine Versammlung nicht aus.
468 BVerfGE 90, 241 (246).
469 BVerfGE 82, 236 (258) – Startbahn West.
470 BVerfGE 111, 147 (155).

2. Vorrang eines Grundrechts

300 a) **Spezialität von Art. 10 und 13 GG.** Erst wenn also nach einer genauen Abgrenzung der Schutzbereiche mehrere eigenständige Grundrechte berührt sind, ist von einer echten Grundrechtskonkurrenz auszugehen. Die **lex specialis** genießt **Vorrang** vor dem allgemeineren Grundrecht.[471]

301 So ist für den **Fernmeldeverkehr Art. 10 I GG** gegenüber dem Recht auf informationelle Selbstbestimmung nach Art. 2 I iVm Art. 1 I GG speziell, wenn es um die direkte Weitergabe von Telefonverbindungsdaten über Gespräche, die ein Journalist mit einer gesuchten Person geführt hat, an Strafverfolgungsbehörden geht.[472] Auch das Mobiltelefon eines Anwalts darf grundsätzlich nicht abgehört werden, um den Aufenthaltsort seines Mandanten zu ermitteln.[473] In beiden Fällen ist die Vertrauensbeziehung geschützt. Art. 10 I GG schützt auch die **Telekommunikationsumstände** und damit insbesondere, ob, wann und wie oft zwischen welchen Personen oder Fernmeldeanschlüssen Fernmeldeverkehr stattgefunden hat oder versucht worden ist. Die Nutzung des Telekommunikationsmediums soll in allem vertraulich sein.[474]

302 **Beispiel** nach BVerfGE 115, 166 – Datensuche in Richterwohnung (→ Rn. 467): Demgegenüber schützt Art. 10 I GG laut BVerfG nicht die nach Abschluss des Übertragungsvorgangs im Herrschaftsbereich des Kommunikationsteilnehmers gespeicherten Verbindungsdaten, die im Rahmen einer Wohnungsdurchsuchung gefunden werden sollen. Zwar umfasst das **Fernmeldegeheimnis nicht nur den Inhalt der Telekommunikation, sondern auch die näheren Umstände.** Geschützt wird aber wie beim Brief- und Postgeheimnis nur vor den **besonderen Zugriffsmöglichkeiten**, die sich aus der Kommunikation über die räumliche Distanz und damit aus dem dazwischengeschalteten Übermittlungsvorgang ergeben; ihn kann der Teilnehmer nicht beherrschen oder überwachen. Diese **Gefahr entfällt, wenn die Nachricht dem Empfänger zugegangen** ist. Das soll auch für die Verbindungsdaten gelten, die zu Hause auf dem PC oder dem Mobilfunktelefon gespeichert sind, da sie gelöscht oder etwa durch Passwörter unzugänglich gemacht werden können. Daher sollen nur Art. 2 I iVm Art. 1 I GG sowie Art. 13 GG eingreifen können.
Indes handelt es sich immer noch um telekommunikationsbezogene Daten. Sie kommen zustande, auch wenn der Empfänger dies eigentlich nicht will. Das unterscheidet sie von anderen Dateien, die er selbst angelegt hat. Zudem ist die erforderliche Abgrenzung zur Überwachung des laufenden Kommunikationsvorganges, der weiterhin dem Schutz von Art. 10 I GG unterfallen soll, künstlich. Daher bedarf es eines einheitlichen Schutzes des gesamten Telekommunikationsvorganges einschließlich der dabei gespeicherten Daten nach Art. 10 I GG. Dieser bezieht sich auch auf den Informations- und Datenverarbeitungsprozess, der sich an eine zulässige Kenntnisnahme von Telekommunikationskontakten anschließt, sowie auf die Verwendung dieser Kenntnisse. Solche Vorgänge können dazu führen, dass Telefongespräche inhaltlich anders geführt werden oder ganz unterbleiben.[475] Letzteres gilt erst recht bei einem Zugriff auf Telefonverbindungsdaten.

303 Konzentriert man mit dem BVerfG Art. 10 GG auf die räumlich distanzierte Kommunikation, greift ausschließlich **Art. 2 I iVm Art. 1 I GG,** wenn ein **Zugriff auf im Herr-**

---

471 Zum jeweils subsidiären Auffanggrundrecht des Art. 2 I GG → Rn. 326 ff.
472 BVerfGE 107, 299 (312) – Fall Schneider.
473 BVerfG NJW 2007, 2749 – Mobiltelefonüberwachung; DVBl. 2007, 760 (762 f.) – El Masri wegen Unverhältnismäßigkeit.
474 BVerfG NJW 2006, 3197.
475 BVerfGE 100, 313 (359) – Telekommunikationsüberwachung; BVerfG DVBl. 2007, 760 (762) – El Masri.

schaftsbereich des Empfängers angelangte Daten erfolgt, soweit dieser eigene Schutzvorkehrungen treffen kann. Das gilt auch, wenn die **Nutzung** eines informationstechnischen Systems (zB eines **PC**) als solches **überwacht** oder die Speichermedien des Systems **durchsucht** werden, und zwar selbst dann, wenn dabei die Behörde wie beim Online-Zugriff auf gespeicherte Daten die Telekommunikationsverbindung zur Übermittlung nutzt.[476] Lediglich die auf die laufende Telekommunikation bezogene Überwachung unterfällt Art. 10 I GG, unabhängig davon, ob sie technisch auf der Übertragungsstrecke oder am Endgerät der Telekommunikation ansetzt.

> **Beispiel** nach BVerfGE 124, 43: Das gilt auch bei einem **Zugriff auf den zugangsgesicherten Kommunikationsinhalt in einem E-Mail-Postfach,** auf das der Nutzer nur durch eine Internetverbindung zugreifen kann. Daher ist dieser Inhalt nicht in seine Sphäre gelangt, sondern bedarf des Schutzes vor einem Zugriff Dritter. Schließlich hat der Kommunikationsteilnehmer keine technische Möglichkeit, die Weitergabe der E-Mails durch den Provider zu verhindern. Anders ist es hingegen, wenn es um den **Schutz (privater) E-Mails auf Betriebsrechnern** geht, für die Daten erst nach Beendigung des Übertragungsvorgangs, nämlich nach unterbliebener Löschung durch den Empfänger sofort nach Erhalt, angelegt wurden. Insoweit greift Art. 2 I iVm Art. 1 I GG, sofern der Arbeitgeber die Betriebsrechner für den privaten E-Mail-Verkehr geöffnet hat.[477]   **304**

Auch im Hinblick auf das Fernmeldegeheimnis liegt allerdings **kein Eingriff** vor, wenn **allgemein zugängliche Inhalte** erhoben werden, die staatliche Stelle nur selbst Kommunikationsadressat ist, mithin den **technisch vorgesehenen Weg** benutzt und von einem Kommunikationsbeteiligten autorisiert ist. Das ist anders bei der Benutzung von Zugangsschlüsseln, welche die staatliche Stelle ohne oder gegen den Willen von Kommunikationsbeteiligten erhoben hat (zB Passwort mittels Keylogging).[478]   **305**

> **Beispiel** nach BVerfG NJW 2007, 351 – »IMSI-Catcher«: Das **Orten von Handys** für die Fahndung nach Straftätern **berührt keinesfalls das Fernmeldegeheimnis.** Es geht nur um die Ermittlung des Standortes der Mobilfunktelefone. Der Kommunikationsvorgang ist daher nicht berührt, auch nicht in seiner Ausprägung der Verbindungsdaten, sondern lediglich der Aufenthaltsort des Gesprächs. Dies erfolgt allein durch die Kommunikation technischer Geräte miteinander. Das Fahndungsgerät simuliert eine Station des Mobilfunknetzes und sammelt die Daten der eingeschalteten Mobiltelefone in seinem Einzugsbereich. Damit bleibt der menschlich veranlasste Informationsaustausch als Schutzgegenstand von Art. 10 GG unangetastet. **Lediglich die Daten der Geräte werden erfasst.** Da aber darüber hinaus der Aufenthaltsort des Handybesitzers ermittelt wird, ist das allgemeine Persönlichkeitsrecht nach Art. 2 I iVm Art. 1 I GG einschlägig, das für eine wirksame Strafverfolgung eingeschränkt werden kann, zumal hier die erfassten Daten sogleich wieder gelöscht und Unbeteiligte lediglich automatisch und anonym erfasst werden (→ Rn. 431 ff.).   **306**

Art. 13 I GG bildet ebenso wie Art. 10 I GG eine spezielle Ausprägung des Grundrechts auf informationelle Selbstbestimmung und ist daher **gegenüber Art. 2 I iVm Art. 1 I GG speziell.**[479]   **307**

Bei einer Durchsuchung auch beruflich genutzter Räume ist ebenfalls Art. 13 GG der Ausgangspunkt. Die **Berufsfreiheit nach Art. 12 I GG** ist zwar nicht unmittelbar be-   **308**

---

476 BVerfGE 120, 274 (307 f.) – Online-Durchsuchung.
477 VGH Kassel NJW 2009, 2470.
478 BVerfGE 120, 274 (340 f.) – Online-Durchsuchung.
479 BVerfGE 115, 320 (347); *Schoch* JURA 2010, 22; Grundfälle zu Art. 13 GG bei *Wissmann* JuS 2007, 324.

rührt, aber bei der **Verhältnismäßigkeitskontrolle** einzubeziehen. Diese ist etwa bei einem **Rechtsanwalt** wegen der **herausgehobenen Bedeutung** seiner Berufsausübung **für die Rechtspflege** und die Wahrung der Mandantenrechte besonders sorgfältig durchzuführen.[480]

309 Das allgemeine Persönlichkeitsrecht wird in seiner Ausprägung als Recht auf informationelle Selbstbestimmung (→ Rn. 427) dort **nicht verdrängt, wo nur eine partielle Überschneidung** mit einem speziellen Freiheitsrecht vorliegt **oder ein eigenständiger Freiheitsbereich** mit festen Konturen erwachsen ist. Das gilt auch für das Recht auf ein faires rechtsstaatliches Verfahren nach Art. 2 I iVm Art. 20 III GG, wenn es um ein Beweisverwertungsverbot für einen bei rechtswidriger Durchsuchung entdeckten Zufallsfund geht.[481]

310 Das Grundrecht auf Unverletzlichkeit der Wohnung gewährleistet einen elementaren Lebensraum, in dem der Einzelne in Ruhe gelassen wird und von dem Störungen der Privatsphäre fernzuhalten sind. **Art. 13 II GG** stellt Durchsuchungen unter einen besonderen **(Richter-)Vorbehalt,** um eine vorbeugende und notwendig eigenverantwortliche sowie genaue Kontrolle durch eine unabhängige und neutrale Instanz zu sichern.[482]

311 Zwar besteht der Schutz der Wohnung im Hinblick auf die Menschenwürde und die freie Entfaltung der Persönlichkeit. Richtet sich eine Wohnungsdurchsuchung gegen Telekommunikationsverbindungsdaten auf Datenträgern oder Mobiltelefonen, geht es aber nicht nur um die Überwindung räumlicher Grenzen, sondern der Schutzgehalt dieser Daten ist von eigenem Gewicht. Die Gewährleistung unversehrter räumlich distanzierter Kommunikation ist in ihrem Eigengehalt berührt.[483]

312 Gänzlich losgelöst **von der Überwindung räumlicher Wohnungsgrenzen ist die standortunabhängige Datenerfassung,** die sich auf Laptops oder Mobiltelefone bezieht oder die Verbindung des betroffenen Rechners zu einem Rechnernetzwerk ausnutzt. Art. 13 GG ist hingegen einschlägig, wenn ein PC zur Wohnungsüberwachung infiltriert wird oder ein Ermittler in eine Wohnung eindringt, um ein informationstechnisches System zu manipulieren.[484]

313 **b) Schwerpunktbildung im Rahmen der Presse- und Rundfunkfreiheit.** Besteht wie zumeist keine Spezialität, ist zunächst das im Einzelfall sachnähere Grundrecht zu prüfen. Damit wird aber nur ein Prüfungsschwerpunkt festgelegt, ohne dass das andere Grundrecht ausgeklammert wäre.

314 **Beispiel** in Anlehnung an BVerfGE 20, 162 – Spiegel; BVerfGE 36, 193; 117, 244 – CICERO: J ist als freier Journalist unter anderem für das Nachrichtenmagazin »Teleobjektiv« tätig. In diesem Zusammenhang plant er eine Enthüllungsstory, bei der es darum geht, dass die Bundesrepublik Deutschland einem militärischen Angriff wehrlos gegenüber stehe, da die Flugabwehr-Radaranlagen veraltet seien. Seine Informationen bekommt er von dem pensionierten Major M. Noch vor Veröffentlichung der Reportage verlangt die inzwischen eingeschaltete Staatsanwaltschaft, dass J den Namen des Informanten, gegen den ermittelt wird, preisgibt. J wendet dagegen ein, dadurch sei die Veröffentlichung der Story gefährdet, weshalb ein Verstoß gegen

---

480 BVerfG NJW 2008, 2422; ähnlich BVerfG NJW 2008, 1937 (→ Rn. 468) sowie ebenso dahin NJW 2008, 2424: Berufsfreiheit ggf. mit Meinungsfreiheit bei herabsetzenden Äußerungen im Zusammenhang mit Berufsausübung.

481 Verneint in BVerfG NJW 2009, 3225.

482 BVerfGE 115, 166 (196) – Datensuche in Richterwohnung; BVerfGE 103, 142 (150 f.).

483 BVerfGE 115, 166 (188) – Datensuche in Richterwohnung, wo auf die Ergänzungsfunktion zu Art. 10 GG abgehoben wird. Entsprechendes gilt bei einer Ableitung des Schutzes aus Art. 10 GG unmittelbar.

484 BVerfGE 120, 274 (310) – Online-Durchsuchung.

die Meinungsfreiheit vorliege. Außerdem würde er als Enthüllungsjournalist unglaubwürdig, wenn er seine Informanten verrate, sodass er dann arbeitslos würde. Damit liege auch ein Eingriff in die Berufsfreiheit vor.

Art. 5 I 2 Var. 1 GG schützt die **Pressefreiheit.** Zur »Presse« gehören **alle zur Verbrei-** 315
tung an die Allgemeinheit geeigneten und bestimmten Druckerzeugnisse, also nicht nur periodisch erscheinende Druckwerke wie Zeitungen und Zeitschriften, sondern auch einmalig gedruckte Bücher, Flugblätter, Plakate etc.[485] Aufgrund der Bedeutung der neuen Medien für die Verbreitung von Informationen sind auch allgemein verbreitete Dateien via Internet dazuzurechnen. Die Pressefreiheit[486] setzt wirksame Abläufe voraus und reicht daher »**von der Beschaffung der Information bis zur Verbreitung der Nachrichten und Meinungen**«.[487]

Entsprechendes gilt für die **Rundfunkfreiheit**[488] nach Art. 5 I 2 Var. 2 GG. Zu ihren 316
Charakteristika gehört weiter, ein **Ereignis** akustisch und optisch in voller Länge oder in Ausschnitten, zeitgleich oder versetzt zu **übertragen.** Grundlage dafür ist der Einsatz von Aufnahme- und Übertragungsgeräten. Der Ausschluss von **Fernsehaufnahmen** etwa **im Gerichtssaal** greift daher in Art. 5 I 2 Var. 2 GG ein,[489] auch wenn dies normativ zum Schutze der Verfahrensbeteiligten und der Effektivität der Rechtspflege erfolgt: Darüber wird die Beschränkung legitimiert (→ Rn. 364) und nicht etwa mit dem Argument von vornherein ausgeschlossen, Art. 5 I 2 GG schaffe kein Recht auf Eröffnung einer Informationsquelle.[490] Je stärker der Staat den öffentlichen Zugang beschränkt, desto enger wäre dann a priori der Rechtskreis der Medien. Die Bestimmung auch der Art und Weise der Berichterstattung ist vielmehr ein Kernelement der Rundfunkfreiheit. Gerade wenn die ihr eigenen audiovisuellen Darstellungsformen beschränkt werden, ist dies rechtfertigungsbedürftig.[491]

Beispiel nach EGMR NJW 2009, 3145: Daher dürfen wegen eines unliebsamen Berichts etwa 317
über die Strafjustiz keine Sanktionen verhängt werden.

Grundlage für die **Informationsbeschaffung** ist ein **Vertrauensverhältnis** zwischen 318
Presse und Informanten. Dieses ist daher von der Pressefreiheit umfasst.[492] Zu dem geschützten Personenbereich gehören alle im Pressewesen tätigen Personen und Unternehmen,[493] so auch für Presseorgane tätige Journalisten.

Art. 5 I 2 GG gewährleistet die Presse- neben der Meinungsfreiheit. **Meinungsäuße-** 319
rung durch Presseorgane ist entsprechend der Formulierung »durch Schrift und Bild« schon von **Art. 5 I 1 GG** umfasst. Die Pressefreiheit schützt demgegenüber nur

---

485 Maunz/Dürig/*Grabenwarter* Art. 5 Rn. 89ff.
486 *Kunig* JURA 1995, 589; *Groß* VR 2005, 261; *Wisuschil* ZUM 2006, 294; Übungsfälle: *Lohse* DVP, 2014, 119; *Ernst* JURA 2012, 145; *Koemm/Marx* ZJS 2014, 536; wichtige Entscheidungen: BVerfGE 10, 118 – Berufsverbot; 20, 162 – Spiegel; 50, 234 – Kölner Volksblatt; 80, 124 – Staatliche Pressesubventionen.
487 BVerfGE 20, 162 (175) – Spiegel.
488 *Eifert* JURA 2015, 356; Übungsfall: *Tonikidis/Schäfer* StudZR 2007, 333; wichtige Entscheidungen: BVerfGE 73, 118; 74, 297 und 83, 238 – WDR-Gesetz zur Dualen Rundfunkordnung; 87, 181 – Rundfunkfinanzierung; 91, 125 – Honecker; 103, 44 – n-tv.
489 BVerfGE 91, 125 (135) – Honecker.
490 S. dagegen BVerfGE 103, 44 – n-tv.
491 Sondervotum BVerfGE 103, 44 (72ff.) – n-tv.
492 BVerfGE 36, 193 (176). Parallel dazu für Auftraggeber von Chiffreanzeigen BVerfGE 64, 108 (115).
493 BVerfGE 20, 162 (175) – Spiegel.

die über die Meinungsäußerung hinausgehenden Vorgänge, also die Presseerzeugnisse und -mitarbeiter in ihrer Funktion, die »institutionell-organisatorischen Voraussetzungen und Rahmenbedingungen sowie [...] die Institution einer freien Presse«.[494]

320 Danach ist für jede Meinungsäußerung ungeachtet ihres Verbreitungsmediums Art. 5 I 1 GG und nicht Art. 5 I 2 GG einschlägig.[495] Die Meinungsäußerung steht für J im Vordergrund. Er arbeitet auch nur *für* (mehrere) Zeitungen und nicht *in* einer Zeitung. Außerhalb dieser ist auch das Vertrauensverhältnis zu dem Informanten begründet. Dieser dient einer konkreten wertenden Story und nicht einer Zeitung. Zugleich beruht auf solchen Vertrauensverhältnissen zu Informanten die freie Journalistentätigkeit. Diese Basis wird bei einem Zwang zu Namensnennungen entzogen. Das gilt erst recht bei **Durchsuchungen und Beschlagnahmen.**[496] Daher wird auch die Berufsfreiheit des J berührt. Zwar stehen Art. 5 und Art. 12 GG nicht in einem Spezialitätsverhältnis. Die Untergrabung des Vertrauensverhältnisses zu Informanten betrifft aber in erster Linie die Möglichkeit der Meinungsäußerung auf der Basis erlangter Informationen und nur daraus folgend sowie mittelbar die Berufsfreiheit. Art. 5 I 1 GG ist daher das sachnähere Grundrecht und zuerst sowie im Schwerpunkt zu prüfen.

3. Idealkonkurrenz

321 In den meisten Fällen, bei denen der Schutzbereich mehrerer Grundrechte betroffen ist, besteht kein Vorrang bzw. Schwerpunkt, sondern **Idealkonkurrenz.**

322 **Fall** nach BVerfGE 107, 299 – Schneider: Ein Medienmagazin hatte mehrere Telefongespräche mit dem unter anderem wegen Kreditbetrugs in Milliardenhöhe steckbrieflich gesuchten Unternehmer Dr. Jürgen Schneider geführt. Das AG ordnete gegenüber dem Mobilfunkbetreiber an, Auskunft über den Fernmeldeverkehr des bearbeitenden Redakteurs zu erteilen.

Wesentliche Grundlage der **Vertraulichkeit der Pressearbeit** ist mittlerweile auch, dass **Verbindungsdaten für Telefonate** nicht weitergegeben werden dürfen. Wird eine Übermittlung an Strafverfolgungsbehörden richterlich angeordnet, greift dies nicht nur in Art. 5 I GG ein (→ Rn. 318 f.), sondern auch in Art. 10 I GG (→ Rn. 301 ff.). Beide Grundrechte sind in ihrer spezifischen Ausrichtung berührt. Der Schutz des **Fernmeldegeheimnisses** erstreckt sich auf **Kommunikationsinhalt und -umstände,** also auch auf die Orte und die beteiligten Personen. Die Unverletzlichkeit soll jede staatliche Kenntnisnahme zulasten eines Fernsprechteilnehmers verhindern, und sei sie auch indirekt durch Anordnungen gegenüber einem Telekommunikationsunternehmen.

Gerechtfertigt ist ein solcher Eingriff nur zur **Verfolgung einer Straftat von erheblicher Bedeutung,** für die ein **konkreter Tatverdacht** besteht und eine hinreichend sichere Tatsachenbasis für eine Telekommunikationsverbindung zu dem Tatbeschuldigten existiert. Dann überwiegt das Interesse an der wirksamen Aufklärung schwerer Straftaten als Auftrag des rechtsstaatlichen Gemeinwesens. Das gilt auch im Hinblick auf die Geheimhaltung der von den Medien benutzten Informationsquellen. Daher ergibt sich aus Art. 5 I 2 GG kein weitergehender Schutz. Die notwendige gesetzliche Grundlage (s. Art. 10 II 1, 5 II 1 GG) bilden §§ 100a, b, g (hier II) und h StPO, die grundrechtskonform zu handhaben sind. Das ist hier erfolgt.

323 Im Falle der Idealkonkurrenz sind also sämtliche betroffenen Grundrechte a priori gleichermaßen zu prüfen. Damit muss ein Eingriff auch den Anforderungen des in der Schrankenbestimmung strengeren Grundrechts gerecht werden.

324 **Beispiel:** Eltern verbieten ihren Kindern aufgrund bestimmter religiöser Sittlichkeitsvorstellungen die Teilnahme am **koedukativen Sportunterricht.** Die Anweisung der Schulbehörde,

---

494 BVerfGE 85, 1 (13); Maunz/Dürig/*Grabenwarter* Art. 5 Rn. 89 ff.
495 BVerfGE 86, 122 (128).
496 BVerfGE 117, 244 – CICERO auf der Basis von Art. 5 I 2 GG, ging es doch in diesem Fall um eine Presseveröffentlichung von geheimem Material, sodass wegen Geheimnisverrats ermittelt wurde und eine Durchsuchung in Presseräumen erfolgte.

am Sportunterricht teilzunehmen, greift sowohl in die Erziehungsfreiheit des **Art. 6 II GG** als auch in **Art. 4 I, II GG** ein (→ Rn. 280, 347). Die Maßnahme der Schulbehörde muss damit auch den Anforderungen des Art. 4 I, II GG gerecht werden, der keine Schrankenbestimmung enthält. Eine Rechtfertigung ist daher nur aufgrund kollidierenden Verfassungsrechts möglich.[497]

III. Art. 2 I GG als Auffanggrundrecht[498]

1. Sachbezogen

Art. 2 I GG enthält das **Grundrecht der allgemeinen Handlungsfreiheit.** Es erstreckt   **325** sich daher nicht nur auf Betätigungen, die spezifisch Ausdruck der Persönlichkeit sind,[499] sondern ist aufgrund seiner weiten Formulierung und seiner Funktion als Auffanggrundrecht **umfassend.** Auch ganz banale Handlungen wie das Führen eines Kraftrades ohne Schutzhelm,[500] eines Kfz ohne Sicherheitsgurt[501] und das Reiten im Walde werden erfasst.[502] Gewährleistet ist damit nicht ein bestimmter Lebensbereich, sondern jegliches menschliche Verhalten. Dieses darf nur aufgrund solcher Vorschriften mit einem Nachteil belastet werden, die formell und materiell verfassungsgemäß sind.[503]

Wegen dieser unbegrenzten Reichweite des Schutzbereichs bildet Art. 2 I GG eine **Ge-**   **326** **neralklausel** und fungiert in zweierlei Hinsicht als Auffanggrundrecht: Zum einen für die nicht einem bestimmten Schutzbereich zugeordneten Lebenssachverhalte (zB Autofahren ohne Sicherheitsgurt), zum anderen für die Sachverhalte, die zwar in den Regelungs-, nicht aber in den Schutzbereich eines anderen Grundrechtes fallen (→ Rn. 328). Zudem darf dieses an sich **spezielle Grundrecht keine Sperrwirkung** gegen einen anderweitigen Schutz entfalten. So wird in Art. 8 I GG deutlich herausgestellt, dass nur die Teilnahme an friedlichen und unbewaffneten Versammlungen geschützt ist, nicht an unfriedlichen oder bewaffneten.[504] Keine Aussage trifft Art. 8 I GG hingegen etwa zum Schutz gewalttätiger Versammlungsteilnehmer durch rechtsstaatliche Grundsätze wie das Bestimmtheitsgebot für Gesetze; diese Prinzipien können daher über Art. 2 I GG eingefordert werden.

Wegen dieser Funktion als Auffanggrundrecht ist Art. 2 I GG nur und erst dann zu   **327** prüfen, wenn kein anderes, spezielles Grundrecht eingreift (**Subsidiarität**).

Fall nach BVerfG NVwZ 2001, 190 – Semesterticket: Student S möchte sich an der Uni U für Maschi-   **328** nenbau einschreiben, aber nicht den Semesterbeitrag in Höhe von 100 EUR bezahlen, da er statt mit der Bahn immer mit dem Auto zur Uni fährt und statt in der Mensa immer bei »Mutti« isst. S will daher nicht zwangsweise Mitglied in der Studierendenschaft werden.

---

497 Allg. → Rn. 394 ff.
498 *Lege* JURA 2002, 753; Übungsfall: *Görisch* AL 2009, 264; Grundfälle: *Kahl* JuS 2008, 499, 595, 682; Leitentscheidungen: BVerfGE 6, 32 (36 ff.) – Elfes; 80, 137 (152 ff.) – Reiten im Walde.
499 So dagegen Sondervotum *Grimm* BVerfGE 80, 137 (164 ff.).
500 BVerfGE 49, 275 (278).
501 BVerfG NJW 1987, 180.
502 BVerfGE 80, 137 (154 f.).
503 BVerfGE 29, 402 (408).
504 Maunz/Dürig/*Depenheuer* Art. 8 Rn. 78; aA *Kingreen/Poscher* StaatsR II Rn. 363.

Art. 9 I GG[505] setzt die Bildung von **freiwilligen Zusammenschlüssen** voraus und erstreckt sich somit nicht auf Zwangszusammenschlüsse. Deshalb enthält Art. 9 I GG auch keinen Negativanspruch auf Freiheit von öffentlich-rechtlichen Zwangsverbänden,[506] ohne einen grundrechtlichen Schutz insoweit gänzlich auszuschließen. Daher ist Art. 2 I GG einschlägig. Es greift die Schranke der allgemeinen Gesetze und nicht nur wie bei Art. 9 I GG eine verfassungsimmanente.

Eine **gesetzlich angeordnete Zwangsmitgliedschaft** in einer öffentlich-rechtlichen Körperschaft ist aber nur dann mit Art. 2 I GG vereinbar, wenn die Zusammenfassung aller Betroffenen der Wahrnehmung legitimer öffentlichen Aufgaben dient und verhältnismäßig ist. Nach vertretbarer Einschätzung dienen **Studierendenschaften** der wirkungsvollen Wahrnehmung hochschulpolitischer Belange und der wirtschaftlichen Selbsthilfe, ohne dass die einzelnen Mitglieder über ihre Verhältnisse belastet werden.

Eine Zwangsmitgliedschaft in öffentlich-rechtlichen Verbänden ist allerdings nur insoweit mit Art. 2 I GG vereinbar, als sich deren Aufgaben im Rahmen des Verbandszwecks bewegen. Wirtschaftliche Selbsthilfe umfasst auch soziale Belange. Zu diesen zählen auch die kostenpflichtige Einführung eines **Semestertickets** und ein **Beitrag an das Studentenwerk** einschließlich der werbenden Äußerung dazu.

2. Personenbezogen

329 Zum Teil ist zwar der sachliche Schutzbereich eines Grundrechts einschlägig, nicht aber der personelle. Das gilt für die **Deutschenrechte,** mithin diejenigen, die nur Deutsche (Art. 116 I GG) erfassen. Auch dann vermag Art. 2 I GG als Auffanggrundrecht zu fungieren,[507] gewährt allerdings etwa bei Beschränkungen der Berufsfreiheit einen weniger intensiven Schutz.[508]

330 **Fall:** D, F und S haben gemeinsam Medizin studiert und begehren nun die Zulassung als Kassenärzte. Ein neues Bundesgesetz mit dem Ziel der Begrenzung der Zahl der Kassenärzte sieht jedoch eine dreijährige Wartefrist vor. Die drei wollen dagegen vorgehen und berufen sich auf die Berufsfreiheit aus Art. 12 I GG. D besitzt die deutsche Staatsangehörigkeit, F ist Franzose und S Schweizer.

D wird als Deutscher vom persönlichen Schutzbereich des Art. 12 I GG erfasst. Dieser ist vom Wortlaut her auf Deutsche beschränkt. S fällt daher als Ausländer heraus und wird nur durch Art. 2 I GG geschützt.[509] F ist hingegen nach Art. 20 I 2 AEUV Unionsbürger. Nach dem **Prinzip der Inländergleichbehandlung** (hier aus Art. 49 AEUV, ansonsten aus dem allgemeinen Diskriminierungsverbot des Art. 18 AEUV)[510] ist F Inlandsbürgern gleichzustellen. Ausdruck dessen ist, sich auch auf dieselben Grundrechte berufen zu können.[511] Die Gegenansicht[512] sieht es als ausreichend an, wenn F seine Rechte unter Berufung auf Art. 2 I GG geltend machen kann. Vom Ansatz her folgt daraus aber eine geringere Schutzintensität. Diese durch eine Angleichung an die Prüfungsmaßstäbe nach Art. 12 I GG

---

505 Zur Vereinigungsfreiheit *Günther/Franz* JuS 2006, 788 (873); *Nolte/Plankert* JURA 1993, 635; Fall: *Kahl* JuS 2004, 894; Leitentscheidung: BVerfGE 50, 290 – Mitbestimmung (vor allem auch zur Koalitionsfreiheit nach Art. 9 III GG).

506 BVerfGE 85, 360 (370) – Akademieauflösung; 97, 271 – Sozialversicherung; BVerfG NVwZ 1998, 1286 – Verfasste Studierendenschaft; BSG NJW 1999, 1814 – Pflegeversicherung; aA Sachs/*Höfling* Art. 9 Rn. 23: Art. 9 I GG als »Prinzip freier sozialer Gruppenbildung«, das auch durch Zwangsmitgliedschaften beeinträchtigt werde.

507 HdBSt VII/*Cornils* § 168 Rn. 49; aA noch HdBSt VI/*Erichsen* § 152 Rn. 47 ff.: Sperrwirkung des speziellen Grundrechts.

508 BVerfGE 78, 179 (196 f.).

509 Näher BVerfGE 78, 179 (196 f.).

510 → Rn. 92, 95.

511 Offen BVerfG NJW 2008, 1369: jedenfalls Art. 2 I GG.

512 *Bauer/Kahl* JZ 1995, 1077 (1083).

zu gewinnen setzt sich darüber hinweg, dass das Schrankensystem bestimmter Grundrechte nicht auf andere übertragbar ist.[513]

C. Grundrechtseingriffe[514]

Ein Grundrechtseingriff liegt vor, wenn der Schutzbereich eines Grundrechts durch **331** staatliches Verhalten beschränkt wird. Ein staatliches Verhalten kann auch von Anstalten des öffentlichen Rechts ausgehen. Daher haben **Sparkassen bei der Kündigung eines Girovertrags** gegenüber der – nicht verbotenen[515] – NPD Art. 3 I und 21 II 2 GG zu beachten.[516]

Es besteht ein Anspruch auf Gleichbehandlung gegenüber anderen Parteien auf Führung eines Girokon- **332** tos speziell nach § 5 I ParteiG.[517] Es genügt der Nachweis einer nach der Satzung einer Partei zulässigen Gründung eines Kreisverbandes, der einen Vorstand gewählt hat.[518]

Die Grundrechtsbindung nach Art. 1 III GG ist nicht begrenzt und betrifft daher alle **333** Formen und Ebenen staatlichen Handelns.[519] Dazu zählt das eigene privatrechtliche Agieren, sei es unmittelbar zur Erfüllung öffentlicher Aufgaben in den Rechtsformen des Privatrechts **(Verwaltungsprivatrecht)**,[520] seien es **fiskalische Hilfsgeschäfte** zur Bedarfsdeckung, sei es die **erwerbswirtschaftliche Betätigung**.[521] Staatlich gelenkt ist auch das Handeln solcher **privatrechtlicher Einrichtungen, die** der **Staat besitzt oder beherrscht,** namentlich infolge der Anteilsmehrheit. Daher sind diese Einheiten selbst an die Grundrechte gebunden und ihr Handeln kann in die Grundrechte eingreifen.

I. Unmittelbare finale Eingriffe am Beispiel von Art. 6 GG

Der **klassische Fall** des Grundrechtseingriffs ist der unmittelbare finale. Er liegt etwa **334** vor, wenn eine Norm **direkt,** also ohne dass noch ein VA ergehen müsste, Rechtsfolgen anordnet, mithin gezielt und unmittelbar rechtlich wirkt, und damit **verbindlich regelnd** (also imperativ) in den Schutzbereich eines Grundrechts eingreift. Die damit korrespondierenden Schlagwörter sind: Unmittelbarkeit, Finalität, Imperativ, rechtliche Wirkung (UFIR).[522]

1. »Homoehe«

Fall nach BVerfGE 105, 313 – »Homoehe« (→ Rn. 340): Der Gesetzgeber ermöglicht homosexuellen **335** Paaren eine eingetragene Lebenspartnerschaft, die sie rechtlich Ehepaaren weitestgehend gleichstellt.

Art. 6 I GG[523] stellt **Ehen,** also die **Verbindung zwischen Mann und Frau,**[524] unter besonderen staatlichen Schutz. Das umschließt das Verbot ihrer Schädigung und Schlechterstellung gegenüber ande-

---

513 → Rn. 384, 393.
514 *Voßkuhle/Kaiser* JuS 2009, 313; krit. *Lindner* DÖV 2004, 765.
515 BVerfG v 17. 1. 2017 – 2 BvB 1/13 – NPD-Verbot.
516 BGH DVBl. 2003, 492; → Rn. 1243.
517 OVG Berlin NJW 2004, 3585.
518 OVG Berlin-Brandenburg Urt. v. 13. 10. 2016 – 3 B 10.15 ua.
519 ZB *Stern* StaatsR III/1 1421 f.; *Jarass/Pieroth* Art. 1 Rn. 30 ff. mwN.
520 Nur bei unmittelbarer Erfüllung öffentlicher Aufgaben BGHZ 36, 91 (95 f.); 91, 84 (96 f.).
521 Zu deren Grenzen → Rn. 1029 f., 1040 f.
522 Vgl. FURI bei *Hamann* StudZR 2010, 125 (130); *Kingreen/Poscher* StaatsR II Rn. 259.
523 *Franz* JuS 2007, 626 (716).
524 BVerfGE 87, 234 (264); BVerwGE 100, 287 (294).

ren Lebensgemeinschaften – etwa in steuerlicher Hinsicht[525] – sowie das Gebot ihrer Förderung. Die vielfache rechtliche Gleichstellung zielt zwar auf die **Begünstigung homosexueller eingetragener Lebenspartnerschaften,** ebnet aber faktisch die bisherigen Unterschiede zur Ehe weitestgehend ein. Nach dem BVerfG soll daraus Art. 6 I GG freilich deshalb nicht beeinträchtigt sein, weil **Homosexuelle** gar **keine Ehe** eingehen können, mithin auf diesen Personenkreis bezogene Lebensformen **mit der Ehe nicht in Konkurrenz** treten. Indes werden auch sie bei einer Eintragung als fest etablierte Lebenspartnerschaften anerkannt. Damit treten sie, wenn auch nicht personell, so doch sachlich neben die Ehe, die nach Art. 6 I GG in ihrer tradierten Form als Verbindung von Mann und Frau herausgehoben und damit exklusiv geschützt ist. Diese grundgesetzliche Definition kann wegen des Vorrangs der Verfassung nicht etwa durch einfaches Gesetz auf gleichgeschlechtliche Verbindungen erweitert werden.[526] Eine andere Frage ist die eines **Verfassungswandels,** der den verfassungsrechtlichen Begriff der **Familie** und den der **Eltern** entsprechend der offenen Formulierung auch auf Gemeinschaften von zwei gleichgeschlechtlichen Personen und Kind(ern) erstreckt hat.[527] Eine parallele Ausdehnung des Ehebegriffs nach dem GG ist bislang nicht erfolgt,[528] kommt aber wegen der als gleichwertig angesehenen Rechte und Funktion von gleichgeschlechtlichen Partnerschaften in Betracht. Damit wird allerdings die gleichheitsrechtlich bedingte Angleichung in konkreten Situationen auf den Ehebegriff nach Art. 6 I GG übertragen, wo doch dort höchstens eine Grenze bzw. ein Grund für eine spezifische Förderung liegt.

Die **Ausschließlichkeit der Ehe** nach herkömmlichem Verständnis geht verloren, wenn der Gesetzgeber eine Einrichtung schafft, die den Rechten und Pflichten der Ehe nahe kommt, sich indes von dem Bild der dauerhaften Lebensgemeinschaft von Mann und Frau löst. Dieses Bild ist konstitutiv für den Bestand der Ehe nach Art. 6 I GG und darf daher als deren strukturbildendes Merkmal (Strukturprinzip) nicht angetastet werden.[529] Allein schon die einer Ehe vergleichbare Anerkennung anderer Formen der Lebensgemeinschaft beeinträchtigt daher Art. 6 I GG als Institutsgarantie, auch wenn die Ausgestaltung der Ehe selbst gar nicht verändert wird.

Zwar soll nach Auffassung des BVerfG Art. 6 I GG nur das Recht, nicht die Pflicht einer Privilegierung der Ehe gegenüber anderen Lebensgemeinschaften enthalten. Die auch vom BVerfG anerkannte Förderpflicht erfordert indes »positive Zuwendung über das normale Maß hinaus, damit also die **Privilegierung der Ehe«.**[530] Eine explizite Schutzpflicht enthält sonst auch nur Art. 1 I GG. Allein die Einebnung des Abstands zwischen Ehe und anderen Lebensgemeinschaften beeinträchtigt daher Art. 6 I GG.

2. Familienzuschlag und Hinterbliebenenversorgung

336 **Fall** nach BVerfGE 124, 199: Die betriebliche Hinterbliebenenversorgung für Angestellte des öffentlichen Dienstes erstreckt sich nicht auf eingetragene Lebenspartnerschaften.

Da die **betriebliche Hinterbliebenenversorgung** für Angestellte des öffentlichen Dienstes auf der rechtlich verbindlichen Verantwortung des Verstorbenen für den Partner und nicht spezifisch für den Ehepartner aufbaut, sind eingetragene Lebenspartnerschaften und Ehen insoweit gleichzubehandeln. Die bloße Berufung auf Art. 6 I GG genügt danach nicht für eine Abstufung; vielmehr bedarf es darüber hinaus eines hinreichend gewichtigen Sachgrundes.[531] Daher durften **eingetragene Lebenspartnerschaften** auch **erbschaftsteuerlich** nicht schlechter gestellt werden als Ehegatten. »Der Vermögenszuwachs durch einen Erbfall stellt sich beim Ehegatten nicht anders dar als bei einem Lebenspartner.«[532] Damit geht es um eine sachbezogene Beurteilung in der konkreten Situation und nicht um eine abstrakte Sichtweise im Hinblick auf die Bedeutung der Ehe.

---

525 BVerfGE 99, 216 (232).
526 Für eine Erweiterung der Definition im EheG *Brosius-Gersdorf* NJW-Editorial 12/2013.
527 BVerfG NJW 2013, 847 (849).
528 S. noch BVerfG NVwZ 2012, 1304 (1307).
529 Sondervotum *Papier* BVerfGE 105, 313 (357 ff.).
530 Sondervotum *Haas* BVerfGE 105, 313 (361).
531 BVerfGE 124, 199 (225 f.).
532 BVerfGE 126, 400 (421) – Lebenspartnerschaft. Näher zum Ganzen → Rn. 605.

Der **EuGH knüpfte** in seinem Urteil, das eine Gleichbehandlung bei der Hinterbliebe-   337
nenversorgung aus einem berufsständischen Versorgungswerk vorsah, ebenfalls **an
eine nationale Gleichstellung in der konkreten Situation und damit eine vergleichbare Situation in Bezug auf die fragliche Leistung an,** welche eine unterschiedliche
Behandlung zur Diskriminierung wegen der sexuellen Ausrichtung werden lässt. Das
muss aber das jeweilige nationale Gericht beurteilen.[533]

Auch in der Frage der **Beihilfengewährung** für den Lebenspartner eines Beamten ent-   338
schied der EuGH parallel.[534] Folgt die Finanzierung der Beihilfe für Beamte in Krank-
heitsfällen aus staatlichen Mitteln, fällt sie unter Art. 3 I lit. c und III RL 2000/78/EG
und macht somit eine Gleichbehandlung erforderlich.

Fall nach BVerfGE 131, 239: Der Familienzuschlag wird nur für verheiratete Beamte gewährt.   339

Ähnlich ist auch die Gewährung des **Familienzuschlags** für **eingetragene Lebenspartnerschaften** bei
Beamten zu beurteilen. Art. 6 I GG ist insoweit nachrangig zu Art. 3 I GG: dieser bildet den Prüfungsmaßstab.[535] Die Besserstellung der Ehe gegenüber anderen Lebenspartnerschaften zeigt sich beispielsweise in der sozialrechtlichen Finanzierung künstlicher Befruchtungen. Sie wird damit begründet, dass die Ehe ein hohes Maß wechselseitiger Pflichtbindung voraussetzt und durch ihre
Stabilitätsgewähr das Aufwachsen von Kindern begünstigt.[536] Führt diese Privilegierung jedoch zu
einer Schlechterstellung anderer, rechtlich verbindlich verfasster Lebensformen, kann das **Schutzgebot der Ehe** jedenfalls bei einer davon losgelösten, allgemein ausgerichteten Leistung nicht als Rechtfertigung herangezogen werden.[537]
Der Familienzuschlag dient dem **Ausgleich faktischer Mehrbedarfe verheirateter Beamter** gegenüber ledigen. Ein finanzieller Mehrbedarf entsteht jedoch auch Beamten, die in einer eingetragenen
Lebenspartnerschaft leben. Als Beispiele nennt das BVerfG den Bedarf einer größeren Wohnung oder
auch die Unterhaltspflicht. Ob in der Partnerschaft auch Kinder großgezogen werden, wird durch die
entsprechende Staffelung des Familienzuschlags gewürdigt. Der Zuschlag Stufe 1 nach § 40 I BBesG
wird unabhängig gewährt.[538]
Nach dem BVerfG ist die **gleichgeschlechtliche Lebenspartnerschaft** schon **keine Konkurrenz für
die Ehe** und kann ihr nicht abträglich sein. Stattdessen soll Personen gleichen Geschlechts die Möglichkeit gegeben werden, »eine im Wesentlichen gleichartige institutionell stabilisierte Verantwortungsbeziehung einzugehen«.[539]
Dass zwischen gleichgeschlechtlichen eingetragenen Lebenspartnerschaften und Ehen ein Abstand
und damit ein Unterschied besteht, hatte früher nach dem BVerfG strengere Anforderungen beim Familienzuschlag zur Konsequenz. »Lebenspartner befinden sich nicht in einer Situation, die in Bezug
auf den Familienzuschlag mit der Situation von Ehegatten vergleichbar wäre.«[540] Davon rückte das
BVerfG ab. Dies gelingt, indem es auf die tatsächlichen Verhältnisse abstellt und damit Art. 3 I GG
statt Art. 6 I GG eingreifen lässt. Schließlich geht es um die Gleichstellung in der staatlichen Leistungsverwaltung, bei der Statusfragen gegenüber den konkreten Lebensverhältnissen zurücktreten.

---

533 EuGH ECLI:EU:C:2008:179 Rn. 72 – Maruko.
534 EuGH ECLI:EU:C:2012:771 – Dittrich.
535 BVerfG NVwZ 2012, 1304 (1307).
536 BVerfGE 117, 316 (327 ff.).
537 BVerfG NVwZ 2012, 1304 (1307); BVerfGE 124, 199 (226).
538 BVerfG NVwZ 2012, 1304 (1308 f.).
539 BVerfG NVwZ 2012, 1304 (1308).
540 BVerfG NJW 2008, 2325 (2326 f.) – Maruko II sowie näher BVerfG NJW 2008, 209 (210) –
   Maruko I.

3. Adoption

340 **Fall** nach BVerfG NJW 2013, 847: Nur eingetragenen Lebenspartnerschaften blieb die Sukzessivadoption, also die nachträgliche Adoption des Kindes von einem Partner, verwehrt.

Der Schutz der **Familie** nach Art. 6 I GG erstreckt sich zwar auch auf gleichgeschlechtliche Paare mit Kind als sozial-familiäre Gemeinschaft: Es zählt das tatsächliche dauerhafte Zusammenleben in einer Eltern-Kind-Beziehung; die **soziale Familiengemeinschaft** soll **geschützt** werden, unabhängig davon, ob ehelich, nichtehelich oder gleichgeschlechtlich. Indes wird das Zusammenleben als solches nicht berührt, wenn rechtliche Befugnisse verwehrt werden; vielmehr ist deren Verleihung Teil der Ausgestaltung der rechtlichen Familienbeziehungen, die von den tatsächlichen zu unterscheiden sind und daher auch differieren können. Damit wird **nicht** die **familiäre Entfaltung als solche beeinträchtigt**. Ein (unmittelbarer) Eingriff fehlt daher **durch** die **Verweigerung der Sukzessivadoption**.
Indes wird nach dem BVerfG **Art. 3 I GG verletzt**, da in einer eingetragenen Lebenspartnerschaft **dieselben stabilen Verhältnisse** existieren wie in einer heterosexuellen Ehe. Letztere ist daher nicht mehr ein solcher Stabilitätsanker, dass eine Andersbehandlung legitimiert wäre.[541] Zudem werden die Kinder in eingetragenen Lebenspartnerschaften benachteiligt.
Einen sachlichen **Differenzierungsgrund** sieht das BVerfG insbesondere **nicht** im Hinblick auf das **Wohl des Kindes**: Es kann vielmehr auch in einer gleichgeschlechtlichen Partnerschaft behütet aufwachsen und erlangt rechtlich mehr Sicherheit: So sind für das Kind beide Elternteile unterhaltspflichtig. Sollte ein Elternteil sterben, kann der andere die Vormundschaft für das Kind übernehmen. Indes fehlt einem Kind je nach Geschlecht die gleich- bzw. gegengeschlechtliche Identifikations- und Vorbildfigur. Ob sich daraus Nachteile für einen Jungen bzw. ein Mädchen ergeben, wurde vom BVerfG nicht thematisiert. Die sachverständigen Stellungnahmen wiesen Bedenken überwiegend zurück. Das Gericht selbst argumentierte nur bezogen auf die Sukzessivadoption, die bereits bestehende familiäre Verhältnisse zementiert und »in den hier zu beurteilenden Konstellationen«[542] absichert, nicht aber zusätzliche Familiengemeinschaften von gleichgeschlechtlichen Paaren mit Kindern schafft: Damit zählt nur die Verbesserung der Situation der dort schon lebenden Kinder.[543]
Die Sukzessivadoption durch gleichgeschlechtliche Eltern auszuschließen ist jedenfalls nicht durch den Schutz der Ehe nach Art. 6 I GG gerechtfertigt. Dieser legitimiert als solcher nach dem BVerfG schon keine Benachteiligung anderer Lebensformen. Damit führt das BVerfG seine in der Homoehe-Entscheidung (→ Rn. 335) eingeschlagene Linie fort. Aber selbst bei Aufrechterhaltung des Abstandsgebotes anderer Lebensformen zur Ehe geht es hier um die Absicherung schon faktisch in Gemeinschaft mit gleichgeschlechtlichen Lebenspartnern lebender Kinder und nicht die Gleichstellung der Lebenspartnerschaft selbst mit der Ehe. Daher ist Prüfungsansatz Art. 3 I GG und Art. 6 I GG nur ein Ansatz im Rahmen der Rechtfertigung; die Ehe hat aber zurückzutreten, da es um die Familie als gleichgewichtiges Element nach Art. 6 I GG geht. Für eine gesetzliche Neuregelung wurde der Bundesregierung eine Frist bis zum 30.6.2014 gesetzt. Nach einem am 22.5.2014 verabschiedeten Gesetz dürfen Lebenspartner ein Kind adoptieren, das der andere Partner bereits adoptiert hat. Eine vollständige Übernahme aller Regelungen für Ehepaare im Adoptionsrecht erfolgte aber nicht.

4. Fazit

341 Mit Art. 3 I GG als Prüfungsmaßstab sind die Entscheidungen des BVerfG in jedem Fall stringent: Im Rahmen der staatlichen Leistungsverwaltung und der Regelung von Kindschaftsverhältnissen verdrängt die tatsächliche Lebenssituation die Frage des Status der Ehe. Diese verliert insoweit aber ihre Privilegierung. Jedoch dominiert inzwischen ohnehin die Formulierung, dass andere Lebensformen gegenüber der Ehe nicht

---

541 S. dagegen nach BVerfGE 117, 316 (327 ff.) zur künstlichen Befruchtung.
542 BVerfG NJW 2013, 847 Rn. 80.
543 BVerfG NJW 2013, 847 Rn. 81 ff.

benachteiligt werden dürfen. Aus dem Schutzgebot für die Ehe folgen keine Restriktionen mehr. Letztlich erfolgt damit eine immer weiter fortschreitende Gleichstellung.

Die Rechtsanwendung wäre von vornherein aus einem Guss, wenn nicht nur der **342** Familien- und Eltern-, sondern auch der Ehebegriff auf gleichgeschlechtliche Verbindungen ausgedehnt würde. Dann wären die Rechte und Pflichten auch in einzelnen Situationen identisch; eine Gleichstellung müsste nicht erst hergeleitet werden. Ungleichbehandlungen wären a priori ausgeschlossen und praktisch nicht rechtfertigungsfähig, außer sie beruhen auf den Unterschieden von gleich- und verschieden-geschlechtlichen Paaren. Das gälte dann auch für Privilegierungen.

Damit würde allerdings der insoweit elementare und daher keinem Gesellschaftswan- **343** del unterliegende Kern des Eheschutzes entsprechend dem Willen der Schöpfer des Grundgesetzes bei Art. 6 I GG[544] vollends ins Gegenteil verkehrt. Soll dieser sich umgekehrt Bahn brechen, müsste die eigentlich angestrebte Privilegierung der Ehe deutlicher aufscheinen, sei es als Abstandsgebot nach Art. 6 I GG, sei es als Ansatz zur Rechtfertigung im Rahmen von Art. 3 I GG. Dass dies nicht der Fall ist, liegt indes am in sich stimmigen Untersuchungsansatz des BVerfG, der nicht ausgehend von den Privilegierungen der Ehe denkt, die weiterhin gerechtfertigt sein können,[545] sondern von den Benachteiligungen der anderen Verbindungen, die für sich selbst legitimiert werden müssen und nicht allein durch den Schutz der Ehe. Das gilt selbst für den Ausschluss der eingetragenen Lebenspartnerschaften vom Ehegattensplitting.[546]

5. Eingriffe durch Verwaltungsakte

Zumeist werden Gesetze durch VA vollzogen. Dann greifen diese unmittelbar in den **344** Schutzbereich eines Grundrechts ein, nicht schon das Gesetz. In einzelnen Konstellationen kann bereits die Existenz des Gesetzes zu später **nicht mehr korrigierbaren Dispositionen** zwingen. Dann bewirkt schon das Gesetz eine Verhaltensänderung und greift daher unmittelbar in Grundrechte ein (→ Rn. 146 f.). Das erfolgt auch final, da das Gesetz letztlich das entsprechende Verhalten herbeiführen will, wenn auch durch VA.

II. Faktische Eingriffe

Der Staat handelt nicht nur verbindlich regelnd, sondern auch durch tatsächliche Maß- **345** nahmen, mithin **Realakte,** bzw. bedient sich anderer Mittel und bewegt sich damit im Bereich des informalen Verwaltungshandelns, zB durch **Warnungen und Empfehlungen.** Auch solche Maßnahmen können die Grundrechte erheblich einschränken.[547] Für den Grundrechtsschutz ist diese Beeinträchtigung entscheidend, nicht die Form, in der sie erfolgt. Daher ist der Eingriffsbegriff auf faktische Beeinträchtigungen zu erstrecken. Diese Ausdehnung reagiert nur auf die Erweiterung staatlicher Handlungsformen.

---

544 BVerfGE 105, 313 (345) – Homoehe.
545 S. noch BVerfG NVwZ 2012, 1304 (1307).
546 BVerfG DVBl. 2013, 909 mAnm *Frenz.*
547 Zur Einschränkung von Art. 12 und 14 GG durch Warnungen und Empfehlungen → Rn. 511, 1055, 1069.

346   **Fall** nach BVerfGE 105, 279 – Bhagwan: Die Bundesregierung bezeichnet in verschiedenen Äußerungen sowie in einer Informationsbroschüre die nach eigenem Verständnis eine religiöse Gemeinschaft bildende Gruppe B als »Jugend- und Psychosekte«, »destruktiv« sowie »pseudoreligiös« und bezichtigt sie der Mitgliedermanipulation.

B ist als eingetragener Verein eine inländische juristische Person, die ein religiöses Bekenntnis pflegt, ohne dass der Erwerbszweck dominiert (→ Rn. 286), und daher nach Art. 19 III Grundrechtsträgerin aus Art. 4 GG (→ Rn. 135). Er wird durch die Informationstätigkeit der Bundesregierung negativ berührt. Zwar ist B weder Adressat noch mit irgendwelchen Verhaltenspflichten belastet. Jedoch wird B mit einem negativen Image belegt, das die durch Art. 4 I und II GG geschützte weitere Ausbreitung und Werbung neuer Mitglieder (→ Rn. 273 ff.) beeinträchtigt.

Kernelement dieses Grundrechts ist die Pflicht des Staates zur **Neutralität** (→ Rn. 396 ff.). Daraus folgt das Verbot diffamierender, diskriminierender oder verfälschender Darstellungen einer religiösen oder weltanschaulichen Gemeinschaft. Dagegen verstoßen diffamierende Begriffe wie »destruktiv« oder »pseudoreligiös«.

Hingegen ist eine sachlich geführte **Informationstätigkeit** mittlerweile fester Bestandteil staatlicher Aufgabenerfüllung.[548] Ist sie wie die gängige Bezeichnung als »Jugendsekte« neutral, berührt sie Art. 4 GG schon nicht. Sie bildet keine Grundrechtsbeeinträchtigung. Das ist sie auch dann nicht, wenn sie wahre Sachverhalte ohne Diskriminierung benennt – so die psychologische Beeinflussung der Mitglieder durch den Begriff »Psychosekte«.

347   **Beispiel** nach BVerwG NVwZ-RR 2015, 420; OVG Münster NVwZ 2012, 767 – E-Zigaretten: Wie ein **Grundrechtseingriff** zu behandeln sind dagegen **Informationsmitteilungen, die wie eine Verbotsverfügung wirken** – so wenn eine Ministerin vor dem Verkauf illegaler E-Zigaretten warnt und auf die Gefahr strafrechtlicher Ahndung bei Verstoß gegen gesetzliche Vorschriften verweist: Dann müssen auch deren besondere Voraussetzungen eingehalten werden. Die aus der Aufgabe der Staatsleitung abgeleitete Befugnis zu staatlichem Informationshandeln genügt insoweit nicht. Es bedarf wegen der verbotsähnlichen Wirkung im Hinblick auf die unternehmerische Betätigungsfreiheit der Produkthersteller einer gesetzlichen Ermächtigungsgrundlage. Diese fehlt, da nikotinhaltige Liquids zum Verdampfen in E-Zigaretten weder Arzneimittel iSv § 2 I AMG (Arzneimittelgesetz) noch Medizinprodukte iSd Medizinproduktgesetzes sind. Daher besteht ein grundrechtlicher Unterlassungsanspruch.

348   Daneben kann vor allem der Gesetzgeber die **Folgen** normierender Maßnahmen **nicht** immer **vorhersehen.** Das gilt auch für die Verwaltung, wenn sie VA erlässt oder Realhandlungen vornimmt. Dafür sind die Lebensverhältnisse einer modernen Dienstleistungs- und Kommunikationsgesellschaft zu komplex. Gleichwohl können sich solche staatlichen Maßnahmen leicht negativ auf die Grundrechte auswirken, auch wenn insoweit gar keine Regelung bzw. Verhaltensänderung beabsichtigt war.[549] Dann handelt es sich nicht um finale, verbindlich regelnde, sondern um unbeabsichtigte, faktische Grundrechtseingriffe. Ein Eingriff ist dann gegeben, wenn die Grundrechtsbeeinträchtigung staatlichem Handeln zugerechnet werden kann.

III. Mittelbare Eingriffe

349   Handelt es sich um faktische Grundrechtseingriffe, sind diese zugleich vielfach nur mittelbar.[550]

---

548 Ob daraus eine Ermächtigungsgrundlage für Grundrechtseingriffe erwächst, ist str. → Rn. 1069.
549 BVerfGE 46, 120 (137 f.) – Direktrufnetz zur staatlichen Leistungsverwaltung.
550 S. zu Warnungen und Empfehlungen → Rn. 555 f.

Beispiel: Wenn ein Land eine marode Werft mit günstigen Krediten vor dem Insolvenzverfahren rettet, liegt kein direkter Eingriff in die durch Art. 12 GG geschützte Wettbewerbsfreiheit eines Konkurrenten vor. Dieser erleidet aber Wettbewerbsnachteile gegenüber dem Geförderten. Darin liegt eine indirekte staatliche Beeinflussung. Das BVerfG bejaht daher – aber auch erst dann – einen mittelbaren Grundrechtseingriff, wenn durch die Subventionierung eines Konkurrenten ein anderes Unternehmen im Wettbewerb unterliegt, also die staatliche Maßnahme dieses letztlich **verdrängt** (sog. Verdrängungswettbewerb).[551] **350**

IV. Begrenzungen

Diese Beispiele zeigen, was generell im Grundrechtsbereich zu beobachten ist: Der **351** Staat greift nicht nur durch unmittelbare Beeinträchtigung ein, sondern auch durch faktisches Wirken oder indirekte Beeinflussung. Dennoch ist bei der Grundrechtsprüfung systematisch vorzugehen und zu untersuchen, ob die jeweilige Maßnahme einen direkten, verbindlich-regelnden Eingriff darstellt. Ist dies zu verneinen, sind faktische bzw. mittelbare Grundrechtseingriffe zu prüfen. Diese sind allerdings vielfach unübersehbar. Der Staat wäre in seiner Gesetzgebung gelähmt, wenn er alle noch so verzweigten und indirekten Folgen bedenken müsste. Daher stellt sich die Frage der Begrenzung.

Unmittelbare Grundrechtseingriffe bilden den klassischen Ausgangsfall. Müssen daher **352** die faktischen und indirekten Folgen staatlichen Handelns in ihrer Intensität mit einem klassischen Eingriff vergleichbar sein?[552] Indes können gerade verschlungene Einwirkungen die Grundrechte schleichend aushöhlen, indem sie nach und nach den grundrechtlichen Freiheitsraum beschneiden. Daher ist das Kriterium der **Eingriffsintensität problematisch.**

Vielmehr geht das GG von der Erhaltung der dem Bürger zustehenden Freiräume un- **353** abhängig von einem Wandel staatlicher Handlungsformen aus. Indem es ihm bestimmte Freiräume zubilligt, setzt es freilich voraus, dass in diesen der Einzelne eigenverantwortlich agiert und damit die Folgen seines Handelns selbst zu tragen hat. Besonders deutlich zeigt dies Art. 2 I GG, der von einer Beeinträchtigung der Rechte anderer ausgeht. Daher scheiden Beeinträchtigungen aus dem Grundrechtsschutz aus, die erst durch das **Hinzutreten individuellen Handelns oder bestimmter wirtschaftlicher Abläufe** vermittelt werden. Subventionen greifen somit nur dann in Grundrechte von Konkurrenten ein, wenn sie nicht bereits durch davon unberührte wirtschaftliche Einflüsse überdeckt sind.

D. Rechtfertigung[553]

I. System

Die vorstehend aufgezeigten **Grundrechtseingriffe** sind **nicht verfassungswidrig,** **354** wenn sie **gerechtfertigt** sind. Eine solche Rechtfertigung besteht, wenn der Grundrechtseingriff von einem **verfassungsgemäßen Gesetz** ausgeht. Das setzt ein ordnungsgemäßes Gesetzgebungsverfahren[554] und eine Übereinstimmung mit materiellem Verfassungsrecht voraus.

---

551 BVerfGE 46, 120 (137 f.); BVerwGE 71, 183 (191); 65, 167 (174).
552 Wenn auch die Intention der Maßnahme keine Rolle spielt, HdBSt VII/*Cornils* § 168 Rn. 74 ff.
553 *Kingreen/Poscher* StaatsR II Rn. 271 ff.; *Ipsen* StaatsR II Rn. 171 ff.
554 → Rn. 223 ff.

355 Manche Grundrechte sehen eigens die Möglichkeit einer Einschränkung durch Gesetz vor. Damit ist zugleich diese normative Form festgelegt. Dann muss das Gesetz die Tatbestandsvoraussetzungen des entsprechenden **Gesetzesvorbehalts** erfüllen und zudem den durch das jeweilige Grundrecht vorgezeichneten weiteren Anforderungen genügen. Diese können auch die **Verhältnismäßigkeitsprüfung** erheblich prägen, insbesondere bei Art. 12 GG (→ Rn. 565 ff.).

356 Fehlt ein Gesetzesvorbehalt, kann ein **Grundrecht nur durch kollidierendes Verfassungsrecht beschränkt** werden. Konkurrierende Verfassungsgüter vermögen allerdings nicht bereits den Schutzbereich von Grundrechten zu begrenzen, sondern nur Schranken zu bilden **(verfassungsimmanente Schranken).** Immerhin sind einige vorbehaltlos gewährleistet und dürfen daher nicht leichter begrenzbar sein als Grundrechte mit Gesetzesvorbehalt.

357 Eine solche Kollision kann mit anderen Grundrechten und auch sonstigen Verfassungsgütern auftreten. Wird bei ihrer Entschärfung in ein Grundrecht eingegriffen, bedarf es aufgrund des **allgemeinen,** rechtsstaatlich begründeten **Vorbehalts des Gesetzes** einer Norm. Ansonsten könnten zudem die vorbehaltlos gewährleisteten Grundrechte leichter eingeschränkt werden als die mit Gesetzesvorbehalt.[555] Auch ein solches Gesetz muss die aufeinanderprallenden Belange in einen **verhältnismäßigen Ausgleich** bringen **(praktische Konkordanz)** – so den Konflikt zwischen persönlicher Religionsfreiheit eines Lehrers und staatlicher Neutralität in Glaubensfragen beim Tragen eines Kopftuchs (→ Rn. 396).[556]

358 Diese Ausgleichspflicht gilt ebenfalls, wenn Belange innerhalb eines Grundrechts aufeinandertreffen und durch eine Regelung ausgeglichen werden sollen – so die positive und die negative Glaubensfreiheit im Kruzifixfall.[557]

359 Wenn schon Grundrechte ohne Gesetzesvorbehalt durch **gegenläufiges Verfassungsrecht** eingeschränkt werden können, gilt dies erst recht für **Grundrechte mit Gesetzesvorbehalt.** Diese entfalten daher insoweit keine Sperrwirkung.[558] Vielmehr sind auch diese Grundrechte in die Verfassung als Ganzes eingebunden und daher den Einflüssen anderer Rechtsgüter ausgesetzt. Sie müssen deshalb mit ihnen abgewogen werden können.[559]

360 Damit ergibt sich ein weitgehend paralleles Prüfungssystem für die Rechtfertigung von Grundrechtseingriffen. Zunächst ist die Schrankensystematik darzustellen. Stets in Betracht kommen konkurrierende Verfassungsgüter. Bei Grundrechten mit Gesetzesvorbehalt ist aber vorrangig zu prüfen, ob bereits die Grundlagen des Gesetzesvorbehalts verfassungsgemäß genutzt wurden. Ausgangspunkt sind die öffentlichen Belange, die der Gesetzgeber der erlassenen Norm zugrunde gelegt hat.

---

555 BVerwGE 90, 112 (122 f.).
556 BVerfGE 108, 282 (299 ff.).
557 Auf BVerfGE 93, 1 (→ Rn. 232 f.) erging Art. 7 III BayEUG (Entscheidung der Elternschaft bei Bedenken eines Schülers oder seiner Eltern über das Verbleiben eines Kruzifixes im Klassenraum). Dazu BVerwGE 109, 40.
558 BVerfGE 111, 147 (157). AA *Kingreen/Poscher* StaatsR II Rn. 351.
559 BVerwGE 87, 37 (45 f.) – Glykol; angedeutet in BVerfGE 83, 130 (142) – Josefine Mutzenbacher. S. *Hesse* Grundzüge VerfassungsR Rn. 312 zum Gedanken der Einheit der Verfassung.

Sodann ist zu prüfen, ob die **Rechtfertigungsgrenzen,** mithin die **Schranken-** 361
Schranken, eingehalten wurden. Bei Grundrechten mit Gesetzesvorbehalt ist von dessen etwaigen besonderen Anforderungen auszugehen. Stets zu beachten sind:

- Anforderungen aus dem Vorbehalt des Gesetzes,
- Verhältnismäßigkeit: dort ist der konkret verfolgte legitime Zweck als erster Prüfungspunkt herauszustellen,
- Wesensgehaltsgarantie gem. Art. 19 II GG,
- Bestimmtheitsgebot,
- bei Grundrechten mit Gesetzesvorbehalt zusätzlich: Verbot des Einzelfallgesetzes und Zitiergebot gem. Art. 19 I GG.

II. Grundrechte mit Gesetzesvorbehalt

1. Reichweite des Gesetzesvorbehalts (Bsp. Aufnahmen im Gericht)

Bei Grundrechten mit Gesetzesvorbehalt folgt aus dem Grundrecht selbst, dass für 362
Einschränkungen ein Gesetz notwendig ist. Es bleibt aber zu klären, wie weit dieser
Gesetzesvorbehalt reicht, inwieweit er also grundrechtsbeeinträchtigende Gesetze abdeckt. Auch wenn ein Gesetzesvorbehalt vorhanden ist, kann die Art der in Betracht
kommenden Gesetze beschränkt sein. Dann handelt es sich um einen **qualifizierten
Gesetzesvorbehalt. Art. 5 II GG** nennt die Vorschriften der **allgemeinen Gesetze.**
Darunter fallen nicht alle Gesetze, sondern nur solche, die sich nicht spezifisch gegen
die durch Art. 5 I GG geschützten Güter richten und idS allgemein sind. Sie müssen
sich auf den Schutz anderer Rechtsgüter richten, so den Schutz staatlicher Symbole.

Die Allgemeinheit fehlt allerdings dann, wenn sich ein Gesetz von vornherein gegen 363
bestimmte Überzeugungen, Haltungen oder Ideologien richtet,[560] wie dies bei **§ 130
IV StGB** der Fall ist (→ Rn. 290 auch zum Folgenden). Eine Ausnahme, die dem Verbot
des Sonderrechts für meinungsbezogene Gesetze **immanent** ist, bilden Bestimmungen,
die der **propagandistischen Gutheißung der nationalsozialistischen Gewalt- und
Willkürherrschaft Grenzen** setzen. Schließlich wurde das GG als Gegenentwurf zum
Nationalsozialismus konzipiert.[561]

Fall nach BVerfGE 91, 125 – Honecker; 103, 44 – n-tv: § 169 S. 2 GVG untersagt während der Ge- 364
richtsverhandlung Bild- und Tonaufnahmen, § 176 GVG ermöglicht die Durchsetzung dieses Verbots.

Dennoch handelt es sich hier um ein **allgemeines Gesetz.** Diese Bestimmungen dienen dem Schutz
einer **geordneten Rechtspflege** und wenden sich nicht spezifisch gegen Presse und Rundfunk,
wenngleich diese durch fehlende Liveberichterstattungsmöglichkeiten in ihrer Darstellungsform und
damit in ihrer durch Art. 5 I GG gewährleisteten inhaltlichen Gestaltungsfreiheit beschränkt werden
(→ Rn. 316).
Hintergrund sind eine funktionstüchtige Rechtspflege, die in ihrer Wahrheits- und Rechtsfindung ungestört ist, sowie das allgemeine Persönlichkeitsrecht der Beteiligten (Art. 1 I iVm Art. 2 I GG) und ihr
Anspruch auf ein **faires Verfahren** (Art. 2 I iVm Art. 20 III GG). Daher kann (muss aber nicht) die
Öffentlichkeit der Verhandlung auf die Anwesenden begrenzt werden. Damit bleibt immer noch
eine rechtsstaatlich gebotene öffentliche Kontrolle des Gerichtsverfahrens gewährleistet; entsprechend dem Demokratieprinzip sind Informationen zur öffentlichen Meinungsbildung zugänglich.
»Prozesse finden in der, aber nicht für die Öffentlichkeit statt.«

---

560 BVerfGE 124, 300 (323) – Wunsiedel.
561 BVerfGE 124, 300 (1. Ls.) – Wunsiedel.

> Wegen des potenziell starken Einflusses der Medien auf das Verhalten aller Beteiligten einschließlich der Richter ist es trotz der Bedeutung einer unmittelbaren Bildberichterstattung in einer mediengewohnten Informationsgesellschaft gerechtfertigt, insoweit keine Ausnahmen zuzulassen.[562] Daher ist auch eine etwaige Ungleichbehandlung gegenüber der Presse insofern, als diese die ihr eigenen Instrumente fast durchgehend[563] benutzen darf, gedeckt. Hinsichtlich der bestehenden Rechte sind alle gleich zu behandeln. Deshalb ist eine generelle, also auch Fernsehjournalisten erfassende Vergabe einer **begrenzten Platzzahl** nach dem Zeitpunkt des Eintreffens zulässig.[564]

365   **Fall** nach NJW 2013, 1293: Für den NSU-Prozess, der sich vor allem auch auf rechtsextreme Anschläge auf Türken bezieht, vergibt das OLG München die zur Verfügung stehenden Plätze nach dem Prioritätsprinzip. Die türkische Zeitung E kommt nicht zum Zuge und erhebt Verfassungsbeschwerde.

> Die türkische Zeitung E kann sich auf die Pressefreiheit nach Art. 5 I GG berufen. Zwar erkennt das BVerfG die Prozessleitungsbefugnis des Vorsitzenden Richters des zuständigen Strafsenats. Eine **begrenzte Abweichung vom Prioritätsprinzip** ist indes bei besonderen Belangen geboten: Beim NSU-Prozess verlangte das BVerfG eine angemessene Zahl von Sitzplätzen an Vertreter von ausländischen Medien mit besonderem Bezug zu den ausländischen Opfern. Diese erlangen aber nicht gleichsam durch diese Medien ein Sprachrohr. Vielmehr haben Letztere wegen ihres Leserkreises ein »besonderes Interesse an einer vollumfänglich eigenständigen Berichterstattung über den Prozess«. Sie haben damit eine herausgehobene Stellung unter den Medien, bilden eine eigene Gruppe und unterliegen damit eigenen Regeln: Sie müssen vertreten sein, wenn auch nicht notwendig alle aus dieser Gruppe. Darüber wird hier die Pressefreiheit geprägt. Daher bedarf es eines Zusatzkontingents »von nicht weniger als drei Plätzen«, zu vergeben aber wiederum nach dem Prioritätsprinzip – oder einem Losverfahren oder einer Neuvergabe insgesamt nach anderen Regeln, die dem besonderen Interesse der türkischen Medien Rechnung tragen.

366   **Beispiel** nach BVerfGE 119, 309: § 176 GVG ermöglicht weiter Beschränkungen von **Fernsehaufnahmen im Sitzungssaal außerhalb der Hauptverhandlung.** Sie liegen im **Ermessen** des Vorsitzenden. Dabei ist die Bedeutung der Rundfunkberichterstattung für die Gewährleistung öffentlicher Wahrnehmung und Kontrolle von Gerichtsverhandlungen mit entgegenstehenden Interessen abzuwägen. Eine funktionsfähige Rechtspflege wird vor und nach der Hauptverhandlung weniger beeinträchtigt. Angeklagte und Zeugen, nicht hingegen Richter und Anwälte, sind in einer für sie ungewohnten Situation und haben daher Anspruch auf besonderen Schutz. Dieser kann aber durch technische Vorkehrungen in Form einer Anonymisierung gewahrt werden und erfordert daher kein Aufnahmeverbot mit bewegten Bildern und Ton. Überwiegt das Interesse an einer Berichterstattung, ist die Möglichkeit von Aufnahmen zu schaffen. Deren **zuzulassende Dauer** richtet sich vor allem **nach dem öffentlichen Interesse an dem verhandelten Gegenstand,** ohne dass es etwa um eine hohe Strafe gehen muss.

2. Ausgleich konkurrierender Verfassungsgüter (Bsp. Pressefreiheit und allgemeine Persönlichkeitsrechte)

367   In solchen grundrechtsbeschränkenden Gesetzen kann, wie soeben deutlich wurde, auch ein Ausgleich mit konkurrierenden Verfassungsgütern stattfinden.[565] Das **Recht der persönlichen Ehre** wird zwar in Art. 5 II Alt. 3 GG eigens benannt. Es hat aber dort keine eigenständige Bedeutung, sondern muss ebenfalls dem Erfordernis der allgemeinen Gesetze genügen.[566] Zugleich ist es jedoch Konsequenz des nach Art. 2 I

---

562 AA Sondervotum *Kühling* ua, BVerfGE 103, 44 (75 ff.).
563 Die untersagten Live-Fotografien aus dem Gerichtssaal ändern am Charakter konventioneller Tageszeitungen praktisch nichts.
564 BVerfG NJW 2003, 500 – El-Kaida.
565 → Rn. 365 f.
566 BVerfG NJW 2010, 47 Rn. 63.

iVm Art. 1 I GG gewährleisteten allgemeinen Persönlichkeitsrechts[567] und schützt etwa auch vor unbefugten Offenbarungen einer sexuellen Orientierung am Arbeitsplatz. Insoweit handelt es sich dann um eine sexuelle Belästigung sowie ein Dienstvergehen.[568] Die kollidierenden Verfassungsgüter sind miteinander im Wege praktischer Konkordanz auszugleichen. Hierzu sind Normen zu erlassen, auf die dann Grundrechtseingriffe gestützt werden können, und im Lichte der kollidierenden Verfassungsgüter auszulegen.

> **Beispiel** nach BVerfGE 101, 361 – Caroline von Monaco II; BVerfGE 120, 180 – Caroline von Monaco III[569]: Die Zeitschrift »Journal« hat sich auf Enthüllungsstories und Prominentenfotos aus dem Adelsmilieu spezialisiert. Sie zeigte Caroline von Monaco auf einem Pferd, einem Fahrrad, mit einem Mann sowie beim Einkauf und zusammen mit ihren Kindern, im Skilift und im Ferienhaus, das vermietet werden soll, ohne sie davon in Kenntnis gesetzt oder gar um Zustimmung gebeten zu haben. Diese wehrt sich unter Verweis auf § 22 S. 1 KunstUrhG, wonach Bildnisse nur mit Einwilligung des Abgebildeten verbreitet oder öffentlich zur Schau gestellt werden dürfen. Darauf, dass von diesem Grundsatz § 23 I Nr. 1 KunstUrhG Bildnisse aus dem Bereich der Zeitgeschichte ausnimmt, kontert sie mit dem Hinweis auf § 23 II KunstUrhG. Danach gilt diese Ausnahme nicht für eine Verbreitung, durch die ein berechtigtes Interesse des Abgebildeten verletzt wird. Wenn das »Journal« solche hochinteressanten Fotos von Caroline von Monaco, die deren Leben dokumentieren, aufgrund dieser gesetzlichen Regelung nicht weiterhin veröffentlichen darf, sieht es sich in seinen Rechten aus Art. 5 I 2 GG verletzt.

368

Die Pressefreiheit hat zur Grundlage, dass ein Presseorgan selbst über die Ausrichtung, die Form und den Inhalt eines Blattes entscheidet. Diese Entscheidung fällt vor allem mit Blick auf die Bedürfnisse der Leser. Diese Interessen erstrecken sich nicht nur auf Sachinformationen etwa im politischen Bereich, sondern auf Unterhaltung, sodass auch die **unterhaltende Presse** umfasst ist. Sie ist zugleich Mittler der Informationsbedürfnisse der Öffentlichkeit. Diese interessiert sich in starkem Maße für Informationen über Prominente. Zu solchen Informationen gehört auch der verstärkte Abdruck von Bildern. Können diese nur begrenzt beschafft und veröffentlicht werden, wird in die Pressefreiheit eingegriffen. Sie wird aber nur dann verletzt, wenn diese Beschränkung nicht gerechtfertigt ist. Hier geht es allgemein um die Verhinderung von **Darstellungen** als solchen, **die das allgemeine Persönlichkeitsrecht beeinträchtigen**. Daher ist Rechtfertigungsgrund nicht der auf die persönliche Ehre beschränkte Art. 5 II Alt. 3 GG, sondern Art. 2 I iVm Art. 1 I GG, die aber ohnehin in den Schutz der persönlichen Ehre hineingelesen werden. Insoweit bedarf es einer Abwägung der Belange des Schutzes der Privatsphäre und der Pressefreiheit.

369

§§ 22, 23 KunstUrhG gleichen diese Belange verhältnismäßig aus, indem Bildnisse aus dem Bereich der Zeitgeschichte auch ohne Einwilligung veröffentlicht werden können, wenn nicht berechtigte Interessen des Abgebildeten verletzt werden. Indem diese Bestimmungen die Pressefreiheit einschränken, sind sie ihrerseits in deren Licht auszulegen und so in ihrer beschränkenden Wirkung selbst wieder einzuschränken (sog. **Wechselwirkung**).[570]

370

---

567 BVerfGE 54, 208 (217); 93, 266 (290) – »Soldaten sind Mörder«; näher → Rn. 419.
568 BVerwGE 128, 319 zu »Alles Gute, mein schwuler Freund«.
569 Vgl. hierzu *Zacharias* JA 2000, 549; *Frenz* NJW 2008, 3102; s. auch die Vorentscheidungen BGHZ 131, 332; BGH NJW 2008, 749; ebenso mittlerweile EGMR Beschwerdenr. 40660/08 und 60641/08, NJW 2012, 1053 – von Hannover/Deutschland für Art. 8, 10 EMRK; dazu *Frenz* NJW 2012, 1039.
570 BVerfGE 7, 198 (208) – Lüth; 71, 206 (214).

371 Daraus ergeben sich auch die Maßgaben für die Handhabung im Einzelnen, insbesondere für die Ausfüllung der »berechtigten Interessen des Abgebildeten«, die nicht verletzt werden dürfen.

372 Das allgemeine Persönlichkeitsrecht als Verfügungsrecht über die eigene Person und deren Emanationen[571] erfasst auch die Abbildung einer Person durch Dritte, enthält allerdings kein allgemeines und umfassendes Verfügungsrecht über die Darstellung der eigenen Person. Der Mensch und auch **Prominente** sind Teil der Gemeinschaft. Dieser ist daher ein durch ein echtes Informationsbedürfnis gerechtfertigtes Interesse an einer bildlichen Darstellung Prominenter zuzubilligen, das auch ihren Bedürfnissen und nicht nur denen der abgebildeten Person Rechnung trägt. Leisten eine Abbildung und Informationen über Prominente einen Beitrag zur Meinungsbildung der Öffentlichkeit, soll der Persönlichkeitsschutz – mittlerweile auch nach der EGMR-Judikatur[572] – schwächer ausgeprägt sein. Die neutrale Abbildung einer Person des öffentlichen Lebens genießt kaum Schutz, eher hingegen eine Aufnahme, die zusätzliche Aufschlüsse über die Lebensgewohnheiten bringt oder aus dem Kontext gerissen wurde.[573]

373 Aber auch Prominente benötigen Räume des Rückzugs und des Ausgleichs. Auch für sie ist daher die **Privatsphäre** Teil des allgemeinen Persönlichkeitsrechts. Zur Entfaltung der Persönlichkeit selbst von Politikern gehört ein **vor der Öffentlichkeit geschützter Bereich,** allein zu sein, sich zu entspannen und unbeobachtet zu entfalten.

374 Dazu gehört insbesondere das private Heim. Daher greifen in der Presse abgebildete **Luftbilder von Wohngrundstücken** Prominenter, die Einblicke in die räumliche Privatsphäre ermöglichen, in den Persönlichkeitsschutz ein. Das gilt zumal dann, wenn zugleich die Identität der Bewohner offen gelegt und der Weg zum Anwesen beschrieben wird.[574] Ein bloßer Bericht über den Hauskauf (einschließlich Preisklasse) eines prominenten ehemaligen Politikers ist hingegen durch das Informationsinteresse der Öffentlichkeit gedeckt.[575]

375 Das BVerfG definierte diesen geschützten Rückzugsbereich nach den äußeren Umständen und erstreckte ihn deshalb nicht auf ohnehin von der Öffentlichkeit frequentierte Plätze wie Lokale. Aber auch dort kann der Einzelne das Bedürfnis haben, zumindest von der Presse unbeobachtet zu sein. Es ist ein Unterschied, ob nur andere Gäste eines Restaurants den neuen Begleiter einer Prominenten sehen oder die ganze Welt. Hingegen sollen Abbildungen etwa im Skilift zur Befriedigung bloßer Neugier ausgeschlossen sein; die Bedeutung für die Bildung der öffentlichen Meinung darf nicht nur vorgeschoben werden.[576] Indes sind Bilder selbst aus dem Urlaub möglich, wenn sie mit einem die Öffentlichkeit interessierenden Thema verknüpft sind – so der Vermietung von Feriendomizilen als Form der Sparsamkeit Reicher. Der Urlaub ist jedoch unabhängig davon und als solcher Ausdruck subjektiver Ruhebedürftigkeit. Daher ist nicht **nur auf die objektiven, sondern auch auf die subjektiven Umstände abzustellen.**

---

571 Allg. näher → Rn. 427 f.
572 EGMR Beschwerdenr. 71678/01, Rn. 59 – Gourguenidze/Georgien; Beschwerdenr. 40660/08 und 60641/08, NJW 2012, 1053 Rn. 109, 118 – von Hannover/Deutschland. Zur Entwicklung *Frenz* NJW 2012, 1039.
573 BVerfG NJW 2006, 2835 (2836).
574 BVerfG NJW 2006, 2836 (2837 f.).
575 BGH NJW 2009, 3030 zu Joschka Fischer.
576 S. EGMR Beschwerdenr. 40660/08 und 60641/08, NJW 2012, 1053 Rn. 119 – von Hannover/ Deutschland: Beurteilung iE obliegt nationalen Gerichten.

Diese Umstände schließen einen Schutz freilich aus, wenn einem Presseorgan etwa Ex- **376** klusivrechte für die Berichterstattung aus der Privatsphäre eingeräumt wurden. Hier ist ein **Grundrechtsverzicht**[577] gegeben und damit schon der Schutzbereich nicht (mehr) betroffen; insoweit braucht daher das allgemeine Persönlichkeitsrecht nicht mehr durch Gesetz geschützt zu werden.

Das allgemeine Persönlichkeitsrecht ist nur unwesentlich berührt, wenn ein Prominenter das eigene **377** Grundstück bereitwillig für Publikationszwecke gezeigt sowie eine **Berichterstattung gebilligt** hat und dann **Luftbilder** mit abgedruckt werden, die nur **geringfügig weitergehende Einblicke** ermöglichen; es tritt daher hinter die Pressefreiheit zurück.[578] Das gilt auch bei einem Einvernehmen mit der Berichterstattung, die später dann nur in ähnlicher Weise wiederholt wird.[579] Voraussetzung ist allerdings eine aktive Verbindung mit der Presse;[580] ein bloßes passives oder reagierendes Hinnehmen genügt nicht.

Unverzichtbar ist allerdings die **Menschenwürde**.[581] Das gilt auch nach dem Tod. Der **378** Schutz des **postmortalen Persönlichkeitsrechts** kann nicht durch eine Güterabwägung relativiert werden. Er schützt vor einer Antastung des Achtungsanspruchs, nicht hingegen, wenn etwa eine Werbung gerade an den (positiven) Geltungswert des Verstorbenen anknüpft.[582]

Auf die subjektiven Umstände hebt das BVerfG auch für Kinder ab und erkennt diesen **379** einen besonderen Schutz zu. **Durch Art. 6 I und II GG** wird deren allgemeines **Persönlichkeitsrecht** zusätzlich **verstärkt**.

Im Ergebnis muss sich Prinzessin Caroline nach dem BVerfG sowie dem EGMR auch außer- **380** halb von öffentlichen und repräsentativen Auftritten das Aufnehmen und Veröffentlichen von Fotos gefallen lassen, sofern ein Bezug zu einem Thema von allgemeinem Interesse besteht. Unter Einbeziehung des Elternrechtes aus Art. 6 I, II GG sieht das BVerfG allerdings bei solchen Fotos, auf denen Caroline zusammen mit ihren Kindern abgebildet ist, einen Eingriff in den geschützten Privatbereich, sodass das Tatbestandsmerkmal der »berechtigten Interessen« bei § 23 KunstUrhG erfüllt ist.

Auch bei unvorteilhaften Tatsachen kann das Informationsinteresse der Öffentlichkeit überwie- **381** gen. Das gilt für massive Geschwindigkeitsüberschreitungen und sonstige Verfehlungen, wenn über sie tagesaktuell berichtet und die Unschuldsvermutung hinreichend beachtet wird.[583]

Insbesondere bei **Tatsachenbehauptungen** ist mit dem beeinträchtigten Rechtsgut ab- **382** zuwägen. Sie sind weniger schutzwürdig. Die Vermutung für die Zulässigkeit der freien Rede[584] gilt insoweit nicht.[585] Je geringer der Wahrheitsgehalt ist, desto eher hat die Meinungsfreiheit zurückzustehen und die Äußerung ist in der Zukunft zu unterlassen.[586] Vermag der Wahrheitsgehalt der verbreiteten Tatsachenbehauptungen nicht

---

577 Dazu *Kingreen/Poscher* StaatsR II Rn. 152ff.; *Fischinger* JuS 2007, 808; *Seifert* JURA 2007, 99.
578 BVerfG NJW 2006, 2838.
579 S. auch BVerfG NJW 2006, 3406 (3408).
580 EGMR Beschwerdenr. 39954/08, NJW 2012, 1058 Rn. 101 – Axel Springer/Deutschland.
581 Die aber durch die Abbildung von Leid zu Werbezwecken noch nicht verletzt ist, BVerfGE 102, 347 (366ff.); 107, 275 (283ff.) – Benetton-Schockwerbung I und II. Zum Zwergenweitwurffall → Rn. 939ff.
582 BVerfG NJW 2006, 3409 – Marlene Dietrich.
583 BVerfG NJW 2006, 2835 (2835): 211 km/h statt 130 km/h auf der Autobahn durch einen bekannten Adligen.
584 Bereits BVerfGE 7, 198 (212) – Lüth.
585 BVerfGE 85, 1 (16f.); BVerfG NJW 2003, 1109 (1109f.).
586 BVerfG NJW 2003, 1856 (1857) im Hinblick auf eine krit. Bewertung einer gutachterlichen Arbeit für die Landesregierung durch eine Landtagsfraktion. Näher → Rn. 707f.

festgestellt zu werden, besteht also ein »non liquet«, kann Art. 5 I GG einem generellen Vorrang des Persönlichkeitsrechts entgegenstehen. Ist die Äußerung weitergehend durch die Wahrnehmung berechtigter Interessen (§ 193 StGB) gerechtfertigt, kann unter bestimmten Umständen auch eine möglicherweise unwahre Behauptung so lange nicht untersagt werden, wie zuvor hinreichend sorgfältig deren Wahrheitsgehalt recherchiert worden ist.[587]

Damit aber muss im Zweifel hingenommen werden, dass möglicherweise unwahre Behauptungen im Raum stehen bleiben. Bei Nichterweislichkeit muss danach Art. 2 I iVm Art. 1 I GG zurückstehen. Dabei ist bei Anschuldigungen die Beweislast generell umgekehrt. Da ein Einzelner durch die Presse öffentlich dargestellt wird, muss dann erst recht gelten: Im Zweifel für den Betroffenen.

Trifft das allgemeine Persönlichkeitsrecht auf die Religions- und Meinungsfreiheit, ist zwischen allen Grundrechten abzuwägen.

383   **Beispiel** nach BVerwG NVwZ 2011, 1278: Ein Bischof erwähnt in seiner Predigt einen kirchenkritischen Schriftsteller. Die Diözese veröffentlicht den Text anschließend auf ihrer Internetseite. Es kollidieren die Art. 2 I iVm 1 I, 4 und 5 GG. Im Wege der praktischen Konkordanz sind die Religionsfreiheit, die Meinungsfreiheit und das allgemeine Persönlichkeitsrecht gegeneinander abzuwägen. Dabei müssen die Umstände des Einzelfalls berücksichtigt werden. Die religiöse Äußerungsfreiheit hat keinen absoluten Vorrang vor dem Persönlichkeitsrecht (Rn. 9). Dabei muss auch berücksichtigt werden, dass sich die Presse auf den Wahrheitsgehalt von Verlautbarungen öffentlicher Stellen verlassen darf.[588] Umso sorgfältiger und zurückhaltender müssen Letztere daher bei der Abfassung sein.

III. Grundrechte ohne Gesetzesvorbehalt

1. Beschränkung durch kollidierendes Verfassungsrecht

384   Manche Grundrechte sind vorbehaltlos gewährleistet, weisen mithin keinen Gesetzesvorbehalt auf. Wegen dieser eigenen Struktur können auf sie nicht Schranken aus anderen Grundrechten (zB Art. 2 I GG) übertragen werden.[589] Indes stehen auch diese schrankenlosen Grundrechte im Rahmen der Gesamtverfassung und können insbesondere mit anderen Grundrechten in Konflikt geraten. Es greifen diese **verfassungsimmanenten Schranken**. Dann ist ein Ausgleich notwendig. Dieser **Ausgleich kollidierenden Verfassungsrechts** hat im Wege **praktischer Konkordanz** zu erfolgen. Die widerstreitenden Verfassungsbelange sind also miteinander abzuwägen und auszugleichen. Dabei darf nicht eine der widerstreitenden Rechtspositionen bevorzugt und maximal behauptet werden, sondern alle Belange müssen möglichst schonend ausgeglichen werden.[590] Insbesondere darf der Ausgleich nicht auf Kosten des Wesensgehaltes des jeweils anderen Grundrechts erfolgen.

385   Daraus ergeben sich parallele Beurteilungen wie bei Grundrechten mit Gesetzesvorbehalt. Das zeigt der Schutz des allgemeinen **Persönlichkeitsrechts**[591] bzw. – mit gerin-

---

587 BVerfG NJW 2016, 3360 (Ls. 2 a).
588 EGMR Beschwerdenr. 39954/08, NJW 2012, 1058 Rn. 104 – Axel Springer/Deutschland: Informationen des Pressesprechers der Staatsanwaltschaft.
589 Für Art. 5 III GG: BVerfGE 30, 173 (192); 32, 98 (107) – Gesundbeter für Art. 4 I und II GG.
590 BVerfGE 93, 1 (21) – Kruzifix.
591 *Martini* JA 2009, 839.

gerer Intensität – des postmortalen Persönlichkeitsrechts[592] gegenüber der **Kunstfreiheit.**

a) Allgemeine Persönlichkeitsrechte (APR) und Kunstfreiheit.

Fall nach BVerfGE 119, 1 – Esra: Ein Roman lehnt sich an tatsächliche Personen, deren Verhaltensweisen und Lebensumstände an.[593] **386**

Es hat ebenfalls ein Ausgleich zu erfolgen, der den Grundrechten des Künstlers und denen der durch das **Kunstwerk** Betroffenen gleichermaßen gerecht wird. Indes steht bei einem Kunstwerk wie einem Roman oder einem Film die schöpferische Gestaltung wesentlich stärker im Vordergrund als bei einer Darstellung in einem Presseartikel. Fiktion und Wahrheit lassen sich von vornherein kaum auseinanderhalten. Umgekehrt wird zwar ein Künstler durch seine Umwelt inspiriert. Diese Anregungen verarbeitet er aber durch einen subjektiven Blickwinkel und passt sie in seine künstlerische Konzeption ein. Wie weit er daher auf tatsächliche Gegebenheiten Rückgriff nimmt, muss wiederum seiner künstlerischen Gestaltung überlassen bleiben. Daher wird die Kunstfreiheit durch Beschränkungen aufgrund des **Persönlichkeitsrechts** Betroffener tendenziell stärker beeinträchtigt als die Pressefreiheit. Auch wenn sich Eingriffe in die Kunstfreiheit nicht als staatliche »**Kunstzensur**« darstellen,[594] so sind doch die **prohibitiven Wirkungen** auf die künstlerische Gestaltungskraft nicht zu unterschätzen.[595] Wer von vornherein befürchten muss, durch eine allzu **wirklichkeitsnahe Darstellung** Gegenansprüchen aus dem allgemeinen Persönlichkeitsrecht ausgesetzt zu sein, wird solche Darstellungsformen zu vermeiden suchen. Er wird eher auf erdachte Konstellationen ausweichen. Möglichst wirklichkeitsnahe Romane werden daher tendenziell weniger häufig auftreten. Damit nimmt der Staat in erheblicher Weise auf die inhaltliche Gestaltung Einfluss, auch wenn er nicht konkret Inhalte zensiert. Es bedarf daher eines kunstspezifischen Ausgleichs.

Lässt sich freilich eine schwerwiegende Beeinträchtigung des Persönlichkeitsrechts zweifelsfrei feststellen, so kann sie auch nicht durch die Kunstfreiheit gerechtfertigt werden.[596] Die Schwere der Beeinträchtigung wird nach dem BVerfG durch zweierlei begründet: inwieweit der Künstler für den Leser den Inhalt des Werks auf wirkliche Personen bezieht und wie intensiv die Persönlichkeitsbeeinträchtigung ausfällt, wenn der Leser diesen Bezug herstellt. Das betrifft vor allem **intime Einzelheiten**. Hier muss daher die **Fiktionalisierung** und damit das Verfremden der Wirklichkeit besonders stark sein. Anders verhält es sich hingegen mit äußeren Umständen, auch wenn diese eine konkrete Person erkennen lassen.

Indes ist bei diesen Anforderungen darauf zu achten, dass sich in diesem Rahmen Kunst noch effektiv zu entfalten vermag. Ansonsten droht eine **Einschüchterung**, sich in bestimmten Bereichen künstlerisch zu betätigen. Eine solche Einschüchterung soll in anderen Feldern immer wieder vermieden werden (→ Rn. 456). Die Kunst lebt gerade auch vom Aufgreifen tatsächlicher Vorbilder. Diese werden aber naturgemäß (→ Rn. 404) in einen neuen Kontext gestellt, nämlich den des Gesamtwerks, ohne dass sich aus diesem ergibt, was »wahr« oder verfremdet ist. Die Wirklichkeit geht im Roman auf, die Erkennbarkeit erscheint daher als untaugliches Kriterium.[597] Indes ist der enge private Bereich und damit der **Menschenwürdekern** absolut geschützt (→ Rn. 471). Er darf daher auch durch eine Romandarstellung nicht der Öffentlichkeit preisgegeben werden, indem eine Person lediglich realiter geschildert wird. Dann aber handelt es sich oft auch nicht mehr um Kunst.[598]

---

592 BVerfG NVwZ 2008, 549.
593 Zum darauf bezogenen Kunstbegriff → Rn. 404 f. sowie *Frenz* HdB EuropaR IV Rn. 2354 f.
594 So BVerfGE 119, 1 (23) – Esra.
595 Dafür auch bezogen auf Art. 5 III GG Sondervotum *Hohmann-Dennhardt* und *Gaier*, BVerfGE 119, 1 (37 f.), 39 (44) – Esra.
596 BVerfGE 119, 1 (27) – Esra auch zum Folgenden.
597 Sondervotum *Hohmann-Dennhardt* und *Gaier*, BVerfGE 119, 1 (37) – Esra.
598 Sondervotum *Hohmann-Dennhardt* und *Gaier*, BVerfGE 119, 1 (47 f.) – Esra.

387 **b) Gesetzliche Grundlage.** Ist schon bei Grundrechten mit Gesetzesvorbehalt eine **Einschränkung nur durch ein Gesetz** möglich, gilt dies erst recht für Eingriffe in Grundrechte ohne ausdrücklichen Gesetzesvorbehalt.[599] Auch sie müssen also auf normativer Grundlage erfolgen und bedürfen der **Rechtfertigung.** Diese muss bei vorbehaltlos gewährleisteten Grundrechten freilich **in einem gegenläufigen Verfassungsgut** bestehen. Ein bloßes allgemeines Interesse genügt nicht.

388 **c) Kompetenzbestimmungen.** Die rechtfertigenden Elemente sind aber auch dann sehr weit, wenn man nicht nur die Grundrechte und Staatszielbestimmungen einbezieht, sondern etwa auch **Kompetenzbestimmungen.**[600] Dafür spricht, dass das GG auf ihrer Basis den Erlass von Gesetzen vorsieht. Wegen der Vielzahl der aufgeführten Belange drohen dadurch aber im Ergebnis die Grundrechte ohne Gesetzesvorbehalt einem solchen unterworfen zu werden. Damit ihre höhere Schutzintensität nicht weitgehend ausgehöhlt wird, kommt dieser Weg **nicht** in Betracht.[601] Praktische Bedeutung erlangt diese Frage, wenn ein Belang nicht an anderem Ort sicher abgestützt ist.

389 Ein **Beispiel** dafür war der in Art. 74 Nr. 20 GG genannte **Tierschutz,** aus dem etwa eine Beschränkung von Methoden der Haltung, Verwendung und Schlachtung von Tieren folgen kann.[602] Er ist mittlerweile in Art. 20a GG explizit gewährleistet.[603] Daraus ergibt sich aber kein völliges Verbot des Schlachtens ohne Betäubung aus religiösen Gründen. Ansonsten hätte der Tierschutz einen vom Verfassungsgeber nicht beabsichtigten und auch systemwidrigen Vorrang. Zulässig sind aber enge Voraussetzungen für das Schächten.[604]

390 Offenbar hält der Verfassungsgeber eine Aufnahme außerhalb der Kompetenzbestimmungen für erforderlich, um den Staat auf einen bestimmten Inhalt zu verpflichten.

2. Wissenschaftsfreiheit[605]

391 Der Tierschutz kann vor allem mit der Wissenschaftsfreiheit nach Art. 5 III GG in Konflikt geraten. Diese umfasst »alles, was nach Inhalt und Form als ernsthafter planmäßiger Versuch zur **Ermittlung von Wahrheit** anzusehen ist«[606]. Sie ist mit der Forschung verknüpft und diese nach herkömmlicher Konzeption wiederum mit der Lehre. Demgegenüber erkannte nunmehr das BVerfG auch der Lehrtätigkeit eines **Fachhochschulprofessors** gleichermaßen Grundrechtsschutz zu. Sie muss also nicht auf eigener Forschung basieren, um Art. 5 III GG zu unterfallen.[607] Vielmehr ist sie aufgrund der objektiven Wertentscheidung nach Art. 5 III GG gleichermaßen durch Bereitstellung von personellen, finanziellen und organisatorischen Mitteln zu ermöglichen und zu fördern.[608] Daraus ergibt sich die Notwendigkeit der näheren **staatlichen Ausgestaltung,** der auch die **Zuweisung von konkreten Lehrveranstaltun-**

---

599 → Rn. 356 f.

600 BVerfGE 53, 30 (56); 69, 1 (21 f.). – Kriegsdienstverweigerung II; s. dagegen Sondervotum *Mahrenholz* und *Böckenförde,* BVerfGE 69, 1 (58 ff.).

601 Dreier/*Dreier* Vorb. Rn. 88.

602 Offen in BVerwGE 112, 227 (231) – Muslime und Schächtgebot. → Rn. 273 ff. zur Schlachtung ohne Betäubung aus religiösen Gründen und sogleich → Rn. 391 f.

603 S. in diesem Zusammenhang VGH Kassel NuR 2005, 464.

604 BVerwGE 127, 183 (184 ff.).

605 Übungsfall: *Beaucamp/Lang* JA 2004, 213.

606 BVerfGE 90, 1 (12) – Jugendgefährdende Schriften; 35, 79 (113) – Gruppenuniversität; BVerwGE 102, 304 (308) – Forschungsfreiheit.

607 BVerfGE 126, 1 (23 f.).

608 *Kaufhold* NJW 2010, 3276 (3277); s. bereits BVerfGE 35, 79 (113 f.).

gen unterfällt, soweit sich diese im Rahmen des Lehrauftrags halten, nicht hingegen die Einflussnahme auf Inhalt und Methoden: Sie bildet einen rechtfertigungsbedürftigen Eingriff.[609]

Werden in der Forschung oder zu Demonstrations- und Übungszwecken in der Lehre **Tierversuche** vorgenommen, sind diese Ausdruck der Wissenschaftsfreiheit und damit auch in der Geeignetheit sowie der Ausgestaltung von dem Forscher bzw. Lehrenden autonom zu beurteilen.[610] Bei Vorliegen der normativen Voraussetzungen nach § 8 III TierSchG besteht daher kein Ermessen mehr; ein solches würde die Forschungsfreiheit zur behördlichen Disposition stellen.[611] Allerdings ist umgekehrt den Darlegungen der Forscher nicht uneingeschränkt zu folgen: Nur die Voraussetzungen der Genehmigung mit wissenschaftsspezifischem Bezug wie die Frage der Unerlässlichkeit und wissenschaftlichen Bedeutung eines Tierversuchs nach § 7 II TierSchG sind als Ausdruck der Wissenschaftsfreiheit lediglich wissenschaftlich begründet und insoweit plausibel darzulegen, die Belastung der Versuchstiere (§ 7 III TierSchG) unterliegt hingegen voller gerichtlicher Kontrolle, ebenso die Abwägungsentscheidung zwischen beiden.[612]

Die Schranken nach Art. 5 II GG beziehen sich nach der systematischen Stellung nur auf Art. 5 I GG, die Trias nach Art. 2 I GG ist der allgemeinen Handlungsfreiheit eigen, sodass Art. 5 III GG lediglich durch konkurrierendes Verfassungsrecht eingeschränkt werden kann. Grundlage für normative Einschränkungen kann der **Tierschutz** nach Art. 20a GG sein; er prägt aber nur eine gesetzlich vorgegebene Abwägung, ersetzt diese indes nicht: So ist die Frage der **ethischen Vertretbarkeit** eines **Tierversuchs** nach § 7 III TierSchG durch eine konkrete, einzelfallbezogene **Abwägung zwischen** der **Wissenschaftsfreiheit und** dem **Tierschutz** als gleichgewichtige Verfassungsgüter und damit durch **praktische Konkordanz** zu ermitteln.[613] Absolute Grenzen für den Tierschutz können freilich aus der Notwendigkeit von Tierversuchen für die Wahrung der **Menschenwürde** erwachsen[614] – etwa im Hinblick auf die Verhinderung von schweren Krankheiten, die dem Leben jede Perspektive nehmen.[615] Grundlage dafür ist auch die Ausbildung von Personen, die mit diesem Ziel Versuche durchführen können.

Fall nach BVerfG DVBl. 2016, 641 mAnm *Frenz:* Einer privaten Hochschule droht ein Ordnungsgeld, weil sie einen Studiengang ohne Akkreditierung (Kosten ca. 12.000 EUR) anbietet.

Grundrechtlicher Abwehransatz ist die **Wissenschaftsfreiheit der Hochschulen** (einschließlich privater)[616], die durch Bewertungsverfahren der Lehre berührt wird: Die Lehre ist als Prozess der Vermittlung wissenschaftlicher Erkenntnisse geschützt.[617] In sie wird eingegriffen, indem die Hochschulen ihre Studiengänge akkreditieren müssen, wollen sie staatlich anerkannt werden und nicht wegen gleichwohl angebotener Studien ein Ordnungsgeld riskieren. Damit besteht ein **faktischer Akkreditierungsvorbe-**

---

609 BVerfGE 126, 1 (25, 27).
610 VGH Kassel NJW 1994, 1608 (1609).
611 OVG Bremen DVBl. 2013, 669 (671 f.).
612 OVG Bremen DVBl. 2013, 669 (670 f.).
613 OVG Bremen DVBl. 2013, 669 (670).
614 Vgl. für Tierversuche in der Lehre VGH Kassel NJW 1994, 1608 (1609 f.) aus der Verantwortung des Hochschullehrers nach Art. 5 III GG.
615 Zur Hoffnung als Bestandteil der Menschenwürde BVerfGE 45, 187 (228, 245) – lebenslange Freiheitsstrafe; → Rn. 255 ff.
616 BVerfG DVBl. 2016, 641 Rn. 48.
617 BVerfG DVBl. 2016, 641 Rn. 49.

halt, der normativ vorgegeben ist, auch wenn er durch externe Private ausgefüllt wird.[618] Indem so die Studiengänge extern bewertet werden müssen, bezogen auf Konzept und Organisation, Zusammensetzung der Curricula, Benennung von Studienschwerpunkten und Modulen sowie die Studien- und Prüfungsordnungen, mithin mit allem, was originär die Arbeit der vor Ort Tätigen darstellt, wird zugleich in die **Wissenschaftsfreiheit der Lehrenden** sowie der Fachgruppen und Fakultäten eingegriffen, die nach § 7 IV NRWHG mitwirken müssen. Es ist also nicht nur die Hochschule als Ganzes betroffen.[619] Diese umfassende »**präventive Vollkontrolle**« zeigt zugleich die Schwere des Eingriffs.[620]

Eine **Rechtfertigung** für diesen Eingriff fehlt. Der immer wieder bemühte »Bologna-Prozess« kann nach Art. 165 I AEUV nur die Zusammenarbeit der für die Lehrinhalte und die Gestaltung des Bildungssystems weiterhin allein verantwortlichen Mitgliedstaaten fördern, nicht aber ihnen mit Verbindlichkeit etwas vorschreiben: Art. 165 IV AEUV schließt eine Harmonisierung gerade aus[621] und beschränkt sich auf Fördermaßnahmen und Empfehlungen.

Die **Qualitätssicherung der Lehre** ist zwar ein Ziel mit Verfassungsrang, das Art. 5 III GG zu beschränken vermag. Darin spiegelt sich die Bedeutung der Lehre für die Berufsausbildung und damit für die Berufsfreiheit der Studierenden nach Art. 12 I GG wider.[622] Daraus ergibt sich eine Rechtfertigung für eine mögliche hochschulexterne Akkreditierung unter Beteiligung der Berufspraxis.[623] Für einen solchen Eingriff bedarf es aber gem. Art. 5 III iVm Art. 20 III GG einer **hinreichenden gesetzlichen Grundlage.** Traditionell bestimmt sich die **Wesentlichkeit** vor allem nach der Wichtigkeit für die Realisierung der Grundrechte. Dabei wird die Regelungsdichte bei komplexen Abwägungsentscheidungen, wie sie auch die Bewertung und die daraus folgende Akkreditierung von Studiengängen bilden kann, zurückgenommen. Stets aber muss der Gesetzgeber die inhaltlichen Grundlinien der Rechtsgüterabwägung vorentscheiden, Entscheidungsfreiräume der Verwaltung präzisieren und die organisatorischen Voraussetzungen für eine genügend transparente Beteiligung von Sachverständigen schaffen. Das sind hier die Kriterien für die Akkreditierung, das durchzuführende Verfahren sowie die Organisation der Agenturen für diesen Vorgang. Indes enthält § 7 I NRWHG ein hochschulexternes Akkreditierungssystem ohne näheren normativen Rahmen.[624] Es fehlt daher schon eine hinreichende gesetzliche Grundlage.

Die Qualitätssicherung in der Lehre hat als Prozess der Vermittlung wissenschaftlicher Erkenntnisse **grundsätzlich durch die Wissenschaft selbst** zu erfolgen. Gerade die Bewertungskriterien können nur unter Partizipation von Wissenschaftlern festgelegt werden, zumal wenn dies hochschulextern erfolgt, um wissenschaftsadäquate Belange hinreichend zu wahren.[625] Kurzum: Nur so bleibt Lehre ein Prozess zur Vermittlung wissenschaftlicher Erkenntnisse, wie sie grundrechtlich geschützt ist. Ansonsten könnte die Universität zum reinen Ausbildungsbetrieb degenerieren. Die **Einheit von Forschung und Lehre** ginge verloren. Die Berufsausbildungsfunktion der Lehre rechtfertigt nur eine Kontrolle sowie Begleitung und keine originäre inhaltliche Prägung. Wissenschaftler müssen die Kriterien für die Akkreditierung von Studiengängen maßgeblich selbst festlegen und verfahrensmäßig sowie organisatorisch mit Leben füllen. Das BVerfG bejaht insoweit einen Teilhabeanspruch, der zum Abwehrrecht der Hochschulen und Lehrenden tritt[626] und erst dessen Wahrung sichert.

Die Kriterien und die Verfahren für die Akkreditierung von Studiengängen hat damit der Gesetzgeber festzulegen. Allerdings dürfen die Akkreditierungsagenturen beibehalten werden. Lediglich ihre Organisation muss normativ geordnet werden. Bis dahin dürfen aber keine Ordnungsgelder verhängt werden. Ebenso wenig darf Studiengängen bzw. Hochschulen die staatliche Anerkennung bzw. Zulassung allein wegen fehlender Akkreditierung versagt werden.

---

618 BVerfG DVBl. 2016, 641 Rn. 51.
619 BVerfG DVBl. 2016, 641 Rn. 52.
620 BVerfG DVBl. 2016, 641 Rn. 54 f.
621 BVerfG DVBl. 2016, 641 Rn. 57.
622 BVerfG DVBl. 2016, 641 Rn. 58.
623 BVerfG DVBl. 2016, 641 Rn. 65 f.
624 BVerfG DVBl. 2016, 641 Rn. 61 ff. im Detail.
625 BVerfG DVBl. 2016, 641 Rn. 60.
626 BVerfG DVBl. 2016, 641 Rn. 60.

3. Glaubensfreiheit

Für Art. 4 I, II GG wird zT ein Gesetzesvorbehalt aus Art. 136 I WRV hergeleitet, der **394** gem. Art. 140 GG vollgültiger Bestandteil des GG ist.[627] In Art. 4 I, II GG ist ein solcher aber gerade nicht enthalten,[628] und Art. 136 III 2 WRV nennt ihn explizit nur für eine bestimmte Konstellation.[629] Daher bedarf es für Einschränkungen eines gegenläufigen Verfassungsgutes.

Fall nach VGH Kassel NVwZ 2013, 159, bestätigt durch BVerwGE 147, 362: Die muslimische Schülerin **395** S verlangt nach Art. 4 I und II GG die Befreiung vom koedukativen Schwimmunterricht.

Die **Schulpflicht** ist im staatlichen **Erziehungs- und Bildungsauftrag** nach Art. 7 I GG begründet und daher ein gegenläufiges Verfassungsgut, das die Glaubensfreiheit einzuschränken vermag. Diese ist also nicht schrankenlos zu gewährleisten. Sie kann umgekehrt andere verfassungsrechtliche Positionen in einer Form berühren, die eine Befreiung von der Schulpflicht notwendig macht. Ein solcher Konflikt ist im Sinne praktischer Konkordanz zu lösen, sodass möglichst alle in Widerstreit stehenden Verfassungsgüter verwirklicht werden können, außer die individuelle Beeinträchtigung ist besonders intensiv und löst eine glaubensbedingte Gewissensnot gravierenden Ausmaßes aus.[630]
Sind zumutbare Verhaltensalternativen möglich, ohne **verbindliche Glaubensge- oder -verbote** zu verletzen, ist die Befreiung von der Teilnahme am Schwimmunterricht nicht gerechtfertigt. S kann – ebenso wie ihre muslimischen Klassenkameradinnen – entsprechende Kleidung (Haschema oder Burkini) tragen, die den Regeln ihres Glaubens entspricht. Weil S sich auch sonst streng an die muslimischen **Bekleidungsvorschriften** hält, ist eine Stigmatisierung oder Ausgrenzung durch die anderen Schüler nicht gegeben. Ein Eingriff in ihre Religionsfreiheit besteht zwar dennoch, da eine strenge Auslegung der Sure 24, Vers 31 des Koran körperliche Berührungen mit Jungen sowie das Ansehen verbietet. Diese Einschränkung ist aber hinzunehmen, weil die **staatlichen Erziehungsziele** nach Art. 7 I GG **schwerer** wiegen. Die Schüler sollen »gleichberechtigt und verantwortungsbewusst an demokratischen Prozessen in einer pluralistischen Gesellschaft teilhaben«.[631] Dazu gehörten auch der Umgang mit Andersdenkenden, gelebte **Toleranz**, Gleichberechtigung der Geschlechter und Offenheit. Die Schulpflicht – und der koedukative Schwimmunterricht – können diese staatlichen Erziehungsziele verwirklichen. Eine Unterrichtsbefreiung wegen befürchteter Beeinträchtigungen religiöser Positionen muss daher die Ausnahme bleiben.[632]
Art. 4 I und II GG gewährleistet **keinen umfassenden Konfrontationsschutz**, sodass S auch keinen getrennten Schwimmunterricht fordern kann. Dies würde dem staatlichen Integrationsauftrag entgegenstehen. Damit wird auch der Eingriff in das durch Art. 6 II 1 GG gewährleistete Erziehungsrecht der Eltern begründet.

Fall nach BVerfGE 138, 296; BVerfG DVBl. 2017, 124 mAnm Frenz: Eine Lehrerin bzw. Kindererzieherin **396** wurde abgemahnt, weil sie sich weigerte, ihr Kopftuch während des Dienstes abzulegen; BVerfGE 108, 282: Die Muslimin M hat beide Staatsprüfungen für das Lehramt an Grund- und Hauptschulen bestanden. Ihr Antrag auf Einstellung in den Schuldienst wurde abgelehnt, weil sie im Einstellungsgespräch erklärt hatte, sie möchte auch im Unterricht ein islamisches Kopftuch tragen.

I. Eingriff in die Glaubens- und Bekenntnisfreiheit
Eine allgemeine Untersagung des Tragens eines Kopftuches während des Dienstes stellt nach dem BVerfG einen schwerwiegenden Eingriff in das Grundrecht des Personals aus Art. 4 I und 2 GG dar.

---

627 BVerwGE 112, 227 (231 f.) – Muslime und Schächtgebot; *Jarass/Pieroth* Art. 4 Rn. 32 mwN.
628 BVerfGE 33, 23 (30 f.) – Eidesverweigerung.
629 S. auch BVerfGE 65, 1 (39) – Volkszählung.
630 BVerwGE 147, 362 Rn. 21 f.
631 VGH Kassel NVwZ 2013, 159 (161).
632 BVerwGE 147, 362 Rn. 17.

Dies wird darauf gestützt, dass hier die Betroffene ein nach ihrem Glaubensverständnis **imperatives religiöses Bedeckungsgebot in der Öffentlichkeit** verfolgt, also für sie unverzichtbar und nicht aufzuschieben. Dabei kommt es nicht darauf an, dass im Islam unterschiedliche Auffassungen dazu vertreten werden, sondern entscheidend ist, dass die Betroffene dies für sich als verpflichtend ansieht. Das **Selbstverständnis des einzelnen Grundrechtsträgers zählt** dazu (Rn. 59). Er kann sich so im Rahmen des einheitlichen Grundrechts gem. Art. 4 I und II GG nach außen äußern und seinen Glauben bekunden, ohne durch seine Eigenschaft als Angestellter im öffentlichen Dienst von seiner Grundrechtsberechtigung ausgeschlossen zu sein; das gilt auch für Beamte (Rn. 58).[633] Verstärkend wirkt nach dem BVerfG, dass ein Verbot, einem imperativen religiösen Bedeckungsgebot in der Öffentlichkeit nachzukommen, die persönliche Identität nachvollziehbar berühren und damit sogar den Zugang zum Beruf verstellen kann; aus dieser Perspektive geraten Art. 2 I iVm Art. 1 I sowie Art. 12 I GG ins Blickfeld. Auch der **Kontakt mit Kindern** lässt nach dem BVerfG **keine Ausnahme** von einer Kopfbedeckungspflicht zu, weil die Tätigkeit in einer Kindertagesstätte jedenfalls darauf nicht beschränkt bleibt (Rn. 60 aE in Abweichung vom Landesarbeitsgericht Baden-Württemberg).

II. Verfassungsimmanente Schranken

Da Art. 4 I und II GG keinen Gesetzesvorbehalt enthält, müssen Einschränkungen verfassungsrechtlich unmittelbar legitimiert sein, so auf der Basis von **Grundrechten Dritter** sowie von **Gemeinschaftswerten mit Verfassungsrang.** Dazu gehören hier das Neutralitätsgebot, das elterliche Erziehungsrecht und die negative Glaubensfreiheit der Schüler. Dieses **normative Spannungsverhältnis** muss zunächst der **demokratische Gesetzgeber auflösen** und hat dabei einen sehr weiten Einschätzungsspielraum, bei dem er allerdings ein angemessenes Verhältnis zu der Gewichtung der Bedeutung des Grundrechts des Personals herstellen muss, zumal wenn er ein weitgehend vorbeugend wirkendes Verbot äußerer religiöser Bekundungen festlegt (Rn. 61 f.).

1. Negative Glaubens- und Bekenntnisfreiheit der Kindergartenkinder

Zwar gewährleistet Art. 4 I und II GG die Freiheit, kultischen Handlungen eines nicht geteilten Glaubens fernzubleiben, einschließlich Riten und Symbole, in denen ein Glaube oder eine Religion sich darstellen. Indes erwächst daraus nach dem BVerfG kein Recht darauf, von der Konfrontation mit fremden Glaubensbekundungen, kultischen Handlungen und religiösen Symbolen verschont zu bleiben, jedenfalls wenn der Staat sich deren Aussagen nicht zueigen macht (Rn. 64 f.).[634] Zwar treten Lehrerinnen und Erzieherinnen in einem staatlich organisierten Rahmen auf und prägen damit das Gesicht einer Einrichtung. Allerdings sieht das BVerfG dadurch die religiös-pluralistische Gesellschaft widergespiegelt. Daher wird aus seiner Sicht die negative Glaubensfreiheit grundsätzlich gar nicht beeinträchtigt, solange die Erzieherinnen nur ein äußeres Erscheinungsbild an den Tag legen und nicht verbal für ihre Position oder ihren Glauben werben und die von ihnen betreuten Kinder über ihr bloßes Auftreten mit Kopftuch hinaus zu beeinflussen versuchen (Rn. 65).

Indes dürften Kopftücher eindeutig dem Islam zuzuordnen sein und damit dem Kitakind wie auch dem Schüler das Gefühl geben, von einer gläubigen Muslima erzogen zu werden. Da Erzieherinnen und auch Lehrerinnen zumal bei jüngeren Kindern eine Vorbildfunktion entfalten, mögen sich durchaus allein aus dem Tragen des Kopftuchs Einflüsse ergeben. Diese werden auch nicht durch das Auftreten anderer Erzieherinnen und Erzieher mit anderem Glauben oder anderer Weltanschauung relativiert und ausgeglichen, wie es das BVerfG vorbringt (Rn. 65 aE).[635] Das Kreuz, das etwa als Kette um den Hals getragen wird, ist nicht so auffällig wie ein Kopftuch. Zudem ist nicht sicher, ob tatsächlich Erzieherinnen und auch Lehrerinnen einen anderen Glauben oder eine andere Weltanschauung nach außen bekunden. Daher hätte es doch näherer Abwägung zwischen negativer und positiver Religionsfreiheit bedurft.

2. Elterngrundrecht

Das gilt auch im Hinblick auf das Elterngrundrecht nach Art. 6 II 1 GG iVm Art. 4 I und II GG, woraus das Recht zur Kindererziehung in religiöser und weltanschaulicher Hinsicht folgt. Dieses Elterngrund-

---

633 S. bereits BVerfGE 138, 296 (Rn. 84) sowie für Beamte BVerfGE 108, 282 (297 f.).
634 Bereits BVerfGE 108, 282 (305 f.); 138, 296 (Rn. 104).
635 S. bereits BVerfGE 138, 296 (Rn. 105).

recht garantiert nach dem BVerfG nicht, von der Konfrontation mit religiös konnotierter Begleitung von Erziehungspersonal verschont zu bleiben, selbst wenn daraus nur der Schluss auf die Zugehörigkeit zu einer anderen Religion oder Weltanschauung gezogen werden kann. Hier steht wiederum das Argument im Vordergrund, ein solches glaubensgeleitetes Verhalten sei dem Staat nicht zurechenbar, sondern es handle sich um erkennbar individuelle Grundrechtsausübung (Rn. 66). Insoweit werden Kinder in Bezug auf »ihre« Erzieherin bzw. Lehrerin schwerlich differenzieren können und damit letztlich doch in religiöser Hinsicht beeinflusst werden, womit das Recht der Eltern, die von ihnen für richtig gehaltenen Überzeugungen in Glaubens- und Weltanschauungsfragen zu vermitteln, zurückgedrängt wird. Sie vermögen damit die Kinder nicht von Glaubensüberzeugungen fernzuhalten, die ihnen als falsch oder schädlich erscheinen.[636]

3. Neutralitätsgebot

Der Staat muss aufgrund von Art. 4 I, 3 III 1, 33 III GG sowie Art. 136 I und IV, 137 I WRV iVm Art. 140 GG eine weltanschaulich-religiöse Neutralität wahren. Insbesondere ist die Identifikation mit einer bestimmten Religionsgemeinschaft ausgeschlossen.[637] Basis dafür ist das grundgesetzliche Menschenbild, das von der Würde des Menschen und der freien Entfaltung der Persönlichkeit in Selbstbestimmung und Eigenverantwortung geprägt ist (Rn. 67). Daraus folgert das BVerfG aber nicht, dass der Einzelne sich als Ausdruck seiner Würde auf Distanz halten kann, sondern begreift diese Verbindung als eine offene und übergreifende, die Glaubensfreiheit für alle Bekenntnisse gleichermaßen fördernde Haltung. Es folgert daraus im positiven Sinn einen Raum für die aktive Betätigung der Glaubensüberzeugung und die Verwirklichung der autonomen Persönlichkeit auf weltanschaulich-religiösem Gebiet (Rn. 67).[638] Das begünstigt extrovertierte Personen gegenüber introvertierten, die sich einfach abschirmen und abgrenzen wollen. Ausgeschlossen sind danach nur eine gezielte Beeinflussung und die auch konkludente staatliche Identifikation mit einem bestimmten Glauben oder einer bestimmten Weltanschauung.

Die vom BVerfG propagierte Offenheit spricht dafür, auch die bloß im äußeren Erscheinungsbild hervortretende Sichtbarkeit religiöser oder weltanschaulicher Zugehörigkeit einzelner Angestellter hinzunehmen (Rn. 68). Hierin zeigt sich die Entfaltung des religiösen Bekenntnisses in einem offenen Raum. Es stellt sich aber doch die Frage, ob dies auch im staatlichen Bereich erfolgen muss und kann. Der EGMR lässt in wesentlich stärkerem Umfang die staatliche Neutralität hervortreten und hält das islamische Kopftuch mit der an Schulen zu wahrenden Toleranz und Gleichberechtigung aller Geschlechter für unvereinbar.[639]

Daher ist es Sache des Gesetzgebers zu entscheiden, inwieweit er in der Schule und im Kindergarten die staatliche Neutralität verankert wissen will. Deshalb muss ihm freistehen, zumindest gesetzlich festzulegen, dass die von ihm eingesetzten Beamten und Angestellten Bekleidungsvorschriften wahren, welche die staatliche Neutralität auch nach außen zeigen, sofern man dies nicht schon aus den Grundsätzen des Berufsbeamtentums nach Art. 33 V GG ableitet.[640]

Das Neutralitätsverständnis ließ das BVerfG umgekehrt Durchbrechungen eines absoluten Feiertagsschutzes am Karfreitag aus Gründen der Weltanschauungsfreiheit verlangen.[641] Der Staat darf dem Einzelnen, der eigene Vorstellungen hat, nichts aufoktroyieren – auch wenn dadurch die (positive) Religionsfreiheit im Einzelfall zurücktreten muss.

III. Ergebnis

Das BVerfG sieht staatliche Verbote des Tragens von Kopftüchern in Kindertagesstätten als Verstoß gegen Art. 4 I und II GG. Eine Rechtfertigung aus der negativen Glaubens- und Bekenntnisfreiheit der Kinder und dem Elterngrundrecht lehnt es ab. Kindertagesstätten sieht es nicht als (glaubens)neutralen Boden, sondern als Raum für die aktive Betätigung der individuellen Glaubensüberzeugung auf-

---

636 Genau dies ist garantiert, BVerfGE 93, 1 (17).
637 BVerfGE 108, 282 (300) sowie bereits 30, 410 (422).
638 BVerfGE 41, 29 (49); 93, 1 (16).
639 So EGMR NVwZ 2006, 1389 (1392f.) – Leyla Sahin; dazu näher *Frenz* DÖV 2007, 690.
640 Sondervotum *Jentsch* ua, BVerfGE 108, 282 (317ff.); für den Angestelltenbereich unter Verweis auf entsprechende tarifvertragliche Regelungen StGH Hessen NVwZ 2008, 199 (205f.).
641 BVerfG Beschl. v. 27.10.2016 – 1 BvR 458/10.

grund imperativer Glaubensgebote in einer religiös-pluralistischen Gesellschaft. Die persönliche Religionsausübung geht vor die staatliche Neutralität, welche freilich die Frage eines Kruzifixes im Klassenzimmer bestimmte (→ Rn. 938 ff. zu BVerfG einerseits und EGMR andererseits).

397 **Beispiel** nach VG Darmstadt NJW 2003, 455; VGH Kassel NJW 2006, 1227: **Kommunale Mandatsträger** haben aufgrund ihrer durch das Wahlamt bedingten **Mäßigungspflicht** zur Gewährleistung eines ungestörten Sitzungsablaufes Einschränkungen ihrer Bekenntnisfreiheit hinzunehmen. Eine provozierende Glaubensbekundung kann daher unzulässig sein, wenn dadurch eine ruhige und sachliche Sitzungsatmosphäre verloren geht (→ Rn. 1563). Der Vorsitzende des Kreistages ist für amtliche Maßnahmen wie das Anbringen eines Kreuzes im Sitzungssaal ohnehin kraft Amtes zur Neutralität verpflichtet (→ Rn. 279). Darin sieht der VGH Kassel den maßgeblichen Unterschied zu dem vorhergehenden Fall der Lehrerin. Nach hiesiger Konzeption sind beide Fälle gleich zu behandeln.

398 Aufgrund der **Neutralitätspflicht** des Staates lehnte das BVerfG umgekehrt eine Rechtfertigung für die Einschränkung der negativen Religionsfreiheit durch das Kruzifix im Klassenzimmer aus Art. 7 I GG ab.[642] Diese Einschränkung der negativen Religionsfreiheit führt freilich auch zu einer Einschränkung der positiven Religionsfreiheit der Schüler, die »unter dem Kreuz« lernen wollen. **Auch innerhalb verschiedener Komponenten eines Grundrechts** ist ein **Ausgleich** vorzunehmen. Er erfolgt wegen der potenziellen Gleichgewichtigkeit der Elemente eines Grundrechts wiederum im Wege **praktischer Konkordanz** (→ Rn. 280, 357, 396).

399 Das BVerfG hält ein völliges Zurücktreten der **negativen Glaubensfreiheit** durch das Verbleiben eines Kreuzes im Klassenzimmer für mit dem Gebot praktischer Konkordanz unvereinbar.[643] Wird das Kreuz entfernt, kommt indes die **positive Glaubensfreiheit** der christlichen Schüler, die ein Kreuz haben wollen, nicht zum Zuge. Das BVerfG verweist darauf, dass Art. 4 I GG in besonderem Maße dem Minderheitenschutz dient und nicht uneingeschränkt die Betätigung von Glaubensüberzeugungen in staatlichen Institutionen ermöglicht. Damit erkennt das BVerfG aber an, dass die positive Glaubensfreiheit durch die Herabnahme des Kreuzes beeinträchtigt wird. Diese steht nicht hinter der negativen Glaubensfreiheit zurück. Die praktische Konkordanz gebietet einen schonenden Ausgleich, »**einen für alle zumutbaren Kompromiss«,** der durch den Gesetzgeber zu erfolgen hat.[644]

400 Eine Möglichkeit besteht darin, die Schwere der jeweiligen Beeinträchtigung gegenüberzustellen. Das führt allerdings dazu, dass die Senatsmehrheit des BVerfG auf die Neutralität der Schule[645] sowie die anderen Möglichkeiten der Glaubensbetätigung und die Senatsminderheit auf die im Alltag bereits vorhandenen zahlreichen Kreuze in Bayern verweist.

401 Ein anderer Weg ist der jetzt auch vom Gesetzgeber beschrittene, ein Kreuz hängen zu lassen, sofern niemand aus ernsthaften und einsehbaren – nicht notwendig objektiv nachvollziehbaren – Gründen des Glaubens und der Weltanschauung widerspricht. Ist dies der Fall, kommt eine Einigung nicht zustande und fehlen andere zumutbare, nicht diskriminierende Ausweichmöglichkeiten vor allem im Vorfeld (zB Klasseneinteilung), setzt sich freilich nach dem BVerwG die negative Glaubensfreiheit gegenüber der positiven durch.[646]

402 Nach dem zweiten **Kruzifix-Urteil des EGMR**[647] bildet das **Kruzifix** hingegen ein überwiegend **passives Symbol,** von dem keine Indoktrinierung ausgeht. Es hat daher keinen Einfluss, der dem mündlichen Unterricht oder der Teilnahme an religiösen Handlungen gleichgesetzt werden könnte. Damit genügt es dem für den EGMR zentralen Grundsatz der Neutralität, nach dem der Staat verschiedene Religionen, Glaubensrichtungen und Überzeugungen an einer Schule im Sinne des religiösen Friedens und der Toleranz in einer demokratischen Gesellschaft insbesondere zwischen gegnerischen Gruppen zum Ausgleich

---

642 BVerfGE 93, 1 (21 ff.) – Kruzifix. → Rn. 276.
643 BVerfGE 93, 1 (24) – Kruzifix.
644 Sondervotum *Seidl* u. a., BVerfGE 93, 1 (31 f.).
645 S. auch → Rn. 279 zu einem religionsübergreifenden Fach Ethik.
646 BVerwGE 109, 40 (48 ff.).
647 EGMR EuGRZ 2011, 677 – Lautsi/Italien.

zu bringen hat.[648] Damit wird durch ein Belassen des Kreuzes jedenfalls der Schulfriede nicht gefährdet und die negative Glaubensfreiheit nicht über Gebühr beeinträchtigt.

4. Kunstfreiheit[649]

Beispiel nach BVerfGE 83, 130 – Josefine Mutzenbacher: Nach § 9 des Gesetzes über die Ver- **403** breitung jugendgefährdender Schriften (GjS) besteht die Bundesprüfstelle insbesondere aus Beisitzern, die verschiedenen näher bezeichneten Gruppen angehören müssen. Diese Stelle hält den Roman »Josefine Mutzenbacher – Die Lebensgeschichte einer wienerischen Dirne, von ihr selbst erzählt« für pornografisch und nimmt ihn daher nach § 1 I GjS in die Liste jugendgefährdender Schriften auf. Dies hat unter anderem zur Folge, dass der Roman nur an Erwachsene abgegeben und nicht beworben werden darf. Der Verleger hält das Gesetz für verfassungswidrig.

Das BVerfG verwendet mehrere Kunstbegriffe nebeneinander: **404**

- Einen **material** bezeichneten Kunstbegriff, wonach »das Wesentliche der künstlerischen Betätigung die freie schöpferische Gestaltung (ist), in der Eindrücke, Erfahrungen, Erlebnisse des Künstlers durch das Medium einer bestimmten Formensprache zu unmittelbarer Anschauung gebracht werden«.[650]
- Einen **formalen** Kunstbegriff, der das Wesentliche eines Werkes darin sieht, dass es einem bestimmten Werktyp (Malen, Bildhauen, Dichten, Theaterspielen usw) zugeordnet werden kann.
- Einen sog. **offenen Kunstbegriff,** der »das kennzeichnende Merkmal einer künstlerischen Äußerung darin sieht, dass es wegen der Mannigfaltigkeit ihres Aussagegehaltes möglich ist, der Darstellung im Wege einer fortgesetzten Interpretation immer weiterreichende Bedeutungen zu entnehmen, sodass sich eine praktisch unerschöpfliche, vielstufige Informationsvermittlung ergibt«[651]. Das Verhalten ist bereits dann durch Art. 5 III GG geschützt, wenn bei mehreren Deutungsmöglichkeiten auch solche künstlerischen Inhalts gegeben sind.

Der Roman ist das Ergebnis freier, schöpferischer, künstlerischer Gestaltung, ein bestimmter Werktyp – **405** wenngleich hier nicht ganz unzweifelhaft – und interpretationsfähig (Persiflage auf den Entwicklungsroman, Titelheldin als Verkörperung männlicher Sexualphantasien, Parodie), also Kunst jedenfalls nach dem materialen und dem offenen Kunstbegriff. Etwaige pornografische Elemente sind hier Teil des Kunstwerks und schließen ein solches nicht aus, fände doch ansonsten eine staatliche Inhaltskontrolle statt, die der notwendig freien Entfaltung des Künstlers zuwiderliefe (→ Rn. 386). Gegen die Einordnung als Kunst spricht auch nicht, dass der Roman mit einem finanziellen Hintergrund verlegt wird. Es gehört gerade zur Gewährleistung der **Kunstfreiheit, auch** deren **wirtschaftliche Voraussetzungen** sicherzustellen.[652] Daher fällt auch der Verleger in den personellen Schutzbereich.[653]

Das GjS schränkt Art. 5 III GG ein, um Jugendliche nicht sittlich zu gefährden. Der Jugendschutz ist ein **406** verfassungsrechtlich gewährleistetes Gut. Dieses kommt hier nicht über den nur auf Art. 5 I GG bezogenen Art. 5 II GG zum Zuge, aber aufgrund von Art. 6 II 1 und Art. 1 I iVm Art. 2 I GG. Ein fehlender Jugendschutz auch im künstlerischen Bereich kann nach vertretbarer Einschätzung des Gesetzgebers das elterliche Erziehungsrecht ebenso wie die Persönlichkeitsentwicklung von Jugendlichen unterlaufen. Daher kann der Gesetzgeber die Kunstfreiheit zurücktreten lassen, aber nicht generell, sondern nur, indem er der Verwaltung eine Abwägung im Einzelfall vorgibt.

---

648 EGMR EuGRZ 2011, 677 Rn. 72 mit 60 – Lautsi/Italien.
649 BVerfGE 119, 1 – Esra (s. bereits → Rn. 386); *Kobor* JuS 2006, 593; *Betzinger* JA 2009, 125; Übungsfälle: *Kremer* JURA 2006, 459; *Stein* VR 2006, 169.
650 Sondervotum *Haas* BVerfGE 115, 320 (377f.); BVerfGE 30, 173 (188f.) – Mephisto; vgl. hierzu *Hager* JURA 2000, 186.
651 BVerfGE 67, 213 (227) – Anachronistischer Zug.
652 BVerfGE 77, 240 (251) – Werbung.
653 BVerfGE 30, 173 (191) – Mephisto; aA Maunz/Dürig/*Scholz* Art. 5 III Rn. 43.

IV. Schranken-Schranken[654]

407 Sämtliche Grundrechtseinschränkungen unterliegen, auch wenn sie dem Grunde nach gerechtfertigt sind, bestimmten Schranken-Schranken. Sie stellen **Anforderungen an das »Wie« der Einschränkung** und bilden dadurch zugleich **Rechtfertigungsgrenzen**.

1. Anforderungen aus dem Vorbehalt des Gesetzes[655]

408 Der Vorbehalt des Gesetzes verlangt, dass staatliches Handeln in bestimmten grundlegenden Bereichen durch förmliches Gesetz geregelt wird.[656] Die **grundrechtlichen Gesetzesvorbehalte** legen diese Form eigens fest. Für die anderen Grundrechte ergibt sich dies aus dem **Rechtsstaats- und Demokratieprinzip**.[657] Danach muss der **Gesetzgeber** insbesondere **die für die Grundrechtsverwirklichung maßgeblichen Regelungen selbst treffen (Wesentlichkeitstheorie)**. Das gilt auch für Eingriffe in die Grundrechte von Strafgefangenen.[658] Eine **Ausnahme** ließ das BVerfG für das **Informationshandeln** gelten – außer wenn dieses verbotsgleich etwa die Berufsfreiheit beeinträchtigt (→ Rn. 347). Bei der Bundesregierung genügt im Übrigen die Zuweisung der Aufgabe der Staatsanleitung und es bedarf keiner besonderen gesetzlichen Ermächtigung, auch wenn mittelbar-faktische Grundrechtsbeeinträchtigungen die Folge sind.[659]

409 Inwieweit eine formellgesetzliche Regelung zu erfolgen hat, bestimmt sich nach dem jeweiligen Sachbereich und der Eigenart des betroffenen Regelungsgegenstandes, im Grundrechtsbereich nach dem Grundrechtsbezug. Eine solche Pflicht besteht für den **Ausgleich aufeinandertreffender Grundrechte**, deren Grenzen fließend und schwer bestimmbar sind. Vor allem wenn dies vorbehaltlos gewährleistete Grundrechte betrifft, muss der Gesetzgeber »die Schranken der widerstreitenden Freiheitsgarantien jedenfalls so weit selbst bestimmen, wie sie für die Ausübung dieser Freiheitsrechte wesentlich sind«[660]. Die Wesentlichkeitstheorie bestimmt also sowohl, ob eine gesetzliche Regelung zu ergehen hat, als auch, welche Fragen diese erfassen muss.

410 Im Fall Josefine Mutzenbacher musste der Gesetzgeber den Ausgleich von Kunstfreiheit und Jugendschutz vor sittlich gefährdenden Schriften selbst regeln. Dies gilt auch für das Verfahren, da es sich nach dem System des GjS maßgeblich auf die Indizierung von Kunstwerken auswirkt (**Grundrechtssicherung durch Verfahren**). Die Zusammensetzung der Bundesprüfstelle muss daher im Einzelnen und nicht lediglich nach in Betracht kommenden Kategorien gesetzlich vorgezeichnet sein. Daran fehlte es. Insoweit verstieß das GjS gegen Art. 5 III GG.

2. Verhältnismäßigkeit[661]

411 a) **Allgemein.** Ein **Gesetz muss insbesondere verhältnismäßig** sein. Der verfolgte Zweck ist statthaft, wenn er verfassungslegitim und im Verhältnis zum beeinträchtigten Grundrecht hinreichend gewichtig ist. Es muss sich also solchermaßen um einen **legitimen Zweck** handeln. Das zu diesem Zweck ergriffene Mittel muss geeignet, erforderlich und angemessen sein. Es ist **geeignet**, wenn der gewünschte Erfolg geför-

---

654 → Rn. 361 und *Stern* StaatsR III/2 711; *Kingreen/Poscher* StaatsR II Rn. 293 ff.
655 *Voßkuhle* JuS 2007, 118.
656 BVerfGE 98, 218 (251) – Rechtschreibreform (hierfür verneint).
657 → Rn. 356 ff.
658 BVerfGE 33, 1 (9 f.) – Strafvollzug; 116, 69 (80 f.) – Jugendstrafvollzug.
659 BVerfGE 105, 279 (Ls. 3).
660 BVerfGE 83, 130 (142) – Josefine Mutzenbacher.
661 *Voßkuhle* JuS 2007, 429; *Michael* JuS 2001, 148, 654, 866. Zur besonderen Ausprägung der Verhältnismäßigkeit in der sog. Drei-Stufen-Theorie des BVerfG → Rn. 565.

dert werden kann. Es ist **erforderlich,** wenn das angestrebte Ziel nicht durch ein anderes, gleich wirksames Mittel erreicht werden kann, das weniger einschränkend ist; es muss sich also um das mildeste Mittel handeln. **Angemessen** ist ein Gesetz, wenn es die Zweck-Mittel-Relation wahrt. Das Gewicht der rechtfertigenden Gründe ist ins Verhältnis zur Schwere der Grundrechtsbeeinträchtigung zu setzen. Die betroffen Grundrechtsbelange dürfen nicht wesentlich schwerer wiegen als die Vorteile für das angestrebte Ziel. Es muss mithin die **Zumutbarkeit** gewahrt sein.

Schwerwiegende Eingriffe in Grundrechte von besonderem Gewicht sind besonders **412** rechtfertigungsbedürftig. So muss das Verbot einer religiösen Vereinigung zum Schutz der infrage stehenden konkurrierenden Verfassungsgüter (→ Rn. 356 ff.) unerlässlich sein. Vom Verfahren her bedarf es einer sorgfältigen und umfassenden Aufklärung des ein Verbot rechtfertigenden Sachverhalts mit Blick auf die Folgen eines solches Eingriffs.[662]

Normen liegt die Beurteilung des Gesetzgebers zugrunde. Er kann Sachverhalte oft **413** nicht im Einzelnen übersehen und insbesondere künftige Entwicklungen nicht genau prognostizieren.

So ist unsicher, inwieweit Schriften die Persönlichkeitsentwicklung von Jugendlichen gefährden kön-**414** nen.[663]

Daher besitzt der Gesetzgeber einen Prognose- und Einschätzungsspielraum (**Ein-** **415** **schätzungsprärogative**). Dieser ist umso größer,

- je stärker die tatsächlichen Ungewissheiten in dem geregelten Bereich (zB Entwicklung des Energieverbrauchs),
- je geringer Rang und Bedeutung des beeinträchtigten Grundrechtsgutes[664] und
- je höher Rang und Bedeutung des konkurrierenden Verfassungsgutes sind.[665]

b) Bei Art. 2 I GG (allgemeine Handlungsfreiheit)[666]. Die **Verhältnismäßigkeits-** **416** **prüfung** eines formell verfassungsgemäßen Gesetzes bildet bei Eingriffen in die allgemeine Handlungsfreiheit den Schwerpunkt, da die Anforderungen für Einschränkungen nach Art. 2 I GG im Übrigen gering sind. Die **Schrankentrias** ermöglicht sie in weitem Umfang – gleichsam als Korrelat zu dem weiten Schutzbereich. Die als Schranke in Art. 2 I GG genannte »**verfassungsmäßige Ordnung**« erfasst die Gesamtheit der formell und materiell verfassungskonformen Normen.[667] Dementsprechend ist nur erforderlich, dass ein legitimer Zweck vorliegt und auf dessen Basis verhältnismäßig in die allgemeine Handlungsfreiheit eingegriffen wird.

Fall: Nach dem JuSchG dürfen sich Jugendliche ab 16 Jahren nur in Begleitung einer personenbe-**417** rechtigten oder erziehungsbeauftragten Person bis 24 Uhr bei öffentlichen Tanzveranstaltungen aufhalten. Der 17-jährige J will bei dem Konzert der »Wilden Stiere«, einer Trash-Rock-Band, auch noch nach 24 Uhr dabei sein. Er hält daher das JuSchG für unverhältnismäßig.

---

662 BVerfG NJW 2004, 47 – Kalifatstaat.
663 BVerfGE 83, 130 (140 f.) – Josefine Mutzenbacher.
664 BVerfGE 87, 363 (383); 50, 290 (335 f.) – Mitbestimmung.
665 BVerfGE 83, 130 (142) – Josefine Mutzenbacher für den Jugendschutz aus Art. 6 II 1 und Art. 1 I iVm Art. 2 I GG.
666 *Lege* JURA 2002, 753.
667 BVerfGE 6, 32 (36) – Elfes; 80, 137 (153) – Reiten im Walde.

> In Betracht kommt hier nur ein Verstoß gegen die allgemeine Handlungsfreiheit aus Art. 2 I GG. Mit dem JuSchG will der Gesetzgeber **Jugendliche vor sie gefährdenden Einflüssen schützen.** Das ist ein verfassungsgemäßes, **im öffentlichen Interesse liegendes Ziel.** Es wird gefördert, wenn die Teilnahme an spät in der Nacht liegenden Veranstaltungen ohne Begleitung einer personensorgeberechtigten oder erziehungsbeauftragten Person untersagt wird. Dieses **Mittel** ist also **geeignet.** Es ist auch **erforderlich.** Die Teilnahme des Jugendlichen von der einfachen Erlaubnis der Erziehungsberechtigten abhängig zu machen wäre weniger wirksam, da sich diese kein eigenes Bild von der Situation machen können und der Jugendliche nicht weiter kontrolliert werden kann. Indem der Gesetzgeber kein generelles Teilnahmeverbot ausspricht und die Teilnahme an Veranstaltungen bis 24 Uhr in Begleitung grundsätzlich erlaubt, liegt ein **angemessener Interessenausgleich** zwischen der Handlungsfreiheit und dem Schutz des Jugendlichen vor. Die Regelung ist daher verhältnismäßig.

418 Die **Schranke der verfassungsmäßigen Ordnung** reicht sehr weit, sodass die beiden anderen, also **die Rechte anderer** und das **Sittengesetz,** praktisch **keine Bedeutung** mehr haben.

419 c) **Bei Art. 2 I iVm Art. 1 I GG (allgemeines Persönlichkeitsrecht). aa) Absicherung und Reichweite.** Die grundrechtliche Freiheitsposition ist demgegenüber sehr viel stärker abgesichert, wenn zur allgemeinen Handlungsfreiheit die **Menschenwürde** tritt. **Art. 2 I iVm Art. 1 I GG** schützt »einen autonomen Bereich privater Lebensgestaltung, in dem (der Einzelne) seine Individualität entwickeln kann«,[668] mithin die **freie Entfaltung der Persönlichkeit als solche und ihre Grundbedingungen.**[669] Dieses **allgemeine Persönlichkeitsrecht** enthält die Garantie bestimmter Freiräume im engeren persönlichen Lebensbereich, aber auch bei Beziehungen zu anderen.

420 **Beispiel** nach BVerfGE 127, 132 sowie BVerfGE 121, 69: Zu diesen **Beziehungen** als Ausdruck des Persönlichkeitsrechts gehören auch die **zum eigenen Kind.** Insoweit greift aber Art. 6 II GG. Gegen das in diesem verliehene Recht verstößt es daher, wenn der **Vater eines nichtehelichen Kindes** generell von der Sorge für sein Kind ausgeschlossen ist, außer die Mutter stimmt zu, und insoweit auch gerichtlich keine alleinige Sorge oder eine gemeinsame mit der Mutter beantragen kann, wenn dies aus Gründen des Kindeswohls angezeigt ist.
> Umgekehrt ist sowohl ein enger Kontakt als auch die Ablehnung einer Beziehung **Ausdruck des geschützten individuellen Verständnisses** der Beziehungen zu anderen nach Art. 2 I iVm Art. 1 I GG. Dieses Verständnis ist aber **nicht absolut geschützt.** Vielmehr ist der Kontakt zum eigenen Kind als Konkretisierung der Pflicht nach Art. 6 II 1 GG zur Pflege und Erziehung auf dieses bezogen und von diesem beanspruchbar. Daher beeinträchtigt die **Androhung eines erzwungenen Kontaktes** mit dem eigenen Kind zwar das Grundrecht auf Schutz der Privatsphäre. Sie kann aber nach Art. 6 II 1 GG **gerechtfertigt** sein. Der Umgang mit dem Kind ist die Basis des durch **Art. 6 II 1 GG** geschützten Elternrechts und darf daher grundsätzlich verpflichtend (s. § 1684 I BGB) angeordnet werden. Dieses Recht ist freilich auf das **Wohl des Kindes** ausgerichtet. Schadet daher ein Umgang mit den Eltern dem Kind, läuft er dem Eingriffszweck **zuwider.** Das gilt idR dann, wenn er nur mit **Zwangsmitteln gegen einen umgangsunwilligen Elternteil** durchgesetzt werden kann.

> **Beispiel** nach BVerfGE 104, 373 sowie 123, 90 – Mehrfachnamen: Ausdruck der Persönlichkeit, der Identität und der Individualität, ist der **Name.** Dieser hat aber auch noch andere Funktionen. Das Recht auf Beibehaltung eines bisher geführten Namens kann daher unter Beachtung des Verhältnismäßigkeitsgrundsatzes eingeschränkt werden, so im Hinblick auf **zusammengesetzte Doppelnamen,** welche im Rechts- und Geschäftsverkehr unpraktisch sind und die **identitätsstiftende Funktion** des Namens **gefährden.** Daher kann ein Kind, dessen

---

[668] BVerfGE 79, 256 (268) – Freier Rundfunkmitarbeiter.
[669] BVerfGE 72, 155 (170) – elterliche Vertretungsmacht.

Eltern keinen gemeinsamen Namen führen, nur den Namen des Vaters oder der Mutter als Geburtsname enthalten (§ 1617 I BGB) und dürfen Eheleute ihren bisherigen Namen nicht als Begleitnamen anfügen, wenn der Ehename schon aus mehreren Ehenamen besteht (§ 1355 IV 2 BGB).

Fall nach BVerfGE 120, 224: § 173 II 2 StGB stellt den Beischlaf zwischen Geschwistern unter Strafe. **421**

Ausdruck des APR ist auch die **sexuelle Selbstbestimmung**, die hier beschränkt wird. Sie fällt insoweit nicht unter den unantastbaren Kernbereich, als sie auch Belange der Gemeinschaft berührt. Das tut sie hier, weil die in Art. 6 I GG vorausgesetzte und geschützte lebenswichtige Funktion der Familie für die menschliche Gemeinschaft entscheidend gestört wird. Darin liegt zugleich eine Rechtfertigung für die Beschränkung, und zwar auch in Form einer Strafandrohung. Diese kommt nur als äußerstes Mittel in Betracht. Anders lässt sich aber **Inzest** schwerlich wirksam **verhindern**. Ohnehin ist die Festlegung strafbaren Verhaltens grundsätzlich Sache des Gesetzgebers. Hier ist nur ein schmaler Bereich privater Lebensgestaltung betroffen. Dies tritt hinter dem durch Art. 6 I GG geforderten besonderen Schutz für die Familie zurück. Damit ist auch die Angemessenheit gewahrt.

Das APR umschließt das **Recht auf Achtung der Privat- und Intimsphäre und ihre Abschirmung von der Öffentlichkeit,** etwa im Hinblick auf Tagebücher,[670] vertrauliche Kommunikation,[671] die Sexualität[672] und Krankheiten[673] sowie den notwendigen, unbeobachteten, persönlichen Ausgleich in einem Rückzugsbereich.[674] **422**

Daher darf das gesprochene Wort nicht einfach anderen zB über **Mithören** zugänglich gemacht werden.[675] Der Patient hat einen grundsätzlichen Anspruch auf **Einsicht in** die auf ihn bezogenen **Krankenunterlagen.** Diese betreffen ihn unmittelbar in seiner Privatsphäre und haben erhebliche Bedeutung für seine Zukunft. Das gilt zumal, wenn sich der Patient im Maßregelvollzug befindet. Dann entscheiden die Einschätzungen der Therapeuten über die weitere Unterbringung. Daher können diese auch nicht unter Verweis darauf weitgehend unzugänglich sein, dass sie Aufschlüsse auch über die Persönlichkeit des Therapeuten geben.[676] **423**

bb) Informationsanspruch.

Offen bleibt allerdings, ob ein **genereller Anspruch des Einzelnen auf Information über seine persönlichen Daten** besteht.[677] Anders kann der Einzelne aber nicht kontrollieren, ob bestehende Grenzen über eine mögliche Erhebung und Verarbeitung seiner Daten tatsächlich eingehalten wurden. **424**

Das gilt zumal dann, wenn er gar nicht erfährt, dass auf seine Daten zugegriffen wurde. Dies erhöht die Intensität des Eingriffs.[678] Gleichwohl soll nach dem BVerfG ein **Auskunftsrecht** des Betroffenen genügen, **wenn** der Kontenabruf für ihn **nachteilige Folgen** hatte.[679] Zudem ist der Abruf zu dokumentieren und zu begründen, um effektiven Rechtsschutz zu ermöglichen.[680] Das zeigt indes die datenschutzrechtliche Sensibilität des Kontenabrufs als solche. Diese ist unabhängig davon, ob der Betroffene »erwischt« wird oder nicht. Im Gegenteil ist sie bei »ehrlichen« Bürgern noch problematischer, geraten doch so auch »Unschuldige« ins Visier von Ermittlungen. **425**

---

670 BVerfGE 80, 367 – Tagebuchaufzeichnung.
671 Für Eheleute BVerfGE 27, 344. → Rn. 471 zum »Großen Lauschangriff«.
672 BVerfGE 47, 46 – Sexualkundeunterricht; 49, 286 – Transsexuelle I; s. aber auch BVerfGE 96, 56 (61): Informationsanspruch wegen Abstammung.
673 BVerfGE 32, 373 – Ärztekartei.
674 BVerfGE 101, 361 (383 f.) – Caroline von Monaco, → Rn. 368 ff.
675 BGH NJW 2003, 1727.
676 BVerfG NJW 2006, 1116 (1118 ff.) – Maßregelvollzug.
677 BVerfG NJW 2006, 1116 (1117) – Maßregelvollzug.
678 BVerfGE 118, 168 (199 f., 207 f.) – Kontostammdatenabruf.
679 Auch BVerfGE 120, 351 (373) – Steuerliche Auslandsbeziehungen.
680 BVerfGE 118, 168 (208 ff.) – Kontostammdatenabruf.

426 Eine solche Einschränkung ist allerdings dann gerechtfertigt, wenn anders der **Zweck der Datensammlung vereitelt** würde. Das ist der Fall, wenn Betroffene sich bei Kenntnis davon einer Aufdeckung illegaler Praktiken entziehen könnten – so durch Verlagerung von Transaktionen zu im Ausland gelegenen, aber bislang vom Bundeszentralamt für Steuern datenmäßig nicht erfasste Domizilgesellschaften, um Steuern zu verkürzen.[681]

427 **cc) Insbesondere informationelle Selbstbestimmung.** Weiter umfasst das APR verschiedene Ausprägungen der Selbstbestimmung, so über die Darstellung in der Öffentlichkeit einschließlich des grundsätzlichen **Rechts am eigenen Bild**[682], am eigenen **Namen**[683] und der Wahrung der eigenen **Ehre**[684] und über Preisgabe und Verwendung der eigenen Daten, mithin ein **Recht auf informationelle Selbstbestimmung.**[685] Danach kann der Einzelne grundsätzlich allein darüber entscheiden, wann und innerhalb welcher Grenzen persönliche Lebenssachverhalte offenbart werden.[686] Dies muss konkret erfolgen können.

428 Daher läuft eine pauschale Ermächtigung an Versicherungen, sämtliche Ärzte und weitere Stellen von ihrer Schweigepflicht zu entbinden und somit alle Daten über Arztbesuche und Krankheiten einsehen zu dürfen, Art. 2 I iVm Art. 1 I GG zuwider. Deshalb sind auch **heimliche Vaterschaftstests** unzulässig. Sie verletzen das Recht des betroffenen Kindes auf informationelle Selbstbestimmung.[687] Allerdings ist Ausfluss des APR auch das **Recht auf Kenntnis der eigenen Abstammung** und der tatsächlichen Vaterschaft. Um diese festzustellen, muss der Gesetzgeber dem Vater ein angemessenes Verfahren zur Verfügung stellen.[688] Besonders schutzbedürftig sind Kinder und Jugendliche auch in der Wahrung ihrer Persönlichkeitsrechte. Auch für Kinder prominenter Eltern muss ein vor medialer Beobachtung und Kommentierung **geschützter Bereich** bestehen. Ist allerdings eine Information bereits über mehrere Jahre breiten Empfängerkreisen bekannt, greift eine erneute Veröffentlichung der **bereits zugänglichen Information** in geringerem Maße in die informationelle Selbstbestimmung der Beschwerdeführerinnen ein als eine erstmalige Veröffentlichung und kann daher eher (wieder) in der Presse erscheinen.[689] Voraussetzung muss aber sein, dass schon die Erstveröffentlichung Art. 2 I iVm Art. 1 I GG wahrte. Ansonsten wird ein Verstoß gegen das Recht auf informationelle Selbstbestimmung perpetuiert.[690] Auch **Unternehmen** wird ein Recht auf informationelle Selbstbestimmung zuerkannt: Dieses wird durch die in § 40 Ia Nr. 2 LFGB vorgesehene **Information der Öffentlichkeit** über Hygienemängel oder Verstöße gegen Verbraucherschutzvorschriften verletzt, weil die Dauer der Veröffentlichung gesetzlich nicht befristet worden ist.[691] Zudem be-

681 BVerfGE 120, 351 (374) – Steuerliche Auslandsbeziehungen.
682 BVerfGE 54, 148 (154) – Eppler; → Rn. 368 ff. zum Konflikt mit der Pressefreiheit.
683 BVerfG NJW 2007, 671, aber nur die identitätsstiftende Verwendung des Namens, nicht seine Nutzung als bloßes Zeichen zur technischen Adressierung wie im Internet.
684 → Rn. 704 f. zu BVerfGE 93, 266 – »Soldaten sind Mörder«.
685 BVerfGE 65, 1 (42) – Volkszählung; 84, 192 (194) – Offenbarungspflicht; 113, 29 (46) – Beschlagnahme von Datenträgern; *Schoch* JURA 2008, 352 ff.
686 BVerfGE 115, 320 (341 f.) – Rasterfahndung.
687 BVerfGE 117, 202 (229).
688 BVerfGE 117, 202 (227 ff.) auf der Basis einer Schutzpflicht; allg. → Rn. 1092 ff.
689 BVerfG v. 28.7.2016, 1 BvR 335/14 u. a.
690 OVG Lüneburg NVwZ-RR 2013, 831 Ls. 1.
691 OVG NRW NVwZ-RR 2013, 627; s. auch VGH BaWü NVwZ 2013, 1022 zum vorläufigen Rechtsschutz gegen eine auf § 40 Ia Nr. 2 LFGB gestützte Veröffentlichung von Verstößen gegen lebensmittelrechtliche Vorschriften auf einer behördlichen Internetseite.

steht keine Regelung über die Löschung der nach § 40 Ia LFGB zu veröffentlichen Daten. Der **EuGH** stützt das Recht auf Datenschutz für Unternehmen auf die Wirtschaftsgrundrechte und lässt es gegenüber dem Recht auf Datenschutz für Individuen aus Art. 7 und 8 GRCh nur abgeschwächt eingreifen: Eine **Internetveröffentlichung** ist eher möglich.[692] Auch das **Recht auf Vergessen** im Hinblick auf im Internet sichtbare Informationen wird auf Art. 7 und 8 GRCh gestützt. Es besteht außer bei rein persönlichen Daten nicht absolut, sondern es bedarf einer Abwägung mit dem Interesse der Allgemeinheit an den betroffenen Informationen.[693]

dd) Recht auf Integrität und Vertraulichkeit informationstechnischer Systeme. 429
Damit sind zwar Daten geschützt. Indes geht es mittlerweile nicht nur um die Verfügungsgewalt darüber, sondern auch um die **Nutzung informationstechnischer Systeme.** Auf sie ist der Datenträger angewiesen. Daher vertraut er ihnen persönliche Daten an bzw. liefert solche schon durch die Nutzung. Diesen Datenbestand kann sich ein Dritter ohne weitere Erhebung oder Verarbeitung allein durch einen Systemzugriff zunutze machen und damit die Persönlichkeit des Betroffenen stark tangieren; und zwar in weiterem Umfang als einzelne Datenerhebungen. Deshalb muss das **APR** die **Integrität und Vertraulichkeit informationstechnischer Systeme** gewährleisten. Das Recht auf informationelle Selbstbestimmung nach Art. 2 I iVm Art. 1 I GG schützt damit auch vor staatlichem Zugriff auf das informationstechnische System insgesamt und nicht nur auf einzelne Kommunikationsvorgänge oder gespeicherte Daten.[694] Immer mehr wird zudem der Ruf nach staatlicher Regulierung des Datenzugriffs durch Private laut.

Ein solcher Zugriff muss sich aber auf **Systeme** beziehen, die nicht nur punktuelle Informationen enthalten, sondern allein oder vernetzt einen **Einblick in wesentliche Teile der Lebensgestaltung einer Person** ermöglichen oder gar ein aussagekräftiges **Persönlichkeitsprofil** erschließen können. Das gilt vor allem für **PC,** und zwar selbst geschäftlich genutzte, da das Nutzungsverhalten regelmäßig auf persönliche Eigenschaften oder Vorlieben schließen lässt.[695] 430

ee) Videoüberwachung.

> **Beispiel** nach BVerfG NVwZ 2007, 688; VGH Mannheim NVwZ 2004, 498: Bereits in das 431
> Recht auf informationelle Selbstbestimmung greift auch die sog. **Videoüberwachung öffentlicher Räume** ein. Hierfür genügt bereits die bloße Beobachtung mittels Bildübertragung.
> Schon die Erfassung des Aufenthaltsortes zu einer bestimmten Zeit durch Kameras mit potenzieller Nahaufnahme- und Vergrößerungsfunktion macht das Verhalten des Einzelnen detailliert erkennbar und jederzeit abrufbar. So können personenbezogene Informationen jederzeit erhoben werden, ohne dass der Einzelne darauf Einfluss hat (→ Rn. 306: Beispiel »IMSI-Catcher«). Erst recht stellt die Bildaufzeichnung von Personen einen Eingriff dar. Diese willigen nicht schon dadurch ein, dass die Schilder auf die Aufzeichnung hinweisen und sie nicht protestieren.

---

692 EuGH ECLI:EU:C:2010:662 Rn. 81 ff. – Schecke und Eifert.
693 EuGH ECLI:EU:C:2014:317 – Google Spain.
694 BVerfGE 120, 274 (313) – Online-Durchsuchung.
695 BVerfGE 120, 274 (313 f.) – Online-Durchsuchung.

432 In das durch den Rückgriff auf die Menschenwürde verstärkt abgesicherte allgemeine Persönlichkeitsrecht kann nur **eingegriffen** werden, wenn dies »**zum Schutz öffentlicher Interessen unerlässlich**« ist.[696]

433 So sind Kontrollen der Angabe von Zinseinkünften unabdingbar für die Steuerehrlichkeit und damit für die tatsächliche Verwirklichung der Gleichheit der Besteuerung, statistische Erhebungen unverzichtbar für die staatliche Informationsbeschaffung als Grundlage der planenden Politik,[697] der **genetische Fingerabdruck**, also die Entnahme von Körperzellen und deren molekulargenetische Untersuchung zur Identitätsfeststellung in künftigen Strafverfahren nach §§ 81f–h StPO vor allem zur **wirksamen Aufklärung künftiger Straftaten** von erheblicher Bedeutung.[698]

434 Dem Zweck der Aufklärung von Straftaten kann auch die Videoüberwachung öffentlicher Räume dienen. Primärer Zweck ist aber, potenzielle **Straftäter durch offene Überwachungsmaßnahmen** bereits von der Begehung abzuhalten, mithin – wenn auch durch Vorsorge – die Aufrechterhaltung der öffentlichen Sicherheit (zum Begriff → Rn. 864), für welche die Länder die Kompetenz besitzen. Eine solche Gefahrenprävention kann allerdings nur möglicher Zweck sein, wenn sie sich auf Plätze bezieht, auf denen gehäuft Straftaten begangen, verabredet oder sonst wie vorbereitet werden. Dann bestehen zumindest generelle Anhaltspunkte für eine größere Straffälligkeit, der es zu begegnen gilt. Die Länder sind daher zum Erlass solch begrenzter Regelungen in ihren Polizeigesetzen grundsätzlich legitimiert.

435 Korrespondierend zu der zusätzlichen Absicherung durch Art. 1 I GG und damit entsprechend streng ist die **Verhältnismäßigkeit** zu prüfen. Sie wird **maßgeblich von dem Gewicht des Persönlichkeitseingriffs bestimmt.** Dieser ist umso intensiver, je näher die erhobenen Daten der Intimsphäre des Betroffenen stehen,[699] und ist bei Individuen noch zuordenbaren Daten größer als bei anonymisierten, bei aufbereiteten und weitergegebenen Informationen gravierender als bei auf einen engen, konkreten Zweck beschränkten.[700]

436 Scheidet wie bei Datenerhebungen für statistische Belange eine enge und konkrete Zweckbindung naturgemäß aus, bedarf es genau bestimmter besonderer Vorkehrungen für die Datenerhebung und -weitergabe, die die Spur zum Einzelnen verwischen oder zumindest nicht offen legen.[701] Nur dann wurde das **mildeste Mittel** gewählt. Die **Angemessenheit** folgt daraus, dass Datenerhebungen für die Gemeinschaft eine wichtige Funktion haben und der Einzelne zugleich in diese Gemeinschaft eingebettet ist, also auch in deren Interesse Einschränkungen seiner individuellen Grundrechtssphäre hinnehmen muss.

437 Die **Videoüberwachung** greift zwar bereits für die Gefahrenvorsorge sehr stark in das allgemeine Persönlichkeitsrecht ein. Ein **milderes Mittel** besteht aber angesichts der öffentlichen Kassenlage und Personalknappheit **nicht** im **vermehrten Einsatz von Polizeibeamten,** die auch schwerlich rund um die Uhr eine vergleichbar intensive Beobachtung sicherstellen könnten. Insoweit besitzt der **Gesetzgeber** einen breiten Einschätzungsspielraum. Er **kann** daher **auch darüber entscheiden, ob er eine permanente 24-stündige Bildaufzeichnung** für **wirksamer** hält als eine bloße Bildübertragung, die erst unter qualifizierten Voraussetzungen wie der Erkennbarkeit einer Straftat in eine Bildaufzeichnung übergehen darf. Die Verhinderung und Aufklärung

---

696 BVerfGE 84, 239 (280) – Zinsbesteuerung.
697 BVerfGE 65, 1 (47) – Volkszählung.
698 BVerfGE 103, 21 (33) – Genetischer Fingerabdruck I. S. bezogen auf verurteilte jugendliche Ersttäter BVerfG NJW 2008, 281: Erforderlichkeit hinreichender Sachaufklärung und Wahrscheinlichkeit künftiger Straftaten von erheblicher Bedeutung.
699 BVerfGE 89, 69 (82 f.) – Haschischkonsum.
700 BVerfGE 65, 1 (45 ff.) – Volkszählung.
701 BVerfGE 65, 1 (48 ff.) – Volkszählung.

von Straftaten hat eine hohe Bedeutung und überwiegt das Recht auf informationelle Selbstbestimmung. Schließlich geht **Art. 1 I GG** von der **Gemeinschaftsbezogenheit des Einzelnen** aus, was auch Antastungen seines Persönlichkeitsrechts zu Zwecken der Gefahrenprävention ermöglicht, zumal wenn wie zunächst bei der Videoüberwachung ohne nähere Gefahrenmomente keine Fixierung auf eine einzelne Person erfolgt. Die Verhältnismäßigkeit ist jedenfalls dann gewahrt, wenn die **Videoüberwachung auf Kriminalitätsschwerpunkte begrenzt** wird.

Angesichts dieser hohen Anforderungen verstößt eine Geschwindigkeitsmessung durch Videoaufzeichnung auf der Basis von § 4 StVO klar gegen Art. 2 I iVm Art. 1 I GG.[702] **438**

ff) Rasterfahndung – Parallele zur Videoüberwachung?

Beispiel nach BVerfGE 115, 320 – Rasterfahndung: Eine vergleichbare Beurteilung hätte auch für die **Rasterfahndung** nahe gelegen. Bei ihr kann die Polizei von anderen Stellen verlangen, ihr **personenbezogene Daten einer unbestimmten Anzahl von Personen** zu übermitteln, um diese mit anderen Datenbeständen **maschinell abzugleichen**, soweit dies zur **Abwehr einer Gefahr** für den Bestand oder die Sicherheit des Bundes oder eines Landes oder **für Leib, Leben oder Freiheit einer Person** erforderlich ist.[703] Durch den Datenabgleich werden bestimmte Personen ausgeschlossen bzw. bestimmte Personen ermittelt, die eine Gefahr verursachen. Er kann nach § 31 I NRWPolG auch der Feststellung gefahrenverstärkender Eigenschaften dieser Personen dienen. Die übermittelten Daten können technisch aufbereitet und durch zusätzliche Erhebungen ergänzt werden. Damit wird eine unübersehbare Zahl von Daten gesammelt, die dann auf ihre Einschlägigkeit überprüft werden. Dadurch wird der in Betracht kommende Personenkreis verengt, bis besonders einschlägige Personen übrig bleiben und genauer unter die Lupe genommen werden können, namentlich um bevorstehende terroristische Angriffe im Vorfeld zu bekämpfen und sog. Schläfer aufzudecken. Eine **konkrete personenbezogene Ermittlung** erfolgt daher wie bei der Videoüberwachung erst dann, **wenn nähere Anhaltspunkte für eine mögliche Straftat** vorliegen. Dass eine Gefahr möglicherweise **nur latent** vorhanden ist und sich erst in weiterer Zukunft aktualisieren kann, ist vor dem Hintergrund der verheerenden Wirkungen eines terroristischen Anschlags zu sehen. **Je größer der befürchtete Schaden, desto geringere Anforderungen** dürfen an die Wahrscheinlichkeit des Eintritts gestellt werden; desto ungewisser kann **auch der Zeitpunkt des Eintretens** dieses Schadens sein.[704] **439**

Das **BVerfG** verlangt demgegenüber stets das **Vorliegen einer hinreichend konkreten Gefahr** für die bedrohten Rechtsgüter, **damit** eine **Rasterfahndung verhältnismäßig** ist. Ansatzpunkt dafür ist insbesondere die Schwere des Grundrechtseingriffs. **440**

Ein Eingriff in das Recht auf informationelle Selbstbestimmung kann bereits die **Erfassung** eines größeren Datenbestandes sein, der lediglich die Basis für eine weitere Verkleinerung der Treffermenge bildet, sofern sich der behördliche Überwachungs- und Verwendungszweck bereits hinreichend verdichtet hat. Das ist schon nach einem ersten Datenabgleich der Fall; die dann noch verbleibenden Daten dienen weiteren Selektionsmaßnahmen. Damit geraten die Betroffenen ins Visier staatlicher Überwachungstätigkeit. Von vornherein keine Eingriffe bilden nur zunächst ungezielt und allein technikbedingt miterfasste Daten, die unmittelbar danach technisch wieder anonym, spurenlos und ohne Erkenntnisinteresse für die Behörden ausgesondert werden. Jedoch schon dem **Datenabgleich** als Akt der Auswahl für eine weitere Auswertung kommt Eingriffsqualität zu. **441**

---

702 BVerfG NJW 2009, 3293.
703 § 31 I NRWPolG idF der Bek. v. 25.7.2003, GVBl. 2003, 441.
704 Sondervotum *Haas* BVerfGE 115, 320 (377 f.).

442 Der Grundrechtseingriff nach der ersten Selektion der im Rahmen der Rasterfahndung übermittelten Daten und geplanten weiteren Verarbeitungsmaßnahmen kann zwar grundsätzlich zum Schutz von Leben und körperlicher Unversehrtheit Einzelner nach Art. 2 II 1 iVm Art. 1 I 2 GG (→ Rn. 1092f.) gerechtfertigt sein. Indes darf die Schwere des Grundrechtseingriffs nicht außer Verhältnis zu dem Gewicht der ihn rechtfertigenden Gründe stehen. Der **Zuwachs an Rechtsgüterschutz muss die eintretenden Grundrechtsbeeinträchtigungen überwiegen.** Daher können **bestimmte intensive Grundrechtseingriffe erst ab einer bestimmten Verdachts- oder Gefahrenstufe** vorgesehen werden. »Entsprechende Eingriffsschwellen sind durch eine gesetzliche Regelung zu gewährleisten«.[705]

443 Damit werden die **Maßstäbe** für **die Zulässigkeit von Eingriffen in bzw. mit Bezug auf das Fernmeldegeheimnis und die Unverletzlichkeit der Wohnung** angelegt.[706] Die Schwere des Grundrechtseingriffs hängt insbesondere davon ab, wie viele Personen beeinträchtigt werden und wie intensiv dies geschieht, weil sie nicht anonym bleiben, ihnen Nachteile erwachsen oder drohen und persönlichkeitsbezogene Informationen erfasst werden. Relevant ist auch, ob sie selbst einen Anlass dazu gegeben haben (dazu auch → Rn. 265f.).

444 Der **Eingriff** in die informationelle Selbstbestimmung bei der **Rasterfahndung** ist nach dem BVerfG insbesondere deshalb **besonders schwer,** weil alle Daten bei öffentlichen oder privaten Stellen einbezogen, die übermittelten Daten verknüpft sowie nach spezifischen Parametern durchforstet werden können und sie dadurch **besondere Einblicke in die Persönlichkeit,** wenn nicht gar die Erstellung eines vollständigen Persönlichkeitsprofils **ermöglichen.** Dieser Eingriff muss nicht mitgeteilt werden und bezieht Personen ohne Verbindung zu dem bekämpften Fehlverhalten ein. Erschwerend wirkt, wenn sich die Fahndung an **Kriterien** orientiert, die wie die religiöse Anschauung in Art. 3 III GG besonders genannt sind (s. auch Art. 140 iVm Art. 136 III WRV). Zudem können den Betroffenen **Folgenachteile** erwachsen. Insbesondere können die herausgefilterten Personen Gegenstand staatlicher Ermittlungsmaßnahmen werden bzw. unabhängig davon aufgrund der gewählten Kriterien (zumal bei persönlichkeitsbezogenen nach Art. 3 III GG) stigmatisiert[707] und dadurch womöglich im Alltag mit Vorurteilen bedacht oder gar benachteiligt werden. Weiter kann sich aufgrund der Breite möglicher Rasterfahndungen, deren möglicher Verheimlichung vor den Betroffenen und der Einbeziehung gänzlich unbeteiligter Personenkreise eine Einschüchterung ergeben, welche die Selbstbestimmung und damit die unbeschwerte Grundrechtsausübung beeinträchtigt.[708]

445 Greift deshalb die Rasterfahndung in die informationelle Selbstbestimmung besonders schwer ein, darf sie erst ab der Schwelle einer **hinreichend konkreten Gefahr** für die bedrohten Rechtsgüter erfolgen. Dabei kann es sich zwar auch um eine Dauergefahr handeln. Bei ihr besteht die hinreichende Wahrscheinlichkeit des Schadenseintritts über einen längeren Zeitraum hinweg zu jedem Zeitpunkt. Allerdings müssen auch insoweit **tatsächliche Anhaltspunkte** bestehen, **dass** ein **Schadenseintritt wahrscheinlich** ist.[709] Das erforderliche Maß der Wahrscheinlichkeit bestimmt sich auch nach der Schwere des Grundrechtseingriffs. Dies ist im Einzelfall zu prüfen, wenn die Rasterfahndung angeordnet wird.[710]

446 **gg) Vorratsdatenspeicherung.** Einen vergleichbaren Ansatz wählte das BVerfG für die Vorratsdatenspeicherung. Bei dieser müssen die Betreiber öffentlich zugänglicher Telekommunikationsdienste für Endnutzer bestimmte einzeln aufgeführte Verkehrs-, darunter auch Speicherdaten für einen strikt begrenzten Zeitraum speichern und dann

---

705 BVerfGE 115, 320 (346).
706 S. BVerfGE 100, 313 (383ff.) – Telekommunikationsüberwachung sowie → Rn. 467.
707 S. auch OVG Koblenz NJW 2016, 2821: verdachtsunabhängige Personenkontrolle gem. § 22 Ia BPolG nach der Hautfarbe.
708 BVerfGE 115, 320 (354f.).
709 BVerfGE 115, 320 (364f.).
710 BVerfGE 115, 320 (368f.).

unverzüglich löschen (§ 113b TKG[711]). Das erinnert an die Videoüberwachung, nur dass hier keine Inhalte gespeichert werden. Zudem erfolgt die Auswertung der **gespeicherten Daten** nicht selbst. Vielmehr werden diese nach § 113c TKG an die zuständigen Stellen **auf Verlangen übermittelt.** Das liegt parallel zur Rasterfahndung, sodass die dazu entwickelten Maßstäbe Platz greifen.

Erforderlich ist daher ebenfalls eine **konkrete Gefahr von besonderem Gewicht.** Es 447
reicht also nicht die bloße Möglichkeit eines bevorstehenden Geschehensverlaufs, sondern eine dringende Gefahr wird verlangt. Inhaltlich genügt nicht jede Gefahr für die öffentliche Sicherheit, sondern nur eine erhebliche, zu bestimmen nach dem Gewicht der zu schützenden Rechtsgüter. Vielmehr muss es sich um eine **dringende Gefahr für Leib, Leben oder Freiheit** einer Person, für den Bestand oder die **Sicherheit** des Bundes oder eines Landes oder zur Abwehr einer **gemeinen Gefahr** handeln. Dafür muss die Ermächtigungsgrundlage zumindest tatsächliche Anhaltspunkte einer konkreten Gefahr für die zu schützenden Rechtsgüter verlangen.[712]

Entsprechendes gilt bei einer **Datenübermittlung** für Aufgaben des **Verfassungs-** 448
schutzes, des Bundesnachrichtendienstes und des Militärischen Abschirmdienstes. Wegen der Weite der damit verbundenen Aufgaben müssen die Anlässe bestimmt genug gefasst sein. Auch insoweit müssen landesrechtliche Befugnisnormen den Bestimmtheitsgrundsatz wie bei der Videoüberwachung (→ Rn. 481 f.) hinreichend wahren; Vorbildfunktion hat das Artikel 10-Gesetz (G10).[713]

Bei der **Strafverfolgung** ergeben sich die notwendigen gravierenden Anlässe einer Da- 449
tenübermittlung aus dem **Katalog der Straftaten** nach § 100a II StPO und den Voraussetzungen des § 100a I StPO.[714] Soweit sich daraus Weiterungen gegenüber der Gefahrenabwehr ergeben, liegt das an deren präventivem Charakter mit den daraus folgenden größeren Unsicherheiten. Diese erhöhen die Wahrscheinlichkeit, dass ohne hinreichenden Anlass auf das Kommunikationsverhalten der Betroffenen zugegriffen wird.[715] Bereits daraus kann eine **Änderung des Kommunikationsverhaltens** folgen (→ Rn. 302, 466).

Der **EuGH hat parallel** zu diesen Maßstäben entschieden und aufgrund der Weite und Schwere der Beeinträchtigung des elementaren Grundrechts auf Achtung des Privatlebens (Art. 7 GRCh) **Beeinträchtigungen »auf das absolut Notwendige« beschränkt.** Erforderlich ist ein hinreichender Bezug der Vorratsdatenspeicherung auf bestimmte Straftaten, die Beschränkung des behördlichen Zugangs darauf und eine klare zeitliche Limitierung; dies alles muss von einer unabhängigen Stelle überwacht werden.[716]

Fall nach EuGH v. 21.12.2016 – C-203/15 u. C-698/15 – Tele2 Sverige und Anm. Frenz DVBl. 2017, 450
183: Nationale Regelungen Großbritanniens und Schwedens ermöglichen eine umfassende und anlasslose Vorratsspeicherung von Verbindungsdaten, ohne dass nähere Grenzen und sichernde Verfah-

---

711 Telekommunikationsgesetz.
712 BVerfGE 125, 260 (330) – Vorratsdatenspeicherung II.
713 Gesetz zur Beschränkung des Brief-, Post- und Fernmeldegeheimnisses; BVerfGE 122, 120 (145f., 148) – Vorratsdatenspeicherung I.
714 Weitergehend Sondervotum *Schluckebier* NJW 2010, 833 (854).
715 BVerfGE 122, 120 (140f.) – Vorratsdatenspeicherung I.
716 EuGH ECLI:EU:C:2014:238 Rn. 52 ff. – Digital Rights Ireland.

rensvorkehrungen vorgesehen sind. Nationale Gerichte fragen nach der Vereinbarkeit mit EU-Grundrechten.

I. Anwendbarkeit der EU-Grundrechte

Trotz der nationalen Regelungen als Ausgangspunkt der Vorlagefragen nationaler Gerichte nach Art. 267 AEUV sind EU-Grundrechte gem. Art. 51 I GRCh anwendbar. Zur Durchführung von Unionsrecht gehört auch die nationale **Umsetzung von Richtlinien.** Die RL 2002/58 zielt nach ihrem Art. 1 I unter anderem auf die Harmonisierung der Vorschriften der Mitgliedstaaten ab, um die Grundrechte und Grundfreiheiten und dabei insbesondere das Recht auf Privatsphäre und Vertraulichkeit im Hinblick auf die Verarbeitung personenbezogener Daten im Bereich der elektronischen Kommunikation gleichwertig zu schützen (Rn. 68). Damit ist der Ansatz a priori umfassend.

Ausgenommen werden zwar Tätigkeiten des Staates vor allem im strafrechtlichen Bereich sowie zur öffentlichen Sicherheit (Rn. 69). Indes zeigt die näheren Voraussetzungen unterliegende Möglichkeit der Mitgliedstaaten nach Art. 15 I RL 2002/58, die Rechte und Pflichten der Richtlinie einzuschränken, dass grundsätzlich alle Tätigkeiten umfasst sind. Insbesondere können nicht ganze Bereiche herausgenommen werden, weil ansonsten der effet utile verloren ginge (Rn. 73). Die Herausnahme von »Tätigkeiten des Staates« im strafrechtlichen Bereich sowie zur öffentlichen Sicherheit, der Landesverteidigung und zur Sicherheit des Staates einschließlich seines wirtschaftlichen Wohls nach Art. 1 III RL 2002/58 erstreckt sich nach dem Gesamtsystem der Richtlinie vor allem nicht auf die den Betreibern elektronischer Kommunikationsdienste vorgeschriebene Vorratsspeicherung der Verkehrs- und Standortdaten und den Zugang nationaler Behörden zu den von den Betreibern elektronischer Kommunikationsdienste auf Vorrat gespeicherten Daten (Rn. 74 f.).

Danach zählt nicht der betroffene Bereich, sondern der Bezug zu Daten und deren Speicherung bzw. Verarbeitung. Zudem handelt es sich bei der **Vorratsdatenspeicherung und deren Anordnung** nicht originär um eine staatliche Tätigkeit, sondern diese knüpft nur an die Tätigkeit Privater an. Auf diese Weise wird allerdings die auf den Daten Privater basierte Verteidigung der staatlichen Sicherheit sowie die Verfolgung schwerer Straftaten durch Unionsrecht erfasst und nicht entsprechend dem Wortlaut »auf keinen Fall« in Art. 1 III RL 2002/58 ausgenommen, der nach seiner Formulierung die nicht den EU-Verträgen unterfallenden Bereiche wie die **Strafrechtsverfolgung** und die Sicherheit nicht dem EU-Datenschutz unterwerfen wollte. Insoweit können auch die EU-Grundrechte einwirken.

II. Vorratsdatenspeicherung als sorgfältig zu begründende Ausnahme

Die RL 2002/58 stellt den **Grundsatz der Vertraulichkeit von Kommunikationen** auf und untersagt es grundsätzlich jeder anderen Person als dem Nutzer, ohne dessen Einwilligung mit elektronischen Kommunikationen verbundene Verkehrsdaten zu speichern (Rn. 85). Dieser Grundsatz ist mithin die Regel, Speicherungen müssen die (begründungspflichtige) Ausnahme bleiben. Schon deshalb konnten die untersuchten nationalen Regelungen nicht durchgreifen, da sie gerade umgekehrt die Vorratsdatenspeicherung der Verkehrs- und Standortdaten zur Regel machten (Rn. 104).

Dementsprechend ist die **Ausnahmebestimmung** des Art. 15 I RL 2002/58, der den Mitgliedstaaten Beschränkungen für die nationale Sicherheit, die Landesverteidigung, die öffentliche Sicherheit sowie die Prävention und Verfolgung von Straftaten ermöglicht, **eng** auszulegen (Rn. 89). Generell sollen nach dem 30. Erwägungsgrund die Systeme für die Bereitstellung elektronischer Kommunikationsnetze und -dienste so konzipiert werden, dass so wenig personenbezogene Daten wie möglich benötigt werden (Rn. 87). Zudem sind die **Grundrechte bei der Auslegung** einzubeziehen, wie dies schon im Urteil Schrems[717] erfolgte; parallel zu diesem Urteil wird die Überwachung der aufgestellten Datenschutzgrundsätze durch eine unabhängige Stelle entsprechend Art. 8 III GRCh gefordert (Rn. 123). Diese Einbeziehung gilt hier nicht nur für Art. 7 GRCh (Achtung des Privatlebens) und Art. 8 GRCh (Datenschutz), sondern auch für Art. 11 GRCh und das darin verbriefte Recht auf freie Meinungsäußerung, welches eine besondere Bedeutung in jeder demokratischen Gesellschaft hat und bei einer Speicherung aller Verbindungsdaten durch Einschüchterung[718] eingeschränkt zu werden droht. Umso

---

717 EuGH ECLI:EU:C:2015:650 insbes. Rn. 104 – Schrems.
718 Vgl. BVerfGE 100, 313 (359) – Telekommunikationsüberwachung.

mehr ist der Verhältnismäßigkeitsgrundsatz einzuhalten und ein strikt angemessenes Verhältnis zum intendierten Zweck zu verlangen (Rn. 92–95).

III. Notwendig konkrete Gefahr

Daher kann nach dem EuGH nicht schon die Wirksamkeit der Bekämpfung schwerer Kriminalität und des Terrorismus einen tiefgreifenden Eingriff, wie er durch die Vorratsdatenspeicherung erfolgt, rechtfertigen, sondern es bedarf einer weiteren Einschränkung. Die Umstände und die Voraussetzungen einer Maßnahme der Vorratsdatenspeicherung müssen konkret festgelegt werden (Rn. 102 f., 109 ff.). Es muss auf **objektiver Basis** eine **schwerwiegende Gefahr für die öffentliche Sicherheit** vorliegen bzw. **schwere Kriminalität bekämpft** werden (Rn. 111).

Dabei lässt der EuGH zunächst Öffnungen für eine wirksame **präventive Terrorbekämpfung**. Aufgrund objektiver Anknüpfungspunkte können Personenkreise erfasst werden, deren Daten geeignet sind, einen zumindest mittelbaren Zusammenhang mit schweren Straftaten sichtbar zu machen; dies kann aufgrund geographischer Daten erfolgen, wenn aufgrund objektiver Anhaltspunkte in einem oder mehreren geographischen Gebieten ein erhöhtes Risiko besteht, dass solche Taten vorbereitet oder begangen werden (Rn. 111). Die Konsequenz sind Datenspeicherungen etwa für Araber bzw. Nordafrikaner, auch wenn dies auch nach Unionsrecht nicht diskriminierend unter einem Deckbegriff »Nafri«[719] erfolgen darf.

Allerdings erfolgt sogleich eine Einschränkung im Hinblick auf die **Bekämpfung von Straftaten,** um die es gerade bei der Verhinderung von Anschlägen geht. Zwar obliegt den Mitgliedstaaten die Festlegung von Voraussetzungen, unter denen die Betreiber elektronischer Kommunikationsdienste den nationalen Behörden Zugang zu von ihnen gespeicherten Vorratsdaten gewähren müssen (Rn. 118). Indes darf dies nicht lediglich zum Zweck der Bekämpfung schwerer Straftaten erfolgen, sondern unter Hinzufügung näherer materiell- und verfahrensrechtlicher Voraussetzungen.[720] Es dürfen **nur Daten von Personen** erfasst werden, die der Planung oder Begehung oder zumindest der Verwicklung in eine schwere Straftat **verdächtig** sind (Rn. 119).[721]

Immerhin können namentlich bei einer Bedrohung vitaler Interessen der nationalen Sicherheit, der Landesverteidigung oder der öffentlichen Sicherheit durch terroristische Aktivitäten Daten anderer Personen einbezogen werden. Es muss dann aber **objektive Anhaltspunkte** dafür geben, dass diese Daten **in einem konkreten Fall** effektiv zur Bekämpfung solcher Aktivitäten beitragen können (Rn. 119). Es bedarf mithin konkreter Umstände, dass die betroffenen Daten einen wirksamen Aufklärungsbeitrag zu leisten vermögen. Dies muss nämlich auf einen konkreten Fall bezogen sein. Damit korrespondieren konkrete Anhaltspunkte dafür, dass terroristische Aktivitäten nicht allgemein, sondern spezifisch im Raum stehen. Zu diesen müssen die fraglichen Daten in einem konkreten Fall in Bezug gesetzt werden können. Eine bloß abstrakte Gefahr genügt mithin nicht. So entschied auch das BVerfG:[722] Nur zur Bekämpfung schwerer Straftaten und bei objektiven Anhaltspunkten für terroristische Aktivitäten im konkreten Fall dürfen also die Telefonverbindungsdaten von dem Telekommunikationsunternehmen herausverlangt und gespeichert werden. Damit wird das Urteil des EuGH zur Datenschutzrichtlinie[723], auf welches vielfach Bezug genommen wird, fortgeführt und in seinem Anwendungsbereich erheblich erweitert, bleibt allerdings im Ansatz gleich: Eingriffe in den Datenschutz sind auf das absolut Notwendige zu beschränken (Rn. 96).

IV. Veränderte Notwendigkeit?

Angesichts des Terroranschlags auf den Berliner Weihnachtsmarkt auf der Kaiser-Wilhelm-Gedächtnis-Kirche auf dem Breitscheidplatz am 19.12.2016 stellt sich allerdings wieder verschärft die Frage: Was ist das absolut Notwendige? Ermittler machen deutlich, dass nur durch ein allumfassendes Speichern von telefonischen Verbindungsdaten bei Terroranschlägen rasch **Täterprofile** erstellt und damit

---

719 S. zur Diskussion im Kontext des Polizeieinsatzes bei der Kölner Silvesternacht 2016/17 F. A. Z. Nr. 2 v. 3.1.2017, 1: »Codewort Nafri«.
720 Vgl. zur RL 2006/24 EuGH ECLI:EU:C:2014:238 Rn. 61 – Digital Rights Ireland.
721 Unter Zitierung von EGMR CE:ECHR:2015:1204JUD004714306 Rn. 260 – Zakharov/Russland.
722 BVerfGE 125, 260 (330) – Vorratsdatenspeicherung II.
723 EuGH ECLI:EU:C:2014:238 – Digital Rights Ireland.

auch **potenzielle Täter ermittelt** werden können. Genau dies sieht der EuGH als zu weit gehenden Eingriff in den Schutz der persönlichen Sphäre. Zugleich zeigt er die Möglichkeiten auf der Basis dieser Daten auf: direkt die Ermittlung der Kommunikationspartner, -dauer und -häufigkeit sowie der Gesprächsorte (Rn. 98), indirekt in der Zusammenschau aller Daten das Erkennen der Lebensgewohnheiten, Aufenthaltsorte, Ortsveränderungen, ausgeübten Tätigkeiten, sozialen Beziehungen und des sozialen Umfeldes, mithin letztlich die Erstellung eines Profils (Rn. 99). So sehr durch solch sensible persönliche Daten in das Grundrecht auf Achtung des Privatlebens eingegriffen wird, ermöglichen sie umgekehrt erst eine effektive Prävention durch das Herausfiltern möglicher Gefährder, obwohl noch keine konkreten Umstände auf einen wirksamen Beitrag zur Bekämpfung terroristischer Aktivitäten vorliegen, wenn die Daten dieser Personen den Behörden zugänglich gemacht, näher betrachtet und ausgewertet werden.

V. Erweiterte konkrete Gefahr

Ein anderer Ansatzpunkt für eine wirksamere Terrorbekämpfung ist eine erweiterte Sicht der vom EuGH geforderten **objektiven Anhaltspunkte in einem konkreten Fall**. Besteht mittlerweile nicht bereits eine latente konkrete Gefahr für das Leben des Bürgers? Nur ist diese **laufende Gefahr** nicht konkret erkennbar. Sie kann sich aber jederzeit aktualisieren. Zudem stellt sich die Frage, ob angesichts der gravierenden Auswirkungen drohender Terroranschläge nicht die **Anforderungen** an das Bestehen einer konkreten Gefahr **herabgesetzt** werden müssen. Genügen dann nicht bereits etwa Anschläge in anderen Staaten oder festgestellte Bewegungen von Gefährdern oder einfach die objektiv unterlegte Gewissheit, dass viele verdeckte Schläfer sich in Deutschland aufhalten, die jederzeit aktiv werden können, um hinreichende Anhaltspunkte für einen konkreten Fall wirksamer Terrorbekämpfung (EuGH) bzw. für eine konkrete Gefahr für Leben und Gesundheit (BVerfG) zu bejahen?

VI. Menschenwürde potenzieller Opfer

Würde der Staat sogar seine Schutzpflichten für Leben und Gesundheit vernachlässigen, wenn er Möglichkeiten der Ermittlung von Terroristen außer Acht lassen würde? Drohte dann nicht der Einzelne zum Spielball von Terroristen zu werden und damit gleichsam zum **Objekt des Terrors?** Darin kann ein Ansatzpunkt eines **Angriffs auf die Menschenwürde** gesehen werden, die entsprechend der sog. Dürig'schen Objektformel gewährleistet, dass der Einzelne Subjekt bleibt und nicht zum Objekt jedenfalls staatlichen Handelns wird. Wenn der Staat aber duldet, dass der Einzelne zum Objekt des Terrors wird, ist dies einer Behandlung als Objekt gleichzusetzen.[724] Den Ansatz, dass der Einzelne nicht zum Objekt herabgewürdigt werden darf, hat der EuGH in der Frage der möglichen Patentierung von embryonalen Stammzellen gewählt und wegen der Unverfügbarkeit des Menschen einschließlich seiner Teile eine Patentierbarkeit verneint.[725] Im Bereich des Datenschutzes könnte dann eine Abwägung **Würde gegen Würde** erfolgen, wenn auch auf EU-Ebene[726] der Datenschutz an die Menschenwürde angedockt wäre.[727]

VII. Terrorismus als Hochrisikophänomen mit fortlaufender Beobachtungspflicht

Ein anderer möglicher Ansatzpunkt, um eine Vorratsdatenspeicherung trotz einer Antastung der Persönlichkeitsrechte und des Datenschutzes zu erlauben, ergibt sich aus dem Bundesverfassungsgerichtsurteil zum Atomgesetz v. 6.12.2016. Das Gericht verpflichtete den Gesetzgeber angesichts einer Hochrisikotechnologie zur fortlaufenden Beobachtung und Reaktionspflicht. Daraus entnahm es auch die **Rechtfertigung** für tiefgreifende Inhalts- und Schrankenbestimmungen allein aus neuen Einschätzungen der Gefährdungslage heraus, hier anlässlich des Reaktorunfalls von Fukushima vom Frühjahr 2011.[728] Es mussten keine konkreten neuen Anhaltspunkte vorliegen, damit der Staat trotz

---

724 Näher *Frenz* DÖV 2015, 305.
725 EuGH ECLI:EU:C:2014:2451 Rn. 36 – Stemcell; bereits EuGH ECLI:EU:C:2001:523 Rn. 73, 77 – Niederlande/Parlament und Rat; EuGH ECLI:EU:C:2011:669 Rn. 49 ff. – Brüstle.
726 Für das GG etwa BVerfG NJW 2013, 1499 – Antiterrordatei: Art. 2 I iVm Art. 1 I GG.
727 Näher Pechstein/Nowak/Häde/*Frenz*, Frankfurter Kommentar, 2017, GRC Art. 1 Rn. 9 ff.
728 BVerfG NJW 2017, 217 Rn. 219, 285 ff. → Rn. 525.

Antastung des Eigentumsgrundrechts berechtigt war, die Laufzeit von Kernkraftwerken zu verkürzen – wenn auch bei hinreichendem Vertrauensschutz gegen Entschädigung.

Terroranschläge sind Hochrisikophänomene. Damit hat der Staat erst recht eine **fortlaufende Beobachtungs- und Reaktionspflicht.** Sobald er die Sachlage gravierend anders einschätzt, muss er berechtigt sein, zur Gewährleistung des Schutzes von Leben und Gesundheit seiner Bürger Maßnahmen zu ergreifen, auch wenn diese erhebliche Grundrechtseingriffe mit sich bringen. Dazu gehört dann auch die Vorratsdatenspeicherung.

VIII. Ergebnis

Die Ermöglichung einer umfassenden und anlasslosen Vorratsdatenspeicherung in einer nationalen Regelung verstößt gegen die RL 2002/58 sowie Art. 7, 8 und 11 GRCh. Eine Vorratsdatenspeicherung kann nach dem EuGH nur bezogen auf bestimmte Personen aufgrund objektiver Anhaltspunkte für terroristische Aktivitäten in einem konkreten Fall gerechtfertigt sein. Weiterungen kommen nach Art. 1 GRCh, einer erweiterten Sicht der konkreten Gefahr und einer fortlaufenden staatlichen Reaktionspflicht auf ein Hochrisikophänomen in Betracht.

hh) **Sicherheitsbedenken.** Im Ergebnis ist damit freilich keine umfassende Prävention **451** möglich, um terroristische Angriffe durch das Ermitteln potenzieller Täter und Unterstützer im Vorfeld zu verhindern, sofern ihr Auftreten nicht durch – zumal konkrete – Tatsachen belegt werden kann.[729] **Rasterfahndung und Vorratsdatenspeicherung können im Einzelfall nur sehr begrenzt angeordnet werden.** Das gilt auch für Zweckänderungen und Weitergaben bereits erhobener Daten an andere Behörden im In- und Ausland (→ Rn. 456). Dabei können terroristische Angriffe vielen Menschen das Leben kosten. Dieser Aspekt muss der Schwere des Eingriffs in die informationelle Selbstbestimmung gegenübergestellt werden, was nicht erfolgte, nicht zuletzt, weil die Schutzpflicht (hier aus Art. 2 II 1 iVm Art. 1 I 2 GG) objektiv-rechtlich und nur als Funktion zur Verstärkung der Grundrechte als Abwehrrechte begründet wird (→ Rn. 264 ff.). Weiter ist Grundlage der Freiheitsgrundrechte die **Gewährleistung der Sicherheit durch den Staat.** Anderenfalls ergibt sich daraus ein Einschüchterungseffekt.[730] Schließlich wird die Schwere des Eingriffs in die informationelle Selbstbestimmung dadurch gemindert, dass zwar viele Personen betroffen sind, aber regelmäßig nur anonym und hinsichtlich ohnehin bekannter Informationen wie Studienfächer, Religionszugehörigkeit etc[731] bzw. bei der Vorratsdatenspeicherung noch ohne spezifische Zuordnung. Eine Rasterfahndung oder Vorratsdatenspeicherung muss daher auch unterhalb der Schwelle einer konkreten Gefahr angeordnet werden können, sofern nur tatsächliche Anhaltspunkte wie Anschläge in anderen Ländern für einen entsprechenden Gefahrenverdacht vorliegen (→ Rn. 1613 f.). Eingriffe in die informationelle Selbstbestimmung sind eher über organisatorische Vorkehrungen abzumildern wie das alsbaldige Löschen nicht benötigter Daten und eine hinreichende Anonymisierung. So können auch heimliche Überwachungsmaßnahmen abgemildert werden, wenngleich bei diesen schärfere Grenzen bestehen müssen, sobald der Kernbereich privater Lebensgestaltung betroffen ist (→ Rn. 454). Aber auch insoweit ist denkbar, dass solche Daten unzugänglich gespeichert werden, bis sich neue Hinweise etwa auf eine Terrorgefährdung ergeben, welche die erneute Durchsicht dieser Daten veranlassen. Dann kann auf sie zurückgegriffen werden, am wirksamsten allerdings, wenn keine konkrete Gefahr verlangt wird, sondern eine abstrakte genügt.

---

729 Dies billigend BVerfGE 125, 260 (332) – Vorratsdatenspeicherung II.
730 Sondervotum *Haas* BVerfGE 115, 320 (374).
731 Näher Sondervotum *Haas* BVerfGE 115, 320 (371 f.).

452 **jj) GPS-Observation.** Den Weg über solche **organisatorischen Vorkehrungen** wählte das BVerfG im Hinblick auf Observationen mit einem Global Positioning System (GPS).[732] Solche Maßnahmen sind in § 100j I Nr. 2 StPO in hinreichend bestimmter Weise vorgesehen; sie müssen sich allerdings auf einen Beschuldigten beziehen, setzen also einen Anfangsverdacht voraus. Sie sind dem Betroffenen gegenüber zunächst verborgen (s. § 101 StPO); darin liegt ein »**additiver Grundrechtseingriff«,** der besondere Anforderungen an das Verfahren bedingt. Insbesondere um eine **stets unzulässige »Rundumüberwachung«** auszuschließen, müssen unkoordinierte Ermittlungsmaßnahmen verschiedener Behörden verlässlich verhindert werden, ggf. durch weitere Regelungen, deren Notwendigkeit sich erst im Laufe der Zeit herausstellt. Daher muss der Gesetzgeber künftige Entwicklungen beobachten.[733]

453 **kk) Heimliche Überwachungsmaßnahmen und Zweckänderungen von Daten: BKA-Urteil.** Auch für Online-Durchsuchungen verlangt das BVerfG eine konkrete Gefahr für hinreichend gewichtige Schutzgüter, und zwar selbst für Leben und Gesundheit, wenn sie durch Terror bedroht sind. Immerhin muss die Gefahr nicht schon in naher Zukunft eintreten. Indes müssen Tatsachen auf eine **im Einzelfall drohende Gefahr** und eine **bestimmte Person** weisen, sodass die Überwachungsmaßnahme gezielt gegen sie gewichtet werden kann.[734] Damit ergeben sich vergleichbare Probleme wie bei der Rasterfahndung. Aber insoweit handelt es sich um einen besonders gravierenden Eingriff, hier in die Integrität und Vertraulichkeit informationstechnischer Systeme (→ Rn. 429). An einem Eingriff fehlt es freilich, wenn im Internet verfügbare Kommunikationsinhalte erhoben werden, die an jeden bzw. an einen nicht abgegrenzten Personenkreis gerichtet sind (zB allgemein zugängliche Website; Interessierten offenstehende Mailingliste im Abo; offener Chat), außer diese Informationen werden gezielt zusammengetragen, gespeichert, ausgewertet bzw. mit anderen Daten vernetzt, sodass sich eine besondere Gefahrenlage für die Persönlichkeit des Betroffenen ergibt.[735]

454 Liegt ein Eingriff vor, wird dessen Intensität weiter durch die **Heimlichkeit** und **mögliche Übergriffe auf** datenmäßig vernetzte unbeteiligte **Dritte** verstärkt. Daher ist schon ein **hinreichend gewichtiger Eingriffsanlass notwendig;** dieser muss zudem einzelfallbezogen **konkret** sein. Schließlich bedarf es geeigneter **Verfahrensvorkehrungen,** insbesondere einer vorbeugenden Kontrolle durch eine unabhängige Instanz und damit einer **richterlichen Anordnung.** Sie muss im Gesetz festgelegt sein. Nur dann ist die **Angemessenheit** gewahrt.[736] Gänzlich unangetastet muss der absolute Kernbereich privater Lebensgestaltung bleiben (→ Rn. 469f.). Auch darauf müssen sich die verfahrensmäßigen Sicherungen beziehen. Erforderlich ist, dass insoweit Datenerhebungen möglichst unterbleiben, nämlich wenn konkrete Anhaltspunkte dafür bestehen. Notwendig ist weiter eine Durchsicht der erhobenen Daten und, wenn sie kernbereichsrelevant sind, deren unverzügliche Löschung.[737] Diese Grundsätze übertrug das BVerfG auf alle heimlichen Überwachungsmaßnahmen. Diese Löschung ist so zu protokollieren, dass eine spätere Kontrolle möglich ist.

---

732 S. auch BVerfGE 100, 313 (384) – Telekommunikationsüberwachung zu Art. 10 GG.
733 BVerfGE 112, 304 (316f., 319ff.) – GPS-Observationen.
734 BVerfGE 120, 274 (328f.) – Online-Durchsuchung.
735 BVerfGE 120, 274 (344f.) – Online-Durchsuchung.
736 BVerfGE 120, 274 (326ff.) – Online-Durchsuchung.
737 BVerfGE 120, 274 (338) – Online-Durchsuchung.

Eine konkrete Gefahr verlangt das BVerfG mithin auch für **heimliche Überwachungs-** **455** **maßnahmen** wie Wohnraumüberwachungen, Online-Durchsuchungen, Telekommunikationsüberwachungen, Telekommunikationsverkehrsdatenerhebungen und Überwachungen außerhalb von Wohnungen mit besonderen Mitteln der Datenerhebung. Diese reichen tief in das Privatleben hinein. Zwar dürfen solche heimlichen Überwachungsmaßnahmen grundsätzlich zur Abwehr von Gefahren des internationalen Terrorismus ergriffen werden. Indes dürfen **nicht verantwortliche Dritte** aus dem Umfeld von Zielpersonen aus dem Terrorismus nur mit spezifischen Regelungen ins Visier genommen werden, um deren **Kernbereich privater Lebensgestaltung** und **Berufsgeheimnisse zu schützen.** Hierfür bedarf es transparenter Vorgehensweisen, individuellen Rechtsschutzes und aufsichtlicher Kontrolle. Die erhobenen Daten müssen wieder gelöscht werden. Hierzu bedarf es gesetzlicher Regelungen.[738] Das gilt auch für die **Nutzung und Übermittlung staatlich erhobener Daten.** Diese sind grundsätzlich **zweckgebunden.** Sie dürfen also nur für den Zweck aus dem jeweiligen Ermittlungsverfahren verwendet werden, zu dem sie erhoben wurden. Eine weitere Nutzung ist grundsätzlich nur durch dieselbe Behörde zur Wahrnehmung derselben Aufgabe und zum Schutz derselben Rechtsgüter zulässig. Für Daten aus Wohnraumüberwachungen oder einem Zugriff auf informationstechnische Systeme müssen zudem für jede weitere Nutzung auch die Anforderungen an die Gefahrenlage erfüllt sein, welche schon für die Datenerhebung maßgeblich waren.[739]

Diese Zweckbestimmung kann nur sehr begrenzt überschritten werden. Eine Nutzung der Daten auch zu anderen Zwecken als denen der ursprünglichen Datenerhebung und damit eine Zweckänderung muss dem Schutz von Rechtsgütern oder der Aufdeckung von Straftaten eines solches Gewichts dienen, die verfassungsrechtlich ihre Neuerhebung mit vergleichbar schwerwiegenden Mitteln rechtfertigen könnten. Es gilt also der **Grundsatz** der **hypothetischen Datenneuerhebung.** Dafür genügt das Vorliegen eines **konkreten Ermittlungsansatzes**; es ist also keine konkretisierte Gefahrenlage wie bei der ursprünglichen Datenerhebung zu verlangen. Auch hier bedarf es aber einer solchen konkretisierten Gefahrenlage, wenn es um Daten aus Wohnraumüberwachungen und Online-Durchsuchungen geht. Damit muss sich also auch dann, wenn eine Ermittlungsmaßnahme auf der Basis konkreter Verdachtsmomente für drohende Straftaten zu Ende geführt wurde, erst wieder ein solcher konkreter Verdacht ergeben, um die bereits erhobenen Daten auch für einen anderen Zweck verwenden zu können. Verlangt man gar dieselben Rechtsgüter, haben sich also etwa Hinweise auf einen Terroranschlag als falsch erwiesen, tauchen aber neue Anhaltspunkte für einen solchen auf, muss erst gewartet werden, bis diese Anhaltspunkte eine konkrete Gefahr sichtbar werden lassen. Erst dann dürfen ursprünglich erhobene Daten durch dieselbe Behörde weiter genutzt werden, sofern es sich um Daten aus Wohnraumüberwachungen oder einem Zugriff auf informationstechnische Systeme handelt. Entsprechendes gilt, wenn die ursprünglich zur Vereitelung eines Anschlages erhobenen Daten nun verwendet werden sollen, um eine terroristische Vereinigung auszuheben. Von dieser muss dann erst eine konkrete Gefahr drohen.

Die vorgenannten Grundsätze der Zweckänderung- und Zweckbindung bestehen **456** auch, wenn **Daten an staatliche Stellen im Ausland** übermittelt werden sollen. Zu-

---

738 BVerfG NJW 2016, 1781 (Ls. 1) – BKA-Gesetz.
739 BVerfG NJW 2016, 1781 (Ls. 2a und 2b) – BKA-Gesetz.

dem müssen sich dann die deutschen Behörden vergewissern, dass ein hinreichend rechtstaatlicher Umgang mit den Daten im Empfängerstaat zu erwarten ist.[740] Danach durften etwa auch auf verfassungsrechtlicher Grundlage keine Daten in die USA übermittelt werden, solange dort nicht Rechtsschutz für den Einzelnen gewährleistet ist. Dies setzt nunmehr auch das Abkommen zwischen EU und den USA über die **Übermittlung von Fluggastdaten** voraus. Damit reagierte die EU auf das Safe-Harbor-Urteil des EuGH (→ Rn. 43).

ll) Automatisierte Kennzeichenerfassung[741].

457 **Fall** nach BVerfGE 120, 378: Auch für die automatisierte Erfassung von Autokennzeichen verlangt das BVerfG konkrete Gefahrenlagen oder allgemein gesteigerte Risiken von Rechtsgutgefährdungen oder -verletzungen.

Das Ziel eines Abgleichs mit einem gesetzlich nicht näher definierten Fahndungsbestand, namentlich, aber nicht konkret festgelegt, um ausgeschriebene Fahrzeuge ausfindig zu machen, genügt nicht. Allerdings richtet sich das Ausmaß der Anforderungen nach der Intensität des Grundrechtseingriffs. Diese hängt davon ab,

- wie persönlichkeitsrelevant die erfasste Information ist,
- wie sie weiter verwendet und verarbeitet wird, zumal wenn daraus Folgemaßnahmen erwachsen können,
- ob der Betroffene einen zurechenbaren Anlass gegeben hat (zB Autodiebstahl),
- die Ermittlungsmaßnahme heimlich erfolgt bzw.
- wie viele (unbeteiligte) Personen erfasst werden.

Nur stichprobenhafte, nicht flächendeckende Kennzeichenerfassungen können ggf. ohne konkreten Anlass zulässig sein.

An einem Eingriff fehlt es sogar ganz, wenn der Abgleich automatisiert erfasster Kraftfahrzeugkennzeichen mit dem Fahndungsbestand unverzüglich erfolgt und das Kennzeichen ohne weitere Auswertung sofort und spurlos gelöscht wird. Dann ergibt sich keine Möglichkeit, einen bestimmten Personenbezug herzustellen. Sobald diese Option indes besteht, kann sich auch der Umgang mit Daten, die wie das Autokennzeichen für sich nur einen geringen Informationsgehalt haben und ohne Weiteres in Erfahrung zu bringen sind, durch mögliche Verarbeitungen und Verknüpfungen auf die Privatheit und Verhaltensfreiheit des Betroffenen auswirken. So wird bei der automatisierten Kennzeichenerfassung der jeweilige Aufenthaltsort festgehalten und vor allem die Basis für weitere personenbezogene Maßnahmen geschaffen, und zwar für eine Vielzahl von Kennzeichen, wodurch das Gefühl des Überwacht-werdens und ständiger Kontrolle entsteht.[742] Daher bedarf es der dargelegten hohen Rechtfertigung für einen solchen schwerwiegenden Eingriff in das Grundrecht auf informationelle Selbstbestimmung oder aber einer konkreten Begrenzung auf weniger eingriffsintensive Maßnahmen im Gesetz, so auf punktuelle Kontrollen oder auf die Suche nach gestohlenen Fahrzeugen und solche ohne ausreichenden Versicherungsschutz; im letzten Fall handelt es sich um anlassbezogene Maßnahmen.

mm) Anti-Terrordatei.

458 **Beispiel** nach BVerfGE 133, 277 = DVBl. 2013, 783 – Antiterrordatei und mAnm *Frenz:* Das Anti-Terrordateigesetz ermöglicht den Austausch von Grunddaten zwischen Nachrichtendiensten und Polizeibehörden zur besseren Terrorprävention. Erfasst werden auch Unterstützer von Terrororganisationen unterstützenden Vereinigungen und Befürworter von terroristischer Gewalt.

---

740 BVerfG NJW 2016, 1781 (Ls. 3) – BKA-Gesetz.
741 *Cornils* JURA 2010, 443.
742 BVerfGE 120, 378 Rn. 78, 173.

Zwar greift das Antiterrordateigesetz dadurch in das Recht auf informationelle Selbst- **459**
bestimmung ein, dass Daten aus verschiedenen Quellen durch die Anordnung einer
Speicherungspflicht verknüpft werden, und zwar ohne dass der ggf. davon Betroffene
informiert wird. Diese Unkenntnis steht dem Fehlen eines vermittelnden Vollzugsakts
gleich (Rn. 83). Der Einzelne vermag auch nicht zu ersehen, wann und ob er betroffen
ist, kann aber zu den erfassten Personen gehören (Rn. 86 f.). Damit liegt eine unmittelbare, eigene und gegenwärtige Betroffenheit für eine Verfassungsbeschwerde schon
gegen ein Gesetz vor. Dass es sich schon um anderweitig erhobene Daten handelt, tritt
deshalb zurück, weil diese nach eigenen Kriterien zusammengeführt und aufbereitet
werden, um sie dann anderen Behörden zur Verfügung zu stellen (Rn. 95). Diese **Zu-
sammenführung von Daten der Nachrichtendienste und der Polizeibehörden** verstärkt die Schwere des Grundrechtseingriffs, handelt es sich doch dabei um Behörden
mit völlig unterschiedlichem Ansatz und Tätigkeitsbereich: der auf Beobachtung und
Aufklärung im Vorfeld ausgerichtete, grundsätzlich verdeckt arbeitende Nachrichten-
dienst einerseits und die mit konkreten Befugnissen dem Einzelnen gegenüber ausge-
stattete und daher grundsätzlich offen zur Gefahrenabwehr arbeitende Polizei andererseits (zusammenfassend Rn. 122). Daher ist eine grundsätzliche Trennung beider
Bereiche nötig, welche sich auch auf den Datenaustausch bezieht (**informationelles
Trennungsprinzip**); ein Datenaustausch bedarf daher eines herausragenden öffentlichen Interesses (Rn. 123).

Zwar wirkt eingriffsmindernd, dass die Antiterrordatei als Verbunddatei nur den Zu- **460**
griff auf bestimmte Personen mit ihren Merkmalen ermöglicht und so im Wesentlichen
auf die Informationsanbahnung beschränkt ist; indes können in begrenztem Umfang
Behörden ihre Erkenntnisse unmittelbar austauschen; in Eilfällen kann dies unmittelbar zur Abwehr von spezifischen Gefahren und damit auch zu operativen Zwecken erfolgen (Rn. 127, 129 ff.). Die Belastung für den Betroffenen ergibt sich aber bereits daraus, dass er in der Datei erfasst ist und daher in den Fokus behördlicher Tätigkeit
geraten kann, ohne dass er selbst dafür zurechenbar Anlass gegeben hat, soweit seine
Aufnahme in die Datei auf bloßen Prognosen und subjektiven Einschätzungen der Behörden beruht (Rn. 128).

Die grundsätzliche **Rechtfertigung** eines solchen schwerwiegenden Grundrechtsein- **461**
griffs ergibt sich aus dem großen Gewicht, dem eine **effektive Bekämpfung des Terrorismus** für die demokratische und freiheitliche Ordnung zukommt, und zwar nicht
nur für Leib und Leben, sondern für die Grundpfeiler der verfassungsrechtlichen Ordnung und des Gemeinwesens als Ganzem. Daher muss sich aber umgekehrt eine solche
Maßnahme an die Grundlagen dieser Ordnung halten und damit den rechtsstaatlichen
Rahmen – insbesondere die **Verhältnismäßigkeit** – wahren (Rn. 133). Daraus ergeben
sich Beanstandungen im Einzelnen.

Das informationelle Trennungsprinzip verlangt, dass **Daten zwischen Nachrichten-** **462**
diensten und Polizeibehörden grundsätzlich separiert werden. Öffnungen können
daher nur begrenzt erfolgen und müssen eindeutig festgelegt werden. Damit muss normativ bereits strikt begrenzt sein, welche Polizeivollzugsbehörden Daten von Nachrichtendiensten erhalten können; jedenfalls muss dies durch Rechtsverordnung bestimmt werden; insoweit ist das Bestimmtheitsgebot nicht gewahrt (Rn. 139 ff.).

Auch der Personenkreis, über den Grunddaten weitergegeben bzw. in die Antiterror- **463**
datei aufgenommen werden, muss hinreichend festgelegt sein. Zu unbestimmt und

weitreichend ist es, dass Personen erfasst werden, die eine Gruppierung unterstützen, die eine terroristische Vereinigung unterstützt, ebenso die Erstreckung auf Personen, die rechtswidrige Gewaltanwendung als Mittel zur Durchsetzung international ausgerichteter politischer oder religiöser Belange befürworten, auch wenn damit nach der Gesetzesbegründung nur Hassprediger gemeint waren: Der Wortlaut reicht weit darüber hinaus (Rn. 161). Selbst der Gewaltbegriff ist ambivalent, wie BVerfGE 104, 92 (102) zur Erfassung von Blockadeaktionen im Rahmen von § 240 StGB zeigt (Rn. 151 ff. mit den daraus folgenden Bedenken der Mindermeinung). Auch die Einbeziehung bloßer Kontaktpersonen verstößt gegen den Bestimmtheitsgrundsatz und das Übermaßverbot (Rn. 162 ff.).

464 Die erfassten Daten sind im Wesentlichen hinreichend bestimmt und verhältnismäßig. Soweit die Sicherheitsbehörden eine Konkretisierung und Standardisierung vornehmen können, bedarf es allerdings der **Dokumentation,** auch um eine Nachprüfung zu gewährleisten (Rn. 183 ff.). Die einfachen Grunddaten dürfen ohne Weiteres abgefragt werden; bei merkmalbezogenen Recherchen in erweiterten Grunddaten mit unmittelbarem Zugang zu höchstpersönlichen und biografischen Informationen über den Betroffenen kann dies nur unter hinreichender Anonymisierung erfolgen, damit die entsprechenden Daten nicht individuell zuordenbar sind (Rn. 199 f.), außer es ist Eile geboten (Rn. 201 ff.). Es bedarf schließlich Transparenz, Rechtsschutz und einer wirksamen Aufsicht (Rn. 204 ff.).

465 Soweit Daten in die Antiterrordatei einbezogen werden, deren Erhebung in das Telekommunikationsgeheimnis oder das Grundrecht auf Unverletzlichkeit der Wohnung eingreift, müssen die aus diesen Grundrechten folgenden **Grenzen auch für die Weitergabe von Daten** eingehalten werden. Ansonsten könnte etwa die Schwelle für die Übermittlung von durch eine Wohnraumüberwachung gewonnener Daten abgesenkt werden. Aus solchen Eingriffen stammende Daten sind daher zu kennzeichnen und dürfen nicht vollständig und uneingeschränkt in die Antiterrordatei einbezogen werden. Entsprechendes gilt für durch Eingriff in das Grundrecht auf Gewährleistung der Vertraulichkeit und Integrität informationstechnischer Systeme aus Art. 2 I iVm Art. 1 I GG gewonnene Daten (Rn. 225 f.).

466 **nn) Konkrete Einzelfälle.** Die **Verhältnismäßigkeit** eines Eingriffs in das APR und dabei besonders in die informationelle Selbstbestimmung ist, wie der Fall zur Rasterfahndung zeigte, nicht nur im Hinblick auf die Vereinbarkeit von Gesetzen, sondern **auch im konkreten Einzelfall** zu prüfen. Dabei sind die einschlägigen Gesichtspunkte zureichend aufzuklären und »tragfähig« zu begründen. Dem genügen eine bloße Wiedergabe des Gesetzeswortlautes und oberflächliche Beschreibungen nicht.[743]

467 > **Beispiel** nach BVerfGE 115, 166 – Datensuche in Richterwohnung: Wird die Wohnung einer Richterin wegen Verdachts des Geheimnisverrats nach Telefonverbindungsdaten auf dem Handy und dem PC durchsucht, muss ein entsprechender konkreter Verdacht durch Tatsachen schlüssig erhärtet werden. Für diese Tatsachen muss der Eingriff in das Recht auf informationelle Selbstbestimmung – ebenso wie in das Recht auf Unverletzlichkeit der Wohnung (→ Rn. 302 auch zur Abgrenzung) sowie in die Berufsfreiheit eines Anwaltes[744] – mit Erfolg Aufklärung erwarten lassen. Er muss sich zudem auf eine hinreichend schwere Straftat bezie-

---

743 BVerfGE 103, 21 (35 f.) für den »genetischen Fingerabdruck«.
744 BVerfG NJW 2006, 2974 zur Abhörung von Mandantengesprächen wegen Verdachts der Geldwäsche; auch BVerfG NJW 2007, 2749 (2750 f.); DVBl. 2007, 760 (762 f.) – El Masri.

hen; eine Verkehrsordnungswidrigkeit genügt nicht.[745] Er muss in angemessenem Verhältnis zu der Schwere der Straftat und der Stärke des Tatverdachts stehen. Dabei ist die besondere Schutzwürdigkeit der Daten, auf die Zugriff genommen wird, und dabei wegen des Zusammenhangs mit Art. 10 I GG (→ Rn. 306) insbesondere der Telekommunikationsverbindungsdaten hinreichend zu würdigen.

Beispiel nach BVerfGE 113, 29; BVerfG NJW 2008, 1937 – Datenträger bzw. Handakte in Anwaltskanzlei: Entsprechendes gilt bei der Sicherstellung und Beschlagnahme anderer Datenträger, auf denen eine Vielzahl von Daten gespeichert sind, zumal wenn diese von unbeteiligten Dritten stammen, wie dies bei Datenträgern in einer Anwaltskanzlei der Fall ist. Eine Durchsuchung kann nicht bereits mit formelhaften Wendungen begründet werden, sondern der **Richter** muss sich **mit der Schwere des Tatverdachts und** der **Straftat** sowie der zu erwartenden **Strafe auseinandersetzen,** und zwar bezogen auf den konkreten Fall. Ansonsten ist die Durchsuchung unangemessen. Wird schon bei der Sicherung der Daten festgestellt, dass die Datenträger keine verfahrenserheblichen Daten enthalten, ist deren Sicherstellung bereits ungeeignet. Zeigen sich zahlreiche verfahrensirrelevante Beweismittel, muss nicht auf den gesamten Datenbestand zugegriffen werden. **468**

d) Ausschluss einer Abwägung bei engem Menschenwürdebezug. Teil der nach Art. 1 I GG unantastbaren Würde des Menschen und damit überhaupt **nicht einschränkbar** (→ Rn. 264) ist der **absolute Kernbereich privater Lebensgestaltung,** der sog. Innenraum. **Nicht** Ausdruck freier Entfaltung der Persönlichkeit sind aber **Übergriffe in die sexuelle Selbstbestimmung** eines anderen bei Vergewaltigungen. Sie sind auch nicht höchstpersönlicher und daher absolut geschützter Natur.[746] **469**

Dem Kernbereich privater Lebensgestaltung wird vom BVerfG ein Geheimnischarakter zugebilligt, der **vor einer Offenbarung nach außen schützt,** so etwa durch statistische Erhebungen[747] oder die Verwertung von Tonbändern[748] oder die dauerhafte Aufbewahrung bzw. unkontrollierte Verwendung entnommenen Genmaterials, wodurch ein »Persönlichkeitsprofil« aus Erbanlagen, Charaktereigenschaften bzw. Krankheiten erstellt werden könnte.[749] **470**

Beispiel nach BVerfGE 109, 279 – »Großer Lauschangriff«: Daher kann der absolut geschützte Kernbereich privater Lebensgestaltung entgegen Art. 13 III GG selbst bei normativ einzeln bestimmten, besonders schweren Straftaten nicht der akustischen Überwachung von Wohnraum zu Zwecken der Strafverfolgung unterliegen. Das schließt den Wohnraum nicht generell von solchen Maßnahmen aus, aber das Verhalten in diesen Räumen, soweit es wie der **Ausdruck innerer Empfindungen, Gefühle, Ansichten und Erlebnisse höchstpersönlicher Art** sowie die Sexualität zum Kernbereich privater Lebensgestaltung gehört. Eine **Abwägung zwischen der insoweit die Menschenwürde konkretisierenden Unverletzlichkeit der Wohnung (Art. 13 I iVm Art. 1 I GG)** und dem Strafverfolgungsinteresse im Rahmen einer Verhältnismäßigkeitsprüfung findet nicht statt. **471**

In diesen absolut geschützten Kernbereich fallen hingegen **nicht Gespräche mit Angaben über begangene Straftaten,** soweit sie sich nicht lediglich auf innere Gefühle und Eindrücke beziehen, ohne Hinweise auf konkrete Straftaten zu enthalten. Eine Vermutung für das Übergreifen in den Kernbereich besteht, wenn sich jemand ausschließlich mit Personen der engsten

---

745 Für Art. 13 GG: BVerfG NJW 2006, 3411 – Durchsuchungsbeschluss.
746 BVerfG NJW 2009, 3357; dazu *Jahn* NJW 2009, 3344.
747 BVerfGE 65, 1 (49 ff.) – Volkszählung.
748 BVerfGE 34, 238 (245 ff.) – Tonbandentscheidung; vgl. auch BVerfGE 54, 148 (155) – Eppler.
749 BVerfGE 103, 21 (31 f.) – Genetischer Fingerabdruck I; s. daher § 81g II StPO.

Umgebung in der Wohnung aufhält. Im Einzelfall ist eine Wahrscheinlichkeitsprognose über den Inhalt des Gesprächs anzustellen, da dieser im Vorhinein nicht feststeht.

Um die Ausklammerung des durch Art. 1 I GG absolut geschützten Bereichs zu gewährleisten, muss eine gesetzliche Ermächtigung, welche die Wohnraumüberwachung ermöglicht, entsprechende **Sicherungen** enthalten; zudem sind die Anforderungen nach Art. 13 III GG zu wahren, wenn man die darin ermöglichten Einschränkungen nicht von vornherein als unvereinbar mit Art. 79 III GG ansieht.[750] Erheben akustische Wohnraumüberwachungen gleichwohl im Einzelfall Informationen aus dem absolut geschützten Kernbereich privater Lebensgestaltung, müssen sie abgebrochen und Aufzeichnungen gelöscht werden; die dabei gewonnenen **Informationen** dürfen **in keiner Weise verwertet** werden.[751]

472 **e) Verhältnismäßigkeit durch verfassungskonforme Auslegung am Beispiel von Art. 8 I GG.** Insbesondere im Rahmen der Angemessenheitsprüfung ist zu untersuchen, ob bei der Anwendung eines eingreifenden Gesetzes dieses auch so ausgelegt werden kann, dass im Einzelfall das grundrechtlich geschützte Verhalten gewährleistet wird. Daher ist ein derartiges Gesetz erst dann unverhältnismäßig und damit verfassungswidrig, wenn eine **grundrechtskonforme Auslegung** nicht möglich ist.[752] So bildet zwar § 240 StGB ein beschränkendes Gesetz iSv Art. 8 II GG. Indes ist die Verwerflichkeitsklausel unter Berücksichtigung von Art. 8 GG und der konkreten Anliegen der Versammlungsteilnehmer zu handhaben.[753] Zudem besteht für das grundrechtlich geschützte Verhalten ein gewisser Spielraum.

473 **Fall** nach BVerfGE 69, 315 – Brokdorf: Verschiedene Bürgerinitiativen wollen gegen ein Kernkraftwerk demonstrieren. Allgemein wird eine Störung durch aus ganz Deutschland anreisende Gewalttäter befürchtet. Nach § 15 VersG können Versammlungen bei Störungen der öffentlichen Sicherheit verboten werden. Zudem unterbleibt eine gesamtverantwortliche Anmeldung der Demonstration. Nach § 14 VersG ist bei Demonstrationen unter freiem Himmel eine Anmeldefrist von 48 Stunden erforderlich. Anderenfalls kann eine Versammlung gem. § 15 II VersG aufgelöst werden. Die Ordnungsbehörde will die Veranstaltung verbieten bzw. auflösen, zweifelt aber wegen Art. 8 I GG.

Die Demonstration gegen das Kernkraftwerk ist keine **Spontanversammlung**. Für eine solche ist anerkannt, dass § 14 VersG insoweit nicht (voll) greifen kann, weil ansonsten ein rasches Reagieren auf aktuelle Anlässe durch Versammlungen nicht möglich wäre.[754] Die **Anmeldepflicht** als solche ermöglicht aber den Behörden erst, einen störungsfreien Verlauf zu sichern, und ist daher mit Art. 8 I GG vereinbar.[755] **Großveranstaltungen** ist die **Schwierigkeit** eigen, einen **verantwortlichen Leiter zu finden**, der die Anmeldung und damit die Verantwortung übernimmt. Um nicht von solchen Veranstaltungen aufgrund formaler Erfordernisse abzuschrecken, kommt eine Sanktion nach § 14 iVm § 15 II VersG bei einem kooperativen Verhalten der Veranstalter mit begrenzter Verantwortungsübernahme kaum in Betracht, sofern keine Störungen auftreten. Anderenfalls sinkt freilich die Eingriffsschwelle einer ihrerseits kooperationsbereiten Behörde.[756]

Könnte die Gefahr einzelner Störer zu einem Verbot führen, würden die meisten Großdemonstrationen nicht stattfinden können. Davon ginge eine prohibitive Wirkung für solche Versammlungen aus, die der Bedeutung von Art. 8 I GG im demokratischen Gemeinwesen widerspräche. Daher kann ein

---

750 So das Sondervotum *Jaeger* und *Hohmann-Dennhardt*, BVerfGE 109, 279 (383 ff.).
751 *Haverkamp* JURA 2010, 492.
752 BVerfGE 83, 130 (143 ff.) – Josefine Mutzenbacher (→ Rn. 403, 405).
753 BVerfGE 104, 92 (110 ff.) – Wackersdorf. S. auch → Rn. 292.
754 BVerfGE 69, 315 (350 f.) – Brokdorf; BVerfG NVwZ 2005, 80; näher → Rn. 1648.
755 BVerfGE 85, 69 (74) – Spontanversammlung.
756 BVerfGE 69, 315 (359) – Brokdorf.

Verbot nach § 15 I VersG bei verfassungskonformer Anwendung erst ergehen, **wenn** die **Versammlung nicht hinreichend vor Störern geschützt werden kann.**[757]

Fall nach BVerfG NJW 2007, 2168 – Sternmarsch; BVerfG NJW 2015, 2485 – »Bierdosen-Flashmob für die Freiheit«: Für den G8-Gipfel in Heiligendamm wurde eine ca. 5 × 8 km große Demonstrationszone um den Konferenzort ausgewiesen. Ein in diese Zone hineinreichender Sternmarsch wird daher wegen einer Gefahr für die öffentliche Sicherheit verboten und nur außerhalb davon erlaubt. Dadurch werden auch Privatgrundstücke einbezogen, die der Öffentlichkeit entzogen sind. — **474**

Zur Versammlungsfreiheit gehört auch die **freie Orts- und Routenwahl.** Spiegelt sie, wie hier durch die angestrebte Nähe zum G8-Gipfel, ein spezifisches kommunikatives Anliegen wider, wird seine Verwirklichung wesentlich erschwert. Daher kommt eine **Routenverlegung** einem Verbot nahe. Entsprechend gravierend müssen die rechtfertigenden Gesichtspunkte sein. Es bedarf einer **hinreichenden Gefährdung der öffentlichen Sicherheit.** Ein bloßes Sicherheitskonzept genügt nicht, wohl aber hinreichend konkrete Anhaltspunkte für unmittelbar bevorstehende Gefahren für die nach Art. 2 II GG zu schützende körperliche Unversehrtheit. Aber auch dann ist die Erforderlichkeit insbesondere der Größe der Verbotszone zu prüfen. Die öffentliche Ordnung rechtfertigt nur ausnahmsweise ein Versammlungsverbot, ebenso wenig das bloße Ansehen Deutschlands in der Staatengemeinschaft.
Die Versammlungsfreiheit gewährt keinen Zutritt zu Orten, die der Öffentlichkeit nicht allgemein zugänglich sind oder zu denen schon den äußeren Umständen nach nur zu bestimmten Zwecken Zugang gewährt wird. Es genügt aber, dass ein allgemeiner öffentlicher Verkehr eröffnet ist. Dann können Private ähnlich oder auch genauso weit wie der Staat durch die Grundrechte in Pflicht genommen werden, insbesondere wenn sie in tatsächlicher Hinsicht in eine vergleichbare Pflichten- oder Garantenstellung hineinwachsen wie traditionell der Staat. Gemischtwirtschaftliche Unternehmen, die von der öffentlichen Hand beherrscht werden, was idR bei mehr als 50 % Anteilsbesitz (auch unterschiedlicher öffentlicher Träger)[758] zutrifft, unterliegen ohnehin nach Art. 1 III GG der Grundrechtsbindung.[759] So drängen sich Vorplätze von **Flughäfen** für **Versammlungen** gegen neue Startbahnen geradezu auf. Der Flugbetrieb muss aber aufrechterhalten werden können. Auch hier bedarf es eines verhältnismäßigen Ausgleichs. Flughäfen sind besonders störanfällig. Dafür sind weitergehende Einschränkungen als im öffentlichen Straßenraum gerechtfertigt.[760] Das gilt etwa für das Verteilen von Flugblättern, die zu Verstößen gegen Sicherheitsbestimmungen aufrufen – nicht aber für sonstige Flugblattaktionen in der allgemein zugänglichen Vorhalle.[761]

f) Verhältnismäßigkeit nationaler Umsetzungsgesetzgebung. In deutsche Grundrechte können auch Gesetze eingreifen, welche europäische Vorgaben in nationales Recht umsetzen. Dabei bestehen für Grundrechtseinschränkungen die allgemeinen Sicherungen. Das gilt freilich nur dann, wenn dabei Umsetzungsspielräume bestehen; im Übrigen greift nicht der nationale, sondern der europäische Grundrechtsschutz (→ Rn. 53 f. auch zu Weiterungen auf der Basis der Solange-Rspr.). Diese **Umsetzungsspielräume muss Deutschland bei seiner Gesetzgebung schonend ausfüllen.** — **475**

Fall nach BVerfGE 113, 273 und BVerfGE 140, 317 – Europäischer Haftbefehl: Spanien verlangt die Auslieferung eines deutschen Staatsangehörigen wegen Mitgliedschaft in der terroristischen Organisation Al-Quaida. Eine solche Auslieferung sieht das Europäische Haftbefehlsgesetz v. 21.7.2004 in Umsetzung des Rahmenbeschlusses über den Europäischen Haftbefehl und die Übergabeverfahren zwi- — **476**

---

757 BVerfGE 69, 315 (360 f.) – Brokdorf. S. auch BVerfGE 84, 203 – Republikaner sowie → Rn. 1655 ff.
758 Es zählt die Gesamtverantwortung.
759 BVerfGE 128, 226 (246 f.) – Fraport für eine Flughafengesellschaft.
760 BVerfGE 128, 226 (2. Ls.) – Fraport.
761 BVerfGE 128, 226 (267 f.) – Fraport.

schen den Mitgliedstaaten der EU vor. Der Betroffene verweist auf menschenunwürdige Haftbedingungen.

Erfolgt damit eine **pauschale Auslieferung** ohne nähere Prüfung des Einzelfalls, wird Art. 16 II GG iVm dem Rechtsstaatsprinzip beeinträchtigt. Zwar ermöglicht Art. 16 II 2 GG, durch Gesetz Auslieferungen an einen anderen EU-Staat oder an den IGH vorzusehen, soweit rechtsstaatliche Grundsätze gewahrt sind. Diese Grundsätze werden also nur allgemein benannt. Der Einzelne baut indes grundsätzlich darauf, dass seine eigene, ihm bekannte und auch hinsichtlich der prozessualen Abläufe vertraute sowie von ihm durch demokratische Partizipation getragene Rechtsordnung mit all ihren Sicherungen eingreift und er nicht an andere Staaten ausgeliefert wird. Er kann daher von dieser Rechtsordnung grundsätzlich nicht ausgeschlossen werden. Das gilt zumal dann, wenn die Tat einen maßgeblichen Inlandsbezug hat, dh wesentliche Teile des Handlungs- und Erfolgsortes in Deutschland liegen, aber auch bei einem Handeln in Deutschland und einem Erfolgseintritt im Ausland. Zudem liegt die **Auslieferung nach klassischem Völkerrecht in der Entscheidung des jeweiligen Staates.** Daher muss eine **konkrete Prüfung im Einzelfall** sowie eine **Verweigerung der Auslieferung für Taten mit maßgeblichem Inlandsbezug normativ vorgesehen** werden. Beides ist **nach den europäischen Vorgaben möglich,** da diese eine entsprechende Limitierung der Auslieferung durch innerstaatliches Recht zulassen. Fehlen solche Begrenzungen, wird auch bei bestehendem grenzüberschreitendem europäischem Strafverfolgungsinteresse unverhältnismäßig in Art. 16 II GG eingegriffen. Der Gesetzgeber verletzt dann seine Pflicht zur grundrechtsschonenderen Umsetzung europäischen Rechts bei entsprechender Möglichkeit dazu.

Diese Möglichkeit fehlt aber bei unionsrechtlichen Einschränkungen. So muss ein Europäischer Haftbefehl auch bei einem Abwesenheitsurteil vollstreckt werden, selbst wenn eine solche Verurteilung zu einer Strafe im Ausstellungsmitgliedstaat nicht überprüft werden kann: Eine entsprechende Bedingung und damit auch konkrete Prüfung hindert Art. 4a I Rahmenbeschluss 2002/584/JI des Rates v. 13. 6. 2002 über den Europäischen Haftbefehl und die Übergabeverfahren zwischen den Mitgliedstaaten.[762] Drohen dem Betroffenen menschenunwürdige Haftbedingungen, ist die Vereinbarkeit einer Überstellung an der **Menschenwürde** zu prüfen. Das BVerfG will auch den Einzelfall an Art. 1 I GG messen und so seine Identitätskontrolle (→ Rn. 52) ausüben.[763] Indes ist der EU-Haftbefehl unionsrechtlich geprägt und der EuGH prüft anhand des in Art. 4 GRCh aufgestellten Verbots unmenschlicher oder erniedrigender Strafe oder Behandlung, ob insoweit eine echte Gefahr aufgrund der Haftbedingungen im Ausstellungsmitgliedstaat besteht; hierfür genügen ernsthafte und durch Tatsachen bestätigte Gründe; in jedem Fall müssen die Haftbedingungen die Menschenwürde wahren.[764] Damit genügt schon der unionsrechtlich vorgegebene Grundrechtsschutz den unabdingbaren Anforderungen auch nach dem BVerfG, sodass dessen Prüfung nicht mehr in Betracht kommt.

3. Wesensgehaltsgarantie

477   Nach **Art. 19 II GG** darf ein Grundrecht nicht in seinem Wesensgehalt angetastet werden. Eine absolute Sicht ist zum einen sachbezogen denkbar. Dann darf das Grundrecht insgesamt nicht in seinem Wesensgehalt angetastet werden; es muss noch etwas von ihm übrig bleiben.[765] Das ist anhand eines (im Examen regelmäßig gegebenen) Einzelfalls schwer bestimmbar.

478   Die absolute Sicht kann aber auch einzelfallbezogen sein (»in keinem Fall«). Dann darf im einzelnen Fall das Grundrecht nicht völlig entzogen werden. Diese Sicht klingt bei den BVerfG-Entscheidungen zum informationellen Selbstbestimmungsrecht an, wo-

---

762 EuGH ECLI:EU:C:2013:107 – Melloni.
763 Zuletzt BVerfG EuGRZ 2016, 570 Rn. 32.
764 EuGH ECLI:EU:C:2016:198 Rn. 90 ff. – Aranyosi.
765 *Jarass/Pieroth* Art. 19 Rn. 9; Grundfälle bei *Krausnick* JuS 2007, 991 (1088).

nach es »einen letzten unantastbaren Bereich privater Lebensgestaltung« gibt, »der der öffentlichen Gewalt schlechthin entzogen ist«.[766]

Die Unantastbarkeit dieses Bereichs ergibt sich aber auch daraus, dass dieser Kern der Persönlichkeit von der Menschenwürde umfasst ist. Bei anderen Grundrechten sind freilich Eingriffe mit Totalverlust unabdingbar, so beim finalen polizeilichen Todesschuss zur Rettung von Geiseln. **479**

Ohnehin erlangt der Wesensgehalt keine große Bedeutung, wenn man ihn gewahrt sieht, sofern die anderen grundrechtlichen Sicherungen eingehalten wurden.[767] Das gilt auch, wenn man die Wesensgehaltsgarantie relativ mithilfe des Verhältnismäßigkeitsgrundsatzes prüft.[768] **480**

4. Bestimmtheitsgebot

Gesetze haben **in Tatbestand und Rechtsfolgen klar und bestimmt** zu sein. Das ergibt sich allgemein aus dem Rechtsstaatsprinzip mit seiner Ausprägung der Rechtssicherheit, speziell für Grundrechtseinschränkungen aus dem Vorbehalt des Gesetzes. Dieser prägt durch die Wesentlichkeitstheorie auch das »Wie« der Einschränkung. Damit sind auch an die Bestimmtheit umso höhere Anforderungen zu stellen, je stärker in Grundrechte eingegriffen wird.[769] Das gilt zumal bei Strafvorschriften nach Art. 103 II GG (iVm Art. 104 I 1 GG): eine **Blankettverordnung** genügt nicht, die Gesetzesvorschrift selbst muss Voraussetzungen und Art der Strafe voraussehen lassen. Diese Vorschrift greift auch bei einer Umsetzung von EU-Recht ein, wenn dieses **Umsetzungsspielräume** lässt.[770] Zugleich ist aber die Eigenart der zu ordnenden Lebenssachverhalte zu beachten. **481**

> **Beispiel** nach VGH Mannheim NVwZ 2004, 498: Wegen der Anknüpfung einer Videoüberwachung öffentlicher Räume an den Begriff einer drohenden Gefährdung oder Störung der öffentlichen Sicherheit, der polizeirechtlich hinreichend determiniert ist (→ Rn. 912), bleibt das Bestimmtheitsgebot noch gewahrt. Zudem soll es genügen, wenn die von solchen Maßnahmen betroffenen Örtlichkeiten durch eine Verweisung auf eine andere (polizeirechtliche) Vorschrift sowie eine nähere Eingrenzung aus Gründen der Verhältnismäßigkeit (→ Rn. 435) deutlich werden. Insoweit bleiben allerdings für den Betroffenen erhebliche Unsicherheiten zurück. **482**

> **Beispiel** nach BVerwG NVwZ 2007, 688 (vgl. auch OVG Hamburg NJW 2008, 96: Beauftragung einer Detektei zur Aufklärung eines Scheineheverdachts): Demgegenüber genügt eine datenschutzrechtliche Ermächtigung nach dem BayDSG nicht, gibt sie doch nicht hinreichend Aufschluss über Anlass und Grenzen gerade von Videoüberwachungen, um Straftaten zu verhindern oder verfolgen zu können. Ein **allgemein aufgestelltes Gebot der Erforderlichkeit ohne konkreten Zielbezug** ist **nicht ausreichend,** weil es keine spezifischen Maßstäbe liefert. **483**

Grundlage des Bestimmtheitsgebots können auch einzelne Grundrechte sein. Das gilt zumal bei der **Anordnung von Überwachungs- und weit ausgreifenden Datenbeschaffungs- und -verarbeitungsmaßnahmen.** Diese bilden einen schweren Grundrechtseingriff (→ Rn. 440ff.) und müssen daher **formal möglichst präzise gefasst** sein. Zwar müssen solche Maßnahmen nicht konkret vorhersehbar sein. Jedoch muss die **484**

---

766 BVerfGE 80, 367 (373) – Tagebuchaufzeichnung; stRspr, → Rn. 471.
767 BVerfGE 58, 300 (348) – Nassauskiesung.
768 S. BVerfGE 109, 133 (156ff.) – Sicherungsverwahrung (→ Rn. 254ff.).
769 BVerfGE 83, 130 (145) – Josefine Mutzenbacher.
770 BVerfG NJW 2016, 3648 zu einer Strafvorschrift im Rindfleischetikettierungsgesetz.

betroffene Person grundsätzlich erkennen können, bei welchen Anlässen und unter welchen Voraussetzungen ein Verhalten mit dem Risiko der Überwachung verbunden ist. Die Verwaltung muss klaren steuernden und begrenzenden Maßstäben unterworfen sein. Nur so kann sie anhand rechtlicher Maßstäbe gerichtlich kontrolliert werden. Anlass, Zweck und Grenzen des Eingriffs müssen daher bereichsspezifisch, präzise und normenklar festgelegt werden. Das folgt sowohl aus **Art. 10 I GG**[771] als auch aus **Art. 2 I** iVm **Art. 1 I GG.**[772]

485   Dabei gelten für die Verhütung von Straftaten im Vergleich zur Gefahrenabwehr und der Verfolgung begangener Straftaten besondere Anforderungen, die an die **Vorfeldsituation** anknüpfen. Bei ihr ist noch offen, ob die gewonnenen Informationen strafrechtliche Relevanz erlangen. Das gilt vor allem bei der **Vorsorge für die Verfolgung künftiger Straftaten.** Da hier die gewonnenen Daten für eine spätere Strafverfolgung eingesetzt werden können, müssen die **Straftaten und die Anforderungen an Tatsachen,** die auf eine künftige Begehung deuten, genau bezeichnet werden.[773] Demgegenüber hat eine Videoüberwachung auf polizeirechtlicher Grundlage nicht einen derart engen Bezug zur Strafverfolgung. Daher besteht auch nicht die Gefahr der Umgehung der strengen Anforderungen an die Verfolgung begangener Straftaten.

486   **Beispiel** nach BVerfGE 118, 168 – Kontostammdatenabruf: Eine solche Vorfeldsituation und nicht vor allem eine Beobachtungskonstellation wie bei der Videoüberwachung besteht auch, wenn Kontostammdaten von einer Strafverfolgungs-, Finanz- oder Sozialbehörde abgerufen werden, um das Bestehen von Konten und Depots bei inländischen Kreditinstituten zu überprüfen. Auf dieser Basis können dann weitere Informationen abgerufen werden. Dafür ist zwar eine weitere gesetzliche Grundlage erforderlich. Gleichwohl bezieht sich bereits die Abfrage von Kontostammdaten auf eine bestimmte Person, selbst wenn diese nicht informiert wird (→ Rn. 425), und bildet die Basis für weitere Ermittlungen bis hin zur Strafverfolgung. Der Einzelne kann dabei nicht übersehen oder beherrschen, wofür die abgefragten Kontostammdaten verwendet werden können, zumal wenn sie mit anderen Daten verknüpft werden. Daher kann **keine Sammlung »auf Vorrat zu unbestimmten oder noch nicht bestimmbaren Zwecken«** erfolgen, sondern »der Gesetzgeber hat vielmehr den **Zweck** einer Informationserhebung **bereichsspezifisch und präzise** zu bestimmen. Die Informationserhebung und -verwendung ist auf das zu diesem Zweck Erforderliche zu begrenzen.«[774] Die bloße Anknüpfung eines Gesetzes, zu dessen Vollzug ein Kontoabruf erfolgen soll, an Begriffe des EStG genügt dafür nicht. Weder die berechtigten Behörden noch die betroffenen Aufgaben werden dadurch festgelegt.

487   Das ermächtigende Gesetz muss selbst die tatbestandlichen Voraussetzungen der geregelten Maßnahmen hinreichend bestimmen. Hierzu genügen nicht **Verweise** auf ein anderes Gesetz, wenn dessen Reichweite nicht eindeutig ist. Das **Eingreifen in ein bestimmtes Grundrecht** als Bedingung ist zu schwierig zu beurteilen, um eine klare Eingriffsgrundlage zu bilden.[775] Auch kann sich die Bestimmtheit nicht erst daraus ergeben, dass eine vorhandene Eingriffsnorm eng ausgelegt wird. In einer solchen Regelung müssen vielmehr sowohl der **Eingriffszweck** als auch die **erfassbaren Daten** ausdrücklich festgelegt sein.[776]

771 BVerfGE 113, 348 (375f.) – Präventive Telekommunikationsüberwachung; bereits BVerfGE 100, 313 (359f., 372) – Telekommunikationsüberwachung; 110, 33 (53f.) – Außenwirtschaftsgesetz.
772 BVerfGE 65, 1 (54) – Volkszählung iVm BVerfGE 100, 313 (359) – Telekommunikationsüberwachung.
773 BVerfGE 113, 348 (377f.) – Präventive Telekommunikationsüberwachung.
774 BVerfGE 118, 168 (187f.).
775 BVerfGE 120, 274 (317f.) – Online-Durchsuchung.
776 BVerfGE 120, 378 (424) – Automatisierte Kennzeichenerfassung.

5. Verbot des Einzelfallgesetzes[777]

Art. 19 I 1 GG konkretisiert letztlich den allgemeinen Gleichheitssatz und verbietet **488** daher das Herausgreifen eines bestimmten Sachverhaltes ohne rechtfertigenden sachlichen Grund.[778] Ein Gesetz darf sich hingegen auf einen Fall beschränken, wenn aktuell ein konkreter Anlass besteht (**Maßnahmegesetz**) oder weitere Fälle zu erwarten sind.

6. Zitiergebot[779]

Art. 19 I 2 GG erfasst aufgrund seiner Warn- und Besinnungsfunktion **nur die aus-** **489** **drücklichen Einschränkungsermächtigungen** wie Art. 2 II 3, 8 II und 10 II 1 GG, nicht hingegen vorbehaltlose Grundrechte und offensichtlich mögliche Grundrechtseinschränkungen wie durch Gesetze nach Art. 2 I und 5 II GG (»allgemeine Gesetze«).[780] Der Gesetzgeber soll sich nicht nur bei einer erstmaligen Grundrechtseinschränkung, sondern **bei jeder Veränderung der Eingriffsvoraussetzungen** bewusst sein und darüber Rechenschaft ablegen, dass er das zu zitierende Grundrecht einschränkt. Daher gilt das Zitiergebot auch, wenn das zu ändernde Gesetz zu neuen Grundrechtseinschränkungen führt. Ihm genügt nicht, wenn das betroffene Grundrecht an anderer Stelle im Gesetz oder in der Gesetzesbegründung genannt ist, zumal wenn der Grundrechtseingriff deutlich erweitert wird.[781] Selbst eine ausführliche Auseinandersetzung in den Gesetzesmaterialien ist schon deshalb unzureichend, weil Art. 19 I 2 GG explizit eine Nennung im Gesetz verlangt. Auch genügt nicht, auf ein speziell zu einem bestimmten Grundrecht ergangenes Gesetz wie das zu Art. 10 GG (G10) zu verweisen.[782]

§ 5 Eigentums- und Berufsfreiheit

Von besonderer Examensrelevanz sind die Eigentums- und die Berufsfreiheit. Die **490** grobe herkömmliche Unterscheidung ist: **Art. 14 GG** schützt das **Erworbene**, **Art. 12 GG** hingegen den **Erwerb**.[783] Daher bietet es sich an, zunächst zu prüfen, ob bereits etwas Erworbenes vorliegt, das beeinträchtigt wird, um dann zu untersuchen, ob – ggf. auch – der (künftige) Erwerb behindert wird.

A. Art. 14 GG – Eigentumsfreiheit[784]

I. Prägung der Eigentumsfreiheit durch den Gesetzgeber

Gemäß Art. 14 I 2 GG werden Inhalt und Schranken (des Eigentums) durch die Gesetze **491** bestimmt. Der Gesetzgeber beschränkt also nicht nur wie bei anderen Grundrechten,

---

777 *Kunig* JURA 1993, 308.
778 BVerfGE 25, 371 (399) – lex Rheinstahl; 85, 360 (374) – Akademieauflösung.
779 *Selk* JuS 1992, 816.
780 BVerfGE 28, 36 (46) – Zitiergebot; 83, 130 (154) – Josefine Mutzenbacher; VGH Mannheim NVwZ 2004, 498 (501) – Videoüberwachung.
781 BVerfGE 113, 348 (366f.) – Präventive Telekommunikationsüberwachung.
782 BVerfGE 120, 274 (343f.) – Online-Durchsuchung.
783 BVerfGE 85, 360 (383) – Akademieauflösung; 84, 133 (157) – Warteschleifenregelung.
784 *Jochum/Durner* JuS 2005, 412; *Berg* JuS 2005, 961; Übungsfälle: *Calliess/Maes* JuS 1999, 785; *Fischer* JuS 2005, 52; Leitentscheidungen: BVerfGE 58, 300 – Nassauskiesung; 89, 1 – Mieterschutz; 100, 226 – Baudenkmal; 102, 1 – Altlasten; 115, 97 – Halbteilungsgrundsatz; BVerfG NJW 2017, 217 – Atomausstieg.

sondern er bestimmt und definiert zugleich den Inhalt des Eigentums. Der Schutzbereich des Eigentums gem. Art. 14 GG ist demnach in höchstem Maße **normgeprägt.**[785] Daraus folgt die stetige **Wandelbarkeit des Eigentumsbegriffs.**[786] Ob etwas zum Eigentum gehört, richtet sich deshalb maßgeblich nach der bestehenden Gesetzeslage. So beschränkt das Bauplanungs- und Bauordnungsrecht nicht etwa nachträglich eine grundsätzlich gegebene vollständige Baufreiheit, sondern definiert originär den geschützten Bereich der Bebaubarkeit von Grundstücken.[787] Der Unterschied zwischen Inhalt und Schranke hat vor diesem Hintergrund keine Bedeutung.[788]

II. Schranken für den Gesetzgeber

492 Daher stellt sich die Frage, inwieweit ein Gesetz gegen die Eigentumsfreiheit, deren Definition es selbst vornimmt, verstoßen kann. Auch bei der Inhaltsbestimmung knüpft der Gesetzgeber an Bestehendes an. Damit greift er in vorhandene Eigentumspositionen ein. Für den Eigentümer sind daher Beeinträchtigungen relevant, soweit sie die sog. **Bestandsgarantie** betreffen. Diese stellt die subjektiv-rechtliche Schutzgewährleistung des Art. 14 GG dar. Damit ist das nach der gegenwärtigen Gesetzeslage bestehende **konkrete Eigentum** in der Hand eines **bestimmten Eigentümers** gemeint.[789]

1. Ausgleich und Kernbereich bei Inhaltsbestimmungen

493 Bei der inhaltlichen Ausgestaltung von Art. 14 I GG hat der Gesetzgeber die Komponenten dieses Grundrechts zu wahren und auszugleichen, also sowohl die Gewährleistung des Eigentums nach Art. 14 I 1 GG als auch seine Pflichtenbindung nach Art. 14 II GG. **Unentziehbar** ist der **Kernbereich** des Eigentums.[790]

2. Eigentumswertgarantie

494 Bei **Enteignungen** wird Eigentum entzogen, sodass nur ein Wertausgleich möglich ist. Auch dieser Entzug von Eigentum muss verhältnismäßig sein. Zudem greift die sog. **Eigentumswertgarantie** als Fortsetzung des Bestandsschutzes auf **sekundärrechtlicher Ebene** ein. Sie gibt dem Gesetzgeber einen **Wertausgleich** vor. Explizit festgelegt ist sie gem. Art. 14 III 2 GG für Enteignungen.[791]

495 Für **Inhaltsbestimmungen** ist kein Entschädigungsanspruch vorgesehen. Aber auch sie können bestandsgeschützte Eigentumspositionen erheblich einschränken, sodass kaum eine privatnützige Verwendungsmöglichkeit verbleibt. Daher kann, wenn auch nur **ausnahmsweise,** eine **Ausgleichspflicht** festgelegt werden, um den Verhältnismäßigkeitsgrundsatz auch für diese besonderen Härtefälle zu wahren.[792]

---

785 *Kingreen/Poscher* StaatsR II Rn. 995.
786 *Hesse* Grundzüge VerfassungsR Rn. 442.
787 BVerfGE 117, 287; BVerwGE 106, 228 (234f.); näher → Rn. 1190f. zur die Planung(sabwägung) maßgeblich prägenden Relevanz von Art. 14 GG.
788 v. Münch/Kunig/*Bryde* Art. 14 Rn. 51.
789 ZB Recht zu bauen aus § 34 BauGB → Rn. 689.
790 → Rn. 525.
791 Näher → Rn. 529.
792 BVerfGE 100, 226 (245) – Baudenkmal.

III. Eröffnung des Schutzbereichs von Art. 14 GG

Die oben angesprochene Wandelbarkeit des Eigentumsbegriffs und seine inhaltliche   **496**
Ausgestaltung durch den Gesetzgeber machen eine genaue Abgrenzung des Schutzbereichs des Art. 14 GG unmöglich. Eine Änderung des einfachen Rechts definiert zugleich den Umfang der zukünftigen Eigentumsgewährleistung und kann gegenwärtig
einen Eingriff in das bestandsgeschützte Eigentum darstellen.[793] An dieses ist daher anzuknüpfen.

1. Vermögenswerte Rechte

Zum Eigentum iSv Art. 14 GG gehören alle durch Gesetz gewährten **vermögenswer-**   **497**
ten Rechte. Dazu zählen neben dem **Sacheigentum** und insbesondere dem Grundeigentum alle nach einfachem Recht einem privaten Rechtsträger zur privaten Nutzung und zur eigenen Verfügung zugeordneten vermögenswerten Rechte:

- Hypotheken, Grundschulden und Gesellschaftsanteile,[794]
- das **Besitzrecht des Mieters** (s. §§ 858 I, 861 I, 862 I, 823 I BGB),[795]
- alle privaten vermögenswerten Forderungen[796] und auch
- der Anspruch auf Versorgungsausgleich und Patentrechte.[797]

Auch **öffentlich-rechtliche Positionen** fallen unter den Eigentumsschutz, soweit sie   **498**
dem Einzelnen eine dem Eigentümer entsprechende Rechtsposition verschaffen[798]
und als **Äquivalent eigener Leistung** erscheinen.[799] Dazu gehören beispielsweise
sozialversicherungsrechtliche Positionen wie Arbeitslosengeld[800] und Rentenansprüche[801]. **Nicht** dazu rechnet das BVerfG **öffentlich-rechtliche Genehmigungen,**
ebenso wenig normative **Zuweisungen von Strommengen:** Diese konkretisieren
aber den Inhalt des Anlageneigentums und haben als maßgebliche Nutzungsgrößen
daran teil (→ Rn. 525).[802]

2. Nicht das Vermögen an sich

Nicht zum Eigentum gem. Art. 14 GG gehört nach traditionellem Verständnis das   **499**
Vermögen an sich.[803] Daher wurden Geldzahlungspflichten grundsätzlich nur an
Art. 2 I GG und nicht an Art. 14 I GG gemessen.[804] Haben sie aber eine **erdrosselnde**
Wirkung und verschieben sie die Vermögensverhältnisse grundlegend, indem sie gar
zur Geschäftsaufgabe zwingen, beeinträchtigen sie bestehendes Eigentum und sind daher nach Art. 14 GG zu prüfen.[805] Das gilt auch bei einem Zugriff auf die Eigentums-

---

793 *Kingreen/Poscher* StaatsR II Rn. 1000.
794 BVerfGE 83, 201 (209) – Vorkaufsrecht; 14, 263 (276) – Feldmühle.
795 BVerfGE 89, 1 (5 f.) – Mieterschutz.
796 BVerfGE 92, 262 (271).
797 *Jarass/Pieroth* Art. 14 Rn. 7 f.
798 BVerfGE 53, 257 (289) – Versorgungsausgleich I.
799 BVerfGE 97, 271 (284) – Sozialversicherung; 72, 9 (19) – Arbeitslosengeld.
800 BVerfGE 90, 226 (236) – Kirchensteuer-Hebesatz.
801 BVerfGE 75, 78 (79) – Berufsunfähigkeitsrente; auch Anwartschaften, BVerfGE 95, 143 (160) – Eingliederungsprinzip.
802 BVerfG NJW 2017, 217 (Ls. 3) Rn. 234 ff. – Atomausstieg.
803 BVerfGE 95, 267 (300) – Altschulden; 91, 207 (220) – Hafengebühr.
804 BVerfGE 96, 375 (397) – »Kind als Schaden«, stRspr.
805 BVerfGE 82, 159 (190) – Absatzfonds; 87, 153 (169) – Grundfreibetrag; 93, 319 (351 f.) – Wasserpfennig.

substanz etwa durch die Vermögensteuer.[806] Dass ein Rückgriff auf die Kapitalbasis etwa durch zusätzliche Steuern (zB eine Stromsteuer) notwendig ist, muss aber von den Betroffenen dargelegt werden.[807] Denn ein Schutz der Eigentumsgarantie vor Preiserhöhungen im Gefolge zusätzlicher Steuerlasten besteht grundsätzlich nicht (→ Rn. 505).

500   Allerdings gewährleistet Art. 14 I GG auch das Recht, die dem Einzelnen zugeordneten, geschützten vermögenswerten Rechte inne zu haben, zu nutzen, zu verwalten und über sie zu verfügen. Diese Ausprägungen des Eigentumsrechts werden beeinträchtigt, wenn der Staat durch Steuern diese vermögenswerten Rechte antastet. **In dem Maße, in dem der Staat eine Steuerlast auferlegt, kann der Inhaber das dadurch belastete vermögenswerte Recht nicht mehr (vollständig) selbst innehaben und nutzen.** Das gilt nach dem BVerfG dann, wenn eine Steuer »an das Innehaben von vermögenswerten Rechtspositionen anknüpft und so den privaten Nutzen der erworbenen Rechtspositionen zugunsten der Allgemeinheit einschränkt«. Beispiel dafür ist nicht nur die Belastung vorhandenen Eigentums durch die Vermögensteuer, sondern auch des (Hinzu-)Erwerbs von Eigentum, wie dies bei der Einkommen- und Gewerbesteuer der Fall ist. »Art. 14 GG schützt zwar nicht den Erwerb, wohl aber den Bestand des Hinzuerworbenen.«[808] Das Verdiente muss teilweise abgegeben werden. Ob dies genau aus dem erwirtschafteten Geld geschieht oder andere Finanzquellen dafür verwendet werden, ist gleichgültig, da die vom Staat geforderte Summe nicht mehr für eigene Zwecke zur Verfügung steht.

501   Im Ergebnis wird damit allerdings bei einer Gesamtbetrachtung praktisch das Vermögen als Ganzes geschützt.[809] Formal knüpfen jedoch auch Erwerbsteuern an konkrete subjektive Rechtspositionen an und beeinträchtigen jedenfalls deshalb Art. 14 I GG.

3. Keine tatsächlichen und allein normabhängigen Umstände

502   Tatsächliche Umstände wie örtliche **Lagevorteile** unterfallen nicht dem Schutz des Art. 14 GG.

503   Fall nach BVerwGE 94, 136 und BVerwG NJW 1983, 770: Ein Geschäftsgrundstück war bisher von einer Straße und einem Platz umgeben, die für Kfz zugänglich waren und ausreichend Parkplätze boten. Die Bereiche sollen in eine Fußgängerzone umgewidmet werden, wodurch die private Zufahrtmöglichkeit und das Parkplatzangebot entfallen.

Der »Kontakt nach außen« ist Voraussetzung dafür, dass das Eigentum genutzt werden kann. Er ist als sog. Anliegerrecht von Art. 14 GG geschützt.[810] Der Eigentumsschutz reicht jedoch nur so weit, wie es eine angemessene Nutzung des Grundeigentums erfordert.[811] Das **Anliegerrecht** sichert daher allein eine ausreichende Anbindung an den angrenzenden Straßenteil und dessen Anbindungsmöglichkeit an das öffentliche Verkehrsnetz. Die (bequeme) Zugänglichkeit des Grundstücks durch nahe Parkmöglichkeiten und das Fahren bis vor die Haustür mit dem Privat-Pkw sind nicht unabdingbar

---

806 BVerfGE 93, 121 (137f.) – Vermögensteuer. Abl. Sondervotum *Böckenförde*, BVerfGE 93, 121 (149ff.).
807 BVerfGE 110, 274 (290) – Ökosteuer.
808 BVerfGE 115, 97 (112) – Halbteilungsgrundsatz; dazu → Rn. 518.
809 Daher abl. *Wernsmann* NJW 2006, 1169 (1171).
810 → Rn. 1212ff.
811 BVerwGE 94, 136 (138f.); 54, 1 (3).

und gehen daher darüber hinaus. Ihr Entfallen berührt daher Art. 14 I GG nicht. Etwas anderes gilt für den geschäftlichen **Anlieferverkehr.**

Insoweit handelt es sich um Umstände, die allein von der äußeren Situation abhängen. Dazu gehören auch solche **Gegebenheiten,** die den äußeren Rahmen einer Tätigkeit bilden und zugleich **normativ geprägt** sind. Das ist der Fall, wenn der Kundenstamm bzw. ein Geschäftsfeld auf einer dem Wandel unterliegenden Rechtsgrundlage aufgebaut wurde, so auf bestimmten Zollsätzen[812] oder einem bestimmten Zuschnitt der StVZO.[813]   **504**

Beispiel nach BVerfGE 110, 274 – Ökosteuer: Die Einführung einer Stromsteuer bzw. die Erhöhung der Mineralölsteuer belastet die betroffenen Wirtschaftszweige und lässt diese Wettbewerbsnachteile und Absatzeinbußen infolge notwendiger Preiserhöhungen bzw. weitergehend den Verlust ihrer Ertragsgrundlagen befürchten. Indes schützt die Eigentumsfreiheit »nicht vor Preiserhöhungen infolge von neuen oder erhöhten Steuern. Die **Erwartung, dass ein Unternehmen auch in Zukunft rentabel betrieben werden kann, fällt nicht in den Schutzbereich des Art. 14 I GG.«**   **505**

Von Bedeutung ist auch die Position der privaten Krankenversicherungen, deren Betätigungsfeld bei einer Anhebung der Pflichtversicherungsgrenzen oder der Einführung einer auch Beamte erfassenden sog. **Bürgerversicherung** erheblich beschränkt würde.[814] An die Substanz geht demgegenüber, wenn die angesparten Beitragsrückstellungen für die bereits Versicherten dazu verwendet werden müssen, um eine **Pflichtversicherung** früher privat Versicherter zu finanzieren, weil der Gesetzgeber nicht kostendeckende Beiträge vorgibt. Hier hilft höchstens das Argument weiter, Krankenversicherungen unterlägen generell den aktuellen normativen Gegebenheiten. Das kann aber für Privatversicherungen nur für die Zukunft gelten, blieb doch das für sie geltende Rechtsregime von dem der gesetzlichen Krankenversicherungen getrennt und ohne Überschneidungen.   **506**

Beispiel nach BGHZ 133, 265: Eine Tierkörperbeseitigungs-GmbH wehrt sich gegen die Neugliederung der Einzugsbereiche der Tierkörperbeseitigungsanstalten, wodurch ihr die Eigenschaft als Tierkörperentsorgungsanstalt und damit die Existenzgrundlage entzogen wurde. Diese beruhte aber auf dem staatlichen Zuschnitt von Einzugsbereichen und insoweit nicht auf eigener Leistung. Die **Beibehaltung von Einzugsbereichen** steht daher **außerhalb** von **Art. 14 I GG.**   **507**

Entsprechendes gilt, wenn die Verwaltung gesetzlich eingeräumte Möglichkeiten erst nach einer gewissen Zeit für sich nutzt.   **508**

Fall: W ist Betreiber einer Wasseraufbereitungsanlage. Auch die Kommune, in der sich diese Anlage befindet, betreibt eine solche Anlage. Zur besseren Auslastung und Überwachung der Abwasserströme erlässt sie zugunsten ihrer eigenen Anlage einen Anschluss- und Benutzungszwang.   **509**

Dem aufgebauten Kundenstamm haftete von Anfang an der Makel an, dass er durch den jederzeit möglichen Erlass eines **Anschluss- und Benutzerzwangs** entfällt. Er war daher auf eine unsichere Gesetzeslage gebaut. Dass die Kommune diese Möglichkeit bis zuletzt nicht ergriffen hat, ist für W zwar

---

812 BGHZ 45, 83 (87) – Knäckebrot; BVerfGE 45, 142 (172) – Kaufpreisanspruch.
813 BGH NJW 1968, 293.
814 Grundrechtsschutz erwächst daher allenfalls aus Art. 12 I GG; dazu *Hufen* NJW 2004, 14 (16).

ein günstiger Umstand, mit dessen Wegfall er aber jederzeit rechnen musste und der sein Unternehmerrisiko darstellt.[815]

4. Das »Recht am eingerichteten und ausgeübten Gewerbebetrieb«

510 Damit sind Fälle angesprochen, die einen Bezug zum **Recht am eingerichteten und ausgeübten Gewerbebetrieb** haben. Das BVerfG lässt den Schutz dieses Rechts durch Art. 14 I GG offen[816] und bezieht es allenfalls auf den Schutz der personellen und sachlichen Grundlagen des Gewerbebetriebes.[817] Eigentumsrechtlich sei ein Unternehmen nur eine tatsächliche, keine rechtliche Zusammenfassung der dem Vermögen zugehörigen Sachen und Rechte, die ihrerseits bereits eigentumsrechtlichen Schutz genießen.[818]

511 Indes geht der Erfolg unternehmerischer Arbeit über die Summe der einzelnen Bestandteile hinaus und hat insgesamt einen höheren Wert. Er beruht auch auf dem Wirken einer **Unternehmensgesamtheit.** Das Recht am eingerichteten und ausgeübten Gewerbebetrieb unterfällt daher als solches und auf breiter Basis dem Eigentumsschutz. Dazu gehört »alles das, was in seiner Gesamtheit den wirtschaftlichen Wert des konkreten Betriebes ausmacht«,[819] aber auch einzelne Bestandteile, also der (nicht von vornherein auf unsicherer Grundlage wie einer bestimmten Gesetzeslage)[820] aufgebaute **Kundenstamm** und **geschäftliche Verbindungen,**[821] sowie das **Know-how.** Insbesondere bei einer Rufschädigung durch Warnungen und Empfehlungen ist daher auch eine Verletzung von Art. 14 I GG und nicht nur von Art. 12 I GG[822] zu prüfen.

512 Generell ist das Recht am eingerichteten und ausgeübten Gewerbebetrieb von dem speziell auf die Erwerbstätigkeit zugeschnittenen Art. 12 GG abzugrenzen. Unter das Recht am eingerichteten und ausgeübten Gewerbebetrieb können nur solche Bestandteile des Unternehmens fallen, die bereits ins Werk gesetzt sind und damit zum **Bestand** des **Unternehmens** zählen.[823] Nicht dazu gehören daher bloße Gewinnaussichten (→ Rn. 506) und zukünftige Verdienstchancen.[824]

513 Eine weitere Begrenzungsmöglichkeit, um ein zu starkes Ausgreifen von Art. 14 I GG zu verhindern (allgemein → Rn. 351), besteht darin, nur finale bzw. unmittelbare betriebsbezogene Eingriffe sowie mittelbare Auswirkungen entsprechend der Judikatur des BVerfG zur Berufsfreiheit (→ Rn. 551) lediglich **bei objektiv eigentumsregelnder Tendenz** zu erfassen.

514 Entscheidend ist indes die Beeinträchtigung des grundrechtlichen Freiraumes, gleichgültig durch welche Form staatlichen Verhaltens diese bedingt ist (→ Rn. 353). Daher müssen auch unbeabsichtigte Auswirkungen genügen, egal welche Regelungstendenz die Norm allgemein aufweist. Die Feststellung einer objektiv eigentumsregelnden Ten-

---

815 BVerwGE 62, 224 zur Abfallentsorgung.
816 BVerfGE 96, 375 (397) – »Kind als Schaden«; 84, 212 (232).
817 BVerfGE 45, 142 (173) – Kaufpreisanspruch; 68, 193 (222 f.) – Zahntechniker-Innung.
818 BVerfGE 51, 193 (221 f.) – Warenzeichenrecht.
819 BGHZ 92, 34 (37); 45, 150 (155); BVerwGE 62, 224 (226).
820 → Rn. 506.
821 AA BVerfGE 77, 84 (118) – Arbeitnehmerüberlassung.
822 → Rn. 1054.
823 *Ossenbühl/Cornils* StaatshaftungsR 176 f.
824 BVerfGE 81, 208 (227) – Leistungsschutzrecht; 68, 193 (222) – Zahntechniker-Innung; BGHZ 76, 387 (394); 45, 150 (155).

denz ist vielfach zweifelhaft (→ Rn. 555), und die Grundrechte sollen gerade auch in atypischen Konstellationen helfen (zB → Rn. 399 ff.).

IV. Eingriff: Abgrenzung von Inhaltsbestimmung und Enteignung

1. Grundansatz

Mit der Inhalts- und Schrankenbestimmung gem. Art. 14 I 2 GG und der Enteignung gem. Art. 14 III GG stehen zwei Eingriffsgrundlagen zur Verfügung. Diese sind seit der »Nassauskiesungsentscheidung«[825] strikt zu trennen. Danach kann eine Inhaltsbestimmung nicht mehr wie nach der früheren Dogmatik in eine entschädigungspflichtige Enteignung umschlagen, sondern ist allenfalls verfassungswidrig und kann bzw. muss auf der primärrechtlichen Ebene des Eigentumsschutzes angegriffen werden;[826] bei Unzumutbarkeit ist sie ausnahmsweise selbst ausgleichspflichtig (→ Rn. 522, 525).[827] Der bis dahin bestehende Grundsatz »dulde und liquidiere« hat also nur noch Bedeutung im Rahmen des Art. 14 III GG.[828] Demnach muss auch der vollständige Entzug einer Eigentumsposition nicht zwangsläufig eine Enteignung sein, sondern kann eine Inhaltsbestimmung darstellen.[829]

Daher sind frühere Abgrenzungsversuche hinfällig, die nach der Intensität der Eigentumsbeeinträchtigung differenzierten. Sowohl die sog. **Schweretheorie** des BVerwG[830] als auch die sog. **Sonderopfertheorie** des BGH[831] suchten danach den Anwendungsbereich der Enteignung festzulegen. Die Abgrenzung zwischen Enteignung und Inhaltsbestimmung ist vielmehr durch **qualitative Unterscheidungsmerkmale** vorzunehmen.

2. Nähere Abgrenzung

Wesensmerkmal der **Enteignung** ist der staatliche **Zugriff auf das Eigentum des Einzelnen**.[832] Die Eigentumszuordnung muss geändert werden. Hinzu kommt nunmehr als konstitutives Merkmal die **staatliche Güterbeschaffung** (→ Rn. 525).[833] Die Überwindung subjektiver Rechtspositionen dient dem Staat der Erfüllung bestimmter öffentlicher Aufgaben. Die Enteignung ist also **final**. Davon ausgehend ist sie **konkret, individuell** sowie auf den **Entzug** in der Vergangenheit bestandsgeschützter Eigentumspositionen in Übertragung auf den Staat oder Private ausgerichtet. Demgegenüber **definiert die Inhaltsbestimmung abstrakt** und **generell** für die Zukunft den Bestand an geschütztem Eigentum.[834] Liegt danach der Hauptzweck in dem gezielten Entzug von Rechtspositionen, ist also das Ziel des staatlichen Handelns gerade die Erlangung der bestimmten Position mit dem Ziel der Güterbeschaffung, so handelt es sich um eine Enteignung, Anderenfalls um eine Inhalts- und Schrankenbestimmung,

515

516

517

---

825 BVerfGE 58, 300 – Nassauskiesung.
826 BVerfGE 58, 300 (320) – Nassauskiesung.
827 BVerfG NJW 2017, 217 Rn. 260 – Atomausstieg.
828 Dazu näher → Rn. 529.
829 *Schwerdtfeger/Schwerdtfeger* Fallbearbeitung ÖffR Rn. 548 f.
830 BVerwGE 5, 143 (145).
831 BGHZ 6, 270 (280).
832 BVerfGE 79, 174 (191) – Erbbaurecht; 72, 66 (76) – Flughafen Salzburg.
833 BVerfG NJW 2017, 217 Ls. 4 – Atomausstieg.
834 BVerfGE 100, 226 (240) – Baudenkmal; 70, 191 (200) – Fischereirecht; 58, 300 (330) – Nassauskiesung.

was zumeist der Fall sein wird.[835] Das gilt auch für Steuern, da diese zwar vermögenswerte Positionen belasten, aber nicht entziehen (→ Rn. 500).

518 Fall nach BVerfGE 100, 226 – Baudenkmal: Eine Direktorenvilla aus dem späten 19. Jahrhundert, die ein Kulturdenkmal iSv § 3 DSchG (Denkmalschutz- und -pflegegesetz RhPf.) bildet, steht seit einigen Jahren leer, da sie sich für eine betriebliche Nutzung nicht mehr eignet. Die Eigentümer solcher Kulturdenkmäler sind gem. § 2 DSchG zur Pflege und Erhaltung im Rahmen des Zumutbaren verpflichtet. Eine Abbruchgenehmigung kann gem. § 13 I 2 DSchG nur erteilt werden, wenn andere Erfordernisse des Gemeinwohls die Belange des Denkmalschutzes und der Denkmalpflege überwiegen. Daher wird dem Eigentümer der Villa eine Abbruchgenehmigung verweigert, obwohl diese sogar unentgeltlich niemand haben will. Selbst der Landkreis will die Villa wegen der hohen Unterhaltskosten nicht übernehmen.

Die Versagung der Abbruchgenehmigung nimmt dem Villeneigentümer die Möglichkeit, das Grundstück anderweitig zu nutzen. Andererseits hat er für das Gebäude keine Verwendungsmöglichkeit und muss es daher mit hohen Kosten unterhalten. Dadurch wird das Eigentumsrecht in Gestalt einer eigenverantwortlichen und privatnützigen Verwendung in höchstem Maße beeinträchtigt.
Die **Enteignung** ist auf den Entzug konkreter Rechtspositionen zur Erfüllung bestimmter öffentlicher Aufgaben gerichtet. Hier hat aber auch die öffentliche Hand **keine Verwendungsmöglichkeit** für die Villa. Sie greift mit der Versagung der Abbruchgenehmigung auch nicht konkret auf das Eigentum zu. Vielmehr werden durch § 13 I 2 DSchG die Nutzungsmöglichkeiten eines mit einem Denkmal bebauten Grundstücks generell und abstrakt beschränkt; die Versagung der Abbruchgenehmigung konkretisiert diese Beschränkung nur. Auch wenn danach die Auswirkungen einer **Inhalts- und Schrankenbestimmung** für den Eigentümer einer Enteignung nahe- oder gleichkommen, kann sie nicht in eine solche umschlagen.
Weil aber private Eigentümerinteressen in § 13 I 2 DSchG gänzlich unberücksichtigt bleiben, könnte diese Inhaltsbestimmung **unverhältnismäßig** sein. Wenn auf der einen Seite keine sinnvolle Nutzungsmöglichkeit besteht und eine Veräußerung praktisch unmöglich ist, auf der anderen Seite dem Eigentümer durch die Erhaltungspflicht aber nur Kosten entstehen, wird aus dem Eigentumsrecht eine Last, die er allein im öffentlichen Interesse zu tragen hat, ohne dass er die Vorteile privater Nutzung genießen kann. Hier kann kaum noch von Eigentum die Rede sein. Zwar besteht für den Gesetzgeber die Möglichkeit, ausnahmsweise auch eine solche Einschränkung durch die gesetzliche Verankerung von Kompensationsmitteln auszugleichen. Die im DSchG verankerte salvatorische Entschädigungsklausel genügte allerdings nicht (näher → Rn. 525).

V. Rechtfertigung

1. Inhalts- und Schrankenbestimmung

519 Eine Inhaltsbestimmung kann gem. Art. 14 I 2 GG *durch* Gesetz erfolgen. Obwohl der Wortlaut des Art. 14 I 2 GG nicht ausdrücklich Inhaltsbestimmungen *aufgrund von Gesetzen* nennt, kann der Gesetzgeber auch die Exekutive zu Inhalts- und Schrankenbestimmungen ermächtigen.[836] Soweit das Ergebnis der Abgrenzung eines Eingriffs eine Inhalts- und Schrankenbestimmung ist, folgt die Rechtmäßigkeitsprüfung dem allgemeinen Prüfungsschema für Freiheitsgrundrechte. Insbesondere muss das als Rechtsgrundlage für einen VA dienende bzw. selbst inhalts- und schrankenbestimmende Gesetz verfassungsgemäß sein.

520 Der Gesetzgeber muss die Belastung des Eigentümers, genauer die Beeinträchtigung vorhandener Rechtspositionen, »in einen gerechten **Ausgleich** und ein ausgewogenes

---

835 *Jarass/Pieroth* Art. 14 Rn. 75 ff. allg. zur Abgrenzung.
836 *Kingreen/Poscher* StaatsR II Rn. 1017 f.

Verhältnis«[837] zu den Belangen der Allgemeinheit bringen, denen das Eigentum nach Art. 14 II 2 GG zugleich dienen soll. **Privateigentum,** vom GG nach Art. 14 I grundsätzlich anerkannt, und **Sozialgebot** nach Art. 14 II GG sind also einander gegenüberzustellen und abzuwägen.[838] Wie andere Grundrechtseingriffe muss auch eine Inhalts- und Schrankenbestimmung dem **Verhältnismäßigkeitsgrundsatz** entsprechen.[839] Grund einer Einschränkung bestehenden Eigentums ist das Wohl der Allgemeinheit (Art. 14 II GG), das mit den schutzwürdigen Interessen des Eigentümers (Art. 14 I GG) auszugleichen ist. Daher dürfen die Einschränkungen des Eigentums bzw. der daraus resultierenden Befugnisse nicht weiter gehen als für den gemeinwohlbezogenen Schutzzweck erforderlich.

Dabei besteht keine feste Belastungsgrenze. Aus dem Wörtchen »zugleich« folgt nicht, dass privates Eigentum etwa durch Steuern höchstens »in der Nähe einer hälftigen Teilung« belastet werden darf.[840] Vielmehr ergibt sich die Höhe aus dem gerechten Ausgleich, den der Gesetzgeber im Rahmen seines Regelungsauftrages herzustellen hat. Er hat daher einen großen Gestaltungsspielraum. Ein **Halbteilungsgrundsatz** lässt sich aus Art. 14 II GG nicht ableiten.[841] Die Grenze bildet auch für Steuern die Verhältnismäßigkeit. **521**

Nach dem durch Art. 14 GG gezogenen Rahmen ist das Schutzbedürfnis des Eigentums besonders ausgeprägt, wenn es – etwa wie ein Geschäftsgrundstück – die persönliche Freiheit des Einzelnen im vermögensrechtlichen Bereich sichert. Es ist entsprechend Art. 14 II GG umso stärker herabgesetzt, je höher der soziale bzw. der Gemeinwohlbezug ist – so bei einem Mietsbau aufgrund seiner Funktion,[842] bei einem Baudenkmal aufgrund seiner Lage und Beschaffenheit.[843] Weiter ist gem. Art. 3 I GG auf eine gleiche Belastung aller Betroffenen zu achten. Um in Einzelfällen unverhältnismäßige Belastungen bzw. Sonderopfer zu vermeiden, kann es ausnahmsweise erforderlich sein, einen durch die Inhaltsbestimmung erfolgten Eingriff auszugleichen. Dann liegt eine sog. **ausgleichspflichtige Inhaltsbestimmung** vor. **522**

Fall nach BVerfGE 58, 137 – Pflichtexemplar: § 9 eines Landespressegesetzes verpflichtet die Verleger, von jedem in dem Bundesland erschienenen Druckwerk ein sog. Belegstück oder Pflichtexemplar unentgeltlich bei einer bestimmten staatlichen Bibliothek abzuliefern. Die Ablieferungspflicht erfasst ohne Unterschied alle Druckwerke, egal wie hoch die Auflagen oder die Herstellungskosten sind. Ein Verleger, der besonders hochwertige, mit aufwendigen graphischen Darstellungen versehene Werke in kleinen Auflagen herausgibt, wehrt sich gegen die Ablieferung von Pflichtexemplaren. **523**

Durch die Ablieferungspflicht wird in den Schutzbereich des Art. 14 GG eingegriffen. Zwar wird in dem Gesetz ein Exemplar jeder Auflage verlangt, jedoch wird nicht auf ein bestimmtes Exemplar zugegriffen. Vielmehr wird in abstrakter und genereller Weise eine **Naturalleistungspflicht** in Form einer Abgabe begründet. Schon bei der Entstehung der Druckwerke sind diese mit der Abgabepflicht belastet, sodass es sich hierbei um eine **Inhalts- und Schrankenbestimmung** gem. Art. 14 I 2 GG handelt.
Allerdings könnte eine ausnahmslos ohne Kostenerstattung erfolgende Abgabeverpflichtung unverhältnismäßig sein. Die Regelung berücksichtigt nicht die große Vermögensbelastung für Verleger, die

---

837 BVerfGE 100, 226 (240 f.) – Baudenkmal.
838 BVerfGE 81, 208 (220) – Leistungsschutzrecht; 87, 114 (138) – Kleingartenpachtvertrag.
839 Näher zur Zustandsverantwortlichkeit BVerfGE 102, 1 und → Rn. 895 f.
840 So BVerfGE 93, 121 (138) für die Vermögensteuer.
841 BVerfGE 115, 97 (114 f.) jedenfalls für die Einkommen- und Gewerbesteuer.
842 BVerfGE 95, 64 (84) – Mietpreisbindung; 89, 1 (5 f.) – Mieterschutz.
843 BVerfGE 100, 226 (241 f.) – Baudenkmal → Rn. 518.

besonders aufwendige Druckwerke in geringen Auflagen erstellen. Die unterschiedslose Gleichstellung dieser Druckwerke mit solchen in Massenproduktion hergestellten führt zu einem **Sonderopfer** und verstößt daher zudem gegen den Gleichheitssatz. In diesem Fall kann nur eine gesetzlich vorgesehene **Ausgleichsregelung in Härtefällen** die Verhältnismäßigkeit der Ablieferungspflicht herstellen.

524 Wie der **Gesetzgeber** die Inhalts- und Schrankenbestimmung selbst vornimmt, muss er auch **selbst** eine solche **Ausgleichsmaßnahme festlegen.** Dass Inhalts- und Schrankenbestimmungen grundsätzlich nicht entschädigungspflichtig sind, hat zwei Folgen: Zum einen kann eine solche Ausgleichsmaßnahme nur ausnahmsweise die Verhältnismäßigkeit und die Beachtung des Gleichheitssatzes sicherstellen. Zum anderen kann eine trotzdem zulässige Ausgleichsmaßnahme nur subsidiär in Geldentschädigung bestehen. Vorrangig kommen **Übergangs-** oder auch **Befreiungsregelungen** in Betracht, es sei denn, diese sind wie im Pflichtexemplarfall durch den Zweck der Regelung ausgeschlossen.[844]

525 **Fall** nach BVerfG NJW 2017, 217 = DVBl. 2017, 113 mAnm *Frenz:* Das 13. Gesetz zur Änderung des AtG zog den Atomausstieg nach dem Reaktorunfall von Fukushima vor. Dadurch konnten infolge einer Kürzung der Reststrommengen nicht mehr alle KKW wie 2002 normiert in ihren Reststrommengen genutzt werden.
Die Energiekonzerne hatten Investitionen im Vertrauen darauf getätigt, dass die schwarz-gelbe Koalition 2010 kurz vor der Reaktorkatastrophe in Japan für die 17 deutschen Kernkraftwerke eine Laufzeitverlängerung beschlossen hat.

I. Eigentumsschutz

Die normativ zugewiesenen **Elektrizitätsmengen** werden **isoliert nicht** Art. 14 GG unterstellt.[845] Sie **partizipieren aber** als maßgebliche Nutzungsgrößen **am Eigentumsschutz der Anlagen.** Auf diese Weise konkretisieren sie die Reichweite dieses Eigentumsschutzes, der substanziell in der Möglichkeit zur Elektrizitätserzeugung besteht. Ohne diese Elektrizitätsmengen wären die Anlagen wertlos. Deren Eigentumsschutz liefe leer. Das zeigt sich daran, dass sie einer konkreten Laufzeit unterliegen und dann praktisch keine Elektrizität mehr aus Kernkraft erzeugen dürfen. Damit ist es unschädlich, dass an öffentlich-rechtlichen Genehmigungen grundsätzlich kein Eigentum besteht; es werden immerhin die auf dieser Basis geschaffenen privaten Vermögenspositionen geschützt.[846]

II. Sozialbindung

Tiefergehend stellt sich die Frage, ob die verkürzte Nutzbarkeit des Eigentums an den Anlagen durch die Verkürzung der Laufzeiten eine **Enteignung** oder eine Sozialbindung bildet. Im ersten Fall wäre entsprechend der Junktim-Klausel nach Art. 14 III GG auf jeden Fall eine Entschädigung zu zahlen gewesen. Allerdings bedarf es dann des **Entzugs des Eigentums** durch Änderung der Eigentumszuordnung.[847] Das ist aber **nicht erfolgt.** Da die öffentlich-rechtlichen Genehmigungen kein Eigentum bilden, wurde auch insoweit kein Eigentum entzogen. Die Zuweisung der Elektrizitätsmengen konkretisiert erst den Eigentumsschutz der Anlagen. Deren Eigentum aber bleibt den Konzernen zugeordnet. Nur können diese Anlagen nicht mehr wie vorher benutzt werden. Aber selbst eine völlige Entwertung der Eigentumsnutzung bildet keine Enteignung.[848] Zudem **beschafft sich der Staat keine Güter.** Dieses **zweite,** nunmehr als zwingend herausgestellte[849] **Merkmal der Enteignung fehlt** daher eben-

---

844 BVerfGE 100, 226 (244 f.) – Baudenkmal.
845 Mit Ausnahme der für Mülheim-Kärlich, wo sie aber das Resultat eines Vergleichs waren, → Rn. 238.
846 BVerfG NJW 2017, 217 Rn. 232.
847 BVerfG NJW 2017, 217 Rn. 254.
848 BVerfG NJW 2017, 217 Rn. 245.
849 BVerfG NJW 2017, 217 Rn. 246 ff.

falls.[850] Für die formale Unterscheidung kommt es danach nicht auf die Sicht des Betroffenen an, sondern auf die Konzeption der Enteignung mit Blick auf das Wohl der Allgemeinheit.[851] Damit wird allerdings der Charakter von Art. 14 GG als klassisches Freiheitsrecht ein Stück weit zurückgenommen. Jedoch handelt es sich um eine **tiefgreifende Inhalts- und Schrankenbestimmung.** Die Nutzungs- und Verfügungsbefugnis am Eigentum wird in substanzieller Weise beschränkt, und zwar derart stark, dass konkrete Eigentumspositionen in Form von gesetzlich bestimmten Laufzeiten von Anlagen entzogen werden. Zwar dienen sie nicht der Güterbeschaffung. Darauf kommt es aber im Hinblick auf die Beeinträchtigung der Eigentumsposition jedenfalls aus Sicht des Betroffenen nicht an. Die Güterbeschaffung dient nur dazu, dass der Staat etwas erhält, und zwar von privater Hand. Die private Hand wird aber auch ohne Güterbeschaffung substanziell beeinträchtigt, wenn ihr konkret nutzbare Eigentumspositionen entzogen werden. Daher sind **gesteigerte Anforderungen an die Verhältnismäßigkeit** zu stellen. Zudem ist nach Ausgleichsregelungen zu fragen.[852] Eine **Kompensation** erfolgt aber dennoch nur **ausnahmsweise**; vorzuziehen sind Übergangsregelungen, Ausnahmen und Befreiungen.[853]

Damit wird eine Inhalts- und Schrankenbestimmung, die mit einem Eingriff in konkrete Eigentumspositionen verbunden wird, in die Nähe einer Enteignung gerückt. Von den Auswirkungen für den Betroffenen steht sie dieser gleich. Daher ist es konsequent, parallele Rechtsfolgen für den Betroffenen insoweit eingreifen zu lassen, als konkrete Eigentumspositionen entzogen werden. Eine Entschädigungspflicht greift damit unabhängig davon ein, ob dieser Entzug der Güterbeschaffung dient oder nicht; es zählen die Auswirkungen auf den Betroffenen. Nur die Rechtsgrundlage ist verschieden: Enteignung einerseits und unverhältnismäßige Sozialbindung andererseits. Die Entschädigung stellt dann praktisch die Verhältnismäßigkeit (wieder) her. Damit stellt sich weitergehend die Frage, ob dann tatsächlich eine Kompensation die Ausnahme sein soll oder immer dann notwendig ist, wenn zu einer Enteignung nur die Güterbeschaffung fehlt, ansonsten aber alle Merkmale vorliegen. Eine solch weite Konzeption einer Entschädigungspflicht wäre das Korrelat zur nunmehr erfolgten Verengung des Enteignungsbegriffs durch die Beschränkung auf Güterbeschaffungsvorgänge.[854]

III. Rechtfertigung

Das BVerfG hält trotz dieses schweren Eingriffs in konkrete Eigentumspositionen das 13. Gesetz zur Änderung des AtG für verfassungsgemäß. Schließlich ist das Vertrauen in den Erhalt der Zusatzstrommengen mehrfach eingeschränkt. Das BVerfG betont hier die **soziale Bezogenheit der Kernkraftnutzung,** welche eine weite Gestaltungsfreiheit des Gesetzgebers begründet[855] und führt damit seine Rspr. fort, die es schon in früheren Atomurteilen begründet hat: Aufgrund der Gefährlichkeit der Kernkraft muss der Gesetzgeber auf der Basis grundrechtlicher Schutzpflichten sehr sorgfältig die Entwicklung beobachten und kann daher auch Verschärfungen festlegen.[856] Das BVerfG billigte ihm ausdrücklich zu, auch ohne neue Gefährdungserkenntnisse den Reaktorunfall in Fukushima als Anlass zu nehmen, um zum Schutz der Gesundheit der Bevölkerung und der Umwelt den Ausstieg aus der Kernenergie zu beschleunigen.[857] Dafür soll sogar ein **geändertes Risikobewusstsein der Öffentlichkeit** genügen.[858] Der Gesetzgeber darf vor dem Hintergrund der grundrechtlich geforderten Beobachtungs- und Überprüfungspflicht, ob die bisherigen Standards und Vorkehrungen ausreichen, eine Neubewertung vornehmen und den Atomausstieg beschleunigen; es erfolgt nur eine Evidenzkontrolle der Eignung und der Erforderlichkeit im Hinblick auf die schützenden Güter.[859] Wer sich in ein norma-

---

850 BVerfG NJW 2017, 217 Rn. 262 ff. zu beiden Voraussetzungen im konkreten Fall.
851 BVerfG NJW 2017, 217 Rn. 256: Zugriff auf das Eigentum aus Gemeinwohlgründen.
852 BVerfG NJW 2017, 217 Ls. 5.
853 BVerfG NJW 2017, 217 Rn. 260.
854 BVerfG NJW 2017, 217 Rn. 261.
855 BVerfG NJW 2017, 217, allgemein Rn. 268.
856 Bereits BVerfGE 49, 89 (130 ff.) – Kalkar mit Bezug auf die Menschenwürde. Nunmehr → Rn. 283, 303 unter Bezug auf Art. 2 II und Art. 20a GG.
857 BVerfG NJW 2017, 217 Ls. 6.
858 BVerfG NJW 2017, 217 Rn. 308.
859 BVerfG NJW 2017, 217 Rn. 285 ff.

tiv stark geregeltes Gebiet mit hohem Risikopotenzial begibt – das BVerfG spricht hier von Hochrisikotechnologie[860] –, muss daher auch für ihn überraschende Wendungen des Gesetzgebers, der hier zuerst politisch entscheidet,[861] hinnehmen.

IV. Entschädigung

Allerdings muss er dies nicht entschädigungslos. Das gilt zumal dann, wenn **gesetzliche Festlegungen** bestehen, die einen Vertrauensschutz besonders verbürgen. Das gilt hier angesichts der kurz vor dem Fukushima-Unfall Ende 2010 wieder verlängerten Restlaufzeiten, obgleich das BVerfG einen sehr eingeschränkten Schutz annimmt: Die zugeteilten Strommengen waren nicht das Pendant eigener Leistung, sondern politisch motivierte Zuweisungen.[862] Immerhin erfolgte eine Laufzeitverlängerung, auch wenn diese lediglich von kurzer Dauer war.[863] Gleichwohl ist es möglich, dass im Vertrauen darauf Investitionen getätigt wurden. Soweit diese durch den gesetzlichen Entzug entwertet wurden, hätte eine Entschädigungs- oder sonstige Ausgleichsregelung getroffen werden müssen.[864] Insoweit muss der Gesetzgeber nachbessern;[865] dafür hat er verschiedene Möglichkeiten.[866]

Mithin wurden Inhalt und Schranken des Eigentums unzumutbar bestimmt, soweit dadurch wirtschaftlich begründete Positionen entwertet wurden. Es konnten auch zwei der Beschwerdeführerinnen substanzielle Teile ihrer **Reststrommengen 2002,** die als Korrelat zum damals erstmals festgelegten Atomausstieg und als fester Bestandteil einer Übergangsregelung geschützt sind,[867] **nicht konzernintern nutzen**[868]. Daher ist das berechtigte Vertrauen in den Bestand dieser Rechtslage eingriffsfest. Zudem liegt darin eine Ungleichbehandlung von Vattenfall und RWE gegenüber E.ON und EnBW.[869] Dies entschädigungslos hinzunehmen, ist für die betroffenen Unternehmen trotz der verfolgten hohen Gemeinwohlbelange unzumutbar.[870]

V. Folgen für einen »Kohleausstieg«

Ist bei einem Kohleausstieg die jetzige Atomgesetz-Entscheidung die Blaupause? Rechtlich ist die Nutzung der Kohle zur Stromerzeugung weiterhin zulässig: Art. 2 II und Art. 20a GG verbieten aus sich heraus keine bestimmte Energienutzung. Der Betriebsplan zu Garzweiler wurde auf der Basis des damals geltenden Energiemixes mit der Kohle als sicher und flexibel verfügbarer Energieträger verfassungsrechtlich gebilligt.[871] Könnte diese Zulassung aufgrund eines neuen Energiemixes ohne Kohle oder gar wegen eines anderen Bewusstseins der Bevölkerung beendet werden, wäre dies zumindest entschädigungspflichtig. Indes ist die **Kohlenutzung keine Hochrisikotechnologie.** Jedenfalls birgt sie nicht derart hohe Gefährdungen wie die Nutzung der Kernenergie. Daher ist der Sozialbezug nicht so stark, dass er ohne Weiteres eine Inhalts- und Schrankenbestimmung im Sinne einer Beendigung der Nutzung vorhandener Tagebaue und Kraftwerke tragen würde. Dies wäre unverhältnismäßig schon auf der Primärebene und würde nicht erst auf der – subsidiären – Sekundärebene zu einer Entschädigungspflicht führen.

526   Als äußerste Schranke einer Inhalts- und Schrankenbestimmung ist der **Kernbereich der Eigentumsgarantie** zu wahren. Daraus ergeben sich **strukturelle Mindestanforderungen.** Damit noch von Eigentum die Rede sein kann, müssen sowohl die **Privatnützigkeit,** also ein verbleibender Nutzen für den Eigentümer, als auch die grundsätz-

---

860 BVerfG NJW 2017, 217 Rn. 219.
861 BVerfG NJW 2017, 217 Rn. 307.
862 BVerfG NJW 2017, 217 Rn. 300 ff.
863 BVerfG NJW 2017, 217 Rn. 377.
864 BVerfG NJW 2017, 217 Rn. 369.
865 BVerfG NJW 2017, 217 Rn. 382.
866 BVerfG NJW 2017, 217 Rn. 403 ff.
867 BVerfG NJW 2017, 217 Rn. 334 ff.
868 BVerfG NJW 2017, 217 Ls. 7.
869 BVerfG NJW 2017, 217 Rn. 310, 347 ff. und auch 386 ff.
870 Rn. 310, 347 ff. und auch 386 ff. Rn. 364 ff.
871 BVerfGE 134, 242 Rn. 286 ff., bes. 293 ff. – Garzweiler.

liche **Verfügungsbefugnis** über den Eigentumsgegenstand erhalten bleiben.[872] Da es sich insoweit um unüberwindbare Schranken handelt, können sie auch nicht durch Ausgleichsmaßnahmen kompensiert werden.

Ob die Privatnützigkeit im Baudenkmalfall (→ Rn. 518) gewahrt blieb, ist zweifelhaft. Verneint man **527** diese Frage, ist die entsprechende Regelung schon aus diesem Grunde verfassungswidrig.

2. Enteignung gem. Art. 14 III GG[873]

Bei dem Eingriff durch Enteignung ist zwischen der **Legalenteignung** und der **Admi- 528 nistrativenteignung** zu unterscheiden.[874] Durch eine Legalenteignung wird einem bestimmten oder bestimmbaren Personenkreis eine konkrete Eigentumsposition durch Gesetz entzogen. Sie kommt sehr selten vor und ist wegen des verkürzten Rechtsschutzes nur unter besonderen Umständen zulässig.[875] Die Administrativenteignung bildet eine Enteignung durch die Exekutive aufgrund eines Gesetzes. Andere als durch Rechtsakt erfolgte Eigentumsbeeinträchtigungen, zB durch **Realakt** oder **schlichtes Verwaltungshandeln,** stellen **keine Enteignung iSv Art. 14 III GG** dar.[876] Für den Ausgleich stehen die Institute des enteignenden und enteignungsgleichen Eingriffs zur Verfügung.[877] Eine Enteignung ist gem. Art. 14 III 1 GG nur **zum Wohle der Allgemeinheit** zulässig. Sie muss weiterhin **verhältnismäßig** sein.[878]

Gemäß Art. 14 III 2 GG ist eine Enteignung nur dann rechtmäßig, soweit sie durch **529** Gesetz oder aufgrund eines Gesetzes erfolgt, welches Art und Ausmaß der **Entschädigung** regelt.[879] Mit dieser **Junktimklausel** soll sichergestellt werden, dass sich der Gesetzgeber über die Einstufung eines Eingriffs als Enteignung klar wird und ihm die durch die Entschädigung entstehenden finanziellen Belastungen vor Augen geführt werden.[880] Mit der Verknüpfung von Enteignung und Entschädigung findet der Bestandsschutz auf sekundärrechtlicher Ebene seine Fortsetzung in der **Eigentumswertgarantie.** Im Bereich der Enteignungen gilt also weiterhin der Grundsatz »dulde und liquidiere« (→ Rn. 515). Fehlt es allerdings an einer Entschädigungsklausel oder ist sie nicht ausreichend, ist das Gesetz zur Gänze nichtig.[881] So genügen salvatorische Klauseln den Anforderungen des Art. 14 III 2 GG idR nicht.[882] In diesem Fall muss der Enteignete gegen die Enteignung selbst vorgehen, ohne auf eine Entschädigung hoffen zu dürfen.

---

872 BVerfGE 100, 226 (241) – Baudenkmal.
873 *Eschenbach* JURA 1997, 519.
874 BVerfGE 58, 300 (330f.) – Nassauskiesung; → Rn. 1416f.
875 BVerfGE 45, 297 (324) – Hamburger U-Bahn.
876 BVerwGE 77, 295 (298).
877 → Rn. 1423ff.
878 BVerfGE 53, 336 (349); 45, 297 (335) – Hamburger U-Bahn.
879 Überblick zu den Entschädigungsregelungen allg. *Kischel* VerwArch 2006, 450.
880 *Jarass/Pieroth* Art. 14 Rn. 92.
881 BVerfGE 58, 300 (319) – Nassauskiesung; 46, 268 (287) – Bodenreformgesetz.
882 BVerwGE 84, 361 (364f.); vgl. aber BGHZ 105, 15 (17).

3. Prüfung der Eigentumsfreiheit, Art. 14 GG

530 **Eigentumsgrundrecht**

I. Schutzbereich

1. persönlich:
   nach BVerfG nicht Gebietskörperschaften des öffentlichen Rechts (Gemeinden)
2. sachlich:
   Vermögenswerte Rechtspositionen des Einzelnen und deren Nutzung: Sacheigentum etc; Anlageneigentum, ggf. konkretisiert durch staatliche Mengenzuweisungen; auch Bestand des Hinzuerworbenen
   Privatrechtliche Forderungen (+), öffentlich-rechtliche nur, wenn Äquivalent eigener Leistung
   Eingerichteter und ausgeübter Gewerbebetrieb (Bestand als solcher, str.)
   Nicht: bloße Erwerbschancen, Vermögen an sich, rechtswidrig erlangte Positionen

II. Eingriff

Enteignung: gezielte Entziehung von Eigentumsrechten und staatliche Güterbeschaffung

Inhalts- und Schrankenbestimmung: Modifizierung der Rechte und Pflichten des Eigentümers (weiter Gestaltungsspielraum des Gesetzgebers)

III. Rechtfertigung

Enteignung:
- Gesetz formell und materiell verfassungsgemäß (Art. 14 III 2 GG)
- Zum Wohl der Allgemeinheit (Art. 14 III 1 GG)
- Junktimklausel (Art. 14 III 2 GG), salvatorische Klausel reicht nicht
- Verhältnismäßigkeit

Inhalts- und Schrankenbestimmung:
- Gesetz formell und materiell verfassungsgemäß
- Verhältnismäßig, dh angemessener Ausgleich zwischen Privateigentum und Sozialbindung (Art. 14 II GG)
- Nur ausnahmsweise Ausgleichspflicht
- Wahrung Kernbereich Art. 14 I GG: Privatnützigkeit, Verfügungsbefugnis

B. Art. 12 GG – Berufsfreiheit[883]

531 Als zweites Wirtschaftsgrundrecht kommt der Berufsfreiheit gem. Art. 12 GG große Bedeutung zu. Sie gewährt **jedem Deutschen bzw. EU-Bürger**[884] das Recht, eine ihm geeignet erscheinende Tätigkeit zum Beruf und diesen zur Grundlage seiner Lebensführung zu machen.[885] Die Berufsfreiheit gem. Art. 12 GG sichert die freie Entfaltung der Persönlichkeit im Bereich der individuellen Leistung und der Existenzerhaltung.[886]

---

883 *Nolte/Tams* JuS 2006, 31 (130, 218); *Kluth* JURA 2001, 371; *Kimms* JuS 2001, 664; Übungsfall: *Erichsen/Frenz* JURA 1994, 542; Leitentscheidungen: BVerfGE 7, 377 – Apothekenzulassung; 11, 30 – Kassenarztzulassung; 33, 303 – Numerus clausus; 50, 290 – Mitbestimmung; 94, 372 – Apothekerwerbung; 105, 252 – Glykolweine; 115, 276 – Sportwetten; 121, 317 – Nichtraucherschutz.
884 Zur Ausweitung auf diese → Rn. 329f.
885 BVerwGE 87, 37 (39).
886 BVerfGE 97, 12 (25) – Patentgebührenüberwachung; 54, 301 (313) – Buchführungsprivileg I.

Art. 12 GG konkretisiert somit das Recht auf freie Entfaltung der Persönlichkeit und ist insoweit lex specialis gegenüber Art. 2 I GG. Dieses Grundrecht greift aber subsidiär für andere als EU-Ausländer (→ Rn. 330).

I. Abgrenzung zu Art. 14 GG

Schwierig gestaltet sich die **Abgrenzung** der durch **Art. 12 GG** geschützten Berufs-   **532** freiheit von der Eigentumsfreiheit gem. **Art. 14 GG,** insbesondere im Rahmen **unternehmerischer wirtschaftlicher Betätigung.** Die Abgrenzung fällt zB dann schwer, wenn in ein Eigentumsrecht eingegriffen wird, dessen Nutzung beruflichen Zwecken dient; umgekehrt dann, wenn eine berufliche Tätigkeit beschränkt wird, die unzertrennlich mit der Nutzung eines bestimmten Eigentumsrechts verbunden ist.[887] Das BVerfG versucht teilweise eine Abgrenzung anhand der Formel »**Art. 14 GG schützt das Erworbene, Art. 12 GG den Erwerb**«.[888]

> **Beispiel** nach BVerfGE 121, 317 – Nichtraucherschutz: Bei einem Rauchverbot in Gaststätten   **533** (→ Rn. 570) ist zwar auch das Erworbene in Form des Gaststättenraumes bzw. des Hausrechts über diesen und damit dessen Verwendung berührt. Vor allem aber wird die individuelle Erwerbs- und Leistungsfähigkeit des Gastwirts und damit seine Berufsausübung beschränkt.[889] Diesen Schwerpunkt prüft das BVerfG daher ausschließlich.

Zugleich prüft das BVerfG Art. 12 GG und Art. 14 GG in **Idealkonkurrenz,** wenn so-   **534** wohl der Erwerb als auch das Erworbene in Rede stehen.[890] Das ist der Fall im Hinblick auf die **Mitbestimmung:**[891] Davon wird die zukünftige Planung und Entscheidung im Betrieb bestimmt wie auch das in der betroffenen Gesellschaft enthaltene Privateigentum geprägt. Dieses ist aber durch seine gesellschaftsrechtliche Vermittlung sozial gebunden und in seiner Schutzwidrigkeit herabgesetzt: Diese Einbindung lässt Organentscheidungen maßgeblich sein und keine direkte, autonome Willensdurchsetzung des Einzeleigentümers, die ansonsten für das Eigentumsrecht typisch ist. Der starke **Sozialbezug** ergibt sich aus der Mitwirkung der Arbeitnehmer, auf der die Nutzung des Privateigentums beruht. Dies trägt auch eine Beschränkung der Berufsausübungsfreiheit, sofern das Letztentscheidungsrecht aufseiten der Anteilseigner verbleibt.

> **Fall** abgewandelt nach BVerfGE 110, 141 – Kampfhunde:[892] Aufgrund mehrerer Zwischenfälle in   **535** jüngster Zeit wurde im Land N eine Landeshundeverordnung (LHV) erlassen. In § 4 V LHV wird die Zucht mit sog. Kampfhunden, die in einer Anlage nach Rassen getrennt aufgeführt sind, verboten. Zudem erging ein Importverbot. Der berufsmäßige Züchter Z, der sich in den letzten Jahren auf die Züchtung solcher Kampfhunde spezialisiert hat und aufgrund seiner exzellenten Zuchterfolge im Hinblick auf die Angriffslust der Tiere einen guten Namen in der Szene besitzt, fürchtet um seine Existenzgrundlage. Insbesondere gibt er zu bedenken, dass er sein in der langen Zeit angehäuftes Spezialwissen in Zukunft nicht mehr zum Einsatz bringen könne.

---

887 Maunz/Dürig/*Scholz* Art. 12 Rn. 138; v. Münch/Kunig/*Bryde* Art. 14 Rn. 104.
888 BVerfGE 88, 366 (377) – Zuchthengst; 85, 360 (383) – Akademieauflösung; 30, 292 (335) – Erdölbevorratung.
889 BVerfGE 121, 317 Rn. 91.
890 Ebenso Maunz/Dürig/*Scholz* Art. 12 Rn. 138 ff.
891 BVerfGE 50, 290 (361 ff.) – Mitbestimmung auch zu Art. 9 I und III GG.
892 Vgl. OVG Frankfurt (Oder) NVwZ 2001, 223; BVerfG NVwZ 2000, 1407 zu Kampfhundeimporten; zur Einschläferung OVG Münster NVwZ 2001, 227; zur erhöhten Steuer BVerwGE 110, 265.

Das Zucht- und Importverbot für Kampfhunde stellt eine **Berufsausübungsregelung** dar, hingegen keine Berufswahlregelung, weil Hundezüchter auch andere Hunde züchten können, mithin die Kampfhundezucht allenfalls eine Spezialisierung darstellt.[893] Die Berufsgruppe der Züchter darf Hunde der in der Anlage aufgeführten Rassen nicht mehr züchten. Insoweit wird ein Teilbereich ihres Berufsfeldes beschränkt, und zwar final, jedenfalls aber mit objektiv berufsregelnder Tendenz (→ Rn. 551 f.).

Gleichzeitig greift die Regelung auch in das von Art. 14 I GG geschützte **Recht am eingerichteten und ausgeübten Gewerbebetrieb** (→ Rn. 510 ff.) ein, wenn nicht final, so doch zumindest mit objektiv eigentumsregelnder Tendenz, sofern man ein solches Kriterium verlangt und nicht die tatsächliche Auswirkung genügen lässt (→ Rn. 514). Das von Z angehäufte Know-how im Bereich der Kampfhundezüchtung wird durch das Verbot praktisch wertlos. Dessen Nutzung ruft indes Gefahren für die Allgemeinheit hervor. Wegen dieser Gemeinwohlgefährdung nimmt der Staat Zugriff, nicht weil er das Eigentum selbst benötigt. Anlass ist das Eigentum selbst, nicht die Absicht seines Entzugs. Daher liegt eine **Inhaltsbestimmung** vor.[894]

Diese muss verhältnismäßig sein. Das gilt auch für die mit dem Verbot einhergehende Beschränkung der Berufsausübung. Für beide Grundrechte ist aufgrund der hohen Gefährlichkeit der Kampfhundezucht diese Voraussetzung grundsätzlich erfüllt, sodass sich eine weitere Abgrenzung erübrigt. Deshalb ist auch die Inhaltsbestimmung nicht ausgleichspflichtig.

Eine entsprechende **Typisierung nach Rassen** ist dann zulässig, wenn aus der Zugehörigkeit eines Hundes hinreichend auf eine erhöhte Gefährlichkeit geschlossen werden kann. Das richtet sich nach dem Wert der betroffenen Rechtsgüter, der hier in Form von menschlichem Leben und Gesundheit sehr hoch ist, dem Maß der tatsächlichen Anhaltspunkte (insbes. statistische Auffälligkeiten im Bissverhalten) sowie der zu bekämpfenden Situation.

Eine entsprechende **Pauschalierung** ist jedenfalls im Hinblick auf eine Maßnahme wie einem Importverbot möglich, die wegen der Notwendigkeit rascher Entscheidung keine aufwendige Untersuchung erlaubt; auch insoweit muss der Gesetzgeber aber die Gefährlichkeit der betroffenen Hunde weiter beobachten, um seine Maßnahmen ggf. anzupassen.[895]

Anderenfalls muss der Einzelne die Möglichkeit haben, die **Vermutung der Gefährlichkeit** einer bestimmten Rasse in seinem Fall zu **widerlegen**. Aus der Rasse allein folgt nicht stets die Gefährlichkeit eines einzelnen Hundes. Daher reichen die tatsächlichen Anhaltspunkte für die Legitimation einer Grundrechtseinschränkung nicht durchgehend aus.[896]

II. Einheitliches Grundrecht der Berufsfreiheit

536 Art. 12 I 1 GG gewährt das Recht der **freien Wahl** des Berufs, des Arbeitsplatzes und der Ausbildungsstätte, S. 2 hingegen sieht einen Regelungsvorbehalt bezüglich der **Berufsausübung** vor. Die Berufswahl ist immer auch erster Schritt der Berufsausübung. Andersherum bestätigt sich die Berufswahl fortlaufend aufs Neue in der Berufsausübung.[897] Eingriffe in diese können überdies auf die Berufswahl zurückwirken, so als freier Arzt bei einer Beschränkung der Tätigkeit des Kassenarztes.[898] Daher bilden beide Komponenten ein **einheitliches Grundrecht** der Berufsfreiheit,[899] das mit der

---

893 Soweit Hundezüchter typischerweise wirtschaftlich von der Kampfhundezucht abhängen, kann weitergehend faktisch die Berufswahl beeinträchtigt werden (→ Rn. 563). Der Schutz der Gesundheit ist ein schwer gefährdetes, überragend wichtiges Gemeinschaftsgut.

894 Allg. BVerfGE 20, 351 (359) – Tollwut.

895 Auch BVerfG NVwZ 2005, 925 (926).

896 Vgl. BVerwGE 116, 347: fehlende Ermächtigungsgrundlage für Situationen des bloßen Gefahrverdachts, → Rn. 651; VGH Mannheim NuR 2003, 97: Verstoß gegen Gleichheitssatz wegen zu starker Typisierung trotz Differenzierungsgebots, allg. → Rn. 574 ff.

897 *Kingreen/Poscher* StaatsR II Rn. 899.

898 → Rn. 563.

899 BVerfGE 7, 377 (400 ff.) – Apothekenzulassung; 95, 193 (214) – DDR-Hochschullehrer.

Berufswahl und der Berufsausübung nur zwei Ausprägungen findet. An diese ist wegen der besonderen Bedeutungsgehalte und der unterschiedlichen Schranken gleichwohl bei der Schutzbereichsbestimmung anzuknüpfen.

III. Schutzbereich

1. Beruf

Beruf iSv Art. 12 I GG ist jede auf Erwerb gerichtete Tätigkeit, die sich nicht in einem **537** einmaligen Erwerbsakt** erschöpft.[900] Die Tätigkeit muss daher zum einen **der Schaffung und Erhaltung der Lebensgrundlage dienen,** zum anderen **auf Dauer angelegt** sein.

Entsprechend der besonderen Bedeutung der Berufsfreiheit für die Entfaltung der Per- **538** sönlichkeit ist der Berufsbegriff weit zu verstehen und daher entwicklungsoffen.[901] So fallen darunter nicht nur die klassischen Berufsbilder, sondern auch untypische, neuartige Beschäftigungen, soweit sie nur der Erhaltung der Lebensgrundlage dienen oder zumindest dazu beitragen.[902] Auch in zeitlicher Hinsicht ist der Berufsbegriff weit auszulegen, sodass darunter auch Ferienjobs und Probearbeitsverhältnisse fallen.[903] Unerheblich ist weiter, ob die Tätigkeit **selbstständig oder unselbstständig** wahrgenommen wird.[904] Der Unterschied kann allerdings auf der Ebene der Rechtfertigung von Eingriffen im Rahmen der sog. Drei-Stufen-Theorie des BVerfG relevant werden, namentlich bei der Frage, ob ein Eingriff als bloße Berufsausübungsregel oder aber als Berufswahlregelung zu qualifizieren ist. Insoweit wird man in der selbstständigen und der unselbstständigen Ausübung regelmäßig zwei Berufe sehen müssen, wenn sich die selbstständige und die unselbstständige Tätigkeit fundamental unterscheiden. **Nicht** in den Schutzbereich des Art. 12 GG fallen Tätigkeiten im ausschließlich persönlichen Bereich, also Hobbys und andere Freizeitbeschäftigungen.

Sieht man nur »erlaubte Tätigkeiten« als vom Berufsbegriff des Art. 12 GG umfasst,[905] **539** können einzelne Tätigkeiten durch einfaches Gesetz aus dem Schutzbereich des Art. 12 GG gedrängt werden; dem einfachen Gesetzgeber wird weitgehende Definitionsmacht über den Berufsbegriff eingeräumt. Dieser Gefahr versucht eine andere Auffassung dadurch zu begegnen, dass sie nur solche Tätigkeiten ausnimmt, die **sozial- oder gemeinschaftsschädlich** sind.[906] Diese Kriterien sind allerdings sehr unscharf. Tiefergehend ist die letzte Entscheidung darüber, ob eine Tätigkeit unter den Begriff des Berufes fällt, anhand von Art. 12 GG als dem zu schützenden Grundrecht zu treffen.[907] Verbotsgesetze sind daher daran zu messen.[908] Etwas anderes gilt allenfalls, wenn eine Tätigkeit unabhängig von einem beruflichen Bezug **schlechthin verboten** ist,[909] so die Tätigkeit

900 BVerfGE 97, 228 (253) – Kurzberichterstattung im Fernsehen.
901 Maunz/Dürig/*Scholz* Art. 12 Rn. 18 f.
902 Auch Nebentätigkeiten fallen daher unter den Berufsbegriff, BVerwGE 84, 194 (197).
903 *Kingreen/Poscher* StaatsR II Rn. 903.
904 BVerfGE 54, 301 (322) – Buchführungsprivileg I.
905 BVerfGE 81, 70 (85 f.); 7, 377 (397) – Apothekenzulassung.
906 BVerwGE 22, 286 (288).
907 BVerwGE 96, 293 (296); 22, 286 (288).
908 BVerwGE 87, 37 (41).
909 BVerfGE 115, 276 (300 f.) – Sportwetten.

eines »Berufsverbrechers«[910] wie die eines Mörders oder eines Diebes, nicht hingegen die eines Spielwettunternehmens (s. Art. 106 II Nr. 6 GG).[911]

540 Bei der **Schwarzarbeit** ist nicht die handwerkliche Tätigkeit zu Erwerbszwecken an sich, sondern nur der damit verbundene Verstoß in steuer- und sozialversicherungsrechtlicher Hinsicht verboten. Sie fällt daher in den Schutzbereich des Art. 12 GG. Die Verbotsgesetze müssen dann den schrankenrechtlichen Voraussetzungen des Art. 12 I 2 GG genügen.[912]

541 Berufe des **öffentlichen Dienstes** oder **staatlich gebundene Berufe**, wie zB ein Notariat, unterfallen zwar grundsätzlich dem Schutz des Art. 12 GG. Allerdings reduziert **Art. 33 II GG als lex specialis** dessen Gewährleistung auf ein Recht des gleichen Zugangs zu öffentlichen Ämtern; der freie Zugang wird wegen der staatlichen Organisationsgewalt nicht gewährt.[913] In der Berufstätigkeit soll demgegenüber Art. 4 GG nicht durch Art. 33 V GG überlagert sein: **Kopftücher** dürfen getragen werden.[914]

2. Berufswahl

542 Art. 12 I 1 GG schützt die **Berufswahl als solche** und in ihren einzelnen Ausprägungen, die **Wahl**, den **Wechsel**, die **Beibehaltung** wie auch die **Aufgabe** des Arbeitsplatzes. Der **Arbeitsplatz** ist die Stätte, an der der Einzelne den von ihm gewählten Beruf ausübt, wozu der räumliche Ort und der berufliche Umkreis der Betätigung gehören.[915]

543 Art. 12 I 1 GG schützt auch die freie Wahl der Ausbildungsstätte; sie bildet die Grundlage der Berufswahl. Als **Ausbildungsstätte** kann jede über die allgemeine Schulbildung hinausgehende Ausbildung zu einem Beruf verstanden werden wie zB Universitäten und Hochschulen, aber auch weiterführende Schulen.[916] Über den Wortlaut hinaus wird darin auch ein »Abwehrrecht gegen Freiheitsbeschränkungen im Ausbildungswesen«[917] gesehen.

544 Namentlich beruht eine Hochschulausbildung darauf, dass der Staat einen Studienplatz zur Verfügung stellt. Dann kann Art. 12 I GG ein **Teilhaberecht** begründen.[918] Zwar ergibt sich in dem staatlich quasi-monopolisierten Bereich der Hochschulen ein grundsätzlicher Zulassungsanspruch.[919] Doch die **Kapazitätsgrenzen** zwingen in manchen Studiengängen zu einer **Auswahl der Bewerber**. Auch sie schränken die Berufsfreiheit ein und sind daher an den Beschränkungen der Drei-Stufen-Theorie zu messen[920] sowie gleichmäßig zu handhaben. Aus Art. 12 I iVm Art. 3 I GG erwächst deshalb nur eine **Chancengleichheit** in der Auswahl.

---

910 BVerwGE 22, 286 (289).
911 BVerwGE 96, 293 (297).
912 Maunz/Dürig/*Scholz* Art. 12 Rn. 40.
913 *Schwerdtfeger/Schwerdtfeger* Fallbearbeitung ÖffR Rn. 526.
914 BVerfGE 138, 296; abl. → Rn. 396.
915 *Jarass/Pieroth* Art. 12 Rn. 9f.
916 Für die Sekundarstufe II BVerfGE 58, 257 (273), str.
917 BVerfGE 33, 303 (329) – Numerus clausus.
918 Näher → Rn. 1090f., 1279ff.
919 BVerfGE 33, 303 (331) – Numerus clausus; 43, 291 (313).
920 Zum Numerus clausus → Rn. 1090f., 1279ff.

Fall nach StGH Hessen NVwZ 2008, 895: Ein Landesgesetz gibt den Hochschulen einen Studienbeitrag **545** von 500 EUR pro Semester für das Erststudium und von bis zu 1500 EUR für ein Zweitstudium vor. Langzeitstudierende zahlen jeweils weitere 200 EUR und können ebenso wie die Absolventen eines Zweitstudiums kein Darlehen erhalten, wohl aber die übrigen.

Studiengebühren können das Grundrecht auf freie Berufswahl dadurch beeinträchtigen, dass sie Studierwillige **abschrecken**. Allerdings bildet Art. 12 I GG ein **Freiheits- und Teilhaberecht** im Rahmen vorhandener Kapazität, aber kein Leistungsrecht. Der Staat ist daher nicht zur Finanzierung eines Studiums oder zur Bereitstellung eines kostenlosen Studienplatzes verpflichtet. Der abschreckende Effekt wird durch verschiedene Stipendien- und Darlehensmöglichkeiten aufgefangen.

Bildet daher die finanzielle Situation eines Studienwilligen kein Hindernis, ein Studium aufzunehmen, liegt auch kein Verstoß gegen die Bestimmung einer Landesverfassung vor, wenn diese einen unentgeltlichen Unterricht auch an Hochschulen vorsieht, allerdings die gesetzliche Anordnung eines angemessenen Schulgeldes bei entsprechender wirtschaftlicher Lage des Schülers oder der ihm Unterhaltspflichtigen erlaubt (Art. 59 HessLV). Auch danach besteht also nur ein Anspruch auf »**Bildungschancengleichheit**, unabhängig von der wirtschaftlichen Situation des Studierenden oder Studienbewerbers«, also kein allgemeiner oder auch nur partieller fester Anspruch auf einen kostenlosen Studienplatz. Ein solcher erwächst auch nicht aus dem Sozialstaatsprinzip nach Art. 20 I GG iVm der Menschenwürde; danach ist nur das unabdingbare Existenzminimum abgesichert, wozu ein Studium nicht notwendig gehört.

Wegen des aus Art. 12 I iVm Art. 3 I GG folgenden Anspruchs auf gleiche Teilhabe muss indes die **Ausgestaltung der Studiengebühren gleichheitsgemäß** sein. Ein Zweitstudium bedeutet eine erneute Inanspruchnahme eines teuren staatlichen Bildungsangebotes durch Personen mit bereits hohem Bildungsniveau, vermittelt daher auch eine erhöhte Einkommensperspektive und darf deshalb stärker belastet werden sowie ohne Darlehen bleiben, außer ein Zweitstudium ist rechtlich erforderlich und Härtefälle werden berücksichtigt. Die genaue Abstufung darf den Hochschulen überlassen werden, welche dabei die vorgenannten Maßstäbe wahren müssen. Ebenso können Langzeitstudierende schärfer behandelt werden, um einer übermäßigen Inanspruchnahme der staatlichen Hochschulen entgegenzuwirken und dafür nicht – etwa durch ein Darlehen – auch noch einen Anreiz zu schaffen.

Dass auch Studierende, die ihr Studium bereits aufgenommen, aber noch nicht beendet haben, belastet werden, bedeutet eine unechte Rückwirkung (→ Rn. 241). Sie rechtfertigt sich daraus, dass auch diese Studierenden von der Verwendung der Studiengebühren für eine bessere Lehre profitieren. Soweit der Studienbeginn als langfristige Investitionsentscheidung gesehen wird, federt die Darlehensregelung unerwartet stärkere finanzielle Lasten ab.[921]

3. Berufsausübung

Die von Art. 12 I GG geschützten Teilbereiche Berufswahl und Berufsausübung über- **546** schneiden sich in ihrer Begrifflichkeit. Grob eingeteilt stellt sich im Rahmen der Berufswahl die Frage nach dem »Ob« einer beruflichen Tätigkeit, die Berufsausübung hingegen ist eine Frage des »Wie«. Die Berufsausübung betrifft die **Form, Mittel und Umstände,** mithin die **Modalitäten** einer Tätigkeit einschließlich ihres Inhalts.

Beispiel nach BVerfGE 121, 317 – Nichtraucherschutz: So gehört zur Berufsausübung auch **547** das Recht, Art und Qualität der am Markt angebotenen Güter und Dienstleistungen selbst festzulegen und damit den Kreis der angesprochenen Interessenten selbst auszuwählen.[922]

Besondere Abgrenzungsschwierigkeiten zwischen Berufswahl und Berufsausübung **548** ergeben sich dann, wenn bestimmte Bereiche eines Berufes von einer Regelung erfasst

---

921 AA Sondervotum *Lange und andere* NVwZ 2008, 895.
922 BVerfGE 121, 317 Rn. 92.

werden. Handelt es sich nur um einen Ausschnitt einer Gesamttätigkeit, wird nur die Berufsausübung betroffen (zB bestimmte Messungen eines Optikers).[923] Problematischer ist, wenn ein Übergreifen in einen neuen Bereich mit höheren Qualifikationsmerkmalen oder erheblichem Umsatzanteil erfolgt.[924] Vor allem hier sind konkrete Berufsbilder anhand der **Tradition** in dem betreffenden Bereich, aufgrund **natürlicher Betrachtungsweise** und mithilfe **gesetzlich fixierter Berufsbilder** (»Berufsbildlehre«) herauszuarbeiten.

549   **Beispiel** nach BVerwG NJW 1996, 1608: Wechsel von einfachen Krankenfahrten und Behindertentransporten auch auf sog. qualifizierte Krankentransporte. – Qualifizierte Krankentransporte wie insbesondere die Notfallrettung stellen ungleich höhere Anforderungen an den Transport, so zB die Durchführung lebenserhaltender Maßnahmen und eine fachgerechte Betreuung. Einfache Krankenfahrten und Behindertentransporte, die keiner medizinisch-fachlichen Betreuung oder besonderen Einrichtung des Krankenkraftwagens bedürfen, werden dagegen im PBefG mit normalen Transporten gleichgestellt. Damit unterscheiden sich die Tätigkeiten in **wesentlichen Qualifikationsmerkmalen,** sodass der qualifizierte Krankentransport ein eigenes Berufsbild darstellt. Die Genehmigungspflicht für qualifizierte Krankentransporte stellt daher eine objektive Berufswahlregelung dar, an deren Rechtfertigung ungleich höhere Anforderungen gestellt werden (→ Rn. 562).

550   Im Zusammenhang mit der Abgrenzung von Berufswahl- und -ausübungsregelungen kommt der **gesetzlichen Fixierung von Berufsbildern** große Bedeutung zu.[925] Die freie Berufswahl wird durch diese gesetzlichen Fixierungen eingeschränkt. Einerseits findet auf diese Weise eine Monopolisierung des Berufs mit der Folge statt, dass die Wahrnehmung des Berufs nur einer bestimmten Personengruppe möglich ist. Andererseits ist der Beruf allein in der vom Gesetzgeber vorgegebenen Ausgestaltung ausübbar, untypische Gestaltungsformen werden dadurch ausgeschlossen.[926] Aus diesem Grunde sind an solche gesetzlichen Fixierungen nicht nur allgemeine Verhältnismäßigkeitsmaßstäbe anzulegen,[927] sondern die mitunter strengeren Anforderungen der sog. **Drei-Stufen-Theorie** des BVerfG.[928]

IV. Eingriff

551   Eingriffe in die Berufsfreiheit können zunächst in **Regelungen mit Berufsbezug** liegen. Solche berufsbezogenen Regelungen unterbinden uU gänzlich oder teilweise eine berufliche Tätigkeit oder beschränken final die Ausübung eines Berufes in bestimmter Art und Weise.[929] Dazu gehören zB Zulassungs- und Berufsordnungen für freie Berufe sowie Regelungen zum Nichtraucherschutz, die gegenüber den Gästen durchzusetzen die Gastwirte verpflichtet sind. Diese werden über eine solche Indienstnahme zur Erfüllung öffentlicher Aufgaben unmittelbar in ihrer Berufsausübung beeinträchtigt, nämlich darin, Raucher zu bewirten.[930] Aber auch nicht berufsbezogene Regelungen können **mittelbare Auswirkungen** auf die Berufsfreiheit haben. Diese müssen jedoch

---

923 BVerfG DVBl. 2000, 1765; BVerfGE 98, 265 (298) – Schwangerschaftsabbruch.
924 S. zum Verhältnis von freiem und Kassenarzt → Rn. 563.
925 Grds. eine solche Befugnis bejahend BVerfGE 75, 246 (265); 13, 97 (117).
926 v. Münch/Kunig/*Gubelt* Art. 12 Rn. 28.
927 So aber BVerfGE 75, 246 (267).
928 *Jarass/Pieroth* Art. 12 Rn. 33 ff.
929 BVerfGE 82, 209 (223).
930 BVerfGE 121, 317 (345) – Nichtraucherschutz.

nach der Rspr. des BVerfG eine objektiv (und nicht nur aus Sicht des Betroffenen und damit subjektiv) **berufsregelnde Tendenz** aufweisen.[931]

Fall nach BVerfGE 97, 228: In einem Landesgesetz wird einer Rundfunkanstalt das Recht auf nachrichtenmäßige Kurzberichterstattung eingeräumt. Dieses Recht wird unentgeltlich gewährt, unabhängig davon, ob es sich bei einer Veranstaltung um eine berufsmäßig durchgeführte oder rein private handelt.   552

Das **Recht auf nachrichtenmäßige Kurzberichterstattung** stellt keine Regelung mit Berufsbezug dar, weil es unabhängig von deren berufsmäßiger Durchführung alle Veranstaltungen und Ereignisse erfasst. Die Regelung weist allerdings eine berufsregelnde Tendenz auf, wenn sie »nach Entstehungsgeschichte und Inhalt im Schwerpunkt Tätigkeiten (betrifft), die typischerweise beruflich ausgeübt werden«. So ist die berufsmäßige Verwertung von Sportveranstaltungen so üblich, dass eine berufsregelnde Tendenz vorliegt.

Fall nach BVerfGE 110, 274 – Ökosteuer: Die stärkere steuerliche Belastung des Energieverbrauchs berührt eine Grundlage einer beruflichen Tätigkeit (näher zum Sachverhalt → Rn. 505).   553

Diese Tätigkeit selbst sieht das BVerfG indes nicht berührt. Art. 12 I GG soll die Berufsfreiheit grundsätzlich nicht vor Veränderungen der Marktdaten und Rahmenbedingungen der unternehmerischen Entscheidungen schützen. Danach haben Marktteilnehmer keinen Anspruch »darauf, dass die Wettbewerbsbedingungen für sie gleich bleiben. Insbesondere gewährleistet das Grundrecht keinen Anspruch auf eine erfolgreiche Marktteilhabe oder künftige Erwerbsmöglichkeiten. Vielmehr unterliegen die Wettbewerbsposition und damit auch die erzielbaren Erträge dem **Risiko laufender Veränderung** je nach den Verhältnissen am Markt und damit nach Maßgabe seiner Funktionsbedingungen.« Daher **fehlt** es nach dem BVerfG an einem **unmittelbaren Eingriff.**

Indes werden mit der Einführung der Strom- und der Erhöhung der Mineralölsteuer die wirtschaftlichen Rahmenbedingungen durch den Staat geändert. Die Abwälzbarkeit auf die Endabnehmer ändert nichts an der zunächst auftretenden Belastungswirkung, die erst einmal die strom- und mineralölverbrauchenden Unternehmen zu beruflichen Dispositionen wie Preiserhöhungen zwingt.

Verneint man gleichwohl mit dem BVerfG einen Eingriff in die Berufstätigkeit selbst, ist nach dessen Rspr. die Verschiebung von Rahmenbedingungen nur relevant, wenn sie in einem engen Zusammenhang mit der Ausübung eines Berufs stehen und objektiv eine berufsregelnde Tendenz haben. Die Strom- und die Mineralölsteuer betreffen indes alle Verbraucher ungeachtet ihrer beruflichen Betätigung. Es fehlt daher ein derart enger Zusammenhang zwischen Steuern und Berufstätigkeit bzw. eine objektiv **berufsregelnde Tendenz.**

Auf diese Weise fallen allerdings Grundrechtsbeeinträchtigungen bereits aus dem Schutzbereich von Art. 12 I GG, die sehr gravierende Folgen für die Berufstätigkeit haben können. Angesichts der Vielfalt staatlicher Handlungsformen kann es nicht auf den jeweils gegebenen Typ ankommen, sondern nur auf die **freiheitsschädliche Belastungswirkung** (→ Rn. 353, 514 sowie → Rn. 555). Danach liegt entgegen dem BVerfG ein Eingriff in Art. 12 I GG vor, auch wenn man diesen formal deshalb nur als mittelbar ansieht, weil die Strom- und Mineralölsteuer von den abgebenden Unternehmen abgeführt wird. Indes ist sie als Verbrauchsteuer von vornherein auf eine Überwälzung an die Verbraucher angelegt und belastet daher die so betroffenen Unternehmen, selbst wenn diese ihrerseits die Belastung an ihre Abnehmer weitergeben können: Die dadurch bedingten Preiserhöhungen wirken sich negativ auf den Absatz aus, wenn Konkurrenten etwa wegen örtlicher Nähe ohne Transporte bzw. Kühlung von Produkten auskommen und somit weniger auf Mineralöl bzw. Strom angewiesen sind.

Ein Eingriff in die Berufsfreiheit kann auch durch **Realakte** erfolgen. Insbesondere deren Eingriffscharakter kann problematisch sein.   554

---

931 BVerfGE 97, 228 (254) – Kurzberichterstattung im Fernsehen.

555   **Fall** nach BVerfGE 105, 252 – Glykolweine: 1985 wurde bekannt, dass in der Bundesrepublik Deutschland Weine vertrieben wurden, die mit Diethylenglykol (DEG) versetzt waren. Dieses wird normalerweise als Frostschutzmittel und chemisches Lösungsmittel verwendet. Wegen der in der Presse sehr präsenten Verdachtsmomente gegen Weine deutschen und österreichischen Ursprungs wurden diese umfassend untersucht. Zu diesem Zeitpunkt herrschte bereits ein Umsatzrückgang aufgrund der Verunsicherung bei den Konsumenten. Schließlich gab das Bundesministerium für Jugend, Familie und Gesundheit eine »Vorläufige Gesamt-Liste« der Weine und anderer Erzeugnisse heraus, in denen DEG festgestellt worden war.

Das BVerfG sieht als Grundlage für einen funktionierenden Wettbewerb ein möglichst hohes Maß an **Informationen der Marktteilnehmer über marktrelevante Faktoren.** Dabei soll der Staat fördernd wirken können. Er vermag danach fairen Wettbewerb mit zu schaffen; er gestaltet die Funktionsbedingungen der Berufsausübung ebenfalls. Art. 12 I GG soll nur die Teilhabe am Wettbewerb nach Maßgabe seiner Funktionsbedingungen sichern. Sachlich gehaltene und inhaltlich richtige Informationen, welche sich im Rahmen der Zuständigkeitsordnung halten (→ Rn. 1069), beeinträchtigen danach – vergleichbar zu Art. 4 I GG (→ Rn. 346) – schon nicht den Schutzbereich.

Die Reichweite des Freiheitsschutzes« wird damit »auch durch die rechtlichen Regeln mitbestimmt, die den Wettbewerb ermöglichen und begrenzen«. Das erinnert an Art. 14 I GG, dessen Inhalt und Schranken gleichfalls durch den Staat bestimmt werden (→ Rn. 491). Daraus folgt die stetige Wandelbarkeit des Eigentumsbegriffs. So sollen auch »die Wettbewerbspositionen ... der Veränderung je nach den Marktverhältnissen« unterliegen (→ Rn. 504 ff.). Indes steht der Berufsbegriff fest und ist gerade nicht normabhängig (→ Rn. 537 ff.). Der Gehalt der Berufsfreiheit wird im Gegensatz zu dem der Eigentumsfreiheit (Art. 14 I 2 GG, → Rn. 491) nicht durch Gesetze bestimmt. Zudem zerfließen so die Grenzen zwischen grundrechtlich geschützter privater Gestaltung und abwehrbarem staatlichem Eingreifen in den freien Wettbewerb als Grundlage beruflicher[932] Entfaltung. Bereits die **Listenveröffentlichung schädigt die Wettbewerbsposition der Betroffenen** und beeinträchtigt daher faktisch den künftigen Absatz. Sie ist staatlich bedingt und individuell belastend. Die inhaltliche Prägung der Information übersteigt den vom Staat zu gewährleistenden Wettbewerbsrahmen und fällt daher nicht bereits aus dem Schutzbereich von Art. 12 I GG.

Allerdings ist der **Absatzeinbruch** durch die Kaufentscheidung der Verbraucher bedingt. Damit liegt jedoch eine **mittelbare Beeinträchtigung** vor (→ Rn. 349 f.). Die Liste der Veröffentlichung sollte freilich die Verbraucher schützen und nicht den Absatz beeinflussen, sodass die wirtschafts- und damit berufsregelnde Tendenz fehlt. Erkennt man aber Grundrechtseingriffe auch durch faktische Maßnahmen an, müssen unbeabsichtigte negative Auswirkungen auf die Berufsfreiheit genügen – nach dem BVerwG[933] allerdings nur schwere und vorhersehbare. Die Schwere ist hier offensichtlich.[934] Über die Vorhersehbarkeit kann man streiten. Jedoch kann selbst diese nicht entscheidend sein, da Auswirkungen staatlicher Maßnahmen gänzlich unvorhergesehen auftreten, gleichwohl aber die Grundrechte beeinträchtigen können.[935]

V. Rechtfertigung

1. Abgestufte Schutzintensität

556   Art. 12 GG bildet ein Grundrecht mit Gesetzesvorbehalt. Art. 12 I 2 GG sieht ihn nur für Regelungen der Berufsausübung vor, nicht hingegen für Beschränkungen der Berufswahl. Indes lassen sich beide Komponenten nicht klar unterscheiden, sondern bilden ein einheitliches Grundrecht der Berufsfreiheit. Zudem setzt Art. 74 I Nr. 19 GG auch gesetzliche Zulassungsregelungen zu ärztlichen und anderen Heilberufen voraus.

---

932 Nicht notwendig religiöser Entfaltung. Daraus erklären sich auch Unterschiede zu Art. 4 GG.
933 BVerwGE 87, 37 (43 f.) – Glykolweine.
934 Zu grundsätzlichen Bedenken → Rn. 149 ff.
935 Vgl. → Rn. 351 ff.; zur Rechtfertigung → Rn. 1069.

Daher ist der **Regelungsvorbehalt** des Art. 12 I 2 GG **auch** auf die **Berufswahl** auszudehnen.[936] Indem er aber die Berufsausübung eigens nennt, kann diese weitergehend eingeschränkt werden. Zu unterscheiden sind daher drei Stufen (**Drei-Stufen-Theorie**).[937]

2. Berufsausübungsregeln

Die **erste Stufe** betrifft Regelungen der **Berufsausübung** und erfasst die Art und Weise beruflicher Tätigkeit. Sie können bereits durch sachgerechte, vernünftige Erwägungen des Gemeinwohls veranlasst sein, für die der Gesetzgeber einen großen Spielraum hat. Das gilt insbesondere, wenn er berufs-, arbeits- oder sozialpolitische Ziele verfolgt und den betroffenen Beruf nicht unmittelbar regelt, sondern zB lediglich eine berufsunspezifische Kostenlast festlegt.[938] In jedem Fall muss allerdings eine Regelung zur Erreichung des angestrebten Zwecks (in vollem Umfang) erforderlich sein. | 557

Beispiel nach BVerfGE 103, 1 – Singularzulassung: Soweit der Ausschluss einer gleichzeitigen Zulassung eines Rechtsanwalts beim LG und beim OLG (**Singularzulassung**) auf eine hochstehende Rechtspflege gestützt wird, ist diese auch in Gerichtsbezirken mit Simultanzulassung gewährleistet und nicht zuletzt aufgrund der Spezialisierung vieler Rechtsanwälte und der Größe der Kanzleien generell erreichbar. Er ist mithin nicht erforderlich, wenn überhaupt geeignet. | 558

Beispiel nach BVerfGE 117, 163: Zur Berufsausübung gehört auch die Aushandlung von Entgelten. **Erfolgshonorare** dürfen daher nur insoweit ausgeschlossen werden, wie der Mandant vor zu hohen Vergütungssätzen geschützt werden muss und nicht gerade erst auf ihrer Basis seine Rechte verfolgt, weil er bei Unterliegen nicht bezahlt. Wegen der Möglichkeit der Honorarvereinbarung sollen **normative Begrenzungen von Rechtsanwaltsgebühren** schon keinen Eingriff bilden. Wegen der Leitfunktion dieser Regelung wird indes dadurch die von Art. 12 I GG geschützte freie Aushandlung des Entgelts für eine berufliche Leistung deutlich beschränkt. Jedenfalls ist die Verhandlungsposition geschwächt.[939] Die Gebührenbegrenzungen gleichen aber eine nicht durch zu hohe Kosten belastete Justizgewährung und die wirtschaftlichen Interessen der Anwälte angemessen aus.[940] | 559

Fall nach BVerfGE 94, 372 – Apothekerwerbung: Eine Berufsordnung für Apotheker verbietet die Versendung von Werbebriefen sowie die Verteilung von Flugblättern und Werbemitteln außerhalb von Apotheken ausnahmslos. | 560

Werbeverbote beschränken die Möglichkeiten, sich an potenzielle Kunden zu wenden, und damit die Berufsausübung. Eine sachgerechte Erwägung ist es, das berufliche Verantwortungsgefühl und das Vertrauen der Öffentlichkeit in den (freien) Berufsstand zu stärken. Dem dient eine **Beschränkung** der Werbung **auf sachliche Information**. Daraus folgt aber nur eine Begrenzung des Inhalts der Werbung, regelmäßig nicht der Werbemittel, es sei denn, diese sind als solche aufdringlich und reißerisch. Das sind sie aber nicht schon deshalb, weil sie für den Berufsstand unüblich sind. Vielmehr ist die zeitbedingte **Veränderung der Werbeformen** zu berücksichtigen. Daher können – je nach dem Inhalt und den Umständen (verfassungskonforme Handhabung der Berufsordnungen) – auch große und öfter hintereinander erscheinende Anzeigen, Sponsorzahlungen für Konzerte mit anschließendem Hin-

---

936 BVerfGE 7, 377 (401) – Apothekenzulassung.
937 BVerfGE 7, 377 (405 ff.) – Apothekenzulassung.
938 BVerfGE 109, 64 (84 ff.): Arbeitgeberzuschuss zum Mutterschaftsgeld, dessen normative Vorgabe Art. 3 II GG entsprechen muss.
939 Darauf abhebend Sondervotum *Gaier* BVerfGE 118, 1 (32).
940 Anders Sondervotum *Gaier* BVerfGE 118, 1 (38 ff.).

weis in der Einladung[941] wie auch Werbetafeln auf dem Gehweg, Werbebriefe und Flugblätter zulässig sein.

3. Berufswahlregelungen

561 Die **zweite Stufe** erfasst die Berufswahl, sofern sie der Berufsanwärter noch beeinflussen kann. **Subjektive Zulassungsbeschränkungen** begrenzen die Aufnahme der Berufstätigkeit durch Voraussetzungen, die von der Person des Berufsanwärters abhängig und für diesen grundsätzlich erfüllbar sind, so persönliche Eigenschaften und Fähigkeiten oder sonst nachgewiesene Leistungen. Sie sind nur zulässig, soweit der **Schutz wichtiger Gemeinschaftsgüter dies zwingend erfordert.** Begrenzte Kapazitäten etwa an Hochschulen oder aufgrund der wirtschaftlichen Situation zB im Taxengewerbe erfordern eine sachgerechte Verteilung, ohne dass alle Bewerber zum Zuge kommen können. Um diese Bereiche funktionsfähig zu halten, können Zulassungsregelungen eingeführt werden, die zB leistungsbezogene Kriterien wie die Abiturnote oder Fachtests zugrunde legen.[942]

562 Von der Person des Bewerbers unabhängig sind Regelungen der **dritten Stufe.** Das sind Voraussetzungen für die Berufswahl, auf deren Erfüllung der Einzelne keinen Einfluss hat, so etwa die Reihenfolge des Antragseingangs. Solche **objektiven Berufszulassungsbeschränkungen** können nur dann aufgestellt werden, wenn sie zur Abwehr nachweisbarer oder höchst wahrscheinlicher **schwerer Gefahren für ein überragend wichtiges Gemeinschaftsgut** zwingend erforderlich sind.

563 **Fall** nach BVerfGE 11, 30 – Kassenarztzulassung: Mediziner werden als Kassen- bzw. nach aktuellem System als Vertragsärzte nur bis zu einer bestimmten Zahl und nach der Reihenfolge der Antragstellung zugelassen, wenn ein anderer Arzt ausscheidet. Dadurch sollen die Funktionsfähigkeit des öffentlichen Gesundheitssystems und die Gesundheit der Patienten gewahrt werden.

»Kassenarzt« ist **kein eigener Beruf.** Vielmehr geht er inhaltlich in dem **Beruf des freien Arztes** auf. Daher nahm das BVerfG nur eine **Beschränkung der Berufsausübung** an. Indes hängt die Ausübung einer freien Praxis wirtschaftlich davon ab, dass **Kassenpatienten** behandelt werden können. Werden Mediziner nicht als Kassenärzte zugelassen, können sie de facto die Tätigkeit als freier Arzt nicht aufnehmen. Damit liegt ein **faktischer Grundrechtseingriff in die Berufswahlfreiheit** vor, obwohl formal nur die Berufsausübung geregelt wird,[943] die nach der 3-Stufen-Theorie (→ Rn. 571) leichter beschränkt werden kann. Daher müssen die Voraussetzungen einer Einschränkung der Berufswahlfreiheit gegeben sein.[944]

Diese Berufswahlregelung hängt nicht von der Qualifikation der Bewerber ab, wenn nur die Reihenfolge des Antrags zählt. Nachweisbare oder höchst wahrscheinliche schwere Gefahren für Gemeinschaftsgüter werden darin gesehen, dass bei einer großen Konkurrenz von Ärzten die wirtschaftliche Absicherung gefährdet ist und daher versucht wird, möglichst viele Krankheitsfälle abzurechnen. Auf diese Weise wird die **Funktionsfähigkeit des öffentlichen Sozialversicherungssystems** im Krankensektor gefährdet und möglicherweise auch die **Gesundheit der Patienten** tangiert, so durch zu häufige Röntgenaufnahmen. Ist diese Entwicklung auch nicht sicher, so liegen doch Anhaltspunkte dafür vor. Der Gesetzgeber besitzt hier einen Prognosespielraum. Hätte er diesen nicht, könnte er nicht künftigen Entwicklungen wirksam begegnen.

---

941 BVerfG NJW 2000, 3195.
942 → Rn. 1279ff.
943 *Erichsen/Frenz* JURA 1995, 542 (543).
944 So auch iE BVerfGE 11, 30 (44f.): Die Berufsausübungsregelung käme in ihren Wirkungen einer Berufswahlregelung gleich.

Indes ist es ein **milderer Eingriff**, wenn die wenigen vorhandenen **Kassenarztstellen** nicht nur nach der Reihenfolge des Antrags vergeben werden, sondern **nach** der **Leistung** der Bewerber etwa im Examen oder als Ärzte im Praktikum. Dann können sie immerhin noch die Zulassung beeinflussen. Auch innerhalb der verschiedenen Stufen von Eingriffen in die Berufsfreiheit ist die mildeste Stufe zu wählen, um den Verhältnismäßigkeitsgrundsatz zu wahren. Die eingeführte Regelung ist daher verfassungswidrig.

Beispiel nach BVerfG NJW 2009, 3710: Ein **Juraprofessor** darf **nicht zusätzlich Rechtsanwalt** sein, weil er hoheitliche Gewalt ausübt und damit keine von staatlichen Einflüssen freie Advokatur gegeben ist. Zudem drohen **Interessenkollisionen,** die, ohne konkret zu sein, auch eine entsprechende Beschränkung der Berufsausübung rechtfertigen.   **564**

4. Konkretisierung der Verhältnismäßigkeitsprüfung

a) Flexible Handhabung. Aufbautechnisch bewirkt die **Drei-Stufen-Theorie** demnach eine **Konkretisierung der Verhältnismäßigkeitsprüfung.** Als Schranke für die freie Berufsausübung bzw. -wahl ist zunächst das schutzbedürftige Gemeinschaftsgut herauszuarbeiten (legitimer Zweck) und das eingesetzte Mittel auf seine Tauglichkeit zur Erreichung des Schutzes hin zu untersuchen (Geeignetheit).   **565**

Daran schließt sich eine Prüfung der Erforderlichkeit und Angemessenheit des eingesetzten Mittels nach den Grundsätzen der Drei-Stufen-Theorie an, die vor allem die Prüfungsintensität prägen. Die Anwendung der Drei-Stufen-Theorie ist dabei flexibel zu handhaben, sodass auch innerhalb einer Stufe und zwischen den Stufen Verhältnismäßigkeits- und dabei vor allem Erforderlichkeitserwägungen anzustellen sind.[945]   **566**

b) Tatsächliche Zielverfolgung: Sportwetten. Stets ist darauf zu achten, dass die **gesetzliche Regelung tatsächlich an dem verfolgten Ziel ausgerichtet** ist. Insbesondere der Ausschluss von einer beruflichen Tätigkeit ist ansonsten unzumutbar, wenn nicht schon ungeeignet; es fehlt die Verhältnismäßigkeit.   **567**

Beispiel nach BVerfGE 115, 276 – Sportwetten:[946] Zwar ist es **grundsätzlich verfassungsgemäß, private Wettanbieter nicht zuzulassen,** um durch Wetten und Glücksspiele bedingte **Suchtgefahren** sowie betrügerische Machenschaften auszuschließen und die Verbraucher sowie vor allem die Jugend zu schützen. Insoweit handelt es sich um überragend wichtige Gemeinwohlziele; fiskalische Belange reichen demgegenüber nicht aus. Jedoch müssen diese zulässigen **Zwecke kohärent und systematisch verwirklicht** werden, indem die ergriffenen Maßnahmen die Wetttätigkeiten begrenzen.[947]   **568**
Dem genügt ein **staatliches Monopol allein** noch **nicht.** Dieses kann auch dem Staat möglichst hohe Einnahmen aus Wetten der Bürger sichern wollen, also gerade eine gegenläufige Zielsetzung haben. Daher müssen feste Sicherungen normativ bestimmt sein, die dies verhindern. Diese müssen klar den Vorrang der Begrenzung von Wetten gegenüber fiskalischen Interessen festschreiben sowie strukturell und organisatorisch absichern. Zudem bedarf es **aktiver Suchtprävention.** Ansonsten werden die verfolgten Ziele nicht gewährleistet. Ein staatliches Wettmonopol ist dann in seiner konkreten Ausgestaltung bereits ungeeignet[948] und schon des-

---

945 *Schwerdtfeger/Schwerdtfeger* Fallbearbeitung ÖffR Rn. 534 f.

946 BVerfG NVwZ 2008, 1338: Die gewerbliche Internetvermittlung von Lotterieprodukten zu verbieten, ist mit Art. 12 I GG vereinbar. S. auch BVerfG NVwZ 2009, 1221 zum Eilrechtsschutz im Hinblick auf ein neues Landesglücksspielgesetz.

947 So treffend EuGH ECLI:EU:C:2003:597 Rn. 67 – Gambelli für die Beschränkung der Niederlassungs- und der Dienstleistungsfreiheit. Näher dazu → Rn. 108.

948 So auch der EuGH ebenda sowie ECLI:EU:C:2010:505 – Carmen Media; mwN *Frenz* EuR 2012, 344.

halb unverhältnismäßig. Jedenfalls ist den privaten Wettanbietern ein Ausschluss vom Wettge-schäft nicht zumutbar, steht doch der erreichte (geringe) Nutzen für die Bekämpfung der Wettleidenschaft außer Verhältnis zu dieser objektiven Berufswahlbeschränkung.

569 **c) Konsistente Regelung: Nichtraucherschutz.** Die Angemessenheit fehlt auch dann, wenn eine Regelung in sich nicht konsistent ist und deshalb einzelne Berufs-gruppen über Gebühr belastet werden.

570 **Fall** nach BVerfGE 121, 317 – Nichtraucherschutz: Eine Landesregelung verbietet das Rauchen in Gast-stätten und Diskotheken, um vor den Gesundheitsgefahren durch Passivrauchen zu schützen. Ausnah-men sind in separat für Raucher eingerichteten Nebenräumen von Gaststätten – nicht aber von Disko-theken – möglich. Das Verbot gilt nicht in Festzelten und außengastronomischen Betrieben.

Ein solches **Rauchverbot greift unmittelbar in die Berufsausübungsfreiheit der Gastwirte ein** (→ Rn. 532, 546, 551). Soweit damit bislang weitestgehend von Rauchern frequentierte **Eckkneipen** schließen müssen, wird faktisch die **Berufswahlfreiheit** beeinträchtigt, auch wenn formal nur die Be-rufsausübung geregelt wird (→ Rn. 562). Eine kompetentiell abgedeckte normative Grundlage (→ Rn. 201) besteht. Legitimer Beweggrund auch in Form eines überragend wichtigen Gemeinschafts-gutes ist der **Schutz der Bevölkerung vor Gesundheitsgefahren.** Hierfür sind strikte Rauchverbote in allen Gaststätten geeignet, erforderlich und auch angemessen.[949] Zwar können sie die Berufsfreiheit der Gastwirte gravierend beeinträchtigen. Indes überwiegt der Schutz von Gesundheit und gar von Le-ben vor den Gefahren des Passivrauchens angesichts der staatlichen Schutzpflicht nach Art. 2 II GG und dem hohen Wert des Lebens.

Das gilt aber in dem Maße nicht, in dem der Gesetzgeber selbst **kein durchgängig striktes Verbot** und kein entsprechend hohes Schutzniveau wählt. Wird so das Ziel des Gesundheitsschutzes relati-viert, vermag es gegenläufige Belange und damit die Beeinträchtigung der Berufsfreiheit nicht mehr stets zu überwiegen. Daher sind **Ausnahmen** vorzusehen, wenn starke Belastungen der Gastwirte auf-treten, so **für** Inhaber von **»Eckkneipen«,** kleinen Einraumgaststätten, die weitestgehend von Rau-chern besucht werden. Solche Ausnahmen können auch später normativ erweitert werden, selbst wenn dadurch der Gesundheitsschutz gelockert wird.[950]

Das Maß der notwendigen Ausnahmen hat der Gesetzgeber mit seinen bereits vorgesehenen Tatbe-ständen vorgezeichnet. Dieses Regelungskonzept, das eine Einschätzung des Gefahrenpotenzials und der betroffenen Interessen widerspiegelt, muss folgerichtig sein.[951] Dürfen Gastwirte einen Neben-raum für Raucher abtrennen, muss dies auch **Diskotheken** möglich sein. Das verlangt auch Art. 3 I GG[952] (näher → Rn. 581).

Nicht gegen Grundrechte verstößt hingegen, nur öffentlich zugängliche Gaststätten dem Rauchver-bot zu unterwerfen und damit die Möglichkeit von **»Raucherclubs«** zu eröffnen, die allerdings vo-raussetzen:

- feste Mitgliederstruktur
- Einlasskontrollen
- Zurückweisung von »Laufkundschaft«
- kein Erwerb der Mitgliedschaft am Eingang der Gaststätte.[953]
   Sind die Räume eines Raucherclubs aufgrund der offenen Mitgliederstruktur tatsächlich öffentlich zugänglich, greift ein Rauchverbot gleichwohl nicht in die Betätigungsfreiheit dieses Vereins und der Vereinsmitglieder ein.[954]

---

949 AA Sondervotum *Masing* BVerfGE 121, 317 (385).
950 BVerfG NVwZ 2010, 38.
951 BVerfGE 121, 317 Rn. 135.
952 BVerfGE 121, 317 Rn. 153.
953 BVerfG NJW 2008, 2701 – »Raucherclub«.
954 BVerfG 1 BvR 3017/11 im Hinblick auf Art. 9 GG.

Prüfung der Berufsfreiheit, Art. 12 GG	571

I. Eröffnung des Schutzbereiches des Art. 12 GG
  1. Persönlich: Deutsche, ggf. Erweiterung auf Unionsbürger, Unternehmen (Art. 19 III GG)
  2. Sachlich: Vorliegen eines Berufes: jede auf Dauer angelegte (selbstständige o. unselbstständige) Tätigkeit zur Schaffung und Erhaltung einer Lebensgrundlage, die nicht schlechthin gemeinschädlich ist
  3. Geschützt sind Berufswahl einschließlich Ausbildung und Berufsausübung (einheitliches Grundrecht)

II. Eingriff in den Schutzbereich
  1. Unmittelbar, wenn das »Ob« oder »Wie« des Berufes betroffen ist
  2. Mittelbar, wenn die Maßnahme objektiv eine berufsregelnde Tendenz aufweist (BVerfG)

III. Verfassungsrechtliche Rechtfertigung mit Schranken-Schranken
  1. Einschränkungsmöglichkeit: einheitlicher Gesetzesvorbehalt (Art. 12 I 2 GG), dh Eingriff muss durch oder aufgrund eines formell und materiell verfassungsmäßigen Gesetzes erfolgen
  2. Prüfung des Übermaßverbots mithilfe der Drei-Stufen-Theorie
     a) Eingriffsstufe und verfassungsrechtlich legitimierender Zweck des Eingriffs

Stufe 1	Stufe 2	Stufe 3
Regelung der Berufsausübung	Subjektive Berufswahlregelung: in der Person liegende Voraussetzungen	Objektive Berufswahlregelung: außerhalb der Person liegende Voraussetzungen
Vernünftige Erwägung des Allgemeinwohls	Schutz eines wichtigen Gemeinschaftsgutes auch vor abstrakten Gefahren	Abwehr nachweisbarer oder höchstwahrscheinlicher schwerer Gefahren für ein überragendes Gemeinschaftsgut

     b) Geeignetheit des Eingriffs
     c) Erforderlichkeit des Eingriffs (vor allem, ob Eingriff in weniger beeinträchtigende Stufe zur Erreichung des Zwecks ausreichen würde)
     d) Angemessenheit des Eingriffs: (tatsächlich und konsequent verfolgte) Vorteile für angestrebten Zweck überwiegen Nachteile für Berufsfreiheit

§ 6 Gleichheitsgrundrechte[955]

A. Überblick

Gemäß Art. 3 I GG sind alle Menschen vor dem Gesetz gleich. Damit sollen »unge- **572** rechtfertigte Verschiedenbehandlungen von Personen« ausgeschlossen werden.[956] Bei der Prüfung des Gleichheitssatzes sind zunächst dessen spezielle Ausprägungen zu be-

---

955 Grundfälle: *Schwarz* JuS 2009, 315, 417.
956 BVerfGE 91, 389 (401).

achten. Diese **speziellen Gleichheitssätze** enthalten zum Teil **Gleichbehandlungsgebote** wie zB Art. 3 II GG die Gleichberechtigung von Mann und Frau, aber auch **Diskriminierungsverbote** wie Art. 3 III, 6 V, 33 I–III und 38 GG. Bei Gleichheitsrechten lässt sich die Verfassungsmäßigkeit durch Einbeziehung oder Ausklammerung der jeweiligen Vergleichsgruppe erreichen; sie muss nur gleichermaßen erfolgen. Daher lässt das BVerfG dem Gesetzgeber grundsätzlich einen entsprechenden Spielraum,[957] außer es gibt etwa wegen eines bestimmten Verfassungsauftrages im Einzelfall nur eine Lösungsmöglichkeit.[958]

B. Der allgemeine Gleichheitsgrundsatz gem. Art. 3 I GG[959]

573 Vom Wortlaut her erfasst Art. 3 I GG alle natürlichen Personen (»Menschen«); allerdings werden wegen Art. 19 III GG auch juristische Personen des Privatrechts geschützt.[960] Adressat des allgemeinen Gleichheitssatzes sind nach dem Wortlaut des Art. 3 I GG in erster Linie Exekutive und Judikative (»vor dem Gesetz«). Diese sog. **Rechtsanwendungsgleichheit** gilt insbesondere im Rahmen von Ermessensentscheidungen.[961] Trotzdem ist auch der Gesetzgeber wegen Art. 1 III GG an den Gleichheitsgrundsatz gebunden (sog. **Rechtsgleichheit**).[962] Eine Ungleichbehandlung kann freilich nicht in Bezug auf die Rechtssetzungstätigkeit der Legislative eines anderen Bundeslandes oder der in ihrer Satzungsgebung autonomen Gemeinde gerügt werden. Eine andere Betrachtung würde die im Grundgesetz verankerte Bundesstaatlichkeit und Selbstverwaltungsgarantie missachten.[963]

I. Ungleichbehandlung

574 Anknüpfungspunkt für die Prüfung des Gleichheitssatzes ist der Grundsatz, dass **wesentlich Gleiches gleich, wesentlich Ungleiches ungleich** zu behandeln ist.[964] Dieser Ansatz bringt das Problem mit sich, dass keine Person oder Situation einer anderen gleicht.[965] Um vergleichbar zu sein, müssen **Bezugspunkte** herausgearbeitet werden, die zwei Personen oder Sachverhalte in einer bestimmten Situation als gleich bzw. ungleich erscheinen lassen. Ausgangspunkt für diese Bezugspunkte sind die von der infrage stehenden Maßnahme oder Regelung erfassten Personen in ihrer Funktion oder ihrem Handeln. Die unterschiedlich behandelten Personengruppen und Situationen sind zu benennen sowie anhand der Bezugspunkte in einem **Oberbegriff** abschließend und vollständig zu erfassen.[966] Treffen dessen Tatbestandsmerkmale auf die zu vergleichenden Sachverhalte oder Personen zu, so können sie als wesentlich gleich am Maßstab des Gleichheitsgrundsatzes gemessen werden.

---

957 ZB BVerfGE 93, 121 (148) – Vermögensteuer; → Rn. 179.
958 S. auch BVerfGE 88, 87 (101 f.) – Transsexuelle II sowie *Jarass/Pieroth* Art. 3 Rn. 42 mwN.
959 *Bryde/Kleindiek* JURA 1999, 36; *Odendahl* JA 2000, 170; *Sachs* JuS 1997, 124; Übungsfall: *Scherzberg/Mayer* JA 2004, 137; Leitentscheidungen: BVerfGE 55, 72 – Präklusion; 88, 87 – Transsexuelle II.
960 → Rn. 135 f.; BVerfGE 41, 126 (149) – Reparationsschaden.
961 → Rn. 928, 1223, 1246.
962 BVerfGE 1, 14 (52) – Südweststaat.
963 BVerfGE 21, 54 (68) – Lohnsummensteuer; 76, 1 (73) – Familiennachzug; 79, 127 (158) – Rastede.
964 Seit BVerfGE 1, 14 (52) – Südweststaat stRspr; BVerfGE 101, 275 (290) – Fahnenflucht; 98, 365 (385) – Betriebsrente.
965 BVerfGE 13, 225 (227 f.) – Bahnhofsapotheke.
966 *Kingreen/Poscher* StaatsR II Rn. 485 ff.

Beispiel nach BVerfGE 112, 50 und BVerfGE 117, 316: So sind Partner einer **nichtehelichen** 575
Lebensgemeinschaft, die in dieser **Erziehungsaufgaben** wahrgenommen haben, **Ehepart-**
nern, Waisen und Eltern gleichzustellen, die traditionell nach dem Opferentschädigungsgesetz
einen Anspruch auf Versorgung haben, wenn ihr Partner gewaltsam getötet wurde. Dass nur
Ehepaaren die Kosten einer **künstlichen Befruchtung** zur Hälfte erstattet werden, bildet eine
Ungleichbehandlung unverheirateter Paare mit unerfülltem Kinderwunsch. Sie ist aber nach
dem BVerfG durch die rechtlich festere Bindung der **Ehe** und die damit verbundene **stärkere**
Absicherung der Kinder, von beiden Eltern betreut zu werden, gerechtfertigt.[967] Allerdings
hat das BVerfG das behütete Umfeld auch in gleichgeschlechtlichen Lebensgemeinschaften denen in ehelichen Familien gleichgestellt. Indes ging es dabei um die Zulässigkeit einer schon
eine vorhandene Lebensgemeinschaft absichernden Sukzessivadoption.[968]

Der so zu bildende Oberbegriff (Erzieher; Paare mit unerfülltem Kinderwunsch) für 576
die Annahme von wesentlich Gleichem ist somit Grundlage der Prüfung.

Fall nach BVerfGE 110, 274 – Ökosteuer: Im Zuge der Einführung einer Stromsteuer und der Erhöhung 577
der Mineralölsteuer aus Umweltschutzgründen werden für bestimmte Branchen des Produzierenden
Gewerbes Ermäßigungen und Bezugsmöglichkeiten für steuervergünstigtes Mineralöl als Heizstoff
vorgesehen, die Kühlhäusern und Kühllogistikunternehmen nicht offen stehen.

Diese beiden Branchen werden ebenso wie das Produzierende Gewerbe durch die betroffenen Steuern
belastet. Grund ist der Lenkungszweck, einen Anreiz für den sparsamen Umgang mit wertvollen Ressourcen und damit zur Schonung der Umwelt zu geben. Daraus folgt eine Bemessung der Steuer nach
der Umweltschädlichkeit des Verbrauchs: Je höher eine Person die Umwelt belastet und damit je
mehr Strom bzw. Mineralöl sie verbraucht, desto höher muss die Steuer sein. Werden davon losgelöste Ermäßigungen eingeflochten und nicht gleichermaßen gewährt, sondern nur bestimmten Gruppen vorbehalten, liegt insoweit eine Ungleichbehandlung vor (zur Rechtfertigung → Rn. 585, 590).
Demgegenüber unterscheidet sich die Verwendung von Mineralöl als Heizstoff derart von der als
Kraftstoff, dass zwei verschiedene Steuergegenstände vorliegen, die bereits eine Vergleichbarkeit ausschließen; eine Gleichbehandlung ist daher nicht verlangt, eine Ungleichbehandlung damit irrelevant.

In der Rspr. wird auch die **Gleichbehandlung von wesentlich Ungleichem** am 578
Gleichheitsmaßstab geprüft.[969]

Beispiel: Werden CO_2 emittierende **Anlagen** im Rahmen des **Emissionshandels** denselben Re- 579
geln unterworfen, kann darin eine Gleichbehandlung von wesentlich Ungleichem liegen, wenn
einige von ihnen ihre **Emissionen produktionsbedingt gar nicht vermeiden können,** so bei
Prozessemissionen in der Stahlindustrie.

Beispiel nach BVerfGE 118, 45: Werden Anlagen hingegen allein aufgrund eines früheren Mo- 580
dernisierungszeitpunktes anders behandelt, liegt darin eine Ungleichbehandlung. **Stichtage**
müssen aber **nur sachgerecht festgelegt sein.** So kann bei länger zurückliegenden Zeitpunk-
ten hinreichend belastbares Datenmaterial zu Nachweiszwecken fehlen.

II. Verfassungsrechtliche Rechtfertigung

1. Prüfungsrahmen

Gleichheitsgrundrechte sind vom **Maßstab** notwendigerweise **auf sich selbst bezogen** 581
bzw. auf die Vorgaben der entsprechenden Sachmaterie. Daher ist hier eine Verhältnis-

---

967 BVerfGE 117, 316 (327 ff.).
968 BVerfG NJW 2013, 847; → Rn. 340.
969 BVerfGE 98, 365 (385) – Betriebsrente.

mäßigkeitsprüfung besonders schwierig. Der Charakter auch des Art. 3 I GG als Grundrecht und sein inhaltsbestimmender Bezug zu den Freiheitsrechten legen eine Prüfung anhand des Verhältnismäßigkeitsmaßstabes freilich nahe. Allerdings differiert in der Rspr. die **Kontrolldichte** je nach Regelungsgegenstand und Differenzierungsmerkmalen von einer bloßen **Willkürprüfung** bis hin zu einer strengen Bindung an das **Verhältnismäßigkeitsprinzip** (»neue Formel«), woraus sich unterschiedliche Grenzen für den Gesetzgeber ergeben.[970] Der jeweilige verfassungsrechtliche Kontext bestimmt die Intensität der Prüfung.[971]

582 In jedem Fall bestehen gewisse Mindestanforderungen, bei deren Verletzung sich eine weitere Unterscheidung erübrigt. Art. 3 I GG ist jedenfalls verletzt, wenn sich eine normative Gleichbehandlung oder Differenzierung sachlich überhaupt nicht oder im Hinblick auf die betroffenen Personengruppen nicht hinreichend gewichtig begründen lässt.[972]

583 Das BVerfG sieht dann die Notwendigkeit einer Verhältnismäßigkeitsprüfung, wenn

- **verschiedene Personengruppen** und nicht nur verschiedene Sachverhalte **ungleich behandelt** werden.[973] Das gilt zumal, wenn die Benachteiligten die Verwirklichung der Merkmale, nach denen unterschieden wird, nicht durch ihr Verhalten ändern können.[974] In besonderem Maße trifft dies auf die sexuelle Orientierung zu.

  Beispiel nach BVerfGE 126, 400: Eine Anknüpfung an eingetragene Lebenspartnerschaften trifft praktisch vor allem **Homosexuelle**. Daher unterliegt eine **erbschaftsteuerliche Schlechterstellung** eingetragener Lebenspartnerschaften der Verhältnismäßigkeitsprüfung und ist nicht gerechtfertigt (→ Rn. 336).
  Auch bei der Befreiung von der Grunderwerbsteuer ist eine Verhältnismäßigkeitsprüfung notwendig.[975]

- wenn eine **Nähe zu anderen Grundrechten** besteht, in deren Schutzbereich ebenfalls eingegriffen wird.[976] Dann wäre es ungleichmäßig, wenn diese Grundrechte und der Gleichheitssatz mit unterschiedlichen Maßstäben gemessen würden.

584 **Fall** nach BVerfGE 82, 126 – Kündigungsfristen: § 622 I, II BGB sah in seiner alten Fassung vor, dass das Arbeitsverhältnis eines Angestellten nur unter Einhaltung einer Kündigungsfrist von sechs Wochen zum Schluss eines Kalendervierteljahres gekündigt werden kann, das eines Arbeiters hingegen unter Einhaltung einer Kündigungsfrist von zwei Wochen.

Die beiden behandelten Gruppen lassen sich unter den Oberbegriff des Arbeitnehmers fassen. Sie werden durch die unterschiedlichen Kündigungsfristen ungleich behandelt. Unterscheidungsmittel ist vorliegend die **Differenzierung zwischen Arbeitern und Angestellten**. Diese ist demnach personenbezogen und kann durch die Beteiligten nicht ohne Weiteres geändert werden, da sich diese his-

---

970 BVerfGE 101, 54 (101) – Schuldrechtsanpassungsgesetz; 95, 267 (316f.) – Altschulden; 92, 365 (407) – Kurzarbeitergeld.
971 v. Mangoldt/Klein/Starck/*Starck* Art. 3 I Rn. 11.
972 BVerfGE 105, 73 (110) zur steuerlichen Ungleichbehandlung von Beamtenpensionen und Angestelltenrenten.
973 BVerfGE 101, 132 (138); 101, 54 (101) – Schuldrechtsanpassungsgesetz; 97, 169 (181) – Kleinbetriebsklausel I.
974 BVerfGE 97, 169 (181) – Kleinbetriebsklausel I; 88, 87 (96) – Transsexuelle II; → Rn. 562f. zu Art. 12 I GG.
975 BVerfG NVwZ 2012, 1310 (1311).
976 BVerfGE 99, 367 (388) – Mannesmann; 88, 87 (96) – Transsexuelle II.

torische Unterteilung meist auf bestimmte Tätigkeiten bezieht. Daher greift die strenge Verhältnismäßigkeitskontrolle (→ Rn. 592 ff.).

Beispiel nach BVerfGE 110, 274 – Ökosteuer: Im Rahmen der neu eingeführten Stromsteuer **585**
werden verschiedene Branchen unterschiedlich behandelt, indem dem Produzierenden Gewerbe spezifische Ermäßigungen eingeräumt werden (→ Rn. 577). Diese **Ungleichbehandlung**
von Sachverhalten bewirkt mittelbar eine Ungleichbehandlung von Personengruppen,
nämlich des Produzierenden und des Dienstleistungsgewerbes, sodass im Ergebnis Personengruppen und nicht lediglich verschiedene Sachverhalte ungleich behandelt werden (→ Rn. 385).
Dies entspricht der Behandlung mittelbarer Eingriffe im Rahmen anderer Grundrechte
(→ Rn. 349 ff.). Hingegen besteht nach dem BVerfG keine Nähe zu den anderen Grundrechten,
weil es einen Verstoß gegen Art. 12 I und 14 I GG von vornherein ausschließt (→ Rn. 553, 499,
503, 513).

Hingegen besteht eine solche Nähe zu Art. 12 I GG bei der unterschiedlichen Behandlung von Gaststät- **586**
ten und Diskotheken im Rahmen des Nichtraucherschutzes (→ Rn. 570), die nicht gerechtfertigt bzw.
nur insoweit erforderlich ist, als lediglich bei einem Zutritt Jugendlicher unter 18 Jahren in Diskotheken
keine abgetrennten Raucherräume bestehen dürfen.[977]

Andererseits nimmt die Rspr. eine eher an die **Willkürkontrolle** angelehnte Prüfung **587**
der Rechtfertigung vor, wenn

- allein bestimmte **Sachverhalte** ungleich behandelt werden.[978] Die Behandlung juristischer Personen ist freilich nicht von vornherein nur sachverhaltsbezogen, da hinter
  ihnen natürliche Personen stehen.[979]
- der Staat im Rahmen der **Leistungsverwaltung** tätig wird,[980] insbesondere weil ein
  Eingriff in andere Freiheitsrechte weniger zu befürchten ist,[981]
- oder bereits **im GG** selbst **Differenzierungen angelegt** sind.[982]

Fall nach BVerfGE 97, 271 – Witwenrente: Gemäß § 41 HEZG (Hinterbliebenenrenten- und Erzie- **588**
hungszeiten-Gesetz) erhält eine Witwe nach dem Tode des versicherten Ehemanns eine Witwenrente.
Gemäß § 58 I HEZG wird das Erwerbseinkommen oder Erwerbsersatzeinkommen der Witwe nach
einem bestimmten Satz auf die Witwenrente angerechnet und mindert diese.

Damit werden Hinterbliebenenrenten unterschiedlich zu anderen Versichertenrenten behandelt, bei
denen eine Anrechnung in dieser Form nicht stattfindet. Allerdings bestehen zwischen Hinterbliebenenrente und Versichertenrente systematische Unterschiede, weil sie nicht wie Letztere dem Lohner-
satz, sondern dem Unterhaltsersatz dient. Die Hinterbliebenenrente will nur den am bisherigen Le-
bensstandard ausgerichteten wirtschaftlichen Bedarf sichern. Sie berücksichtigt daher eine typisierte
Bedarfslage unter Einbeziehung des Einkommens. In diesem systematischen Unterschied liegt nach
dem BVerfG zugleich die Rechtfertigung für die Ungleichbehandlung von Versicherten- und Hinterbliebenenrenten.

Die Willkürprüfung beschränkt sich auf eine **Evidenzkontrolle,**[983] innerhalb der jeder **589**
sachliche Grund eine Differenzierung rechtfertigen kann. Eine gesetzliche Regelung ist
willkürlich, wenn für eine darin vorgenommene Differenzierung **kein sachlicher**

---

977 BVerfGE 121, 317 (371 f.) – Nichtraucherschutz.
978 BVerfGE 101, 331 (357) – Vergütung für Berufsbetreuer; 55, 72 (89) – Präklusion.
979 BVerfGE 99, 367 (389) – Mannesmann.
980 BVerfGE 99, 165 (178) – BAföG; BVerwGE 101, 86 (95).
981 Das gilt nicht beim späteren Entzug von Leistungen.
982 BVerfGE 99, 216 (232 ff.) – Kinderfreibetrag.
983 BVerfGE 91, 389 (401).

Grund besteht.[984] Sinn dieses größeren Ermessensspielraums ist, dass staatliches Handeln nicht ohne partielle Ungleichbehandlungen denkbar ist.[985] Dies gilt insbesondere im Bereich der Leistungsverwaltung. Dem Staat steht eine große Variationsbreite von Förderungsmitteln zur Verfügung, sodass an die Erforderlichkeit keine allzu hohen Maßstäbe anzulegen sind. Im wirtschaftlichen Bereich, so zB im Rahmen von Subventionen, ist allerdings der Bezug zu Art. 12, 14 GG zu beachten, sodass sich hieraus wiederum eine Verschärfung des Maßstabes ergeben kann.[986]

590   **Beispiel** nach BVerfGE 110, 274 – Ökosteuer: Die Ungleichbehandlung im Rahmen der Strom- und Mineralölsteuer besteht darin, dass dem produzierenden Gewerbe besondere **Steuerermäßigungen** eingeräumt werden. Damit handelt es sich in der Sache um **Subventionen**. In deren Vergabe ist der **Staat weitgehend frei**. Es greift also nur das Willkürverbot. Der sachliche Grund liegt in dem Bestreben, dass die begünstigten Branchen trotz internationalem Konkurrenzdruck auch bei einer grundsätzlichen Einbindung in die Ökosteuer umweltschonend in Deutschland produzieren. Das Dienstleistungsgewerbe ist demgegenüber standortgebunden und kann daher unter dem Gesichtspunkt der Wettbewerbsfähigkeit mit ausländischen Anbietern sachgerecht ohne Förderung bleiben.

591   Ein **Richterspruch**[987] ist dann als willkürlich einzustufen, wenn er unter keinem denkbaren Aspekt rechtlich vertretbar ist und sich daher der Schluss aufdrängt, dass er auf **sachfremden Erwägungen** beruht. Das ist anhand objektiver Kriterien zu bestimmen. Schuldhaftes Verhalten des Richters ist nicht Voraussetzung. Zudem führt nicht jede fehlerhafte Auslegung des Gesetzes zur Annahme von Willkür. Vielmehr muss die Rechtslage in krasser Weise verkannt worden sein.[988] So prüft das BVerfG, ob die Anwendung der einschlägigen einfachrechtlichen Bestimmungen und das dazu eingeschlagene Verfahren durch das Fachgericht vertretbar sind oder ob sich der Schluss aufdrängt, dass seine Entscheidung auf sachfremden und damit willkürlichen Erwägungen beruht. Dabei macht eine fehlerhafte Rechtsanwendung allein eine Gerichtsentscheidung nicht willkürlich. Schlechterdings unhaltbar ist eine fachgerichtliche Entscheidung vielmehr erst, wenn eine offensichtlich einschlägige Norm nicht berücksichtigt, der Inhalt einer Norm in krasser Weise missverstanden oder sonst in nicht nachvollziehbarer Weise angewendet wird.[989]

2. Verhältnismäßigkeit

592   **a) Legitimer Zweck.** Auch wenn eine »strenge« Verhältnismäßigkeitsprüfung erfolgt, ist die zu überprüfende Maßnahme oder Regelung zunächst daraufhin zu untersuchen, ob sie mit einer vorgenommenen Differenzierung einen legitimen Zweck verfolgt. Eine Ungleichbehandlung zwischen Gruppen ist aber nur dann gerechtfertigt, wenn »**Unterschiede von solcher Art und solchem Gewicht** bestehen, **dass sie die ungleiche Behandlung rechtfertigen**«[990]. Jedoch ist der Gesetzgeber frei, erst solche Unterschiede zu schaffen, indem er bestimmte Merkmale als maßgebend für eine Ungleich-

---

984 BVerfGE 1, 14 (52) – Südweststaat; 55, 72 (90) – Präklusion.
985 *Kingreen/Poscher* StaatsR II Rn. 499.
986 → Rn. 350.
987 → Rn. 701.
988 BVerfG NJW 2000, 2494 (2494).
989 BVerfG Beschl. v. 19.7.2016, 2 BvR 470/08 (Ls. 1b), NVwZ 2016, 1553.
990 Grdl. BVerfGE 55, 72 (88) – Präklusion; 101, 239 (269) – Alteigentümer.

behandlung erachtet.[991] Dabei auftretende typisierende und pauschalierende Regelungen müssen sich aber im Rahmen der vorgegebenen Realitäten halten.[992]

b) Geeignetheit, Erforderlichkeit und Angemessenheit. Das Unterscheidungskriterium bzw. -mittel, das zu einer Ungleichbehandlung von Personengruppen führt, muss zur Erreichung des verfolgten Zwecks zunächst **geeignet** sein. Zudem muss es **erforderlich** sein. Für diese Prüfung ist dem Gesetzgeber ein **weiter Ermessensspielraum einzuräumen.** Die zugrunde gelegten tatsächlichen Voraussetzungen dürfen sich aber nicht als evident unzutreffend erweisen.[993]   593

Schließlich muss das Differenzierungsmittel **angemessen** sein. An dieser Stelle sind der durch die Differenzierung herbeigeführte **Grad der Ungleichbehandlung** und der mit ihr **verfolgte Zweck in Relation** zu stellen. Die Grenze für gerechtfertigte Ungleichbehandlungen ist dann erreicht, wenn sich für diese »kein in angemessenem Verhältnis zu dem Grad der Ungleichbehandlung stehender Rechtfertigungsgrund finden lässt«.[994] Bei der Argumentation kommt vor allem der Bezugnahme auf die im Sachverhalt beschriebene Sachmaterie Bedeutung zu.   594

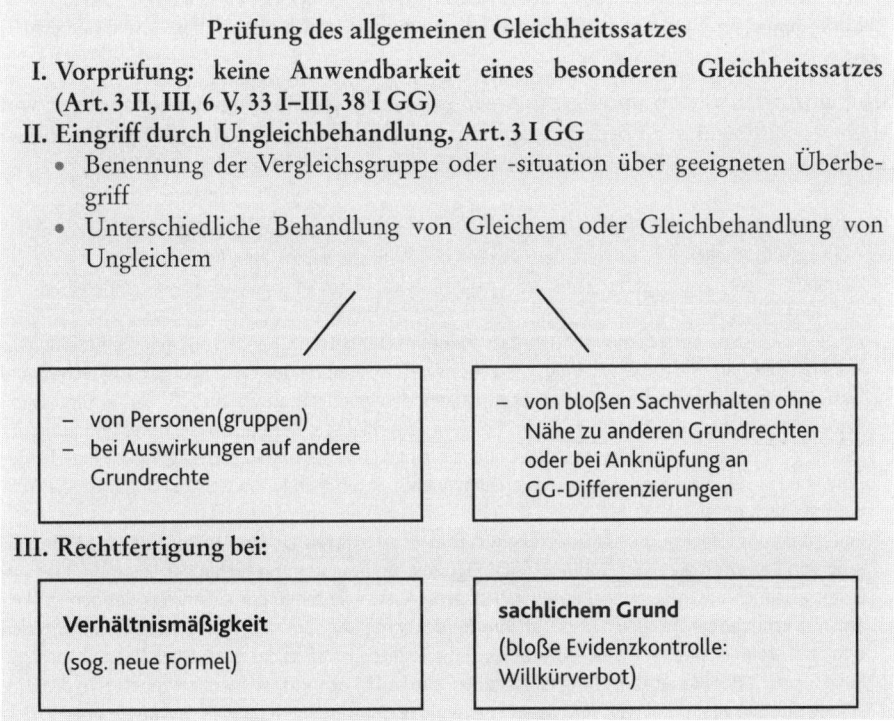

Prüfung des allgemeinen Gleichheitssatzes   595

I. Vorprüfung: keine Anwendbarkeit eines besonderen Gleichheitssatzes (Art. 3 II, III, 6 V, 33 I–III, 38 I GG)

II. Eingriff durch Ungleichbehandlung, Art. 3 I GG
- Benennung der Vergleichsgruppe oder -situation über geeigneten Überbegriff
- Unterschiedliche Behandlung von Gleichem oder Gleichbehandlung von Ungleichem

- von Personen(gruppen)
- bei Auswirkungen auf andere Grundrechte

- von bloßen Sachverhalten ohne Nähe zu anderen Grundrechten oder bei Anknüpfung an GG-Differenzierungen

III. Rechtfertigung bei:

Verhältnismäßigkeit
(sog. neue Formel)

sachlichem Grund
(bloße Evidenzkontrolle: Willkürverbot)

---

991 BVerfGE 102, 68 – Gesundheitsstrukturgesetz.
992 S. anschaulich BVerfGE 82, 126 (148 ff.) – Kündigungsfristen im Hinblick auf die fehlende durchgehende Separierbarkeit von Arbeitern und Angestellten.
993 Nicht erfüllt in BVerfGE 82, 126 (153 f.) – Kündigungsfristen: Das zahlenmäßige Übergewicht von personenbedingten Kündigungen gegenüber betriebsbedingten wurde negiert.
994 BVerfGE 99, 165 (178) – BAföG.

C. Besondere Gleichheitssätze

596 Bevor der allgemeine Gleichheitssatz angewendet wird, muss zunächst die Einschlägigkeit spezieller Gleichheitssätze geprüft werden.

I. Art. 3 II GG[995]

597 Eine besonders wichtige Ausprägung des Gleichheitssatzes stellt die in Art. 3 II GG geregelte **Gleichberechtigung von Mann und Frau** dar. Das Abstellen auf die tatsächliche Durchsetzung in S. 2 zeigt, dass sich diese Vorschrift auf die gesellschaftliche Wirklichkeit erstreckt. Sie zielt auf die **Angleichung der Lebensverhältnisse** von Männern und Frauen und gewährt zunächst Schutz vor **Benachteiligungen;** diese können **auch faktisch** oder mittelbar durch Regelungen zustande kommen, die geschlechtsneutral formuliert sind, aber aufgrund natürlicher Unterschiede oder der gesellschaftlichen Bedingungen überwiegend ein Geschlecht negativ betreffen.[996]

598 **Beispiel** nach BVerfGE 113, 1 – Rechtsanwaltsversorgungswerk: Eine Regelung zu einem **berufsständischen Versorgungswerk** verpflichtete mangels entsprechender Befreiungsmöglichkeit auch Personen zur Zahlung eines Mindestbeitrages, die Kinder erziehen und deshalb ohne Einkommen sind. Da dies vor allem auf Frauen zutrifft, wurden typischerweise ihnen erhebliche Nachteile aufgebürdet.

599 Sehr umstritten ist, ob und ggf. in welchem Umfang eine Ungleichbehandlung von Männern aufgrund der **Förderungspflicht für Frauen nach Art. 3 II 2 GG** erfolgen darf. Dieser Auftrag bildet **kollidierendes Verfassungsrecht zu Art. 3 III GG.**

600 **Fall** nach OVG Lüneburg NVwZ 1996, 497 – Beförderung im Polizeivollzugsdienst: Nach einer Beförderungsrichtlinie sollen Frauen stets den Vorrang vor Männern haben, wenn sie die gleiche Gesamtnote haben; andere leistungsbezogene nachrangige Auswahlkriterien sollen außer Betracht bleiben.

Art. 3 III GG ist dadurch beeinträchtigt, dass **Männer schlechtere Chancen** auf eine Beförderung als Frauen haben. Art. 3 II 2 GG will indes die **Lebensverhältnisse beider Geschlechter angleichen** und faktische Nachteile von Frauen durch begünstigende Regelungen ausgleichen.[997] Das erfolgt, wenn Frauen bislang in einem Bereich wie dem Polizeivollzugsdienst unterrepräsentiert sind und nunmehr gezielt ge- und damit befördert werden. Daraus ergibt sich etwa eine Rechtfertigung für eine Förderung von Frauen, die einen selbstständigen Handwerksbetrieb gründen wollen, durch günstigere Konditionen als für Männer.[998]

Eine Förderungspflicht umfasst jedoch **kein Gebot einer starren Quote.** Weiter erfolgt die **Einstellung von Beamten** gem. Art. 33 II GG **nach Eignung, Befähigung und fachlicher Leistung.** Das verbietet es, (auch untergeordnete) leistungsbezogene Auswahlkriterien gänzlich außer Betracht zu lassen. Ein schonender Ausgleich verlangt ihre Berücksichtigung. Bei untergeordneten Zusatzkriterien erfolgt allerdings ohnehin eine Gesamtbewertung. In diese ist dann das nach Art. 3 II 2 GG vorgegebene Element der **Frauenförderung** einzustellen, aber **nicht absolut,** sondern eingebettet in die Umstände des Einzelfalls. Zulässig sind daher sog. **weiche Quoten,** die durch Härteklauseln oder soziale Öffnungsklauseln die Chancen von Frauen verbessern, nicht aber sog. starre Quoten, die Frauen bis zum Erreichen eines bestimmten Prozentsatzes automatisch begünstigen.[999]

---

995 *Schlachter* JA 1994, 72; Leitentscheidung: BVerfGE 85, 191 – Nachtarbeitsverbot.
996 BVerfGE 113, 1 (15) – Kindererziehungszeiten; 109, 64 (89) – Mutterschaftsgeld mwN.
997 S. bereits BVerfGE 85, 191 (207) – Nachtarbeitsverbot zu Art. 3 II 1 GG: Gleichberechtigungsgebot.
998 BVerwG DÖV 2003, 288 für die Vergabe von Subventionen.
999 Für die Berücksichtigung von Quoten als quantifizierenden Hilfsmaßstab Sachs/*Osterloh* Art. 3 Rn. 286 ff.

Das ergibt sich auch aus Unionsrecht. Mit Art. 157 IV AEUV, an den Art. 1 VIII RL 2002/73/EG (»Gleichbehandlungsrichtlinie in der Beschäftigung«) anknüpft, ist eine Vorrangregelung für **Frauen** dann vereinbar, wenn sie weiblichen Bewerbern, die die gleiche Qualifikation wie ihre männlichen Mitbewerber besitzen, **keinen automatischen und unbedingten Vorrang** einräumt und wenn die Bewertungen Gegenstand einer objektiven Beurteilung sind, bei der die besondere persönliche Lage aller Bewerber berücksichtigt wird. Anderenfalls ist das Erfordernis der Sachgerechtigkeit und damit die Verhältnismäßigkeit von Förderregeln nicht gewahrt.[1000]

II. Weitere Differenzierungsge- und -verbote

Gemäß Art. 3 III 1 GG darf **niemand** wegen seines **Geschlechts,** seiner **Abstammung,** seiner **Rasse,** seiner **Sprache,** seiner **Heimat und Herkunft,** seines **Glaubens,** seiner **religiösen oder politischen Anschauungen benachteiligt oder bevorzugt** werden. So verstößt eine polizeiliche Personenkontrolle gegen Art. 3 III 1 GG, wenn **keine Jedermann-Kontrolle** erfolgt, sondern die zu kontrollierenden Personen verdachtsunabhängig gem. § 22 Ia BPolG nach der Hautfarbe ausgewählt werden.[1001] Nach Art. 3 III 2 GG darf niemand wegen seiner **Behinderung** benachteiligt werden.[1002] Damit wird dem Gesetzgeber die Möglichkeit entzogen, eines der genannten Merkmale zum Kriterium für eine Differenzierung zu machen.   601

Ein solches Differenzierungsverbot bzw. Gleichheitsgebot enthält auch **Art. 6 V GG,** wonach für **eheliche und uneheliche Kinder** die gleichen Bedingungen herzustellen sind.[1003] Das gilt **auch für** die **Betreuung** durch einen Elternteil. Daher dürfen ehelichen Kindern keine Vorteile daraus erwachsen, dass sie deshalb ein Elternteil dauerhafter zu betreuen vermag, weil der geschiedene Ehegatte länger Unterhalt wegen Kinderbetreuung beanspruchen kann als der erziehende Partner einer nichtehelichen Lebensgemeinschaft.[1004] Art. 6 I und II GG verlangen die Gleichstellung **ehelicher und nichtehelicher,** doppelt und einfach erwerbstätiger (ehelicher) **Erziehungsgemeinschaften.**[1005]   602

Einen speziellen Gleichheitssatz stellt auch die **Wahlgleichheit gem. Art 38 I 1 GG** dar. Deren Ausprägung ist auch der notwendig gleiche **Zählwert und Erfolgswert**[1006] jeder Stimme; daher sind unterschiedlich große Wahlkreise nur in Grenzen hinnehmbar[1007] und **Überhangmandate** ohne gleichzeitige Ausgleichsmandate **problematisch.**[1008] Ein negatives Stimmgewicht, das also einen Zuwachs an Stimmen bei einer Nachwahl zu einem Verlust an Sitzen in einer Landesliste führt, ist unzulässig,[1009] ebenso die Bildung der Ländersitzkontingente nach der Wählerzahl gem. § 6 I 1 BWG: In dem vom Gesetzgeber geschaffenen System der mit der Personenwahl verbundenen Verhältnis-   603

1000 EuGH ECLI:EU:C:2000:367 Rn. 56 – Fogelqvist; ECLI:EU:C:2000:163 – Hessisches Gleichberechtigungsgesetz; ECLI:EU:C:1995:322 – Kalanke; ECLI:EU:C:1997:533 – Marschall.
1001 OVG Koblenz NJW 2016, 2821.
1002 Dazu BVerfG NJW 1997, 1062.
1003 S. BVerfGE 84, 168 (184f.) – Sorgerechtsregelung; 85, 80 (87ff.).
1004 BVerfGE 118, 45 (70f.) – Betreuungsunterhalt.
1005 BVerfGE 99, 217 (235ff.) – Kinderbetreuung → Rn. 574ff.
1006 Gilt nach BVerfGE 95, 335 (353) – Überhangmandat nicht für die grundsätzlich als zulässig erachtete Mehrheitswahl.
1007 BVerfGE 95, 335 (363ff.) – Überhangmandat.
1008 Für ihre Zulässigkeit BVerfGE 95, 335 (357ff.) – Überhangmandat, wobei es als Grenze für den Umfang solcher Überhangmandate ohne nähere Begründung die Fünfprozentklausel heranzieht; dagegen aber das Sondervotum BVerfGE 95, 335 (367ff.); zum Verhältnis von Art. 38 I 2 zu Art. 3 I GG BVerfGE 99, 1 (8ff.) – Bayerische Kommunalwahlen.
1009 BVerfGE 121, 266.

wahl sind Überhangmandate (§ 6 V BWG) nur in einem Umfang hinnehmbar, der den Grundcharakter der Wahl als einer Verhältniswahl nicht aufhebt. Die Grundsätze der Gleichheit der Wahl sowie der Chancengleichheit der Parteien sind bei einem Anfall von Überhangmandaten im Umfang von mehr als etwa einer halben Fraktionsstärke verletzt.[1010]

604 Das **Bekenntnis** oder die **Weltanschauung** dürfen gem. Art. 33 III GG nicht zum Anknüpfungspunkt für Differenzierungen hinsichtlich des Zuganges zu öffentlichen Ämtern gemacht werden; gem. Art. 33 II GG zählen nur die Eignung, Befähigung und fachliche Leistung der Bewerber.[1011]

605 Ein **Differenzierungsgebot** enthält hingegen der **Schutz der Ehe in Art. 6 I GG**, wenn man den Auftrag zum besonderen Schutz zugleich als Abstandsgebot begreift.[1012] Anderenfalls folgt daraus das **Recht zur Privilegierung.** Daher kann ein Ehegatte unterhaltsrechtlich bessergestellt werden, wenn es nur um Ansprüche aufgrund der nachehelichen Solidarität und nicht der Kindererziehung geht.[1013] Eine unterhalts-, versorgungs- und steuerrechtliche Begünstigung ist insoweit möglich, als diese auf der gemeinsamen Gestaltung des Lebensweges der Ehegatten basiert.[1014] Im Sozialrecht durfte die Ehe bei der Finanzierung einer **künstlichen Befruchtung** mit Rücksicht auf die rechtlich gesicherte Verantwortungsbeziehung und Stabilitätsgewähr der Ehe begünstigt werden (→ Rn. 575).

606 Indes ist nach dem BVerfG die **Benachteiligung eingetragener Lebenspartnerschaften** unzulässig, sofern nur auf eine Privilegierung der Ehe verwiesen wird; sie muss sich aus sich selbst heraus begründen lassen (→ Rn. 303). Daher war eine Schlechterstellung eingetragener Lebenspartnerschaften **im Bereich der betrieblichen Hinterbliebenenversorgung** für Arbeitnehmer des öffentlichen Dienstes, die bei der Versorgungsanstalt des Bundes und der Länder zusatzversichert sind, mit Art. 3 I GG unvereinbar. In beiden Fällen wird eine gegenseitige Einstandspflicht begründet, welche ersatzweise die Hinterbliebenenversorgung einlöst.[1015]

III. Grunderwerbsteuer

607 **Beispiel** nach BVerfG NVwZ 2012, 1310: In der Neufassung des Grunderwerbsteuergesetzes (GrEStG) sind seit dem 14.12.2010 eingetragene Lebenspartner Ehepartnern bei allen für sie geltenden grunderwerbsteuerlichen Befreiungen gleichgestellt. Das BVerfG sah § 3 GrEStG aF als unvereinbar mit dem allgemeinem Gleichheitssatz nach Art. 3 I GG an, weil eingetragene Lebenspartner nicht genau wie Ehegatten von der Grunderwerbsteuer befreit wurden. Art. 3 I GG sieht vor, dass wesentlich Gleiches gleich und Ungleiches ungleich behandelt wird. Dies gilt auch bei Begünstigungen, die nicht einem Personenkreis gewährt und einem anderen verwehrt werden dürfen. Differenzierungen müssen sachgerecht sowie dem Ziel und Ausmaß der Ungleichbehandlung angemessen sein. Es gilt der verfassungsrechtliche Prüfungsmaßstab, der sich am Grundsatz der Verhältnismäßigkeit orientieren muss. Der Gesetzgeber hat das Gebot der Ausrichtung der Steuerlast am Prinzip der finanziellen Leistungsfä-

---

1010 BVerfG NVwZ 2012, 1101 – Überhangmandate.
1011 Zur Frauenförderung → Rn. 597 ff.
1012 AA BVerfGE 105, 313 (348 f.) – »Homoehe« → Rn. 335.
1013 BVerfGE 118, 45 (70) – Betreuungsunterhalt.
1014 BVerfGE 124, 199 (225).
1015 BVerfGE 124, 199 (225) → Rn. 336 f. mit weiteren Fällen.

higkeit und das Gebot der Folgerichtigkeit zu beachten. Alle Steuerpflichtigen müssen gleichmäßig belastet werden.

Die Steuerbefreiung nach § 3 Nr. 4 GrEStG aF ist an strengen Verhältnismäßigkeitsanforderungen zu messen, da der Gesetzgeber hier eine Differenzierung aufgrund der sexuellen Orientierung von Personen vornimmt. Art. 6 I GG kann nach dem BVerfG als Begründung nicht greifen. Die Pflicht des Staates, Ehe und Familie zu schützen und zu fördern, erlaubt keine Benachteiligung anderer Lebensformen, sofern sie mit dem geregelten Lebenssachverhalt und den mit der Normierung verfolgten Zielen der Ehe vergleichbar sind. Der Gesetzgeber musste daher bis zum 31.12.2012 eine Neuregelung für die vom GrEStG aF betroffenen Altfälle treffen.

§ 7 Abwehr untergesetzlicher Normen, § 47 VwGO

§ 47 VwGO eröffnet Bürgern und Behörden die Möglichkeit, unmittelbar gegen   **608**
Rechtsnormen gerichtlich vorzugehen (sog. **prinzipale Normenkontrolle**). Das Normenkontrollverfahren nach § 47 VwGO ist anders als die sonstigen verwaltungsgerichtlichen Verfahrensarten **ein objektives Beanstandungsverfahren.** Dies bedeutet, dass die Begründetheit des Antrags nicht von einer tatsächlich vorhandenen subjektiven Rechtsverletzung abhängt, sondern bereits bei einer rein objektiven Rechtswidrigkeit der Norm zu bejahen ist. Freilich werden Popularklagen auf der Zulässigkeitsebene durch die nach § 47 II VwGO erforderliche Antragsbefugnis ausgeschlossen.

Untergesetzliche Normenkontrolle, § 47 VwGO   **609**

A. Zulässigkeit
    I. Verwaltungsrechtsweg, § 40 I VwGO
    II. Sachliche Zuständigkeit OVG, § 47 I VwGO
    III. Statthaftigkeit: zulässiger Kontrollgegenstand, § 47 I VwGO
    IV. Antragsbefugnis: privilegiert/nicht privilegiert, § 47 II 1 VwGO
    V. Beteiligten- und Prozessfähigkeit, §§ 61 f. VwGO
    VI. Frist: 1 Jahr, § 47 II 1 VwGO
    VII. Allgemeines Rechtsschutzbedürfnis
    VIII. Antragsgegner: Körperschaft, die Norm erlassen hat, § 47 II 2 VwGO
B. Begründetheit
    Bei Unvereinbarkeit der Norm mit höherrangigem Recht (Ausnahme § 47 III VwGO), insbes. wegen
    I. Fehlen einer rechtmäßigen Ermächtigungsgrundlage
    II. Verfahrensfehler (GO bei Satzungen!)
    III. Überschreiten der Ermächtigungsgrundlage
    IV. Verstoß va gegen Grundrechte (aktuell: Kampfhunde)

A. Zulässigkeit eines Normenkontrollantrages[1016]

I. Verwaltungsrechtsweg

Nach § 47 I VwGO entscheidet das Oberverwaltungsgericht über Normenkontrollan-   **610**
träge »im Rahmen seiner Gerichtsbarkeit«. Das setzt das Bestehen des **Verwaltungs-**

1016 *Ehlers* JURA 2005, 171; Übungsfälle: *Schenke/Gebhard* JURA 2006, 64; *Kahl* JA 2005, 280; *Wrase* VR 2004, 237. Zum Rechtsschutz gegen Bebauungspläne *Löhnig* JuS 1998, 315.

rechtswegs nach § 40 VwGO voraus. Überprüft werden können daher alle **Normen, aus deren Vollzug sich öffentlich-rechtliche Streitigkeiten ergeben können,** die also insbesondere zum Erlass von VA ermächtigen. Die Vorschrift muss auf jeden Fall öffentlich-rechtlichen Inhalt haben sowie dem Bereich des Verwaltungsrechts angehören.[1017] Dazu zählen neben den ausdrücklich in § 47 I Nr. 1 VwGO erwähnten baurechtlichen Normen insbesondere ordnungsbehördliche Verordnungen, aber auch sonstige Vorschriften wie beispielsweise die Festsetzung eines Wasserschutzgebietes. Rein **strafrechtliche oder ordnungswidrigkeitsrechtliche Vorschriften** etwa gegen Hundehalter in einer Hundehalterverordnung können hingegen nicht im Rahmen von § 47 VwGO überprüft werden, da gegen darauf gestützte Bußgeldbescheide nach § 68 OWiG nur die ordentlichen Gerichte angerufen werden können.[1018] Umgekehrt ist der Konflikt um eine Sperrbezirksverordnung eine öffentlich-rechtliche Streitigkeit, soweit sie auch zu präventiv-polizeilichen Zwecken ergangen ist.[1019]

II. Statthaftigkeit

1. Nach § 47 I Nr. 1 VwGO

611 Gemäß § 47 I Nr. 1 VwGO sind **Satzungen nach den Vorschriften des BauGB** und Rechtsverordnungen nach § 246 II BauGB **bundesweit** bzw. -einheitlich zulässiger Antragsgegenstand. Angreifbare Satzungen sind insbesondere **Bebauungspläne** gem. § 10 BauGB einschließlich ihrer Änderungen und Ergänzungen, ebenso Veränderungssperren gem. §§ 14, 16 I BauGB.[1020] Gegen **Landschaftspläne** kann hingegen **kein** verwaltungsgerichtliches Normenkontrollverfahren angestrengt werden. Letztere werden weder als Satzung erlassen noch entfalten sie unmittelbare Außenwirkung.

612 Das gilt auch für **Flächennutzungspläne.** Ihre rechtliche Bedeutung erlangen sie erst dadurch, dass aus ihnen gem. § 8 II 1 BauGB die Bebauungspläne entwickelt werden. Je konkretere Festlegungen der Flächennutzungsplan enthält, desto weniger kann der Bebauungsplan von ihm abweichen. Das Abrücken von einer Standortzuweisung kann daher den Anspruch des Grundstückeigentümers auf gerechte Abwägung nach § 1 VII BauGB verletzen und die **Antragsbefugnis zu** einer **Normenkontrolle gegen den Bebauungsplan** nach § 47 II VwGO begründen.[1021] Das gilt etwa für eine auf wenige Grundstücke zugeschnittene Sonderbaufläche für eine Biogasanlage.[1022]

613 Damit ist aber nicht die Normenkontrolle gegen Flächennutzungspläne selbst eröffnet. Das liegt freilich dann nahe, wenn sie praktisch die Vorentscheidung über wesentliche Fragen wie Standorte treffen. Ohnehin sind schon in ihrem Rahmen Eigentümerbelange nach Art. 14 GG hervorgehoben abzuwägen.[1023] Allerdings werden sie nicht wie Bebauungspläne nach § 10 BauGB als Satzung erlassen. Es handelt sich auch nicht um § 47 I Nr. 2 VwGO unterfallende Rechtsnormen.[1024] Eine analoge Anwendung von § 47 I

1017 *Schmitt Glaeser/Horn* VerwProzR Rn. 417.
1018 BVerwGE 99, 88 (96 f.); OVG Frankfurt (Oder) NVwZ 2001, 223 (224).
1019 VGH Mannheim NVwZ-RR 1992, 418. Näher zur Abgrenzung zwischen polizei- und strafrechtlichem Aktionskreis → Rn. 1620.
1020 S. auch Satzungen nach §§ 22 I, 25 I, 34 IV BauGB sowie solche nach §§ 132, 142, 143, 172 BauGB.
1021 BVerwG NVwZ 2007, 825.
1022 S. BVerwG NVwZ 2007, 825 (826).
1023 BVerwG NVwZ 2007, 825 (826).
1024 S. auch *Schenke* NVwZ 2007, 134 (137).

Nr. 1[1025] bzw. Nr. 2[1026] VwGO wird dann auch nur insoweit befürwortet, als § 35 III 3 BauGB in Flächennutzungsplänen Ausweisungen wie in Bebauungsplänen vorsieht, mithin ihnen **unmittelbare Rechtswirkungen** zuerkennt.

Ermöglicht der Weg über § 47 I Nr. 1 VwGO auch eine bundeseinheitliche Praxis, bleibt doch das Bedenken einer im Wortlaut klar festgelegten Beschränkung auf Satzungen und Rechtsverordnungen nach § 246 II BauGB.[1027] Dass § 47 I Nr. 1 VwGO eigens mittels Normenkontrolle angreifbare Rechtsvorschriften nach dem BauGB nennt, spricht auch gegen eine Ausweitung von § 47 I Nr. 2 VwGO. Ansonsten könnte Ersterre durch die Hintertür übergangen werden. Dieses Bedenken verschwindet hingegen bei einem vom Wortlaut her nicht ausgeschlossenen materiellen Verständnis des Satzungsbegriffs. Jede baurechtliche Maßnahme, die wie eine Satzung wirkt, ist dann im Rahmen der Normenkontrolle angreifbar. Dazu gehören nahtlos Flächennutzungspläne, die Festsetzungen wie eine Satzung enthalten. Dafür streitet auch Art. 19 IV GG, der auf die Rechtsverletzung als solche abstellt und nicht auf deren Form. Maßnahmen, die ebenso wirken wie ausdrücklich benannte Rechtsakte, sind daher prozessual gleich zu behandeln. Im vorliegenden Fall greift daher schon § 47 I Nr. 1 VwGO. Auf § 47 I Nr. 2 VwGO braucht hier nicht mehr zurückgegriffen zu werden.[1028]   **614**

An einem zulässigen Antragsgegenstand fehlt es, wenn eine Norm noch nicht erlassen worden ist. Angreifbar im Wege der Normenkontrolle sind nur **existente Normen.** Die Norm muss also beschlossen und so veröffentlicht worden sein, dass ein Betroffener Kenntnis erlangen kann.   **615**

2. Nach § 47 I Nr. 2 VwGO

Andere untergesetzliche landesrechtliche Normen, also insbesondere ordnungsbehördliche Rechtsverordnungen zur Gefahrenabwehr und sonstige Satzungen (zB Gebühren- und Steuersatzungen), können gem. § 47 I Nr. 2 VwGO **nur bei** entsprechender **landesrechtlicher Bestimmung** (zB § 4 AG BWVwGO, Art. 5 BayAGVwGO) im Wege der Normenkontrolle angegriffen werden.   **616**

In den Bundesländern Nordrhein-Westfalen, Berlin und Hamburg, die **von dieser Ermächtigung keinen Gebrauch gemacht** haben, besteht die Möglichkeit, im Rahmen einer **Feststellungsklage nach § 43 VwGO** oder durch ein Vorgehen gegen Vollzugsakte die Gültigkeit untergesetzlicher Rechtsvorschriften inzident gerichtlich überprüfen zu lassen. § 47 I Nr. 1 VwGO ist als gegenständlich bestimmte Ausnahmevorschrift nicht analogiefähig.[1029] Ein unmittelbarer Rechtsschutz gegen untergesetzliche Normen ist nach überwiegender Ansicht auch nicht erforderlich, weil dem von Art. 19 IV GG verfassungsrechtlich gebotenen effektiven Rechtsschutz auch durch eine Inzidentkontrolle Rechnung getragen wird.[1030]   **617**

§ 47 I Nr. 2 VwGO erfasst **Rechtsvorschriften, also alle abstrakt-generellen Regelungen mit Außenwirkung.** Es muss sich allerdings formal um solche handeln. Daher sind   **618**

1025 BVerwGE 128, 382; *Schenke* NVwZ 2007, 134 (141 ff.).

1026 S. OVG Koblenz ZNER 2005, 336; *Guckelberger* DÖV 2006, 973 (981).

1027 Für eine Überholung durch die spätere Einfügung des heutigen § 35 III 3 BauGB allerdings BVerwGE 128, 382 (389 f.).

1028 Anders *Herrmann* NVwZ 2009, 1189.

1029 *Hufen* VerwProzR § 19 Rn. 13 ff.

1030 OVG Münster NWVBl. 1993, 176.

zwar Ziele der Raumordnung Rechtsvorschriften, die in einem Regionalplan enthalten sind,[1031] nicht hingegen Grundsätze der Raumordnung, die nicht förmlich als Rechtsverordnung oder Satzung beschlossen wurden.[1032] Allgemeine **Verwaltungsvorschriften** einschließlich der sog. normkonkretisierenden Verwaltungsvorschriften gehören als verwaltungsinterne Maßnahmen nicht dazu.[1033] Dagegen können **Geschäftsordnungen des Gemeinderats**, obwohl es sich auch bei diesen um Innenrecht handelt, als abstrakt-generelle Regelungen in einem Normenkontrollverfahren überprüft werden.[1034] Schließlich werden dadurch auch subjektive Innenrechtspositionen geschaffen, die Ratsmitglieder im Einzelfall via Kommunalverfassungsstreit (→ Rn. 1514 ff.) geltend machen können.

619 Auf welcher Rechtsgrundlage eine Vorschrift erlassen wurde, ist nicht beachtlich, sofern es nur keine Bundesregelung war. Dementsprechend sind etwa durch Landesorgane aufgrund von Bundesrecht erlassene Vorschriften nach § 47 VwGO angreifbar.

III. Antragsbefugnis

1. Behörden

620 **Behörden** sind gem. § 47 II 1 **Alt. 2** VwGO **privilegiert antragsbefugt.** Für sie ist die Normenkontrolle ein rein objektives Beanstandungsverfahren. Sie müssen nur **mit dem Vollzug der Norm befasst oder in ihrem Aufgabenbereich betroffen** sein. Daher kann eine **Gemeinde** den **Bebauungsplan** einer Nachbargemeinde **nicht** gem. § 47 II 1 **Alt. 2** VwGO überprüfen lassen. Ihr verbleibt indes die Möglichkeit, als juristische Person nach § 47 II 1 **Alt. 1** VwGO eine Verletzung ihrer Planungshoheit geltend zu machen.[1035]

2. Natürliche und juristische Personen

621 **Die sonstigen Antragsberechtigten**, also alle natürlichen und juristischen Personen, müssen seit der Neufassung des § 47 II VwGO durch das 6. VwGO-ÄndG nicht bloß einen (zu erwartenden) Nachteil behaupten, sondern wie im Geltungsbereich des § 42 II VwGO **eine Verletzung eigener Rechte geltend machen.** Der Antragsteller genügt seiner Darlegungspflicht, wenn er Tatsachen vorträgt, die es zumindest als möglich erscheinen lassen, dass er durch die Festsetzungen des Bebauungsplans (bzw. die Rechtsnorm) in seinen Rechten verletzt wird. Die geltend gemachte Rechtsverletzung muss also zumindest bei regulärem Ablauf der Entwicklung mit großer Wahrscheinlichkeit eintreten bzw. vorauszusehen sein.

622 **Beispiel:** Dem Betreiber eines genehmigten immissionsintensiven Betriebs im Außenbereich können dadurch rechtliche Nachteile entstehen, dass die **Wohnbebauung** aufgrund eines Bebauungsplanes näher an ihn **heranrückt**. Schließlich beeinträchtigt dies nicht nur die Möglichkeit, den Betrieb zu vergrößern, sondern er muss wegen der **Geruchsbelästigung** auch künftige Anordnungen nach § 17 BImSchG befürchten.

1031 BVerwGE 119, 217.
1032 BVerwG NVwZ 2009, 1226 (Rn. 8).
1033 BVerwGE 58, 45 (49); *Hufen* VerwProzR § 19 Rn. 14 f.; *Schmitt Glaeser/Horn* VerwProzR Rn. 413.
1034 BVerwG NVwZ 1988, 1119.
1035 Vgl. BVerwGE 81, 307.

Erforderlich ist eine mögliche Beeinträchtigung in eigenen Rechten. Darunter fallen **623** nicht bloße Annehmlichkeiten, wirtschaftliche Chancen und Rechtsreflexe.

a) Drittschutz des Abwägungsgebotes. § 47 II VwGO setzt als Norm des Prozess- **624** rechts materielle Rechte voraus.[1036] Dass nach § 1 III 2 BauGB kein Rechtsanspruch auf die Aufstellung von Bauleitplänen besteht, besagt nichts darüber, ob ein eröffnetes Bebauungsplanverfahren auch den Interessen der Planbetroffenen zu dienen bestimmt ist. Ähnlich verhält es sich mit § 1 I, III 1 BauGB. Vielmehr sind nach dem Wortlaut des § 1 VII BauGB im Rahmen der planerischen Abwägung private Belange ausdrücklich zu berücksichtigen. Daher ist eine **gerechte Abwägung auch dem privaten Interesse der von der Planung Betroffenen zu dienen bestimmt.** Es besteht ein subjektiv-öffentliches Recht auf fehlerfreie Abwägung. § 214 III 2 BauGB bezweckt, die Fehleranfälligkeit von Bebauungsplänen herabzusetzen, nicht jedoch den Ausschluss subjektiver Rechte. Darüber hinaus ist es eine Frage der Begründetheit, ob ein Fehler im Abwägungsvorgang für das Abwägungsergebnis kausal war.

b) Bei Abwägungserheblichkeit. Damit werden aber private Belange nicht als solche, **625** sondern nur mittelbar über den Filter ihrer Abwägungsbeachtlichkeit und ihrer Durchsetzung gegen konkurrierende Belange im Rahmen der eigentlichen Abwägungsentscheidung geschützt. Deshalb erstarkt auch nicht jedes private Interesse zur geschützten Rechtsposition. Nur diejenigen **Belange, die in die Abwägung eingestellt werden müssen,** vermögen einen Anspruch auf sachgerechte Abwägung und damit eine Antragsbefugnis zu verleihen. Daher vermag auch das Abwägungsgebot ausnahmsweise hinsichtlich solcher privater Belange drittschützende Wirkung zu entfalten, die für die Abwägung erheblich sind.[1037] Für die Zulässigkeit stellt § 47 II 1 VwGO seinem Wortlaut gemäß keine höheren Anforderungen als § 42 II VwGO. Ausreichend ist daher, dass der Antragsteller Tatsachen vorträgt, die eine fehlerhafte Behandlung seiner Belange in der Abwägung als möglich erscheinen lassen.

Erforderlich zur Bejahung der Antragsbefugnis unter Berufung auf § 1 VII BauGB ist **626** freilich, dass der geltend gemachte Belang in der Abwägung überhaupt zu beachten war. Welche privaten Belange **abwägungserheblich** sind, kann sich einmal **aus einfachgesetzlichen Rechtspositionen** des Betroffenen ergeben. Der im Außenbereich ansässige Schweinemäster (→ Rn. 772) übt beispielsweise eine von § 35 I BauGB privilegierte Nutzung aus. Will eine Gemeinde Baugebiete in der Nähe des Schweinemastbetriebs ausweisen, so muss sie im Rahmen ihrer Abwägungsentscheidung dessen Rechtsposition berücksichtigen.

Aber auch sonstige private Interessen, die sich noch nicht zu einem subjektiv-öffent- **627** lichen Recht verdichtet haben, können abwägungserheblich sein. Eine Abwägungserheblichkeit **scheidet** nur dann **aus, wenn**

- das geltend gemachte private **Interesse** objektiv **geringwertig ist oder**
- im Zeitpunkt der Abwägungsentscheidung (vgl. § 214 III 1 BauGB) **nicht erkennbar** war[1038] **oder**

1036 *Schenke* DVBl. 1997, 853f.
1037 BVerwGE 107, 215 (219ff.) – Kleingärten; s. auch BVerwGE 111, 276 (281f.); Battis/Krautzberger/*Löhr/Krautzberger*, BauGB, 13. Aufl. 2016, § 1 Rn. 101; *Schütz* NVwZ 1999, 929.
1038 BVerwGE 107, 215 (219) – Kleingärten.

- von dem Betroffenen im Rahmen des Beteiligungsverfahrens trotz ordnungsgemäßen Hinweises in der Bekanntmachung zur Auslegung des Bebauungsplanes bzw. vor der Öffentlichkeitsbeteiligung gem. §§ 3 II, 13 II Nr. 2, 13a II Nr. 1 BauGB **nicht**[1039] bzw. **verspätet vorgebracht** wurde (§ 47 IIa VwGO)[1040] oder
- im konkreten Fall **nicht schutzwürdig** ist.

628 Nicht genügend, weil nicht »nach Lage der Dinge« in die Abwägungsentscheidung miteinzubeziehen, ist zB das Interesse des Eigentümers eines außerhalb des Planbereichs gelegenen Grundstücks, bei der späteren Verwirklichung des Bebauungsplans von Lärm und Staub einer Baustelleneinrichtung verschont zu bleiben. Indes kann eine abwägungserhebliche konkrete Nutzungsaussicht aus einer parzellenscharfen Nutzungsregelung in einem Flächennutzungsplan erwachsen (→ Rn. 612 ff.).

629 **c) Mieter und Pächter als Antragsteller.** Abwägungserhebliche Belange können nicht nur dem Eigentümer zustehen, sondern auch **Inhabern von obligatorischen Rechten.** Auch sie können aus Art. 14 I GG berechtigt sein.[1041] Lässt die Verwirklichung eines Bebauungsplans ein wesentlich erhöhtes Verkehrsaufkommen und damit zusätzlichen Verkehrslärm erwarten, so hat der Mieter ein ebenso schutzwürdiges privates Interesse, hiervon verschont zu bleiben, wie ein Eigentümer.[1042] Ebenso verhält es sich bei dem Pächter einer landwirtschaftlichen Nutzfläche, wenn durch Bebauungsplan eine andere konkurrierende Nutzungsart festgesetzt werden soll.[1043] Daher sind auch ihre privaten Belange schutzwürdig und somit im Rahmen der Abwägung zu berücksichtigen, was zu ihrer Antragsbefugnis führt.[1044]

630 **d) Öffentlich-rechtliche Körperschaften.** In eigenen Rechten verletzt sein können auch öffentlich-rechtliche Körperschaften, so die Kommunen, wenn **das interkommunale Abstimmungsgebot nach § 2 II BauGB** nicht beachtet wurde. Eine Nachbargemeinde kann aber erst bei hinreichend konkreter eigener Planungsvorstellung in ihren Rechten betroffen sein;[1045] sonst gibt es nichts abzustimmen. Das setzt indes nicht notwendig voraus, dass Bauleitpläne[1046] oder auch nur Planentwürfe vorhanden sind.

IV. Allgemeine Voraussetzungen

631 Der **Antrag** ist gem. § 47 II 1 aE VwGO **innerhalb eines Jahres** nach Bekanntmachung der Rechtsvorschrift zu stellen und nach § 47 II 2 VwGO gegen diejenige Körperschaft zu richten, welche die Rechtsnorm erlassen hat.

V. Allgemeines Rechtsschutzbedürfnis

632 Wie für jedes verwaltungsgerichtliche Verfahren muss auch für einen Normenkontrollantrag ein allgemeines Rechtsschutzbedürfnis bestehen. Dieses **fehlt** insbesondere,

---

1039 Das ist bei ergänzenden Verfahren nicht noch einmal notwendig, BVerwG NVwZ 2010, 782.
1040 Insoweit handelt es sich aber nur um eine rein formelle Präklusion, nicht um eine materielle, sodass die Inzidentkontrolle von Einwendungen im Rahmen anderer Verfahren weiterhin möglich bleibt, *Ewer* NJW 2007, 3171 (3172).
1041 BVerfGE 89, 1 (5 f.) – Mieterschutz; → Rn. 497.
1042 Dazu BVerwG NVwZ 2000, 807.
1043 BVerwGE 110, 36.
1044 BVerwGE 105, 178 (180 ff.).
1045 BVerwG NVwZ 1995, 266.
1046 BVerwGE 40, 323 (330 f.) – Krabbenkamp.

wenn durch die Klage das angestrebte Ziel nicht erreicht werden kann.[1047] Das ist dann der Fall, wenn die geltend gemachte **Rechtsverletzung durch die Aufhebung der Norm nicht behebbar** ist. Es reicht aber aus, wenn sich nicht ausschließen lässt, dass die gerichtliche Entscheidung für den Antragsteller von Nutzen sein kann. Hier genügt die tatsächlich prognostizierbare Erwartung, dass die Gemeinde einen günstigeren Bebauungsplan aufstellen wird.[1048]

Diese Frage stellt sich insbesondere dann, wenn ein **VA unanfechtbar geworden** ist. Dieser bleibt gem. **§ 47 V 3 iVm § 183 S. 1 VwGO** von der Aufhebung der Norm unberührt. Immerhin aber ist nach § 183 S. 2 VwGO die Vollstreckung unzulässig. Zudem ist ggf. eine Rücknahme nach § 48 VwVfG möglich. Damit besteht in vielen Fällen zumindest die Aussicht, dass die geltend gemachte Rechtsverletzung behoben oder nicht durchgesetzt wird. **633**

Mit der Verwirklichung einer Baugenehmigung ist die Rechtsverletzung freilich eingetreten. Daher fehlt regelmäßig das Rechtsschutzbedürfnis, wenn ein Bauwerk aufgrund einer bestandskräftigen Baugenehmigung bereits vollständig errichtet worden ist.[1049] **634**

Wird eine **Norm aufgehoben oder tritt sie sonst außer Kraft,** so ist der Normenkontrollantrag grundsätzlich wegen fehlenden Rechtsschutzbedürfnisses unzulässig. Eine **Ausnahme** gilt freilich, wenn von der mittlerweile aufgehobenen Vorschrift **noch Rechtswirkungen** ausgehen.[1050] So können trotz einer Aufhebung noch nicht bestandskräftig entschiedene Altsachverhalte danach zu beurteilen sein oder es besteht entsprechend § 113 I 4 VwGO ein Interesse an der Feststellung der Nichtigkeit der außer Kraft getretenen Norm.[1051] In diesen Fällen ergeht freilich ein Feststellungsurteil anstelle der in § 47 V 2 VwGO vorgesehenen Nichtigerklärung. **635**

Das Rechtsschutzbedürfnis wird nicht durch die **Ablehnung eines Normenkontrollantrages eines Dritten** ausgeschlossen, weil diese nach § 121 VwGO nur **inter partes** wirkt. Unberührt bleibt es auch von der Möglichkeit der Anfechtungsklage gegen einen bereits ergangenen VA.[1052] **636**

B. Begründetheit[1053]

Der Normenkontrollantrag ist begründet, wenn die zur Überprüfung gestellte Satzung (oder Rechtsverordnung, soweit ein entsprechendes Ausführungsgesetz zu § 47 II Nr. 2 VwGO besteht) rechtswidrig und damit nichtig ist. **637**

I. Allgemeiner Prüfungsumfang und -maßstab

Das OVG prüft umfassend die Rechtmäßigkeit der Norm, dh unabhängig davon, ob der Rechtsverstoß gerade die Rechtssphäre des Antragstellers betrifft. Der Prüfungsumfang des OVG beschränkt sich also **im Rahmen der Begründetheit** stets auf eine **rein objektive Rechtskontrolle.** Der Antragsteller muss nicht tatsächlich in eigenen **638**

1047 Bsp.: VGH Mannheim NVwZ 2000, 457 (457 f.).
1048 BVerwG NVwZ 2002, 1126 (1127).
1049 *Schenke* VerwProzR Rn. 906.
1050 BVerwGE 56, 172 (176); 68, 12 (13 f.).
1051 BVerwGE 68, 12 (15).
1052 Vgl. aber → Rn. 694 ff. zum einstweiligen Rechtsschutz.
1053 *Ehlers* JURA 2005, 171.

Rechten verletzt oder nachteilig betroffen sein.[1054] Ist die Antragsbefugnis zu bejahen, werden sämtliche Mängel der angegriffenen Norm geprüft. Bei einem beachtlichen Mangel ist der Antrag begründet.

639 Da der Gegenstand des Verfahrens auch hier durch den Antrag bestimmt wird, kann der Antragsteller den **Prüfumfang des OVG beschränken.** Wird nur ein Teil einer Norm zur Überprüfung gestellt, so ist der Prüfungsumfang des OVG entsprechend begrenzt, außer es besteht ein enger und untrennbarer Zusammenhang mit dem Rest der Norm. Die formellen Rechtmäßigkeitsvoraussetzungen werden indes stets in vollem Umfang geprüft.

640 Prüfungsmaßstab ist das gesamte höherrangige Recht, also insbesondere einfaches Bundesrecht, Bundesverfassungsrecht einschließlich der Grundrechte und das Unionsrecht.

641 Grundsätzlich ist auch **Landesrecht** Prüfungsmaßstab. § 47 III VwGO nimmt es nur insoweit aus, als es durch ein Landesverfassungsgericht kraft gesetzlicher Zuweisung ausschließlich nachgeprüft wird.[1055] Verlangt wird, dass diese Ausschließlichkeit aus der Formulierung des zuweisenden Gesetzes eindeutig hervorgeht. Eine bloße Zuständigkeitseröffnung wird als nicht ausreichend erachtet.[1056]

642 In NRW kann der einzelne **Bürger** eine **abstrakte Normenkontrolle vor dem Landesverfassungsgericht** schon **nicht einleiten.** Demzufolge kann das OVG Münster nordrhein-westfälisches Verfassungsrecht als Prüfungsmaßstab heranziehen.

II. Allgemeine Rechtmäßigkeitsvoraussetzungen für Satzungen und Rechtsverordnungen

643 Der Normenkontrollantrag ist begründet, wenn die zur Überprüfung gestellte Norm formell bzw. materiell rechtswidrig und damit nichtig ist. Das ist dann der Fall, wenn

- keine erforderliche **Ermächtigungsgrundlage** vorhanden oder die vorhandene rechtswidrig ist,
- die betreffende Norm formell-rechtliche Fehler aufweist, also etwa von einer unzuständigen Behörde oder Körperschaft stammt oder zwingende **Verfahrens- oder Formvorschriften** nicht beachtet wurden
- oder die zu überprüfende Regelung wegen **Verstoßes gegen höherrangiges Recht** materiell rechtswidrig ist.

1. Ermächtigungsgrundlage

644 Für **Rechtsverordnungen** ist wegen Art. 80 GG bzw. der entsprechenden landesverfassungsrechtlichen Bestimmung (wie zB Art. 70 NRWVerf) regelmäßig eine den dort normierten Anforderungen gerecht werdende Ermächtigungsgrundlage erforderlich. Bevor auf die allgemeine ordnungsgesetzliche Verordnungsermächtigung (§§ 10 ff. BWPolG) zurückgegriffen wird, ist stets zumindest gedanklich zu prüfen, ob eine spezialgesetzliche Ermächtigungsgrundlage (zB § 18 I GastG für Sperrzeitverordnung[1057]) für den Erlass der konkret zu prüfenden Rechtsverordnung in Betracht kommt.

1054 Etwa BVerwGE 82, 225 (232 ff.); *Schmitt Glaeser/Horn* VerwProzR Rn. 436; aA *Pietzner/Ronellenfitsch* Assessorexamen ÖffR Rn. 347.

1055 Vgl. dazu OVG Münster NVwZ 1984, 595; VGH München BayVBl. 1984, 235.

1056 *Schmitt Glaeser/Horn* VerwProzR Rn. 441.

1057 Dazu BVerwG NVwZ 1995, 487.

Dagegen gelten die Anforderungen des Art. 80 GG für **Satzungen** als originäre 645
Rechtsnormen im Bereich kommunaler Selbstverwaltung nicht. Allerdings ist im Hinblick auf die Wesentlichkeitstheorie[1058] **nicht immer** die **allgemeine Ermächtigung**
zum Erlass von Satzungen (§ 4 BWGO, Art. 22 f. BayGO) **ausreichend,** sondern es
bedarf spezieller gesetzlicher Grundlagen, um Gemeinden zu Eingriffen in Grundrechte zu ermächtigen.[1059] Auch die Befugnis, die Benutzung ihrer öffentlichen Einrichtungen zu regeln, bildet keine ausreichende gesetzliche Ermächtigungsgrundlage,
um einen Eingriff in die durch Art. 12 I GG geschützte Berufsausübungsfreiheit etwa
der Steinmetze zu tragen.[1060]

> **Beispiel:** So bedarf es spezieller gesetzlicher Ermächtigungen zur **Einführung eines An-** 646
> **schluss- und Benutzungszwanges** per Satzung (§ 11 BWGO, Art. 24 BayGO) oder zur Er-
> hebung von Kommunalabgaben nach den jeweiligen Kommunalabgabengesetzen. Erstere
> können zulässig **auf öffentliche Einrichtungen der Gemeinde beschränkt** werden. Das ist
> **mit Art. 28 II GG** jedenfalls dann **vereinbar,** wenn man die kommunale Organisationshoheit
> nur in einem Kernbereich geschützt sieht, zu dem nicht gehört, einen Anschluss- und Benut-
> zungszwang festzulegen, und im Übrigen nur die Beibehaltung organisatorischer Befugnisse
> als solcher verlangt.[1061] Ein Anschluss- und Benutzungszwang für eine öffentliche Einrichtung
> mit einer juristischen Person des Privatrechts ohne kommunale Beteiligung als Betreiberin ist
> ohnehin nur verhältnismäßig, wenn die Kommune über hinreichende Einflussmöglichkeiten
> zur Gewährleistung der Versorgungssicherheit verfügt.[1062]

Die **Ermächtigungsgrundlage** muss zunächst selbst **formell und materiell rechtmä-** 647
ßig sein. Enthält der Sachverhalt keine Hinweise zur Entstehung der Ermächtigungsgrundlage, so werden sich in formeller Hinsicht regelmäßig keine Probleme ergeben.
Im Rahmen der Prüfung der materiellen Rechtmäßigkeit der Ermächtigungsgrundlage
ist bei Rechtsverordnungen gem. Art. 80 I 2 GG der Frage nachzugehen, ob das zum
Erlass der Verordnung ermächtigende Gesetz (Verordnungsermächtigung) **Inhalt,**
Zweck und Ausmaß der erteilten Ermächtigung hinreichend klar zum Ausdruck
bringt **(Bestimmtheitstrias).** Für die ordnungsgesetzliche Generalermächtigung zum
Erlass von Verordnungen zur Gefahrenabwehr (§§ 10 ff. BWPolG) ist dies allerdings
trotz der begrifflichen Weite von »öffentlicher Sicherheit und Ordnung« allgemein anerkannt.[1063]

2. Formelle Rechtmäßigkeit

Die **Erlassbehörde** muss für den Erlass der Norm **zuständig** gewesen sein und das **ge-** 648
setzlich vorgeschriebene Verfahren wie die **erforderliche Form eingehalten** haben.
Bei **Gefahrenabwehrverordnungen** sind insbesondere die strengen Formvorschriften
hinsichtlich der Angabe der Rechtsgrundlage(n) (Zitiergebot s. Art. 80 I 3 GG), und
zwar aller erkennbar benutzten ermächtigenden Einzelvorschriften,[1064] der Überschrift, des Erlasszeitpunktes etc zu beachten (vgl. § 15 f. BWPolG). Bei gemeindlichen
Satzungen bedarf es eines ordnungsgemäßen Satzungsbeschlusses des Gemeindera-

---

1058 Über das, was für die Grundrechtsverwirklichung wesentlich ist, hat allein der Gesetzgeber zu
entscheiden → Rn. 408 f.
1059 BVerfGE 33, 125 (157 ff.) – Facharztbeschluss.
1060 BVerwGE 148, 133 (Ls. 3) – Grabmale aus Kinderarbeit.
1061 BVerwGE 123, 159 (162 ff.); BVerwG NVwZ 2005, 963 (963 f.); näher krit. → Rn. 175 f.
1062 BVerwGE 123, 159 (164 f.).
1063 Steiner/*Schenke* VerwR BT II Rn. 318.
1064 BVerfGE 101, 1 (41) – Hennenhaltungsverordnung.

tes,[1065] einer öffentlichen Bekanntmachung (§ 7 IV NRWGO, § 4 II BWGO, Art. 26 I BayGO) und etwaiger aufsichtsbehördlicher Genehmigungen (vgl. § 7 I 2 NRWGO). Zu beachten ist zudem im Bereich gemeindlicher Satzungen, dass bestimmte Verfahrens- oder Formfehler nach Ablauf eines Jahres ab Verkündung nicht mehr erfolgreich geltend gemacht werden können (§ 7 VI NRWGO, § 4 IV BWGO).[1066]

3. Materielle Rechtmäßigkeit (Subsumtion)

649 Die materielle Rechtmäßigkeit der Verordnung oder Satzung setzt zunächst voraus, dass diese **mit der Ermächtigungsgrundlage in Einklang** steht. Dies ist dann der Fall, wenn die Norm die Voraussetzungen der Ermächtigungsgrundlage erfüllt.

650 **Fall** nach VGH Mannheim DÖV 1998, 1015: Die Stadt S erlässt eine ordnungsrechtliche Verordnung, in der das Betteln auf öffentlichen Straßen bzw. in öffentlichen Anlagen generell untersagt wird. Der Gelegenheitsbettler K rügt die Rechtmäßigkeit der Verordnung, weil er schließlich niemanden störe, wenn er nach einer »kleinen Spende« frage.

Von der formellen Rechtmäßigkeit der Verordnung ausgehend stellt sich die Frage, ob Betteln auf öffentlichen Straßen eine **abstrakte Gefahr für die öffentliche Sicherheit und Ordnung** gem. § 27 I NRWOBG (§ 10 I iVm § 1 I BWPolG) sein kann. Betteln allgemein verstößt aber weder gegen strafrechtliche Vorschriften noch stellt es eine Ordnungswidrigkeit nach § 118 OWiG dar. Es mag aggressive Formen des **Bettelns** geben, bei denen Passanten bedrängt werden und deshalb auch Störungen der öffentlichen Sicherheit und Ordnung zu besorgen sind. Nur dieses und nicht auch das sog. stille Betteln kann dann aber auf dem Verordnungswege verboten werden. Da die Verordnung allgemein das Betteln verbietet, hält sie sich nicht im Rahmen der Ermächtigungsgrundlage und ist deshalb materiell rechtswidrig und damit nichtig.

651 **Fall** nach BVerwGE 116, 347: Eine Rechtsverordnung erlegt den Haltern von Hunden bereits bei Gefahrverdacht, der durch die Zugehörigkeit zu einer bestimmten Rasse begründet wird, Sicherheitsvorkehrungen vom Tragen eines Maulkorbes bis zur Tötung auf.

Die **Landesordnungsgesetze** ermächtigen lediglich zur **Abwehr abstrakter Gefahren**. Das setzt nach klassischem Verständnis voraus, dass aus gegenwärtigen Zuständen kausal gewisse andere Schaden bringende Zustände oder Ereignisse erwachsen werden. Bloße Schadensmöglichkeiten oder Besorgnispotenziale reichen hierfür nicht aus. Vorsorgemaßnahmen sind daher nach dem BVerwG nicht umfasst. Mangels gesetzlicher Grundlage ist danach die Verordnung nichtig.
Allerdings wird der Gefahrbegriff sehr stark durch **wertende Elemente** bestimmt. Bei hochwertigen Schutzgütern genügen geringere Anforderungen an die Eintrittswahrscheinlichkeit (→ Rn. 867). Werden somit gewisse Unsicherheiten akzeptiert, bestehen fließende Übergänge zwischen Gefahr und Gefahrverdacht. Auch bei Letzterem müssen gewisse tatsächliche Anhaltspunkte vorhanden sein. Damit kann ebenfalls ein Schadensfall erwartet werden. Er ist nur weniger wahrscheinlich. Für den Schutz hochwertiger Rechtsgüter kann dies aber genügen. Danach wäre in solchen Fällen auch der Gefahrverdacht vom Gefahrbegriff der Landesordnungsgesetze umfasst.[1067] Die Verordnung wäre gültig.

1065 § 41 I 1 f. NRWGO und Art. 32 II 2 BayGO untersagen ausdrücklich eine Übertragung dieser Kompetenz auf andere gemeindliche Organe.
1066 S. zu den Spezialbestimmungen der §§ 214 ff. BauGB → Rn. 669 f., 674.
1067 *Frenz*, Freiwillige Gefahrenprävention, 2003, 19 ff. mwN.

4. Bestimmtheit

Die einzelnen Regelungen müssen jeweils hinreichend bestimmt sein, damit der Adressat erkennen kann, was von ihm verlangt wird. Unbestimmte Rechtsbegriffe sind ohne Weiteres zulässig, wenn sich ein Tatbestand als Ge- oder Verbot wegen der Eigenart des Sachbereiches mit beschreibenden Merkmalen nicht ausreichend darstellen lässt. Das gilt insbesondere für Verordnungen der Gefahrenabwehr, die wie Kampfhundeverordnungen auf die verschiedensten Lebenssituationen reagieren müssen.[1068]   **652**

5. Ermessen[1069]

Ist dem Verordnungs- oder Satzungsgeber ein Entschließungs- oder Gestaltungsermessen eingeräumt, muss dieses ordnungsgemäß ausgeübt worden sein. Dies richtet sich allgemein wie auch bei der Überprüfung von VA nach der **Ermessensfehlerlehre**.[1070] Im Rahmen des Ermessens ist insbesondere die **Vereinbarkeit mit höherrangigem Recht** zu prüfen. So kann die Verordnung oder Satzung ermessensfehlerhaft sein, weil aufgrund einer **unzulässigen Rückwirkung** ein Verstoß gegen das Gebot der Rechtssicherheit als Ausprägung des Rechtsstaatsprinzips vorliegt.[1071] Oder der Ermessensfehler beruht auf einem **Verstoß gegen Grundrechte**.   **653**

> **Fall** zur Überprüfung einer Hundehalterverordnung OVG Frankfurt (Oder) NVwZ 2001, 223; Auszug aus der Gefahrhundeverordnung des Landes Schleswig-Holstein v. 28.6.2000 (GefHuVO):   **654**
> »§ 5: Die örtliche Ordnungsbehörde kann das Halten eines gefährlichen Hundes untersagen oder die Einziehung oder Tötung eines gefährlichen Hundes anordnen, wenn Tatsachen die Annahme rechtfertigen, dass durch die Haltung eine Gefahr für Leben oder Gesundheit von Menschen oder Tieren ausgeht. Eine derartige Gefahr ist insbesondere anzunehmen, wenn
> 1. es sich um einen gefährlichen Hund handelt und dieser von einer Person gehalten wird, die nicht die notwendige Eignung für die Haltung oder die Führung von gefährlichen Hunden besitzt, ... «

> Die Regelung des § 5 GefHuVO könnte ermessensfehlerhaft sein, weil sie nicht mit der Eigentumsgarantie des Art. 14 GG vereinbar ist. Ein Eingriff in eine bestehende Eigentumsposition liegt durch die Einziehung oder Tötung von gefährlichen Hunden vor. Anknüpfungspunkt sind die von diesen Tieren ausgehenden Gefahren, die neutralisiert werden sollen, nicht davon losgelöste öffentliche Zwecke. Daher stellt die Tötung eines gefährlichen Tieres keine Enteignung dar.[1072] Diese Inhaltsbestimmung ist angesichts der von Kampfhunden ausgehenden Gefahren für die Allgemeinheit grundsätzlich zulässig. Typisierende, an Hunderassen anknüpfende Regelungen sind außer bei notwendig zügig durchzuführenden Maßnahmen allerdings nur möglich, wenn der Einzelne eine so vermutete Gefährlichkeit seines Hundes widerlegen kann (→ Rn. 535, 651).
> Art. 14 GG ist vorliegend insbesondere deshalb gewahrt, weil neben den tatbestandlichen Voraussetzungen für eine Tötungsanordnung (Gefahr für Leben und Gesundheit von Menschen; gefährlicher Hund; ungeeigneter Halter) der Behörde für die Entscheidung im konkreten Fall ein Ermessen eingeräumt wird, sodass sie auf einzelne Umstände adäquat reagieren kann. Wird dieses Ermessen im Einzelfall nicht richtig ausgeübt, so kann die Tötungsanordnung selbst wegen Verstoßes gegen Art. 14 GG rechtswidrig sein.[1073]

1068 OVG Frankfurt (Oder) NVwZ 2001, 223 (225).
1069 *Voßkuhle* JuS 2008, 117.
1070 Dazu → Rn. 921.
1071 Näher dazu → Rn. 236ff.
1072 → Rn. 535; *Caspar* DVBl. 2000, 1580 (1587f.).
1073 Zu polizeirechtlichen Aspekten OVG Münster NVwZ 2001, 227.

655 Erlässt eine Gemeinde eine Satzung, mit der sie den **Zwang zu Anschluss und Benutzung einer** von ihr betriebenen **Einrichtung** anordnet (→ Rn. 646), so kann es im Hinblick auf Art. 12 und 14 GG erforderlich sein, Ausnahmemöglichkeiten für Härtefälle vorzusehen. So darf etwa eine Brauerei nicht gezwungen werden, die kommunale Wasserversorgung zu benutzen, wenn deren Wasserqualität zu schlecht für das Brauen eines Qualitätsbieres ist. Die Möglichkeit solcher Ausnahmen sieht § 11 III BWGO ausdrücklich vor.[1074]

III. Bebauungspläne

656 Besonders häufig zu prüfen, weil sie in allen Bundesländern einen möglichen Gegenstand eines Normenkontrollverfahrens bilden, sind **Bebauungspläne.** Sie werden nach § 10 I BauGB – wie auch **Veränderungssperren** nach § 16 BauGB – **als Satzung beschlossen.** Daher lassen sich baurechtliche Fragestellungen mit solchen des **Kommunalrechts** kombinieren. Einschlägig ist insbesondere das zu einem ordnungsgemäßen Satzungsbeschluss **führende Verfahren.** Dazu gehören die Einberufung des Rates (ordnungsgemäße Ladung, vor allem Einhaltung von Frist, Form, Angabe der Tagesordnungspunkte usw), die Öffentlichkeit der Sitzung (§ 48 II 1 NRWGO; § 35 BWGO),[1075] die Beschlussfähigkeit des Rates (§ 49 I 1 NRWGO) sowie etwaige Folgen eines Mitwirkungsverbotes wegen Befangenheit eines Ratsmitglieds (zB § 43 II iVm § 31 NRWGO; § 18 BWGO).[1076]

1. Ermächtigungsgrundlage

657 Ermächtigungsgrundlage für den Erlass eines Bebauungsplanes sind §§ 1 III 1, 2 I, 10 I BauGB.

2. Formelle Rechtmäßigkeit

658 Die formellen Anforderungen an den Bebauungsplan sind eine Kombination aus den Vorschriften des BauGB und der jeweiligen Gemeindeordnung.

659 a) **Zuständigkeit.** Für die Aufstellung und den satzungsförmigen Beschluss von Bebauungsplänen sind nach §§ 2 I, 10 I BauGB die **Gemeinden sachlich zuständig.** Die **Verbandskompetenz** für den Erlass sonstiger baurechtlicher Satzungen ergibt sich aus den jeweils einschlägigen Bestimmungen, also vor allem §§ 14 I, 16 I, 22 I, 25 I BauGB. Das auf Gemeindeebene zuständige Organ (**Organkompetenz**) für den Erlass, die Änderung und die Aufhebung von Satzungen ist der **Gemeinderat** (vgl. zB § 41 I 2 lit. f NRWGO).

660 b) **Verfahren.** Die verfahrensrechtlichen Anforderungen an den Erlass eines Bebauungsplans ergeben sich vor allem aus den **§§ 2–4a BauGB.** Ausgangspunkt für das förmliche Aufstellungsverfahren ist nach § 2 I 2 BauGB ein entsprechender **Aufstellungsbeschluss** der Gemeinde, der ortsüblich bekannt zu machen ist. Eine erneute Auslegung ist bei inhaltlichen Modifikationen mit möglichen nachteiligen Änderungen notwendig.[1077] Im Anschluss daran sind andere Behörden und sonstige **Träger öffentlicher Belange** nach § 4 BauGB **und die Bürger** nach § 3 BauGB **zu beteiligen.** Inso-

---

1074 Vgl. demgegenüber Art. 24 BayGO.
1075 Dazu ausf. *Rabeling* NVwZ 2010, 411.
1076 → Rn. 692f., 1564f.
1077 BVerwG NVwZ 2010, 777.

weit greift die interne Unbeachtlichkeitsklausel des § 214 I 1 Nr. 2 BauGB. Diese gilt zwar unmittelbar nur für eine Verletzung der Vorschriften über die Öffentlichkeits- und Behördenbeteiligung, erfasst aber auch eine Verletzung von § 13 I BauGB, wenn die Gemeinde verkannt hat, dass die Änderung oder Ergänzung des Bauleitplans die Grundzüge der Planung berührt und dadurch entsprechende Beteiligungen über eine mangelnde Begründung verletzt wurden. Eine Ausnahme besteht, wenn unionsrechtlich eine Umweltprüfung durchgeführt werden musste.[1078]

§ 2 III BauGB verlangt, die **für die Abwägung bedeutenden Belange** zu **ermitteln und** zu **bewerten**. Dabei handelt es sich um die »**Verfahrensgrundnorm**«, die von der materiell-rechtlichen Abwägung zu trennen ist.[1079] Sie ist mit der **Heilungsvorschrift nach § 214 I 1 Nr. 1 BauGB** gekoppelt. Fehler bei der Ermittlung und Bewertung sind nur beachtlich, wenn die betroffenen von der Planung berührten **Belange** der Gemeinde **bekannt waren oder hätten bekannt sein müssen**. Nicht bekannte oder erkennbare Belange sind damit von vornherein nicht beachtlich. »Was die planende Stelle nicht ›sieht‹ und nach den gegebenen Umständen nicht zu ›sehen‹ braucht, kann und muss sie bei der Abwägung nicht berücksichtigen.«[1080]   **661**

Bekannte private Belange muss die Gemeinde aber nur einbeziehen, wenn sie in der konkreten Situation einen **städtebaulich relevanten** Bezug haben. Außer Betracht bleiben auch geringwertige oder mit einem Mangel behaftete Interessen sowie solche, auf deren Fortbestand kein schutzwürdiges Vertrauen besteht.[1081] Solche Belange hat die Gemeinde nicht zu ermitteln und zu bewerten. Die Wirksamkeit des Bebauungsplans hängt davon nicht ab. Es handelt sich von vornherein um keinen wesentlichen Punkt nach § 214 I 1 Nr. 1 BauGB. Insoweit vorliegende Fehler werden schon deshalb geheilt.   **662**

Handelt es sich um einen bekannten oder erkennbaren Punkt, der in der konkreten Planungssituation für die Abwägung von Bedeutung war, ist er wesentlich iSv § 214 I 1 Nr. 1 BauGB. Wurde er nicht zutreffend ermittelt oder bewertet, muss weiter nach den Umständen des Falles die **konkrete Möglichkeit** bestehen, dass ohne den Mangel im Vorgang die **Planung anders ausgefallen wäre**. Der Mangel im Abwägungsvorgang muss also potenziell das Abwägungsergebnis beeinflusst haben. Dies beurteilt sich nach den Planunterlagen bzw. den sonst erkennbaren oder naheliegenden Umständen.   **663**

> **Beispiel** nach BVerwGE 131, 100 – Heilung Bauplanungsfehler: Auch wenn schon viele (andere) wohnfremde Nutzungen vorhanden sind, ist es für die Festsetzung eines besonderen Wohngebietes gem. § 4a BauNVO abwägungsrelevant für die betroffenen Grundstückseigentümer, ob drei vorhandene Diskotheken nur in einem Kernbereich nach § 7 BauNVO planungsrechtlich zulässig sind. Dann nämlich haben sie in einem besonderen Wohngebiet keinerlei Erweiterungsperspektive. Entsprechend gravierend sind die Eigentümer nachteilig von der Planung berührt. Diese Belange hätten daher ermittelt und bewertet werden müssen. Sie berühren schon allein aufgrund ihrer Abwägungserheblichkeit »wesentliche Punkte« iSv § 214 I 1 Nr. 1 BauGB. Indes ist dies unbeachtlich, wenn die Gemeinde unabhängig davon und auch bei Kenntnis dieses Punktes wie geschehen ein besonderes Wohngebiet geplant hätte.   **664**

1078 BVerwGE 134, 264 (275).
1079 BVerwGE 131, 100 (105 f.) – Heilung Bauplanungsfehler.
1080 BVerwGE 131, 100 (106) – Heilung Bauplanungsfehler; bereits 59, 87 (103).
1081 BVerwGE 131, 100 (107 f.) – Heilung Bauplanungsfehler; bereits 107, 215 (219); 59, 87 (102).

665   c) **Umweltprüfung.** Gemäß § 2 IV BauGB ist eine **Umweltprüfung** durchzuführen, in der die voraussichtlichen erheblichen Umweltauswirkungen ermittelt und in einem Umweltbericht nach Anlage 1 zum BauGB beschrieben und bewertet werden. Dieser Bericht ist Bestandteil der Begründung zum Bebauungsplan (→ Rn. 669). Der Umfang und die Tiefe der Umweltprüfung richten sich nach dem bestehenden Wissen und den anerkannten Prüfmethoden sowie dem Zuschnitt des Bebauungsplans. Das Vorgehen bestimmt sich nach den Verfahrensschritten gem. Nr. 2 Anhang 1 zum BauGB.

666   Die Umweltprüfung entfällt im nach § 13 I BauGB möglichen **vereinfachten** sowie im beschleunigten **Verfahren** (§ 13 III iVm § 13 a II Nr. 1 BauGB). Ersteres betrifft die bloße **Änderung oder Ergänzung** eines Bebauungsplans, welche die **Grundzüge der Planung nicht berührt,** sowie die Neuaufstellung von **Bebauungsplänen im Innenbereich** nach § 34 BauGB (→ Rn. 1182) **ohne wesentliche Veränderung** des vorgegebenen **Zulässigkeitsmaßstabs** oder nur zur Erhaltung oder Entwicklung **zentraler Versorgungsbereiche** nach § 9 IIa BauGB (→ Rn. 1186). Allerdings darf weder eine UVP-Pflicht ausgelöst werden noch dürfen Anhaltspunkte für eine Beeinträchtigung von Habitat- oder Vogelschutzgebieten nach § 34 BNatSchG bestehen (§ 13 I Nr. 1, 2 iVm § 1 VI Nr. 7 lit. b BauGB). Das ist auch Voraussetzung für das **beschleunigte Verfahren** (§ 13 a I 4 und 5 BauGB). Dieses kann gem. § 13 a I 1 BauGB für **flächenmäßig begrenzte Bebauungspläne der Innenentwicklung** genutzt werden.[1082]

667   d) **Auslegung und Öffentlichkeitsbeteiligung.** Nach § 3 II BauGB ist der Entwurf des **Bebauungsplans mit Begründung** und den **umweltbezogenen Stellungnahmen,** die bereits vorliegen und nach Einschätzung der Gemeinde wesentlich sind, nach vorheriger ortsüblicher Bekanntmachung **für einen Monat öffentlich auszulegen.** Nur währenddessen können **Stellungnahmen** abgegeben werden; spätere können unberücksichtigt bleiben, sofern darauf bei der Bekanntmachung hingewiesen wurde (→ Rn. 627). Entsprechende Einwendungen können dann auch nicht mehr in einem Antrag nach § 47 VwGO zulässig vorgebracht werden.

668   e) **Beschluss.** Dann wird der Bebauungsplan nach § 10 I BauGB vom **Gemeinderat als Satzung beschlossen.** Dieser Beschluss wird allerdings nicht von etwaigen Mängeln im **Aufstellungs- oder Auslegungsbeschluss (§§ 2 I 2, 3 II BauGB)** infiziert, da diese beiden Beschlüsse **keine Wirksamkeitsvoraussetzung** für den späteren Bebauungsplan sind.[1083] Fehlt es lediglich an einem Aufstellungsbeschluss nach § 2 I 2 BauGB, kann dieser im späteren Verfahren nachgeholt werden, was grundsätzlich mit Auslegung des Bebauungsplanentwurfes nach § 3 II BauGB geschieht. Der **Auslegungsbeschluss heilt** insoweit den **fehlenden Aufstellungsbeschluss.** Eine **Ausnahme** besteht aber dann, **wenn** sich die dort enthaltenen **Fehler** im Abwägungsvorgang **auf den Satzungsbeschluss auswirken** (Mitwirkung eines befangenen Ratsmitglieds)[1084] **oder** wenn der **Aufstellungsbeschluss** wie in § 14 I BauGB für den Erlass einer Veränderungssperre **gesetzliche Voraussetzung einer anderen Maßnahme** ist.[1085]

1082 Näher *Battis/Krautzberger/Löhr* NVwZ 2007, 121 (123 ff.).
1083 Vgl. BVerwGE 79, 200 (203 f.).
1084 Zu beachten sind insoweit aber kommunale Vorschriften zur Planerhaltung, zB § 7 VI NRWGO oder § 4 IV, V BWGO.
1085 BVerwGE 79, 200.

f) Begründung einschließlich Umweltbericht. Nach § 9 VIII BauGB ist dem Bebauungsplan eine **Begründung** beizufügen, in der die wesentlichen Ziele, Zwecke und Auswirkungen **des Bebauungsplans,** und zwar auch auf die Umwelt (§ 2a BauGB), darzustellen sind. Dieser **Umweltbericht** (→ Rn. 665) bildet gem. § 2a S. 3 BauGB einen gesonderten Teil der Begründung. Eine Verletzung dieser Begründungspflicht ist nach § 214 I Nr. 3 Hs. 2 und 3 BauGB nur eingeschränkt beachtlich. Gemäß § 10 IV BauGB bedarf es einer **zusammenfassenden Erklärung** über die Berücksichtigung der Umweltbelange sowie der Ergebnisse der Öffentlichkeits- und Behördenbeteiligung. 669

g) Ausfertigung. Der **Satzungsbeschluss des Gemeinderates** ist **auszufertigen** und, da er die Authentizität beurkundet, vom Bürgermeister zu unterschreiben (vgl. zB § 52 I 2 NRWGO). Ob dafür genügt, wenn der Bürgermeister das Sitzungsprotokoll mit Wiedergabe des Beschlusses über den Bebauungsplan unterzeichnet, ist zweifelhaft.[1086] Das BVerwG verweist auf das Landesrecht und verlangt im Übrigen nicht notwendig eine förmliche Ausfertigung in einer besonderen Originalurkunde.[1087] 670

Das Fehlen der Ausfertigung ist nicht heilbar; § 214 BauGB greift nicht, weil ein kommunalrechtlicher Mangel und keiner des BauGB vorliegt. Eine Nachholung ist zwar möglich; dann aber sind die nachfolgenden Schritte zu wiederholen. Erfolgen muss die Ausfertigung vor der Bekanntmachung. Relevant ist in diesem Zusammenhang die Heilungsvorschrift des § 7 VI NRWGO. 671

h) Genehmigung und Heilung. Nach dem Satzungsbeschluss bedarf es, wenn der Bebauungsplan nicht gem. § 8 II 1 BauGB aus dem Flächennutzungsplan entwickelt wurde, gem. **§ 10 II BauGB** einer **Genehmigung** durch die höhere Verwaltungsbehörde. Sie heilt bestehende Mängel nicht. Wird nur eine abweichende Fassung genehmigt, ist ein erneuter Beschluss erforderlich, eine erneute Genehmigung aber nur bei Nichtbefolgen einer Auflage. 672

j) Bekanntmachung. Die **Genehmigung** bzw., wenn nicht erforderlich, der Beschluss des Bebauungsplanes **ist nach § 10 III BauGB ortsüblich bekannt zu machen** und zur Einsicht bereit zu halten. Danach folgende Änderungen bedürfen eines neuerlichen Beschlussverfahrens, es sei denn, es handelt sich um Änderungen oder Ergänzungen nach Maßgabe von § 13 I BauGB, für die ein **vereinfachtes Verfahren** genügt (→ Rn. 666). 673

k) Heilung von Mängeln. Wenn Verstöße gegen diese formellen Voraussetzungen bestehen, ist sehr sorgfältig eine **Heilung aufgrund der Planerhaltungsvorschriften der §§ 214, 215 BauGB zu prüfen** (→ Rn. 661). Diese beziehen sich allerdings auf Mängel nach dem BauGB. Zum Teil werden auch materielle Defizite geheilt, so gem. § 215 BauGB Abwägungsmängel. Die Unbeachtlichkeit nach § 215 BauGB setzt allerdings voraus, dass der Mangel nicht innerhalb eines Jahres seit Bekanntmachung des Flächennutzungsplans oder der Satzung schriftlich gegenüber der Gemeinde geltend gemacht und dabei näher dargelegt wurde; auf dieses Erfordernis und die Konsequenzen muss freilich zuvor gem. § 215 II BauGB bei der Inkraftsetzung dieser Pläne hingewie- 674

1086 Abl. OVG Bautzen UPR 2009, 34; VGH München DÖV 2003, 641; bejahend VGH Mannheim DÖV 2009, 544.
1087 BVerwGE 88, 204 (207 ff.); näher *Ziegler* DVBl. 2010, 291.

sen worden sein. § 214 IV BauGB sieht die **Behebung eines Mangels im ergänzenden Verfahren** vor. Insoweit ist ein nochmaliger (ordnungsgemäßer) Gemeinderatsbeschluss notwendig. Der mangelhafte Plan kann dadurch auch rückwirkend in Kraft gesetzt werden.

3. Materielle Rechtmäßigkeit

675 a) **Planrechtfertigung.** Die Aufstellung des Bebauungsplanes muss gerechtfertigt sein. Das ist nach § 1 III 1 BauGB dann der Fall, wenn ein städtebauliches Bedürfnis besteht. Diese **städtebauliche Erforderlichkeit** ist voll nachprüfbar.

676 b) **Entwicklungsgebot.** Bebauungspläne sind nach § 8 II BauGB aus dem Flächennutzungsplan zu entwickeln, sofern für die Ordnung der städtebaulichen Entwicklung erforderlich. Entwickeln heißt, dass der **Bebauungsplan** die zugrunde liegenden **Darstellungen des Flächennutzungsplans konkreter ausgestaltet und zugleich verdeutlicht.** Abweichungen sind daher nur insoweit zulässig, als sie sich aus dem Übergang in eine konkrete Planungsstufe rechtfertigen und die Grundkonzeption des Flächennutzungsplans unberührt lassen.[1088] Je konkreter der Flächennutzugsplan ist, desto eher muss sich die Gemeinde an ihn halten (→ Rn. 612). Bei parzellenscharfen Festlegungen muss sie auch die Nutzungsaussichten der betroffenen Grundstückseigentümer etwa für eine Biogasanlage in die Abwägung einbeziehen.[1089]

677 Zwar ist der **Flächennutzungsplan** gem. § 5 I 1 BauGB auf die **Grundzüge der Art der Bodennutzung** zu beschränken. Wie weit diese reichen, hängt aber von der jeweiligen planerischen Konzeption ab. Um die Grundzüge mit der gebotenen Bestimmtheit darzustellen, können parzellenscharfe Festlegungen wie Flächenbegrenzungen und Trassenführungen oder Emissionsgrenzwerte erforderlich sein.[1090]

678 § 8 III und IV BauGB regeln eine **parallele bzw. vorzeitige Aufstellung von Bebauungsplänen.** Insoweit gelten jedoch nach § 214 II BauGB umfangreiche Regelungen zur Planerhaltung, wonach zahlreiche Verstöße gegen das Entwicklungsgebot für unbeachtlich erklärt werden.

679 c) **Planungsermessen. aa) Äußere Ermessensgrenzen.** Zwingend zu beachten sind die Planungsleitsätze, insbesondere das **Anpassungsgebot** nach § 1 IV BauGB, das **Abstimmungsgebot** nach § 2 II BauGB und der **Vorrang bestimmter Fachplanungen** nach § 38 BauGB. Die Festlegungen der überörtlichen Gesamtplanung sind allerdings nach § 1 IV BauGB nur beachtlich, wenn es sich dabei um Ziele der Raumordnung (vgl. die Begriffsbestimmung in § 3 Nr. 2 ROG) handelt und diese sich auf überörtliche Aspekte beschränken (s. § 1 ROG). Keine strikte Wirkung entfalten daher sog. Grundsätze oder sonstige Erfordernisse der Raumordnung (vgl. § 3 Nr. 3, 4 ROG) oder andere, auf der Ebene der Raumordnung häufig anzutreffende, mehr oder weniger unverbindliche Programmsätze.

680 Von hervorgehobener Bedeutung ist der **Festsetzungskatalog der §§ 9, 9 a BauGB** iVm **BauNVO.** Dort ist geregelt, welche Festsetzungen in Bebauungsplänen zulässig sind. Darüber hinausgehende zusätzliche Festsetzungen sind unzulässig. Insoweit be-

---

1088 BVerwG NVwZ 2000, 197 (198); NVwZ 2007, 825 (826).
1089 BVerwG NVwZ 2007, 825 (826).
1090 BVerwGE 124 132 (138).

steht ein sog. **Typenzwang,** dh der Gemeinde steht kein »Festsetzungserfindungs-recht« zu.

Diese Beschränkung auf die festgelegten Typen entfällt gem. § 12 III 2 BauGB für **vor-** **habenbezogene Bebauungspläne.** Insoweit besteht nach § 12 IIIa 1 BauGB gar keine Pflicht zur konkreten Festsetzung. Die Nutzung muss nur »allgemein« festgesetzt sein, die nähere planerische Festsetzung des Vorhabens bleibt dem **Durchführungs-** **vertrag** überlassen, den die Gemeinde mit einem privaten Partner schließt. Sowohl dieser Partner als auch der Inhalt können nachträglich ausgetauscht werden, ohne dass ein neues Planungsverfahren erforderlich ist.[1091]

681

bb) Innere Ermessensgrenzen. Stets und in besonderer Weise zu prüfen ist die Ein-haltung des Abwägungsgebotes nach § 1 VII BauGB. Dessen Wahrung setzt voraus, dass

682

- überhaupt eine Abwägung stattfindet (wenn nicht: **Abwägungsausfall**),
- sämtliche wesentliche Belange ermittelt und in die Abwägung einbezogen wurden (anderenfalls **Abwägungsdefizit**),
- das Abwägungsmaterial richtig gewichtet wurde, also nicht unwesentliche Belange für bedeutsam gehalten wurden (bei Fehlern: **Abwägungsfehlgewichtung bzw.** **-überschuss**) und
- die wesentlichen Belange richtig unter- und gegeneinander abgewogen wurden. Es muss also ein Ausgleich gefunden werden, der zur objektiven Gewichtigkeit der ein-zelnen Belange in einem angemessenen Verhältnis steht. Ist dies nicht gewahrt, be-steht eine **Abwägungsdisproportionalität.**

Für die Prüfung der Abwägungsfehlerlehre bei der formellen Rechtmäßigkeit könnte § 214 I BauGB sprechen. Indes handelt es sich um Grundlagen der materiellen Recht-mäßigkeit. Wegen der Abwägungsdisproportionalität wurde § 214 III 2 BauGB so bei-behalten.

Bei diesem letzten Schritt ist das **Gebot der Rücksichtnahme** zu beachten. Aus ihm ist ggf. die weniger störende Alternative zu wählen. Es besteht allerdings zB grundsätz-lich kein Recht auf freie Aussicht, außer diese ist schon in der Bauleitplanung enthalten gewesen oder es existiert eine entsprechende Zusage.

683

Die **öffentlichen Belange** sind in § 1 VI BauGB im Einzelnen aufgeführt, die **privaten** insoweit einzustellen, als sie **evident** sind **oder im Rahmen von § 3 II BauGB vorge-bracht** wurden. **Nachbargemeindliche Belange** sind auch dann relevant, wenn die Nachbargemeinde noch keine Abwägungsentscheidung über ihren Plan getroffen hat, allerdings besitzen sie dann ggf. geringeres Gewicht.[1092] Bei der Abweichung von einer parzellenscharfen Festlegung im Flächennutzungsplan sind auch die darauf zurückzu-führenden **Nutzungsaussichten als private Belange** in die Abwägung einzubezie-hen.[1093] Diese sind den Gründen für eine Abweichung des Bebauungsplans vom Flä-chennutzungsplan gegenüberzustellen. Nach Möglichkeit ist ein Ausgleich zu finden. So muss ein bislang ruhig gelegenes Wohngrundstück vor Lärmstörungen durch eine Kleingartenanlage mit Vereinsheim adäquat geschützt werden.[1094]

684

1091 Vgl. zu den Auswirkungen auf § 30 BauGB → Rn. 1170.
1092 BVerwG DVBl. 2010, 839.
1093 BVerwG NVwZ 2007, 825 (826).
1094 S. BVerwGE 107, 215 (222).

685 § 1 a BauGB konkretisiert § 1 V, VI Nr. 7 BauGB und damit die Schutz- und Vorsorgefunktion der bauleitplanerischen Abwägung für die Umwelt. § 1 a II 3 BauGB verlangt auch die **Berücksichtigung der Umweltbelange** nach § 1 a II 1, 2 BauGB. Diese Soll-Vorgaben des sparsamen und schonenden Umgangs mit Grund und Boden sowie der Erhaltung von Landwirtschafts-, Wald- und Wohnflächen sind grundsätzlich zu wahren. Zudem ist nach § 1 a III 1 BauGB zu berücksichtigen, voraussichtlich **erhebliche Beeinträchtigungen des Landschaftsbildes sowie der Leistungs- und Funktionsfähigkeit des Naturhaushalts** zu vermeiden und auszugleichen. Gelingt dies nicht, gilt nach § 1 a IV BauGB die Eingriffsregelung nach dem BNatSchG. Gemäß § 2 IV 4 BauGB ist auch das **Ergebnis der Umweltprüfung** (→ Rn. 665) in der Abwägung zu berücksichtigen.

686 **cc) Verfassungsmäßigkeit.** Zudem ist Verfassungsrecht zu wahren, so der Grundsatz der Verhältnismäßigkeit und der Gleichheitssatz des Art. 3 I GG. Von besonderer Bedeutung ist die **Eigentumsgarantie.** Zwar bestimmen Bebauungspläne Inhalt und Schranken des Eigentums (→ Rn. 491). Dabei muss aber der Satzungsgeber die schutzwürdigen Interessen des Eigentümers und die Belange des Gemeinwohls in einen gerechten Ausgleich bringen (→ Rn. 520 ff.). Das **Allgemeinwohl** bildet nicht nur Grund, sondern auch **Grenze für eine Belastung** des Eigentums. Daher müssen bauplanerische Festsetzungen für das Gemeinwohl erforderlich sein. Das gilt auch für die konzeptionellen Grundzüge einer Planung.

687 **Beispiel** nach BVerfG NVwZ 2003, 726: Somit ist bei der Festlegung einer Erschließungsstraße zu prüfen, ob diese statt durch private Grundstücke über öffentliche Flächen geführt werden kann.

688 Die **Privatnützigkeit** des Eigentums als dessen grundlegendes Merkmal (→ Rn. 518) muss so weit wie möglich **erhalten** bleiben. Die Bestandsgarantie des Art. 14 I 1 GG (→ Rn. 492) erfordert, in erster Linie eine Belastung des Eigentümers zu vermeiden.

689 **Beispiel** nach BVerfG NVwZ 2003, 727: Deshalb ist zu prüfen, ob auch die Ausweisung einer kleineren öffentlichen Grünfläche im Zusammenhang mit neuer Bebauung zulasten eines privaten Parks den angestrebten Zweck erfüllt. **Vom Eigentümer vorgeschlagene Alternativen sind in die Prüfung einzubeziehen.** Weiter ist relevant, ob **bislang ein Recht zur Bebauung** – etwa nach § 34 BauGB (→ Rn. 1182 ff.) – besteht. Wird dieses entzogen, **muss** das private Interesse am Erhalt mit dem öffentlichen Interesse an einer städtebaulichen Neuordnung **abgewogen werden.** Dabei ist einzubeziehen, dass sich der Entzug der baulichen Nutzungsmöglichkeiten für den Einzelnen wie eine **Teilenteignung** auswirken kann. Eine entsprechende Belastung nur eines Einzelnen muss durch sachliche Gründe namentlich aus dem Geländezuschnitt vorgezeichnet sein, um auch das Gebot der Lastengleichheit zu wahren (→ Rn. 589 f.).

690 **d) Heilung.** Generell ist bei der Nachprüfung, ob die Abwägung rechtmäßig war, die dem Planungsträger zustehende große **Gestaltungsfreiheit** zu berücksichtigen.[1095] Dementsprechend sind **Mängel** im Abwägungsvorgang **nach § 214 III 2 Hs. 2 BauGB nur erheblich,** wenn sie **offensichtlich und auf das Abwägungsergebnis von Einfluss gewesen sind;** Mängel bereits bei der Ermittlung und Bewertung nach § 214 I 1 Nr. 1 BauGB, der letztlich auch auf die Evidenz und die Erheblichkeit für das Abwägungsergebnis abstellt, können nicht als Mängel der Abwägung geltend gemacht werden (§ 214 III 2 Hs. 1 BauGB; → Rn. 595). Ein Grund für die Ausweitung der Vorschriften zur Planerhaltung in den §§ 214 f. BauGB war die besondere Fehleranfälligkeit von Bebauungsplanverfahren und die drohende Nichtigkeitsfolge. Offensichtlich bedeutet dabei objektiv eindeutig nachweisbar. Insoweit führen die Gerichte lediglich eine Evidenzkontrolle durch.

1095 S. bereits BVerwGE 56, 110 (116). Auch BVerfG NVwZ 2003, 727 (727 f.).

Um einen offensichtlichen Mangel bejahen zu können, sind regelmäßig Angaben im   **691**
Sachverhalt erforderlich. Dabei muss zwischen der äußeren und der innere Seite des
Abwägungsvorgangs unterschieden werden.

Zur **äußeren Seite** des Abwägungsvorgangs gehören solche Umstände, die auf objektiv   **692**
fassbaren Umständen beruhen, also durch Protokolle, Aktennotizen oder sonstige Unterlagen eindeutig belegt sind. Ergeben sich hieraus **Mängel,** sind diese **regelmäßig offensichtlich,** sodass sich die Prüfung auf die Frage der Ergebniskausalität beschränkt.
Dort kann sich auch eine fehlende oder nicht hinreichende Abwägung erheblicher Belange wie des Privateigentums ergeben, sodass Abwägungsdefizit bzw. disproportio-
nalität zu bejahen sind.

Anders verhält es sich bei Umständen, die zur **inneren Seite des Abwägungsvorgan-**   **693**
ges zählen, also die innere Einstellung der Mitglieder des Beschlussorgans (idR also der
Ratsmitglieder) betreffen. Ohne Angaben über deren innere Einstellung zu der fraglichen Entscheidung, dh über deren Motive und Beweggründe, fehlt es regelmäßig bereits an der erforderlichen Offensichtlichkeit eines etwaigen Mangels. Enthält der
Sachverhalt hingegen entsprechende Angaben, so ist zu fragen, ob demzufolge die
konkrete Möglichkeit besteht, dass diese fehlerhaften Motive auf das Abwägungsergebnis von Einfluss gewesen sind. **§ 214 III 2 BauGB soll eine Beweiserhebung über
die innere Einstellung der Räte verhindern.** Im Hinblick auf das Abwägungsergebnis ist eine Heilung nach § 215 I Nr. 3 BauGB zu prüfen.

Bebauungsplan

   I. Ermächtigungsgrundlage
  II. Formelle Rechtmäßigkeit
      1. Zuständigkeit
      2. Verfahren
      3. Umweltprüfung
      4. Auslegung und Öffentlichkeitsbeteiligung
      5. Beschluss
 III. Materielle Rechtmäßigkeit
      1. Planrechtfertigung
      2. Entwicklungsgebot
      3. Planermessen
         a) Äußere Ermessensgrenzen
         b) Innere Ermessensgrenzen
         c) Verfassungsmäßigkeit
      4. Heilung

C. Einstweiliger Rechtsschutz nach § 47 VI VwGO

Auch im Rahmen des Normenkontrollverfahrens gibt es die Möglichkeit, **einstweilige**   **694**
Anordnungen zu erlassen. So kann nach **§ 47 VI VwGO** das Gericht auf Antrag eine
einstweilige Anordnung erlassen, wenn dies zur Abwehr schwerer Nachteile oder aus
anderen Gründen dringend geboten ist.

I. Zulässigkeit

695 Der Antrag ist zulässig, **wenn** auch **in der Hauptsache ein Antrag auf Normenkontrolle zulässig wäre**. Zusätzlich bedarf es freilich in Anlehnung an § 123 VwGO der Geltendmachung eines Anordnungsgrundes, also der Darlegung besonderer **Eilbedürftigkeit**.[1096] Das Rechtsschutzbedürfnis für einen Antrag nach § 47 VI VwGO fehlt, wenn der Antragsteller sich wirksam gegen den Vollzug der Norm auch über §§ 80, 123 VwGO wehren kann.[1097]

II. Begründetheit

696 Begründet ist der Antrag, wenn **ernsthafte Zweifel an der Rechtmäßigkeit der Norm** bestehen **und dem Antragsteller** ein **schwerer Nachteil droht**.[1098] Ist dies der Fall, wird die Norm vorerst nicht vollzogen bzw. nicht angewandt. Umstritten ist, ob die einstweilige Anordnung zu einer **generellen oder bloß individuellen Aussetzung des Normvollzugs** führt.[1099] Bei einer generellen Aussetzung würde etwa die Geltung eines Bebauungsplans insgesamt ausgesetzt. Demgegenüber würde sich eine individuelle Aussetzung nur auf einen bestimmten Bereich oder ein einzelnes Grundstück beziehen, während der Bebauungsplan im Übrigen unberührt bliebe.[1100] Für eine generelle Aussetzung spricht zwar der Charakter des § 47 VwGO als objektives Beanstandungsverfahren, dessen Begründetheit gerade nicht vom Vorliegen einer subjektiven Rechtsverletzung abhängt.[1101] Allerdings ist es mittlerweile anerkannt, dass **auch** eine **begrenzte Aussetzung** in dem Umfang ergehen kann, in dem der Antragsteller die Nichtigerklärung der Norm begehrt.[1102]

2. Kapitel. Aufhebung von Verwaltungsakten

§ 8 Verfassungsbeschwerde gegen Verwaltungsakte und Urteile[1]

A. Verfassungsbeschwerde unmittelbar gegen Verwaltungsakte

697 VA sind Akte der öffentlichen Gewalt iSd § 90 I BVerfGG, die Grundrechte verletzen können. Eine Verfassungsbeschwerde ist aber gem. § 90 II 1 BVerfGG nur nach **Erschöpfung des Rechtsweges** zulässig. Dazu müssen alle gegebenen prozessualen Möglichkeiten genutzt, mithin die zulässigen Rechtsmittel eingelegt worden sein. Daher ist der verwaltungsgerichtliche Rechtsschutz grundsätzlich in vollem Umfang in Anspruch zu nehmen (→ Rn. 152). Hierbei müssen klare Anträge gestellt[2] und alle zu-

---

1096 Näher zu § 123 VwGO → Rn. 1075.
1097 *Hufen* VerwProzR § 34 Rn. 8.
1098 *Hufen* VerwProzR § 34 Rn. 10. Vgl. anschaulich zu einer Hundehalterverordnung OVG Frankfurt (Oder) NVwZ 2001, 223.
1099 *Schenke* VerwProzR Rn. 1046.
1100 *Schenke* VerwProzR Rn. 1047.
1101 *Schmitt Glaeser/Horn* VerwProzR Rn. 453.
1102 VGH Mannheim DVBl. 1999, 1734.

  1 Übungsfall: *Jochum* JuS 2003, 370; Leitentscheidungen: BVerfGE 7, 198 – Lüth; 25, 256 – Blinkfüer; 83, 216 – Asyl; 93, 266 – »Soldaten sind Mörder«; NJW 2003, 2815 – Verkäuferin mit Kopftuch; 114, 339 – Stolpe.
  2 BVerfGE 87, 1 (33) – »Trümmerfrauen«.

lässigen Rügen erhoben worden sein.[3] Auch ein Antrag auf Wiederaufnahme des Verfahrens gehört dazu.[4] Als Rechtsweg ist **auch der vorläufige Rechtsschutz** anzusehen. Seine Erschöpfung genügt aber nur dann, wenn sich die Grundrechtsverletzung gerade auf den vorläufigen Rechtsschutz bezieht. Anderenfalls schließt sich naturgemäß das Hauptsacheverfahren an, und erst mit Ausnutzung der dort zur Verfügung stehenden Rechtsmittel ist der Rechtsweg iSv § 90 II 1 BVerfGG erschöpft.

Dieses **Erfordernis der Rechtswegerschöpfung** wird **in § 90 II 2 BVerfGG** nicht aufgehoben, sondern nur **aufgelockert.** In den dort genannten Ausnahmefällen kann eine Verfassungsbeschwerde direkt gegen einen VA erhoben werden. Dies betrifft zum einen **Verfassungsbeschwerden von allgemeiner Bedeutung,** also solche, die über den Einzelfall hinaus **Klarheit über die Rechtslage in einer Vielzahl gleichgelagerter Fälle** schaffen.[5] Zum anderen erfasst § 90 II 2 BVerfGG Fälle mit **schweren und unabwendbaren Nachteilen für den Beschwerdeführer,** etwa bei besonders intensiven Grundrechtseingriffen oder irreparablen Schäden.[6] In beiden Konstellationen »kann« das BVerfG eine Vorabentscheidung treffen, muss dies aber nicht. Eine Entscheidung kann vom Zweck der Norm her direkt dann ergehen, wenn die Erschöpfung des Rechtsweges gar keine Abhilfe schaffen kann und sie daher unzumutbar ist, weil dem Begehren des Beschwerdeführers zB eine gefestigte höchstrichterliche Rspr. entgegensteht.[7] Diese Voraussetzungen werden aber sehr selten zu einer Zulässigkeit der Verfassungsbeschwerde unmittelbar gegen VA führen. **698**

B. Verfassungsbeschwerde gegen gerichtliche Entscheidungen

Grundsätzlich ist also gegen VA der Rechtsweg vor den Fachgerichten zu erschöpfen. Dabei ergehen Urteile, die selbst Gegenstand einer Verfassungsbeschwerde sein können (sog. **Urteilsverfassungsbeschwerde**). Das BVerfG bietet nur die allerletzte Möglichkeit, die Grundrechte zu schützen. Das einfache Recht wie auch die Aufklärung und Würdigung des Sachverhalts bleiben entsprechend der in Art. 92 GG vorausgesetzten Zuständigkeitsverteilung den Fachgerichten überlassen. Das BVerfG ist **keine »Superrevisionsinstanz«**[8]. Als Prüfungsmaßstab für gerichtliche Entscheidungen darf daher nur spezifisches Verfassungsrecht herangezogen werden. **699**

Über die Bindung an Recht und Gesetz nach **Art. 20 III GG** sind auch die **Gewährleistungen der EMRK** zu berücksichtigen, allerdings nur im Rahmen der deutschen Rechtsordnung (→ Rn. 57 f.). Sie entfalten ihre Bedeutung daher insbesondere für die Auslegung. **Entscheidungen des EGMR** sind nur für den jeweils entschiedenen Fall verbindlich. Darüber hinaus muss sich ein deutsches Gericht mit ihnen **inhaltlich auseinandersetzen.** Das gilt auch für die verfassungsrechtliche Würdigung und dabei namentlich die Verhältnismäßigkeitskontrolle. Dabei kann das nationale Gericht auch zu einer abweichenden Haltung gelangen, namentlich wegen der Grundrechte des GG. Selbst bei der **Umsetzung** einer solchen Entscheidung hat es die **Auswirkungen auf die eigene Rechtsordnung einzubeziehen** und darf nicht gegen vorrangiges Recht verstoßen, gilt doch die EMRK lediglich als einfaches Bundesgesetz. Auf die Einpassung ins nationale Recht ist vor allem zu achten, wenn wie im Privatrecht mehrere Grundrechtspositionen in Ausgleich zu bringen sind und in deutschen Gesetzen ihren Niederschlag gefunden haben. Der EGMR lässt dafür im Bereich der zivilgerichtlichen Beurteilung der Medienbericht- **700**

---

3 BVerfGE 83, 216 (228 ff.) – Asyl.
4 BVerfGE 11, 61 (63) – Friedensgerichte; BVerfG NJW 1992, 1030 f.
5 ZB BVerfGE 97, 298 (309 f.) – »extra radio«.
6 BVerfGE 88, 366 (376) – Zuchthengst.
7 BVerfGE 84, 59 (72) – Medizinerprüfung.
8 BVerfGE 7, 198 (207) – Lüth.

erstattung über Personen weite Spielräume, sofern nur seine Eckpunkte beachtet werden.[9] Hält sich ein Gericht nicht an diese Grundsätze, verletzt es das jeweils betroffene Grundrecht iVm dem Rechtsstaatsprinzip (→ Rn. 142 f.).[10]

701 Bei einer Verfassungsbeschwerde gegen Urteile prüft das BVerfG demgemäß nicht die Anwendung des einfachen Rechts, sondern ausschließlich die **Verletzung spezifischen Verfassungsrechts.** Grundrechte sind in diesem Zusammenhang nur dann verletzt, wenn

- ihre **Bedeutung ganz oder grundsätzlich verkannt** wird, obwohl sie in ihrer materiellen Bedeutung für den konkreten Rechtsfall von einigem Gewicht sind,[11]
- die Rechtsanwendung grob und offensichtlich gegen den **Gleichheitssatz** verstößt oder
- die **Grenzen zulässiger Rechtsfortbildung überschritten** werden. Gewisse Auslegungsspielräume gehören freilich zum Wesen richterlicher Tätigkeit.

702 Wie die Fachgerichte völkerrechtliche Verträge und damit vor allem die EMRK anwenden und auslegen, hat das BVerfG allerdings näher zu überprüfen. Insoweit geht es darum, Verletzungen des Völkerrechts zu verhindern und eine völkerrechtliche Verantwortlichkeit Deutschlands zu vermeiden. Spezifisch die EMRK will zudem die gemeineuropäische Grundrechtsentwicklung fördern (s. auch Art. 1 II GG).[12] Eine besondere Rolle spielt das Unionsrecht. Auch insoweit lässt das BVerfG Auslegungsspielräume, und zwar sowohl dem Gerichtshof der EU als auch den nationalen Gerichten. Für diese hat es wegen einer Vorlage an den EuGH spezifische Maßstäbe entwickelt, die im Groben den vorgenannten Grundsätzen ähneln.[13]

703 Je mehr eine Gerichtsentscheidung Grundrechte beeinträchtigt, desto eingehender muss die verfassungsgerichtliche Prüfung sein.[14] Das gilt insbesondere für strafrechtliche Sanktionen.

704 **Fall** nach BVerfGE 93, 266 – »Soldaten sind Mörder«: Sozialkundelehrer L bringt an seinem Fahrradhelm einen Aufkleber mit den Worten »Soldaten sind Mörder« und der Faksimile-Unterschrift »Kurt Tucholsky« darunter an. AG und LG verurteilen L ohne nähere Auseinandersetzung mit dem Gehalt seines Aufklebers wegen Beleidigung nach § 185 StGB. L rügt die Verletzung seines Grundrechts auf freie Meinungsäußerung.

§ 185 StGB stellt eine Beleidigung unter Strafe, sofern nicht berechtigte Interessen nach § 193 StGB wahrgenommen werden. Eine weite Ausdehnung des Begriffs der Beleidigung und eine enge Sicht der berechtigten Interessen hält von Meinungsäußerungen (hier durch das Zueigenmachen des Tucholsky-Zitats) tendenziell ab. Dabei ist die **Meinungsfreiheit** schlechthin konstituierend für die freiheitlich-demokratische Grundordnung. Deswegen kann ein berechtigtes Interesse iSd § 193 StGB auch in der Auseinandersetzung über gesellschaftlich und politisch relevante Fragen bestehen. Bei der Anwendung der strafrechtlichen Vorschriften ist weiter darauf zu achten, dass **alle alternativen Bedeutungen der Äußerung** in Betracht gezogen worden sind und nicht nur die strikteste, zur

---

9 EGMR NJW 2012, 1053 (1057) – von Hannover/Deutschland.
10 BVerfGE 111, 307 (323 ff.) – Görgülü.
11 BVerfGE 103, 89 (100) – Ehevertrag.
12 BVerfGE 111, 307 (328 f.) – Görgülü.
13 BVerfGE 126, 286 (316) – Mangold. Näher → Rn. 80.
14 ZB BVerfGE 61, 1 (6) – Wahlkampf; 81, 278 (289 f.) – Bundesflagge; 83, 130 (145 f.) – Josefine Mutzenbacher; 89, 214 (234) – Bürgschaftsvertrag.

Verurteilung führende. Nur dadurch wird dem unterschiedlichen Verständnis Rechnung getragen, das bei Meinungsäußerungen auftreten kann und den Sprechenden vor Missverständnissen schützt.[15]

So muss die Aussage »Soldaten sind Mörder« nicht in einem umgangssprachlichen Sinn gebraucht und spezifisch gegen die einzelnen Soldaten der Bundeswehr gerichtet sein, sondern kann sich nach Ansicht des BVerfG allgemein »gegen Soldatentum und Kriegshandwerk« wenden und damit der sachlichen Auseinandersetzung dienen. Dann wäre die Aussage auch nicht strafbar, da sie sich nicht auf die persönliche Ehre einzelner Soldaten der Bundeswehr bezieht bzw. jedenfalls ein vor dem Hintergrund des Art. 5 I GG berechtigtes Interesse nach § 193 StGB verfolgt.

Die Abgrenzung im Einzelnen obliegt zwar den Fachgerichten. Diese müssen dabei aber Art. 5 I GG und die daraus abzuleitenden Wertungen wahren. Erfolgt dies wie im Beispielfall nicht, verstößt das Urteil gegen dieses Grundrecht und ist aufzuheben. So war auch ein Strafurteil wegen Beleidigung unter Verwendung einer Kollektivbezeichnung (»FCK CPS«) wegen unzureichender Konkretisierung der betroffenen Personengruppe aufzuheben: Zwar kann auch eine herabsetzende Äußerung mit Bezug auf ein Kollektiv ein Angriff auf die persönliche Ehre der Mitglieder dieses Kollektivs sein, aber nur, wenn es hinreichend überschaubar ist. Die betroffene Personengruppe muss hinreichend konkretisiert sein.[16] Das ist nicht schon deshalb so, weil eine überschaubare Gruppe eine Teilgruppe des nach der allgemeineren Gattung bezeichneten Personenkreises bildet.[17]

Die **Grundrechte** sind nicht nur von den Verwaltungs- und Strafgerichten, sondern **705** auch **von den Zivilgerichten zu beachten.** Zwischen Privatpersonen wirken die Grundrechte außer im Fall des Art. 9 III GG nur mittelbar. Sie strömen vor allem **über unbestimmte Rechtsbegriffe** in zivilrechtlichen Generalklauseln wie die Sittenwidrigkeit nach § 138 BGB, Treu und Glauben nach § 242 BGB,[18] »widerrechtlich« nach § 823 BGB und sittenwidrige Schädigung nach § 826 BGB[19] in die Privatrechtsordnung ein und sind vor allem an diesen **Einbruchstellen** von den Zivilgerichten zu berücksichtigen.

Fall nach BVerfG NJW 2003, 2815 – Verkäuferin mit Kopftuch (bereits → Rn. 396 zu Kopftuchverbot in **706** Kita): Die türkische Verkäuferin T will in Zukunft in der Parfümerieabteilung des K nur noch mit Kopftuch arbeiten und wird daher gekündigt. Ihrer Kündigungsschutzklage gibt schließlich das BAG statt.

§ 1 II KSchG rechtfertigt Kündigungen aus personen-, verhaltens- und betriebsbedingten Gründen, die einer Weiterbeschäftigung im Betrieb entgegenstehen. Das Verhalten der T ist indes als Manifestation des (muslimischen) Glaubens von Art. 4 I GG umfasst (→ Rn. 273, 348). Zudem schützt Art. 12 I bzw. 2 I GG für Ausländer (→ Rn. 330) zwar nicht den Arbeitsplatz unmittelbar, indes das Interesse des Arbeitnehmers an der Erhaltung. Daraus folgt eine staatliche Schutzpflicht vor Arbeitgeberkündigungen; deren Ausdruck sind die geltenden Kündigungsvorschriften. Zugleich schützt Art. 12 I GG das Interesse des Arbeitgebers, nur so viele und solche Mitarbeiter zu beschäftigen, wie es seinen Vorstellungen entspricht.

Diese grundrechtlichen Belange sind im Rahmen von § 1 II KSchG zu beachten und schonend auszugleichen, und zwar von den Fachgerichten. Das BVerfG führt insoweit nur eine **Evidenzkontrolle** auf offenbare Auslegungsfehler durch (→ Rn. 701 f.). Es sieht hier keinen Grund zur Beanstandung, die Belange der T nicht hinter die Unternehmerfreiheit des K zurücktreten zu lassen und daher von K zu ver-

---

15 S. auch BVerfGE 102, 347 (367 ff.); 107, 275 (283) – Benetton-Schockwerbung I und II.

16 Abgelehnt vom BVerfG Beschl. v. 17.5.2016 – 1 BvR 257/14 für das Kürzel »ACAB« (All Cops Are Bastards) auf einer Hose; auch BVerfG NJW 2016, 2643: Dort wurde das Kürzel ACAB in einem Fußballstadion hochgehalten.

17 BVerfG NJW 2015, 2022.

18 Im Hinblick auf mit lebenslänglichen Schulden verbundene Bürgschaftsübernahmen durch einkommens- und vermögenslose Familienangehörige in einer ungleichen Verhandlungssituation BVerfGE 89, 214 – Bürgschaftsvertrag; BVerfG NJW 1994, 2749.

19 S. die Klassiker BVerfGE 7, 198 (205) – Lüth; 25, 256 – Blinkfüer.

langen, die konkrete Gefahr betrieblicher Störungen oder wirtschaftlicher Nachteile darzulegen. Das Ergebnis entspricht damit der Judikatur zum Kopftuchverbot, das auch in Schulen und Kindergärten nur bei einer konkreten Gefahr für den Schulfrieden zulässig sein soll (→ Rn. 396).

Im Ergebnis wird damit die **Gestaltungsfreiheit des Unternehmers durch religiös motivierte Ausdrucksformen einzelner Mitarbeiter überlagert.** Zwar ist der Unternehmer nicht zur Neutralität nach außen verpflichtet (vgl. hingegen → Rn. 396). Umso eher muss er aber nach innen berechtigt sein, seine Vorstellungen für die Ausrichtung des Betriebes gegenüber besonderen Ausrichtungen einzelner Mitarbeiter zu verwirklichen.[20] Seine Belange haben daher entgegen dem BVerfG auch im Kündigungsschutzprozess vorzugehen.

707 Die Zivilgerichte haben auch über **Unterlassungs- und Schadensersatzansprüche wegen herabsetzender Aussagen und Darstellungen** zu entscheiden. Hier treffen dann ebenfalls das **Grundrecht auf freie Meinungsäußerung und das allgemeine Persönlichkeitsrecht** aufeinander (→ Rn. 367 ff.). Diese sind gegeneinander **abzuwägen.** Dabei kann auch auf § 193 StGB (→ Rn. 704) zurückgegriffen werden, der bei der Wahrnehmung berechtigter Interessen eine Verurteilung wegen ehrverletzender Äußerungen ausschließt. Indes ist die strafrechtliche Sanktion wesentlich gravierender als eine Unterlassungsanordnung durch die Zivilgerichte. Zudem gilt im Strafrecht die Unschuldsvermutung, während es im Zivilrecht um den Ausgleich aufeinanderprallender Interessen geht. Aber auch zivilrechtliche **Sanktionen** wie Schadensersatz oder die Verpflichtung zum Widerruf können davon abhalten, sich nach eigenen Vorstellungen zu äußern.

708 **Fall** nach BVerfG DVBl. 2016, 971 mAnm *Frenz:* Ein Musiker möchte schon vorhandene Ausschnitte von Musikstücken nutzen und fortentwickeln, ohne etwas dafür zu bezahlen. Der BGH[21] lehnte eine solche freie Benutzung ab.

Nach Art. 5 III GG muss der künstlerische Werksprozess auch die Übernahme fremder Werksausschnitte umfassen können. Der Künstler bestimmt selbst seinen Schaffensprozess. Treten dabei finanzielle Risiken oder inhaltliche Beschränkungen auf, wird dieser Prozess negativ beeinträchtigt. Daher ist eine solche Übernahme grundsätzlich **von der Kunstfreiheit umfasst;** sie darf nicht einfach völlig ausgeschlossen werden, wie dies durch die enge Auslegung der freien Benutzung nach § 24 UrhG durch den BGH erfolgte, ohne dass die Einschränkung der künstlerischen Betätigungsfreiheit und damit auch der kulturellen Fortentwicklung berücksichtigt worden wäre (Rn. 97). Durch das Sampling dürfen deshalb die Verwertungsinteressen der Urheberrechtsinhaber verdrängt werden – wenn auch nur in geringem Maße (Rn. 86).

Dabei ist auch das geistige Eigentum nach Art. 14 II GG sozial gebunden. Das Werk gelangt entsprechend seiner Bestimmung in den gesellschaftlichen Raum. Es kann zu einem eigenständigen Faktor werden, der das kulturelle und geistige Bild der Zeit mitbestimmt (Rn. 87), und sich solchermaßen von seinem Urheber lösen. Von daher bildet es dann ein **Werk des öffentlichen Lebens.**

Je mehr ein Kunstwerk im Rampenlicht der Öffentlichkeit steht, desto eher besteht ein Interesse für andere, es in das eigene Werk zu integrieren und dabei fortzuentwickeln. Letzteres ist aber auch notwendig, um eine bloße Kopie und eine damit verbundene reine Übernahme eines fremden Werkes zu vermeiden. Das Interesse an einer solchen Integration und Fortentwicklung anderer Werke ist dabei nicht nur auf den einzelnen Künstler bezogen, sondern auch öffentlich, geht es doch um die kulturelle Fortentwicklung als solche, die im öffentlichen Interesse liegt.

Der an ein anderes Werk anknüpfende Werkprozess darf nicht beeinträchtigt werden, was er würde, wenn ein ganzes Werk verboten würde, nur weil es in einem kleinen Ausschnitt auf einem anderen Werk aufbaut, wie es der BGH vorgenommen hat (s. Rn. 90), oder aber strafrechtliche Sanktionen

---

20 → Rn. 534 zur Mitbestimmung.
21 BGH NJW 2013, 1885.

drohten (Rn. 100). Dieses Risiko ist jedem Künstler zu hoch und wirkt daher für den künstlerischen Prozess hemmend. Es hat eine prohibitive Wirkung auf die künstlerische Gestaltungskraft. Daher muss es durch eine entsprechende Interpretation des Urheberrechts ausgeschlossen sein.

Ein Aufbauen auf anderen Werken kann auch nicht einfach aus der Kunstfreiheit ausgeschlossen werden. Ansonsten würde das Eigentumsrecht einen einseitigen Vorrang haben; es würden Elemente schon vom Schutzbereich ausgenommen, was erst in der Abwägung zu ermitteln ist (Rn. 90). Auf diese Weise könnte eine Kunstzensur betrieben werden, die einen bestimmten Kunstweg gänzlich versperrt. Damit muss von der Kunstfreiheit auch der Rückgriff auf das Sampling umfasst sein, wenn es zum Werkprozess gehört. Zwar liegt darin auch eine **Beeinträchtigung der Eigentumsfreiheit,** wird doch in das Tonträgerherstellerrecht nach § 85 I 1 UrhG eingegriffen. Dieser Eingriff ist aber bei der Übernahme lediglich einiger Sequenzen nur **geringfügig** und muss der erheblichen Beeinträchtigung der künstlerischen Betätigungs- und Entfaltungsfreiheit gegenübergestellt werden (Rn. 107).

Entscheidend ist, ob die Entstehung des konkreten Werkes unter Einbeziehung eines anderen **alternativlos** ist. Dann gehört dieser Weg zum Werkprozess und kann nicht verlegt werden, ohne die Entstehung eines solchen Kunstwerkes zu vereiteln. Das BVerfG prüft mögliche Alternativen: eine Lizenzierung oder ein eigenes Nachspielen des betroffenen Samples. Die erste Alternative ist mit – vom Tonträgerhersteller innerhalb des Wucherverbotes nach § 138 II BGB frei festsetzbaren (Rn. 98) – Gebühren verbunden, sodass die Herstellung von (neuer) Kunst mit erheblichen Kosten verbunden sein kann und vor allem das Risiko von Verlusten in sich trägt. Auch davon wird die Herstellung eines neuen Werkes gebremst. Das gilt gerade bei innovativen Werken, deren Verbreitung und wirtschaftlicher Erfolg alles andere als gewiss ist. Die zweite Alternative kann einen hohen Aufwand mit sich bringen und ist auch nicht ohne Weiteres möglich. Umgekehrt aber wie der BGH den Nachweis der fehlenden gleichwertigen Nachspielbarkeit zu verlangen, würde einen erheblichen Begründungsaufwand bedeuten sowie ein mitunter hohes rechtliches Risiko in sich tragen (Rn. 100, 108).

Damit kann es nur auf die subjektive, also aus Sicht des Künstlers bestehende Unzumutbarkeit anderer Wege ankommen. Er bestimmt darüber, wie er etwas Neues schafft, und sei es in Anknüpfung an Vorhandenes. Eine Grenze kann höchstens im Missbrauch liegen, wenn also die Einschätzung des Künstlers offenbar nur vorgeschoben bzw. evident unrichtig ist. Dabei sind genrespezifische Aspekte einzubeziehen. Stilprägendes Element des Hip-Hops ist der Einsatz von Samples; zum synthetisierenden Schaffensprozess gehört der direkte Zugriff auf das Originaldokument (Rn. 99). Dadurch ist auch objektiv unterlegt, dass der Künstler den Rückgriff auf andere Werke für seine individuelle Entfaltung benötigt. Das gilt zumal bei der Einbeziehung verschiedener Samples: Sie sind beim notwendigen Erwerb von Rechten teuer, schwer beschaffbar (Rn. 98) und lassen sich nicht alle nachspielen.

Sampling ist also kostenlos, wenn nur einzelne Sequenzen benutzt und fortentwickelt werden. Das BGH-Urteil war aufzuheben: Dieser muss das UrhG unter hinreichender Beachtung von Art. 5 III GG auslegen.

Dieser **Einschüchterungseffekt** beeinträchtigt auch die freie Meinungsäußerung und 709
-bildung. Er entfällt hingegen, wenn es um eine Unterlassung geht. Sie verlangt nur, dass sich jemand in Zukunft eindeutig und ohne Verletzung des Persönlichkeitsrechts anderer ausdrückt. Daher müssen nicht alle möglichen Deutungsvarianten zugunsten dessen, der sich äußert, berücksichtigt werden. Ein **Unterlassungsanspruch** kann somit nicht lediglich dann bestehen, wenn eine Deutungsvariante keine herabsetzende Qualität hat, sondern **auch im Hinblick auf eine mehrdeutige Meinungsäußerung.**[22]

> **Beispiel** nach BVerfGE 114, 339 – Stolpe: So musste sich der damalige Ministerpräsident Stolpe 710
> nicht gefallen lassen, weiter in öffentlichen Diskussionen von einem Mitdiskutanten als »IM-
> Sekretär« bezeichnet zu werden. Er kann Unterlassung verlangen. Das folgte zumal daraus,
> dass die Tatsache der Stasi-Tätigkeit nicht nachweisbar war, aber als eindeutig wahr hingestellt
> wurde. Die Beweislast für den Wahrheitsgehalt einer Äußerung trägt derjenige, der sie aufstellt

---

22 BVerfGE 114, 339 (349ff.) – Stolpe; BVerfG NJW 2006, 3769 – »Babycaust«; krit. *Hochhuth* NJW 2007, 192.

(s. auch § 186 StGB). Dieser muss daher kenntlich machen, wenn seine Sicht umstritten und der Sachverhalt nicht abschließend aufgeklärt ist. **Unwahre Tatsachen** darf er von vornherein **nicht** behaupten. Für sie hat die Meinungsfreiheit grundsätzlich hinter das allgemeine Persönlichkeitsrecht zurückzutreten, wobei das BVerfG allerdings inzwischen bei fehlender Aufklärung berechtigte Interessen für die Zulässigkeit einer Behauptung eingreifen lässt. (→ Rn. 382)

Beispiel nach BVerfG NJW 2008, 1654: Durch Ansprüche auf Gegendarstellung soll der Äußernde allerdings nicht eingeschüchtert werden. Das würde er aber, wenn er **bei jeder nicht fernliegenden Deutung** oder gar einem solchen Eindruck **bzw.** der nicht fernliegenden Annahme einer **verdeckten Darstellung**, die aus dem geschriebenen Text als versteckte Aussage ableitbar ist, zu einer Gegendarstellung verpflichtet würde. Schließlich erweckt eine solche Zweifel an der Berichterstattung. Sie beeinträchtigt daher die Pressefreiheit. Deren Artikel sind aber wegen des beschränkten Raums oft unvollständig und verkürzend, sodass naturgemäß noch Raum für Interpretation bleibt. Daher können die Fachgerichte nur dann zu einer **Gegendarstellung** verurteilen, wenn sich eine verdeckte Aussage als unabweisliche Schlussfolgerung aufdrängen muss. Art. 5 I 2 GG ist vor allem dann verletzt, wenn eine Gegendarstellung zu einer Berichterstattung verlangt wird, welche die beanstandete Tatsachenbehauptung schon nicht enthält.

Durch Verkürzungen und Fortentwicklungen von zweifelhaften Berichten kann damit indes eine Spirale in Gang kommen, welche das APR des Betroffenen immer stärker antastet, je weiter sich Darstellungen von einem ursprünglichen, strittigen Tatsachenbild entfernen. Daher ist umso eher ein Gegendarstellungsanspruch zuzubilligen, je stärker eine sich aufdrängende Deutung, und sei sie auch verdeckt, in das APR eingreift.

§ 9 Die Zulässigkeit der Anfechtungsklage[23]

711 Der Normalfall des gerichtlichen Vorgehens gegen VA ist die Anfechtungsklage vor dem Verwaltungsgericht. Diese ist erfolgreich, wenn sie zulässig und begründet ist (zur Begründetheit → § 10).

Anfechtungsklage, § 42 I Alt. 1 VwGO: Gesamtbild

A. Zulässigkeit[24]
    I. Verwaltungsrechtsweg, § 40 I 1 VwGO
    II. Statthaftes Klagebegehren: Aufhebung eines VA, § 42 I Alt. 1 VwGO (bei Erledigung FFK)
    III. Klagebefugnis, § 42 II VwGO
    IV. Vorverfahren, §§ 68 ff. VwGO
    V. Klagefrist, § 74 I VwGO
    VI. Beteiligten- und Prozessfähigkeit
    VII. Allgemeines Rechtsschutzbedürfnis
    VIII. Klagegegner, § 78 VwGO
    IX. Objektive Klagehäufung § 44 VwGO, führt nicht zur Unzulässigkeit
B. Begründetheit
    Obersatz: § 113 I 1 VwGO
    I. Rechtswidrigkeit des VA

---

23 *Ehlers* JURA 2004, 30 (176); *Kellermann* JA 2004, 405; Fallbeispiele: *Reimer* JuS 2005, 628; wichtige Entscheidungen: BVerwGE 12, 87; 31, 301; 60, 269; 66, 218; 78, 93; 101, 64.
24 Zu Aufbauvarianten *Heidebach* JURA 2009, 172.

1. (Richtige) Ermächtigungsgrundlage
2. Formelle Rechtmäßigkeit
   a) Zuständigkeit
   b) Verfahren (ggf. Heilung nach § 45 VwVfG)
   c) Form (ggf. Heilung nach § 45 VwVfG)
3. Materielle Rechtmäßigkeit
   a) Spätestens hier (oben 1.): Wirksamkeit der Ermächtigungsgrundlage (nur bei gegenteiligen Anhaltspunkten)
   b) Einhaltung der Ermächtigungsgrundlage:
   c) Prüfung der einzelnen Voraussetzungen zu
      aa) Inhalt
      bb) Adressat (zB Störer)
   d) Ggf. rechtmäßiger Ermessensgebrauch
   e) Verhältnismäßigkeit
   f) Vereinbarkeit mit höherrangigem Recht (va Grundrechte, uU Europarecht)
II. Tatsächliche Verletzung in subj. Rechten; wenn ja: ggf. Mitentscheidung über Vollzugsfolgenbeseitigungsanspruch (→ Rn. 1307)

A. Überblick über die Zulässigkeitsvoraussetzungen

Die Zulässigkeit der Klage ist Voraussetzung dafür, dass eine Sachentscheidung getroffen werden kann, und verlangt daher das Vorliegen der einschlägigen **Sachentscheidungsvoraussetzungen.**[25] Diese lassen sich in drei Kategorien einteilen: 712

a) *gerichtsbezogene:*   713
- deutsche Gerichtsbarkeit, §§ 18–20 GVG
- **Verwaltungsrechtsweg, § 40 VwGO**
- sachliche, örtliche und instanzielle Zuständigkeit, §§ 45 ff. VwGO

b) *klagebezogene:*   714
- **statthafte Klageart**
- **Klagebefugnis, § 42 II VwGO**
- ordnungsgemäße Klageerhebung, §§ 81 ff. VwGO
- **Vorverfahren, §§ 68 ff. VwGO**
- Klagefrist, § 74 VwGO
- fehlende Rechtshängigkeit und Rechtskraft, § 17 I 2 GVG, § 121 VwGO
- Rechtsschutzbedürfnis

c) *beteiligtenbezogene:*   715
- Beteiligtenfähigkeit, §§ 61, 63 VwGO
- Prozessfähigkeit und gesetzliche Vertretung, § 62 VwGO
- richtiger Klagegegner, § 78 VwGO[26]

Nicht zu den Zulässigkeitsvoraussetzungen gehört die in **§ 44 VwGO** geregelte **objektive Klagehäufung.** Diese ermöglicht es, mehrere Klagebegehren in einer Klage zu verfolgen, wenn sie sich gegen denselben Beklagten richten, im Zusammenhang stehen   716

---

25 Hierzu *Ehlers* JURA 2007, 830 und 2008, 183 (359 und 506).
26 *Rozek* JuS 2007, 601.

und dasselbe Gericht jeweils zuständig ist. Sind diese Voraussetzungen nicht erfüllt, so führt dies aber nicht zur Unzulässigkeit der Klage, sondern es bedeutet nur eine Verfahrenstrennung. Daher sollte die Möglichkeit der Verfahrenskonzentration gem. § 44 VwGO nach der Bejahung der Zulässigkeit der verschiedenen Begehren und vor der Begründetheit geprüft werden.

717 In einer Klausur sind stets näher die vorstehend hervorgehobenen zentralen (ausführlich im folgenden B.) und im Übrigen über eine bloße Erwähnung hinaus nur die problematischen Voraussetzungen (unten C.) zu prüfen.

B. Die zentralen Zulässigkeitsvoraussetzungen

I. Eröffnung des Verwaltungsrechtsweges

718 Die Rechtsschutzgarantie des Art. 19 IV 1 GG als grundrechtlicher Hintergrund des gerichtlichen Vorgehens gegen den Staat ist umfassend formuliert, ebenso dessen Grundrechts- und Gesetzesbindung nach Art. 1 III, 20 III GG. Daher ist grundsätzlich **jedes staatliche Handeln justiziabel.** Das gilt auch im Bereich einer Sonderbeziehung zum Staat, eines sog. besonderen Gewaltverhältnisses, sowie für Gnadenakte.[27] Nicht justiziabel sind nach Art. 44 IV 1 GG die Beschlüsse von Untersuchungsausschüssen, aber die Schluss-, Zwischen- und vorläufigen Berichte.[28]

719 Der Verwaltungsrechtsweg ist in jedem Fall eröffnet, wenn eine **Streitigkeit** den **Verwaltungsgerichten speziell zugewiesen** ist, zB durch **§ 54 I BeamtStG (aufdrängende Sonderzuweisung).** In allen anderen Fällen ist er gegeben, wenn eine **öffentlich-rechtliche Streitigkeit nichtverfassungsrechtlicher Art** nach § 40 I 1 VwGO vorliegt. Er ist ausgeschlossen bei einer Spezialzuweisung an ein anderes Gericht (**abdrängende Sonderzuweisung**), zB durch § 23 EGGVG[29], Art. 34 S. 3 GG, § 40 II 1 VwGO[30].

1. Öffentlich-rechtliche Streitigkeit

720 Die Streitigkeit muss also nach öffentlichem Recht zu entscheiden sein. **Ausgangspunkt** dafür ist das **Begehren des Klägers.** Richtet sich dieses gegen typische ordnungs-, polizei- oder baurechtliche Anordnungen, entscheiden öffentlich-rechtliche Normen den Streit. Das ergibt sich schon aus der **Subordinationstheorie,** die auf das Vorliegen eines Über-/Unterordnungsverhältnisses zwischen den Streitbeteiligten (typischerweise im Bereich der Eingriffsverwaltung) abstellt.

721 Einer näheren Prüfung bedarf es nur in zweifelhaften Fällen, wobei meist die **modifizierte Subjektstheorie** herangezogen wird. Eine Norm gehört danach dann dem öffentlichen Recht an, wenn durch sie zwingend ein Träger öffentlicher Gewalt gerade in seiner Funktion als Hoheitsträger berechtigt oder verpflichtet wird.[31]

---

27 AA BVerfG NJW 2001, 3771; BVerfGE 25, 352 (361): »Gnade vor Recht«, außer ein Gnadenakt wird widerrufen; BVerfGE 30, 308 (311): Dann gelangt man wieder ins Recht. S. auch *Schütte* JA 1999, 868.
28 S. iÜ § 36 PUAG.
29 Näher dazu → Rn. 1619 ff. bei der Fortsetzungsfeststellungsklage.
30 Näher dazu sowie auch zu § 17 II GVG → Rn. 1290, 1293 ff. bei der Leistungsvornahmeklage.
31 *Hufen* VerwProzR § 11 Rn. 17.

Beispiel: Der Störerausgleichsanspruch gem. § 24 II BBodSchG entsteht zwar im Kontext des 722
Ordnungsrechts. Da aber weder Anspruchsteller noch -gegner Hoheitsträger sein müssen, ist
§ 24 II BBodSchG eine zivilrechtliche Norm.

Entscheidend ist die **tatsächliche Natur des streitigen Rechtsverhältnisses,** nicht die 723
Behauptung des Klägers. Die Anfechtungsklage richtet sich gegen das Handeln einer
Behörde, sodass die Zielrichtung dieses Handelns maßgeblich ist. Daher zählt, wie die
Behörde im konkreten Fall gehandelt hat. Zwar muss dies für den Bürger erkennbar
sein, denn er ist der Adressat und Betroffene. Ausgangspunkt der Qualifikation ist
aber die angegriffene Maßnahme der Behörde.

Ergeht an den Kläger zB ein **dauerhaftes Hausverbot,**[32] kommt es daher nicht auf den 724
Zweck des Aufenthaltes an,[33] sondern auf den Zweck des Hausverbots.[34] Streitent-
scheidend sind demnach nicht §§ 903, 1004 BGB,[35] sondern maßgeblich ist vielmehr
die öffentlich-rechtliche Sachherrschaft.

2. Streitigkeiten nichtverfassungsrechtlicher Art

Eine **nichtverfassungsrechtliche Streitigkeit** setzt eine **fehlende doppelte Verfas-** 725
sungsunmittelbarkeit voraus.[36] Es darf also weder eine Streitigkeit zwischen unmittelbar am Verfassungsleben Beteiligten vorliegen noch darf ausschließlich über die
Auslegung und Anwendung von Verfassungsrecht gestritten werden.[37] Diese Voraussetzungen müssen kumulativ vorliegen.

Beispiel: Der Bundestagspräsident fordert von einer Partei 20 Mio. EUR wegen Verstößen 726
gegen das ParteiG zurück. Der **Bundestagspräsident** ist im konkreten Fall kein Verfassungs-
organ, sondern Verwaltungsbehörde gem. §§ 18 ff., insbes. § 21 II ParteiG, nämlich »**mittel-
verwaltende Stelle«.**[38] Damit liegt keine doppelte Verfassungsmittelbarkeit vor.

Allerdings ist kraft Sonderzuweisung die von Einzelnen erhobene Verfassungsbe- 727
schwerde gem. Art. 93 I Nr. 4a GG, § 13 Nr. 8a BVerfGG ausdrücklich dem BVerfG
zugewiesen, ebenso die konkrete Normenkontrolle gem. Art. 100 GG, § 13 Nr. 11
BVerfGG. Diese (nicht abschließenden) Ausnahmen zur Theorie der doppelten Ver-
fassungsunmittelbarkeit sprechen letztlich für eine **Bestimmung** der verfassungsrechtlichen **Streitigkeit allein nach dem streitentscheidenden Gegenstand** in Gestalt des
Verfassungsrechts bzw. aufgrund des materiell zu verstehenden Kriteriums, dass es
sich um eine ausschließlich den Verfassungsgerichten vorbehaltene Streitigkeit handeln
muss.[39]

Aber auch nach diesen Kriterien bildet die Rückforderung von Parteiengeldern durch den Bundestags- 728
präsidenten keine verfassungsrechtliche Streitigkeit. Diese Rückforderung ist durch **Verwaltungs-
schuldrecht** geregelt. Auch besteht kein Verfassungsgerichtsvorbehalt, der die Klärung dieser vermögensrechtlichen Frage nur der Verfassungsgerichtsbarkeit zuweist.

---

32 Dieses bildet anders als eine einmalige faktische Verweisung einen VA.
33 So aber BGH DVBl. 1968, 145 (146 f.).
34 BVerwGE 35, 103 (106).
35 AA *Brüning* DÖV 2003, 389 (397).
36 BVerfGE 27, 152 (157) – Wahlkampfkostenpauschale; 42, 103 (112) – Staatsvertrag; BVerwGE 36,
218 (228); 51, 69 (71).
37 S. zB BVerwGE 116, 234.
38 Vgl. BVerfGE 27, 152 (157) – Wahlkampfkostenpauschale. Näher → Rn. 1521 ff.
39 *Schenke* VerwProzR Rn. 129 ff.

II. Statthafte Klageart

1. Klagebegehren: Aufhebung eines Verwaltungsaktes

729　Die Statthaftigkeit und damit die Bestimmung der im konkreten Fall adäquaten Klageart[40] richtet sich nach dem **Begehren des Klägers (vgl. § 88 VwGO).** Dieses muss bei der Anfechtungsklage gem. § 42 I Alt. 1 VwGO in der **Aufhebung eines VA** bestehen. Die bloße Behauptung seines Vorliegens reicht freilich nicht aus. Um Rechtsschutzmanipulationen auszuschließen, ist vom objektiven Erklärungswert auszugehen, den die angegriffene Maßnahme für den betroffenen Bürger hat. Daher kann schon das äußere Erscheinungsbild wie die Beifügung einer Rechtsbehelfsbelehrung oder die Bezeichnung als Verfügung (zB: »Bescheid«) die Qualifikation als VA nahelegen. Insofern kommt es auf die Form der behördlichen Handlung an.

730　Um andererseits der Behörde Manipulationen zu verwehren, kann es umgekehrt auch nicht ausschließlich auf die **Form eines Rechtsaktes** ankommen.[41] Die Form des Rechtsaktes, wie er sich für den Bürger darstellt, kann zwar der Ausgangspunkt sein. Widerspricht sie jedoch dem materiellen Gehalt, so müssen dem Bürger auch die zu seiner Abwehr einschlägigen Rechtsschutzmöglichkeiten offenstehen, zumal wenn diese für ihn günstiger ausfallen. Allein um den Rechtsschein eines VA zu beseitigen, ist daher auch eine Anfechtungsklage gegen **nichtige VA** statthaft (§ 43 II 2 VwGO e contrario).[42] Ein solcher Rechtsschein kann selbst dann entstehen, wenn etwa wegen einer nicht § 41 VwVfG genügenden Bekanntgabe ein sog. Nichtakt vorliegt,[43] also eine Handlung, die nicht die Wirksamkeitserfordernisse eines VA erfüllt. Insofern kann sogar gegen Nichtakte Anfechtungsklage erhoben werden.[44]

731　Handelt es sich um einen **Dauerverwaltungsakt,** ist eine Anfechtung für die gesamte Wirksamkeitsdauer und damit auch für die Vergangenheit möglich – solange eine Beschwer besteht. Entfällt diese, bleibt für vergangene Zeiträume die Fortsetzungsfeststellungsklage bei vorliegendem Feststellungsinteresse (vor allem bei Änderung der Sach- oder Rechtslage) und auch noch die Anfechtungsklage, aber nur noch für die Aufhebung des VA ex nunc und damit für die Gegenwart und die Zukunft.[45]

2. Verwaltungsakt: Merkmale

732　Der Begriff des VA richtet sich nach § 35 S. 1 VwVfG. Danach ist ein VA jede hoheitliche Maßnahme einer Behörde auf dem Gebiet des öffentlichen Rechts zur Regelung eines Einzelfalls mit unmittelbarer Außenwirkung.

733　**a) Öffentlich-rechtliche Maßnahme einer Behörde.** Maßnahme einer Behörde ist jedes Verhalten mit Erklärungsgehalt, das im materiellen Sinn der öffentlichen Verwaltung zuzurechnen ist. Behörde ist dabei jede Stelle, die Aufgaben der öffentlichen Verwaltung wahrnimmt (§ 1 IV VwVfG).[46] Daher können auch Private, denen die

---

40 Zum System verwaltungsgerichtlicher Klagearten *Schmidt* DÖV 2011, 169.
41 Dahin aber BVerwGE 66, 218.
42 OVG Koblenz NVwZ 1987, 899; aA *Hufen* VerwProzR § 14 Rn. 11.
43 → Rn. 851 f.
44 AA Kopp/Schenke/*W.-R. Schenke/R. P. Schenke* § 42 Rn. 4. Zum Problem der sog. Scheinverwaltungsakte *Hebeler* JA 2012, 479; *Blunk/Schröder* JuS 2005, 602.
45 BVerwG NVwZ 2012, 510 (511).
46 Zu den Unterschieden von funktionalem und organisationsrechtlichem Behördenbegriff Stelkens/ Bonk/Sachs/*Schmitz* § 1 Rn. 238 ff.

Rechtsmacht zum Erlass von Hoheitsakten übertragen wurde und die damit Beliehene sind, Behörde sein. In Betracht kommen auch Verfassungs- und Gerichtsorgane, wenn sie im Rahmen des allgemeinen Verwaltungsrechts tätig sind. Solche Organe sind nach Art. 40 II GG bzw. bei einem Rückforderungsbescheid nach § 23a I 2 ParteiG der Bundestagspräsident und der Gerichtspräsident, der ein dauerhaftes Hausverbot erlässt.

Dass eine Maßnahme **auf dem Gebiet des öffentlichen Rechts** liegt, wurde bereits im Rahmen des Verwaltungsrechtsweges geklärt (→ Rn. 720 ff.). Hoheitlich ist die Maßnahme nur, wenn sie aufgrund eines Subordinationsverhältnisses ergeht. Ausgeschlossen sind somit öffentlich-rechtliche Verträge zwischen Privaten und Behörden.[47] Maßgeblich ist dabei der **objektive Empfängerhorizont unter Berücksichtigung von Treu und Glauben (§§ 133, 157 BGB):** Ausgangspunkt ist der wirkliche Wille der Behörde und der sich daraus ergebende objektive Erklärungsinhalt, wie ihn der Betroffene nach den ihm bekannten Umständen verstehen konnte. Maßstab ist die Sicht eines objektiven Betrachters. Für diese Beurteilung sind der Tenor und die dazu gegebene Begründung, aber auch der gesamte Inhalt der Erklärung und die Gesamtumstände zugrunde zu legen.   734

Beispiel nach VGH Mannheim DVBl. 2010, 180: Ein Gebührenzahler erhält ein als »Rechnung« bezeichnetes Schreiben der Stadtwerke GmbH, die mit dem Erlass von Gebührenbescheiden betraut ist. Ein Hinweis auf dieses Auftragsverhältnis und die Rechtsmittelbelehrung finden sich nur an versteckter Stelle. Daher konnte der Empfänger die hoheitliche Handlungsform nicht erkennen, sondern das Schreiben als schlichtes Abrechnungsschreiben in Form tatsächlichen Verwaltungshandelns verstehen.   735

b) Zur Regelung. Eine Maßnahme ergeht »**zur Regelung**«, wenn sie **unmittelbar** und gegenwärtig **die Herbeiführung einer Rechtsfolge bezweckt.** Rechtsfolge meint hier die Begründung, Änderung oder Aufhebung von subjektiv-öffentlichen Rechten[48] oder Pflichten Privater bzw. die Feststellung oder Ablehnung ihres Bestehens.[49] **Nicht** dazu gehören **Realakte und schlichtes Verwaltungshandeln.** Auch bloße **Begründungselemente** bleiben außen vor. Was die Behörde mit verbindlicher Wirkung feststellen will, muss sich aus dem Tenor des Bescheids oder aus sonstigen Umständen ergeben, und zwar klar sowie unmissverständlich nach objektivem Empfängerhorizont. **Unklarheiten gehen zulasten der Verwaltung.**[50]   736

Die **polizeilichen Standardmaßnahmen,**[51] insbesondere die Durchsuchung, Sicherstellung, Beschlagnahme zB nach §§ 39 ff. NRWPolG,[52] sind an sich tatsächliche Handlungen. Zugleich wird dem Bürger auferlegt, sie zu erdulden. Somit liegt ihnen ein **konkludenter Duldungsbefehl** zugrunde. Dieser ist auf die Setzung einer Rechtsfolge gerichtet und daher mit der Anfechtungsklage angreifbar.[53] Ist der Bürger freilich   737

---

47 *Detterbeck* VerwR AT Rn. 439; Stelkens/Bonk/Sachs/*Stelkens* § 35 Rn. 104; s. auch *Maurer* VerwR AT § 9 Rn. 11 ff.; *Peine* VerwR AT Rn. 353 ff.

48 Dazu *Voßkuhle/Kaiser* JuS 2009, 16; allg. zum subjektiven öffentlichen Recht *Franzius* UPR 2016, 281.

49 *Detterbeck* VerwR AT Rn. 447; *Sodan/Ziekow* GK ÖffR § 74 Rn. 9.

50 BVerwGE 135, 209 (213 f.) im Hinblick auf feststellende VA.

51 Zu aktuellen Entwicklungen *Glaser* JURA 2009, 742. Anhand von Bsp. *Kießling* JURA 2016, 483; *Guckelberger* JURA 2015, 926; *Yamato* JA 2014, 378.

52 §§ 9 ff. MEPolG; Art. 21 ff. BayPAG; §§ 29 ff. BWPolG.

53 *Schenke* VerwProzR Rn. 196.

nicht anwesend, kann ihn ein konkludenter Duldungsbefehl nicht erreichen, die Maßnahme nicht »zur Regelung« ergehen. Zudem fehlt dann offensichtlich die Bekanntgabe; deshalb entsteht auch nicht der Rechtsschein eines VA.[54]

738   Die **Androhung und Festsetzung von Zwangsmitteln** zur Durchsetzung eines VA
(§ 63 f. NRWVwVG, § 56 NRWPolG)[55] stellt das Ergreifen bestimmter Maßnahmen
konkret in Aussicht, legt diese in ihrer Gestalt fest und ist daher regelnd. Demgegenüber bestehen die **Zwangsmittel selbst** wie die Anwendung unmittelbaren Zwangs
(§ 62 NRWVwVG, § 55 NRWPolG)[56] oder die Durchführung einer Ersatzvornahme
(§ 59 NRWVwVG, § 52 NRWPolG)[57] allein aus tatsächlichen Handlungen und enthalten keine Regelung. Eine solche geht ihnen jedenfalls im gestreckten Verfahren[58] durch
die Anordnung und Festsetzung lediglich voraus. Schließlich ist in § 113 I 2 VwGO
von »rückgängig machen« statt von »aufheben« der Vollziehung die Rede. Zum Teil
wird allerdings in der Zwangsmittelanwendung stets ein konkludenter Duldungsbefehl und damit ein VA gesehen.[59]

739   Keine Regelung enthält die bloße **Auskunfterteilung:** Es wird nur rein tatsächlich eine
Information weitergegeben. Allerdings kann ausnahmsweise die Entscheidung, ob
eine Auskunft erteilt wird, verselbstständigt in der Form des VA ergehen.[60] Dies ist
etwa dann der Fall, wenn die Verselbstständigung gesetzlich vorgesehen ist (zB § 19
BDSG) oder der Auskunft ein formalisiertes Entscheidungsverfahren vorausgeht.

740   **Bloße Ankündigungen und vorläufige Entscheidungen** bereiten vor und haben daher keinen eigenen Regelungsgehalt. Ausnahmsweise anders ist dies, wenn sie ausdrücklich vorgesehen sind, zB als Rechtmäßigkeitsvoraussetzung für Vollstreckungsmaßnahmen. In diesem Fall liegt eine Regelung vor. Lediglich vorbereitender Natur
sind dagegen solche Bewertungen, die nur als **Tatsachengrundlage für neue Entscheidungen** dienen, wie etwa Eintragungen von Verkehrsverstößen in das Zentralregister
für den Entzug von Führerscheinen und Klassenarbeiten für die Versetzung.

741   **Beispiel** nach BVerwG DVBl. 1994, 1356: Die **Bewertung einer einzelnen Klausur** im Rahmen
einer Gesamtprüfung wie der juristischen Examensprüfung ist generell **kein selbstständiger
VA.** Anzufechten ist daher die Feststellung des Gesamtergebnisses, in das die Teilnote einfließt.
Es bedarf dann aber auch einer entsprechend umfassenden Überprüfung. Die Ablehnung einer
Notenverbesserung für einen Teil des Examens bildet dann keinen eigenen VA.[61] Im Einzelfall
zählt die jeweilige Prüfungsordnung. Aus dem einschlägigen Fachrecht ergibt sich dann, worin
der VA konkret besteht.[62]

742   Um eine **wiederholende Verfügung** handelt es sich, wenn die Verwaltung nur eine bereits getroffene Regelung wiederholt, ohne eine erneute inhaltliche Prüfung vorzunehmen oder den Gehalt abzuändern. Auch wenn die Behörde keine materiell-rechtliche

---

54 → Rn. 730.
55 § 34 MEPolG; Art. 59 BayPAG; § 52 II BWPolG, § 49 I BWPolG iVm § 13 I BWVwVG.
56 § 33 MEPolG; Art. 58 BayPAG; §§ 49 II, 52 BWPolG.
57 § 30 MEPolG; Art. 55 BayPAG; § 10 BWVwVG.
58 Daher im gekürzten Verfahren einen VA annehmend *Schmitt-Kammler* NWVBl. 1990, 30 (33).
59 Vgl. BVerwGE 26, 161 (164).
60 BVerwGE 31, 301 (306); *Maurer* VerwR AT § 9 Rn. 62; *Hufen* VerwProzR § 14 Rn. 26; aA (Auskunft
   immer Realakt) *Schenke* VerwProzR Rn. 202, da sonst aus jeder Ablehnung eines Realaktes ein VA
   konstruiert werden könne.
61 BVerwG NJW 2012, 2901 (2902).
62 BVerwG NJW 2012, 2901 (2902).

Regelung vornimmt, liegt doch in der Ablehnung der Wiederaufnahme eine verfahrensrechtliche Regelung, sodass diese Entscheidung als VA zu qualifizieren ist.[63] Erfolgt eine Prüfung oder wird auch nur eine Rechtsmittelbelehrung beigefügt oder aber gleichzeitig ein Wiederaufgreifen des Verfahrens nach § 51 VwVfG[64] abgelehnt, trifft die Behörde eine verbindliche Regelung in Gestalt eines **Zweitbescheides**.[65] Dieser kann dann ebenfalls angefochten werden. Dass das Verfahren nach § 51 VwVfG wieder aufgegriffen wird und ein Zweitbescheid ergeht, muss aber über die Verpflichtungsklage eingefordert werden.[66]

Ohne anordnenden Charakter sind auch **Willenserklärungen** wie Aufrechnung[67] und Fristsetzung sowie bloße Meinungsäußerungen. Die Verwaltung regelt nicht, wenn sie lediglich etwas wiederholt und zB nur Gesetzesbestimmungen nennt, ohne diese zu konkretisieren. Beinhaltet der Hinweis auf bestehendes Recht hingegen eine konkrete Anordnung wie im Falle des **Schulverweises**,[68] liegt eine Regelung vor.   743

Eine **Zusicherung gem. § 38 VwVfG** bedarf inhaltlicher Prüfung und ist damit auf die unmittelbare Herbeiführung von Rechtsfolgen gerichtet.[69] Diese bestehen darin, dass unter den Voraussetzungen des § 38 VwVfG später ein bestimmter VA zu erlassen oder zu unterlassen ist.[70]   744

c) Außenwirkung. Eine Maßnahme ist **dann auf unmittelbare Rechtswirkung nach außen gerichtet,** wenn sie dazu bestimmt ist, Wirkungen für einen außerhalb der Verwaltung stehenden Adressaten zu haben. Sind mehrere Behörden an einem VA beteiligt (sog. **mehrstufiger VA**), tritt nur die diesen erlassende Stelle dem Bürger gegenüber in Erscheinung. Aus seiner Sicht bildet daher etwa das Versagen des Einvernehmens durch die Gemeinde nach § 36 BauGB keinen VA. Das ist nur die ablehnende Baugenehmigung.[71]   745

aa) Sonderbeziehung. In der Regel steht der **Bürger** außerhalb der Verwaltung. Partiell eingebettet ist er dagegen bei einer Sonderbeziehung zum Staat **im** traditionell **sog. besonderen Gewaltverhältnis** als Schüler, Wehrpflichtiger, Student, Beamter, Strafgefangener oder Heimbewohner einer psychiatrischen Einrichtung. Hier kommt es bei der Qualifizierung der behördlichen Maßnahme darauf an, ob der Bürger in seiner persönlichen Rechtsstellung betroffen ist und damit im sog. **Grundverhältnis** (zB Entlassung, Versetzung, Exmatrikulation) oder lediglich im Rahmen des Verwaltungsbetriebs, in den er eingebunden ist, also im sog. **Betriebsverhältnis,** etwa bei innerdienstlicher Weisung oder Umsetzung. Maßnahmen im Grundverhältnis entfalten Außenwirkungen, Maßnahmen im Betriebsverhältnis hingegen nicht. Je stärker eine Maßnahme persönliche Rechte tangiert, desto eher ist das Vorliegen eines VA zu bejahen.   746

Beispiel: Im Schulbereich bilden **pädagogische Maßnahmen** geringeren Ausmaßes wie der Platzwechsel eines Schülers in der Klasse **keinen VA.** Einschneidende **Disziplinarmaßnah-**   747

---

63 *Detterbeck* VerwR AT Rn. 772; *Sodan/Ziekow* GK ÖffR § 82 Rn. 30.
64 *Sasse* JURA 2009, 493.
65 BVerwGE 57, 342 (345).
66 → Rn. 1266.
67 Hier ist Leistungsklage auf den vollen Betrag zu erheben.
68 S. VGH München NVwZ 1986, 39.
69 BVerwG NVwZ 1987, 46 (46); aA *Sodan/Ziekow* GK ÖffR § 77 Rn. 10.
70 Näher zur Zusicherung → Rn. 1261 ff.
71 BVerwG NVwZ 1986, 556; BGHZ 65, 182 (185). Näher → Rn. 1160.

men wie die Versetzung in eine Parallelklasse[72] oder auch der Ausschluss von der Teilnahme an einer Klassenfahrt[73] stellen hingegen den Schüler nach außen bloß, berühren zugleich seinen persönlichen Lebenskreis und haben damit **Außenwirkung.**[74]

748 **bb) Kommunalaufsichtsmaßnahmen.** Hat eine Behörde eine **Maßnahme an eine andere Verwaltungsbehörde gerichtet,** befindet man sich zwar im staatlichen Binnenbereich; dieser setzt sich aber aus verschiedenen Körperschaften mit unterschiedlichen Rechtskreisen zusammen. Die Garantie der gemeindlichen Selbstverwaltung nach Art. 28 II GG enthält nicht nur ein Aufgabenverteilungsschema zugunsten der Kommunen, sondern gewährleistet im örtlichen Bereich ihre Eigenverantwortung.[75] Das hat Konsequenzen für die **Fälle der Kommunalaufsicht,** in denen sich Gemeinden gegen Maßnahmen und Weisungen von Aufsichtsbehörden wehren.

749 Maßnahmen der **Rechtsaufsicht**[76] betreffen **Selbstverwaltungsaufgaben,** berühren somit den eigenen Wirkungskreis der Gemeinden und haben daher Außenwirkung. Maßnahmen der **Fachaufsicht**[77] beziehen sich dagegen auf den **übertragenen Wirkungskreis,** der außerhalb des Art. 28 II GG liegt. Damit treffen sie nicht den Bereich kommunaler Eigenverantwortung und haben daher grundsätzlich keine Außenwirkung.[78] Eine Ausnahme besteht aber, wenn die Fachaufsicht den übertragenen Wirkungskreis überschreitet und damit unmittelbar in den Selbstverwaltungsbereich eingreift oder zugleich ein mittelbarer Eingriff in den rechtlich geschützten Selbstverwaltungsbereich vorliegt.[79] Das kann etwa dadurch bedingt sein, dass die finanziellen Lasten der Weisungen hinsichtlich übertragener Aufgaben die Entfaltung im eigenen Wirkungskreis unmöglich machen (vgl. Art. 28 II 3 GG).

750 Eine Sonderstellung bei der Aufsicht nehmen die aber nicht in allen Bundesländern existierenden sog. **Pflichtaufgaben zur Erfüllung nach Weisung** (§§ 3 II, 119 II NRWGO[80]) ein. Diese Aufgaben sind dann gegeben, wenn sich das Land ein näher ausgestaltetes Weisungs- und Aufsichtsrecht in gesetzlichen Vorschriften vorbehält (s. Art. 78 IV 2 NRWVerf)[81]. Ein Hauptfall sind die Aufgaben der Ordnungsbehörden (§§ 3, 12 I, II NRWOBG)[82]. Diese Aufgaben unterliegen ebenfalls einer (wenn auch gesetzlich begrenzten) Zweckmäßigkeitskontrolle, sodass hierauf bezogene aufsichtliche Maßnahmen denen der Fachaufsicht ähneln (sog. **Sonderaufsicht**). Diesen werden sie daher teilweise gleichgesetzt und nicht als VA eingestuft.[83] Trotzdem sind Weisungen in diesem Bereich als VA zu qualifizieren, sofern man die Pflichtaufgaben zur Er-

---

72 OVG Koblenz NVwZ-RR 1993, 480.
73 OVG Greifswald NJW 1997, 1721.
74 Näher zu Maßnahmen im Schul- und Beamtenverhältnis *Hufen* VerwProzR § 14 Rn. 41 f.
75 BVerfGE 79, 127 – Rastede; 91, 228 – Gleichstellungsbeauftragte; → Rn. 159 ff.
76 Hier findet durch die Aufsichtsbehörde nur eine Kontrolle hinsichtlich der Rechtmäßigkeit des gemeindlichen Handelns statt (vgl. § 119 I NRWGO; Art. 109 I BayGO; § 118 I BWGO).
77 Hier darf neben der Rechtmäßigkeit auch die Zweckmäßigkeit überprüft werden.
78 BVerwG DVBl. 1995, 744 (745). Dagegen umfasst in Bayern aufgrund von Art. 109 II BayGO die geschützte Rechtsstellung der Gemeinde teilweise auch den übertragenen Wirkungskreis, sodass dort bei fachaufsichtlichen Maßnahmen häufiger von einem VA ausgegangen werden kann, vgl. VGH München BayVBl. 1985, 368 (369).
79 BVerwG DVBl. 1995, 744.
80 Art. 8, 109 II BayGO; § 118 II BWGO.
81 Art. 75 BWVerf.
82 §§ 61 ff. BWPolG.
83 Vgl. mit Nachw. *Burgi*, in: Dietlein/Burgi/Hellermann, Öffentliches Recht in NRW, 4. Aufl. 2011, § 2 Rn. 99.

füllung nach Weisung als Selbstverwaltungsangelegenheiten ansieht, die dem durch Art. 28 II GG geschützten, eigenen Wirkungskreis der Gemeinde angehören.[84] Ein Argument ist § 1 II 2 GebG NRW e contrario.[85] Dagegen spricht aber, dass es sich etwa gerade im Ordnungsrecht regelmäßig materiell nicht um Selbstverwaltungsangelegenheiten handelt.

d) Einzelfall. Das Erfordernis des Einzelfalls grenzt den VA von Rechtsnormen ab, die 751
eine Vielzahl von Fällen allgemein regeln, also eine abstrakt-generelle Aussage treffen. Um einen **Einzelfall** handelt es sich jedenfalls **bei einer konkret-individuellen Regelung.** Diese betrifft einen Einzelnen in einem ganz bestimmten Fall. Auch abstrakt-individuelle Regelungen, wie etwa die Anordnung an einen Hauseigentümer, bei Glättegefahr den Bürgersteig zu streuen, betreffen einen Einzelfall.

§ 35 S. 2 VwVfG bezieht auch **Allgemeinverfügungen** mit ein, also konkret-generelle 752
Regelungen. § 35 S. 2 Alt. 1 VwVfG lockert für **personenbezogene Regelungen** das Merkmal der Individualität auf, indem ein nach allgemeinen Merkmalen bestimmter oder bestimmbarer Personenkreis genügt, sofern nur ein konkreter Sachverhalt betroffen ist. Ein Beispiel dafür ist ein über Rundfunk verbreitetes Verbot des Verkaufs von Endiviensalat in von Seuchengefahr betroffenen Kreisen.[86]

Eine andere Variante ist die **Bekanntgabe des Smogalarms:** Aufgrund landesrechtlicher Smog-Verord- 753
nung gem. §§ 40, 49 II BImSchG kann bei »austauscharmer Wetterlage« Smogalarm ergehen, mit der Folge, dass unter anderem der Kfz-Verkehr eingeschränkt werden kann. Erst die erforderliche Bekanntgabe einer sog. austauscharmen Wetterlage durch den zuständigen Landesminister stellt rechtsverbindlich fest, dass ein Smogalarmfall vorliegt. Sie stellt sowohl in räumlicher als auch in zeitlicher Hinsicht die konkrete Gefahrenlage fest, sodass sie eine Einzelfallregelung beinhaltet.[87] Hingegen ist die **Abwehr abstrakter Gefahren Gegenstand ordnungsbehördlicher Verordnungen** (zB nach § 25 NRWOBG)[88].

§ 35 S. 2 VwVfG benennt die zwei Formen **sachbezogener Allgemeinverfügungen** 754
bzw. **dinglicher VA:**[89] statusbezogene nach der Alt. 2, die wie eine **Widmung** die öffentlich-rechtliche Eigenschaft einer Sache betreffen,[90] und nutzungsbezogene nach der Alt. 3, die wie ein **Verkehrszeichen**[91] ihre Benutzung durch die Allgemeinheit zum Gegenstand haben. **Benutzungsordnungen** für öffentliche Einrichtungen sind hingegen regelmäßig nicht auf eine konkrete Einzelkonstellation bezogen und daher kein VA, sondern eine **Satzung** und damit eine Norm.

3. Teilanfechtung

Dem Bürger sollen auch daraus keine Nachteile entstehen, dass die Verwaltung meh- 755
rere Regelungsgehalte in einen VA fasst. Eine Teilanfechtung ist daher **zulässig, »soweit«** (s. § 113 I 1 VwGO) der **VA** einen teilbaren Inhalt hat, er sich also aus objektiv abgrenzbaren Teilen zusammensetzt.

---

84 So zB OVG Münster NWVBl. 1995, 300. Für generelle VA-Qualität im Bereich der Pflichtaufgaben zur Erfüllung nach Weisung spricht zudem § 111 NRWJustG.
85 Vgl. VG Düsseldorf Urt. v. 23.5.2003 – 25 K 5312/02 Rn. 15–19.
86 BVerwGE 12, 87 (89f.) – Endiviensalat.
87 Ebenso *Schenke* VerwProzR Rn. 210; aA (kein VA) *Ehlers* DVBl. 1987, 972; *Maurer* VerwR AT § 9 Rn. 21.
88 § 10 I BWPolG; Art. 12ff. BayLStVG.
89 S. *Maurer* VerwR AT § 9 Rn. 56f.
90 Näher → Rn. 1202.
91 Ehlers/Pünder/*Ruffert* AllgVerwR § 21 Rn. 39. Jedes Verkehrszeichen betrifft einen Abschnitt öffentlicher Verkehrsflächen.

756 **a) Die Anfechtung von Nebenbestimmungen**[92]. Ein besonderes Problem der Teilbarkeit von VA bildet die **Anfechtung von Nebenbestimmungen**[93]. Diese stehen neben dem HauptVA und sind zunächst abzugrenzen von bloßen Inhaltsbestimmungen. Letztere prägen und konkretisieren lediglich den Inhalt des HauptVA selbst, sodass nur eine einheitliche Regelung und damit keine Teilbarkeit besteht (zB die Angaben in einer Baugenehmigung über den einzuhaltenden Abstand zum Nachbargrundstück, § 6 NRWBauO)[94]. Demgegenüber ergänzen Nebenbestimmungen den HauptVA. Die Alternativen für das Vorgehen gegen Nebenbestimmungen sind **eine isolierte Anfechtungsklage** gegen die Nebenbestimmung selbst **oder eine Verpflichtungsklage** auf Erlass eines neuen VA ohne Nebenbestimmung.

757 Welche Klageart statthaft ist, hängt davon ab, ob die Nebenbestimmung eine eigenständige Regelung und damit einen VA bildet oder mit dem HauptVA zusammen eine einheitliche Regelung formt, sodass nur **ein** VA vorliegt. Bedingungen, Befristungen und Widerrufsvorbehalte (s. § 36 II VwVfG) sind vielfach untrennbar mit dem Gehalt des HauptVA verbunden. Ihre isolierte Wegnahme würde daher dessen Charakter verändern und könnte eine rechtswidrige bzw. so nicht bezweckte Begünstigung stehen lassen. Einen gänzlich anderen Charakter haben **modifizierende Auflagen**. Deren **Wesen** besteht darin, dass der **HauptVA** sich **inhaltlich anders** gestaltet als beantragt. Daher wird der Verzicht auf diesen Begriff empfohlen.[95]

758 **Beispiel:** Ein Bauherr beantragt ein Haus mit Giebeldach, erhält aber nur eine Baugenehmigung unter der Voraussetzung, dass das Haus mit Flachdach gebaut wird. Durch die Auflage, ein Flachdach zu verwenden, wird die Genehmigung modifiziert, wenn sie nicht gar einen gänzlich anderen VA darstellt: Ein Haus mit Giebeldach ist etwas anderes als ein Haus mit Flachdach.

759 Eine modifizierende Auflage ist von einer Genehmigung unter Abweichung vom beantragten Inhalt und damit einem anderen HauptVA nur schwer zu unterscheiden. Materiell handelt es sich nicht um eine Nebenbestimmung, sondern um eine **Inhaltsbestimmung**.[96] Daher ist die modifizierende Auflage zumindest prozessual gleichzustellen. Es ist in beiden Fällen **Verpflichtungsklage auf Erlass eines neuen VA** zu erheben.

760 Vom Ansatz her stehen an sich nur Auflagen und Auflagenvorbehalte nach § 36 II Nr. 4 f. VwVfG selbstständig neben dem VA. Daher will die traditionelle Auffassung **(1. Meinung)** nur sie isoliert anfechtbar sein lassen.[97] Damit geht sie aber vom Wesen der Nebenbestimmungen aus und nicht wie für die Frage der Zulässigkeit einer Klage erforderlich von den entsprechenden prozessrechtlichen Vorgaben.

761 § 113 I 1 VwGO (»soweit«) beschränkt eine Teilanfechtung von VA nicht. Davon ausgehend sind **potenziell sämtliche Nebenbestimmungen isoliert anfechtbar (2. Mei-**

---

92 *Sturm* VR 2004, 15; *Schmidt* VBlBW 2004, 81; Übungsfälle: *Braun/Kettner* VR 2005, 25; *Seidel* JA 2003, 957.

93 Näher zu Nebenbestimmungen *Hufen/Bickenbach* JuS 2004, 867 und 966; *Wagner* JA 2008, 866; *Kawik* UBWV 2016, 109.

94 Art. 6 BayBO; § 5 BWLBauO.

95 *Maurer* AllgVerwR § 12 Rn. 16, 25.

96 *Ipsen* VerwR AT Rn. 600.

97 BVerwG DÖV 1974, 380; *Peine* VerwR AT Rn. 528 ff.; *Pietzcker* NVwZ 1995, 15 (15 f.); *Störmer* DVBl. 1996, 81.

nung).[98] Freilich nützt dem Kläger die Zulässigkeit einer Anfechtungsklage nichts, wenn sie letztlich erfolglos bleibt, weil der HauptVA nicht ohne die Nebenbestimmung bestehen bleiben kann. Dies ist jedoch eine Frage der Begründetheit. Im Rahmen der Zulässigkeit kann aber immerhin geprüft werden, ob die **Möglichkeit einer isolierten Aufrechterhaltung** besteht. Dann liegt eine prozessuale Teilbarkeit vor; daher ist eine isolierte Anfechtungsklage möglich. Eine solche reduzierte Prüfung erfolgt auch im Rahmen der Klagebefugnis. Die weitergehende Differenzierung danach, ob es sich um einen gebundenen oder um einen **ErmessensVA** handelt,[99] übersieht, dass es bei der Zulässigkeit der Klage um die isolierte Anfechtung der Nebenbestimmung geht und somit von dieser und nicht vom HauptVA auszugehen ist. Die Differenzierung nach dem HauptVA ist freilich im Rahmen der Begründetheit für die Frage bedeutsam, ob eine **Teilaufhebbarkeit der Nebenbestimmung** möglich ist **(materielle Teilbarkeit).**

Eine **isolierte Anfechtungsklage** gegen Nebenbestimmungen ist somit zulässig, **sofern nicht offensichtlich ist, dass der HauptVA ohne die Nebenbestimmung nicht bestehen kann.**[100] Zunächst ist in der Begründetheit die Rechtmäßigkeit der Nebenbestimmung zu prüfen, dann das mögliche Fortbestehen des HauptVA (→ Rn. 823ff.). Selbst wenn sich dann in der Begründetheit bei genauer materieller Prüfung die Unteilbarkeit herausstellt, geht die Klage nicht ins Leere. Dann kann nach § 86 III oder § 88 VwGO immer noch auf eine Verpflichtungsklage auf Erlass eines neuen VA umgestellt werden (→ Rn. 826). **762**

Diese Auffassung wird ebenfalls abgelehnt **(3. Meinung).**[101] Der gesetzlich vorgesehene Weg, einen ggf. verbleibenden, rechtswidrigen RestVA zu beseitigen, sei die Rücknahme durch die Behörde gem. § 48 VwVfG NRW. Dagegen spricht aber der Zeitverlust bis zum Handeln der Behörde. Bis dahin hätte das Gericht ansonsten bewusst rechtswidrige Zustände geschaffen.

b) Die isolierte Anfechtung des Widerspruchsbescheides. Eine Frage der Trennbarkeit ist letztlich auch, inwieweit der **Widerspruchsbescheid isolierter Gegenstand der Anfechtungsklage** sein kann. Grundsätzlich gehören GrundVA und Widerspruchsbescheid zusammen, soweit Letzterer ergangen ist: Gegenstand der Anfechtungsklage ist nach § 79 I Nr. 1 VwGO der ursprüngliche VA in der Gestalt, die er durch den Widerspruchsbescheid gefunden hat. Beide sind also als Einheit zu sehen. Hat aber der Widerspruchsbescheid den AusgangsVA geändert, ist der Betroffene möglicherweise mit dem Ausgangsbescheid zufrieden und will nur den Widerspruchsbescheid beseitigt wissen. Das ist dann der Fall, wenn der Abhilfe- bzw. Widerspruchsbescheid **erstmalig eine Beschwer** enthält (§ 79 I Nr. 2 VwGO) **oder** auch nur eine **zusätzliche selbstständige Beschwer** (§ 79 II VwGO).[102] Da dann der Ausgangsbescheid bestehen bleiben kann, bedarf es keiner Verpflichtungsklage; die Anfechtungsklage genügt. **763**

Der zusätzlichen Beschwer nach § 79 II 2 VwGO gleichzustellen ist die entscheidungserhebliche **Verletzung einer wesentlichen Verfahrensvorschrift.** Dazu gehört etwa das Fehlen der nach § 73 VwGO vorgeschriebenen Begründung. **764**

---

98 BVerwGE 60, 269 (274); BVerwG NVwZ 1984, 366; BVerwGE 112, 221; Kopp/Schenke/*W.-R. Schenke/R. P. Schenke* § 42 Rn. 22.

99 BVerwGE 60, 269 (274); *Schenke* VerwProzR Rn. 299f.; nicht mehr in BVerwGE 112, 221.

100 BVerwGE 112, 221; OVG Münster NWVBl. 1993, 99.

101 *Hufen* JuS 2004, 966 (967).

102 Zur reformatio in peius → Rn. 814ff.

III. Klagebefugnis[103]

765 Die Befugnis zur Erhebung einer Anfechtungsklage besteht gem. § 42 II VwGO, wenn der **Kläger durch den VA möglicherweise in seinen Rechten verletzt ist** (Möglichkeitstheorie). Ob eine tatsächliche Rechtsverletzung vorliegt, bleibt gem. § 113 I 1 VwGO der Begründetheitsprüfung vorbehalten. Eine mögliche Rechtsverletzung ist daher schon dann gegeben, wenn nicht offensichtlich und eindeutig bei jeder erdenklichen Betrachtungsweise eine Rechtsverletzung von vornherein ausgeschlossen ist. Voraussetzung ist aber die abstrakte Eignung eines Rechtssatzes, ein subjektives Recht zu begründen. Zweifel, ob ein subjektives Recht besteht, müssen daher ausgeräumt werden.[104]

766 Eine Rechtsverletzung kommt zumindest regelmäßig in Betracht, wenn der Kläger Adressat eines **belastenden VA** ist. Dann ist aufgrund der Adressatenstellung jedenfalls **Art. 2 I GG möglicherweise beeinträchtigt (Adressatentheorie).** Indes ist die allgemeine Handlungsfreiheit subsidiär. Daher sollte bereits im Rahmen der Klagebefugnis das möglicherweise verletzte einfachgesetzliche und damit speziellere subjektiv-öffentliche Recht benannt werden.

767 Ist der **Kläger** nicht Adressat des VA und damit allenfalls **Drittbetroffener,** ist zu prüfen, ob eigene Rechte des Klägers auch durch den an einen anderen gerichteten VA verletzt sein können. Dieser VA muss daher der Prüfung von Normen unterliegen, die zumindest auch Individualinteressen des Drittbetroffenen schützen. Es muss mithin entsprechend der **Schutznormtheorie** eine Rechtsnorm einschlägig sein, die zumindest auch dem Schutz der Interessen des Klägers im Zusammenhang mit der behaupteten Rechtsverletzung dient.[105] Ob eine Norm drittschützenden Charakter hat, ist jeweils eine Frage der Auslegung.

1. Aus einfachgesetzlichen Schutznormen

768 a) **Baurecht**[106]. Drittschützende Normen im Baurecht finden sich im Bauordnungs- und im Bauplanungsrecht. Zweck der **bauordnungsrechtlichen Vorschriften** zu Abstandsflächen und Brandschutz ist gerade auch der Schutz des Nachbarn. Der **Bebauungsplan** (§ 30 I BauGB) kann aufgrund seiner Funktion nachbarschützend sein. Seine Festsetzungen zur **Art der baulichen Nutzung** sollen die Interessen in der rechtlichen Schicksalsgemeinschaft des Planbereichs ausgleichen. Verbindliche Vorgaben für die Art[107] der baulichen Nutzung finden sich in der BauNVO. Baugebiete sind in §§ 2–11 BauNVO typisiert. Diese Festlegungen zeichnen den bauplanerischen Interessenausgleich vor, bewältigen ihn durch ihre Übernahme in einen Bebauungsplan und vermitteln insofern Drittschutz. Liegt kein qualifizierter Bebauungsplan vor, gehen die Baugebiete nach der BauNVO in § 34 II BauGB ein; diese Norm ist daher auch drittschützend. So darf sich der Nachbar in einem reinen Wohngebiet (§ 3 BauNVO) gegen die Ansiedlung eines Beherbergungsbetriebes wehren.

---

103 *Schlette* JURA 2004, 90; *Hipp/Hufeld* JuS 1998, 898; *Lemke* JA 1999, 887.
104 BVerfG NVwZ 2009, 1426 (1427).
105 BVerwGE 7, 354 (355); *Detterbeck* VerwR AT Rn. 399; *Sodan/Ziekow* GK ÖffR § 71 Rn. 2.
106 *Muckel* JuS 2000, 132; *Stollmann* VR 2005, 397.
107 § 9 I Nr. 1 BauGB.

Fall nach VG Ansbach Urt. v. 9.10.2014 – AN 9 K 14.00830: Eine Gemeinschaftsunterkunft für Asyl-   **769**
bewerber soll in einem faktischen Gewerbegebiet errichtet werden. Besteht ein Abwehranspruch?

Ein solcher Anspruch könnte aus dem Gebietserhaltungsanspruch resultieren. Aus der Gleichstellung
geplanter und faktischer Baugebiete entsprechend der BauNVO hinsichtlich der Art der baulichen Nutzung durch § 34 II BauGB ergibt sich, dass derselbe **Nachbarschutz im unbeplanten Innenbereich** besteht, wenn die Eigenart der näheren Umgebung einem der Baugebiete der BauNVO entspricht. Ein
faktisches Gewerbegebiet ist damit wie ein entsprechend geplantes Baugebiet zu schützen. Im Plan-
bereich werden die Planbetroffenen durch die Festsetzungen zur Art der Nutzung zu einer rechtlichen
Schicksalsgemeinschaft verbunden. Die Beschränkung der Nutzungsmöglichkeit des eigenen Grundstücks wird dadurch ausgeglichen, dass auch die anderen Grundstückseigentümer diesen Beschränkungen unterworfen sind.[108] Im Rahmen dieses **nachbarschaftlichen Gemeinschaftsverhältnisses** soll
daher jeder Planbetroffene im Baugebiet das Eindringen einer gebietsfremden Nutzung und damit die
schleichende Umwandlung des Baugebiets unabhängig von einer konkreten Beeinträchtigung verhindern können. **Der Gebietserhaltungsanspruch** gewährt dem Eigentümer eines Grundstücks hinsichtlich der durch einen Bebauungsplan festgesetzten Nutzungsart einen Abwehranspruch gegen die Genehmigung eines Bauvorhabens im Plangebiet, das von der zulässigen Nutzungsart abweicht. Das gilt
unabhängig davon, ob die zugelassene gebietswidrige Nutzung den Nachbarn selbst unzumutbar beeinträchtigt oder nicht.[109] Eine Gemeinschaftsunterkunft für Asylbewerber weicht von der bisherigen
Nutzungsart als Gewerbegebiet ab und konnte daher als gebietsfremde Nutzung abgewehrt werden.[110] Die Qualifikation als **Einrichtung für soziale Zwecke** nach § 8 III Nr. 2 BauNVO scheitert am
Erfordernis der Gebietsverträglichkeit.[111] Indes verweist nunmehr § 34 II BauGB auf § 31 II BauGB, wonach sogar von den Festsetzungen eines Bebauungsplans befreit werden kann, wenn die Grundzüge der
Planung nicht berührt werden und Gründe des Wohls der Allgemeinheit einschließlich des Bedarfs zur
Unterbringung von Flüchtlingen und Asylbegehrenden die Befreiung erfordern (Nr. 1). Diese Vorschrift
hat nach dem Gesetzgeber zentrale Bedeutung für die Zumutbarkeit der Befreiung im Verhältnis zu
nachbarlichen Interessen und anderen öffentlichen Belangen.[112] Angesichts des vielfältigen und dringenden Bedarfs für Asylbewerberunterkünfte dürfte diese Ausnahme zu bejahen sein.

Hinsichtlich des ausschließlich städtebaulich motivierten **Maßes der baulichen Nut-**   **770**
zung ist der Plan nicht nachbarschützend, es sei denn, dieses schlägt im Einzelfall auf
individuelle Belange durch, so bei einem beträchtlichen Überschreiten der zulässigen
Geschosse mit »erdrückender« Wirkung auf den Nachbarn. Auch hier greift das baurechtliche Gebot der Rücksichtnahme.[113]

Das **baurechtliche Gebot der Rücksichtnahme**[114] hat zwar den Drittschutz schon im   **771**
Namen, ist aber isoliert betrachtet objektiver Natur. Subjektive Qualität vermag es
unter zwei Bedingungen zu erlangen. Erstens muss eine bestimmte Schwelle der Beeinträchtigung erreicht sein. Zweitens muss die konkrete Maßnahme die Interessen eines
abgrenzbaren Personenkreises verletzen. Drittschutz kann das Rücksichtnahmegebot
damit **bei im Einzelfall qualifizierter und zugleich individualisierter Betroffenheit
eines Nachbarn entfalten.**[115] Es führt zudem als solches nicht isoliert zur Bejahung
eines subjektiven Rechts, sondern dafür bedarf es der **Anbindung an eine Norm,** die

---

108 S. BVerwGE 94, 151.
109 BVerwGE 101, 364; VGH München BayVBl. 2013, 51.
110 Dazu *Daiber* JA 2016, 760.
111 VG Ansbach Urt. v. 9.10.2014 – AN 9 K 14.00830 Rn. 90ff.
112 BT-Drs. 18/2752, 7.
113 BVerwGE 67, 334 (340).
114 Dazu *Voßkuhle/Kaufhold* JuS 2010, 497.
115 BVerwGE 67, 334 (337ff.); 82, 343 (345ff.).

dieses Gebot enthält. Im beplanten Bereich iSv § 30 I BauGB findet es über § 15 BauNVO oder bei der Dispensierung nach § 31 BauGB über die nach § 31 II BauGB erforderliche »Würdigung nachbarlicher Interessen« Eingang, im unbeplanten Innenbereich über das Tatbestandsmerkmal »einfügen« (§ 34 I BauGB) und im Außenbereich als zu beachtender »öffentlicher Belang« zugunsten privilegierter Vorhaben (§ 35 I BauGB).

772 **Fall** nach BVerwGE 52, 122: A betreibt im Außenbereich einen Schweinemastbetrieb. B wird eine Baugenehmigung für ein Wohnhaus in unmittelbarer Nähe, ebenfalls im Außenbereich, erteilt. A sieht den weiteren Betrieb seiner Schweinemästerei gefährdet, da er aufgrund der den B treffenden Geruchsbelästigung künftige Anordnungen nach § 17 BImSchG befürchtet. Er geht deshalb gerichtlich gegen die Baugenehmigung vor.

Die Klagebefugnis des A folgt hier aus § 35 BauGB iVm dem Gebot der Rücksichtnahme: Die Schweinemästerei des A bildet im Gegensatz zum Wohnhaus des B ein privilegiertes Vorhaben gem. § 35 I Nr. 4 BauGB. Als einziger Nachbar, der ggf. seinen Betrieb schließen muss, ist er qualifiziert und individuell betroffen. Daher stellt seine privilegierte Stellung einen Drittschutz verleihenden öffentlichen Belang iSv § 35 III BauGB dar.

773 Folgt aus baurechtlichen Normen als konkret das Sachgebiet ordnende und daher zunächst zu prüfende Vorschriften kein subjektiv-öffentliches Recht, kann ein solches nach der neueren Rspr. des BVerwG auch nicht mehr aus **Art. 14 GG als Auffangschutznorm** erwachsen.[116] Dies wurde früher in den Fällen schwerer und unerträglicher Betroffenheit des Nachbarn bejaht.[117] Indes bilden die Vorschriften des BauGB zum Nachbarschutz zulässige Inhalts- und Schrankenbestimmungen des Gesetzgebers nach Art. 14 I 2 GG. Soweit sich ihr Anwendungsbereich erstreckt, verbietet sich ein Rückgriff auf Art. 14 GG.[118]

774 Nachbardrittklage gegen Baugenehmigung

Nachbar:

- Nicht nur Angrenzer, sondern jeder Eigentümer oder sonst dinglich Begünstigter, der durch bauliche Anlage in seinen rechtlichen Interessen betroffen (also Bestimmung von der betroffenen Norm her) ist
- obligatorisch Berechtigte nur bei gesundheitlichen Schäden (Klagebefugnis aus Art. 2 II GG)

Klagebefugnis nach Schutznormtheorie:

- § 30 BauGB:
  selbst nicht nachbarschützend, aber ggf. Festsetzungen in Bebauungsplan (grds. nicht Aussicht, außer wenn zur Ermöglichung Aussicht festgesetzt): also nachbarschützend § 30 iVm Festsetzungen des jeweiligen Bebauungsplanes: idR nur bzgl. Art, nicht Maß der baulichen Nutzung
- daneben nachbarschützende Normen in BauNVO (va § 15 BauNVO, der Gebot der Rücksichtnahme enthält; Gebietsbestimmungen §§ 2 ff. BauNVO allgemein nachbarschützend: arg.: alle Grundstückseigentümer müssen bestimmte Nutzungsbeschränkungen hinnehmen im Interesse geordneten Zusammenlebens)

---

116 BVerwGE 101, 364 (373).
117 BVerwGE 52, 122 (130).
118 Näher Steiner/*Oldiges* VerwR BT IV Rn. 384 und → Rn. 491 zu Art. 14 I GG sowie → Rn. 1190 f.

- § 31 II BauGB: nachbarschützend, da Dispens nur »unter Würdigung nachbarlicher Interessen«
- § 34 BauGB: grds. nicht nachbarschützend, aber Drittschutz über »einfügen«: Gebot der Rücksichtnahme, und § 34 II BauGB iVm §§ 2 ff. BauNVO hins. der Art der baulichen Nutzung
- § 35 BauGB: grds. nicht nachbarschützend, da »öffentliche Belange«; aber spez. Ausprägung § 35 III 1 Nr. 3 BauGB evtl. drittschützend; besonderen Schutz genießen die Privilegierten nach § 35 I BauGB selbst
- § 33 BauGB: soweit Festsetzungen zukünftigen Bebauungsplans nachbarschützend, wenn Norm über Gebot der Rücksichtnahme drittschützend, dann Klagebefugnis, soweit erkennbar abgegrenzter Kreis Dritter, auf den in qualifizierter und individualisierter Weise Rücksicht zu nehmen (ergibt sich aus den tatsächlichen Umständen) ist
- Rücksichtnahmegebot ist lediglich Ausprägung der einfachgesetzlichen Normen (§ 15 I 2 BauNVO; §§ 31 II, 34 I [»einfügen«], 35 III 1 Nr. 3 BauGB)
- keine Abwehransprüche aus Art. 14 I GG unmittelbar
- Normen LBauO nur drittschützend bei Schutz von Individualrechtsgütern (Leben, Gesundheit, …)
- Sicherung Erschließung ist nicht drittschützend, außer aus bestehendem Bau folgt Notwegerecht (Anliegerrecht aus Art. 14 I GG → Rn. 502 f.)

b) Immissionsschutzrecht. § 5 I Nr. 1 BImSchG verlangt für die Errichtung und den **775** Betrieb von genehmigungsbedürftigen Anlagen (§ 4 BImSchG), dass schädliche Umwelteinwirkungen und sonstige Gefahren auch für die **Nachbarschaft** nicht hervorgerufen werden können. Er dient also dem von diesem Begriff umfassten Personenkreis – anders als § 5 I Nr. 2 BImSchG, dem dieser Bezug fehlt und dem daher keine drittschützende Wirkung zukommen soll.[119] Da der Begriff der Nachbarschaft neben dem der Allgemeinheit steht, bedarf es einer Abgrenzung. Diese wird durch das Erfordernis eines besonderen Bezugs zu der emittierenden Anlage erreicht. Aufgrund der Zielrichtung des BImSchG, vor Umwelteinwirkungen zu schützen, ist maßgeblich, inwieweit solche unter normalen Umständen auftreten können. Die davon Betroffenen sind klagebefugt.

2. Aus Grundrechten

Grundrechte bilden als Abwehrrechte gegen den Staat subjektiv-öffentliche Rechte des **776** Bürgers. Auf sie kann daher zurückgegriffen werden, wenn einschlägige einfachgesetzliche Schutznormen fehlen, aus Gründen der Gesetzesspezialität aber immer auch erst dann.[120]

So verleihen bei **Beeinträchtigungen der Wettbewerbsfreiheit** etwa durch den Sub- **777** ventionsbescheid zugunsten eines Konkurrenten vielfach lediglich die Grundrechte subjektiv-öffentliche Rechte. Dies wird aber nur in dem Maße befürwortet, in dem Art. 14 I GG bzw. Art. 12 I GG in unerträglichem Maß eingeschränkt werden. Das ist der Fall bei Gefahr der Insolvenz oder bei einer drohenden Verdrängung vom Markt. Daraus kann sich eher selten die Zulässigkeit von Konkurrenzabwehrklagen erge-

---

119 Näher *Jarass* BImSchG § 5 Rn. 134 ff.
120 → Rn. 773 zum Baurecht.

ben.[121] Das korreliert zwar mit den hohen Anforderungen an mittelbare Grundrechtseingriffe, widerspricht aber ebenso wie diese den immer subtileren Formen beeinträchtigenden Staatshandelns (→ Rn. 351 ff.). Entsprechend den befürworteten Erweiterungen ist auch eine Klagebefugnis bei weniger gravierenden Auswirkungen zu bejahen, sofern diese durch staatliche Handlungen und nicht durch wirtschaftliche Abläufe vermittelt wurden.[122] Es muss aber eine schützenswerte Rechtsposition bestehen.

778 **Beispiel** nach BVerfG NVwZ 2009, 1426: Eine solche Rechtsposition fehlt im Hinblick auf die Aufrechterhaltung des Gemeingebrauchs einer bestimmten Straße. Daher besteht kein Recht aus Art. 2 I, 3 I oder 14 I GG, auch wenn man den Schutz des Rechts am eingerichteten und ausgeübten Gewerbebetrieb unterstellt (→ Rn. 510 ff.).

779 Geht es um die Handhabung einer EU-Verordnung oder nationalen Rechts, welches eine EU-Richtlinie umsetzt, greifen allerdings nicht die **Grundrechte** des GG ein, sondern die der **GRCh**.[123] Soweit daher die EU-Verordnung oder das nationale Umsetzungsrecht kein subjektives Recht enthält bzw. in ein solches durch seine Anwendung einzugreifen droht, ist die mögliche Verletzung von EU-Grundrechten zu prüfen, außer die nationale Verwaltung bewegt sich in durch EU-Recht nicht geregelten Ausgestaltungsspielräumen.[124]

3. Aus Unionsrecht

780 Entsprechend seiner unmittelbaren Wirkung vermag auch **das europäische Unionsrecht** subjektiv-öffentliche Rechte zu vermitteln. Zu nennen sind hier in erster Linie die insofern den deutschen Grundrechten entsprechenden **Grundfreiheiten der Art. 34 ff. AEUV.**

781 **Beispiel** nach OVG Münster NVwZ 2000, 1069: Die zuständige Ordnungsbehörde untersagt der A-GmbH das Betreiben eines sog. Laserdromes. Dagegen klagt die B, ein britisches Unternehmen, weil sie aufgrund eines Franchise-Vertrages von der A-GmbH nur dann eine Vergütung erhält, wenn das Laserdrome in Betrieb ist. Entgegen der Ansicht des OVG Münster ist die Klagebefugnis der B im Hinblick auf eine mögliche faktische Verletzung ihrer **Dienstleistungsfreiheit** gem. Art. 56 AEUV zu bejahen.[125]

782 Ein solches Recht kann etwa für Exporteure aus anderen EU-Mitgliedstaaten aus dem **Diskriminierungsverbot des Art. 18 AEUV** entwachsen, wenn sie zB mit zusätzlichen Kontrollakten aufgrund ihrer ausländischen Herkunft belastet werden. Die Grundfreiheiten (hier Art. 34 AEUV) sind indes spezielle Ausprägungen dieses Diskriminierungsverbots und daher vorrangig.

783 Auch **unmittelbar wirksame Richtlinienbestimmungen** können, wenn sie die mitgliedstaatlichen Behörden nicht anwenden, nur dadurch zur Geltung kommen, dass sie vor nationalen Gerichten eingefordert werden.[126] Allerdings stimmen die Systema-

---

121 Für die Abwehr kommunalwirtschaftlicher Betätigung BVerwGE 39, 329 (336); BVerwG NJW 1995, 2938 (2939) – Wirtschaft und Touristik GmbH.

122 So kann allein eine Subvention die Wettbewerbssituation so nachhaltig verändern, dass der Konkurrent in Art. 12 GG beeinträchtigt wird; näher dazu → Rn. 350.

123 EuGH ECLI:EU:C:2013:105 Rn. 21, 27 – Åkerberg Fransson.

124 S. BVerfG NJW 2013, 1499 (1501) Rn. 91 – Antiterrordatei; BVerwGE 124, 27 (62 f.) zum Emissionshandel.

125 Zu Art. 56 AEUV → Rn. 107 ff., zu nationalverfassungsrechtlichen Bedenken im Hinblick auf Art. 1 I GG → Rn. 939.

126 → Rn. 82.

tik und vor allem die Geltungsreichweite solcher Richtlinien vielfach nicht mit nationalen Bestimmungen überein. Oft begünstigen sie eine ganze Gruppe, ohne dass sich daraus eine hinreichende Individualisierbarkeit ergibt, wer gegen bestimmte Maßnahmen vorgehen darf, wie sie vielfach für eine Klagebefugnis nach § 42 II VwGO gefordert wird.[127] Aufgrund solcher Diskrepanzen stattdessen unionsrechtliche Maßstäbe anzuwenden,[128] widerspricht aber der notwendigen Einfügung des Unionsrechts in die Strukturen des nationalen Rechts.[129] Somit ist in diesen Fällen die Klagebefugnis nach § 42 II VwGO entsprechend weit zu konzipieren. Ein **Schutz individueller Interessen** kann daher **auch bezogen auf eine ganze Gruppe** angenommen werden.

4. Verbandsklage

Ein viel diskutiertes Problem war die **Klagebefugnis von Verbänden,** insbesondere auf dem Gebiet des Umweltrechts. Diese müssen nicht mehr in eigenen materiellen Rechten verletzt werden können, um klagen zu dürfen, sondern nur **mögliche Verstöße gegen Umweltrechtsvorschriften** geltend machen. In Erweiterung des Trianel-Urteils des EuGH[130] genügen auch solche gegen nationale Umweltrechtsvorschriften ohne Unionshintergrund (§ 3 Umwelt-Rechtsbehelfsgesetz). Zudem sind ihnen eigene **Beteiligungsrechte** eingeräumt, so anerkannten Naturschutzverbänden nach § 63 BNatSchG. Aus ihrer möglichen Verletzung kann dann der Verband ebenfalls klagebefugt sein. Eine solche Klagebefugnis ergibt sich aus § 64 BNatSchG, aber nur in den dort bezeichneten Fällen, nicht darüber hinaus.[131]   **784**

Darüber hinaus kann ein Naturschutzverband nicht etwa dadurch eine Klagebefugnis als Eigentümer erlangen, dass er sich pro forma ein Grundstück in dem betroffenen Gebiet (sog. Sperrgrundstück) übertragen lässt, nur um die Voraussetzungen für eine Prozessführung zu schaffen: Ein solches Vorgehen ist rechtsmissbräuchlich und begründet daher keine Klagebefugnis aus Eigentum.[132]   **785**

5. Entfallen der Klagebefugnis aufgrund von Präklusion

Auch ein ursprünglich bestehendes subjektiv-öffentliches Recht kann entfallen, wenn der Betroffene sein **Recht nicht rechtzeitig geltend gemacht** hat. Aufgrund der verstrichenen Frist steht dem Kläger das erforderliche Recht offensichtlich nicht mehr zu, sodass bereits die Klagebefugnis entfällt.[133]   **786**

Zu einer Präklusion kann es insbesondere **in formalisierten Verfahren** (zB Planfeststellungsverfahren, § 73 IIIa 2, IV 3 VwVfG) kommen. Dort bedarf es aufgrund der Vielzahl Betroffener der konzentrierten Geltendmachung subjektiver Rechte. Dementsprechend sind diese bereits im Genehmigungs- bzw. Anhörungsverfahren geltend zu machen. Dabei nicht vorgebrachte Belange können nicht mehr nachträglich gerichtlich gegen eine Entscheidung vorgebracht werden. Hinsichtlich dieser ist der Bürger dann kraft Gesetzes (zB § 17a Nr. 7 S. 2 FStrG) präkludiert und daher auch nicht klagebefugt. Eine solche **Präklusion** würde aber der vom EU-Recht und als Hintergrund   **787**

---

127 Vgl. BVerwGE 85, 54 (56).

128 Etwa *Stern* JuS 1998, 769 (770f.).

129 → Rn. 38 zum Grundsatz der mitgliedstaatlichen Verfahrensautonomie.

130 EuGH Rs. C-115/09, NJW 2011, 2779.

131 BVerwG DVBl. 2006, 1319 (1320).

132 BVerwGE 112, 135 (136ff.); s. aber auch BVerfGE 134, 242 – Garzweiler II.

133 *Schenke* VerwProzR Rn. 502ff.; *Jarass* BImSchG § 10 Rn. 98f. Nach aA (BVerwG NVwZ 1997, 489; *Hufen* VerwProzR § 25 Rn. 45) bewirkt der Eintritt der Präklusion zwar kein Entfallen der Klagebefugnis, führt aber zur Unbegründetheit der Klage.

von der Aarhus-Konvention geforderten effektiven Durchsetzbarkeit von Umweltbelangen widersprechen.[134] Insoweit hindert sie daher im Umweltbereich weder die Zulässigkeit noch die Begründetheit einer Klage. So ist § 10 III 4 BImSchG nicht anzuwenden. Er greift nur noch für Gesundheits- und allgemeine Eigentümerbelange ein.

IV. Vorverfahren[135]

788 Nach § 68 I 1 VwGO ist grundsätzlich vor der Erhebung der Anfechtungsklage ein Vorverfahren durchzuführen. Dieses ermöglicht eine Entlastung der Verwaltungsgerichte, dient zudem der Selbstkontrolle der Verwaltung und bedeutet für den Bürger einen erhöhten Rechtsschutz durch eine zusätzliche, behördliche Instanz. Diesen Zweck kann es aber von vornherein nicht mehr erfüllen, wenn die **Rechtsaufsichtsbehörde** eine **verbindliche Weisung** erteilt hat, und ist dann entbehrlich.[136]

789 Da allerdings Widerspruchsbescheide regelmäßig den ergangenen VA bestätigten, schaffte **NRW** das **Vorverfahren** durch Gesetz nach § 68 I 2 VwGO weitestgehend ab.[137] Einer solchen Nachprüfung bedarf es gem. § 110 I 1 NRWJustG[138] **für VA nicht mehr;** nur noch für Abgaben besteht eine zeitliche Geltungsgrenze. § 110 II NRWJustG bestimmt bereichsbezogene **Ausnahmen** (zB VA von Schulen, Leistungen bei berufsbezogenen Prüfungen), Abs. 3 nimmt **Drittwidersprüche** bei bisher fehlender Beteiligung am Verwaltungsverfahren aus, **insbesondere nicht aber in Bausachen.** Danach hat ein Nachbar gegen eine Baugenehmigung keinen Widerspruch zu erheben, sondern sofort zu klagen.

790 **Entbehrlich** ist die Durchführung eines Vorverfahrens im Übrigen dann, wenn ein Gesetz bereichsspezifisch bestimmt, dass es keiner Nachprüfung bedarf (zB § 70 VwVfG, § 126 NRWGO), in den weiteren Fällen des § 68 I 2 VwGO, also wenn der VA von einer obersten Bundes- oder Landesbehörde erlassen worden ist (§ 68 I 2 Nr. 1 VwGO) oder der Widerspruchsbescheid (bzw. Abhilfebescheid) erstmalig eine Beschwer enthält (§ 68 I 2 Nr. 2 VwGO). §§ 68 I 2 Nr. 2, 79 II VwGO gelten analog für die **reformatio in peius.** Dies sind Fälle, in denen die Widerspruchsbehörde den ursprünglichen VA zulasten des Widerspruchsführers ändert.[139]

791 In den übrigen Konstellationen bedarf es an sich der form- und fristgerechten Einlegung des Widerspruchs nach § 70 I VwGO iVm § 57 II VwGO iVm § 222 ZPO, §§ 187ff. BGB.[140] **Bei mangelhafter Belehrung** gilt § 70 II iVm § 58 II VwGO. Auch diese **Jahresfrist** läuft aber nur, wenn der VA überhaupt bekannt gegeben wurde. Eine

---

134 EuGH ECLI:EU:C:2015:683 –Kommission/Deutschland.

135 *Weidemann* VR 2006, 79; *Engst* JURA 2006, 166; *Schoch* JURA 2003, 752; Übungsfall: *Weber* VR 2006, 135; Grundfälle: *Geis/Hinterseh* JuS 2001, 1074 (1176); 2002, 34.

136 BVerwG NVwZ 2011, 501.

137 Auch in Bayern erfolgte dies teilweise; iÜ wurde das Widerspruchsverfahren fakultativ. Dies ist verfassungsgemäß, VerfGH Bayern NVwZ 2009, 716.

138 Gesetz über die Justiz im Land Nordrhein-Westfalen (Justizgesetz Nordrhein-Westfalen – NRWJustG).

139 Näher → Rn. 814ff.

140 Kopp/Schenke/*W.-R. Schenke* § 70 Rn. 8; nach aA (zB *Hufen* VerwProzR § 6 Rn. 28) richtet sich die Berechnung der Frist des verwaltungsverfahrensrechtlichen Vorverfahrens nach dem VwVfG und damit nach § 79 iVm § 31 I VwVfG iVm § 187ff. BGB. Da letztlich jeweils die §§ 187ff. BGB einschlägig sind, spielt der Streit regelmäßig keine Rolle, es sei denn, der Sonderfall des § 31 III 2 VwVfG tritt ein.

Bekanntgabe gegenüber einem belasteten Dritten löst freilich die Monatsfrist des § 70 I VwGO auch dann aus, wenn dieser eine abstrakte Rechtsbehelfsbelehrung beigefügt war. Diese bezieht sich ohne Weiteres auch auf einen potenziell Drittbetroffenen.[141] Es muss daher nicht zusätzlich ein Begleitschreiben beigefügt werden, das erst einen solchen objektiven Eindruck erweckt.[142]

> **Beispiel** nach BVerfG NJW 2009, 3642: Bei Verkehrszeichen soll dies mit der Aufstellung als **792** Allgemeinverfügung gegenüber allen gelten.[143] Dabei stellt sich aber das Problem hinreichenden Rechtsschutzes im Hinblick auf Art. 19 IV GG und vor allem der rechtzeitigen Klage. Die Frist für die Anfechtung eines Verkehrsverbots durch Verkehrszeichen läuft deshalb erst ab dem Zeitpunkt, wenn ein Verkehrsteilnehmer zum ersten Mal auf das Verkehrszeichen trifft (→ Rn. 842).

Ist dies nicht der Fall, weil etwa eine Baugenehmigung den betroffenen Nachbarn nie erreicht hat, kann **793** das Widerspruchsrecht nur verwirkt sein.

Erlangt der Betroffene von dem belastenden VA nachweislich Kenntnis, ist die Lage **794** damit vergleichbar, dass lediglich eine Rechtsbehelfsbelehrung unterblieben ist. Daher ist in diesen Fällen **§ 58 II VwGO analog** anwendbar. Die Jahresfrist läuft dann ab Kenntnis.[144]

Was aber ist, wenn die **Widerspruchsbehörde über** einen **verfristeten Widerspruch** **795** **entscheidet?** Bei formaler Betrachtung tritt mit dem Ablauf der Widerspruchsfrist eine formelle Bestandskraft des VA ein, womit die Widerspruchsbehörde ihre Kompetenz verloren hat.[145] § 73 VwGO weist indes der Widerspruchsbehörde die umfassende Sachentscheidungsbefugnis zu, ohne diese an das Einhalten der Widerspruchsfrist zu binden. Damit liegt es an ihr als **Herrin des Vorverfahrens**, auch bei verfristetem Widerspruch einen Bescheid zu erlassen;[146] eine solche Pflicht trifft sie aber nicht. Die Situation ist **anders, wenn** durch den VA **schutzwürdige Interessen Dritter betroffen** sind. Durch den Ablauf der Widerspruchsfrist hat der Dritte aufgrund der formellen Bestandskraft des VA eine gesicherte Rechtsposition erlangt, die ihm nicht mehr entzogen werden kann.[147] Daher scheidet in solchen Fällen eine Heilung der Verfristung durch die Widerspruchsbehörde aus.

Der Behörde zuzurechnende Fehler im Widerspruchsverfahren wie etwa eine unterlassene Anhörung[148] **796** hindern die nach § 68 I 1 VwGO erforderliche Durchführung eines Widerspruchsverfahrens nicht.

C. Die sonstigen Zulässigkeitsvoraussetzungen[149]

Zu den sonstigen Zulässigkeitsvoraussetzungen[150] ist nur dann Stellung zu nehmen, **797** wenn im Sachverhalt Anhaltspunkte für Probleme vorliegen. Die Beteiligten- und Prozessfähigkeit ist immer kurz anzusprechen.

---

141 BVerwG NJW 2010, 1686 – Rheingold.
142 S. noch die Vorinstanz OVG Koblenz DVBl. 2009, 1526.
143 VGH Mannheim JZ 2009, 738; zust. *Stelkens* NJW 2010, 1184: ggf. Wiederaufgreifensanspruch.
144 BVerwGE 44, 249 (299f.); 78, 85 (89ff.); aA *Schenke* VerwProzR Rn. 675.
145 So die hM in der Lit.: *Pietzner/Ronellenfitsch* Assessorexamen ÖffR Rn. 1257ff.; *Erichsen* JURA 1992, 645 (649); Kopp/Schenke/*W.-R. Schenke* § 70 Rn. 9 mwN.
146 So auch die stRspr: BVerwGE 64, 325 (330); BVerwG NVwZ-RR 1989, 85 (86); VGH München DVBl. 1992, 1492; VGH Mannheim VBlBW 1993, 220 (221); ebenso *Hufen* VerwProzR § 6 Rn. 32.
147 Ganz hM, vgl. BVerwGE 60, 297 (314); 65, 313 (318f.); *Hufen* VerwProzR § 6 Rn. 32.
148 Dazu *Schoch* JURA 2007, 28.
149 *Lemke* JA 1999, 422.
150 Überblick → Rn. 712ff.

798 So wird die **Klagefrist des § 74 I VwGO** bei Untätigkeit der Verwaltung nach § 75 S. 2 VwGO modifiziert. Ist sie verstrichen, ist eine Wiedereinsetzung in den vorherigen Stand nach § 60 VwGO zu prüfen. Ein Antrag ist nach § 60 II VwGO innerhalb von zwei Wochen ab Wegfall des Hindernisses zu stellen, grundsätzlich nur innerhalb eines Jahres nach Fristende möglich und begründet, wenn gem. § 60 I VwGO kein Verschulden vorlag.

799 **Beispiel** nach BVerfG NJW 2008, 429: Ein Strafgefangener erhält einen korrekt an die Justizvollzugsanstalt adressierten Brief, der mit dem Vermerk »unbekannt verzogen« zurückgeht, nicht und versäumt daher die Klagefrist um mehr als ein Jahr. **§ 60 III VwGO** schließt eine Wiedereinsetzung in den vorherigen Stand ein Jahr nach Versäumen der Frist aus, außer der Antrag war vorher infolge **höherer Gewalt** unmöglich. Dieser Begriff ist enger als das »Verschulden« in § 60 I VwGO, darf aber im Hinblick auf Art. 19 IV GG nicht zu eng ausgelegt werden. Der Betroffene musste das Fristversäumnis auch durch die **größte,** nach den Umständen des Falles **von ihm** subjektiv nach Lage, Erfahrung und Bildung **zu erwartende sowie zumutbare Sorgfalt** abwenden können. Das ist hier nicht der Fall.

800 Nach § 61 Nr. 2 VwGO können **beteiligungsfähige Vereinigungen** neben juristischen Personen auch nicht voll rechtsfähige Personenvereinigungen wie politische Parteien, OHGen, KGen sowie die sonstigen klagebefugten Verbände sein.[151]

801 Beteiligungsfähig nach § 61 Nr. 3 VwGO und damit auch **Beklagte nach § 78 I Nr. 2 VwGO** sind, sofern das Landesrecht dies bestimmt,[152] **Behörden.** Ansonsten sind dies die Körperschaften, denen die Behörden angehören. Bei isolierter Anfechtung des Widerspruchsbescheides ist die Klage gegen diejenige Behörde zu richten, von der er ausgegangen ist. Wird auch der AusgangsVA angefochten, ist die Klage gegen dessen Urheber zu richten.

§ 10 Begründetheit der Anfechtungsklage[153]

A. Ansatz und Klagegegenstand

I. Ansatz und maßgeblicher Zeitpunkt

802 Eine Anfechtungsklage ist gem. **§ 113 I 1 VwGO** begründet, soweit der VA rechtswidrig und der Kläger dadurch in seinen Rechten verletzt ist. **Objektive Rechtswidrigkeit und subjektive Rechtsverletzung** müssen also zusammenkommen. Ob Letztere überhaupt in Betracht kommt, wurde im Rahmen der Klagebefugnis geprüft. Im Rahmen der Begründetheit geht es um das tatsächliche Vorliegen (→ Rn. 975). Die Beurteilung der objektiven Rechtswidrigkeit erfordert die komplette Prüfung der Rechtmäßigkeit des VA.

803 Äußerst umstritten ist, welcher **Zeitpunkt für die gerichtliche Beurteilung** eines angefochtenen VA maßgeblich ist.[154] Zunächst ist dabei die rein prozessrechtliche Frage

---

151 Zur Problematik der Verbandsklage → Rn. 784f., zu den besonderen Problemen im Rahmen kommunaler Innenrechtsstreitigkeiten → Rn. 1551.

152 Etwa § 5 II 1 NRWAGVwGO.

153 *Pasemann* VR 2005, 181; Beispielfälle: *Suerbaum* JuS 1998, 635; *Pünder* JuS 2000, 682; wichtige Entscheidungen: BVerwGE 19, 330; 90, 112; 97, 79; BVerfGE 40, 237 – Rechtsschutzverfahren; EuGH ECLI:EU:C:1989:256 – Costanzo.

154 *Klein* NVwZ 1990, 633; *Schenke* VerwProzR Rn. 782ff.; *ders.* NVwZ 1986, 522.

zu klären, auf welchen Zeitpunkt die Regelung des § 113 I 1 VwGO abhebt. Hier bieten sich **drei Grundpositionen** an: Die Anfechtungsklage wird bezogen auf die Vornahme eines bestimmten VA bzw. das Ergehen eines Widerspruchsbescheides erhoben, sodass der **Zeitpunkt des Abschlusses des Verwaltungsverfahrens** (Ansicht 1) entscheidend sein könnte.[155] Die zweite Auffassung stellt auf den Zeitpunkt ab, auf welchen sich der **konkrete Aufhebungsantrag bezieht** (Ansicht 2). Danach ist eine spätere Veränderung der Sach- und Rechtslage unbeachtlich.[156]

Nach einem Großteil der Lehre[157] und nunmehr auch der Rspr.[158] richtet sich die Entscheidung über das Vorliegen einer subjektiven Rechtsverletzung und über den Aufhebungsanspruch wie bei den anderen Klagearten ausschließlich nach der Sach- und Rechtslage im **Zeitpunkt der letzten mündlichen Verhandlung** vor dem Verwaltungsgericht (Ansicht 3). Dann hat das Verwaltungsgericht die sich allein am materiellen Recht orientierende Frage zu entscheiden, ob und ggf. wie eine nach Abschluss des Verwaltungsverfahrens und spätestens bis zum Abschluss der letzten mündlichen Verhandlung stattfindende Veränderung der Sach- und Rechtslage für die gerichtliche Entscheidung relevant sein kann. Die Anfechtungsklage ist ab dem Zeitpunkt begründet, in dem die subjektive Rechtsverletzung entstand. 804

Eine solche **Änderung** der Sach- und Rechtslage ist nur **irrelevant,** wenn sie aufgrund der bestehenden Fallkonstellation den angegriffenen **VA** nicht antasten kann, weil dieser schon **bestandskräftig** war oder sonst eine **gesicherte Rechtsposition** verlieh, so eine Baugenehmigung, die keine nachbarschützenden Vorschriften verletzte:[159] Sie wird auch nicht durch eine neue kommunale Bauleitplanung hinfällig. Eine subjektive Rechtsverletzung ist ausgeschlossen. 805

Je nachdem, auf welchen Zeitpunkt man abstellt, kann dies insbesondere bei dem Problem **der »Aufrechterhaltung« eines VA mit Dauerwirkung** (zB Untersagung einer baulichen Nutzung,[160] Unterbringung in einer Anstalt, generelles Bauverbot oder die Beschlagnahme und Sicherstellung) zu verschiedenen Ergebnissen führen. 806

Fall: Die Polizei beschlagnahmt rechtmäßigerweise bei einer Demonstration ein Spruchband gegen einen ausländischen Staatsgast, das geeignet ist, die auswärtigen Beziehungen der Bundesrepublik zu gefährden. Gegen die Beschlagnahme erhebt der Eigentümer nach erfolgloser Durchführung des Vorverfahrens Anfechtungsklage. Sodann fällt die die Beschlagnahme rechtfertigende Gefahr weg, weil der Staatsgast nach längerem Aufenthalt abreist und infolgedessen auch keine Demonstrationen mehr gegen diesen stattfinden können. Mehrere Monate später findet die mündliche Verhandlung statt. 807

Nach Ansicht 1 ist die Anfechtungsklage als unbegründet abzuweisen, da im Zeitpunkt des Abschlusses des Verwaltungsverfahrens, hier also dem Erlass des Widerspruchsbescheids, die Beschlagnahme rechtmäßig war, es sei denn man bejaht einen der zahlreichen Ausnahmefälle zu dieser Meinung.[161] Nach Ansicht 2 käme es darauf an, auf welchen Zeitpunkt sich der Aufhebungsantrag bezieht. Hat der Kläger beantragt, die Aufhebung schon für die Zeit vor dem Wegfall der Gefahr vorzunehmen,

---

155 *Mann/Wahrendorf* VerwProzR § 15 Rn. 211 f.; *Ule* VerwProzR § 57 II 2.
156 *Schmitt Glaeser/Horn* VerwProzR Rn. 525 ff.
157 *Schenke* VerwProzR Rn. 786 ff.
158 BVerwGE 97, 79 (81 f.); 130, 113.
159 BVerwGE 130, 113 (117 ff.).
160 OVG Münster UPR 1996, 458.
161 Vgl. *Hufen* VerwProzR § 24 Rn. 8 ff.; *Mann/Wahrendorf* VerwProzR § 15 Rn. 211 f.

wäre die Klage unbegründet; beantragt er die Aufhebung für einen späteren Zeitpunkt, wäre sie begründet. Ansicht 3 stellt stets auf den Zeitpunkt der letzten mündlichen Verhandlung ab. Demnach muss nach dem materiellen Recht überprüft werden, ob die Aufrechterhaltung der Beschlagnahme nach Wegfall der Gefahr zu einer Rechtsverletzung gem. § 113 I 1 VwGO im Zeitpunkt der letzten mündlichen Verhandlung führte. Danach wäre die Beschlagnahme von dem Moment an aufzuheben, in welchem die subjektive Rechtsverletzung eintrat.

808   **Für Ansicht 3** streitet der **Wortlaut des § 113 I 1 VwGO.** Dieser ist im Gegensatz zu § 113 I 4 VwGO im Präsens formuliert. Hinzu kommen **Gründe der Prozessökonomie und der Rechtsschutzeffektivität.** Dem Kläger ist nicht geholfen, wenn ein mittlerweile rechtswidriger VA bestehen bleibt; er muss dann nochmals Klage erheben. Im Hinblick auf die Rechtsschutzeffektivität kommt in dieser Ansicht auch der Zweck zum Tragen, mit der Anfechtungsklage die Durchsetzung eines materiell-rechtlichen Beseitigungsanspruchs zur Verfügung zu stellen (vgl. § 113 I 2 VwGO). Daher ist der maßgebliche Zeitpunkt bei der Anfechtungsklage genauso zu beurteilen wie bei allen anderen Klagen. Entsprechend diesem für die Entscheidung maßgebenden Zeitpunkt kann so bis zum Schluss der mündlichen Verhandlung auch die Formalbegründung (§ 45 II; I Nr. 2 VwVfG) nachgeholt bzw. es können (materiell) Gründe für die Ermessenserwägung (§ 114 S. 2 VwGO) nachgeschoben werden.

809   Stellt man mit der 2. Ansicht ausschließlich auf den Zeitpunkt ab, auf welchen sich der Aufhebungsantrag bezieht, so würde ausschließlich die Sicht des Klägers zur Geltung kommen. Die Beschränkung auf die Aufhebung des VA ab einem bestimmten Zeitpunkt ist aber als Minus in der (unbeschränkten) Anfechtungsklage enthalten, den VA bereits ab seinem Erlass aufzuheben. Insofern steht Ansicht 2 nicht in Widerspruch zu Ansicht 3, sondern die dort vertretene Beschränkung der Aufhebung ab einem späteren Zeitpunkt ist darin enthalten.

II. Klagegegenstand

1. Bedeutung des Widerspruchsbescheides[162]

810   **a) Isolierte Anfechtbarkeit.** Der **Gegenstand der Anfechtungsklage** richtet sich nach **§ 79 VwGO.** Wird die Gestalt des VA gem. § 79 I Nr. 1 VwGO durch den Widerspruchsbescheid bestimmt,[163] ist dessen Gehalt und auch dessen Begründung etwa hinsichtlich etwaiger Ermessenserwägungen[164] für die gerichtliche Kontrolle maßgeblich. Ist nur der Widerspruchsbescheid rechtswidrig und rechtsverletzend, wird auch nur er aufgehoben, wie aus § 79 I Nr. 2 VwGO sowie dem »soweit« des § 113 I 1 VwGO folgt. Dementsprechend können der **Widerspruchsbescheid bzw. der Abhilfebescheid auch isoliert angefochten** werden.[165]

811   **Beispiel:** Bauherr B beantragt eine Baugenehmigung, die die zuständige Behörde ihm erteilt. Nachbar N legt Widerspruch ein. Zwar hilft die Ausgangsbehörde nicht ab, aber in dem Bescheid der Widerspruchsbehörde wird entschieden, die Baugenehmigung doch nicht zu erteilen. Klagegegenstand der Anfechtungsklage des B ist hier allein der ihn beschwerende Bescheid der Widerspruchsbehörde. Er ist isoliert anzufechten.

812   Eine Grenze bildet insoweit der Vertrauensschutz. Verschlechterungen eines begünstigenden VA mit Drittwirkung sind auch materiell nur insoweit rechtmäßig, als der Wi-

---

162 S. dazu auch *Vahle* DVP 2003, 209 (409); *Schoch* JURA 2003, 751.
163 Beachte aber die weitgehende Abschaffung des Widerspruchsverfahrens in NRW → Rn. 788.
164 BVerwGE 19, 330; 84, 220.
165 S. bereits bei der Statthaftigkeit der Anfechtungsklage → Rn. 763.

derspruch des Dritten zulässig ist und dieser durch den VA in seinen Rechten verletzt wird.[166]

Der Widerspruchsbescheid kann aber nicht nur eine erstmalige, sondern auch eine **zusätzliche selbstständige Beschwer** enthalten (**§ 79 II VwGO**). Als eine zusätzliche Beschwer iSd § 79 II VwGO gilt gem. S. 2 auch die Verletzung einer wesentlichen Verfahrensvorschrift. 813

b) Reformatio in peius. Aus § 79 II 1 VwGO, der von einer zusätzlichen selbstständigen Beschwer durch den Widerspruchsbescheid ausgeht, ergibt sich aus prozessrechtlicher Sicht die prinzipielle Zulässigkeit der sog. **reformatio in peius im Widerspruchsverfahren.**[167] Hierbei handelt es sich um eine Verschlechterung der Rechtsstellung des Widerspruchsführers im Widerspruchsverfahren. 814

> **Beispiel:** Bauherr B beantragt die Genehmigung eines 6-stöckigen Wohnhauses. Die Behörde genehmigt ein 4-stöckiges Wohnhaus. Auf den Widerspruch des B hin ändert die Widerspruchsbehörde den Bescheid dahingehend, dass nur ein 2-stöckiges Wohnhaus genehmigt wird. 815

Von der Frage der prinzipiellen Zulässigkeit der reformatio in peius zu unterscheiden ist die Frage nach der (instanziellen) **Zuständigkeit der Widerspruchsbehörde,** den Widerspruchsbescheid zu verschlechtern. In Folge der Korrekturfunktion des Widerspruchsverfahrens besitzt die Widerspruchsbehörde eine umfassende Entscheidungskompetenz **(Devolutiveffekt)** im Rahmen der Ermächtigungsgrundlage, auf die sich auch die Ausgangsbehörde berufen konnte. Diese Entscheidungskompetenz wird auch nicht durch §§ 72 f. VwGO begrenzt.[168] Sie ist aber **grundsätzlich auf den Gegenstand des Widerspruchsverfahrens beschränkt.**[169] Nur innerhalb dieses Rahmens liegt eine von der Widerspruchsbehörde zulässigerweise vorzunehmende sog. **quantitative Verschlechterung** vor.[170] 816

Grundsätzlich nicht entscheiden kann die Widerspruchsbehörde daher über außerhalb des Gegenstandes des Widerspruchsverfahrens liegende Materien (sog. **qualitative Verschlechterung**). 817

> **Beispiel:** Dem Hauseigentümer H wird die Nutzung seines Hauses wegen Baufälligkeit untersagt. Gegen den UntersagungsVA legt H Widerspruch ein. Nunmehr erlässt die Widerspruchsbehörde in diesem Zusammenhang eine Abrissverfügung. Diese ist unzulässig, da keine bloße quantitative **Verschlechterung** vorliegt. Eine solche wäre etwa noch gegeben, wenn die Reichweite der Untersagung erweitert worden wäre. 818

Materiell ist mithin insbesondere die Reichweite des Widerspruchsbescheides darauf beschränkt, was Gegenstand des Widerspruchsverfahrens ist. So darf auch keine zusätzliche oder intensivere Auflage gemacht werden, wenn eine bestehende Auflage angefochten wurde.[171] Eine **Ausnahme zum Verbot qualitativer Verschlechterung** be- 819

---

166 S. bereits zur Entscheidung über einen verfristeten Widerspruch → Rn. 795.
167 *Meister* JA 2002, 567. Zum Streitstand NK-VwGO/*Geis* § 68 Rn. 221 ff.; *Gersdorf* VerwProzR Rn. 234.
168 S. bereits oben im Zusammenhang mit der Möglichkeit, auch bei einem verfristeten Widerspruch einen Widerspruchsbescheid zu erlassen → Rn. 795.
169 *Schenke* VerwProzR Rn. 688 f.
170 *Gersdorf* VerwProzR Rn. 233.
171 *Gersdorf* VerwProzR Rn. 233.

steht nur dann, wenn die Widerspruchsbehörde ein **Selbsteintrittsrecht (Art. 3 b Bay-VwVfG)** hat. Dann könnte sie nämlich auch unabhängig von dem eingelegten Widerspruch umfassend handeln.

820 Fraglich ist daneben, ob eine **Anhörung des Widerspruchsführers vor einer Verschlechterung** erforderlich ist. Dies bejaht das BVerwG zu Recht:[172] Da im Gefolge der Anhörung der Widerspruchsführer die Möglichkeit hat, seinen Widerspruch zurückzunehmen, stellt das Unterbleiben dieser Anhörung eine zusätzliche Beschwer iSv § 79 II 2 VwGO dar. Das Unterbleiben ist auch ursächlich nach § 79 II 2 VwGO.[173] Dies gilt hier unabhängig davon, ob es sich um eine Ermessensentscheidung handelt,[174] die ansonsten Voraussetzung dafür sein soll, dass der Widerspruchsbescheid auf einem formellen Mangel beruht.[175]

2. Nebenbestimmungen

821 Klagegegenstand können auch **Nebenbestimmungen** sein, **wenn sie isoliert anfechtbar sind.**[176] Ihre Rechtmäßigkeit steht in engem Zusammenhang mit dem HauptVA. Seinem Zweck dürfen sie nicht zuwiderlaufen, **§ 36 III VwVfG.** Unzulässig sind daher insbesondere **Koppelungsgeschäfte,** die hoheitliche Maßnahmen von gesetzlich nicht vorgesehenen zusätzlichen wirtschaftlichen Leistungen abhängig machen.

822 **Beispiel:** Die mit einem Baudispens verbundene Bedingung, noch ausstehende Steuerschulden zu zahlen, ist danach rechtswidrig, zulässig dagegen die mit der Stundung einer Forderung verbundene Auflage, dafür Zinsen zu zahlen.

823 Gebundenen VA nach § 36 I VwVfG kann eine Nebenbestimmung beigefügt werden, wenn durch sie die Erfüllung der gesetzlichen Voraussetzungen sichergestellt werden soll. Im Übrigen muss sie durch Rechtsvorschrift zugelassen sein. Bei ErmessensVA sind Nebenbestimmungen nach § 36 II VwVfG auch ohne besondere gesetzliche Grundlage zulässig, außer sie widersprechen dem Zweck der Regelung oder der Natur des VA. Letzteres ist insbesondere bei statusrechtlichen Akten (zB Beamtenernennungen) der Fall. Grundsätzlich sind sie eine mildere Maßnahme als die gänzliche Versagung des Rechtsaktes durch die Verwaltung.

824 Sind diese materiellen Voraussetzungen und auch die vor ihnen wie bei anderen Maßnahmen zu prüfenden formalen Voraussetzungen erfüllt, kann die Nebenbestimmung an sich aufrechterhalten werden. In den anderen Fällen besteht indes bei einer Erstreckung der isolierten Anfechtbarkeit auf sämtliche Arten von Nebenbestimmungen die **Gefahr, dass** der **HauptVA** mit einem **ursprünglich** überhaupt **nicht vorgesehenen isolierten Gehalt zurückbleibt.**

825 Daher ist dann zum einen zu prüfen, ob der HauptVA auch nach der Kassation der Nebenbestimmung mit einem rechtmäßigen Inhalt weiterbestehen kann.[177] Zum anderen muss bei ErmessensVA der behördliche Ermessensspielraum gewahrt bleiben (vgl. § 114 VwGO). Dieser kann durch eine gerichtliche Aufhebung nur der Nebenbestim-

---

172 BVerwG NVwZ 1999, 1218.
173 → Rn. 813.
174 BVerwG NVwZ 1999, 1218.
175 BVerwG NVwZ 1999, 641.
176 → Rn. 756 ff. mwN.
177 S. BVerwGE 112, 221.

mung beeinträchtigt werden. Der Behörde würde eine Regelung aufgedrängt, die sie in dieser Form eventuell gar nicht erlassen hätte.

In solchen Fällen, in denen **aus materiellen Gründen eine Kassation der Nebenbe-** **826** **stimmung ausscheidet,** kann daher eine Anfechtungsklage nicht begründet sein.[178] Deshalb muss im Rahmen der Begründetheit eine Umstellung der isolierten Anfechtungsklage auf eine **Verpflichtungsklage** auf Erlass eines neuen VA in Form der Bescheidungsklage nach §§ 86 III, 88 VwGO erfolgen.

B. Ermächtigungsgrundlage[179]

I. Notwendigkeit

Greift behördliches Handeln in subjektive Rechte des Bürgers ein, bedarf es wegen des **827** Rechtsstaatsprinzips und des Grundrechtsschutzes einer Ermächtigungsgrundlage **(Vorbehalt des Gesetzes).**[180] Da es auf die Beeinträchtigung von Grundrechten als solchen ankommt, ist eine gesetzliche Grundlage auch dann erforderlich, wenn nicht in Rechte des Adressaten, sondern eines Dritten eingegriffen wird. Dies ist zB in Konkurrenzsituationen der Fall, insbesondere bei der Vergabe von Subventionen.[181] Gerade bei Letzteren richten sich aber die Anforderungen danach, wie wesentlich sie für die Verwirklichung der Grundrechte sind.[182] Je bedeutsamer eine Angelegenheit für den Grundrechtsschutz des Bürgers ist, desto höhere Anforderungen sind sowohl an die Förmlichkeit als auch an die Präzision des Gesetzes zu stellen. Für besonders wesentliche Angelegenheiten bedarf es eines Parlamentsgesetzes **(Parlamentsvorbehalt/** **Wesentlichkeitstheorie).**[183] Nicht ausreichend sind Rechtfertigungsnormen aus anderen Rechtsgebieten wie §§ 32, 34 StGB. Ansonsten würde der Grundsatz vom Vorbehalt des Gesetzes ausgehöhlt.

II. Vorrang von Spezialvorschriften

1. Grundsatz und Grenzen

Vorrangige Ermächtigungsgrundlagen sind Spezialgesetze wie § 61 I 2 NRWBauO,[184] **828** § 62 KrWG oder § 15 I, II VersG bzw. BayVersG.[185] Sind diese speziellen Normen anwendbar, ist von einer abschließenden Regelung auszugehen. Nach dem **Spezialitäts-** **prinzip** darf daher nicht mehr auf das allgemeine Ordnungsrecht zurückgegriffen werden.

---

178 Zu dem dann bereits die Zulässigkeit verneinenden Ansatz krit. → Rn. 761 f.

179 *Beljin / Micker* JuS 2003, 556.

180 *Voßkuhle* JuS 2007, 118.

181 OVG Münster DVBl. 1990, 999 und BVerwGE 90, 112 (116) – durch Subventionierung eines Vereins zur Warnung vor Jugendsekten Eingriff in deren Rechte; *Degenhart* StaatsR I Rn. 325 ff.; zur Durchsetzung von Subventionsansprüchen → Rn. 1117 ff.

182 BVerfGE 80, 124 (131 f.) – Pressesubventionen.

183 S. BVerfGE 40, 237 (248 ff.) – Rechtsschutzverfahren; 95, 267 (307) – Altschulden; auch BVerfGE 47, 46 (78 ff.) – Sexualkundeunterricht; 49, 89 (126 ff.) – Kalkar; VerfGH Nordrhein-Westfalen NJW 1999, 1243 (1244) – Zusammenlegung Justiz- und Innenministerium = institutioneller Gesetzesvorbehalt; OVG Münster NJW 1989, 2560 (2561) – »Frauen-Quoten«.

184 Art. 54 II 2 BayBO; § 47 I 2 BWLBauO.

185 Näher → Rn. 1646 ff. Zum BayVersG s. die einstweilige teilweise Außerkraftsetzung durch BVerfGE 122, 342.

829 Diese **Sperrwirkung** wird **durchbrochen,** wenn es im konkreten Fall **nicht** um die Abwehr der durch das Spezialgesetz erfassten **spezifischen Gefahr** geht **oder Regelungslücken** bestehen. So ist eine Verfügung aufgrund allgemeinen Ordnungsrechts (§ 14 NRWOBG[186]) gegenüber einem Dritten möglich, wenn Anknüpfungspunkt des behördlichen Handelns nicht die Beseitigung des abfallrechtswidrigen Zustands ist, dh den Zweck der Maßnahme nicht die ordnungsgemäße Abfallentsorgung bildet.[187] Die Sperrwirkung von Spezialvorschriften besteht weiter dann nicht, wenn durch die **Anwendung der Generalklauseln** ein **geringerer Eingriff** ins subjektiv-öffentliche Recht erfolgen kann (zB Plakatsicherstellung statt Versammlungsauflösung).

2. Vorrang der polizeirechtlichen Standardmaßnahmen gegenüber der Generalklausel am Beispiel der Obdachloseneinweisung

830 Außer in diesen Sonderfällen greift aber die Sperrwirkung der Spezialnorm. Sie gilt auch im Verhältnis von polizei- bzw. ordnungsrechtlichen Spezialbefugnissen (Standardmaßnahmen) zu den Generalklauseln (§ 8 I NRWPolG, § 14 I NRWOBG[188]).

831 **Die Zwangseinweisung Obdachloser in Wohnräume Dritter** kann jedoch nur dann auf die polizeirechtliche **Sicherstellungsbefugnis** nach § 24 NRWOBG iVm § 43 NRWPolG[189] gestützt werden, wenn man diese nicht nur auf bewegliche Sachen bezieht. Ansonsten bleibt nur die polizeirechtliche Generalklausel,[190] über die es möglich ist, den Eigentümer zu verpflichten, fremden Besitz weiter zu dulden. Eine **drohende (unfreiwillige) Obdachlosigkeit bildet eine Störung der öffentlichen Sicherheit.**

832 Selbst wenn der Eigentümer ein Räumungsurteil erwirkt hat, kann eine weitere Unterbringung des betroffenen Obdachlosen durch Einweisungsverfügung nach Ordnungsrecht geboten sein. Während in einem Räumungsurteil nur die soziale Verträglichkeit der Entfernung aus der Wohnung geprüft wird, müssen bei einer polizeilichen Maßnahme auch die Folgen einer drohenden Obdachlosigkeit für Leben und Gesundheit des Betroffenen berücksichtigt werden. Dem gegenüberzustellen ist die Belastung des Eigentümers, zumal dieser als Nichtstörer (§ 19 NRWOBG, § 6 MEPolG;[191] näher → Rn. 912 f.) in Anspruch genommen wird. Das ist nur unter den engen Voraussetzungen des polizeilichen Notstandes zulässig.[192]

833 Fall nach OVG Lüneburg NVwZ 2016, 164: Die leerstehende Wohnung von V soll für Flüchtlinge beschlagnahmt werden.

> Zwar droht Flüchtlingen unmittelbar eine Obdachlosigkeit. An eine **Beschlagnahmung** nach § 11 NdsSOG sind aber wegen des damit verbundenen Eingriffs in das Eigentumsrecht des Grundstückseigentümers **hohe Anforderungen** zu stellen. Die zuständige Ordnungsbehörde muss zweierlei darlegen. Ihr stehen zur Abwendung der Obdachlosigkeit keine eigenen menschenwürdigen Unterkünfte

---

186 § 8 MEPolG; Art. 11 BayPAG; §§ 1, 3 BWPolG.
187 BVerwGE 89, 138 (141 f.).
188 § 8 MEPolG; Art. 11 BayPAG; §§ 1, 3 BWPolG.
189 § 21 MEPolG; Art. 25 BayPAG; § 32 BWPolG.
190 OVG Lüneburg NVwZ 1992, 502; VGH Kassel NVwZ 1992, 503; OVG Münster NVwZ 1991, 692; zur Einweisungs- und Räumungsverfügung s. *Lisken/Denninger/Rachor* HdB PolizeiR E Rn. 748 ff. mwN.
191 Art. 10 BayPAG; § 9 BWPolG.
192 OVG Lüneburg NJW 2010, 1094.

zur Verfügung. Zudem ist ihr die Beschaffung geeigneter anderer Unterkünfte bei Dritten auf freiwilliger Basis nicht möglich.

Eine solche Einweisung kann wegen des Übermaßverbots **nur befristet** erfolgen.[193]   834
Über die Dauer entscheidet die Behörde nach pflichtgemäßem Ermessen.[194] Dieses kann auf Null reduziert sein, wenn bedeutende Rechtsgüter bedroht sind: Auch der Obdachlose hat ein Recht auf Leben und körperliche Unversehrtheit aus Art. 2 II 1 GG. Relevant ist zudem, ob eine intensive sowie alsbaldige Gefahr droht, die der Betroffene nach seinen persönlichen Verhältnissen nicht selbst abwenden kann.[195]

Sobald die Einweisungsdauer abgelaufen oder deren Rechtswidrigkeit festgestellt wurde, hat der Eigentümer einen Folgenbeseitigungsanspruch gegen die Polizei auf Entfernung des Eingewiesenen aus der Wohnung. Dieser wird gegenüber dem Betroffenen mit einer **Räumungsverfügung** nach § 14 NRWOBG[196] iVm § 123 StGB durchgesetzt.[197]

3. Aufhebung von Verwaltungsakten

Die **Aufhebung eines VA** stellt als actus contrarius selbst einen **VA** dar, sodass auch   835
für sie eine Ermächtigungsgrundlage erforderlich ist. Diese erwächst wiederum vorrangig aus spezialgesetzlichen Regelungen wie zB für den Widerruf einer rechtmäßigen immissionsschutzrechtlichen Genehmigung aus **§ 21 BImSchG**.

Fehlt eine solche Sonderbestimmung, greifen die allgemeinen verwaltungsrechtlichen   836
Vorschriften, so für die Rücknahme eines rechtswidrigen VA § 48 VwVfG. Danach richtet sich zB die Rücknahme einer rechtswidrigen immissionsschutzrechtlichen Genehmigung.

Komplizierter ist das Verhältnis zum **Rücknahme und Widerruf einer Gaststättenerlaubnis** regelnden   837
§ 15 GastG.[198] Während § 49 VwVfG durch § 15 II, III GastG vollständig verdrängt wird, besitzt § 15 I GastG gegenüber § 48 VwVfG nur insofern verdrängende Wirkung, als dort ein zwingender Rücknahmegrund geregelt wird. Daneben ist weiterhin eine Rücknahme nach § 48 II VwVfG möglich.

III. Befugnis für polizeiliche Vollstreckungsmaßnahmen, insbesondere für das Abschleppen von Kfz[199]

Besondere Schwierigkeiten kann auch die **Abgrenzung** verschiedener nicht in einem   838
Spezialitätsverhältnis stehender, sondern **gleichgeordneter Befugnisnormen** bereiten. Ein Beispiel hierfür sind polizeiliche Vollstreckungsmaßnahmen. Die Konstellation der Anfechtungsklage ist in diesen Fällen meist dadurch gegeben, dass das Geld für die Vollstreckungsmaßnahme in einem Zahlungsbescheid eingefordert wird (vgl. § 52 I 2 NRWPolG bzw. § 77 I NRWVwVG iVm § 20 II Nr. 7 VO NRWVwVG[200]) und

---

193 OVG Münster OVGE 35, 303: drei Monate; VGH Mannheim NVwZ-RR 1990, 476: sechs Monate; VGH München NVwZ-RR 1991, 196: zwei Monate.
194 Zur Prognose im Rahmen von § 123 VwGO OVG Greifswald NJW 2010, 1096.
195 OVG Lüneburg NJW 2010, 1094 (1095).
196 Art. 11 BayPAG; §§ 1, 3 BWPolG.
197 OVG Münster NVwZ 1991, 905; → Rn. 1312, 1419.
198 Diese Regelung bleibt so lange in Kraft, wie keine Landesgesetze ergehen (s. Art. 74 I Nr. 11, 125a GG). Beispielsweise § 1 BWLGastG iVm den jeweiligen Bestimmungen des GastG.
199 Dazu insgesamt *Klein* JA 2004, 544.
200 Vgl. § 30 MEPolG, Art. 55 I BayPAG; § 25 BWVwVG iVm den jeweiligen Gebühren- bzw. Kostenvorschriften.

der Betroffene gegen diesen VA vorgeht. Dessen Rechtmäßigkeit hängt von der Vollstreckungsmaßnahme ab; diese ist also inzident zu prüfen.

839   Auch **polizeiliche Vollstreckungsmaßnahmen** greifen in subjektive Rechte des Bürgers ein und sind daher nur aufgrund einer Befugnisnorm zulässig, in Nordrhein-Westfalen zB nach §§ 55 ff. NRWVwVG bzw. §§ 50 ff. NRWPolG,[201] die Ermächtigungen für die Androhung, Festsetzung und die Durchführung von Vollstreckungsmaßnahmen enthalten. Dabei muss zwischen dem **normalen, dem sog. gestreckten Verfahren** (§ 50 I NRWPolG, § 55 I NRWVwVG)[202] und dem **Sofortvollzug** (§ 50 II NRWPolG, § 55 II NRWVwVG)[203] **bzw.** der **unmittelbaren Ausführung**[204] bei Vorliegen einer akuten Gefahr unterschieden werden.

840   Ist die Maßnahme jeweils rechtmäßig, ergibt sich daraus auch der Rechtsgrund, dass eine Behörde die an sie (über den Abschleppunternehmer) gelangten **Abschleppkosten** behalten darf, und zwar ohne dass diese durch einen konkretisierenden Kostenbescheid bereits fällig gestellt wurden.[205]

841   Ein **gestrecktes Verwaltungszwangsverfahren mittels Ersatzvornahme** liegt etwa vor, wenn das **Abschleppen eines Kraftfahrzeugs** als Vollstreckung eines zuvor erlassenen Wegfahrgebots erfolgt. Das kommt dann in Betracht, wenn der Fahrzeugführer anwesend ist, jedenfalls vor dem Abtransport hinzukommt oder vorher zumindest aufgefordert wurde, das Fahrzeug zu versetzen. Diese Aufforderung kann direkt durch einen Polizeibeamten oder auch durch ein Verkehrszeichen erfolgt sein.[206] Das Verkehrszeichen muss für einen durchschnittlichen Kraftfahrer ohne weitere Überlegung in seinem Regelungsgehalt erkennbar sein **(Sichtbarkeitsgrundsatz)**. Probleme bereitet insbesondere eine Häufung von Verkehrszeichen, die aber einzelfallbezogen zu beurteilen ist und im ruhenden Verkehr höher sein darf als im fließenden.[207] Allerdings werden Verkehrszeichen nicht von der Polizei aufgestellt und können deswegen nicht von dieser vollzogen werden. Ist ein Verkehrszeichen zwar vorhanden, handelt aber ein Polizist, so ist das gekürzte Verfahren einschlägig, da die Polizei mangels Bekanntgabe keinen wirksamen VA erlassen hat.

842   Selbst wenn ein **Halteverbotsschild** erst angebracht wurde, **nachdem das Kfz abgestellt** worden war, stellt das Abschleppen des Fahrzeugs eine Vollstreckungsmaßnahme im gestreckten Verfahren dar: Die zur Wirksamkeit des GrundVA erforderliche Bekanntgabe erfolgt unabhängig von der tatsächlichen Kenntnisnahme des Verkehrsteilnehmers schon durch das Aufstellen des Schildes (vgl. §§ 39 I, Ia, 45 IV StVO).[208] In einem solchen Fall darf das im Halteverbot enthaltene Wegfahrgebot aber erst nach einer Wartezeit von mehreren Tagen vollstreckt werden;[209] **sofortiges Abschleppen** wäre gegenüber dem im Moment des Abstellens des Kfz gutgläubigen Parkers jedenfalls **unverhältnismäßig**. Die Rechtsmittelfrist läuft hingegen nicht bereits ab dem

---

201   Art. 60 ff. BayPAG; §§ 49 ff. BWPolG.
202   § 28 I MEPolG; Art. 53 I BayPAG; § 18 BWVwVG.
203   § 28 II MEPolG; Art. 53 II BayPAG.
204   § 5a MEPolG; Art. 9 I BayPAG; § 8 I BWPolG.
205   VGH Mannheim NJW 2010, 1898 (1899).
206   VGH Mannheim DÖV 2002, 1002.
207   VGH Mannheim NJW 2010, 1898 (1899).
208   BVerwGE 102, 316 (318 f.); OVG Münster NWVBl. 1995, 475 f.; aA VGH Mannheim NVwZ-RR 1995, 149 f.
209   Die Rspr. ist uneinheitlich: BVerwGE 112, 316: vier Tage; VGH Kassel NJW 1997, 1023 f.: drei Tage; OVG Münster Urt. v. 13.9.2016 – 5 A 470/14: zwei Tage.

Zeitpunkt seiner Aufstellung, sondern erst, wenn der anfechtende Verkehrsteilnehmer erstmalig das Verkehrszeichen antrifft.[210]

Die Verhältnismäßigkeit wird aber nicht durch eine **Anwohnerparkberechtigung** ausgeschlossen; diese befreit nur von der Pflicht zur Entrichtung von Parkgebühren.[211] **843**

Geht dagegen von dem Fahrzeug eine gegenwärtige Gefahr aus, etwa weil es, in einer engen Straße abgestellt, den gesamten Verkehr blockiert, kommt auch ohne vorherige Aufforderung eine Versetzung auf einen in unmittelbarer Nähe gelegenen Parkplatz in Betracht; es handelt sich dann um einen **Fall des Sofortvollzugs** bzw. um eine unmittelbare Ausführung. Ein sofortiges Abschleppen eines Fahrzeugs ist freilich unverhältnismäßig, wenn die Polizei ein ihr bekanntes Fahrzeug abschleppen lässt, ohne den ihr bekannten Halter trotz dessen Erreichbarkeit vorher zum Wegfahren aufzufordern.[212] Wegen der Ungewissheit einer erfolgreichen Kontaktaufnahme und nicht abzusehender Verzögerungen genügt indes grundsätzlich nicht ein **Hinterlassen der Handy-Nummer.**[213] **844**

Kommt der Halter später während der laufenden Abschleppmaßnahmen (sog. **abgebrochener Abschleppvorgang**) hinzu, muss er die bis dahin angefallenen Kosten und angesetzten Gebühren wegen seines polizeiwidrigen Verhaltens gleichwohl bezahlen.[214] Dies ist aber nur der Fall, wenn die **Abschleppanordnung verhältnismäßig** ist. Das ist sie nicht, wenn der Polizei der Aufenthaltsort des Fahrzeughalters und dessen baldige Rückkehr bekannt sind, so beim Bringen eines Kindes in den Kindergarten. Dann ist zu berücksichtigen, dass die Beseitigung des Falschparkers durch das Abschleppen nur unwesentlich kürzer zu erwarten ist, als durch bloßes Warten auf den Fahrzeughalter. Liegt keine besondere Dringlichkeit der Beseitigung einer (unmittelbar bevorstehenden) Gefahr bzw. einer Störung vor, sind andere Mittel wie zB Verwarn- oder Bußgelder als milderes Mittel auch zur General- oder Spezialprävention zu wählen. Die Abschleppanordnung darf **nicht als Sanktion** getroffen werden.[215] **845**

Beispiel nach BVerwGE 149, 254: Es wird eine kostenpflichtige Abschleppmaßnahme wegen eines verbotswidrig an einem Taxenstand (Zeichen 229 zu § 41 StVO) abgestellten Fahrzeugs eingeleitet. Wegen der **Beeinträchtigung des Taxenverkehrs** ist die Maßnahme regelmäßig auch ohne Einhaltung einer bestimmten Wartezeit mit dem Verhältnismäßigkeitsgrundsatz vereinbar. Je nach den konkreten Umständen muss allerdings von Abschleppmaßnahmen abgesehen werden, so wenn eine Beeinträchtigung des reibungslosen Taxenverkehrs ausgeschlossen ist. Oder es ist mit der Abschleppanordnung zu warten, nämlich bei konkreten Anhaltspunkten dafür, dass der Verantwortliche kurzfristig wieder am Fahrzeug erscheinen und es unverzüglich selbst entfernen wird. **846**

---

210 BVerwGE 138, 21.
211 VGH Mannheim NJW 2003, 3363.
212 Vgl. §§ 50 II NRWPolG, 55 II NRWVwVG, 5a MEPolG.
213 BVerwG DVBl. 2002, 1560 (1561) mit krit. Anm. *Schwabe:* Verhältnismäßigkeit auch aus generalpräventiven Erwägungen. Vgl. OVG Hamburg NJW 2005, 2247: kein Abschleppen nur, wenn tatsächliche Erreichbarkeit in unmittelbarer Nähe deutlich ist.
214 VGH Mannheim DÖV 2002, 1002 für einen Fall der Ersatzvornahme.
215 OVG Hamburg Urt. v. 8.6.2011 – 5 Bf 124/08, Rn. 37.

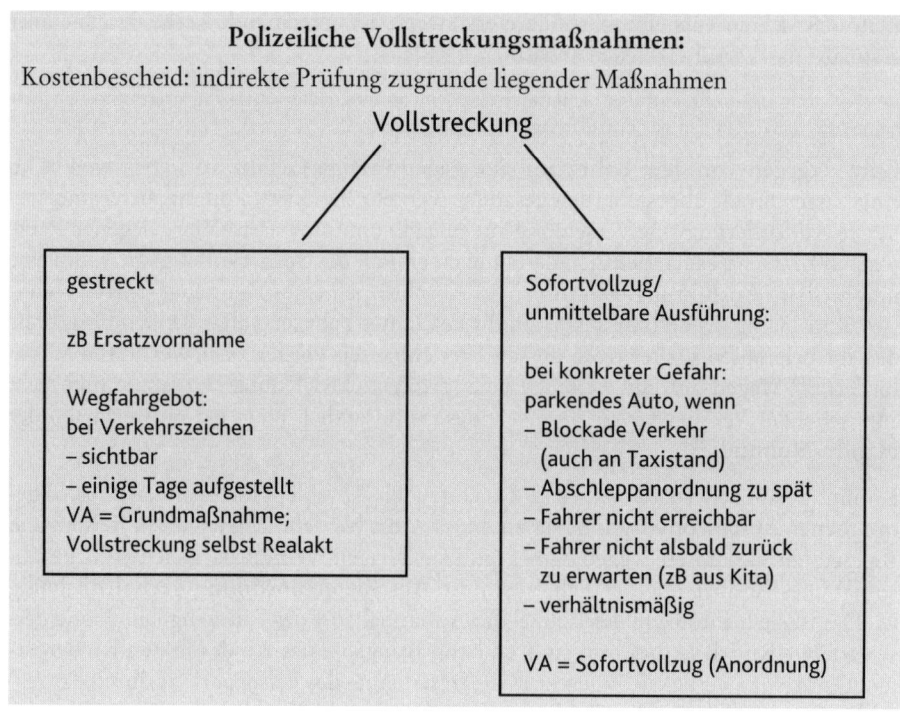

Polizeiliche Vollstreckungsmaßnahmen:
Kostenbescheid: indirekte Prüfung zugrunde liegender Maßnahmen
Vollstreckung

gestreckt

zB Ersatzvornahme

Wegfahrgebot:
bei Verkehrszeichen
– sichtbar
– einige Tage aufgestellt
VA = Grundmaßnahme;
Vollstreckung selbst Realakt

Sofortvollzug/
unmittelbare Ausführung:

bei konkreter Gefahr:
parkendes Auto, wenn
– Blockade Verkehr
(auch an Taxistand)
– Abschleppanordnung zu spät
– Fahrer nicht erreichbar
– Fahrer nicht alsbald zurück
zu erwarten (zB aus Kita)
– verhältnismäßig

VA = Sofortvollzug (Anordnung)

C. Rechtmäßigkeit des Verwaltungsaktes

I. Formelle Rechtmäßigkeit

847 Die formelle Rechtmäßigkeit verlangt die **Einhaltung der Zuständigkeitsordnung, des Verfahrens und von Formvorgaben.** Einzugehen ist auf diese Punkte nur, wenn der Klausursachverhalt entsprechende Hinweise enthält sowie bei atypischen Fällen.

1. Zuständigkeit

848 Die **Zuständigkeitsordnung** ist eingehalten, wenn die örtlich, sachlich und instanziell zuständige Behörde gehandelt hat. Ein Zuständigkeitsproblem kann etwa auftauchen, wenn der Widerspruchsführer durch eine Entscheidung der Widerspruchsbehörde zusätzlich belastet wird[216] und diese geändert werden soll. Dann sowie in anderen Fällen gilt:[217] Der **Widerspruchsbescheid** schließt das Verwaltungsverfahren ab und steht daher **nicht zur Disposition der Ausgangsbehörde;** diese vermag ihn nicht (zumal isoliert) zu ändern. Sie kann aber bei Vorliegen der Voraussetzungen nach §§ 48, 49 VwVfG weiterhin den Ausgangsbescheid aufheben (→ Rn. 949 ff.), und sei es auch in der Gestalt, die er durch den Widerspruchsbescheid gefunden hat (→ Rn. 810). Auf diesen Ausgangsbescheid muss sich dann aber die Behördenentscheidung beziehen. Nur für die Dauer des Widerspruchsverfahrens wird die Zuständigkeit der Ausgangsbehörde überlagert, ebenso durch die Gründe, auf die sich die Widerspruchsbehörde ge-

---

216 Näher zur Problematik der reformatio in peius → Rn. 814 ff. S. auch → Rn. 795 zur Befugnis, über einen verfristeten Widerspruch zu entscheiden. Die entgegenstehende Bestandskraft ist aber ein Problem der materiellen Rechtmäßigkeit.
217 BVerwG NVwZ 2002, 1252 (1253 f.). Näher zum Ganzen *Uhle* NVwZ 2003, 811.

stützt hat. Sie vermögen daher auch keine Aufhebung durch die Ausgangsbehörde zu decken.

Geht es um die **Rücknahme eines von einer sachlich unzuständigen (Ausgangs-) Behörde erlassenen** **849** **VA**, ist die Behörde sachlich zuständig, die zum Zeitpunkt dieser Entscheidung für den Erlass des aufzuhebenden VA zuständig wäre. Dies folgt nicht aus § 48 V VwVfG, der auf den die örtliche Zuständigkeit regelnden § 3 VwVfG verweist, sondern aus allgemeinen verwaltungsverfahrensrechtlichen Grundsätzen: Der Verstoß gegen die Zuständigkeitsordnung ist nicht zu perpetuieren.[218]

2. Verfahren

Aus den Verfahrensvorschriften der §§ 22 ff. VwVfG ist bei belastenden VA vor allem **850** die nach **§ 28 VwVfG** geforderte **Anhörung** sowie das **Begründungserfordernis** nach **§ 39 VwVfG** von Bedeutung. Bei mehrstufigen VA bedarf es zudem der **Mitwirkung anderer Behörden.** Eine Anhörung kann unterbleiben, wenn sie nach den Umständen des Einzelfalls nicht geboten ist (§ 28 II VwVfG) oder ihr ein zwingendes öffentliches Interesse entgegensteht (§ 28 III VwVfG). Eine Begründung ist in den Fällen des § 39 II VwVfG nicht erforderlich.

Darüber hinaus besteht eine großzügige **Heilungsmöglichkeit nach § 45 I, II VwVfG** **851** bis zum Abschluss eines verwaltungsgerichtlichen Verfahrens, sodass fehlende oder fehlerhafte Verfahrenserfordernisse nur selten zur Unbegründetheit einer Klage führen.[219] Sie sind auch keine Wirksamkeitsvoraussetzungen eines VA; ihr Fehlen kann also keinesfalls dessen Nichtigkeit begründen (vgl. § 44 VwVfG). Etwas anderes gilt indes für die **Bekanntgabe** nach §§ 43 I, 41 VwVfG. Fehlt es an ihr, so liegt kein wirksamer VA, sondern lediglich ein sog. **Nichtakt** vor.[220]

> **Beispiel:** Ein an A adressierter Gebührenbescheid wird vom Postboten versehentlich in den **852** Briefkasten des Nachbarn B geworfen. Solange der **Bescheid nicht** an A **weitergeleitet** wird, fehlt es an einer wirksamen Bekanntgabe des VA; dieser kann nicht wirksam werden (§§ 43 I, 41 I VwVfG) und ist deshalb nicht etwa nur nichtig, sondern ein »**(Noch-)Nichtakt**«. Leitet B den Bescheid nunmehr aber an A weiter, so wird der Bekanntgabemangel in Anwendung des allgemeinen Rechtsgedankens des § 9 I VwZG geheilt und der Bescheid in diesem Moment wirksam.

3. Form

Wenn eine **Form gesetzlich vorgeschrieben** ist, kann dies Wirksamkeitsvorausset- **853** zung sein. So bedarf die Baugenehmigung gem. § 75 I 2 NRWBauO[221] ebenso der Schriftform wie die Zusicherung nach § 38 I 1 VwVfG. Das Formerfordernis ist jedoch dann keine Wirksamkeitsvoraussetzung, wenn es bloße Ordnungsfunktion besitzt. Grundsätzlich unterliegt ein VA nach § 37 II 1 VwVfG keiner bestimmten Form.

Die Verletzung der vorgenannten Voraussetzungen für die formelle Rechtmäßigkeit **854** des VA kann nach § 46 VwVfG lediglich dann zu seiner Aufhebung führen, wenn sie objektiv kausal für die Entscheidung gewesen sein kann. Aber nur wenn offensichtlich ist, dass die Verletzung der Verfahrens- oder Formvorschrift die Entscheidung in der Sache nicht beeinflusst hat, ist der Fehler nach § 46 VwVfG unbeachtlich. Dies wird

---

218 BVerwGE 112, 226.
219 *Schoch* JURA 2007, 28.
220 Zur Anfechtbarkeit → Rn. 730. IÜ ist Feststellungsklage zu erheben, vgl. Kopp/Schenke/*W.-R. Schenke* § 43 Rn. 20.
221 Art. 68 II 1 BayBO; § 58 I 3 BWLBauO.

bei gebundenen Entscheidungen regelmäßig der Fall sein, kann jedoch ebenso bei Ermessensentscheidungen sowie bei Bestehen eines Beurteilungsspielraumes zu bejahen sein.[222] Im Umweltbereich muss allerdings die Behörde belegen, dass eine solche Kausalität besteht, mithin die Entscheidung ohne Verfahrensfehler anders ausgegangen wäre.[223]

II. Materielle Rechtmäßigkeit

1. Rechtmäßigkeit der Ermächtigungsgrundlage

855 Grundlage für die materielle Rechtmäßigkeit des VA ist das **Bestehen einer wirksamen Ermächtigungsgrundlage,** auf die er gestützt ist. In der Regel ist dies unproblematisch. Namentlich beim GastG und beim VersG ist wegen verlagerter Gesetzgebungskompetenzen im Zuge der **Förderalismusreform** auf Art. 125a I GG (→ Rn. 126) zu achten, außer ein Bundesland hat inzwischen eine eigene Regelung erlassen:[224] Dann wurde das ansonsten fortlaufende Bundesrecht ersetzt. Das kann auch durch eine weitgehende gleichlautende Regelung erfolgen.[225] Einer Prüfung der Rechtmäßigkeit der Ermächtigungsgrundlage bedarf es im Übrigen nur dann, wenn der Sachverhalt entsprechende Hinweise enthält. So ist beispielsweise die Prüfung der Verfassungskonformität der polizeilichen Generalklausel regelmäßig verfehlt, es sei denn, es wird ausdrücklich ein Verstoß gegen das Bestimmtheitsgebot gerügt.[226]

856 Für **unionsrechtliche Normen** ist zu beachten, dass das **Gericht** nicht selbst deren Nichtigkeit feststellen darf, sondern **nach Art. 267 AEUV dem Gerichtshof der EU vorzulegen** hat.[227] Für **formelle, nachkonstitutionelle Gesetze** ist es nach Art. 100 I GG zur **Vorlage an das BVerfG** verpflichtet.[228] Da diese Vorlageverfahren ein Auslegungsmonopol der anzurufenden Gerichte begründen, dürfen erst recht **Behörden** solche, dh die von den Gerichten vorzulegenden Normen nicht einfach unangewendet lassen; sie haben **kein Normverwerfungsrecht.**[229] Das folgt auch aus dem Grundsatz der Gesetzmäßigkeit der Verwaltung (Art. 20 III GG). Rechtsverordnungen und Satzungen sind ebenfalls grundsätzlich erst aufzuheben, bevor sie unbeachtet bleiben dürfen.[230] Dies alles ändert aber nichts daran, dass ein auf eine gegen höherrangiges Recht verstoßende Rechtsgrundlage gestützter VA rechtswidrig ist.

857 Ein **Austausch der Ermächtigungsgrundlage** erfolgt hingegen, wenn eine nationale Norm nicht mit unmittelbar wirkendem Unionsrecht übereinstimmt und auch dieses die zu untersuchende Frage regelt.

858 Dann ist zB die **unmittelbar wirkende Richtlinie,** sofern man sie bei behördlichem Dazwischentreten auch zulasten des Bürgers eingreifen lässt (→ Rn. 48) die **Ermächtigungsgrundlage** und nicht das nationale Gesetz. Stimmt ein VA mit ihr überein, ist er rechtmäßig. Denn eine nationale Ermächtigungs-

---

222 *Maurer* VerwR AT § 10 Rn. 41; *Schwerdtfeger/Schwerdtfeger* Fallbearbeitung ÖffR Rn. 71.
223 EuGH ECLI:EU:C:2013:712 (Ls. 3) – Altrip.
224 Ob durch förmliches Gesetz (Sachs/*Degenhart* GG, Art. 125a Rn. 4) oder auch untergesetzliches Landesrecht (Maunz/Dürig/*Uhle* GG, Art. 125a Rn. 30), ist str.
225 BVerfGE 111, 10 (30).
226 *Schwerdtfeger/Schwerdtfeger* Fallbearbeitung ÖffR Rn. 82; nach ganz hM ist die Generalklausel verfassungsgemäß, vgl. Steiner/*Schenke* VerwR BT II Rn. 26.
227 → Rn. 72 ff.
228 Näher dazu → Rn. 127 ff.
229 Ehlers/Pünder/*Ehlers* AllgVerwR § 2 Rn. 129; aA *Maurer* VerwR AT § 4 Rn. 60 ff. mwN.
230 Näher dazu *Maurer* VerwR AT § 4 Rn. 66.

grundlage ist bei einem Verstoß gegen unmittelbar wirkendes Unionsrecht unanwendbar, da Letzteres Anwendungsvorrang genießt (→ Rn. 111 ff.).

Um den **Anwendungsvorrang** des Unionsrechts voll zur Geltung zu bringen, haben die nationalen **Behörden** eine **Normverwerfungspflicht**[231] **bezüglich unionsrechtswidriger mitgliedstaatlicher Regelungen.** 859

Bevor eine (nationale) Norm unangewendet bleibt, ist allerdings zu prüfen, ob sie nicht **unionsrechtskonform ausgelegt** werden kann (→ Rn. 115 f.). Entsprechend ist nach einer **verfassungskonformen Interpretation** zu suchen, wenn ein VA ansonsten wegen einer verfassungswidrigen Rechtsgrundlage gegen höherrangiges Recht verstößt und damit rechtswidrig ist. Schließlich sind auch Behörden bei der Gesetzesanwendung gem. Art. 1 III GG an die Grundrechte gebunden und haben daher diesen zum Durchbruch zu verhelfen, soweit dies möglich ist. 860

Die in Betracht kommenden Auslegungsvarianten müssen aber erst bei der Prüfung des Einzelfalls herausgearbeitet werden. Deshalb erfolgt die verfassungs-, gesetzes- bzw. richtlinienkonforme Auslegung am zweckmäßigsten erst nach der Subsumtion unter die Ermächtigungsgrundlage (→ Rn. 932 ff.). 861

2. Korrekte Subsumtion unter die Ermächtigungsgrundlage (einschließlich Beurteilungsspielraum)

a) **Auslegung unbestimmter Rechtsbegriffe.** Die korrekte Subsumtion unter die Ermächtigungsgrundlage beinhaltet insbesondere die gerichtlich voll überprüfbare **Auslegung unbestimmter Rechtsbegriffe** wie »öffentliche Ordnung« gem. § 14 NRWOBG[232], § 8 I NRWPolG oder »erforderliche Zuverlässigkeit« gem. § 4 I Nr. 1 GastG. Unbestimmte Rechtsbegriffe stehen als vielfach notwendige Elemente zur Regelung zahlreicher Einzelfälle auf der Tatbestandsseite einer Norm. Ansatzpunkte für deren Auslegung sind neben dem vielfach gerade offenen Wortlaut (»öffentliches Interesse«) der Regelungszusammenhang, die Absicht des Gesetzgebers sowie insbesondere der Gesamtzweck der spezifischen Norm und des Gesetzes insgesamt. Letzterer ist oft aus der jeweiligen Eingangsnorm des Spezialgesetzes (zB § 1 BImSchG) ersichtlich. 862

b) **Die polizeirechtliche Generalklausel**[233]. Eine häufig zu prüfende Ermächtigungsgrundlage ist die polizeiliche bzw. ordnungsrechtliche Generalklausel (§ 8 I NRWPolG, § 14 I NRWOBG).[234] Danach ist die Polizei- oder Ordnungsbehörde befugt, bei Vorliegen einer konkreten Gefahr für die öffentliche Sicherheit oder Ordnung einzugreifen. Aktuelles Beispiel ist die Beschlagnahme von Wohnungen als Flüchtlingsunterkunft (Rn. 831 ff.). 863

Die **öffentliche Sicherheit** umfasst den Schutz der objektiven Rechtsordnung, der **subjektiven Rechte und Rechtsgüter des Einzelnen** (Leben, Gesundheit, Freiheit, Ehre und Vermögen) sowie der Einrichtungen und Veranstaltungen des Staates.[235] Über den Schutz der **objektiven Rechtsordnung** kann jeweils bei zu erwartenden Verstößen gegen Gesetze oder Verordnungen, insbesondere Strafrechtsnormen (zB 864

---

231 S. EuGH ECLI:EU:C:1989:256, Rn. 28 – Costanzo.
232 § 8 I MEPolG; Art. 11 BayPAG; §§ 1, 3 BWPolG; zu unbestimmten Rechtsbegriffen allg. *Schoch* JURA 2004, 612.
233 *Beljin/Micker* JuS 2003, 556 (558 f.); *Schoch* JURA 2003, 177; *Voßkuhle* JuS 2007, 908.
234 § 8 I MEPolG; Art. 11 BayPAG; §§ 1, 3 BWPolG. S. auch → Rn. 939.
235 Schoch/*Schoch* 2. Kap. Rn. 109.

§§ 123, 303 StGB, →Rn. 1250), aber auch Ordnungswidrigkeitstatbestände eingeschritten werden. Das ist auch bei einem Verstoß gegen die nach Art. 1 I GG auch durch Private unverletzliche Menschenwürde möglich, sofern man dieser nicht nur interpretationsleitende Bedeutung zuerkennt.[236]

865 Weitgehender ist der **Schutz staatlicher Einrichtungen und Veranstaltungen,** der bereits ohne möglichen Normverstoß in Betracht kommt, etwa bei der die Polizeiarbeit beeinträchtigenden Warnung vor Radarkontrollen durch einen Privatmann.[237] Bei subjektiven Rechten ist zu beachten, dass der Schutz privater Rechte durch die Polizei gem. § 1 II NRWPolG[238] lediglich subsidiär erfolgt, allerdings nicht notwendig weniger (eingriffs)intensiv.[239]

866 Das Schutzgut **öffentliche Ordnung** findet sich dagegen nicht mehr in den Generalklauseln aller Bundesländer.[240] Bei ihm geht es um den **Schutz jeweils herrschender sozialethischer Anschauungen,** also um Sitte und Moral. So kann etwa das Verbot, den nackten Körper in der Öffentlichkeit zur Schau zu stellen, mit dem Schutz der öffentlichen Ordnung begründet werden.[241]

867 Eine **konkrete**[242] **Gefahr** liegt bei einer **Sachlage** vor, **die bei ungehindertem Verlauf in absehbarer Zeit wahrscheinlich zu einem Schaden** am Schutzgut der öffentlichen Sicherheit oder Ordnung **führt.** Da Gefahren auf der Basis einer solchen Prognose abgewehrt werden, ist die ex-ante-Perspektive maßgeblich. Nach der Lebenserfahrung muss ein Schaden ohne das Eingreifen der Polizei hinreichend wahrscheinlich eintreten. Je höherwertiger das Schutzgut und je größer der zu befürchtende Schaden sind, desto geringere Anforderungen müssen an die Eintrittswahrscheinlichkeit gestellt werden.[243] Ein **Gefahrverdacht** soll allerdings nicht ausreichen.[244]

868 **Beispiel** nach VGH München NJW 2008, 1548: Hat ein Autofahrer ein **Radarwarngerät im Frontbereich** seines **Fahrzeugs** installiert, ist sein Einsatz und damit ein **Verstoß gegen § 23 Ib StVO zu erwarten,** auch wenn es mangels Adapterkabel noch nicht betriebsbereit ist. Aus der maßgeblichen Sicht eines objektiven verständigen Dritten besteht die Besorgnis, dass die Tat in nächster Zeit verwirklicht wird. Daher darf das Radarwarngerät bei entsprechender polizeirechtlicher Befugnisnorm (Art. 25 I, 27 IV BayPAG) sichergestellt und vernichtet werden, um einen Einsatz im Verkehr und eine damit verbundene Gefährdung der öffentlichen Sicherheit zuverlässig auszuschließen.

869 **Gefahrenvorsorge** ist wegen der repressiven Ausrichtung der polizeilichen Generalklausel grundsätzlich nur möglich, wenn dazu ausdrücklich ermächtigt wurde.

---

236 → Rn. 936 f., 1168 sowie *Aubel* Die Verwaltung 37 (2004), 229 (233 ff.) mwN.
237 VGH Mannheim DÖV 2003, 165.
238 § 1 II MEPolG; Art. 2 II BayPAG; § 2 II BWPolG.
239 *Gusy* POR Rn. 184.
240 Ebenso wie § 14 I NRWOBG nennt § 8 I 1 NRWPolG inzwischen das Schutzgut öffentliche Ordnung; näher zur Kritik zum Schutzgut öffentliche Ordnung bei Steiner/*Schenke* VerwR BT II Rn. 39 ff. Zu den Änderungen im neuen NRWPolG *Sachs/Krings* NWVBl. 2010, 165.
241 OVG Münster DÖV 1996, 1052.
242 Eine bloß abstrakte Gefahr genügt nicht; diese ist aber ausreichend für den Erlass von Polizeiverordnungen, vgl. § 25 NRWOBG.
243 ZB BVerwGE 45, 51 (61); 47, 31 (40).
244 Näher und krit. → Rn. 651.

Beispiel nach VGH Mannheim NVwZ 2004, 498: Eine entsprechende Ermächtigungsgrundlage bildet eine Regelung, die wie § 21 III iVm § 26 I Nr. 2 BWPolG eine **Videoüberwachung öffentlicher Räume an Kriminalitätsschwerpunkten** ermöglicht. Nur bei einer solchen Begrenzung ist sie allerdings mit Art. 2 I iVm Art. 1 I GG vereinbar (→ Rn. 434 ff.). Aufgrund ihrer Grundrechtssensibilität ist sie auch im Einzelfall **restriktiv zu handhaben.** Grundvoraussetzung ist, dass ein Kriminalitätsbrennpunkt vorliegt. Insoweit hat die zuständige Polizeibehörde vor Ort keinen Einschätzungsspielraum. Daher muss sie ihre Feststellung in nachvollziehbarer Weise dokumentieren, um eine Kontrolle zu ermöglichen.

870

Fall nach BVerwGE 141, 329: M wohnt im zweiten Obergeschoss eines Hauses an der Reeperbahn und klagt gegen die von der Polizei genau gegenüber aufgestellte Videokamera, die in ihrem Schwenkbereich auch die von M bewohnten Räume erfasst. Die Kamera dient zur Überwachung des öffentlichen Straßenraums und ist mit einer »Schwarzschaltung« zum Schutz privater Bereiche ausgestattet. M beruft sich auf ihr Grundrecht auf Unverletzlichkeit der Wohnung (Art. 13 GG) und verlangt zusätzlich die Schwarzschaltung im Eingangsbereich des Hauses.

871

Das **Aufstellen der Videokameras** auf der Reeperbahn dient der Straftatverhütung durch Abschreckung **(Aufzeichnung)** als auch der Strafverfolgungsvorsorge durch vorbereitende Beschaffung von Beweismaterial **(Speicherung der Daten für einen Monat).** Da der Bund trotz seiner konkurrierenden Gesetzgebungskompetenz nach Art. 74 I Nr. 1 GG keine allgemein abschließende Regelung getroffen hat und zudem parallel dazu die **Gefahrenvorsorge** regelbar ist, bildet § 8 III HbgPolDVG die richtige Befugnisnorm. Er ermöglicht die anlasslose Aufzeichnung und greift in das **Recht auf informationelle Selbstbestimmung** ein. M kann daher auf Grundlage von Art. 2 I iVm Art. 1 I GG einen Unterlassungsanspruch geltend machen. Allerdings besteht keine schrankenlose Gewährleistung beim Recht auf informationelle Selbstbestimmung. Es muss der Grundsatz der **Verhältnismäßigkeit** und das verfassungsrechtliche Gebot der **Normenklarheit** beachtet werden.[245] Wegen der **wiederholten Straftaten**, mit denen auch in Zukunft zu rechnen ist, ist die Installation der Kameras ein legitimer Zweck. Er ist geeignet und erforderlich: Es konnte kein milderes und gleich wirksames Mittel gefunden werden.
Die **anlasslose Videoüberwachung** dient nicht nur dem öffentlichen Interesse, sondern **auch dem Individualrechtsschutz.** So hat auch M Vorteile, indem die Kameras ihrem Interesse an körperlicher Unversehrtheit dienen.[246] Ihre Installation ist daher auch angemessen.

Die sog. **Putativgefahr** bzw. **Scheingefahr** stellt keine zum Eingreifen berechtigende Gefahr dar; bei ihr nimmt der handelnde Polizeibeamte pflichtwidrig zu Unrecht eine Gefahr an.

872

Etwas anderes gilt dagegen für die sog. **Anscheinsgefahr.** Ihr liegt zwar ebenfalls eine Sachlage zugrunde, in der bei ex-post-Beurteilung objektiv gar kein Schaden gedroht hat. Da die subjektive Annahme einer Gefahr durch die Polizei im Zeitpunkt des Einschreitens aber pflichtgemäß war, handelt es sich um eine echte Gefahr iSd Generalklausel. Bei Vorliegen einer Anscheinsgefahr kann daher die dieser zuzuordnende Person als **Anscheinsstörer** herangezogen werden, und zwar unabhängig davon, ob sie den Anschein der Gefahr in zurechenbarer Weise verursacht hat oder nicht.[247]

873

Kompensiert wird diese Belastung des Anscheinsstörers durch die Zuerkennung des (Nichtstörer-) Entschädigungsanspruchs analog § 39 I lit. a NRWOBG.[248]

874

---

245 BVerwGE 141, 329 Rn. 27.
246 BVerwGE 141, 329 Rn. 47.
247 AA Steiner/*Schenke* VerwR BT II Rn. 166.
248 § 45 I MEPolG; Art. 70 I BayPAG; § 55 I BWPolG. S. BGHZ 117, 303 (307 f.) – Mastkälber; BGHZ 126, 279 – Altlast; BGH DVBl. 1996, 1312 (1314) – Schmerzmittelrückruf.

875 **c) Gerichtlich nicht überprüfbarer Beurteilungsspielraum.** Vielfach stößt allerdings die Überprüfung von Verwaltungsentscheidungen im Zusammenhang mit unbestimmten Rechtsbegriffen an tatsächliche Grenzen, die sog. **Funktionsgrenzen der Rspr.**[249] Diese werden aber nicht schon durch eine bloße behördliche Weigerung erreicht, Urkunden oder Akten vorzulegen bzw. Auskünfte zu erteilen, da dann das Gericht die tatsächlichen Grundlagen einer angegriffenen Entscheidung nicht nachvollziehen kann.[250] Indes kann ein gerichtlich nicht überprüfbarer Beurteilungsspielraum der Verwaltung bestehen.

876 Ein Beispiel sind **Prüfungsbeurteilungen,** die aus einer bestimmten, nicht nachholbaren Prüfungssituation heraus entstehen und wissenschaftliche Bewertungen darstellen. Ebenso wenig kann ein Gericht eine **Prognose über unsichere künftige Entwicklungen** abgeben oder **Entscheidungen fachkundiger und ausgewogen zusammengesetzter Kollegialorgane** nachvollziehen.

877 Die Fachkompetenz von Gremien wie zB der Kommission zur »Sinnenprüfung« beim Wein,[251] des Wissenschaftlichen Beirats Psychotherapie[252] oder der Bundesprüfstelle für jugendgefährdende Schriften entspringt gerade ihrer diversifizierten Zusammensetzung und der dadurch eröffneten Möglichkeit, die verschiedenen relevanten Belange miteinander in Einklang zu bringen. Diesen Diskussionsprozess kann ein Gericht nicht ersetzen.

878 Alleine aufgrund der besonderen Situation oder Komplexität bestimmter Entscheidungen oder auch nur einer entsprechenden gesetzlichen Ermächtigung (»normative Ermächtigungslehre«)[253] eine Einschränkung der gerichtlichen Kontrolldichte anzunehmen, schüfe freilich weit dehnbare **gerichtsfreie Räume** in Bereichen, die vielfach besonders sensible Grundrechtspositionen berühren. So sind Prüfungsentscheidungen regelmäßig die Grundlage für die Ergreifung eines bestimmten Berufes und damit an Art. 12 GG zu messen. In Grundrechte, zu denen auch die **Rechtsschutzgarantie (Art. 19 IV GG)** gehört oder grundrechtsgleiche Rechte, kann nur aufgrund gesetzlicher Grundlage eingegriffen werden, die auch entsprechend gerechtfertigt ist. Da Art. 19 IV GG vorbehaltlos gewährleistet ist, bedarf es eines gegenläufigen Verfassungsgutes, um die richterliche Kontrolldichte zu beschränken.[254]

879 Die Rechtfertigung für einen der Bundesprüfstelle obliegenden eigenen Beurteilungsspielraum bei der Abwägungsentscheidung zwischen Kunstfreiheit gem. Art. 5 III 1 GG und den grundgesetzlich nach Art. 6 II 1 GG sowie Art. 1 I iVm Art. 2 I GG geschützten Belangen des Jugendschutzes[255] besteht nach Ansicht des BVerwG in der dadurch gewährleisteten **Staatsferne** und **pluralistischen Meinungsbildung.** Erst dieses Element der Selbstverwaltung könne zu einer Optimierung des sensiblen Bereichs der Kunstfreiheit führen.[256]

880 Eine solche Rechtfertigung kann aber auch darin liegen, dass die Gerichte bei Entscheidungen besonderer Sachverständiger bedürfen oder im Hinblick auf ungewisse Sachverhalte insbesondere **im Umwelt-**

249 BVerfGE 84, 34 (50) – Neubewertung von Prüfungsleistungen.
250 BVerfGE 101, 106 (124).
251 BVerwGE 129, 27 (34).
252 BVerwG NJW 2009, 3593 (3595 f. Rn. 25 f.).
253 Vgl. noch BVerfGE 61, 82 (111) – Sasbach.
254 BVerfGE 84, 34 (52 f.) – Neubewertung von Prüfungsleistungen; BVerwGE 91, 211 (217) – Optimierung der Kunstfreiheit.
255 Dazu BVerfGE 83, 130 (139 f.) – Josefine Mutzenbacher (→ Rn. 403 ff.).
256 BVerwGE 91, 211 (217).

und Technikrecht nur durch eine ausdehnende Heranziehung von eigenen Sachverständigen und Gutachtern zu einer Entscheidung gelangen können. Dies führte zu einer Überlastung der Gerichte und damit einer Verzögerung des Rechtsschutzes, der innerhalb angemessener Zeit gewährt werden muss.[257]

Damit können Gerichte Prüfungs-, Kollegial- und Prognoseentscheidungen insoweit **881** nicht nachprüfen, als diese aus einer besonderen Situation heraus bzw. unter der Annahme besonderer Umstände entstehen. Umso bedeutsamer ist, dass diese Entscheidungen **verfahrensmäßig richtig zustande gekommen** sind. Daher haben die Gerichte dieses Prozedere zu prüfen. Je nach Einzelfall müssen sie trotz vorliegenden Beurteilungsspielraums daher kontrollieren, ob ein **ordnungsgemäßes Verfahren** durchgeführt, **richtige Bewertungsmaßstäbe** angewandt und der **Sachverhalt vollständig ermittelt** wurde.[258] Des Weiteren, ob **die richtigen Tatsachengrundlagen herangezogen** wurden und **ausschließlich sachliche Motive** der Entscheidung zugrunde lagen. Maßstab in berufsbezogenen Prüfungen muss etwa sein, dass eine vertretbare und folgerichtig begründete Lösung nicht als falsch gewertet werden darf (sog. Antwortspielraum des Prüflings).[259]

3. Adressat und Maßnahmerichtung

Adressat und Maßnahmerichtung ergeben sich zunächst aus den einzelnen Spezialge- **882** setzen des besonderen Verwaltungsrechts. Probleme ergeben sich, wenn nur eine allgemeine Begriffsbestimmung vorliegt oder mehrere Personen in Anspruch genommen werden können.

Davon zu unterscheiden ist der Fall des **§ 35 S. 2 VwVfG.** Danach kann sich ein VA in **883** Form der **Allgemeinverfügung** wie Smogalarm[260] an einen Kreis von Personen wenden (Alt. 1). Eine sachbezogene Allgemeinverfügung kann sich an jeden richten, der mit der Eigenschaft oder Benutzung der Sache zu tun hat (Alt. 2 und 3), so die Widmung eines Weges für den öffentlichen Verkehr. Dementsprechend hebt das Gericht bei Rechtswidrigkeit auch nicht die Allgemeinverfügung als solche auf, sondern nur den VA, der den Kläger betrifft, da der Kläger nur insoweit in seinen Rechten verletzt ist (s. § 113 I 1 VwGO).

Ist die Regelung der Allgemeinverfügung dagegen **unteilbar,** kann die Aufhebung nur insgesamt erfol- **884** gen, so zB die Demontage eines Verkehrszeichens.[261]

a) Polizeirechtlicher Störer. Die Polizei- und Ordnungsgesetze der Länder wie zB **885** §§ 17–19 NRWOBG und §§ 4–6 NRWPolG[262] sowie verschiedene Ableger im Umweltsektor wie §§ 4 II f. BBodSchG, §§ 7 II, 15 I KrWG normieren die Verantwortlichkeit einerseits des Verursachers einer Gefahr bzw. Bedrohung oder Störung als **Verhaltensstörer** und andererseits des Eigentümers oder des Inhabers der tatsächlichen Gewalt über die gefährdende Sache als **Zustandsstörer.**

---

257 Allg. BVerfGE 54, 39 (41) – Musterverfahren; 55, 349 (369); in diesem Zusammenhang *Sieckmann* DVBl. 1997, 101 (105).

258 BVerwGE 129, 27 (35) für die »Sinnenprüfung« beim Wein.

259 BVerwGE 84, 34 (55) – Neubewertung von Prüfungsleistungen; 84, 59 (79) – Medizinerprüfung; OVG Münster NWVBl. 1997, 380.

260 → Rn. 753.

261 Stelkens/Bonk/Sachs/*Stelkens* § 35 Rn. 274, 336.

262 Art. 7, 8, 10 BayPAG; §§ 6, 7, 9 BWPolG.

886 **aa) Verhaltensstörer. Verhaltensstörer ist derjenige, der die polizeirechtliche Ge-fahrenschwelle überschreitet.** Nach der herrschenden **Theorie der unmittelbaren Verursachung** erfolgt dies durch das der unmittelbaren Gefahrenentstehung vorgela-gerte Verhalten.[263] Verursacher ist danach nur derjenige, dessen Verhalten **selbst die konkrete Gefahr unmittelbar herbeigeführt** hat.

887 Über die Figur des Zweckveranlassers[264] wird dieser auf rein tatsächlichen Umständen basierende Anknüpfungspunkt um normative Aspekte erweitert. Der sog. **Zweckver-anlasser** verursacht zwar die Gefahr nicht in eigener Person unmittelbar, ist aber den-noch verhaltensverantwortlich, weil er Dritte gezielt zur unmittelbaren Verursachung der Gefahr veranlasst hat[265] oder weil sich durch sein Verhalten zwangsläufig die Ge-fahr einstellt[266] (zB provozierende Schaufensterauslage, vor der sich eine den Verkehr störende Menschenmenge bildet).

888 Der Begriff des Zweckveranlassers ist indes nicht normativ verfestigt, was zu Rechts-unsicherheiten führen kann.[267] So ist die **subjektive Sichtweise** von der objektiven zu unterscheiden. Bei Ersterer nimmt der Veranlasser die Herbeiführung einer Gefahr wenigstens billigend in Kauf.[268] Wenn ein unbeteiligter Dritter das Verhalten des Zweckveranlassers als Ursache für das Ereignis ansieht, liegt die **objektive Sichtweise** vor.[269] In der Rspr. werden diese beiden Ansätze zum Teil konkretisiert.[270] Es wird deutlich, dass bei der Zweckveranlassung ein **Wertungsproblem** vorliegt.[271] Da die subjektive Seite allein schwer nachweisbar sein kann, sind diese beiden Elemente, die jedes für sich zu größerer Gefahrnähe führen können, zu kombinieren.[272]

889 Allerdings verdeutlicht die Figur des Zweckveranlassers als Ausnahme vom Prinzip unmittelbarer Ver-ursachung, dass die Theorie in Reinkultur schwerlich gerade die Probleme bereitenden, verwobenen Si-tuationen erfassen kann.

890 Davon abgesehen ist das Kriterium der Unmittelbarkeit für sich gesehen sehr vage und ohne das Korrektiv einer wertenden Betrachtung nicht einzelfallgerecht ausfüllbar. Dieses ist somit letztlich entscheidend.

891 Dann kann auch gleich eine wertende Betrachtung maßgeblich sein. Ausgehend von einem Mindestmaß an Kausalität richtet sich deshalb die **polizeirechtliche Störerbe-stimmung nach Pflichtwidrigkeit und Risikosphäre.**[273] Es bedarf danach einer um-fassenden Bewertung der zugrunde liegenden Sach- und auch außerpolizeilichen Rechtslage. Zu fragen ist: Inwieweit ist der handelnden Person nach anderen Vor-schriften die Verantwortung für einen bestimmten Vorgang zugewiesen? Inwieweit ist

---

263 Bereits PrOVGE 31, 409; aus der Lit. *Drews/Wacke/Vogel/Martens*, Gefahrenabwehr, 9. Aufl. 1985, 313 mwN; Schoch/*Schoch* 2. Kap. Rn. 178.
264 *Schoch* JURA 2009, 360.
265 Ausschließlich auf diesen subjektiven Aspekt abstellend VGH Kassel NVwZ 1992, 1111 (1113); *Knemeyer* POR Rn. 328.
266 Allein diesen objektiven Aspekt für maßgeblich haltend OVG Lüneburg NVwZ 1988, 638 (639); *Beaucamp/Seifert* JA 2007, 577 ff.
267 *Lenski* VerwArch 2012, 539 (553).
268 *Knemeyer* POR Rn. 328 f.; aus der Rspr. VGH Kassel NVwZ 1992, 1111 (1113).
269 Schoch/*Schoch* 2. Kap. Rn. 190; aus der Rspr. OVG Lüneburg NVwZ 1988, 638 (639).
270 Näher dazu *Schmidbauer/Steiner*, PAG/POG, 2011, Art. 7 PAG Rn. 11.
271 Ausf. dazu *Lenski* VerwArch 2012, 539 (554 f.).
272 Daher zu Recht beide Aspekte vereinigend VGH Mannheim DVBl. 1996, 564 (565) – Vermietung an Prostituierte; auch BVerfG DVBl. 2001, 62 – »Club 88«.
273 Grdl. *Pietzcker* DVBl. 1984, 457.

ein Vorgang spezifisch mit einer Gefährdung verbunden? Werden gesetzliche Vorschriften übertreten?

Der sog. Zweckveranlasser ist danach schon deshalb Störer, weil die Rechtsordnung ihm die Verantwortung für die entsprechende Fallkonstellation zuweist. **892**

Da sie den Nutzen davon haben, sind grundsätzlich auch **Ausrichter gefahrträchtiger Veranstaltungen** wie von Fußballspielen oder Popkonzerten als Störer heranziehbar.[274] Gerade für den Fußball ist das aber umstritten.[275] Veranstalter von durch Art. 8 I GG gewährleisteten Versammlungen sind hingegen als Begünstigte dieses Grundrechts besonders geschützt, sodass die diese zum Anlass nehmenden Randalierer Störer sind[276] (zB Skinheads gegen Grünen-Veranstaltung, → Rn. 1241 f.), außer sie reagieren nur auf provokative Begleitumstände. Ein Einschreiten gegen eine **friedliche Versammlung** kommt lediglich bei **polizeilichem Notstand** in Betracht (→ Rn. 912). Dessen Voraussetzungen sind rechtlich und tatsächlich intensiv zu prüfen – auch im Eilverfahren.[277] Allein eine Weste mit der Aufschrift »Demonstrationsbeobachter« wird nicht durchgehend die Störereigenschaft ausschließen können; entscheidend dürfte das Verhalten im Einzelfall sein. **893**

bb) Zustandsstörer. Für die **Zustandsstörereigenschaft** soll es auf die **tatsächliche Einwirkungsmöglichkeit auf die gefahrverursachende Sache** ankommen.[278] Diese Einwirkungsmöglichkeit ist verdrängt, wenn vom Eigentümer überhaupt nicht beherrschbare Vorgänge zu Gefahren führen, so etwa bei Tanklasterunfällen, aber auch bei Felsstürzen und durch Hochwasser angeschwemmten Abfällen. Hier stellt sich die Frage, ob sich der Grundstückseigentümer in einer »**Opferposition**« befindet, die seine polizeirechtliche Verantwortlichkeit ausschließt.[279] **894**

Dass in den letzten beiden Fällen Gefahren entstehen können, rührt indes zumindest auch aus der Lage des Grundstücks am Hang bzw. an einem Flussufer. Folgert man die **Zustandsverantwortlichkeit** zu Recht als **Pflicht aus Art. 14 II GG**, kann es auf die Ursache einer Gefährdung nicht ankommen. Die Sachherrschaft bzw. Einwirkungsmöglichkeit ist damit nicht Verantwortungsgrund, sondern nur Anknüpfungspunkt. Der Eigentümer ist daher **auch bei Fremdverschulden** und Naturereignissen Zustandsstörer.[280] **895**

Ist Art. 14 GG Grund der Zustandshaftung, bildet er freilich zugleich deren Grenze. Die zumutbare Belastung darf daher grundsätzlich nicht so weit gehen, dass sie den **Wert des Grundstücks übersteigt** (vgl. Art. 14 II 2 GG), außer der Eigentümer hat die Risiken bewusst in Kauf genommen. Diese **Korrektur erfolgt auf der Rechtsfolgenseite im Rahmen der Verhältnismäßigkeitsprüfung.**[281] **896**

---

274 *Götz* POR § 9 Rn. 31 ff.; abl. *Schoch* JuS 1994, 932 (934).

275 Abl. *Heise* NVwZ 2015, 262.

276 BVerfG DVBl. 2001, 62 – »Club 88«. Anders VGH München BayVBl. 1993, 658: rechtsradikale Versammlung als Zweckveranlasser für Gegengewalt.

277 BVerfGK DVBl. 2013, 367.

278 Schoch/*Schoch* 2. Kap. Rn. 193.

279 *Friauf*, FS Wacke, 1972, 293 (303); *Schwerdtner* NVwZ 1992, 141 (143); vgl. Lisken/Denninger/*Sailer* HdB PolizeiR N Rn. 34.

280 BVerfGE 102, 1 (18 f.) – Altlasten; OVG Koblenz DVBl. 1998, 103 (104) für Gefahren aus Naturereignissen, besonders Felssturz.

281 BVerfGE 102, 1 (19 ff.) – Altlasten.

897 Es ist also zu prüfen, inwieweit die Belastung des Eigentums mit seiner vorgegebenen Privatnützigkeit (→ Rn. 518, 525) in Einklang zu bringen ist. Dabei ist zu beachten, dass Art. 14 II GG eine grundsätzliche Pflichtenzuweisung zulasten des Eigentums vornimmt. **Je eher Vorgänge außerhalb der Sphäre des Eigentümers liegen, desto weniger ist eine Haftung zumutbar.** Für fremdverschuldete, nicht gebilligte bzw. nicht in Kauf genommene Vorgänge haftet der Zustandsstörer daher tendenziell nicht, eher wohl dagegen bei Naturereignissen und nicht mehr einer konkreten Person zurechenbaren Vorgängen wie angeschwemmten Abfällen, die ohne fremdes Zutun auf das Grundstück gelangen.[282] Insbesondere sofern sich daraus fortlaufende Belastungen ergeben, ist als zusätzliche Grenze der Wert des Ertrages anzusetzen. Wird er überschritten, wird gleichfalls die Privatnützigkeit angetastet.[283]

898 Befindet sich ein Gebäude auf einem Grundstück, das mit einem Erbbaurecht belastet ist, so ist zur Abwendung von Gefahren der Erbbauberechtigte verantwortlich und nicht der Eigentümer des Grundstücks.[284] Gemäß § 12 I und II ErbbauRG ist das Bauwerk wesentlicher Bestandteil des Erbbaurechts und nicht das Grundstück. Der Erbbauberechtigte hat also dafür zu sorgen, dass keine Gefahr für die öffentliche Sicherheit von dem Gebäude ausgeht und muss seiner Verkehrssicherungspflicht nachkommen.[285] Auch die Zustandsstörerbestimmung erfolgt also nach Pflichtwidrigkeit und (außerpolizeirechtlicher) Risikozuweisung (→ Rn. 891).

899 **b) Störerinanspruchnahme und Vertrauensschutz.** Nicht nur die spezifisch den Zustandsstörer betreffende Problematik der »Opferposition« ist bedeutsam für die Frage der Störereigenschaft oder der Verhältnismäßigkeit der Inanspruchnahme eines Störers. Auch **Vertrauensschutzaspekte** können eine wichtige Rolle spielen und zur Rechtswidrigkeit eines VA führen.

900 Ein Beispiel ist die sog. **»Legalisierungswirkung von Genehmigungen«.** So erlaubt eine erteilte Genehmigung (etwa nach BImSchG) ein bestimmtes Verhalten, das dann nicht plötzlich wieder verboten sein kann. Andererseits kann der Begünstigte sein Verhalten nur insoweit nach der Genehmigung ausrichten, wie ihr Inhalt reicht und Auswirkungen bereits zum Zeitpunkt ihrer Erteilung absehbar waren. Ein Vertrauen auf außerhalb der Genehmigung liegende Umstände ist grundsätzlich nicht schutzwürdig. Insofern ist die mögliche Legalisierungswirkung einer Genehmigung von vornherein beschränkt.[286]

901 **Beispiel:** Das Entstehen von **Altlasten** nach § 2 V BBodSchG war bei der Genehmigung einer Mülldeponie in den 70er-Jahren nicht vorhersehbar. Folglich reicht diese auch nicht so weit, dass eine **Sanierungsanordnung** gegen den Betreiber aus Vertrauensschutzgründen unzulässig wäre.

902 Die Genehmigung ändert nichts am Gefahrenpotenzial eines Verhaltens, sondern ihre Notwendigkeit unterstreicht es nur. Sie entbindet den Staat auch nicht von der **Pflicht zum Schutz Dritter** vor den Folgen des genehmigten (gefährlichen) Tuns.[287]

903 Daher bestehen zT **nachträgliche Eingriffsbefugnisse** (zB § 17 BImSchG) und **Anpassungsmöglichkeiten** (zB § 5 I Nr. 2 BImSchG: [jeweiliger] Stand der Technik).

---

282 BVerwGE 106, 43.

283 Vgl. BVerfGE 93, 121 (137 f.) – Vermögensteuer.

284 OVG Münster NVwZ-RR 2009, 364, allerdings einschr., falls der Erbbauberechtigte nicht gleichzeitig der Inhaber der tatsächlichen Gewalt über die störende Sache ist.

285 OVG Berlin-Brandenburg NJW 2012, 3673.

286 BVerwGE 55, 118 (120 ff.).

287 Zu Schutzpflichten allg. → Rn. 1092 ff., zur Pflicht zu polizeilichem Eingreifen → Rn. 1248 ff.

Jedenfalls ist die **Abwehrposition** des in Anspruch genommenen dadurch **verstärkt,** 904 dass sein **Verhalten immerhin staatlich genehmigt** wurde. Daraus erwächst für den durch die Genehmigung erfassten Regelungskreis Vertrauen. Dies schließt aber staatliches Eingreifen insbesondere bei negativen Folgewirkungen nicht gänzlich aus, sondern tritt bei überwiegenden Gemeinwohlbelangen wie der Vermeidung gravierender Umwelt- oder gar Gesundheitsgefährdungen zurück. Das genehmigte Verhalten als solches weiter ausüben zu können, ist jedoch außer bei konkreten und schwer wiegenden Gefährdungen »vertrauensfest«. Ansonsten wäre eine Genehmigung nahezu wertlos. Einer gänzlichen Betriebseinstellung haben daher nachträgliche Anordnungen als milderes Mittel vorzugehen (s. § 20 BImSchG).

Ein **weiterer Anknüpfungspunkt für** die **Bildung von Vertrauen** besteht, **wenn** der 905 **Staat** vorher **den Anschein erweckt** hat, **er würde nichts unternehmen.** So, wenn er die Umstände kennt und nicht einschreitet, obwohl die gesetzlichen Voraussetzungen vorliegen **(Duldung),** oder jedenfalls lange Zeit verstreichen lässt, ohne etwas zu unternehmen, und besondere Umstände hinzutreten (Zeit- und Umstandsmoment, sodass **Verwirkung).**[288] Dann verlässt sich der Bürger darauf, nicht in Anspruch genommen zu werden. Dies kann er aber nicht, wenn er um die Gefährlichkeit seines Tuns weiß (vgl. § 48 II 3 Nr. 3 VwVfG). Da kein formaler staatlicher Rechtsakt vorliegt, ist der Stellenwert des Vertrauensschutzes auch geringer; er tritt regelmäßig zurück.

Vielfach liegen die Vorgänge, die eine Verantwortlichkeit begründen, Jahre oder gar 906 Jahrzehnte zurück. Soll diese »ewig« bestehen, mithin eine »**Ewigkeitshaftung**« etwa **für Altlasten** auslösen? Die zivilrechtliche Begrenzung ist die Verjährung nach regelmäßig spätestens zehn Jahren (§ 199 IV BGB). Diese ist aber auf das Verhältnis Privater untereinander zugeschnitten und dient dem Rechtsfrieden zwischen diesen. Jedenfalls solange an Verursachungsbeiträge angeknüpft werden kann, diese also fortwirken, besteht die ordnungsrechtliche Verantwortlichkeit.[289] Die Lastentragung des Zustandsstörers folgt hingegen aus Art. 14 II GG und dient der Verantwortungsverteilung zwischen Staat und Privaten.

c) **Nachfolge in Polizeipflichten**[290]. Wird ein Grundstück übernommen, gehen die 907 darauf ruhenden **Zustandsstörerpflichten** als dingliche Last mit über. Die polizeirechtliche Verantwortlichkeit erwächst aus dem Eigentum am Grundstück. Man haftet nicht derivativ aus Rechtsnachfolge, sondern originär als Eigentümer.[291]

Verhaltensstörerpflichten wurden hingegen durch den Rechtsnachfolger nicht begründet und sind auch **nicht an eine bestimmte Sache geknüpft,** sondern auf eine 908 Person bezogen. Daher kommt es insoweit darauf an, ob die Stellung einer Person insgesamt übernommen wird.

Zum Teil existieren Sondervorschriften, die eine **Haftung des Rechtsnachfolgers** eigens anordnen, so 909 § 4 III 1 BBodSchG. Diese Norm gilt aber nur für einen bestimmten Bereich und ist daher grundsätzlich nicht übertragbar. Sie greift aber weitgehend allgemeine Grundsätze auf.

---

288 Dieses Institut wird von BVerwGE 44, 339 (343) auf den Grundsatz von Treu und Glauben zurückgeführt und soll nur bei verzichtbaren, also der Disposition der Beteiligten nicht entzogenen Rechten eingreifen.

289 BVerwGE 151, 156 – Meggen für metallhaltiges Lagerstättenwasser aus einem alten Bergwerk.

290 Näher zur Rechtsnachfolge im Öffentlichen Recht *Nolte/Niestedt* JuS 2000, 1071 und 1172.

291 Steiner/*Schenke* VerwR BT II Rn. 188.

910　Bei der **Gesamtrechtsnachfolge** (zB gem. §§ 1922, 1967 BGB, §§ 2 Nr. 1, 20 I Nr. 1 UmwG) gehen auch sämtliche in der Person des Rechtsvorgängers begründete Pflichten mit über.[292] Daher umfasst diese Nachfolge auch die noch nicht mittels VA konkretisierte sog. **abstrakte Polizeipflicht** (also die Stellung als polizeilich Verantwortlicher).[293] Dass der Gesamtrechtsnachfolger der Gefahr nicht nahe ist,[294] spielt somit keine Rolle; entscheidend ist die Nähe des Rechtsvorgängers zur Gefahr. Weil es auf dessen Rechtsposition ankommt, **wirken** auch diesem gegenüber **ergangene Verfügungen fort;** sie brauchen nicht mehr wiederholt zu werden, um sie im Hinblick auf die (insbesondere grundrechtliche) Position des Gesamtrechtsnachfolgers erneut zu prüfen. Ergehen erst noch aufgrund der durch Rechtsnachfolge übergegangenen (abstrakten) Polizeipflicht VA, sind diese hingegen nicht mehr auf den Rechtsvorgänger bezogen und daher auf die Position des Rechtsnachfolgers abzustimmen.

911　Im Falle der **Einzelrechtsnachfolge** (zB §§ 414, 415 BGB; §§ 24, 25 HGB) bezieht sich die Rechtsnachfolge nur auf einen bestimmten Ausschnitt. Eine solche schließt auf die Person bezogene Lasten und damit höchstpersönliche Pflichten nicht ein. Insoweit findet daher **keine Nachfolge in Polizeipflichten** statt. **Nicht höchstpersönlich sind allerdings vertretbare,** also auch durch eine andere Person und damit einen Rechtsnachfolger erfüllbare **Polizeipflichten.** Dann kann auch bei durch VA konkretisierten Verhaltenspflichten Rechtsnachfolge eintreten. Die Zahlungspflicht ist nur die Prolongation der jeweiligen Verhaltenspflicht und geht daher bei Höchstpersönlichkeit gleichfalls nicht über, auch wenn sie vom Inhalt her als bloße Geldleistungspflicht nicht höchstpersönlich ist.

912　**d) Inanspruchnahme von Nichtstörern.** Adressat einer Ordnungsverfügung kann ausnahmsweise auch eine Person sein, die weder Verhaltens- noch Zustandsstörer ist (vgl. § 6 NRWPolG, § 19 NRWOBG).[295] Eine solche **Inanspruchnahme im polizeirechtlichen Notstand** ist aber nur ausnahmsweise zulässig, wenn es um die Abwehr einer gegenwärtigen erheblichen Gefahr geht, Maßnahmen gegen Störer nicht oder nicht rechtzeitig möglich sind, auch die Polizei nicht rechtzeitig selbst abwehren kann und die Inanspruchnahme des Nichtstörers diesen nicht erheblich selbst gefährdet.[296]

913　Klassisches Beispiel für die Nichtstörerinanspruchnahme ist die **Obdachloseneinweisung,** bei der der Wohnungseigentümer herangezogen wird (→ Rn. 831 ff.). Denkbar ist auch die Heranziehung von Personen zur **Hilfe bei Verkehrsunfällen oder ähnlichen Unglücken.** Dagegen sind die Voraussetzungen des polizeilichen Notstandes regelmäßig nicht erfüllt, wenn **drohende Gewalttätigkeiten von Gegendemonstranten** die Durchführung einer öffentlichen Versammlung gefährden.[297] Die Polizei hat in solchen Fällen vielmehr gegen die Randalierer selbst vorzugehen und im Vorfeld dafür zu sorgen, dass auch genügend Beamte zur Verfügung stehen. Kompensiert werden die dem Nichtstörer entstandenen Schäden durch die Zuerkennung eines **Entschädigungsanspruchs** (→ Rn. 1419 f.).

---

292 OVG Münster DVBl. 1973, 326; Übungsfälle: *Kahl* JURA 2004, 853; *Kleine* NdsVBl. 2002, 305; ferner *Nolte/Niestedt* JuS 2000, 1071 (1172).

293 Str., so wie hier OVG Lüneburg NJW 1998, 97 f.; aA Schoch/*Schoch* 2. Kap. Rn. 217.

294 Daher eine Verantwortlichkeit abl. *Papier* DVBl. 1996, 125 (128).

295 § 6 MEPolG; Art. 10 BayPAG; § 9 BWPolG.

296 *Schoch* JURA 2007, 354.

297 → Rn. 893 zur fehlenden Störereigenschaft sowie → Rn. 1242 ff. zum Anspruch auf Zulassung zu einer öffentlichen Einrichtung.

Wenn sich unter einem Grundstück ein **altes Bergwerk** befindet, von dem wegen **un-** 914
gesicherter Hohlräume eine Gefahr ausgeht, ist der Eigentümer des darüberliegenden
Grundstücks **kein Zustandsstörer.** Er ist nach § 9 I BWPolG auch kein Nichtstörer,
weswegen dem **Grundstückseigentümer** der Zutritt nicht unbegrenzt verboten werden darf. Zudem ist ungewiss, wann die latente Tagesbruchgefahr eintritt. Daher steht
eine Störung nicht unmittelbar bevor, die eine Inanspruchnahme des Nichtstörers
rechtfertigen würde.[298] Vorrangig muss der **Bergwerkbetreiber** die Gefahr abwehren;
zudem ist diese nicht gegenwärtig.

e) Störerauswahl. Kommen mehrere Personen als Adressaten eines VA in Betracht, 915
bedarf es einer Auswahl. Zum Teil wird vertreten, der **Verhaltensstörer** sei **vor dem**
Zustandsstörer heranzuziehen.[299] Das erscheint insbesondere dann sachgerecht,
wenn der Zustandsstörer gleichsam Opfer des Verhaltensstörers[300] geworden ist. Gefahrenabwehr ist jedoch in erster Linie auf rasches Handeln und damit auf Effektivität
ausgerichtet.[301] Daher kommt es auf dieser Ebene darauf an, dass **derjenige in An-**
spruch genommen wird, der die Gefahr am effektivsten beseitigen kann. So kann
auch der Zustandsstörer einer Gefahr näher sein und diese effektiver beseitigen als der
Verhaltensstörer, etwa wenn dieser weit entfernt wohnt oder zahlungsunfähig ist, und
damit zu Recht herangezogen werden.

Eine andere und **davon zu unterscheidende Ebene** ist dagegen die der **Kostenlast.** 916
Hier zählt nicht notwendig rasches Handeln, sondern eine gerechte Verteilung der
Lasten. So ist die Korrektur von auf der Primärebene entstandenen unbilligen Ergebnissen auf der Sekundär(=Kosten)ebene denkbar und aufgrund des internen Störe-
rausgleichsanspruchs nach § 24 II BBodSchG partiell auch möglich. Dieser lässt sich
jedoch ebenso wenig wie § 426 BGB auf allgemeines Ordnungsrecht übertragen.[302]

4. Bestimmtheit

Nach § 37 I VwVfG muss ein VA bestimmt sein. Der Bürger muss also aus dem VA 917
selbst klar und eindeutig erkennen können, welches Verhalten von ihm verlangt wird.
Nur dann kann er sich rechtstreu verhalten. Das ist ihm bei widersprüchlichen oder
unverständlichen Angaben oder Erklärungen nicht möglich.

Beispiel: Nicht hinreichend bestimmt ist etwa die Aufforderung, »Lärmimmissionen auf ein 918
erträgliches Maß zu reduzieren« oder die an den Eigentümer eines Altstandortes gerichtete
Anordnung, die »erforderlichen Bohrungen« zur Feststellung des Ausmaßes einer Bodenkon-
tamination vorzunehmen.

Der VA selbst, wie er sich dem Bürger objektiv darstellt, muss also für sich gesehen 919
hinreichend genau sein. Die Begründung gehört zum VA, nicht hingegen in Bezug genommene Unterlagen, Pläne, (technische) Regelwerke, die dem VA nicht beigefügt
werden. Auf solche Materialien kann aber verzichtet werden, wenn sie dem Betroffenen bekannt oder allgemein zugänglich sind.[303]

---

298 VGH Mannheim DVBl. 2013, 119 (121).
299 Vgl. VGH Mannheim DÖV 1993, 578 (579); VGH Kassel NVwZ-RR 1989, 137.
300 → Rn. 894.
301 VGH Mannheim NVwZ-RR 1991, 27 (28).
302 BGH NJW 1981, 2457 (2458); aA *Pietzcker* JuS 1986, 719 (722).
303 *Kopp/Ramsauer* § 37 Rn. 6 f.

5. Rechtliche und tatsächliche Möglichkeit

920 Der Bürger kann naturgemäß nur erfüllen, was ihm **tatsächlich und rechtlich möglich** ist. Hat der Adressat einer Abrissverfügung kein Alleineigentum an dem betroffenen Gebäude, kann er es nicht allein abreißen. Dies ist hingegen möglich, wenn eine Duldungsverfügung an den bzw. die (Mit-)Eigentümer ergeht. Bei ihrem Fehlen ist eine Abrissverfügung daher nicht unrechtmäßig, sondern nur nicht vollstreckbar. Ein VA, den aus tatsächlichen Gründen niemand ausführen kann, ist gem. § 44 II Nr. 4 VwVfG nichtig, so zB ein Gebührenbescheid, der auf eine nicht mehr gültige Währungseinheit ausgestellt ist,[304] ein VA, der ein nicht mehr existierendes Denkmal unter Schutz stellt[305] oder den Abbruch eines bereits beseitigten Bauwerks verfügt.

6. Rechtmäßiger Ermessensgebrauch[306]

921 **a) Ermessenseröffnung.** Die Verwaltung kann und muss ein Ermessen gebrauchen, wenn sie in einer Norm ermächtigt wird, bei erfülltem Tatbestand zwischen verschiedenen Handlungsalternativen zu wählen. Diese Alternativen können sich darauf beziehen, **ob** eine bestimmte Maßnahme vorgenommen wird **(Entschließungsermessen)**, **wie** diese Maßnahme ausgestaltet bzw. welche von mehreren möglichen Maßnahmen ergriffen wird **(Gestaltungsermessen)**[307] und **gegen wen** diese Maßnahme gerichtet wird **(Auswahlermessen)**.[308] Das Ermessen kann sich der Behörde wie im Polizeirecht in all diese Richtungen eröffnen, aber auch nur teilweise. Dass der Verwaltung Ermessen eingeräumt ist, bringt der Gesetz- bzw. Verordnungsgeber regelmäßig mit den Worten »kann«, »darf«, »ist befugt« zum Ausdruck. Besonderheiten ergeben sich bei »Sollvorschriften«. Hier ist das Handeln der Regelfall, sofern kein atypischer Fall gegeben ist.

922 Von **intendiertem Ermessen** wird bei »Kann-Vorschriften« gesprochen, die das Ermessen in eine bestimmte Richtung festlegen (zB § 48 II 4 VwVfG). Danach bedarf es keiner Abwägung oder Begründung, wenn die Behörde der im Gesetz angelegten Intention folgt.[309] Die Abwägung im Einzelfall gehört jedoch gerade zum Wesen des Ermessens. Deswegen spricht vieles dafür, stattdessen einen Unterschied in der Rechtsfolge anzunehmen. Demzufolge ist die Behörde außer in begründeten Ausnahmefällen zum Handeln verpflichtet.[310]

923 **b) Ermessensmaßstäbe.** Gemäß § 114 S. 1 VwGO können die Gerichte nur die **Einhaltung der rechtlichen Grenzen** kontrollieren, die § 40 VwVfG setzt. Sie können also nicht eigene Ermessenserwägungen an die Stelle der von der Behörde getroffenen setzen. Sie überprüfen mithin den Weg der Abwägungsentscheidung und ob deren Inhalt und Ergebnis rechtlich gedeckt ist. Zunächst muss von einem eingeräumten Ermessen tatsächlich Gebrauch gemacht worden sein; es darf also kein **Ermessensausfall** bzw. **-nichtgebrauch** vorliegen (Bsp.: Behörde hält sich für rechtlich gebunden, obwohl eine Norm ausdrücklich Ermessen einräumt).

---

304 KreisG Dresden NVwZ 1993, 601.
305 OVG Münster NWVBl. 1990, 199.
306 *Schoch* JURA 2004, 462.
307 Oftmals auch als Auswahlermessen bezeichnet, zB *Schenke* VerwProzR Rn. 737.
308 → Rn. 915 bei der Bestimmung des Adressaten.
309 BVerwGE 72, 1 (6); 91, 82 (90); 105, 55 (57); zust. *Schwabe* DVBl. 1998, 147f.
310 *Maurer* VerwR AT § 7 Rn. 12; *Peine* VerwR AT Rn. 212f.; ausf. *Borowski* DVBl. 2000, 149.

Grundlage für Ermessenserwägungen ist eine zureichende Sachverhaltsermittlung. **924**
Alle sich daraus ergebenden Tatsachen müssen in die Abwägung eingestellt und objektiv richtig gewichtet werden. Diese Gewichtung darf nur nach sachgemäßen, also dem
Zweck der Norm entsprechenden Motiven erfolgen. Ansonsten liegt ein **Ermessens-
fehlgebrauch** vor.

Der Ermessensgebrauch wird durch zwei wesentliche Rahmenpunkte begrenzt. Ers- **925**
tens hat sich das Ergebnis des Ermessensgebrauchs im **Rahmen der Ermächtigung**
zu halten. Es darf demnach nur eine Rechtsfolge gewählt werden, die von der Ermes-
sensnorm gedeckt ist. Ansonsten ist der Ermessensrahmen überschritten (**Ermessens-
überschreitung**).

Eingerahmt und zugleich geprägt wird die Ermessensausübung zweitens von allgemei- **926**
nem bzw. übergeordnetem Recht. Eine Entscheidung ist also auch dann ermessensfehlerhaft, wenn sie gegen **höherrangiges Recht** verstößt. Besondere Bedeutung kommt
dabei den Grundrechten zu.[311]

An dieser Stelle ist also eine klassische Grundrechtsprüfung vorzunehmen, in deren Folge auch das **Ver-** **927**
hältnismäßigkeitsprinzip eingreift.

Die Ermessensentscheidung hat auch den **Gleichheitssatz** (Art. 3 I GG) zu wahren.[312] **928**
Diesem kommt bei der Ermessenshandhabung besondere Bedeutung iVm Verwaltungsvorschriften zu, die für die Praxis eine generelle Ermessensausübung vorgeben
sollen, selbst aber keine Außenwirkung haben. Gleiches gilt im Zusammenhang mit
der **Selbstbindung der Verwaltung,** die durch eine allgemeine und längerfristig geübte
Verwaltungspraxis zustande kommen kann. Von dieser Praxis darf grundsätzlich nicht
abgewichen werden. Umgekehrt kann die Verwaltung auch nicht dauerhaft an eine bestimmte Praxis gebunden werden.

Daher liegt kein Verstoß gegen Art. 3 I GG vor, wenn in einer sachlich begründeten Entscheidung der **929**
Beginn einer **neuen Verwaltungspraxis** gesehen werden kann und daher die Selbstbindung entfällt.[313]

Bei der Ausübung des Ermessens kann sich herauskristallisieren, dass nur eine von vie- **930**
len möglichen Entscheidungen rechtmäßig und jede andere Entscheidung ermessensfehlerhaft ist. Eine solche **Ermessensreduzierung auf null** kann insbesondere dadurch
eintreten, dass die Schwere der Gefahr und das Gewicht der gefährdeten Rechtsgüter
sich zu einer Eingriffspflicht verdichten; dieser Fall tritt vor allem im Polizeirecht auf,
so bei der Obdachloseneinweisung (→ Rn. 833). Oder aber die Grundrechte überlagern
eine Ermessensentscheidung, indem sie die Handhabung einer einfachgesetzlichen
Norm prägen. So hat die Polizei wegen der Bedeutung von Art. 8 I GG regelmäßig
gegen die randalierenden Störer und nicht etwa gegen die friedlichen Teilnehmer einer
Versammlung einzuschreiten.[314]

c) Ermessensergänzung. Gemäß § 114 S. 2 VwGO kann die Behörde ihre **Ermes-** **931**
senserwägungen auch **im verwaltungsgerichtlichen Verfahren ergänzen.** Vom
Wortlaut her (»ergänzen«) kommen aber nur untergeordnete Erwägungen in Betracht,

---

311 Zur Prägung von Verbotsverfügungen gegen Gewerbetreibende vor allem auf der Grundlage der
polizeilichen Generalklausel durch die Menschenwürde → Rn. 936f.
312 → Rn. 573ff.
313 Vgl. BVerfGE 73, 280 (300) – Notarbewerberauswahl.
314 → Rn. 893.

nicht hingegen der Austausch wesentlicher Teile. Möglich ist also eine Nachbesserung unzureichend dargelegter, aber tatsächlich angestellter, nicht aber eine Ersetzung fehlerhafter oder das Nachschieben bislang gänzlich fehlender Ermessenserwägungen.[315] Die Gründe müssen objektiv bereits bei der Entscheidung vorgelegen haben. Ansonsten wird nicht eine getroffene Entscheidung näher erläutert, sondern über den ursprünglichen Gehalt hinaus erweitert und von daher erneut getroffen. Diese Grenzen entsprechen auch dem allgemeinen Verwaltungsverfahrensrecht. Das **materielle Recht bestimmt, ob Ermessenerwägungen nachgeschoben bzw. ausgewechselt** werden dürfen; § 114 S. 2 VwGO regelt nur die Berücksichtigung im Prozess.[316] Dauerverwaltungsakte dürfen für die Zukunft auf neue Ermessenserwägungen gestützt werden.[317]

7. Vereinbarkeit mit höherrangigem Recht

932   Die im Rahmen des VA getroffene konkrete Rechtsfolge muss mit höherrangigem Recht vereinbar sein. Bei eröffnetem Ermessen ist dies insofern gewährleistet, als höherrangiges Recht bereits die Ermessensentscheidung geprägt hat.[318] **Bei gebundenen VA** hingegen trifft die am einfachen Recht abgeleitete Rechtsfolge auf Verfassungsrecht, ohne vorher von ihm beeinflusst worden zu sein. Daher bedarf es im Nachgang der Überprüfung der eintretenden Rechtsfolge an höherrangigem Recht.

933   **a) Verfassungsrecht und verfassungskonforme Auslegung.** Verfassungsrechtliche Grenzen für eingreifendes Verwaltungshandeln erwachsen insbesondere aus den **Grundrechten** und in deren Gefolge aus dem **Verhältnismäßigkeitsgrundsatz.** Bei wirtschaftsbezogenen VA ist besonders auf Art. 12 und Art. 14 GG zu achten.

934   So ist bei gewerberechtlichen Untersagungen das Grundrecht der **Berufsfreiheit** zu wahren. Dies drückt sich insbesondere darin aus, dass die **Schließung von Gewerbebetrieben** nach § 35 GewO nur so lange anhalten darf, wie dies für die Neutralisierung der Unzuverlässigkeit erforderlich ist. Dass die Ausübung eines Gewerbes untersagt werden kann, setzt einen hinreichend schweren Grund voraus.

935   **Fall** nach BVerwG NJW 2012, 2676: Ein Untersuchungsgefangener wurde von acht SEK-Beamten zu einem Arztbesuch gebracht und von zweien in die Praxis begleitet. Die anderen sechs standen vor dem Praxisgebäude und wurden von zwei Reportern nach dem Grund des Einsatzes gefragt. Die Beamten gaben Auskunft, sprachen aber ein Fotografierverbot aus, um ihre Anonymität für getarnte Einsätze zu wahren und sich vor Repressalien zu schützen. Es konnte nicht eindeutig festgestellt werden, ob der Beamte drohte, im Fall des Nichtbefolgens die Kamera und das Speichermedium zu beschlagnahmen.

> Die Journalisten veröffentlichten lediglich einen Wortbericht über den Einsatz. Der Beamte erließ gegenüber den Reportern einen **mündlichen Verwaltungsakt**, der das Grundrecht auf **Pressefreiheit** nach Art. 5 I 2 GG begrenzte. Es steht infrage, ob nicht statt des Fotografierverbotes ein **einfacher Platzverweis** ausgereicht hätte, der die Pressefreiheit weniger eingeschränkt hätte. Es steht der Polizei nicht zu, über die Form der Berichterstattung zu entscheiden. Angebrachter wäre eine Verständigung über die Art und Weise der Veröffentlichung gewesen.[319]

---

315 Kopp/Schenke/*W.-R. Schenke/R. P. Schenke* § 113 Rn. 72; Kopp/Schenke/*W.-R. Schenke* § 114 Rn. 51.
316 BVerwGE 141, 253 Rn. 11.
317 BVerwG NVwZ 2014, 151 Rn. 32ff. für eine glücksspielrechtliche Untersagung.
318 → Rn. 926.
319 BVerwG NJW 2012, 2676 (2678).

Ein Ansatz für Grundrechtseinschränkungen kann auch in einer **Antastung der Menschenwürde** bestehen, so wenn gegen Peep-Shows,[320] Telefonsex[321] und Laserspiele[322] eingeschritten wird[323] oder die Landesmedienanstalten die Sendung »Big Brother« untersagt hätten.[324] Insoweit stellt sich allerdings das Problem, ob es nicht Ausfluss der Menschenwürde ist, sich einer solchen laufenden Beobachtung zu unterziehen. »Art. 1 I GG schützt die Würde des Menschen, wie er sich selbst begreift und seiner selbst bewusst wird. Hierzu gehört, dass der **Mensch über sich selbst verfügen** und sein Schicksal eigenverantwortlich gestalten kann.«[325] Dieser Ansatz ist in Gänze durchzuhalten, wenn man die Würde ausschließlich durch das selbstbestimmte Verhalten des Menschen begründet sieht.   **936**

Peep-Shows verstoßen danach nicht bereits gegen die Menschenwürde.[326]   **937**

Das ist anders, wenn man die Würde des Menschen nicht als selbstbestimmt, sondern aufgrund seines Eigenwerts als gegeben ansieht.[327] **Jedenfalls erlaubt das Selbstbestimmungsrecht keinen gänzlichen Würdeverlust.** »Wo menschliches Leben existiert, kommt ihm Menschenwürde zu.«[328]   **938**

Fall nach VG Neustadt NVwZ 1993, 98 – Zwergenweitwurf: Ein Schausteller setzt als Attraktion kleinwüchsige Menschen ein, mit denen man werfen darf. Die Betroffenen sind damit einverstanden.   **939**

Indem die Menschen gleichsam als Wurfgegenstände dienen, werden sie zum Objekt herabgewürdigt. Nach Art. 1 I GG darf aber der Mensch nicht zum Objekt gemacht werden. Teil der Menschenwürde ist jedoch auch, den Inhalt und damit die Grenzen der eigenen Würde zu bestimmen. Dabei muss freilich der Kernbestand der Würde gewahrt bleiben. Ein gänzlicher Würdeverlust ist also nicht möglich. Daher darf sich der **Einzelne nicht** einer Behandlung aussetzen, die ihn als **bloßes Instrument** gebraucht und damit zum Objekt herabwürdigt. Diese Antastung der Menschenwürde, die auch durch Private erfolgen kann, rechtfertigt eine **Untersagung** gem. §§ 33a, 15 II GewO und eine damit einhergehende **Einschränkung** der Berufsfreiheit.

Beispiel nach BVerwGE 115, 189 – Laserspiel: Die Menschenwürde kann auch dann angetastet werden, wenn wie bei Laserspielen mit simulierten Tötungshandlungen nicht ein Einzelner zum Objekt gemacht wird, sondern das **Unterhaltungsspiel Gewalt bagatellisiert und dadurch den fundamentalen Wert- und Achtungsanspruch jedes Menschen leugnet,** indem es Leben und Integrität und damit letztlich den Menschen beliebig verfügbar macht.[329] Der **Verstoß gegen Art. 1 I GG führt** zwingend **zum Verbot,** das trotz Beeinträchtigung der Berufsfreiheit auf die **Generalermächtigung** des § 14 NRWOBG gestützt werden kann, **solange Laserdromes noch keine Massenerscheinung** bilden, welche der Gesetzgeber eigens zu regeln hätte (→ Rn. 409, 864 f., 944).   **940**

---

320 Hier grdl. BVerwGE 64, 274 (280); ohne Bezug auf Art. 1 I GG aber BVerwGE 84, 314 (317).
321 LG Mannheim NJW 1995, 3398 (3398).
322 BVerwGE 115, 189 (199 f.). S. auch → Rn. 781 sowie → Rn. 939, 944.
323 Wird die nach § 33a bzw. § 33i GewO erforderliche Erlaubnis versagt, ist Verpflichtungsklage zu erheben. Wenn diese Erlaubnis im Nachhinein entzogen wird, ist hingegen die Anfechtungsklage die richtige Klageart, → Rn. 1118 ff., ebenso wenn ein Verbot auf der Grundlage des allgemeinen Ordnungsrechts ergeht.
324 Näher *Hinrichs* NJW 2000, 2173; *Schmitt Glaeser* ZRP 2000, 395; *Köhne* ZRP 2001, 435; allg. *Köhne* GewArch 2004, 285.
325 BVerfGE 49, 286 (298) – Transsexuelle I.
326 Dreier/*Dreier* Art. 1 I Rn. 149.
327 Näher *Hofmann* AöR 1993, 353.
328 BVerfGE 39, 1 (41) – Schwangerschaftsabbruch I.
329 AA *Aubel* Die Verwaltung 37 (2004), 229 (250 ff.); → Rn. 1168.

941 Das Eigentum betreffende Verfügungen insbesondere aus dem Baurecht, aber auch aus dem Polizei- und Umweltrecht (zB **Beschlagnahmen** von Gegenständen, **Nutzungs-beschränkungen,** aber auch die Auferlegung kostspieliger Maßnahmen) müssen mit **Art. 14 I GG** vereinbar sein.[330] Versammlungsrechtliche Maßnahmen müssen mit Art. 8 I GG übereinstimmen, Beschränkungen der Presse mit Art. 5 I GG, der Kunst mit Art. 5 III GG.

942 Damit wird der **Übergang zur verfassungskonformen Auslegung fließend.** Eine verfassungskonforme Auslegung ist nur dann erforderlich, wenn sich der VA nach der gewählten Auslegung der Ermächtigungsgrundlage als mit dem Verfassungsrecht unvereinbar erweist. Dann stellt sich nämlich die Frage, ob es nicht doch noch ein anderes (gleichsam methodengerechtes) Auslegungsergebnis gibt, das nicht zu einem Verstoß gegen das Grundgesetz im konkreten Fall führt. Ist eine solche Auslegung möglich, so muss sie als verfassungskonforme Auslegung gewählt werden.[331]

943 **b) Unionsrecht und richtlinienkonforme Auslegung.** Diese Grundsätze gelten erst recht für das dem nationalen Verfassungsrecht übergeordnete europäische Unionsrecht. Auch dagegen darf weder die Rechtsgrundlage noch das **Verwaltungshandeln selbst** verstoßen, zumal wenn es unmittelbar wirkt. Dann geht es nicht nur deutschem Recht in der Anwendung vor, sondern bindet auch die nationalen Verwaltungsstellen und Gerichte bei der Handhabung nationalen Rechts.

944 Wird ein Laserdrome geschlossen, das die Franchisenehmerin einer britischen Firma betreibt (→ Rn. 781, 940), wird insoweit dem **Franchisegeber** zugleich die Ausübung der **Dienstleistungsfreiheit** (→ Rn. 107) verwehrt. Das ist aber gerechtfertigt, wenn der Schutz der **Menschenwürde** in *einem* Mitgliedstaat ein **zwingendes Erfordernis des Gemeinwohls** (→ Rn. 90 f., 105) bildet, das auch Beeinträchtigungen von Art. 56 AEUV zu legitimieren vermag.[332]

945 Praktische Relevanz hat diese Bindung nationaler Organe an das Unionsrecht auch dann, wenn **verschiedene Auslegungsmöglichkeiten** bestehen. In diesem Fall muss diejenige gewählt werden, die mit den Grundfreiheiten und dem Sekundärrecht der Union übereinstimmt.

946 Dabei ist vor allem auf faktische Beeinträchtigungen zu achten. Kontrollbestimmungen etwa müssen so gehandhabt werden, dass nicht Warenanbieter (Art. 34 AEUV), Selbstständige (Art. 49 AEUV), Arbeitnehmer (Art. 45 AEUV) oder Dienstleister (Art. 56 AEUV) aus anderen Mitgliedstaaten wegen ihrer Herkunft Nachteile erleiden.

947 So ist bei der Ausweisung eines Arbeitnehmers, der aus einem anderen EU-Mitgliedstaat stammt, gem. § 53 AufenthG zu beachten, dass der Begriff der öffentlichen Sicherheit und Ordnung unionsrechtskonform iSv Art. 45 III AEUV und damit eng auszulegen ist (→ Rn. 104).

948 Nationales Umsetzungsrecht ist zwar selbst die Grundlage behördlichen Handelns, aber durch Unionsrecht veranlasst und muss vor allem dessen Anforderungen genügen. Die entsprechenden **Richtlinien** bilden daher den Hintergrund für die Auslegung der sie umsetzenden nationalen Vorschriften. Diese sind **richtlinienkonform zu interpretieren.**[333] Nur wenn für eine Frage keine unionsrechtlichen Vorgaben bestehen,

---

330 → Rn. 490 ff.
331 Näher zur verfassungskonformen Auslegung → Rn. 472 ff.
332 Deshalb hat das BVerwG (E 115, 189 [203 ff.]) dem EuGH vorgelegt, s. EuGH ECLI:EU: C:2004:614 – Laserdrome.
333 Näher zur richtlinienkonformen Auslegung → Rn. 115 f.

sind nationale Maßstäbe für die Auslegung relevant. Sie greifen namentlich, wenn Richtlinien den Mitgliedstaaten Gestaltungsspielräume lassen.

III. Die Anfechtung der Aufhebung von (begünstigenden) Verwaltungsakten[334]

1. Rücknahme und Widerruf[335]

Verschiedene vorstehend erarbeitete Fragen treffen bei der Anfechtung der Aufhebung von begünstigenden VA zusammen. Diese bildet selbst einen VA (actus contrarius). Sofern keine Spezialbestimmungen bestehen (zB § 15 GastG, § 21 BImSchG; → Rn. 837), werden rechtswidrige VA nach § 48 VwVfG im Wege der **Rücknahme** aufgehoben, rechtmäßige unter eingeschränkten Voraussetzungen durch **Widerruf**[336] nach § 49 VwVfG. Kann danach ein rechtmäßiger VA widerrufen werden, gilt dies erst recht für einen (möglicherweise) rechtswidrigen. Insofern kann die Feststellung seiner Rechtswidrigkeit offen bleiben, etwa bei Vorliegen eines Widerrufsvorbehaltes gem. § 49 II Nr. 1 VwVfG.[337]   **949**

Die Aufhebung des VA ist auch noch **nach** dessen **Unanfechtbarkeit,** also dem Eintritt der formellen Bestandskraft, möglich (vgl. §§ 48, 49 VwVfG).[338] Daher kann die Ausgangsbehörde trotz Ergehen eines Widerspruchsbescheides spätestens nach Ablauf der Rechtsmittelfrist den ursprünglichen VA noch aufheben, allerdings nur aus anderen Gründen (→ Rn. 848 f.). Ohnehin ist eine Rücknahme ermessenswidrig, wenn neue tatsächliche oder rechtliche Erkenntnisse fehlen: Dann erfordern die Rechtssicherheit und ein Vertrauensschutz Dritter die Aufrechterhaltung des VA.[339]   **950**

Nach §§ 48 I, 49 I VwVfG steht die **Aufhebung von VA im Ermessen der Behörde.** Selbst bei rechtswidrigen VA ist es also grundsätzlich kein Ermessensfehler, wenn die Behörde den VA etwa zur Wahrung des Rechtsfriedens nicht zurücknimmt. Zu achten ist aber auf eine den Gleichheitssatz wahrende Verwaltungspraxis (→ Rn. 928) und generell auf das Rechtsstaatsprinzip (Art. 20 III GG), das hier für eine Beseitigung rechtswidrig erlassener VA spricht. Die Rückabwicklung bereits erbrachter Leistungen erfolgt nach § 49a VwVfG (→ Rn. 1440 ff.).   **951**

Aufhebung von Verwaltungsakten auch nach Unanfechtbarkeit   **952**

- rechtmäßig nicht begünstigend: Widerruf im Ermessen der Verwaltung, § 49 I VwVfG
- rechtmäßig begünstigend: Widerruf nur nach Voraussetzungen des § 49 II VwVfG
- rechtswidrig nicht begünstigend: Rücknahme im Ermessen der Verwaltung, § 48 I 1 VwVfG
- rechtswidrig begünstigend: Rücknahme im eingeschränkten Ermessen der Verwaltung, § 48 I 2–IV VwVfG,

---

334 *Bamberger* DVBl. 1999, 1632; *Erichsen/Brügge* JURA 1999, 155 (496); *Richter* JuS 1991, 40, (121, 307, 385).
335 Grundfälle: *Krausnick* JuS 2010, 594 (681 und 778).
336 *Ehlers/Schröder* JURA 2010, 503.
337 BVerwG NVwZ 1987, 498; *Kopp/Ramsauer* § 49 Rn. 5.
338 Zum Begriff *Maurer* VerwR AT § 11 Rn. 4.
339 BVerwG NVwZ 2002, 1252 (1254).

> - bei geldlichem VA gem. § 48 II VwVfG nur, wenn
> - kein Vertrauen des Empfängers
> - oder nicht schutzwürdig
>
> - bei nichtgeldlichem VA gem. § 48 III VwVfG nicht, wenn
> - Vermögensnachteil nicht ausgleichbar (str.)
> - sonst Vertrauen nicht beim Ermessen zu berücksichtigen
>
> • erweiterte Aufhebbarkeit im Rechtsbehelfsverfahren auf Anfechtung eines Dritten, § 50 VwVfG

2. Widerruf rechtmäßiger begünstigender Verwaltungsakte

953 Der **Widerruf rechtmäßiger begünstigender VA** für die Zukunft setzt das Vorliegen eines der Tatbestände nach § 49 II Nr. 1–5 VwVfG voraus.[340] Rechtmäßige GeldleistungsVA können gem. § 49 III VwVfG mit Wirkung für die Vergangenheit widerrufen werden, wenn die Leistung nicht, nicht alsbald und damit kurz danach[341] oder nicht zweckentsprechend verwendet wurde. Insofern wird § 49 II VwVfG durch die spezielle Regelung des § 49 III VwVfG überlagert. Auch bei Vorliegen der Voraussetzungen nach §§ 49 II, III VwVfG steht der **Widerruf** noch **im Ermessen der Behörde**, und zwar nach § 49 V iVm § 3 VwVfG der im konkreten Fall zuständigen Behörde.[342] Aufgrund der Verweise auf § 48 IV VwVfG (§ 49 II 2, III 2 VwVfG) kann diese nur innerhalb eines Jahres ab Kenntnis der den Widerruf rechtfertigenden Tatsachen handeln. In den Fällen der Rücknahme nach § 49 II Nr. 3–5 VwVfG kann bei schutzwürdigem Vertrauen des Bürgers in den VA gem. § 49 VI VwVfG eine Entschädigungspflicht bestehen (→ Rn. 1418).

954 Ist der VA noch anfechtbar und auch angefochten worden, gelten die Sicherungen des § 49 II–IV VwVfG und auch die Entschädigungspflicht nach § 49 VI VwVfG gem. § 50 VwVfG nicht, wenn die **Aufhebung durch den Widerspruch bzw. die Klage eines Dritten** bedingt ist.[343] Vertrauensschutzgesichtspunkte spielen wegen der fehlenden Bestandskraft keine Rolle. Daher bezieht sich § 50 VwVfG auch auf § 48 I 2, II–IV VwVfG.

3. Rücknahme rechtswidriger begünstigender Verwaltungsakte

955 Die **Rücknahme rechtswidriger begünstigender VA** ganz oder teilweise mit Wirkung für die Zukunft oder die Vergangenheit muss zunächst erklärt werden. Sie ist, wenn die Behörde noch die Wahl hat, ggf. **von der Abhilfe eines Widerspruchs abzugrenzen**, die im Zweifel vorliegt, wenn das Widerspruchsverfahren noch läuft. Das gilt zumal dann, wenn die Behörde von einer Abhilfe nur deshalb absieht, weil sie dem zu erwartenden Kostenanspruch des Widerspruchsführers entgehen will.[344] Materiell unterliegt die Rücknahme den Einschränkungen nach § 48 II–IV VwVfG. Der Grundsatz der Gesetzmäßigkeit der Verwaltung ist mit dem Vertrauensschutz des Begünstigten in Ausgleich zu bringen. Für **Geldleistungs- und geldleistungsähnliche VA** kann die

---

340 → Rn. 1273f. zum Widerruf belastender VA.
341 Fehlendes Verschulden ist insoweit unbeachtlich und nur im Rahmen des Ermessens relevant, BVerwGE 116, 332.
342 → Rn. 848.
343 → Rn. 811.
344 BVerwG NJW 2009, 2968.

Rücknahme **nach § 48 II VwVfG** entschädigungslos ausfallen. Das betrifft namentlich die Rücknahme von Subventionsbescheiden.

> **Fall** nach BVerwG NVwZ 2003, 1384: Eine Subvention für Existenzgründerseminare im Osten wird allein wegen Verstoßes gegen eine die Voraussetzungen festschreibende Förderungsrichtlinie zurückgenommen.

956

> **Verwaltungsrichtlinien** sind als Weisungen an die Behörden keine Rechtsnormen und wirken daher nur verwaltungsintern.[345] Sie erlangen Außenwirkung erst durch ihre Anwendung in konkreten Fällen[346] über den dabei zu wahrenden Gleichheitssatz (Art. 3 I GG) und den Vertrauensschutz als Ausfluss des Rechtsstaatsprinzips (→ Rn. 238). Daher kann sich die **Rechtswidrigkeit** nicht allein aus einem Verstoß gegen die Subventionsrichtlinie ergeben, sondern nur **aus** einem **Abweichen von der sonstigen Vergabepraxis** wegen Verletzung von Art. 3 I GG, außer diese Praxis wird aus sachgerechten Gründen generell geändert (→ Rn. 926ff.). Damit kann Art. 3 I GG auch zulasten eines (potenziell) Begünstigten wirken. Er darf allerdings kein schutzwürdiges Vertrauen entwickelt haben. Nur dann muss er gem. § 48 II VwVfG zurückzahlen (→ Rn. 967).

Bei **sonstigen VA** muss jedenfalls nach **§ 48 III VwVfG** der durch die Rücknahme erlittene Vermögensnachteil ausgeglichen werden, wenn der Begünstigte auf den Weiterbestand des VA vertraut hat. Auch dabei gelten aber die Einschränkungen des § 48 II VwVfG.

957

Zu einer Rücknahme mit Vermögensausgleich iSv § 48 III VwVfG kann es aber dann nicht kommen, wenn der Begünstigte auf den Weiterbestand vertraut hat und hierauf vertrauen durfte, ein **Ausgleich eines Vermögensnachteils** jedoch **nicht möglich** ist, wie etwa bei auf höchstpersönliche Verhältnisse bezogenen VA, zB Einbürgerungen. Dann muss das Vertrauen bereits im Ermessen auf der Rücknahmeebene (§ 48 I VwVfG »kann«) berücksichtigt werden. Bei einer **erschlichenen Einbürgerung** fehlt es freilich schon an einem schützenswerten Vertrauen. Das Verbot von Zwangsausbürgerungen nach Art. 16 I 1 GG will ethnisch und politisch missliebige Personen schützen, nicht aber falsche Angaben begünstigen.[347] Es kann nicht etwa das Prinzip der Gesetzmäßigkeit der Verwaltung nach Art. 20 III GG beseite schieben.[348]

958

Kann ein Vermögensnachteil ausgeglichen werden, so bedeutet dies andererseits aber auch, dass das Vertrauen nur hier und nicht schon im Rahmen der Entscheidung über die Rücknahme zu berücksichtigen ist.[349] Es ist nämlich Sache des Gesetzgebers, wie er den **Vertrauensschutz** wahrt. Die Gegensicht will wegen der übergreifenden Geltung des **Rechtsstaatsprinzips** den Vertrauensschutz auch schon bei der Rücknahmeentscheidung einbeziehen.[350]

§ 48 IV VwVfG beschränkt die Rücknahme auf **ein Jahr** ab dem Zeitpunkt der Kenntnisnahme der Tatsachen, die eine Rücknahme rechtfertigen. Eine Ausnahme gilt je-

959

---

345 Zu den sich daraus ergebenden Rechtsproblemen *Remmert* JURA 2004, 728.
346 Auch bei mehrstufigen VA führt erst das behördliche Auftreten dem Bürger gegenüber zur Außenwirkung → Rn. 745.
347 Sachs/*Kokott* GG Art. 16 Rn. 24f.
348 BVerfGE 116, 24 (47ff.).
349 BVerwGE 85, 79 (84); Stelkens/Bonk/Sachs/*Sachs* § 48 Rn. 178ff.
350 *Detterbeck* VerwR AT Rn. 705; Knack/Henneke/*Meyer* VwVfG § 48 Rn. 114; *Kopp/Ramsauer* § 48 Rn. 137.

doch, wenn der Begünstigte den VA durch arglistige Täuschung, Drohung oder Beste-chung erlangt hat.

960 **Tatsache iSd § 48 IV VwVfG** ist auch die Rechtswidrigkeit des VA als Grundlage jeder Rücknahme überhaupt. Daher sind auch die Tatsachen relevant, die den Erlass eines VA bestimmt haben und damit vor diesem Zeitpunkt bekannt geworden sind.

961 Die Beschränkung auf Tatsachen scheint die Berücksichtigung der rechtlichen Würdi-gung eines Sachverhaltes auszuschließen.[351] Indes kann auch die nachträgliche Kennt-nis von Rechtsanwendungsfehlern eine neue Situation schaffen, die zur Rücknahme berechtigt. § 48 VwVfG knüpft gerade an die Rechtswidrigkeit eines VA an. Zudem dient die **Jahresfrist** dem Vertrauensschutz des Bürgers. Daher ist sie **auch auf recht-liche Umstände und deren Kenntnis auszudehnen.**[352]

962 Die Jahresfrist kann somit frühestens beginnen, wenn der VA erlassen wurde. Umge-kehrt beginnt sie auch erst dann zu laufen, wenn die Behörde, dh nach hM[353] der be-hördenintern zuständige Amtswalter, ohne weitere Aufklärung objektiv über die Rücknahme des VA zu entscheiden vermag.[354] Deshalb kommt es auf die **Kenntnis der für die Rücknahme zuständigen Behörde** (→ Rn. 849) und nicht der Behörde an, die sachlich unzuständig den rechtswidrigen VA erlassen hat.[355]

963 Daher liegt insofern eine **Entscheidungsfrist** vor,[356] die dann beginnt, wenn die Rück-nahmebehörde alle für die Rücknahmeentscheidung maßgeblichen Tatsachen kennt, einschließlich der für den Vertrauensschutz und die Ermessensabwägung relevanten Tatsachen. § 48 VwVfG enthält also keine absolute Ausschlussfrist. Der Zeitablauf zwischen Erlass des VA und seiner Rücknahme (hier: 52 Jahre) ist jedoch beim Ermes-sen zu berücksichtigen.[357]

4. Rücknahme von unionsrechtswidrigen Beihilfen[358]

964 Die Rücknahme von unionsrechtswidrigen Beihilfen betrifft Geldleistungs- und geld-leistungsähnliche VA. Sie kommt sowohl in Bezug auf EU-rechtswidrige Unionsbei-hilfen als auch auf gegen Unionsrecht verstoßende nationale Beihilfen in Betracht.

a) Unionsbeihilfen.

965 **Beispiel** nach EuGH ECLI:EU:C:1983:233 – Deutsche Milchkontor; ECLI:EU:C:1998:372 – Oelmühle: Für den Kauf von Magermilchpulver wird eine Unionsbeihilfe gewährt, die aber nicht den Voraussetzungen nach der Verordnung 804/68 entsprach bzw. auf gefälschten Papie-ren beruhte. Daher verlangen deutsche Behörden die Beihilfe zurück, obwohl der Empfänger von ihrer Rechtswidrigkeit keine Kenntnis hatte und sie auch bereits ausgegeben hat.

966 Dass eine deutsche Behörde die rechtswidrige Unionsbeihilfe zurückfordert, folgt aus dem unmittelbaren mitgliedstaatlichen Vollzug der entsprechenden Unionsregelun-

---

351 So noch BVerwGE 66, 61 (64).
352 BVerwGE 70, 356; 100, 199 (201ff.).
353 *Maurer* VerwR AT § 11 Rn. 35a; *Kopp/Ramsauer* § 48 Rn. 158; aA *Wolff/Bachof/Stober/Kluth* VerwR § 51 Rn. 85f.
354 BVerwGE 100, 199 (203).
355 BVerwGE 110, 226.
356 AA *Wolff/Bachof/Stober/Kluth* VerwR I § 51 Rn. 86: Bearbeitungsfrist.
357 OVG NRW NVwZ-RR 2013, 250 (2. Ls.).
358 *Haack* JURA 2008, 739; *Übungsfall: Haas/Hoffmann* JA 2009, 119.

gen. Die Union verfügt nur in Teilbereichen über einen Verwaltungsunterbau und ist daher auf die Vollzugstätigkeit der nationalen Behörden angewiesen, wovon auch der AEUV ausgeht.[359] Indem dieser das Verwaltungsverfahrensrecht ausspart, richtet sich auch die **Rücknahme nach** den **nationalen Vorschriften** und damit hier nach § 48 VwVfG, da der die Beihilfe gewährende VA nach einer unmittelbar geltenden Verordnung rechtswidrig ist.

Nach § 48 I 2, II 1 VwVfG ist die Rücknahme ausgeschlossen, wenn der Begünstigte Vertrauen entwickelte und dieses Vertrauen schutzwürdig ist. Hier fehlte es an der nach § 48 II 3 Nr. 3 VwVfG beachtlichen Kenntnis von der Rechtswidrigkeit der Beihilfe. Zudem wurde die Beihilfe verbraucht (§ 48 II 2 VwVfG), sodass das erforderliche schutzwürdige Vertrauen auch betätigt wurde, bzw. die Bereicherung ist weggefallen (§ 49a II VwVfG). Die Rücknahme des die Beihilfe gewährenden VA ist damit nach nationalem Recht ausgeschlossen. — **967**

Der autonome mitgliedstaatliche Vollzug darf aber nicht die **Wirksamkeit des Unionsrechts** antasten. Die Anwendung nationalen Verfahrensrechts darf daher die Verwirklichung von Unionsrecht nicht praktisch unmöglich machen (Effizienzgebot aus Art. 4 III EUV). Vertrauensschutz und Rechtssicherheit sind jedoch auch Teil der Unionsrechtsordnung. Der diese beiden Elemente umsetzende § 48 II VwVfG widerspricht daher dem Unionsrecht nicht. Er führt auch nicht dazu, dass sich die Rücknahme eines europarechtswidrigen VA schwerer gestaltet als die eines gegen nationales Recht verstoßenden. Damit ist auch das Diskriminierungsverbot gewahrt, das die zweite Grenze des autonomen mitgliedstaatlichen Vollzugs bildet. Die Beihilfe durfte daher nicht zurückgefordert werden. — **968**

b) Nationale Beihilfen. Die zweite Konstellation betrifft die Rücknahme von EU-rechtswidrigen *nationalen* Beihilfen. — **969**

Fall nach EuGH ECLI:EU:C:1997:163 – Alcan: Das Land Rheinland-Pfalz gewährte durch Bescheid v. 9.6. bzw. 30.11.1983 eine Beihilfe, die die begünstigte Firma verbrauchte. Die nach (dem heutigen) Art. 108 III AEUV vorgeschriebene Unterrichtung der Kommission unterblieb. Diese erlangte von der Gewährung der Subvention trotzdem Kenntnis und ordnete wegen Verstoßes gegen Art. 108 III AEUV und Art. 107 I AEUV die Rückforderung am 27.6.1986 an. Mit Bescheid v. 26.9.1989 nahm die zuständige Landesbehörde den Bewilligungsbescheid zurück und verlangte die Rückzahlung der gewährten Beiträge. Zu Recht? — **970**

Es stellt sich schon die Frage eines vorhandenen Vertrauens. Dass die Kommission zu unterrichten ist, ergibt sich klar aus Art. 108 III AEUV; bei einem Verstoß dagegen kann sich daher kein Vertrauen bilden.[360] Ob das Vertrauen in das zögerliche Verhalten der deutschen Behörden bei der Rückforderung Berücksichtigung finden kann, hängt von dem grundsätzlichen Verhältnis von Unions- und nationalem Recht ab. Hat die Kommission eine Entscheidung getroffen, hat sie die (hier Un-)Vereinbarkeit mit den Beihilfevorschriften verbindlich festgestellt. Daran sind die nationalen Behörden gebunden, ohne noch über ein Ermessen zu verfügen.

Daher ist in diesem Fall ein unionsrechtlich bedingtes Rücknahmeinteresse nicht nur als gesteigertes öffentliches Rücknahmeinteresse (unabhängig von den ohnehin nicht abschließenden Fällen der Bösgläubigkeit nach § 48 II 3 VwVfG) gegenüber dem Vertrauensschutz im Rahmen des § 48 II 2 VwVfG

---

359 → Rn. 37.
360 EuGH ECLI:EU:C:1990:320 Rn. 17 – BUG-Aluminium; aA BVerwGE 92, 81 (84).

zu berücksichtigen.[361] Vielmehr setzt sich die unionsrechtliche Rücknahmeentscheidung gänzlich gegenüber der nationalen Vertrauensschutzregelung durch. Ansonsten könnte sie allein durch ein zögerliches Verhalten nationaler Behörden unterlaufen werden. Zudem würde sie im Ergebnis entgegen dem aufgezeigten Effizienzgebot (→ Rn. 968) praktisch nicht realisierbar sein. Das Effizienzgebot würde erst recht verletzt, wenn die Rücknahme dadurch ausgeschlossen wäre, dass die nationale Behörde nicht innerhalb der Frist des § 48 IV VwVfG den Beihilfebescheid zurücknimmt. So war auch im vorliegenden Falle die Jahresfrist ab der Entscheidung der Kommission und deren Mitteilung längst verstrichen. Das Rücknahmeermessen nach § 48 I VwVfG ist aufgrund der Unionsvorgaben auf null reduziert.

971 Im Ergebnis unterliegt somit im zweiten Fall die Rücknahme **strengeren Maßstäben als im Fall von unionsrechtswidrigen Unionsbeihilfen.** Begründet liegt dies darin, dass nationale Beihilfen spezifisch den nationalen Unternehmen Wettbewerbsvorteile einräumen, die durch eine unionsweit einheitliche Kontrolle ausgeräumt werden müssen.[362] Instrumentell bedingt sind die unterschiedlichen Maßstäbe dadurch, welches Organ die Entscheidungsgewalt hat. Ist dies wie nach Art. 108 AEUV ein Unionsorgan, hat die Union auch die Ausfüllung der materiellen Maßstäbe übernommen und den Spielraum der nationalen Behörden insoweit eingeengt. Deren Rolle ist auf die Durchführung der Entscheidung der Kommission beschränkt.[363] Um diese überhaupt gewährleisten zu können, ist das nationale Verfahrensrecht entsprechend zurückgedrängt. Ansatzpunkt ist es gleichwohl, da ein Rücknahmeverfahren der EU nicht existiert. Indem es aber die Rückforderung von Beihilfen zu verhindern vermag, kann es nicht isoliert stehen und von materiellen Unionsrechtssätzen unbeeinflusst bleiben.

972 Das nationale Verfahrensrecht kann aber insoweit stärker zum Zuge kommen, als **nicht Wettbewerbsvorteile** zu neutralisieren oder spezifische Unionsinteressen zu wahren sind. Dann befürwortet der EuGH eine Korrektur nationaler Entscheidungen nur bei offensichtlichen Verstößen gegen Unionsrecht,[364] sofern dieser **Evidenzmaßstab** auch bei inländischen Sachverhalten gilt.

973 **c) Rückerstattung von Beihilfen.** Die Rücknahme kann sich auch auf die Rückerstattung von Beihilfen und damit auf belastende VA beziehen. Auch insoweit besteht nach § 48 I VwVfG Ermessen.

974 **Fall** nach EuGH ECLI:EU:C:2004:17 – Kühne & Heitz: Eine nationale Behörde verlangt die Rückzahlung einer Ausfuhrbeihilfe, weil die Einstufung im Rahmen des Gemeinsamen Zolltarifs verändert wurde. Diese Veränderung erweist sich indes später in einem Urteil des EuGH als unionsrechtswidrig. Daraufhin wendet sich die Rückzahlungspflichtige sofort an die Behörde, nachdem sie bereits vorher erfolglos den Rechtsweg beschritten hatte.

Da der Rückzahlungsforderung eine unionsrechtswidrige Einstufung zugrunde lag, ist sie selbst rechtswidrig. Das nationale Recht lässt gem. § 48 I VwVfG die Möglichkeit der Rücknahme trotz Bestandskraft zu. In einem solchen Fall sieht der EuGH die Behörde zur Rücknahme verpflichtet, wenn im Falle eines vorhergehenden gerichtlichen Verfahrens das Urteil auf einer unrichtigen Auslegung des Uni-

361 So BVerwGE 92, 81 (85 ff.); s. auch BVerfG NJW 2000, 2015; zum Einwand der Unmöglichkeit der Rückforderung einer rechtswidrigen Beihilfe s. EuGH ECLI:EU:C:2000:345 – Kommission/Portugisische Republik.
362 EuGH ECLI:EU:C:1998:372 Rn. 22 ff. – Oelmühle.
363 → Rn. 64 f.
364 EuGH ECLI:EU:C:2006:586 Rn. 52 – i-21-Germany und Arcor.

onsrechts beruht[365] sowie entgegen Art. 267 III AEUV keine Vorlage erfolgte (→ Rn. 73 ff.) und der Betroffene sich unmittelbar nach Kenntnis von der seine Position stützenden EuGH-Entscheidung an die Verwaltungsbehörde gewandt hat. Diese ist also auch in dieser Konstellation an die Entscheidung eines Unionsorgans gebunden, ohne über ein Ermessen zu verfügen, den Rückzahlungsbescheid aufrechtzuerhalten. Sie muss ihn zurücknehmen.

Wegen der grundsätzlichen Vergleichbarkeit mit der Rücknahme von Beihilfezuwendungen besteht diese Ermessensreduktion weitergehend auch ohne die verschiedenen verfahrensmäßigen Voraussetzungen bei sämtlichen Entscheidungen des EuGH oder auch anderer Unionsorgane, an welche die nationalen Behörden im konkreten Fall gebunden sind.[366] Aufgestellte nationale Voraussetzungen und damit die nationale Verfahrensautonomie können aber bei fehlender Wettbewerbsrelevanz (→ Rn. 972) zum Zuge kommen.[367]

D. Tatsächliche Verletzung in subjektiven Rechten

Eine Anfechtungsklage ist nach § 113 I 1 VwGO nur dann begründet, wenn der Kläger **975** **durch den rechtswidrigen VA in seinen Rechten verletzt** ist. Schon im Rahmen der Klagebefugnis wurde die Möglichkeit einer Rechtsverletzung bejaht. In der Begründetheit muss nun festgestellt werden, dass tatsächlich eine Rechtsverletzung vorliegt. Das gilt auch, wenn nicht spezifisch das die Klagebefugnis begründende Recht verletzt wurde, sondern etwa die nähere, aber nicht zuständige Behörde gehandelt hat. Dadurch ist der Eingriff in das subjektive Recht rechtswidrig und dieses dadurch verletzt. Insoweit ist eine Prüfung nur erforderlich, wenn in einem Zweifelsfall, ob ein subjektives Recht besteht (zB bei der Drittanfechtung einer Baugenehmigung), die mögliche Rechtsverletzung großzügig als »jedenfalls nicht von vornherein ausgeschlossen« bejaht wurde. Ob das subjektiv-öffentliche Recht als solches bestehen kann, muss allerdings bereits im Rahmen der Klagebefugnis sicher festgestellt werden.[368]

E. Zu den Rechtsfolgen

Rechtsfolge einer erfolgreichen Anfechtungsklage ist gem. § 113 I 1 VwGO die **Aufhe-** **976** **bung des VA und eines etwaigen Widerspruchsbescheides,** soweit die Klage durchdringt. Es ist also auch eine Teilaufhebung möglich. Sind Vollzugsfolgen vorhanden, können Ansprüche auf Rückgängigmachung bestehen, insbesondere aufgrund eines Folgenbeseitigungsanspruchs.[369] Der prozessualen Umsetzung dieses Anspruchs im Rahmen der Anfechtungsklage dient **§ 113 I 2 VwGO.** Es ist ein eigener Antrag erforderlich, keine eigene Klage.

---

365 Der Einzelne muss sich aber nicht auf Europarecht berufen haben, EuGH ECLI:EU:C:2008:78 Rn. 46 – Kempter.
366 Näher *Frenz* DVBl. 2004, 375 (376).
367 Näher *Frenz* HdB EuropaR IV Rn. 3026 ff.
368 BVerfG NVwZ 2009, 1426 (1427). S. bereits → Rn. 765 aE.
369 → Rn. 1305 ff.

§ 11 Einstweiliger Rechtsschutz nach §§ 80, 80a VwGO[370]

A. Bedeutung und Anwendungsbereich

977 Der einstweilige Rechtsschutz nach § 80 V VwGO ist untrennbar mit der **aufschieben-den Wirkung** verbunden, die Widerspruch und Anfechtungsklage gem. **§ 80 I VwGO** entfalten. Dieser Suspensiveffekt, der bewirkt, dass der VA bei Einlegung eines Rechts-mittels nicht vollzogen werden darf, dient somit dem Rechtsschutz des Bürgers und **verhindert das Entstehen vollendeter Tatsachen.**[371] Er entfällt jedoch in den Fällen des § 80 II VwGO. Das Entfallen der Suspensivwirkung kann mithilfe des einstweili-gen Rechtsschutzes nach § 80 V VwGO verhindert werden.

978 **Beispiel:** Richtet die Bauaufsichtsbehörde an den Bürger eine Abrissverfügung für ein Gebäude (§ 61 I 2 NRWBauO), so kann sie diese aufgrund der aufschiebenden Wirkung des § 80 I VwGO nicht vollziehen, wenn der Bürger Widerspruch oder Anfechtungsklage dagegen erho-ben hat. Will sie dennoch die Verfügung sofort vollziehen, so kann sie unter den Vorausset-zungen des § 80 II 1 Nr. 4 VwGO die sofortige Vollziehung besonders anordnen. Um die dadurch drohende Entstehung vollendeter Tatsachen zu verhindern, kann der Bürger dann wiederum einen Antrag nach § 80 V VwGO zur Wiederherstellung der aufschiebenden Wirkung stellen. Wird dieser vom VG und/oder OVG abgelehnt, kann bei möglicher Grundrechtsverletzung (zB ggf. Art. 8 I GG)[372] das BVerfG nach § 32 I iVm § 93d II BVerfGG entscheiden.[373]

979 Der einstweilige Rechtsschutz nach §§ 80, 80a VwGO umfasst sämtliche Konstellatio-nen, die **in der Hauptsache** zur Erhebung einer **Anfechtungsklage** führen würden. Er erstreckt sich gem. §§ 80 I 2, 80a VwGO auch auf VA mit Doppelwirkung[374] also sol-che, die den einen begünstigen und einen anderen belasten. Typische Beispiele sind die Baugenehmigung und der Subventionsbescheid. Diese beinhalten für den Adressaten regelmäßig eine Begünstigung, die im Einzelfall zulasten eines Dritten wie des Nach-barn oder des Konkurrenten wirken kann. Sämtliche aus den unterschiedlichen Inte-ressenlagen heraus erdenkbaren Konstellationen werden durch den fein differenzie-renden Normtext erfasst. Entsprechend weit zurückgedrängt ist die einstweilige Anordnung nach § 123 VwGO (vgl. § 123 V VwGO).

980 Auch der einstweilige Rechtsschutz ist ein gerichtlicher Rechtsbehelf und unterliegt da-her wie die Anfechtungsklage den allgemeinen Voraussetzungen. Um Erfolg zu haben, muss er zulässig und begründet sein. Die Prüfung von Zulässigkeit und Begründetheit orientiert sich am Hauptsacheverfahren. Der Antrag auf einstweiligen Rechtsschutz ist regelmäßig begründet, wenn auch das Hauptsachebegehren jedenfalls bei summari-scher Prüfung begründet ist.

---

370 *Debus* JURA 2006, 487; *Proppe* JA 2004, 234; *Schoch* JURA 2001, 671 und 2002, 37; Übungsfälle: *Zilkens* JuS 2006, 338; *Sydow* JURA 2002, 196; *Schelp/Daniel* JuS 2000, 472; wichtige Entscheidun-gen: BVerfG NVwZ 1996, 58; 2004, 93; EuGH ECLI:EU:C:1990:290 – Tafelwein; ECLI:EU:C:1991:65 – Zuckerfabrik Süderdithmarschen.

371 Str. ist, ob der VA nur in seinem Vollzug (sog. Vollziehbarkeitstheorie) oder in seiner Wirksamkeit (sog. Wirksamkeitstheorie) gehemmt ist. Zum Streitstand, der praktisch allerdings nur von geringer Relevanz ist, *Schenke* VerwProzR Rn. 949ff.

372 S. BVerfG NJW 2001, 1409. Zu § 32 I BVerfGG → Rn. 63, zu Kundgebungen Rechtsradikaler → Rn. 1650.

373 Allg. zum verwaltungsgerichtlichen Eilrechtsschutz im Baurecht *Debus* JURA 2006, 487.

374 Dazu *Budroweit/Wuttke* JuS 2006, 876.

B. Zulässigkeit des Antrags nach §§ 80 V, 80a VwGO

I. Zur Hauptsache akzessorische Voraussetzungen

1. Verwaltungsrechtsweg

Wie auch bei der Anfechtungsklage muss der **Verwaltungsrechtsweg** eröffnet sein, also entweder kraft aufdrängender Sonderzuweisung oder wegen Vorliegens einer öffentlich-rechtlichen Streitigkeit gem. **§ 40 I VwGO**.[375]

981

2. Statthaftigkeit

Die statthafte Antragsart richtet sich nach dem Antragsbegehren (vgl. §§ 88, 122 VwGO) und der Abgrenzungsnorm des § 123 V VwGO. Der **Antrag nach § 80 V VwGO** ist grundsätzlich **statthaft, wenn in der Hauptsache die Anfechtungsklage statthaft wäre**. Entsprechend seinem Ziel, die aufschiebende Wirkung (wieder) eintreten zu lassen, ist der Antrag unstatthaft, wenn bereits eine aufschiebende Wirkung nach § 80 I VwGO vorliegt.

982

Die Zielsetzung des einstweiligen Rechtsschutzes, vollendete Tatsachen zu verhindern, wird hingegen gleichwohl in den **Fällen des faktischen Vollzugs** gefährdet.[376] Solche Fälle sind gegeben, wenn die Behörde die aufschiebende Wirkung ignoriert und vollziehen will oder wenn ein Bauherr trotz Nachbarwiderspruchs zu bauen beginnt (s. insoweit § 212a I BauGB). Um vollendete Tatsachen zu verhindern, bedarf es in diesen Fällen der gerichtlichen Feststellung, dass die aufschiebende Wirkung bereits eingetreten bzw. wiederhergestellt ist. Da diese Situation mit der Ausgangssituation der §§ 80 V, 80a III VwGO vergleichbar ist, ergibt sich die Möglichkeit eines derartigen Feststellungsantrags a maiore ad minus analog zu §§ 80 V, 80a III VwGO.[377] Kann das Gericht der Hauptsache nach diesen Vorschriften die aufschiebende Wirkung ganz oder teilweise anordnen bzw. wiederherstellen, dann muss es erst recht das Bestehen einer aufschiebenden Wirkung feststellen können. Die Gegenmeinung hebt dagegen auf die Anordnung ab und wendet § 123 VwGO an.[378]

983

Über diesen Feststellungsantrag hinaus eröffnet § 80 V 3 VwGO insbesondere auch für die Fälle der faktischen Vollziehung die Möglichkeit, die Aufhebung und Beseitigung der bereits erfolgten Vollziehung anzuordnen. Im Rahmen des § 80a VwGO ist ein Antrag nach §§ 80a III 2 iVm 80 V 1 VwGO oder §§ 80a III 1, I Nr. 2 VwGO möglich.

984

3. Antragsbefugnis

Die **Antragsbefugnis** beurteilt sich akzessorisch zur Anfechtungsklage nach § 42 II VwGO analog. Bei den Drittbeteiligungsfällen nach § 80a VwGO bedarf es der Möglichkeit der Verletzung einer drittschützenden Norm.[379] Dies wird aber regelmäßig erst im Hauptverfahren zu klären sein.[380]

985

---

375 → Rn. 719 ff.
376 *Kirste* DÖV 2001, 397.
377 *Schenke* VerwProzR Rn. 1015.
378 OVG Bremen Beschl. v. 2.4.1984 – 1 B 27/84 ua, (2. Ls.).
379 → Rn. 767 ff.
380 *Hufen* DVBl. 2012, 958 (959).

4. Sonstiges

986 Zuständiges Gericht ist gem. § 80 V 1 VwGO das Gericht der Hauptsache. Eine Frist ist grundsätzlich nicht einzuhalten,[381] sodass der Antrag bis zum Eintritt der Bestandskraft des VA gestellt werden kann. Der richtige Antragsgegner bestimmt sich nach § 78 VwGO analog.

II. Rechtsschutzbedürfnis

987 Öfter als im Rahmen von Anfechtungsklagen kann das **Rechtsschutzbedürfnis** problematisch sein. Dieses fehlt, wenn der Antragsteller sein Rechtsschutzziel nicht oder auf andere Weise schneller und effektiver erreichen kann.

1. Anträge nach § 80 V VwGO

988 **a) Antrag bei der Behörde.** Als einfacherer Weg erscheint zunächst, einen **Antrag bei der Behörde nach § 80 IV VwGO** zu stellen.[382] Mit dieser Vorschrift ist § 80 V VwGO indes **nicht gekoppelt.** Vielmehr folgt im Umkehrschluss aus § 80 VI 1 VwGO, dass allenfalls in den Fällen des § 80 II 1 Nr. 1 VwGO, also bei Anforderung öffentlicher Abgaben und Kosten, ein Antrag nach § 80 IV VwGO vorausgesetzt wird. Daher schließt das Fehlen eines vorherigen Antrags bei einer Behörde nach § 80 IV VwGO in den sonstigen Fällen des § 80 II 1 VwGO das Rechtsschutzbedürfnis nicht aus.[383]

989 **b) Widerspruch und Klage.** Der effektivere Weg könnte auch sein, **in der Hauptsache Widerspruch einzulegen bzw. Klage zu erheben.** Dem Wortlaut von §§ 80 I, V 1 VwGO nach scheint eine aufschiebende Wirkung und damit auch deren Anordnung bzw. Wiederherstellung einen vorherigen Rechtsbehelf zu erfordern.[384] § 80 V 2 VwGO macht den Antrag auf einstweilige Anordnung indes schon vor Erhebung der Anfechtungsklage zulässig. Abgesehen davon gibt es in den Fällen des § 68 I 2 VwGO überhaupt keinen vorher einzulegenden Rechtsbehelf. Zudem darf die Bedenkfrist für einen Rechtsbehelf (§ 70 I VwGO) nicht leerlaufen.[385] Das Vorgehen in der Hauptsache und die Abwehr vollendeter Tatsachen sind daher **getrennt zu sehen.** Die parallele Einlegung von Rechtsbehelfen kann nur insoweit Mindestvoraussetzung sein, als diese nicht offensichtlich unzulässig und damit auf jeden Fall ohne Suspensiveffekt sein dürfen.[386] Dann gibt es von vornherein nichts anzuordnen oder gar wiederherzustellen.

2. Anträge nach § 80 a VwGO

990 Anträge im vorläufigen Rechtsschutz nach § 80 a VwGO setzen hingegen nach dem Gesetzeswortlaut eindeutig voraus, dass **zuvor ein Rechtsbehelf** eingelegt wurde. Von einer **vorherigen Antragstellung bei Behörden** ist jedoch **nicht** die Rede. Im Gegenteil deutet § 80 a III 1 VwGO darauf hin, dass das Gericht Maßnahmen eigenständig und unabhängig von einer Behörde treffen kann. Die Verweisung des § 80 a III 2 VwGO auf § 80 VI VwGO fügt diese Vorschrift zusätzlich in das System des § 80 VwGO ein. Sie kann

---

381 Fristerfordernisse finden sich lediglich in den wenig prüfungsrelevanten Bereichen des Asylrechts (§§ 18 a IV 1, 36 III 1 AsylVfG) sowie im Rahmen von Planfeststellungsverfahren (§ 17 e II 2, III 1 FStrG).

382 OVG Koblenz NVwZ 1994, 1015; OVG Lüneburg DVBl. 1993, 123 f.

383 OVG Hamburg DÖV 1995, 476 f.; VGH Mannheim NVwZ 1995, 1004.

384 OVG Koblenz NJW 1995, 1043; OVG Münster DVBl. 1996, 115.

385 Kopp/Schenke/*W.-R. Schenke* § 80 Rn. 139.

386 BVerwG DVBl. 1993, 256 (258).

daher nur eine Rechtsgrundverweisung sein und nicht eine bloße Rechtsfolgenverweisung.[387] Ein vorheriger Antrag bei der Behörde ist also nicht generelle Voraussetzung des Rechtsschutzbedürfnisses und damit auch hier gem. § 80a III 2 iVm § 80 VI VwGO höchstens im Bereich öffentlicher Abgaben und Kosten erforderlich.

C. Begründetheit

Der Antrag nach § 80 V VwGO ist letztlich immer dann begründet, **wenn das private** **991** **Suspensivinteresse gegenüber dem öffentlichen Vollzugsinteresse überwiegt.** Das ist der Fall, wenn der VA offensichtlich rechtswidrig ist. Einer zusätzlichen Abwägung bedarf es nicht, wenn man in der Gerichtsentscheidung nach § 80 V VwGO entsprechend ihrer Natur eine Rechts- und keine Ermessensentscheidung sieht (→ Rn. 1001).

Musste die Behörde die sofortige Vollziehung erst nach § 80 II 1 Nr. 4 VwGO anord- **992** nen, muss auch dies formell ordnungsgemäß erfolgt und von einem besonderen Vollzugsinteresse getragen sein. Hier sind daher zu prüfen:

> ## Sofortige Vollziehung
> I. Formelle Rechtmäßigkeit der Anordnung der sofortigen Vollziehung
> II. Materielle (summarische) Prüfung (der Rechtmäßigkeit des VA)
> III. Besonderes Vollzugsinteresse gem. § 80 II 1 Nr. 4 VwGO

In den übrigen Fällen des § 80 II 1 Nr. 1–3 VwGO, in denen es keiner gesonderten **993** Vollzugsanordnung bedarf, beschränkt sich die Begründetheit auf die materielle Prüfung (II.).

I. Formelle Rechtmäßigkeit von Anordnungen nach § 80 II 1 Nr. 4 VwGO

Geht es im Rahmen des einstweiligen Rechtsschutzes um eine behördliche Vollzie- **994** hungsanordnung nach § 80 II 1 Nr. 4 VwGO, ist zunächst deren formelle Rechtmäßigkeit zu prüfen. So muss die **anordnende Behörde zuständig** gewesen sein. Nach § 80 II 1 Nr. 4 VwGO können sowohl die Ausgangs- als auch die Widerspruchsbehörde die sofortige Vollziehung anordnen. Der Wortlaut geht also bei isolierter Betrachtung von einer **Parallelzuständigkeit** aus. Indes soll § 80 II 1 Nr. 4 VwGO nicht die allgemeine Zuständigkeitsordnung nach § 73 VwGO außer Kraft setzen. Davon ausgehend kann nicht die Widerspruchsbehörde zuständig sein, wenn noch gar kein Widerspruch eingelegt wurde.[388] Dann hat sie noch gar nicht über den Widerspruch zu entscheiden (s. § 80 II 1 Nr. 4 VwGO) und damit auch keine Vollziehung des VA anzuordnen. Ist Widerspruch eingelegt, bleibt nach dem Wortlaut von § 80 II 1 Nr. 4 VwGO die Ausgangsbehörde parallel zuständig. Allerdings ist sie an Vollziehungsanordnungen der ihr hierarchisch übergeordneten Widerspruchsbehörde gebunden.

Zudem muss die anordnende Behörde den Erfordernissen des **§ 80 III VwGO** Genüge **995** getan haben. Eine **schriftliche Begründung** ist außer in den Fällen des § 80 III 2 VwGO zwingend erforderlich. Sie muss das besondere Vollzugsinteresse[389] sachlich

---

387 OVG Hamburg DÖV 1995, 476 f.; Kopp/Schenke/*W.-R. Schenke* § 80a Rn. 21; aA OVG Lüneburg DVBl. 1993, 123.

388 *Schenke* VerwProzR Rn. 976; aA *Hufen* VerwProzR § 32 Rn. 15.

389 → Rn. 1005 ff.

widerspiegeln und nicht nur formelhaft sein, etwa indem sie den Gesetzeswortlaut lediglich wiederholt. Ist die Begründung defizitär oder fehlt sie ganz, kann sie auch **nicht analog zu § 45 II VwVfG** nachgeholt werden. Das wird auch anders gesehen.[390] Die Anordnung der sofortigen Vollziehung ist indes nur Annex zum VA und unterliegt eigenen Regeln, die in § 80 III VwGO abschließend niedergelegt sind. Daher ist auch **nicht nach § 28 VwVfG** (analog) gesondert anzuhören.[391] Hierzu fehlt überdies im Hinblick auf den Zweck der Vollziehungsanordnung oft die Zeit.

996 Konsequenterweise kann die Behörde den **Sofortvollzug erneut anordnen,** wenn das Gericht die erste Anordnung allein wegen formeller Mängel aufgehoben hat. Dann hat es auch in der Sache noch nicht entschieden. Daher ist die Entscheidungswirkung beschränkt. Ein Vorgehen nach § 80 VII VwGO ist nicht erforderlich.

II. Materielle Prüfung

997 Ist die Anordnung nach § 80 II 1 Nr. 4 VwGO formell rechtmäßig, hängt die Begründetheit eines Antrags nach §§ 80 V, 80 a VwGO weiter von der materiellen Prüfung ab. Eine solche wird aus Gründen effektiven Rechtsschutzes auch bei formeller Rechtswidrigkeit bejaht. In den Konstellationen nach § 80 II 1 Nr. 1–3 VwGO ist die materielle Prüfung allein maßgeblich. Insoweit bestehen keine normativen Vorgaben. Daher bedarf es zwar grundsätzlich einer **Interessenabwägung zwischen** dem öffentlichen bzw. bei Drittfällen ggf. auch privaten **Vollzugsinteresse und** dem privaten **Suspensivinteresse des Belasteten.**

998 Indes hat der Gesetzgeber in **§ 80 II 1 Nr. 1–3 VwGO** einen **grundsätzlichen Vorrang des Vollziehungsinteresses angeordnet.** Für eine abweichende Entscheidung bedarf es daher besonderer Anhaltspunkte, die über die regelmäßigen nachteiligen Folgen des Sofortvollzuges hinausgehen und damit ausnahmsweise ein Abweichen von dessen normativer Regelanordnung erfordern.[392] Dazu kann auch die Rechtswidrigkeit des zu vollziehenden VA gehören. Zwar bedarf es generell für die sofortige Vollziehbarkeit eines besonderen öffentlichen Interesses, das über das den VA selbst rechtfertigende Interesse hinausgeht.[393] Letzteres bildet aber die Grundlage und fehlt bei einer Rechtswidrigkeit des VA.

999 Da der einstweilige Rechtsschutz in untrennbarem Zusammenhang mit der Hauptsache steht, sind hierfür generell die Erfolgsaussichten in der Hauptsache maßgeblich. § 80 IV 3 VwGO deutet dies für den Fall des § 80 II 1 Nr. 1 VwGO an. **Ist der VA offensichtlich rechtmäßig, überwiegt das Vollzugsinteresse;** in den Fällen des § 80 II 1 Nr. 4 VwGO muss noch das für die sofortige Vollzugsanordnung erforderliche **besondere Vollzugsinteresse** vorliegen (→ Rn. 1005 ff.).

1000 Fall nach OVG Münster NJW 1997, 1596: A warnt regelmäßig vorbeifahrende Autofahrer durch ein Schild mit der Aufschrift »Radar« vor mobilen Geschwindigkeitskontrollen. Daraufhin untersagt ihm die zuständige Polizeibehörde weitere Warnhinweise, die ihrer Ansicht nach die Polizeiarbeit behindern, durch entsprechende Verfügung und ordnet die sofortige Vollziehung an. A begehrt daraufhin

---

390 OVG MV Beschl. v. 24.1.2006 – 3 M 73/05 Rn. 22, NVwZ-RR 2007, 21.
391 *Schenke* VerwProzR Rn. 977; *Schmitt Glaeser/Horn* VerwProzR Rn. 265; aA *Hufen* VerwProzR § 32 Rn. 16.
392 BVerfG NVwZ 2004, 93 (94).
393 BVerfG NVwZ 2004, 93 (94).

beim zuständigen VG einstweiligen Rechtsschutz und stellt den Antrag nach § 80 V VwGO auf Wiederherstellung der aufschiebenden Wirkung: Er behindere die Polizei nicht bei ihrer Arbeit, sondern unterstütze sie, wenn er vorbeifahrende Autofahrer dazu veranlasse, ihr Tempo zu reduzieren. Ist der Antrag begründet?

Der Antrag ist begründet, wenn das Suspensivinteresse des A gegenüber dem öffentlichen Vollzugsinteresse überwiegt. Davon ausgehend, dass die Anordnung der sofortigen Vollziehung entsprechend § 80 III VwGO ordnungsgemäß begründet worden ist, kommt es entscheidend darauf an, ob die Untersagungsverfügung rechtmäßig war, da am Vollzug eines als rechtswidrig erkannten VA kein überwiegendes öffentliches Interesse besteht. Ermächtigungsgrundlage ist die Generalklausel des § 8 I NRWPolG.[394] Eine **Gefahr für die öffentliche Sicherheit**[395] liegt vor.[396] Diese umfasst auch das Funktionieren des Staates und seiner Einrichtungen, mithin auch der Polizei als staatliche Institution. Die ständigen **Warnhinweise** des A stellen eine Gefahr für deren Funktionieren dar: Sie beeinträchtigen den von der Polizei unter anderem bezweckten Abschreckungseffekt.[397] Er wird gerade dadurch erzielt, dass nicht jeder Kontrollpunkt bekannt ist. Die Untersagungsverfügung war daher rechtmäßig, sodass dementsprechend auch das Vollzugsinteresse das Suspensivinteresse des A überwiegt. Der Antrag des A ist somit unbegründet.

Wenn ein VA hingegen **offensichtlich rechtswidrig ist, überwiegt das Suspensivinteresse,** damit nicht im Vorgriff vollendete Tatsachen geschaffen werden, die später nicht mehr korrigierbar sind. Dann hat das Gericht aus Gründen eines effektiven Rechtsschutzes (Art. 19 IV GG) dem Antrag auf (Wieder-)Herstellung der aufschiebenden Wirkung zu entsprechen, ohne dass noch eine zusätzliche Abwägung stattfinden darf. Schließlich fungiert das Gericht auch im Verfahren nach § 80 V VwGO als solches und nicht als Verwaltungsbehörde; es trifft daher eine Rechts- und keine originäre Ermessensentscheidung.[398] Das Wort »kann« bezieht sich daher nur auf die Ausgestaltung der Entscheidung, nicht auf ihr Ergehen als solches.   1001

Die Begründetheit beim einstweiligen Rechtsschutz **richtet sich** also letztlich **nach der Begründetheitsprüfung für die Klage,** wenngleich sie aufgrund des vorläufigen Charakters des einstweiligen Rechtsschutzes nur summarisch zu erfolgen hat.   1002

Die Beschränkung auf eine **summarische Prüfung** bedeutet freilich im Ergebnis keine Erleichterung für rechtliche Erwägungen, sondern lediglich im Hinblick auf den das einstweilige Verfahren bestimmenden Faktor Zeit eine Beschränkung der regelmäßig zeitintensiven Beweiserhebung. Soweit im 1. Staatsexamen der Sachverhalt jeweils feststeht, hat die Einschränkung auf eine summarische Prüfung noch keine Bedeutung. Weil sich danach auch regelmäßig ergibt, ob der VA rechtmäßig oder rechtswidrig ist, bedarf es keiner zusätzlichen Abwägung, die für den **Fall des »non liquet«** bejaht wird.[399] Erkennt man indes den Charakter der Gerichtsentscheidung nach § 80 V VwGO als Rechts- und nicht als originäre Ermessensentscheidung an, so ist eine solche Abwägung ohnehin zweifelhaft. Ausdrücklich vorgesehen ist sie auch nur alternativ in § 80 IV 3 Alt. 2 VwGO.   1003

---

394 § 8 I MEPolG; Art. 11 BayPAG; §§ 1, 3 BWPolG.
395 Näher zum Begriff der öffentlichen Sicherheit → Rn. 864 f.
396 AA *Hartmann* JuS 2008, 984 (985 ff.).
397 AA Steiner/*Schenke* VerwR BT II Rn. 37.
398 Näher Schoch/Schneider/Bier/*Schoch* Vorb. § 80 Rn. 64 ff.; aA vor allem die Rspr., zB VGH Mannheim NVwZ-RR 1995, 658 (659).
399 *Hufen* VerwProzR § 32 Rn. 39.

1004 | **Fall** nach OVG Hamburg NJW 2012, 1975: Der Fußballverein P erhält ein polizeiliches Verbot, Karten an die eingeladenen Gastverein H abzugeben. Die Polizei hatte in der Vergangenheit die Erfahrung gemacht, dass das Aufeinandertreffen der Anhänger von beiden Fußballmannschaften zu gewalttätigen Auseinandersetzungen mit teilweise schwerer Körperverletzung führte. Hat ein Eilantrag von P gegen dieses Verbot vor dem VG Erfolg?

Nach § 3 I HbgSOG dürfen die Verwaltungsbehörden nach pflichtgemäßem Ermessen die erforderlichen Maßnahmen zum Schutz der Allgemeinheit oder des Einzelnen treffen, um **Gefahren der öffentlichen Sicherheit und Ordnung** abzuwehren. Selbst die beiden Fußballmannschaften werten die bevorstehende Paarung als **Hochrisikospiel**; alle Beteiligten schätzen die bevorstehenden Gefahren für die öffentliche Sicherheit und Ordnung als sehr wahrscheinlich ein. Dennoch möchte P als **Nichtstörer** nach § 10 I HbgSOG eingeordnet werden und daher nicht dem polizeilichen Verbot unterfallen. Es ist jedoch unklar, ob diese Rechtsgrundlage ausreicht, um P als Nichtstörer zur Gefahrenabwehr in Anspruch zu nehmen. Das muss in einem Hauptsacheverfahren entschieden werden. Daher bedarf es hier zusätzlicher Abwägung.

Für das Vollzugsinteresse kommt hinzu, dass zeitgleich mit dem angesetzten Spiel in der Nähe der Hamburger Frühlingsdom stattfindet, zu dem viele Familien mit Kindern erwartet werden. Dieser Umstand führt zu einem **Vorrang des öffentlichen Interesses** an der Gefahrenabwehr. Die polizeilichen Möglichkeiten bzw. Maßnahmen werden jedoch nicht ausreichend sein. Durch ein generelles **Kartenabgabeverbot** ist es der Polizei möglich, schon frühzeitig gewaltbereite Anhänger abzufangen. Der Eilantrag von P ist daher abzuweisen.

III. Besonderes Vollzugsinteresse bei Anordnungen nach § 80 II 1 Nr. 4 VwGO

1005 Indem § 80 II 1 Nr. 4 VwGO eine besondere Anordnung für die sofortige Vollziehung eines VA voraussetzt, wird deutlich, dass hier die Rechtmäßigkeit eines VA noch nicht genügt, sondern ein besonderes Vollzugsinteresse erforderlich ist. Es bedarf mithin einer **besonderen Dringlichkeit**,[400] die grundsätzlich in der Begründung nach § 80 III 1 VwGO dargelegt sein muss.[401] Diese ist für den Fall der behördlichen Anordnung der sofortigen Vollziehung besonders zu prüfen. Sie liegt zB vor, wenn ansonsten ein für die Daseinsvorsorge wichtiges Vorhaben trotz eines dringenden allgemeinen Bedürfnisses nicht zeitgerecht realisiert werden kann.

1006 Das besondere **Vollzugsinteresse nach § 80 II 1 Nr. 4 VwGO** kann sich auch **aus Unionsrecht** ergeben, nämlich aufgrund des Unionsinteresses an einer effektiven und einheitlichen Rechtsanwendung. Es besteht, wenn Unionsrecht innerhalb festgelegter Fristen durchgeführt werden muss und diese Zeitlinie bei der Einlegung von Rechtsbehelfen gefährdet würde. Das betrifft eine Umsetzung.[402] Dann kann nur die Anordnung der sofortigen Vollziehung die vorgabengerechte Durchführung des Unionsrechts sicherstellen.[403]

1007 Unionsrechtlich ist ein solches Vorgehen durch Art. 4 III EUV geboten. Die unmittelbare Geltung von Verordnungen folgt spezifisch aus Art. 288 II AEUV.

1008 Da aber die Durchführung von Unionsrecht nicht immer so eilbedürftig ist, kann der Suspensiveffekt grundsätzlich bestehen bleiben; er wird nicht durch den Geltungsanspruch des Unionsrechts partiell außer Kraft gesetzt. Indes umfasst das **öffentliche In-**

---

400 BVerfG NVwZ 1996, 58 (59); OVG Greifswald NVwZ 1995, 608 (609).
401 → Rn. 995.
402 OVG Lüneburg DVBl. 2012, 1032.
403 EuGH ECLI:EU:C:1990:290 Rn. 25 – Tafelwein.

teresse nach § 80 II 1 Nr. 4 VwGO auch das **Unionsinteresse an einer effektiven und einheitlichen Rechtsanwendung.**[404] Damit ist eine einzelfallbezogene Handhabung möglich. Steht hingegen die Rechtmäßigkeit des Unionsrechts nicht fest, stellt sich umgekehrt die Frage, ob dann überhaupt eine sofortige Vollziehbarkeit angeordnet werden kann.

IV. Einschränkung der gerichtlichen Entscheidungsbefugnis durch Vorlagepflicht?

Ordnet ein Gericht gem. § 80 V VwGO (in den Fällen des § 80 II 1 Nr. 4 VwGO) die aufschiebende Wirkung an bzw. stellt es sie wieder her, weil es Zweifel hat, ob die den VA tragende Norm verfassungs- oder unionsrechtskonform ist, setzt es Rechtsfolgen, die ggf. übergeordnetem Recht widersprechen. Die **Frage der Verfassungs- oder Unionsrechtmäßigkeit** kann abschließend gem. Art. 100 I GG bzw. Art. 267 AEUV nur das BVerfG bzw. der EuGH[405] entscheiden. Deshalb könnte vorläufiger Rechtsschutz erst gewährt werden dürfen, wenn das BVerfG aufgrund einer Vorlage nach Art. 100 GG oder der EuGH nach Art. 267 AEUV entschieden hätte. **1009**

Bis zu diesem Zeitpunkt können aber Nachteile bereits dauerhaft eingetreten sein; die Rechtswahrung wäre also infrage gestellt. Der einstweilige Rechtsschutz, der eine solche Rechtsvereitelung gerade verhindern will, kann daher **auch ohne Abwarten einer höchstrichterlichen Vorlageentscheidung** gewährt werden. **1010**

Dafür spricht zudem, dass eine Entscheidung nach § 80 V VwGO nur **vorläufige Anordnungen** beinhaltet, die die Situation offen halten, nicht aber abschließende Folgerungen der Rechtswidrigkeit einer Norm. Solche erfolgen erst in der Hauptsache. **1011**

Um aber die umstrittene Verfassungs- bzw. Unionsrechtskonformität der Norm rechtsverbindlich klären zu lassen, hat bereits das vorläufigen Rechtsschutz gewährende Gericht diese Frage gleichzeitig dem BVerfG bzw. EuGH vorzulegen.[406] Dann bleibt auch deren Entscheidungsmonopol gewahrt. **1012**

V. Bei für rechtswidrig erachtetem Unionsrecht

Neben der Frage der Gerichtszuständigkeit stellt sich das Problem, dass das Unionsrecht unmittelbare Geltung unabhängig von nationalen Hindernissen beansprucht. **1013**

> **Abgewandeltes Beispiel** nach EuGH ECLI:EU:C:1990:290 – Tafelwein: Nach einer EU-VO müssen Winzer bestimmte Mengen an Tafelwein destillieren. Die zuständige (nationale) Behörde erlässt daraufhin einen an einen Winzer adressierten VA, den sie nach § 80 II 1 Nr. 4 VwGO für sofort vollziehbar erklärt. Der Winzer hält die VO für rechtswidrig und begehrt nach § 80 V VwGO, die aufschiebende Wirkung wiederherzustellen. **1014**

> **Beispiel** nach EuGH ECLI:EU:C:1991:65 – Zuckerfabrik Süderdithmarschen: Eine EU-VO erlegt Zuckerfabrikanten eine besondere Tilgungsabgabe auf. Der dadurch in seiner Existenz bedrohte D hält die VO für unionsrechtswidrig, unter anderem wegen Verstoßes gegen das Eigentumsrecht. Er verlangt daher, für den gem. § 80 II 1 Nr. 1 VwGO sofort vollziehbaren ZahlungsVA die aufschiebende Wirkung nach § 80 V 1 Alt. 1 VwGO anzuordnen. **1015**

---

404 *Stern* JuS 1998, 769 (775).
405 EuGH ECLI:EU:C:1987:452 Rn. 20 – Foto Frost; → Rn. 72 ff.
406 Explizit EuGH ECLI:EU:C:1991:65 Rn. 23 f. – Zuckerfabrik Süderdithmarschen.

1016 Eine Aussetzung der Vollziehung vereitelt die unmittelbare Wirkung des Unionsrechts. Die Mitgliedstaaten sind gem. Art. 4 III EUV gehalten, alles zu unterlassen, was die Anwendung des Unionsrechts unmöglich macht. **Nur bei Aussetzung der Vollziehung eines auf Unionsrecht beruhenden nationalen VA** besteht somit eine **Vorlagepflicht,** nicht notwendig bei einem ggf. gegen Unionsrecht verstoßenden:[407] Dann bleibt Unionsrecht angewendet. Hier geht es aber auch um die Wahrung von unionsrechtlich abgesicherten Rechtspositionen wie der des Eigentumsrechts. Diese durch die – wenn auch nur vorläufige – Anwendung eines Rechtssatzes zu vereiteln, kann auch nicht Zweck des Unionsrechts sein. Schließlich sieht **Art. 278 S. 2 AEUV** vor, dass die Durchführung einer angefochtenen Handlung ausgesetzt werden kann. Dies erfolgt dann zwar durch den EuGH. Dieser ist aber bei Klagen vor nationalen Gerichten nicht mit der Sache befasst und regelmäßig auch nicht rechtzeitig erreichbar, um eine Rechtsvereitelung durch Zeitablauf zu verhindern.

1017 Müssen nationale Behörden die infrage stehenden Unionsrechtsnormen vollziehen, können zumeist nur mitgliedstaatliche Gerichte die Situation so offen halten, dass durch diesen Vollzug kein dauerhafter Schaden entsteht. Das Eingreifen der nationalen Gerichte ist dann die Konsequenz und Fortsetzung des mitgliedstaatlichen Vollzugs. Regelfall ist aber der Vollzug; eine Verordnung darf also nicht vorschnell unangewendet bleiben. Dass Gerichte die Vollziehung sekundären Unionsrechts durch nationale Behörden **aussetzen, verlangt** daher

- **erhebliche Zweifel** an der Gültigkeit der entsprechenden Norm,
- einen **schweren, irreparablen Nachteil** für den Antragsteller und
- eine angemessene **Berücksichtigung des Interesses,** das die Union an einer einheitlichen Rechtsanwendung hat (→ Rn. 43).

1018 Die Zuckerabgabe aus Bsp. 2 bringt zwar dem Zuckerhersteller irreversible Schäden, bevor der EuGH über die Gültigkeit der EU-VO entscheiden kann. Die Zweifel an der Gültigkeit sind aber nicht erheblich, wenn man die bisherige Rspr. des EuGH zum EU-Eigentumsrecht zugrunde legt. Danach[408] darf in dieses aus Gemeinwohlzwecken der Union so stark eingegriffen werden, dass das Ergebnis noch tragbar ist.[409]

1019 Dies ist ein anschauliches Beispiel für den **schwachen Schutz der unionsrechtlichen Eigentumsfreiheit,** da hier die Zuckerabgabe aus Rücklagen bezahlt werden muss. Daher hatte das dem EuGH vorlegende FG Düsseldorf zu Recht Zweifel auch an der Vereinbarkeit mit dem Unionsrecht. Eine Fortentwicklung mag sich aus der mittlerweile verschärften Grundrechtsprüfung ergeben.[410] Indes ändert auch diese nichts an dem starken Gewicht von Gemeinwohlzwecken im Rahmen der EU-Agrarpolitik, die bislang Individualbelange angesichts der Einbindung in diese Politik regelmäßig zurücktreten ließen.

1020 Ob eine unionsrechtliche Norm gültig ist, kann auch durch **Gerichte aus anderen Mitgliedstaaten** infrage gestellt worden sein. Daraus können die für die Gewährung vorläufigen Rechtsschutzes gegen die Vollziehung von Unionsrecht **erheblichen Zweifel** erwachsen. Mit den Zweifeln und den dazu führenden Erwägungen anderer Gerichte müssen sich deutsche Gerichte daher **auseinandersetzen.** Anderenfalls verletzen sie Art. 19 IV GG. Die Judikate aus anderen EU-Staaten sind weiter **bei der Abwägung zwischen dem Aussetzungsinteresse der Betroffenen und dem gemeinschaftlichen Vollzugsinteresse** zu berücksichtigen.[411]

---

407 BVerfG NJW 2007, 1521 (1522) – Sportwetten.
408 EuGH ECLI:EU:C:1989:303 – Schräder/Hauptzollamt Gronau.
409 → Rn. 43.
410 S. EuGH ECLI:EU:C:2010:662 Rn. 81 ff. – Schecke und Eifert, aber auch → Rn. 43 f.
411 BVerfG NVwZ 2004, 1346.

> **Einstweiliger Rechtsschutz nach §§ 80 V, 80 a VwGO**   **1021**
>
> **A. Zulässigkeit**
>   I. Verwaltungsrechtsweg, § 40 I VwGO, wenn in Hauptsache eröffnet, vgl. § 80 V 1 VwGO
>   II. Statthaftigkeit: wenn Anfechtungsklage in Hauptsache zulässig (e § 80 V VwGO)/Fälle faktischen Vollzugs (dafür nach aA § 123 V VwGO)
>   III. Antragsbefugnis: § 42 II VwGO analog
>   IV. Rechtsschutzbedürfnis:
>   Scheitert weder an fehlendem Rechtsbehelf in Hauptsache (hM: erforderlich aber im Zeitpunkt der gerichtlichen Entscheidung) noch an fehlendem Antrag bei Behörde (außer § 80 VI VwGO)
> **B. Begründetheit**
>   I. Formelle Rechtmäßigkeit der Anordnung, § 80 III VwGO (nur für § 80 II Nr. 4 iVm § 80 a VwGO)
>   II. Abwägung zwischen – bei § 80 II Nr. 1–3 VwGO grds. vorrangigem
>   - Vollzugs- und Suspensivinteresse: summarische Prüfung der Erfolgsaussichten in Hauptsache; bei Rechtmäßigkeit VA überwiegt Vollzugsinteresse, bei Rechtswidrigkeit Suspensivinteresse.
>   - bei für rechtswidrig erachtetem Unionsrecht nur bei erheblichen Zweifeln und schweren, irreparablen Nachteilen; für Vollzugsinteresse streitet einheitliche Rechtsanwendung
>   III. Besonderes Vollzugsinteresse: auch aus Unionsrecht (nur für § 80 II Nr. 4 – ggf. iVm § 80 a VwGO)

3. Kapitel. Abwehr sonstiger Maßnahmen

Sonstige Maßnahmen sind entsprechend der Systematik des verfassungs- und verwal- **1022** tungsprozessualen Rechtsschutzsystems Verhaltensweisen, die weder in einem VA noch in einer Rechtsnorm bestehen. **Dazu gehören Realakte, öffentlich-rechtliche Willenserklärungen und Regelungen, die nicht auf Außenwirkung gerichtet sind,** zB innerdienstliche Rechtsakte.

§ 12 Die Leistungsunterlassungsklage[1]

A. Allgemeines

Begehrt der Kläger die Abwehr einer hoheitlichen Maßnahme, die nicht einen VA bil- **1023** det, so spricht man von einer Unterlassungsklage (auch Leistungsabwehrklage). Auch wenn sie nicht auf die positive Vornahme einer Leistung gerichtet ist, so stellt die Unterlassungsklage dennoch einen **Unterfall der allgemeinen Leistungsklage[2]** dar, in-

---

1 *Ehlers* JURA 2006, 351; Beispielsfall: *Hellermann/Sievers* JuS 2002, 998; wichtige Entscheidungen: BVerfGE 105, 252 – Glykolweine; BVerwGE 40, 323 – Krabbenkamp; 97, 203 – Nato-Tieffüge; BVerwG NJW 1995, 2938 – Wirtschaft und Touristik GmbH; OVG Münster DVBl. 2004, 133; BGHZ 150, 343 – Münchener Oktoberfest.
2 → Rn. 1289.

dem sie als **negative Leistungsklage** auf das Unterlassen einer Leistung gerichtet ist.[3] Die Unterlassungsklage und der mit ihr geltend gemachte Unterlassungsanspruch stehen oft auch in engem Zusammenhang mit der (positiven) Leistungsklage auf Folgenbeseitigung. Letztere beinhaltet ein aktives Tun und geht damit über ein auf bloße Abwehr beschränktes Unterlassen hinaus. Die Abgrenzung zwischen (positiver) Leistungsvornahme auf der einen und Unterlassung auf der anderen Seite kann mitunter schwierig sein. Oft wird beides gleichzeitig begehrt.

1024 **Beispiel:** Möchte ein Unternehmer, dass eines seiner Produkte von einer warnenden staatlichen Transparenzliste genommen wird, genügt ihm ein künftiges Unterlassen; Grundlage dafür ist die **Herausnahme aus der Liste.** Verlangt er darüber hinaus aber »**Wiedergutmachung**« von aufgrund der durch die Aufnahme in die Liste erlittenen Geschäftseinbußen, so ist dies schon Folgenbeseitigung; er möchte eine positive Leistung. Letzteres gilt auch für Widerrufsansprüche nach Beleidigungen durch Hoheitsträger.

1025 Ähnliche Abgrenzungsprobleme können beim Vorgehen gegen von Hoheitsträgern verursachte **Immissionen** entstehen: Soll etwa der gesundheitsschädliche, weil zu laute Lärm einer Feuerwehrsirene abgestellt werden, so handelt es sich um ein Abwehr- bzw. Unterlassungsbegehren. Kann auf die Signalwirkung der Feuersirene aber aus Gründen der öffentlichen Sicherheit nicht verzichtet und daher nur zB ein schalldichtes Fenster gegen den verbleibenden öffentlich-rechtlichen Lärm verlangt werden, wird keine Unterlassung begehrt, sondern eine positive Leistungsvornahme.

1026 Die Unterlassungsklage kann sich **gegen sämtliches schlicht-hoheitliches Handeln** richten. Klassische Fälle sind das Vorgehen gegen Warnungen sowie Immissionen öffentlicher Einrichtungen (zB Lärm von Feuerwehrsirenen oder Kirchenglocken).

1027 Ist die Unterlassungsklage nicht gegen eine bereits vorgenommene bzw. begonnene staatliche Maßnahme gerichtet, sondern auf die Abwehr eines unmittelbar bevorstehenden hoheitlichen Handelns, handelt es sich um eine »**vorbeugende Unterlassungsklage**«. Diese bringt einige Besonderheiten mit sich, zum einen weil sie sogar gegen drohende VA möglich ist, zum anderen weil der vorbeugende Rechtsschutz gegenüber dem repressiven und einstweiligen Rechtsschutz nur subsidiär zur Anwendung kommt und es deshalb eines qualifizierten Rechtsschutzbedürfnisses bedarf.[4]

B. Zulässigkeit der allgemeinen Unterlassungsklage

1028 Da die Unterlassungsklage nichts anderes ist als ein Sonderfall der allgemeinen Leistungsklage, verläuft die Zulässigkeitsprüfung grundsätzlich entsprechend.[5]

I. Verwaltungsrechtsweg

1. Erwerbswirtschaftliche Betätigung

1029 Auch bei Unterlassungsklagen kann problematisch sein, ob eine öffentlich-rechtliche Streitigkeit vorliegt und damit der Verwaltungsrechtsweg gem. § 40 I VwGO eröffnet ist. Wendet sich etwa der Kläger gegen die ihn beeinträchtigende **erwerbswirtschaftliche Betätigung einer Gemeinde,**[6] so sind Abwehransprüche zum einen unter dem Gesichtspunkt des **unlauteren Wettbewerbs** nach § 1 UWG iVm zB § 107 I NRWGO denkbar. Aufgrund des **zivilrechtlichen** Charakters des § 1 UWG liegt dann aber keine

---

3 *Hufen* VerwProzR § 16 Rn. 1.
4 → Rn. 1045 ff., 1049.
5 → Rn. 1290 ff.
6 Dazu *Franzius* JURA 2009, 677.

öffentlich-rechtliche Streitigkeit vor, sodass vor den ordentlichen Gerichten geklagt werden muss.

Eine **öffentlich-rechtliche Streitigkeit** bildet dagegen, wenn ein Konkurrent gegen die **1030** erwerbswirtschaftliche Betätigung der Verwaltung einen **Abwehranspruch aus § 107 NRWGO bzw. aus Art. 12 bzw. 14 GG** geltend macht.[7] Insoweit handelt es sich um öffentlich-rechtliche Vorschriften; § 107 NRWGO berechtigt und verpflichtet als kommunalwirtschaftliche Norm allein Träger öffentlicher Gewalt.[8] Im Rahmen dieser öffentlich-rechtlichen Streitigkeit kann gem. **§ 17 II 1 GVG** ein Anspruch aus § 1 UWG iVm zB § 107 I NRWGO geltend gemacht werden.[9]

Ein solcher Anspruch besteht freilich nach dem BGH[10] nicht. § 1 UWG soll nicht Türöffner für norma- **1031** tive Marktzutrittsschranken aus Gründen sein, die den Schutz des lauteren Wettbewerbs nicht berühren. Er soll sich daher nur auf die Art und Weise beziehen, in der sich Gemeinden am Wettbewerb beteiligen, nicht hingegen auf die kommunalrechtliche Zulässigkeit. Indes führt bereits deren Überschreiten zu einem Eingriff in den Wettbewerb, dessen Regeln sich die Kommune durch ihre freiwillige erwerbswirt- schaftliche Betätigung unterwirft. Sie muss sich daher auch insoweit an **§ 1 UWG** iVm **§ 107 I NRWGO** messen lassen. Ein Verstoß gegen die guten Sitten kann schon darin liegen, dass sie eine wettbewerbliche Tätigkeit aufnimmt, obwohl ihrem Marktzutritt ein gesetzliches Verbot entgegensteht, das den Schutz von Mitbewerbern bezweckt. Für § 107 I NRWGO ist dies zu bejahen (→ Rn. 958, str.).[11]

2. Immissionen, vor allem von kirchlichen Einrichtungen

Ein Abwehranspruch gegen **Immissionen von Hoheitsträgern** ist dann öffentlich- **1032** rechtlich, wenn die Immissionen selbst als öffentlich-rechtlich zu qualifizieren sind, so zB der Lärm einer Feuerwehrsirene oder der von NATO-Tiefffliegern ausgehende Lärm.[12]

Eine Sondersituation besteht bei **Immissionen kirchlicher Einrichtungen,** vor allem **1033** dem **Glockenläuten.** Auch die Kirchen unterliegen der staatlichen Gerichtsbarkeit, es sei denn, es handelt sich um rein innerkirchliche Angelegenheiten ohne grundrechtli- chen Bezug, Art. 140 GG iVm Art. 137 II WRV. Weil Kirchen gem. Art. 140 GG iVm Art. 137 V WRV Körperschaften des öffentlichen Rechts sind, können Klagen gegen kirchliches Glockengeläut grundsätzlich öffentlich-rechtliche Streitigkeiten darstellen.

Allerdings haben **Kirchen** nicht nur die Rolle als Hoheitsträger, sondern können etwa **1034** in Gestalt von Stiftungen oder Vereinen auch als originär Private handeln. Daher liegt **nur** dann eine **öffentlich-rechtliche Streitigkeit** vor, **wenn** eine **Beleihung** (etwa in Angelegenheiten der Friedhofsnutzung oder Schulträgerschaft) oder ein **öffentlich- rechtlicher Zweck- und Funktionszusammenhang** hinzukommt.[13]

Stellt man auf den Kontext des kirchlichen Glockengeläuts ab, unterfallen Kirchenglocken als »res **1035** sacrae« und damit öffentliche Sachen zwar widmungsbedingt dem öffentlichen Recht. Dem Glocken- schlagen kommen aber auch andere als rein kirchliche Zwecke zu. Daher ist zwischen allgemeiner

---

7 S. BVerwG NJW 1995, 2938 – Wirtschaft und Touristik GmbH: nur bei Verdrängungs- bzw. Aus- zehrungswettbewerb; → Rn. 1054 f., 1060.
8 OVG Münster DVBl. 2004, 133 (133); → 721.
9 VGH Mannheim NJW 1995, 274.
10 BGHZ 150, 343 – Münchener Oktoberfest im Hinblick auf Elektroarbeiten; BGH NJW 2003, 586 – Altautoverwertung. S. auch die Vorinstanz OLG Düsseldorf DÖV 2000, 157: kommunale Altauto- verwertung als nichtwirtschaftliche Betätigung kraft gesetzlicher Fiktion des § 107 II NRWGO.
11 OLG Hamm NJW 1998, 3504 – Gelsengrün; *Frenz* DÖV 2000, 802 (808 f.).
12 BVerwGE 97, 203 (205) – Nato-Tiefflüge.
13 Das im Regelfall annehmend VGH München DVBl. 2004, 839 (840).

Zweckbestimmung bzw. Widmung der Kirchenglocken und deren konkretem Gebrauch zu unterscheiden. Dieser kann innerhalb oder außerhalb der öffentlichen (hier: sakralen) Zweckbestimmung liegen.

1036 Danach ist wie folgt zu differenzieren:[14] **Läuten zum Kirchgang** und während des Gottesdienstes unterliegt dem **Verwaltungsrechtsweg**,[15] **der reine Zeitschlag** hingegen dem **Zivilrechtsweg**,[16] sofern direkt gegen die Kirche vorgegangen wird.

1037 Etwas anderes gilt etwa für die Klage gegen den von einer Moschee ausgehenden und durch Lautsprecheranlagen verstärkten **Ruf des Muezzins.** Da die muslimischen Glaubensgemeinschaften anders als die christlichen Kirchen keine Körperschaften des öffentlichen Rechts bilden, ist eine Klage eines Bürgers gegen diese immer zivilrechtlich und damit **nicht vor den Verwaltungsgerichten** zu erheben. Vor den Verwaltungsgerichten kann hier allenfalls gegen die zuständige Behörde auf Erlass einer Anordnung nach §§ 24, 22 I 1 Nr. 1, 3 I, II BImSchG iVm der TA Lärm geklagt werden. Dann handelt es sich freilich nicht um eine Unterlassungsklage, sondern um eine Verpflichtungsklage, weil der Erlass eines VA begehrt wird.[17]

II. Statthaftigkeit

1038 Die Leistungsunterlassungsklage ist dann statthaft, wenn der Kläger die **Aufhebung oder Unterlassung eines Verwaltungshandelns** begehrt, **das nicht** in einem **VA** besteht, also insbesondere in den Fällen, in denen er sich gegen Warnungen, Immissionen, die wirtschaftliche Betätigung einer Gemeinde oder sonstiges tatsächliches Handeln der Behörde wehrt. Hierzu zählen auch die Maßnahmen im staatlichen Innenbereich, denen mangels Außenwirkung kein VA-Charakter zukommt, wie die Umsetzung eines Beamten.[18]

III. Klagebefugnis

1039 Wie die allgemeine Leistungsklage ist auch die Unterlassungsklage analog § 42 II VwGO nur zulässig, wenn die behördliche Maßnahme den Kläger möglicherweise in seinen Rechten verletzt.[19] Insofern muss dem **Kläger** der geltend gemachte **Unterlassungsanspruch möglicherweise zustehen.**

1040 Ein solcher Anspruch **gegen die erwerbswirtschaftliche Betätigung einer Gemeinde** aus § 107 I NRWGO wurde früher deshalb überwiegend abgelehnt, weil er allein den **Selbstschutz der Gemeinde** vor den Gefahren zu weitgehender unternehmerischer Betätigung und nicht den Schutz Privater vor staatlicher Konkurrenz bezwecke.[20]

1041 Zwar hebt § 107 I 1 Nr. 1 NRWGO auf das Erfordernis eines (mittlerweile dringenden) öffentlichen Zwecks der Betätigung ab. Diese **Begrenzung kommunaler Erwerbswirtschaft wirkt aber zugleich zugunsten der privaten Wirtschaft,** der die anderen Felder allein offen stehen. Deren Interessen sollten neben denen der Kommunen gezielt geschützt werden. Diese Fassung der Vorschrift sollte einem Interessenaus-

---

14 BVerwG NJW 1994, 956; s. auch *Lorenz* JuS 1995, 492 (496 f.) mit abweichendem Ansatz. Eine Gegenüberstellung von Kirchengeläut und Ruf des Muezzin *Troidl* DVBl. 2012, 925.
15 BVerwGE 68, 62 (63 ff.).
16 BVerwG NJW 1994, 956.
17 *Sarcevic* DVBl. 2000, 519 (524 ff.).
18 Zum prüfungsrelevanten Beamtenrecht *Kirsch* JURA 2010, 487.
19 BVerwGE 100, 262 (271).
20 S. BVerwG NJW 1995, 2938 (2939) – Wirtschaft und Touristik GmbH; für BW VGH Mannheim NJW 1995, 274 (274); aA zB *Erichsen*, Kommunalrecht NW, 2. Aufl. 1997, 292.

gleich unter Einschluss der Belange der Wirtschaft dienen. Das wird in § 107 V NRWGO insofern angedeutet, als vor einer kommunalen Unternehmensgründung bzw. -beteiligung Auswirkungen auf das Handwerk und die mittelständische Wirtschaft zur Kenntnis zu nehmen sind. § 107 I NRWGO ist daher auch dem Schutz der Individualinteressen Drittbetroffener zu dienen bestimmt (→ Rn. 767). Zu Recht bejahte daher das OVG Münster[21] den drittschützenden Charakter.

Zudem enthält § 107 I 1 Nr. 3 NRWGO eine **Subsidiaritätsklausel** mit explizitem Bezug auf private Unternehmen. Jedenfalls folgt die Klagebefugnis aus den möglicherweise verletzten »Wettbewerbsgrundrechten« der Art. 12 GG und Art. 14 GG, sofern diese weit genug gefasst werden (→ Rn. 777).   1042

Bei **Klagen gegen Immissionen** kann sich die Klagebefugnis aus **Art. 2 II GG** ergeben, sofern es an einer spezielleren, den Gesundheitsschutz des Einzelnen bezweckenden Norm fehlt.   1043

IV. Rechtsschutzbedürfnis

Anders als bei der vorbeugenden Unterlassungsklage[22] ist das Rechtsschutzbedürfnis bei der allgemeinen Unterlassungsklage kein besonderes Problem. Es ist lediglich zu fordern, dass der klagende Bürger **vor Erhebung der Klage** bereits **bei** der zuständigen **Behörde erfolglos** die **Unterlassung** oder Beendigung der ihn beeinträchtigenden Maßnahme **beantragt** hat.   1044

C. Die vorbeugende Unterlassungsklage

I. »Vorbeugende« Unterlassungsklage gegen Realakte

Sofern das Unterlassungsbegehren des Klägers sich auf ein erst noch bevorstehendes Verwaltungshandeln bezieht, spricht man von einer vorbeugenden Unterlassungsklage. Für die Zulässigkeit einer solchen Klage wird ein **qualifiziertes Rechtsschutzbedürfnis** verlangt, weil das repressiv ausgerichtete Rechtsschutzsystem der VwGO eigentlich nicht die Möglichkeit einer vorbeugenden Klage kennt. Dementsprechend ist nach der Rspr. des BVerwG »für einen vorbeugenden Rechtsschutz dort kein Raum, wo und solange der Betroffene zumutbarerweise auf den von der VwGO als grundsätzlich angemessen und ausreichend angesehenen nachträglichen Rechtsschutz verwiesen werden kann«.[23]   1045

Der nachträgliche Rechtsschutz ist im Hinblick auf **Realakte** aber nicht so klar und ausschließlich repressiv ausgerichtet wie bei VA.[24] Zudem zerfließen bei tatsächlichem Handeln nachträgliche und vorbeugende Abwehr: Es handelt sich um **fortlaufende Entwicklungen,** und häufig knüpft das Begehren der Unterlassung künftiger Einwirkungen an bereits eingetretene an. Hat die Verwaltung bereits vorher solche oder ähnliche Handlungen vorgenommen (zB lärmintensive Tiefflüge der Bundeswehr), **genügt** daher das Vorliegen einer **Wiederholungsgefahr.**[25]   1046

---

21 OVG Münster DVBl. 2004, 133 (134); NVwZ 2008, 1031 (1032) auch für § 107 IV NRWGO.
22 → Rn. 1045 ff.
23 BVerwGE 40, 323 (326) – Krabbenkamp.
24 Kopp/Schenke/*W.-R. Schenke/Ruthig* Vorb § 40 Rn. 35.
25 BVerwGE 64, 298 (299 f.).

1047 Droht der rechtswidrige Realakt dagegen **erstmalig,** so bedarf es anderer besonderer Gründe, warum für den Kläger ein **Abwarten unzumutbar** ist. Solche können in einer Schädigung eines vorhandenen guten Rufes bestehen, der gerade im Wirtschaftsleben von besonderer Bedeutung ist. Daher muss zB das baldige Erscheinen einer Liste mit Qualitätskennzeichen nicht abgewartet werden.[26]

II. Vorbeugende Unterlassungsklage gegen drohende Verwaltungsakte

1048 Eine vorbeugende Unterlassungsklage kann auch dann erforderlich sein, wenn der **drohende Erlass eines VA** verhindert werden soll. Da ein VA weder vorhanden ist noch begehrt wird, ist die allgemeine Leistungsklage die statthafte Klageart.[27] Gegen die allgemeine Zulässigkeit dieser Form der vorbeugenden Unterlassungsklage werden in noch weiterem Maße als gegen die vorbeugende Klage gegen Realakte Einwände erhoben. Der in der VwGO vorgesehene nachträgliche Rechtsschutz sei vorrangig und die Gewaltenteilung nach Art. 20 II 2 GG weise den Vollzug und damit die Entscheidung über den Erlass von VA Behörden und nicht Gerichten zu; darüber hinaus gewähre der Suspensiveffekt nach §§ 80 V, 80a VwGO ausreichenden Rechtsschutz.[28]

1049 Indes gibt es Ausnahmefälle, in denen der erforderliche effektive Rechtsschutz (Art. 19 IV GG) auch im Hinblick auf den zukünftigen Erlass von VA nur vorbeugend gewährleistet werden kann.[29] Dann bedarf es allerdings eines **qualifizierten Rechtsschutzbedürfnisses.** Dieses ist dann zu bejahen, wenn dem Betroffenen das **Abwarten des nachteiligen VA nicht zumutbar** ist.

1050 **Beispiel:** Ein Bewerber für einen Beamtenposten will die bevorstehende, gegen Art. 33 II GG verstoßende **Beamtenernennung** eines seiner Konkurrenten verhindern. Hier ist nachträglicher Rechtsschutz in Form der Anfechtungsklage gegen die Ernennung aus Gründen der Ämterstabilität und des Vertrauensschutzes nur sehr begrenzt möglich.[30] Der unterlegene **Bewerber** muss daher **gegen** die der Ernennung vorgelagerte **Auswahlentscheidung** vorgehen, über die er rechtzeitig zu informieren ist.[31] Unterbleibt dies aber, ist dem Bewerber ein Abwarten nicht zumutbar, sodass er **vorbeugend gegen** den **ErnennungsVA** klagen können muss, damit nicht vollendete Tatsachen geschaffen werden. Daher kommt eine umgehende **Ernennung ohne Wartefrist nur ausnahmsweise** im Falle dringender dienstlicher Bedürfnisse in Betracht.[32] Zur Durchsetzung seines Rechts aus Art. 33 II GG muss der unterlegene Bewerber sogar das BVerfG anrufen können. Wird diese Wartefrist nicht eingehalten, ist die Ämterstabilität im Konkurrentenstreit daher aufgrund von Art. 19 IV GG aufgehoben. »Dies gilt auch, wenn der Ämterstabilität als Ausdruck des Lebenszeitprinzips nach Art. 33 V GG nicht nur als Schutz gegen die Entziehung des Amtes durch den Dienstherrn, sondern auch in Konkurrentenstreitigkeiten Verfassungsrang zukäme.«[33]

---

26 BVerwGE 71, 183 (188f.) – Arzneimittel-Transparenzlisten.
27 *Hufen* VerwProzR § 16 Rn. 9ff.; aA *Schmitt Glaeser/Horn* VerwProzR Rn. 313: »negative Verpflichtungsklage«.
28 Näher *Schmitt Glaeser/Horn* VerwProzR Rn. 313.
29 So die hM: BVerwG NVwZ 1986, 1012; *Hufen* VerwProzR § 16 Rn. 9ff.; *Schenke* VerwProzR Rn. 356ff.
30 → Rn. 1125f.
31 BVerfG NJW 1990, 501; zu § 123 VwGO → Rn. 1143.
32 BVerfG NVwZ 2009, 1430.
33 BVerwGE 138, 102 (113).

Auch § 123 VwGO droht bei fehlender Information mangels noch erhebbarer Klage leer zu laufen, außer die Hauptsache ist trotz Ernennung weiter verfolgbar.[34] Denkbar ist daher eine generelle Kombination des § 123 VwGO mit vorbeugendem Rechtsschutz (vorläufiger vorbeugender Rechtsschutz), um frühzeitige Ernennungen von vornherein zu verhindern.

D. Begründetheit der Leistungsunterlassungsklage: Der Unterlassungsanspruch

Die allgemeine Leistungsklage in Form der Leistungsunterlassungsklage ist begründet, **1051** wenn dem Kläger der geltend gemachte Anspruch auf Unterlassung bzw. Aufhebung staatlicher Maßnahmen zusteht. Der Unterlassungsanspruch setzt einen **hoheitlichen Eingriff in ein subjektives Recht** des Anspruchstellers voraus. Dieser Eingriff muss entweder **noch andauern oder unmittelbar bevorstehen** sowie **rechtswidrig** sein. Insofern entspricht der Unterlassungsanspruch in seinen Voraussetzungen dem Folgenbeseitigungsanspruch (FBA).[35] Dieser steht allerdings zusätzlich unter dem Vorbehalt der möglichen und zumutbaren Wiederherstellung des ursprünglichen Zustandes.

I. Rechtsgrundlage

Rechtsgrundlage des Unterlassungsanspruchs ist nicht etwa § 1004 BGB analog, **1052** sondern er ergibt sich **unmittelbar aus öffentlich-rechtlichen Vorschriften.**

So bildet er die Kehrseite der Begrenzung kommunaler erwerbswirtschaftlicher Betätigung nach § 107 I **1053** NRWGO und greift bei deren Überschreitung ein.[36]

Fehlt ein spezieller Anspruch, folgt er unmittelbar aus der **Abwehrfunktion der** **1054** **Grundrechte.** Durch faktisches staatliches Handeln wird in den grundrechtlich geschützten Rechtskreis des Bürgers eingegriffen, so in die Berufsfreiheit durch Warnungen und Empfehlungen, welche die künftige berufliche Entfaltung beschränken. Daher verleiht insbesondere Art. 12 I GG, der auch die berufsbezogene Wettbewerbsfreiheit schützt, **Unterlassungsansprüche gegen staatliche Eingriffe, die diesen freien Wettbewerb verfälschen.** Auf dieser Basis kann ein Unternehmer vom Staat das Unterlassen bestimmter Behauptungen[37] oder des Eingreifens zugunsten eines Konkurrenten[38] oder erwerbswirtschaftlicher Betätigung[39] verlangen. Das Bestehen eines solchen Anspruchs gegen einen Hoheitsträger als Störer ist trotz unterschiedlicher dogmatischer Herleitungen unbestritten.[40]

Ein Unterlassungsanspruch gegen Hoheitsträger kann sich auch aus **Art. 2 II GG** ergeben, so gegen den **1055** **Lärm einer Sirene.** Hier tritt dann die Abwehrseite dieses Grundrechts hervor.[41] Selbst **Art. 4 GG** kann Rechtsgrundlage eines Unterlassungsanspruchs sein, so im Hinblick auf eine **Warnung vor Jugendsek-**

---

34 BVerwGE 118, 370 (374) für den Fall einer Stellenbesetzung entgegen einer einstweiligen Anordnung. Gleichzustellen ist nunmehr die Ernennung vor Ablauf der Wartefrist.

35 → Rn. 1302ff.

36 OVG Münster DVBl. 2004, 133; → Rn. 1058f.

37 S. BVerwGE 82, 76 (95) – Jugendsekten; Übungsfall: *Kremer* JURA 2008, 299ff. zu genmanipulierten Lebensmitteln.

38 Instruktiv *Rozek* JuS 1998, 544 (548f.).

39 Wenn man den drittschützenden Charakter von § 107 I NRWGO verneint → Rn. 1041.

40 Vgl. etwa. BVerwG Urt. v. 29.4.1988 – 7 C 33/87 Rn. 12, NJW 1988, 2396.

41 Zur Schutzpflichtseite → Rn. 1092ff. und → Rn. 1252ff. zu einem Anspruch auf polizeiliches Handeln, das auch Grundrechte schützt.

ten.[42] In Betracht kommen auch die europäischen **Grundfreiheiten,**[43] etwa **Art. 34 AEUV** im Hinblick auf schikanöse **Kontrollen von Waren aus anderen EU-Mitgliedstaaten.**

II. Anspruchsvoraussetzungen: insbesondere bei erwerbswirtschaftlicher Betätigung und Immissionen

1. Hoheitlicher Eingriff in subjektives Recht

1056   Entsprechend der Rechtsgrundlage des Unterlassungsanspruchs ist das beeinträchtigte **subjektive Recht** die jeweils einschlägige drittschützende öffentlich-rechtliche Norm (→ Rn. 1039), sei sie einfachgesetzlich wie § 107 I NRWGO, sei es das betroffene Grundrecht des Anspruchstellers.

1057   Ein **hoheitlicher Eingriff** liegt vor, wenn die staatliche Maßnahme dieses subjektive Recht aktuell beeinträchtigt oder eine Beeinträchtigung unmittelbar bevorsteht.

1058   Die kommunale erwerbswirtschaftliche Betätigung kann die sie begrenzende spezifische kommunalwirtschaftliche Norm (zB § 107 NRWGO) beeinträchtigen, wenn man ihr drittschützende Wirkung zuerkennt.[44] Ein Eingriff liegt bereits dann vor, wenn die **private Wirtschaftstätigkeit durch ein Handeln der Kommune beeinträchtigt** wird.

1059   Die Gemeinde muss dabei nicht selbst erwerbswirtschaftlich (s. § 107 I 3 mit den Einschränkungen nach § 107 II NRWGO) tätig sein. Es genügt, wenn eine **Gesellschaft im Alleinbesitz der Kommune** agiert, zumal wenn die Gemeinde Einfluss nimmt oder fördert – etwa durch die Übernahme von Ausfallbürgschaften. Selbst die bloße Duldung dieses Handelns einer privatrechtlichen Gesellschaft reicht aus, da die kommunalen Organe gesellschaftsrechtlich Einfluss nehmen könnten und § 114a NRWGO die mittelbare kommunale erwerbswirtschaftliche Betätigung eigens vorsieht. Daher muss sich die **Gemeinde das Handeln einer Eigengesellschaft oder öffentlich-rechtlichen Anstalt zurechnen** lassen.[45]

1060   Subsidiär oder unmittelbar ist ein Eingriff in den grundrechtlichen Schutzbereich zu prüfen. Ob bereits eine staatliche Verschiebung von Wettbewerbsbedingungen einen Grundrechtseingriff in Art. 12 GG darstellt, hängt davon ab, inwieweit man faktische bzw. mittelbare negative Auswirkungen als Grundrechtseingriffe anerkennt (→ Rn. 351 ff., 553 ff.). Ein grundrechtlicher **»Konkurrenzabwehranspruch«** wird von der Rspr. nur unter engen Voraussetzungen bejaht. Die staatliche Konkurrenz muss entweder die private wirtschaftliche Betätigung unmöglich machen oder unzumutbar einschränken, namentlich durch eine (faktische) Monopolstellung. Ansonsten werde nur der ohnehin bestehende marktwirtschaftliche Druck verschärft.[46]

1061   Dadurch werden die Möglichkeiten, die **erwerbswirtschaftliche Betätigung der öffentlichen Hand** abzuwehren, erheblich begrenzt. Immerhin aber werden die Rahmenbedingungen des Wettbewerbs durch staatliches Handeln verschoben und damit die aus Art. 12 I GG geschützte unternehmerische Entfaltung Privater beschränkt

---

42 S. BVerwGE 82, 76 (95) – Jugendsekten → Rn. 346.
43 → Rn. 84 ff.
44 → Rn. 1041; zu Ansprüchen iVm § 1 UWG → Rn. 1029 ff.
45 OVG Münster DVBl. 2004, 133 (134).
46 BVerwGE 39, 329 (336 f.); BVerwG NJW 1995, 2938 – Wirtschaft und Touristik GmbH; VGH Kassel DÖV 1996, 476.

(→ Rn. 532, 554). Jedenfalls dieses Grundrecht muss daher wirksam schützen und einen Abwehranspruch gegen eine erwerbswirtschaftliche Betätigung der öffentlichen Hand bereits dann verleihen, wenn sie die privaten Aktionsmöglichkeiten beeinträchtigt.

Treten existenzgefährdende Wirkungen ein oder bejaht man bei einer Schädigung bestehender Marktpositionen einen Eingriff in das Recht am eingerichteten und ausgeübten Gewerbebetrieb (→ Rn. 510f.), folgt ein Abwehranspruch auch aus Art. 14 I GG.   **1062**

2. Rechtswidrigkeit

Der Eingriff muss **rechtswidrig** sein. Das ist er nicht, wenn er sich in den Grenzen der   **1063** einen Unterlassungsanspruch begründenden öffentlich-rechtlichen Norm hält. § 107 I NRWGO lässt eine **erwerbswirtschaftliche Betätigung** zu, wenn sie ein dringender **öffentlicher Zweck** erfordert, sie also für einen im Aufgabenbereich der Gemeinde liegenden Gemeinwohlbelang (nicht aus Gründen der Gewinnerwirtschaftung, wohl aber wirtschaftlicher Verwaltung und damit auch Auslastung[47]) vernünftigerweise geboten ist – so etwa der Betrieb eines Parkhauses zur Bereitstellung von Parkraum. Der Begriff des dringenden öffentlichen Zwecks ist dabei voll justiziabel. Die Frage, ob die Betätigung dafür erforderlich ist, geht hingegen mit einer Prognose einher. Daher ist die Einschätzung der Gemeinde nur auf grobe Fehleinschätzungen überprüfbar.[48] Ist ein derartiger Betrieb als solcher zulässig, sollen davon sämtliche **mit diesem Unternehmensgegenstand in Zusammenhang stehende Tätigkeiten** umfasst sein.

Fall nach OVG Münster DVBl. 2004, 133 – Fitness-Studio: Gemeinde G vermietet eine Gewerbeim-   **1064** mobilie auf einem Parkhaus an ein Fitness-Studio zur besseren Auslastung des Parkhauses in nachfrageschwachen Spätnachmittags- und Abendzeiten.

Die Vermietung von Gewerbeimmobilien reicht über den Unternehmensgegenstand, ein Parkhaus zu bewirtschaften, hinaus. Indes dient sie der besseren Auslastung dieses Parkhauses und ist daher als Nebengeschäft auf dieses bezogen. Deshalb soll sie nicht mehr eigens an § 107 I NRWGO zu messen sein; es genügt, wenn der Parkhausbetrieb rechtmäßig ist. Dann scheidet ein Unterlassungsanspruch auch insoweit aus, jedenfalls wenn man auch den grundrechtlichen Abwehranspruch restriktiv fasst (→ Rn. 1060).
Zwar stellt § 107 I 3 NRWGO eingangs auf den Betrieb von Unternehmen als erwerbswirtschaftliche Betätigung ab und benennt im letzten Halbsatz »die Leistung«. Zudem entspricht diese Unterscheidung zwischen »Ob« und »Wie« erwerbswirtschaftlicher Betätigung der Unterscheidung des BGH; dieser lässt aber für die zweite Ebene einen Anspruch aus § 1 UWG eingreifen, den dann die Verwaltungsgerichte nach § 17 II 1 GVG zu prüfen haben.[49] Indes dient § 107 I NRWGO auch dem Ausgleich divergierender Interessen.[50] Daher kann nicht unbeachtlich bleiben, wann die Belange privater Konkurrenten beeinträchtigt sind. Deshalb ist diese Norm wirkungsbezogen zu interpretieren. Die Auswirkungen auf die Handlungsmöglichkeiten Privater sind jedoch davon unabhängig, ob eine Leistung Haupt- oder Nebengegenstand eines kommunalen Unternehmens bildet. Die Vermietung einer Gewerbeimmobilie muss daher selbst den Anforderungen des § 107 I NRWGO genügen.

Die **Anforderungen des § 107 I NRWGO** gelten mittlerweile gem. § 107 IV NRWGO   **1065** **auch für nichtwirtschaftliche Tätigkeiten** nach § 107 II NRWGO **außerhalb des Gemeindegebietes** und damit etwa im Bereich der Abfallentsorgung. Eine externe Tätigkeit liegt vor, wenn sie außerhalb des eigenen Gemeindegebietes erfolgt. Dabei ist,

---

47 OVG Münster NVwZ 2008, 1031 (1036).
48 OVG Münster NVwZ 2008, 1031 (1035).
49 *Schliesky* DVBl. 2004, 138 (139).
50 → Rn. 1041; darauf abstellend auch OVG Münster DVBl. 2004, 133 (136f.).

falls möglich, eine getrennte Beurteilung notwendig – so für die Einsammlung von Abfall außerhalb und die Entsorgung innerhalb des Gemeindegebietes. Entscheidend ist der Ort der Tätigkeit, nicht deren Auswirkungen etwa auf eine andere Gemeinde.[51]

1066 Der Eingriff ist nicht rechtswidrig, wenn der Betroffene **zur Duldung verpflichtet** ist. Eine Duldungspflicht kann insbesondere bei der Abwehr von Immissionen eine Rolle spielen. Sie besteht analog § 906 BGB jedenfalls für solche Immissionen, die nur zu unwesentlichen Beeinträchtigungen führen oder sonst als ortsüblich oder sozialadäquat vom Betroffenen hingenommen werden müssen. Es bedarf im Einzelfall einer Abwägung, wie stark die Beeinträchtigung ist, inwieweit mit ihr wichtige Belange der Öffentlichkeit verfolgt werden und welche Schutzwürdigkeit für ein bestimmtes Baugebiet besteht. Anhaltspunkte dafür, ob eine wesentliche oder eine zu duldende unwesentliche Beeinträchtigung vorliegt, lassen sich der TA Luft bzw. der TA Lärm oder auch der Freizeitlärm-Richtlinie entnehmen. Solche technischen Regelwerke dürfen aber nicht schematisch übernommen werden, sondern sind nur als Orientierungshilfe, als »grober Anhalt« im Rahmen der gebotenen Einzelfallprüfung heranzuziehen.[52]

3. Fortdauern oder unmittelbares Bevorstehen

1067 Der rechtswidrige Eingriff in ein subjektives Recht muss andauern oder unmittelbar bevorstehen. Beim Anspruch auf Untersagung einer bestimmten Äußerung genügt die Wiederholungsgefahr. Diese ergibt sich, wenn der Bürgermeister an einer seine Neutralitätspflicht verletzenden Äußerung festhält.[53]

III. Die Unterlassung von Warnungen und Empfehlungen

1068 Besondere Bedeutung kommt dem Unterlassungsanspruch gegen staatliche Warnungen und Empfehlungen sowie wertende Informationen zu.[54]

1069 Fall nach BVerfGE 105, 252 – Glykolweine: Staatliche Behörden haben den Verdacht, dass sich in Weinen die unerlaubte Substanz Glykol, die üblicherweise als Frostschutzmittel verwendet wird, befindet. Daher geben sie eine Liste an die Öffentlichkeit mit solchen Firmen, bei denen sie von einer Beimischung mit Glykol ausgehen. Der Umsatz dieser Firmen geht drastisch zurück. Sie verlangen die Herausnahme jeweils ihrer Firma aus der Liste sowie Ersatz für den aufgrund dessen erlittenen Geschäftsausfall.

Warnungen, Empfehlungen sowie wertende Informationen schmälern die Marktchancen der Betroffenen und greifen daher in deren **Berufsausübungsfreiheit** ein. Das gilt – entgegen dem BVerfG – auch dann, wenn staatliche Äußerungen lediglich durch Information das Wettbewerbsgeschehen beeinflussen (→ Rn. 555). Beschädigen sie eine bestehende Marktposition, wird auch das Recht am **eingerichteten und ausgeübten Gewerbebetrieb** betroffen (→ Rn. 510 f.). Die Eigentumsfreiheit wird jedenfalls dann tangiert, wenn existenzgefährdende Wirkungen auftreten.
Art. 12 I und ggf. 14 I GG werden angetastet, indem sich der Staat an die Öffentlichkeit und damit insbesondere an die Verbraucher richtet. Deren Reaktion führt dann zu negativen Auswirkungen auf die Unternehmen. Daher liegt eine – nach vielfacher Auffassung notwendig schwer wiegende[55] – mit-

---

51 OVG Münster NVwZ 2008, 1031 (1034).
52 BVerwG NJW 2003, 3360 (3361) im Hinblick auf eine Live-Musik-Veranstaltung.
53 VGH Beschl. v. 18.9.2013 – 8 B 1964/13 (Ls. 2).
54 BVerwGE 71, 183 – Arzneimittel-Transparenzlisten; BVerfGE 105, 279 – Bhagwan → Rn. 346.
55 → Rn. 352, 555.

telbare Grundrechtsbeeinträchtigung[56] und damit der für den Unterlassungsanspruch erforderliche hoheitliche Eingriff vor.

Dieser könnte aber **aufgrund der bestehenden Verdachtslage gerechtfertigt** sein, sodass es am für die Bejahung eines FBA erforderlichen rechtswidrigen Zustand fehlen könnte. Grundrechtseingriffe bedürfen zu ihrer Rechtfertigung freilich einer **Ermächtigungsgrundlage.** Das Verbraucherinformationsgesetz **(VIG)** betrifft in erster Linie den Zugangsanspruch des Bürgers zu vorhandenen Informationen bei der Verwaltung; das gilt ebenso für die Informationsfreiheitsgesetze **(IFG)** der Länder (s. zB § 4 I NRWIFG). § 5 I 2 VIG ermöglicht immerhin den informationspflichtigen Stellen, zu denen auch Bundesbehörden gehören (§ 3 I 2 VIG), Informationen über das Internet oder in sonstiger öffentlich erreichbarer Weise zugänglich zu machen. Dazu kann die öffentliche Bekanntgabe nur bei sehr weiter Interpretation gehören. Die Zugänglichmachung impliziert, dass die Information nur zum Abruf bereitgestellt, aber nicht aktiv bekanntgegeben wird. Nur der sonst erforderliche Antrag des Bürgers nach § 3 I VIG ist entbehrlich. Zudem ist nach § 5 I 2 Hs. 2 iVm § 4 I VIG betroffenen Dritten schriftlich Gelegenheit zur Stellungnahme innerhalb eines Monats zu geben. Aktuelle Warnungen und Empfehlungen bzw. die Herausgabe einer Verdachtsliste lassen sich auf dieser Grundlage nicht geben.

Aus der verfassungsrechtlichen Stellung der **Bundesregierung** ergibt sich freilich die **Aufgabe zur Aufklärung der Öffentlichkeit** insbesondere im Hinblick auf mögliche Grundrechts- und damit etwa Gesundheitsgefährdungen. Diese ausreichen zu lassen[57], enthält indes einen unzulässigen Schluss von der generellen Aufgabe eines Hoheitsträgers auf dessen Befugnis, konkrete Maßnahmen zu ergreifen.[58]

Auf eine einfachgesetzliche Grundlage kann nicht wegen einer **grundrechtlichen Schutzpflicht** für die Gesundheit der Verbraucher nach Art. 2 II GG verzichtet werden. Die grundrechtlichen Schutzpflichten bedürfen der Konkretisierung durch Gesetz und vermögen daher nicht unmittelbar als Eingriffstitel zu fungieren. Selbst wenn man wegen der drohenden irreparablen Folgen eine einfachgesetzliche Ermächtigung für verzichtbar hält,[59] so bedarf es doch konkreter Anhaltspunkte. Die Behörden hätten aus dieser Sicht im Glykolfall zumindest vorher **Probeuntersuchungen** vornehmen müssen, um eine solche Warnung zu äußern. Folglich war ihr Grundrechtseingriff rechtswidrig. Sind die Firmen erst einmal in einer warnenden Liste aufgeführt, führt dies zu einem negativen Image. Um dieses zu beseitigen, müssen etwaige **Warnungen widerrufen** und Hinweise auf Gefährdungen richtig gestellt werden.[60]

Ein solcher Anspruch geht allerdings über die reine Unterlassung hinaus und reicht bereits in die **Folgenbeseitigung.** So wie aber auch im Rahmen der Anfechtungsklage nach § 113 I 2 VwGO darüber entschieden werden kann, wie die Vollzugsfolgen rückgängig zu machen sind, ist auch im Rahmen der nur gegen Realhandlungen statt VA gerichteten Unterlassungsklage auf Antrag über Folgenbeseitigungsansprüche zu befinden. Dazu können Ansprüche auf Widerruf und Richtigstellung gehören.[61] Nachträgliche Dementis allein machen indes bereits eingetretene negative Folgen nicht ungeschehen. Da die Geschäftseinbußen allerdings nicht unmittelbare Folge der Behördenhandlung sind, sondern darüber hinausgehen, können sie nicht mithilfe des FBA eingefordert werden. Sie sind nur durch Geld ausgleichbar und somit über Schadensersatz- bzw. Entschädigungsansprüche geltend zu machen.[62]

---

56 Auch BVerfGE 105, 279 (300f.) – Bhagwan für abqualifizierende und daher in Art. 4 I GG eingreifende Äußerungen.

57 BVerfGE 105, 279 (301ff.) – Bhagwan; 105, 252 (273ff.) – Glykolweine unter Verneinung bereits der Eingriffsqualität; trotz deren Bejahung BVerwGE 87, 37 (46f.) – Glykolweine.

58 *Heintzen* VerwArch 81 (1990), 532 (551f.); *Gusy* NJW 2000, 977 (985).

59 So BVerwGE 87, 37 (46f.) – Glykolweine.

60 S. den Ansatz in BVerwGE 82, 76 (96) – Jugendsekten.

61 BVerwGE 82, 76 (94) – Jugendsekten → Rn. 1311ff.

62 Im Falle Birkel OLG Stuttgart NJW 1990, 2690. Allg. → Rn. 1357ff.

1070

> **Abwehr von sonstigen Maßnahmen bei Unterlassungsanspruch durch allgemeine Leistungsklage**
>
> **A. Zulässigkeit**
> I. Verwaltungsrechtsweg, § 40 I VwGO: bei öffentlich-rechtlichem Charakter des Abwehranspruchs (zB § 107 I NRWGO) bzw. des Realaktes (Immissionen, Äußerungen, Warnungen etc)
> II. Statthaftigkeit: kein VA (es sei denn, vorbeugende Kl. gegen drohenden VA)
> III. Klagebefugnis, § 42 II VwGO analog: Unterlassungsanspruch steht Kläger potenziell zu
> IV. Weder Vorverfahren noch Frist (nur Verwirkung), außer Beamter klagt, § 54 II BeamtStG
> V. Rechtsschutzbedürfnis: bei vorbeugender Unterlassungsklage nur, wenn Abwarten unzumutbar (ist Ausnahme, insbes. bei drohendem VA)
> VI. Beteiligten- und Prozessfähigkeit
> VII. Klagegegner: Rechtsträger der Behörde, gegen die Unterlassungsanspruch erhoben wurde
>
> **B. Begründetheit**
> I. Rechtsgrundlage
> Unterlassungsanspruch, va aus
> - § 107 I NRWGO (str.)
> - Grundrechten: Probleme: sachliche Informationen als Eingriff? Notwendigkeit Ermächtigungsgrundlage?
> II. Hoheitlicher Eingriff in subjektive Rechte
> III. Rechtswidrigkeit
> IV. Andauern oder unmittelbares Bevorstehen

§ 13 Einstweiliger Rechtsschutz nach § 123 VwGO[63]

A. Einordnung

1071 § 123 I 1 VwGO ermöglicht dem Bürger vorläufigen Rechtsschutz auch gegen sonstiges behördliches Handeln, also dort, wo es nicht zum Erlass eines VA kam. Danach kann das Gericht auf Antrag auch schon vor Klageerhebung **einstweilige Anordnungen in Bezug auf den Streitgegenstand zur Wahrung der bestehenden Rechtsstellung des Antragstellers** treffen (sog. **Sicherungsanordnung**). Weitergehend ist das Verfahren nach § 123 VwGO aber nicht auf diese abwehrrechtliche Seite begrenzt. Vielmehr stellt es das allgemeine verwaltungsgerichtliche Verfahren des vorläufigen Rechtsschutzes dar, durch das der Antragsteller nicht nur eine Bewahrung des »status quo«, sondern durch die **vorläufige Veränderung eines Zustands** auch eine Rechtskreiserweiterung erreichen kann (sog. **Regelungsanordnung, § 123 I 2 VwGO**).

---

63 *Schoch* JURA 2002, 318; Übungsfälle: *Rademacher* JuS 2002, 58; *Lietzmann* JuS 2001, 571; zum Einwirken des Europarechts auf den einstweiligen Rechtsschutz → Rn. 1287ff., 1013f. sowie Übungsfall *Siemen* JuS 2005, 251; wichtige Entscheidungen: BVerwG NVwZ 1982, 193; BVerwGE 109, 258.

Auch wenn die Grenzen zwischen den beiden Anordnungsformen des § 123 VwGO **1072** fließend sind und die Rspr. deshalb vielfach auf eine Differenzierung verzichtet,[64] lässt sie sich für eine nach Anspruchszielen geordnete Darstellung nutzbar machen. Die Sicherungsanordnung ist regelmäßig auf die Abwehr von Maßnahmen gerichtet, die Regelungsanordnung dagegen auf deren Erlass. Nur wenn es um die **Abwehr belastender VA** geht, in der Hauptsache also eine Anfechtungsklage erhoben werden müsste, gilt gem. § 123 V VwGO der **Vorrang der speziell darauf zugeschnittenen §§ 80, 80 a VwGO.**

B. Zulässigkeit

I. Eröffnung des Verwaltungsrechtsweges

Wie für die Hauptsache muss auch für den einstweiligen Rechtsschutz der Verwal- **1073** tungsrechtsweg eröffnet sein, wie sich aus der Zuständigkeit des Gerichts der Hauptsache gem. § 123 II 1 VwGO ergibt. Ist die **Hauptsache** der Maßstab, ist wiederum § 40 I VwGO heranzuziehen.

II. Statthafte Verfahrensart

Wird einstweiliger Rechtsschutz begehrt, so ist das Verfahren nach § 123 VwGO gem. **1074** seinem V nur dann unstatthaft, wenn die spezielleren Verfahrensarten der §§ 80 V, 80 a VwGO einschlägig sind. Die Abgrenzung erfolgt jeweils nach dem in der Hauptsache statthaften Verfahren. Müsste in der Hauptsache eine Anfechtungsklage erhoben werden, so richtet sich der einstweilige Rechtsschutz nach §§ 80 f. VwGO. Bei einer Normenkontrolle ist § 47 VI VwGO einschlägig. **Für alle restlichen Klagearten** gilt, dass das Verfahren nach **§ 123 VwGO** statthaft ist. Entscheidend ist das Antragsbegehren (§§ 88, 122 VwGO).

III. Antragsbefugnis

Aufgrund der Anbindung des einstweiligen Rechtsschutzes an die Hauptsache bedarf **1075** es auch im Falle des § 123 VwGO zur Verhinderung von Popularklagen der Antragsbefugnis nach **§ 42 II VwGO analog.** Angepasst an die Situation des einstweiligen Rechtsschutzes muss der Antragsteller die **Möglichkeit** sowohl eines **Anordnungsanspruchs als auch** eines **Anordnungsgrundes** geltend machen. Indem § 123 I VwGO von einer besonderen Eilbedürftigkeit ausgeht, ist der Antrag unzulässig, wenn es daran offensichtlich fehlt.[65]

IV. Allgemeines Rechtsschutzbedürfnis

Das Rechtsschutzbedürfnis fehlt generell, wenn der Antragsteller sein Ziel mit dem **1076** Antrag nicht oder auf einfacherem und schnellerem Wege erreichen kann. Daher bedarf es regelmäßig, bevor ein Antrag bei Gericht nach § 123 VwGO gestellt wird, eines entsprechenden Antrages bei der zuständigen Behörde.[66]

---

64 BVerwG NVwZ 1982, 193 (194); VGH München BayVBl. 1995, 631; krit. dazu aber Schoch/Schneider/*Schoch* § 123 Rn. 50.

65 *Schmitt Glaeser/Horn* VerwProzR Rn. 318; *Hufen* VerwProzR § 33 Rn. 9.

66 VGH Mannheim DVBl. 1989, 1197; *Hufen* VerwProzR § 33 Rn. 10.

C. Begründetheit

1077 Der Antrag auf Erlass einer einstweiligen Anordnung ist begründet, wenn der Antragsteller Anordnungsanspruch und Anordnungsgrund glaubhaft machen (§ 123 III VwGO iVm §§ 920 II, 294 ZPO) und die begehrte Anordnungsentscheidung von ihrem Inhalt her ergehen kann.

I. Anordnungsanspruch

1078 Der Anordnungsanspruch ist der geltend gemachte **materielle Anspruch auf Erlass der begehrten Anordnung** (Bsp. Unterlassungsanspruch gegen staatliche Warnungen). Insofern verläuft die Prüfung entsprechend der Begründetheitsprüfung in der Hauptsache. Bei der Sicherungsanordnung ist Ausgangspunkt das Recht des Antragstellers, das vereitelt zu werden droht, mithin der geltend gemachte materielle Anspruch. Ob er besteht, ist wie bei der Begründetheit des Hauptsacheverfahrens zu prüfen. Geht es um eine Regelungsanordnung, ist vom streitigen Rechtsverhältnis ausgehend zu fragen, ob und inwieweit der Antragsteller einen Anspruch auf Regelung aus eigenen Rechten herleiten kann.

1079 **Beispiel** nach BVerwG NVwZ-RR 2015, 425; 2015, 420; OVG Münster NVwZ 2012, 767 – E-Zigaretten: Wird vor den Gefahren des Vertriebs von E-Zigaretten gewarnt, wirkt das bei einem Verweis auf eine strafrechtliche Ahndung, wenn gegen gesetzliche Vorschriften verstoßen wird, wie eine Verbotsverfügung. Daher wurde in die Berufsfreiheit des Betroffenen eingegriffen (→ Rn. 347). Zudem droht die konkrete Gefahr der Wiederholung. Deshalb besteht ein grundrechtlicher Unterlassungsanspruch.

II. Anordnungsgrund

1080 Der **Anordnungsgrund ist auf** die **besondere Situation des einstweiligen Rechtsschutzes** bezogen und erfordert daher eine **erhöhte Eilbedürftigkeit.** Er ist zu bejahen, wenn es wegen der Gefahr der Entstehung vollendeter Tatsachen nicht zumutbar erscheint, das Hauptsacheverfahren abzuwarten.

1081 **Beispiel:** Bei Warnungen des Staates vor möglichen Gesundheitsgefahren beim Verzehr von Lebensmitteln[67] oder der Abwehr staatlicher Wettbewerbsbeeinträchtigungen kann sich die Eilbedürftigkeit daraus ergeben, dass dem betroffenen Unternehmer in der Zwischenzeit erhebliche Umsatzeinbußen bis hin zur Existenzgefährdung drohen.

III. Anordnungsentscheidung

1082 Liegen diese beiden Voraussetzungen vor, ist eine einstweilige Anordnung zu erlassen. Anderenfalls würde entgegen Art. 19 IV GG kein effektiver Rechtsschutz gewährt. Dass das Gericht nach § 123 VwGO eine einstweilige Anordnung erlassen »kann«, bezieht sich daher nicht auf das »Ob«, sondern auf das »Wie«.[68]

IV. Keine Vorwegnahme der Hauptsache

1083 Vor dem Hintergrund des effektiven Rechtsschutzes können selbst Sicherungsanordnungen sehr weit gehen. Da der einstweilige Rechtsschutz nur dem Hauptsacheverfah-

---

67 BVerwGE 87, 37 – Glykol; OLG Stuttgart NJW 1990, 2690 – Birkel.
68 Etwa *Schmitt Glaeser/Horn* VerwProzR Rn. 322.

ren vorgelagert ist und damit nur vorläufig sein soll, darf zwar die **Hauptsache grundsätzlich nicht vorweggenommen** werden.[69] Vielfach lässt sich aber nur durch ein vorläufiges Anordnen der Maßnahmen, die auch in der Hauptsache ausgesprochen würden, eine wirksame Sicherung von Ansprüchen erreichen.[70] Deshalb muss es im Hinblick auf die Rechtsschutzgarantie des Art. 19 IV GG **in Ausnahmefällen erlaubt** sein können, die **Hauptsache vorwegzunehmen.**[71] Dies ist allerdings nur der Fall, wenn es ansonsten zu unzumutbaren Ergebnissen für den Antragsteller käme. Zudem muss ein Obsiegen in der Hauptsache »bei Anlegung eines strengen Maßstabes«[72] absehbar sein.

Einstweiliger Rechtsschutz nach § 123 VwGO

Sicherungsanordnung, § 123 I 1 VwGO Abwehr Verwaltungshandeln	Regelungsanordnung, § 123 I 2 VwGO Verpflichtungsbegehren (→ Rn. 1278 ff.)

Einstweiliger Rechtsschutz nach § 123 VwGO   1084

A. Zulässigkeit
  I. Verwaltungsrechtsweg: wie in der Hauptsache, §§ 123 II, 40 I VwGO
  II. Statthaftigkeit § 123 V VwGO: weder §§ 80, 80a VwGO noch § 47 VI VwGO
  III. Antragsbefugnis: § 42 II VwGO analog: Möglichkeit Anordnungsanspruch und -grund
  IV. Rechtsschutzbedürfnis: vorher Antrag bei Behörde, kein zögerliches Betreiben der Hauptsache
  V. Gericht der Hauptsache, § 123 II VwGO
  VI. Antragsgegner wie Hauptsache: § 78 I VwGO Rechtsträger
  VII. Ordnungsgemäßer Antrag, §§ 81, 82, 123 III VwGO, § 920 II ZPO

B. Begründetheit
  I. Glaubhaftmachung Anordnungsanspruch: materieller Abwehranspruch (wie Hauptsache) bzw. Vornahmeanspruch (eigenes Recht aus str. Rechtsverhältnis) besteht
  II. Glaubhaftmachung Anordnungsgrund: Hauptsacheentscheidung käme zu spät (Eilbedürftigkeit)
  III. Ermessen: nur hinsichtlich »Wie« (str., § 123 I, III VwGO, § 938 I ZPO)
  IV. Keine Vorwegnahme oder Überschreiten der Hauptsache, außer ansonsten unzumutbare Rechtsvereitelung (Existenzgefährdung, Rechtsverlust durch Zeitablauf)

---

69 *Schenke* VerwProzR Rn. 1034; *Hufen* VerwProzR § 33 Rn. 17 f.
70 Schoch/Schneider/Bier/*Schoch* § 123 Rn. 149.
71 BVerfG NJW 2002, 3691 (3692). Bsp. → Rn. 1081 und → Rn. 1286.
72 BVerwGE 109, 258.

2. Teil. Erlass von Maßnahmen

Der Einzelne kann auch staatliches Handeln begehren, weil er etwa eine vor Waldschä- **1085**
den schützende Norm verlangt, einen VA braucht, um bauen zu können, oder einfach
vom Staat Geld will. Dann benötigt er einen **Anspruch, damit der Staat die begehrte
Maßnahme treffen muss.** Kann dieser Anspruch vorliegen, ist die Klage zulässig,
steht er dem Kläger tatsächlich zu, auch begründet. Damit ist bei einer Klage auf Erlass
staatlicher Maßnahmen wie im Zivilrecht vom Anspruch her zu denken. Zusätzlich ist
nach dem Objekt des Anspruchs zu unterscheiden: Normen, VA, sonstige Maßnahmen bzw. Geld. Solche Ansprüche können **aus nationalem Recht, aber auch aus
Unionsrecht** erwachsen.

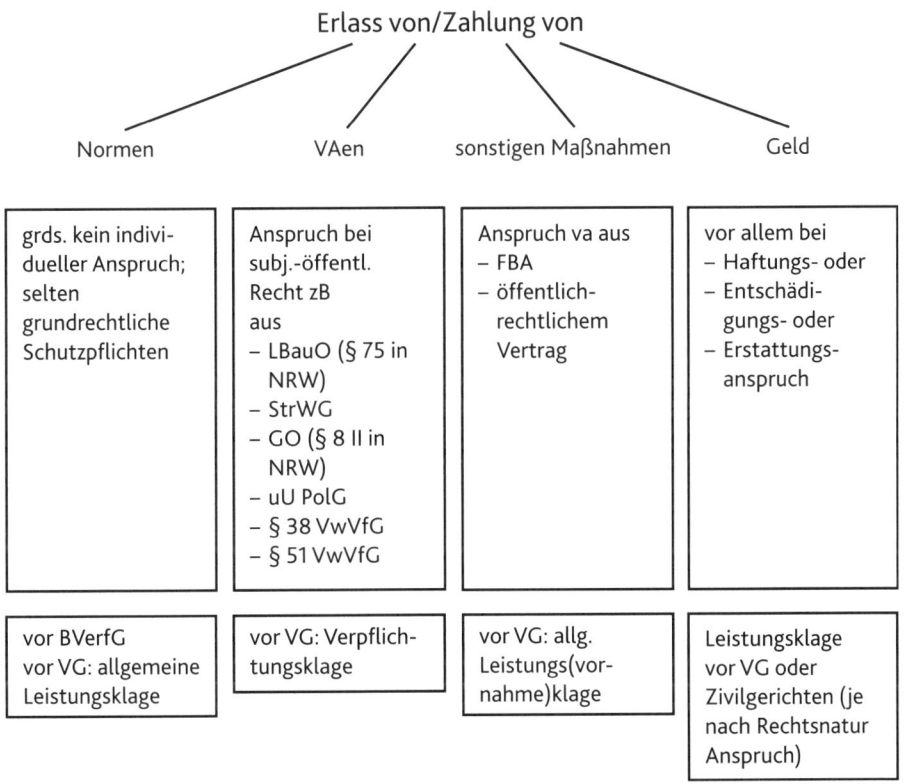

4. Kapitel. Erlass von Normen

§ 14 Normerlassansprüche und ihre Durchsetzung

A. Allgemeines[1]

1086 Der Erlass von Normen ist grundsätzlich das Resultat politischer Entscheidungsprozesse und damit Sache der gesetzgebenden Organe. Bei Ansprüchen einzelner Bürger auf den Erlass von (bestimmten) Normen könnten diese über das allgemeine Wahlrecht hinaus die Arbeit der Legislative beeinflussen; einzelne Belange statt öffentlicher Allgemeininteressen würden prägend wirken. Zudem würden diese Ansprüche über die Gerichte durchgesetzt, die an sich Normen nur kontrollieren, nicht aber erlassen; die Aufgabenverteilung zwischen Judikative und Legislative würde verschoben. Aus diesen beiden Gründen bestehen (gerichtlich durchsetzbare) **Normerlassansprüche grundsätzlich nicht**. Allerdings müssen auch die normierenden Organe den ihnen vorgegebenen Rahmen und damit vorrangiges Recht wahren. Gibt dieses den Erlass von (konkretisierenden) Normen vor, sind die Gesetzgebungsorgane in der Pflicht. Entfaltet der solchermaßen verpflichtende Rechtssatz drittschützende Wirkung, können Ansprüche des Bürgers auf Normerlass bestehen.

B. Aus Unionsrecht: Stattdessen unmittelbare Wirkung

I. Auf Unionsnormen

1087 Das Unionsrecht enthält **Tätigkeitsaufträge an Unionsorgane** (zB Art. 46 AEUV). Sind diese zeitbezogen, hat der EuGH mit Fristablauf eine unmittelbare Wirkung im Hinblick auf die Grundfreiheiten bejaht.[2] Insoweit erübrigt sich der Erlass von konkretisierenden Rechtsvorschriften. Im Übrigen setzt zwar Art. 265 III AEUV für Einzelne die grundsätzliche Möglichkeit von Ansprüchen auf Rechtsakte voraus, aber nicht auf generelle und abstrakte Normen (→ Rn. 1101).

II. Auf nationale Normen

1088 Vorrangiges Unionsrecht, das zum Erlass nationalen (Umsetzungs-)Rechts verpflichtet, wirkt selbst unmittelbar, wenn es **hinreichend konkret und bestimmt** ist;[3] darauf kann sich der Einzelne berufen. Er hat einen Staatshaftungsanspruch, wenn es an der hinreichenden Konkret- und Bestimmtheit fehlt.[4] Diese »Anreize« genügen. Der Einzelne hat also keinen individuellen Anspruch aus einer Richtlinie, dass der nationale Gesetzgeber eine Umsetzungsnorm erlässt. Ein Normerlassanspruch folgt höchstens aus grundfreiheitlichen Schutzpflichten. Deren Umsetzung unterliegt indes wie die der grundrechtlichen Schutzpflichten weitestgehend der Gestaltung des Staates.[5]

---

1 *Voßkuhle/Wischmeyer* JuS 2015, 311; *Herzmann/Eßlinger* JURA 2014, 842; *Köller/Haller* JuS 2004, 189; zu den Einwirkungen des Europarechts *Dünchheim* DÖV 2004, 137 ff.
2 EuGH ECLI:EU:C:1963:1 (S. 24 ff.) – van Gend & Loos.
3 Näher für Richtlinien → Rn. 1276.
4 → Rn. 1276.
5 EuGH ECLI:EU:C:2003:333 – Schmidberger (Brenner-Blockade), → Rn. 1094 ff.

C. Aus Grundrechten

I. Objektive Grundrechtsfunktionen

In erster Linie dienen Grundrechte der **Abwehr** staatlichen Handelns. Das ist ihre **1089** **klassische Funktion.** Der Einzelne kann aber teilweise seine grundrechtliche Rechtsposition nicht nur durch die Abwehr staatlichen Handelns bewahren, sondern er benötigt positive Maßnahmen. Daher können aus den Grundrechten Leistungsrechte und Schutzpflichten und damit Ansprüche auf staatliches Handeln erwachsen, allerdings nur in äußerst begrenztem Maße. Allgemein anerkannter dogmatischer Hintergrund ist, dass die **Grundrechte über die Abwehrfunktion hinaus Wertentscheidungen** bzw. Elemente objektiver Ordnung[6] verkörpern, **denen sich Leistungs- und Schutzfunktionen entnehmen lassen.** Weil diese aus der objektiven, prinzipienhaften Seite der Grundrechte abgeleitet werden, hat der **Gesetzgeber** einen **sehr großen Spielraum,** wie er sie verwirklicht, und der Einzelne nur sehr selten einen subjektiven Anspruch auf Normerlass. Ein solcher **Anspruch** erwächst höchstens daraus, dass der **Einzelne ein staatliches Leistungs- oder Schutzverhalten zur Wahrung seiner Grundrechte benötigt.** Mindeststandards dürfen nicht unterschritten werden. Das gilt nach Art. 1 I iVm Art. 20 GG namentlich für die Festlegung von sozialen Leistungen im Rahmen von Hartz IV und für Asylbewerber.[7]

1. Grundrechte als Leistungsrechte[8]

Die Ausübung eines Grundrechts kann von staatlichen (Vor-)Leistungen abhängen. **1090** Die Verwirklichung der Berufswahlfreiheit durch ein Studium ist darauf angewiesen, dass Studienplätze und damit entsprechende Hochschulkapazitäten zur Verfügung stehen. Von daher können dem Einzelnen **Ansprüche auf staatliche Leistungen** erwachsen. Indes sind die Mittel des Staates begrenzt und an allen Unionsbelangen auszurichten. Es können nicht alle Bedürfnisse gleichzeitig befriedigt werden. Daher bleibt es der Entscheidung des Staates überlassen, in welchem Umfang er etwa Hochschuleinrichtungen aufbaut. Insoweit hat der Einzelne **nur** einen **Teilhabeanspruch.**[9]

Darüber hinaus hat der Staat lediglich ein durch Art. 12 I GG gebotenes Mindestmaß **1091** zu wahren.[10] Auch dabei bleiben dem Gesetzgeber immer noch mehrere Möglichkeiten. Damit hat der Einzelne allenfalls einen **Anspruch** darauf, **dass** der **Gesetzgeber** unter Beachtung der grundgesetzlichen Vorgaben **tätig wird,** nicht aber auf eine bestimmte Regelung und schon gar nicht auf eine Schaffung von Kapazitäten.

2. Grundrechtliche Schutzpflichten[11]

Während durch die Grundrechte als Leistungsrechte eine individuelle Position verbes- **1092** sert werden soll, wollen die Schutzpflichten die **Integrität wahren.** Diese Integrität

---

6 BVerfGE 73, 261 (269).
7 BVerfGE 125, 175; BVerfG NVwZ 2012, 1024; → Rn. 1277.
8 *Wild* DÖV 2004, 366; *Heintschel v. Heinegg/Haltern* JA 1995, 333; *Dreier* JURA 1994, 505; Leitentscheidung: BVerfGE 33, 303 – Numerus clausus; zur Frage, ob ein Anspruch auf Theatersubvention besteht, VGH Mannheim JuS 2004, 550 mAnm *Hufen.*
9 → Rn. 1279ff.; zu Studiengebühren → Rn. 545.
10 BVerfGE 33, 303 (332ff.) – Numerus clausus.
11 *Stern* DÖV 2010, 241; *Klein* JuS 2006, 960; Leitentscheidungen: BVerfGE 39, 1 – Schwangerschaftsabbruch I; 46, 160 – Schleyer; 49, 89 – Kalkar; 53, 30 – Mülheim Kärlich; 56, 54 – Fluglärm; 88, 203 – Schwangerschaftsabbruch II; 92, 26 – Handelsvertreter; BVerfG Beschl. v. 27.10.2016 – 1 BvR 458/10.

wird nicht nur durch staatliche Maßnahmen bedroht, sondern auch durch private. Normalerweise ist der Einzelne in der Lage, sich selbst gegenüber privaten Übergriffen zu verteidigen. Vielfach bestehen aber Ungleichgewichte; zum Teil sind individuelle Rechtsgüter schutzlos preisgegeben. Augenfällig ist dies für das ungeborene Leben.[12] Dann bedarf es des staatlichen Schutzes, um die individuelle Grundrechtssphäre zu wahren.

1093 Jedes Grundrecht stellt durch seine Aussage zugleich eine Wertentscheidung für ein bestimmtes Rechtsgut dar. Damit erstrecken sich die grundrechtlichen **Schutzpflichten potenziell** auf **jedes Grundrecht,** so auch die Berufs-[13] und die Eigentumsfreiheit.[14] Sie greifen ein, **wenn** ein **entsprechendes Rechtsgut** gefährdet wird. Durch diesen Bezug ist es unbeachtlich, woher die Gefährdung kommt, ob von Privaten, Naturereignissen oder dem Verhalten ausländischer Staaten.[15] Diese Gefährdungen können sich aus einer spezifischen Situation ergeben.[16]

1094 Abgeleitet aus der objektiven, prinzipienhaften Seite der Grundrechte begründen Schutzpflichten allerdings keine inhaltlich konkret bestimmten Pflichten, sondern senden schon von ihrer Anlage her nur Richtlinien und Impulse aus.[17] Die **Ableitung** ganz **bestimmter,** inhaltlich konkretisierter **Handlungspflichten** ist daher **problematisch.**[18] Das BVerfG bejahte solche Handlungspflichten zunächst nur für den Schutz des ungeborenen Lebens, das einen außerordentlich hohen Stellenwert besitzt und daher die grundsätzliche strafrechtliche Sanktionierung von Handlungen verlangt, die gegen es gerichtet sind. Diese können nur in besonderen, verfassungsrechtlich zugelassenen Konstellationen gerechtfertigt sein, und auch dies nur nach Feststellung unter staatlicher Verantwortung.[19] Weiter entnimmt das BVerfG Art. 4 GG eine staatliche Schutzverpflichtung für die Sonntagsruhe, die durch den objektiv-rechtlichen **Schutzauftrag für die Sonn- und Feiertage** aus Art. 139 WRV iVm Art. 140 GG konkretisiert wird.[20] Indes darf selbst die Feiertagsruhe am Karfreitag **nicht absolut** sein, sondern muss für Durchbrechungen zur Verwirklichung anderer Weltanschauungen etwa durch Aufführungen offen sein – nicht aber für kommerzielle Veranstaltungen.[21]

1095 Fall nach BVerfG NJW 1998, 3264 – Waldschäden: W muss zusehen, wie in seinem Wald immer mehr Bäume erkranken. Verantwortlich dafür macht er die industriellen und privaten Emissionen. Er verlangt eine gesetzliche Verschärfung der Grenzwerte und eine Entschädigungsregelung.

Der Staat hat eine Schutzpflicht zugunsten der Waldeigentümer aus Art. 14 I GG. Wie er diese erfüllt, ist grundsätzlich ihm überlassen. Er muss nur Maßnahmen ergreifen, und diese dürfen nicht gänzlich ungeeignet oder völlig unzulänglich sein. Immerhin existieren schon zahlreiche Regelungen vor allem

---

12 Dieses bildete denn auch den Ausgangspunkt für die Entwicklung der grundrechtlichen Schutzpflichten, BVerfGE 39, 1 (41f.) – Schwangerschaftsabbruch I.
13 BVerfGE 92, 26 (46) – Handelsvertreter.
14 BVerfG NJW 1998, 3264 zu Waldschäden.
15 *Erichsen* JURA 1997, 85 (87), str.; für ausländische internationale Organisationen offen BVerfG NVwZ 2010, 702 (Ls. 6).
16 BVerfGE 88, 203 (252) – Schwangerschaftsabbruch II.
17 BVerfGE 39, 1 (41) – Schwangerschaftsabbruch I.
18 Sondervoten *Mahrenholz/Sommer* BVerfGE 88, 338 (346f., 355) – Schwangerschaftsabbruch II, *Rupp-v. Brünneck/Simon* BVerfGE 39, 68ff. – Schwangerschaftsabbruch I.
19 BVerfGE 88, 203 (Ls. 8. und 15., 257f., 273f.) – Schwangerschaftsabbruch II, → Rn. 1106.
20 BVerfGE 125, 39 (79f.) – Berliner Ladenöffnungszeiten; s. im Kontext → Rn. 282.
21 BVerfG Beschl. v. 27.10.2016 – 1 BvR 458/10.

im BImSchG sowie mittlerweile im **TEHG** und in der **ZuV 2020** zur Emissionsbegrenzung. Es besteht keine staatliche Pflicht, den Schadstoffausstoß privater Haushalte und Unternehmen durch gesetzliche Regelungen weiter zu verringern. Auch eine Entschädigungsregelung für betroffene Waldbesitzer ist nicht verfassungsrechtlich geboten.[22]

II. Gleichheitssatz, insbesondere Normergänzungsanspruch

Der Gleichheitssatz verbietet Ungleichbehandlungen. Eine Ungleichbehandlung lässt sich dadurch beseitigen, dass man einen bisher ausgeschlossenen Personenkreis in eine Regelung einbezieht. Der andere Weg besteht darin, eine Vergünstigung gänzlich entfallen zu lassen. Von daher stehen dem **Gesetzgeber grundsätzlich zwei Möglichkeiten** zur Verfügung, **Gleichheitsverstöße zu beseitigen. Aus** dem **Gleichheitssatz** allein kann daher **kein Anspruch** auf den **Erlass einer bestimmten Norm** erwachsen.[23]   1096

Ein Anspruch auf Einbeziehung in eine bestimmte Normierung kann freilich daraus folgen, dass ein Grundrecht wie Art. 6 GG eine bestimmte Vergünstigung vorgibt und diese gleichheitswidrig lediglich auf einen bestimmten Personenkreis erstreckt wurde. Dann aber bildet zugleich dieses Grundrecht die Basis für den Normerlass. In der Regel ergibt sich die Einbeziehung auch des ausgeschlossenen Personenkreises gerade aus ihm. Das gilt ebenfalls für die unionsrechtlichen Grundfreiheiten (→ Rn. 95).   1097

Aber auch solche Grundrechte, die wie Art. 6 GG dem Staat Vorgaben zur Gesetzgebung machen, begründen grundsätzlich keinen Anspruch auf **bestimmte staatliche Maßnahmen.** Werden daraus konkrete Verhaltenspflichten oder gar Zahlenwerte abgeleitet, stellt sich in besonderer Schärfe die Frage, inwieweit der Grundsatzcharakter verfassungsmäßiger Vorgaben für die Gesetzgebung und die Gestaltungsprärogative der Legislative gewahrt bleiben.   1098

Beispiel nach BVerfGE 99, 216 – Betreuungsbedarf: Bildeten erwerbstätige Eltern eine eheliche Erziehungsgemeinschaft, wurde der Betreuungsbedarf für Kinder nicht generell steuerlich verschont. Das war bei Alleinerziehenden schon damals anders. Das verstieß gegen den **besonderen Gleichheitssatz nach Art. 6 I iVm II GG.** Dass der Betreuungsbedarf steuerlich unbelastet bleibt, folgt schon aus seiner Zugehörigkeit zum notwendigen **familiären Existenzminimum** gem. Art. 1 I iVm Art. 20 I iVm Art. 6 I GG. Damit hat der Gesetzgeber nur die Möglichkeit, ihn auch bei erwerbstätigen verheirateten Eltern steuerlich zu verschonen. Diese Teilhabe an den Mindestvoraussetzungen für ein menschenwürdiges Dasein erklärt auch, dass ihn das BVerfG der Höhe nach zahlenmäßig bestimmte.   1099

D. Aus einfachem Recht

Generell ist ein Anspruch auf den Erlass einer (untergesetzlichen) Norm auch aus einfachem Gesetzesrecht oder einem öffentlich-rechtlichen Vertrag denkbar. Allerdings folgt aus § 1 III 1 BauGB **kein Anspruch** des Einzelnen **auf** den **Erlass eines Bebauungsplans,** wie mittlerweile auch § 1 III 2 BauGB klarstellt. Nach diesem ist zudem eine durch Vertrag begründete Verpflichtung zum Erlass oder zur Änderung eines Bebauungsplanes unzulässig.[24]   1100

---

22 Vgl. zur Festlegung von Ozongrenzwerten abl. BVerfG NJW 1996, 651.
23 So bereits BVerfGE 1, 97 (100 f.); 12, 139 (142) – Briefwahl, → Rn. 572.
24 S. auch BVerwG JuS 2006, 762 mAnm *Selmer.*

E. Prozessuale Durchsetzung

I. Vor dem EuGH

1101 Nach **Art. 265 I AEUV** können Mitgliedstaaten und Unionsorgane nur auf Feststellung klagen. **Art. 265 III AEUV** sieht zwar vor, dass natürliche und juristische Personen gegen das Unterlassen eines Rechtsaktes vor dem EuGH klagen können. Erfasst werden aber lediglich sie unmittelbar und individuell betreffende Rechtsakte.[25] Für Verordnungen gilt dies grundsätzlich nur, wenn sie den wahren Charakter als Beschluss verschleiern. Dann aber müsste ein Beschluss an den Einzelnen ergehen und keine Norm.

II. Vor dem BVerfG

1102 Das **BVerfG** kann wegen des Erlasses von Normen nach Art. 93 I Nr. 1 (Organstreitverfahren), Nr. 2 (abstrakte Normenkontrolle) und Nr. 4a GG (Verfassungsbeschwerde) angerufen werden. **Bundes- oder Landesrecht** ist namentlich auch dann **nicht mit dem GG vereinbar, wenn es hinter den Anforderungen aus grundrechtlichen Schutzpflichten zurückbleibt:** In diesem Fall muss der Gesetzgeber nachbessern und damit eine neue Norm erlassen.

1103 Die Zulässigkeit der Individualverfassungsbeschwerde setzt indes voraus, behaupten zu können, durch die öffentliche Gewalt in einem Grundrecht verletzt zu sein.[26] Während die Grundrechte als Abwehrrechte näher konturiert sind, bedürfen sie als Leistungsrechte und Schutzpflichten der Ausgestaltung durch den Gesetzgeber. **Grundrechtliche Schutzpflichten** kann der Bürger daher nach der Rspr. des BVerfG nur dann gerichtlich **einfordern, wenn** »die öffentliche Gewalt **Schutzvorkehrungen** entweder **überhaupt nicht getroffen** hat oder die getroffenen Regelungen und Maßnahmen **gänzlich ungeeignet oder völlig unzulänglich** sind, das gebotene Schutzziel zu erreichen, oder erheblich dahinter zurückbleiben«.[27]

1104 **Beispiel** nach BVerfG NVwZ 2010, 702 – Schwarze Löcher: Bei einem wissenschaftlichen Versuch (hier: CERN-Teilchenbeschleuniger) sind Risiken nicht näher absehbar. Je größer das Risikopotenzial ist, desto niedriger liegt die Wahrscheinlichkeitsschwelle, um einen Schadenseintritt zu prognostizieren und damit staatliche Schutzmaßnahmen auszulösen. Der Staat muss aber bei **komplexen Sachverhalten ohne verlässliche wissenschaftliche Erkenntnisse** nicht ungesicherten wissenschaftlichen Theorien über Gefährdungen zum Durchbruch verhelfen, sondern kann mit vertretbaren Risiken behaftete Forschungen zulassen. Parallel dazu ist eine **Verfassungsbeschwerde nur zulässig, wenn das Bestehen einer Gefahr schlüssig auf einem hinreichenden fachlichen Argumentationsniveau dargetan wird.** Der bloße Verweis auf die staatliche Verantwortung zur vorherigen empirischen Widerlegung sämtlicher öffentlich diskutierter Warnungen vor (Groß-)Schadensereignissen genügt nicht.

1105 Eine Rechtsverletzung durch das Unterlassen einer bestimmten Regelung kann lediglich dann bestehen, **wenn eine Gefährdung nur auf eine bestimmte Weise abwendbar** erscheint. In diesem Fall kann sich nach der Rspr. des BVerfG aus den grundrechtlichen Schutzpflichten ein konkret zu ergreifendes Mittel ergeben.

---

25 → Rn. 31.
26 → Rn. 141.
27 BVerfGE 92, 26 (46) – Handelsvertreter.

So verlangte das BVerfG für den **Schutz des ungeborenen Lebens** rechtliche Verhaltensgebote mit Ver- **1106** bindlichkeit und Rechtsfolgen.[28]

Damit erkennt das BVerfG einen gewichtigen **Einbruch in** seine **weitmaschige** **1107** **Schutzkonzeption** an.[29] Indes stellt sich die Frage, ob nicht auch der Erlass verbindlicher und sanktionierender Verhaltensregeln lediglich die dem Gesetzgeber obliegende Ausgestaltung der grundrechtlichen Schutzpflichten betrifft. Dann ist spezifisch durch das Unterlassen einer bestimmten Regelung eine Verletzung in subjektiven Rechten schwerlich möglich und bereits die Zulässigkeit einer Verfassungsbeschwerde mangels Antragsbefugnis ausgeschlossen. So verhält es sich mit der Einforderung eines gesetzlichen **Verbots für Kohlekraftwerke** im Hinblick auf Klimaschutz und CO_2-Reduktion: Art. 2 II GG und auch die Umweltstaatszielbestimmung des Art. 20a GG verlangen nur das Ergreifen von Maßnahmen und überlassen die nähere Ausgestaltung dem Gesetzgeber (→ Rn. 1095).[30]

III. Vor Verwaltungsgerichten

Eine öffentlich-rechtliche Streitigkeit bildet auch die Klage auf Erlass untergesetzlicher **1108** Normen. Die **VwGO** enthält aber **keine spezifischen Regelungen** für eine »Normerlassklage«.

Über untergesetzliche Rechtsnormen entscheiden nach § 47 VwGO die Oberverwal- **1109** tungsgerichte im Rahmen der Normenkontrolle. Dies betrifft aber **nur bereits erlassene Rechtsvorschriften.**[31] Diese Voraussetzung lässt sich nicht einfach durch eine Übertragung auf eine Normerlassklage umgehen. Vielmehr spricht sie dafür, dass Normen grundsätzlich erst mit ihrem Erlass angreifbar sein sollen, mithin auf ihre Vornahme nicht geklagt werden kann. Jedenfalls kommt insoweit § 47 VwGO nicht in Betracht, auch nicht analog.[32]

Die Rspr. greift daher weitgehend auf die **Feststellungsklage** als die statthafte Klageart **1110** zurück[33] und bezieht sie auf Fälle, in denen das Recht des Betroffenen auf Gleichbehandlung den Erlass oder die Änderung einer Rechtsnorm gebietet, nicht aber auf den Fall einer bloßen Nichtigkeitsfeststellung, um § 47 VwGO nicht zu umgehen.[34] Tiefere Grundlage ist Art. 19 IV GG. Streitgegenstand ist dann die **Anwendung der Rechtsnorm auf einen bestimmten Sachverhalt** und nicht die Rechtmäßigkeit der Norm als solcher, wenn sie auch die streitentscheidende Vorfrage bildet.[35] Die Feststellungsklage ist aber nach § 43 II VwGO grundsätzlich subsidiär. Vorrangig ist daher die in ihrem Gegenstand nicht beschränkte **allgemeine Leistungsklage.**[36] Bei ihr ist § 42 II VwGO analog anzuwenden. Der Kläger muss somit einen Anspruch auf Normerlass geltend machen können. Dieser besteht aber zumeist nicht.[37]

---

28 BVerfGE 88, 203 (253) – Schwangerschaftsabbruch II.
29 → Rn. 1094 ff. Krit. Sondervotum *Mahrenholz/Sommer* BVerfGE 88, 338 (346 f., 355) – Schwangerschaftsabbruch II.
30 *Voßkuhle* NVwZ 2013, 1 (4); *Frenz* DVBl. 2013, 688; aA *Groß* NVwZ 2011, 129 (133).
31 → Rn. 611.
32 *Hufen* VerwProzR § 20 Rn. 9.
33 Ausf. BVerwGE 80, 355 (361 ff.).
34 BVerwGE 129, 199 (204 f.); vgl. BVerwGE 111, 276 (278 f.).
35 BVerfGE 115, 81 (95 f.); s. ein Bsp. → Rn. 1583.
36 VGH Mannheim DÖV 2000, 784.
37 → Rn. 1086; s. auch VGH Mannheim DÖV 2000, 784 (785 f.) zum Anspruch einer Gemeinde auf Erlass einer Rechtsverordnung durch das Land.

5. Kapitel. Erlass von Verwaltungsakten

§ 15 Zulässigkeit der Verpflichtungsklage[1]

1111 Die in § 42 I Alt. 2 VwGO geregelte Verpflichtungsklage ist der Sache nach ein spezieller Fall der Leistungsklage, indem sie auf den Erlass eines VA gerichtet ist.[2] Durch dieses Klageziel unterscheidet sie sich von der nicht ausdrücklich geregelten allgemeinen Leistungs(vornahme)klage.[3] Das Urteil selbst ist nicht rechtsgestaltend wie im Rahmen einer Anfechtungsklage, bei der das Gericht gem. § 113 I 1 VwGO den VA selbst aufhebt. Vielmehr wird bei erfolgreicher Verpflichtungsklage der Beklagte gem. § 113 V 1 VwGO verpflichtet, den begehrten VA zu erlassen, wenn die Sache spruchreif ist (sog. **Vornahmeklage**). Ist die Sache hingegen noch nicht spruchreif wie bei einem Anspruch auf ermessensfehlerfreie Entscheidung, so spricht das Gericht nur die Verpflichtung aus, den Kläger unter Beachtung der Rechtsauffassung des Gerichts zu bescheiden (sog. **Bescheidungsklage**, § 113 V 2 VwGO).

1112

Prüfung der Verpflichtungsklage, § 42 I Alt. 2 VwGO

A. Zulässigkeit
- I. Verwaltungsrechtsweg, § 40 I VwGO, ggf. nach Zwei-Stufen-Theorie nur bzgl.»Ob« der begehrten Zulassung/Subvention
- II. Statthaftigkeit, § 42 I Alt. 2 VwGO: Begehren eines (neuen) VA (auch bei nicht abtrennbarer Nebenbestimmung)
- III. Klagebefugnis, § 42 II VwGO: mögliches Recht auf Erlass des begehrten VA
- IV. Erfolgloses Vorverfahren bei Versagungsgegen-, nicht bei Untätigkeitsklage, § 75 VwGO
- V. Klagefrist bei Versagungsgegenklage nach § 74 VwGO
- VI. Beteiligten- und Prozessfähigkeit
- VII. Rechtsschutzbedürfnis
- VIII. Klagegegner, § 78 I VwGO

B. Begründetheit
Obersatz: § 113 V 1 VwGO
- I. Ablehnung oder Unterlassung VA ist rechtswidrig, wenn Anspruch auf Erlass besteht
- II. dann idR auch Verletzung des Kl. in seinen Rechten
- III. bei Spruchreife: Vornahmeurteil; anderenfalls (Ermessen!): Bescheidungsurteil

A. Eröffnung des Verwaltungsrechtsweges

1113 Wie auch im Rahmen der Anfechtungsklage ist bei Fehlen einer Sonderzuweisung zu prüfen, ob es sich um eine öffentlich-rechtliche Streitigkeit handelt, deren Vorliegen für die Eröffnung des Verwaltungsrechtsweges nach § 40 I 1 VwGO erforderlich ist.

---

1 *Ehlers* JURA 2004, 310; Beispielsfälle: *Hipp/Hufeld* JuS 1998, 802; *Pünder* JuS 2000, 682; wichtige Entscheidungen: BVerwG NVwZ 1991, 59; BVerwGE 80, 270.
2 Gärditz/*Gärditz* § 42 Rn. 35.
3 → Rn. 1289.

I. Zulassung zu einer öffentlichen Einrichtung

Wird auf die **Zulassung zu einer öffentlichen Einrichtung** geklagt, so ist zunächst zu   1114
unterscheiden, ob diese durch die Kommune selbst oder in privatrechtlicher Organisa-
tionsform betrieben wird. Bei einer **Betreibung durch die Kommune selbst** wird ein
öffentlich-rechtlicher Anspruch auf Zulassung (zB nach § 8 II NRWGO)[4] geltend gemacht, sodass eine öffentlich-rechtliche Streitigkeit vorliegt. Dies ist selbst dann so,
wenn das Benutzungsverhältnis privatrechtlich ausgestaltet ist (Bsp.: Gemeinde
schließt jeweils Mietverträge gem. §§ 535 ff. BGB über die Benutzung ihrer Stadthalle).
Bei der Zulassungsentscheidung geht es um das »Ob« der Benutzung, welches auch
nach der sog. Zwei-Stufen-Theorie[5] **immer** als **öffentlich-rechtlich** zu qualifizieren
ist. Eine privatrechtliche Streitigkeit liegt nur dann vor, wenn es nicht um die Zulassungsentscheidung als solche geht, sondern lediglich um das »Wie« der Benutzung
und diese jeweils zivilrechtlich ausgestaltet ist.

Wird die öffentliche Einrichtung durch eine **juristische Person des Privatrechts**   1115
(meist eine GmbH) betrieben, so ist das Zulassungsbegehren gegen diese zivilrechtlicher Natur und insoweit der Verwaltungsrechtsweg nicht eröffnet.[6] Der Anspruchsteller kann allerdings trotzdem gegen die Gemeinde klagen, aber nicht unmittelbar
auf Zulassung, die die Gemeinde nicht mehr direkt verschaffen kann, sondern auf **Einwirkung auf die GmbH**, damit diese ihn dann in der Folge zulässt.[7] Anspruchsgrund
ist weiterhin der öffentlich-rechtliche Benutzungsanspruch. Einer solchen öffentlich-
rechtlichen Bindung darf sich die Gemeinde nicht durch die bloße Einschaltung eines
privaten Betreibers entledigen. Daher liegt eine öffentlich-rechtliche Streitigkeit vor.

Der Benutzungsanspruch wird aber nicht durch die Zulassung der Gemeinde mittels   1116
VA, sondern durch deren tatsächliche Einwirkung auf den privaten Betreiber realisiert.
Daher ist nicht die Verpflichtungsklage, sondern die **allgemeine Leistungsklage** die
richtige Klageart.

II. Subventionsbescheid

Ähnlich sind die **Subventionsfälle** zu beurteilen, also die Sachverhalte, in denen der   1117
Staat aus öffentlichem Interesse Private mit vermögenswerten Zuwendungen fördert.
Für das Subventionsrecht wurde auch die sog. **Zwei-Stufen-Theorie** entwickelt.[8] Danach ist die Frage des »Ob«, also der Gewährung oder Versagung der Subvention immer öffentlich-rechtlich zu beurteilen (1. Stufe), während Streitigkeiten über das
»Wie«, also das Abwicklungsverhältnis nach erfolgter Gewährung (2. Stufe), je nach
dessen Ausgestaltung (zB Darlehensvertrag nach §§ 607 ff. BGB) auch zivilrechlicher
Natur sein können. Somit ist jedenfalls das **Begehren auf Erlass eines Subventionie-
rungsbescheides immer öffentlich-rechtlich** und daher mit der Verpflichtungsklage
vor dem Verwaltungsgericht geltend zu machen. Tauchen dagegen Probleme im Rahmen der Abwicklung auf, kann je nach deren Ausgestaltung eine zivilgerichtliche oder
verwaltungsgerichtliche Leistungsklage zu erheben sein.

---

4 Art. 21 I BayGO; § 10 II BWGO.
5 → Rn. 1117.
6 *Mann/Wahrendorf* VerwProzR § 9 Rn. 119.
7 BVerwG NVwZ 1991, 59.
8 Näher *Peine* VerwR AT Rn. 895 ff.; krit. *Maurer* VerwR AT § 17 Rn. 11 ff.

B. Statthaftigkeit

I. Abgrenzung zur Anfechtungsklage

1118 Die Verpflichtungsklage richtet sich gem. § 42 I Alt. 2 VwGO auf den **Erlass eines VA.** Der Bürger begehrt also etwas vom Staat und will nicht nur, wie bei der Anfechtungsklage, etwas abwehren. Gleichwohl kann bei der Verpflichtungsklage bereits ein VA im Raume stehen, nämlich wenn der Bürger einen ihn begünstigenden VA beantragt hat, die Behörde den Antrag aber mit einem anderen (belastenden) VA ablehnt. Hier ist grundsätzlich eine Verpflichtungsklage auf Erlass des ursprünglich beantragten, aber abgelehnten, begünstigenden VA zu erheben (sog. **Versagungsgegenklage**). Eine gegen den Ablehnungsbescheid gerichtete isolierte Anfechtungsklage verhilft dem Kläger nicht zum erstrebten Erlass des begünstigenden VA. Nur soweit er diesen aktuell gar nicht begehrt, kommt die **isolierte Anfechtungsklage** in Betracht.

1119 **Beispiel:** Der Antrag des A auf Erlass einer Baugenehmigung wird von der Baubehörde aus bauplanungsrechtlichen Gründen abgelehnt. Möchte der A nunmehr zwar in nächster Zeit sein Grundstück doch nicht bebauen, gleichwohl aber verhindern, dass mit dem VA die darin steckende Feststellung der Nichtbebaubarkeit bestandskräftig wird, so kann er ausnahmsweise eine isolierte Anfechtungsklage gegen den Ablehnungsbescheid erheben.

1120 Unstatthaft ist die Verpflichtungsklage dagegen, wenn eine Genehmigung oder ein sonst begünstigender VA durch einen belastenden VA (vor allem Widerspruchsbescheid, s. § 50 VwVfG) aufgehoben wurde und der Kläger nunmehr die **Wiederherstellung des ursprünglichen begünstigenden Zustandes** begehrt.

1121 **Beispiel:** A wird die für den Betrieb seiner Gaststätte gem. § 2 I GastG erforderliche Erlaubnis wegen angeblicher Unzuverlässigkeit nach §§ 15 I, 4 I GastG bzw. einer vergleichbaren Landesregelung (s. Art. 125a GG → Rn. 126) entzogen. Hier kann A eine Anfechtungsklage gegen den Widerrufsbescheid erheben. Ist diese erfolgreich, lebt die ursprüngliche Erlaubnis mangels eines wirksamen Widerrufs wieder auf (vgl. § 43 II VwVfG) und der A kann so sein Klageziel erreichen. Eine neue Erlaubnis braucht er nicht. Daher ist nicht die Verpflichtungsklage, sondern die Anfechtungsklage die statthafte Klageart.

1122 Dagegen ist nicht die Anfechtungs-, sondern die Verpflichtungsklage statthaft, wenn der Kläger zwar nur einen **Teil eines VA** beseitigt wissen will, dieser aber **nicht abtrennbar** ist. Das ist bei **Inhaltsbestimmungen** offensichtlich. Ihnen gleichzustellen sind **modifizierende Auflagen.** In beiden Fällen muss auf Erlass eines neuen VA ohne die angegriffenen Komponenten geklagt werden. Verpflichtungsklage ist auch dann zu erheben, wenn eine isolierte Anfechtungsklage gegen Nebenbestimmungen unzulässig wäre, weil offensichtlich ist, dass der **HauptVA ohne die Nebenbestimmung nicht** bestehen kann bzw. wenn die Anfechtungsklage wegen fehlender materieller Teilbarkeit von HauptVA und Nebenbestimmung unbegründet ist.[9]

1123 Reagiert die Verwaltung auf das Begehren des Bürgers nach einem VA überhaupt nicht und bleibt sie damit untätig, handelt es sich um eine **Untätigkeitsklage** (vgl. § 75 VwGO). Mangels anfechtbaren VA gibt es hierbei auch kein Abgrenzungsproblem zur Anfechtungsklage. Ergeht **nach Erhebung der Untätigkeitsklage** und nach Ablauf der Fristen gem. § 75 S. 2 VwGO (Drei-Monats-Klagefrist) und § 75 S. 3 VwGO (gerichtliche Nachfrist) doch noch eine **negative Entscheidung,** kann dagegen eine

---

9 Str., → Rn. 761f.; *Hufen/Bickenbach* JuS 2004, 867 und 966.

Untätigkeitsklage **als Verpflichtungsklage fortgeführt** werden. Ein **Vorverfahren** ist **entbehrlich,** der Kläger muss **keine weitere Verfahrenshandlung** vornehmen und die Klagefrist des § 74 VwGO nicht einhalten. Streitgegenstand der Verpflichtungsklage ist nämlich der geltend gemachte prozessuale Anspruch auf Erlass des begehrten VA. Er bleibt damit von dem ablehnenden Bescheid unberührt, der nicht zum Streitgegenstand der Verpflichtungsklage gehört.[10] Dieser Bescheid wird aber umgekehrt nicht bestandskräftig, wenn gegen ihn nicht gesondert geklagt wird. Er ist schon bei seinem Erlass mit der (vorweggenommenen) Klage behaftet.[11] Das Ergehen dieses Bescheides erledigt damit die Untätigkeitsklage, nicht aber den Anspruch auf den begehrten VA und deshalb auch nicht die Verpflichtungsklage als solche.

II. Sonderprobleme der Konkurrentenklagen

In Konkurrenzsituationen stellt sich immer wieder die Frage, ob **neben der Verpflichtungsklage zusätzlich** eine **Anfechtungsklage** erhoben werden muss bzw. kann. Besteht eine begrenzte Kapazität, kann der Kläger ggf. nur dann zum Zuge kommen, wenn dem Konkurrenten keine Zulassung zufällt oder verbleibt. Diese Interdependenz besteht freilich nicht, wenn noch Kapazitätsreserven vorhanden sind. Dann ist eine Anfechtungsklage gegen die Konzession des Mitbewerbers entbehrlich.[12]   1124

Auch bei **Kapazitätserschöpfung** kann freilich die Behörde bei rechtswidrigem Vorgehen eine Zulassung gem. § 48 VwVfG zurücknehmen;[13] wegen der Grundrechtsrelevanz der Vergabe beschränkter Kapazitäten wird eine Ermessensreduzierung auf null gegeben sein.[14] Vom Gericht ist auch bei behördlich behaupteter Kapazitätserschöpfung zu prüfen, inwieweit zum Zeitpunkt des Zulassungsantrags tatsächlich bereits alle Plätze rechtmäßig vergeben sind.[15] Damit kann auch eine **isolierte Verpflichtungsklage** des nicht berücksichtigten Klägers zum Erfolg führen.   1125

Eine **zusätzliche Anfechtungsklage** ist deshalb nicht zwingend notwendig. Sie ist aber dennoch möglich. Ihr Sinn besteht darin, eine bestandskräftige Position von zugelassenen Mitbewerbern zu verhindern und damit den Erfolg der Verpflichtungsklage offen zu halten, so wenn keine Ermessensreduzierung auf null gegeben oder eine Rücknahme aufgrund der Art des VA grundsätzlich ausgeschlossen ist (s. für Beamtenernennungen den sehr engen § 12 BeamtStG sowie zur Durchbrechung aufgrund von Art. 19 IV GG → Rn. 1050, 1143).   1126

C. Klagebefugnis, § 42 II VwGO

Die Notwendigkeit einer Klagebefugnis ergibt sich wie auch für die Anfechtungsklage aus § 42 II VwGO. Im Rahmen der Verpflichtungsklage muss der Kläger geltend machen können, durch die Ablehnung oder Unterlassung des VA in seinen Rechten verletzt zu sein. Das ist nach der auch hier anzuwendenden Möglichkeitstheorie bereits dann der Fall, wenn der Kläger **möglicherweise** einen **Anspruch auf Erlass des begehrten VA hat.** Daher muss ein Leistungsanspruch bestehen können.   1127

---

10 OVG Münster DVBl. 2010, 1309.
11 OVG Münster DVBl. 2010, 1309 (1311).
12 S. weiter BVerwGE 80, 270 (271 f.).
13 BVerfG NJW 2003, 3691 (3692) – Heß-Gedenkveranstaltung.
14 S. BVerwGE 59, 148 (161).
15 BVerfG NJW 2003, 3691 (3692) – Heß-Gedenkveranstaltung.

I. Anspruchsgrundlagen

1128 Mögliche Anspruchsgrundlagen sind zunächst dem **einfachen Gesetzesrecht** zu entnehmen, so der Anspruch auf eine Baugenehmigung aus § 75 NRWBauO,[16] der Anspruch auf Zulassung zu einer öffentlichen Einrichtung nach § 8 II NRWGO.[17]

1129 Besteht eine unionsrechtliche **Umsetzungspflicht** und wurde eine **Richtlinie** nicht (ordnungsgemäß) in nationales Recht umgesetzt, muss diese auch **individuell eingeklagt** werden können, soll sie effektiv wirken. Voraussetzung ist, dass es sich um **zwingende Vorschriften** handelt, **die den Kläger begünstigen können.** Das ist auch bei der bloßen **Festlegung von Zielen** möglich, namentlich wenn diese der Gesundheit dienen. Ist der Erlass von VA vorgegeben, resultiert daher ein subjektiv-öffentliches Recht, das die Klagebefugnis verleiht (→ Rn. 783). Vorrangig ist allerdings eine richtlinienkonforme Auslegung nationalen Rechts (→ Rn. 115 f.). Die nationalen Bestimmungen sind dabei so weit wie möglich auszulegen, damit sie mit dem Richtlinienziel in Einklang stehen.[18]

1130 Fehlt eine solche konkrete gesetzliche Basis, ist auf mögliche Ansprüche aus Grundrechten zurückzugreifen. So kann man für die **Erhebung einer sog. positiven Konkurrentenklage,** also einer solchen, bei der eine eigene Begünstigung begehrt wird, aus **Art. 12 I GG** klagebefugt sein, etwa bei der Verleihung von Konzessionen und sonstigen Zulassungen zB im Hochschulbereich. Die entsprechende staatliche Zulassung ist die Voraussetzung für die Ergreifung bzw. Ausübung eines bestimmten Berufes. Auch hier sind einfachgesetzliche Regelungen wie § 13 V 2 PBefG[19] vorrangig zu prüfen.

1131 Ist kein spezielles Grundrecht einschlägig, so bleibt – auch bei Konkurrentenklagen – oft nur der Rückgriff auf **Art. 3 I GG.** Dieser kann am ehesten bei einer **Selbstbindung der Verwaltung** zu einem möglichen Anspruch führen. Hat die Verwaltung in vorherigen gleich gelagerten Fällen einen begünstigenden VA erlassen, so muss sie dies aus Gleichheitsgründen auch hier tun. Etwas anderes gilt freilich, wenn der Erlass des VA aus anderen Gründen rechtswidrig ist. Dann gilt der Grundsatz »**keine Gleichheit im Unrecht**«, und es besteht kein Anspruch auf den begehrten VA.

1132 Vor allem Konkurrentenklagen können auch einen **Unionsrechtsbezug** aufweisen, so wenn ein Bewerber aus einem anderen EU-Mitgliedstaat kommt. Dann, aber auch in anderen Fällen,[20] ist es denkbar, dass sich Ansprüche aus den Grundfreiheiten sowie dem Diskriminierungsverbot des Art. 18 AEUV ergeben. In diesen Fällen besteht auch ein Anspruch darauf, dass keine versteckten Benachteiligungen erfolgen. Das wäre etwa dann der Fall, wenn **im EU-Ausland erworbene Qualifikationen nicht adäquat berücksichtigt** würden (→ Rn. 96 f.). Hier kommt auch eine Anwendung von Art. 12 I GG auf EU-Ausländer in Betracht (→ Rn. 300).

---

16 Art. 68 BayBO; § 58 BWLBauO.
17 Art. 21 I BayGO; § 10 II BWGO.
18 EuGH ECLI:EU:C:2008:447 Rn. 36 – Janecek, → Rn. 1297.
19 Dieser regelt für das Taxigewerbe die Konzessionsverteilung und verleiht aufgrund dieser Zielrichtung ein subjektiv-öffentliches Recht.
20 → Rn. 1259 f. zu Schutzansprüchen.

II. Ansprüche aus Ermessensvorschriften

Auch aus Ermessensvorschriften kann sich ein Anspruch auf den Erlass des begehrten VA ergeben. **1133**

> **Beispiel:** Anspruch aus der ordnungsrechtlichen Generalklausel (§ 14 I NRWOBG)[21] auf Einschreiten der Ordnungsbehörde. **1134**

Ein solcher Anspruch kann aber nur dann gegeben sein, wenn eine sog. **Ermessensreduzierung auf null** vorliegt, also nur der Erlass des VA ermessensfehlerfrei ist. Anderenfalls kann immerhin ein **Anspruch auf ermessensfehlerfreie Entscheidung** bestehen. Auch solche Ansprüche setzen aber jeweils voraus, dass ein **subjektiv-öffentliches Recht** auf eine solche Ausübung des Ermessens besteht. Einen allgemeinen Anspruch auf ermessensfehlerfreie Entscheidung gibt es nicht. Die Norm, auf die der Kläger den Anspruch gründen will, darf nicht nur lediglich dem öffentlichen Interesse dienen, sondern es muss zumindest möglich sein, dass sie auch dem Schutz seiner Individualinteressen zu dienen bestimmt ist. **1135**

So schützt die **polizei- bzw. ordnungsrechtliche Generalklausel** über das Schutzgut der öffentlichen Sicherheit hinaus jedenfalls **auch Individualrechtsgüter** und ist insofern Ausfluss staatlicher (subjektivierter) Schutzpflichten.[22] Ob im konkreten Fall dieser subjektiv-rechtliche Aspekt einschlägig und die Behörde daher zum Einschreiten verpflichtet ist, bildet keine Frage der Klagebefugnis, sondern der Begründetheit. **1136**

D. Vorverfahren

Wie für die Anfechtungsklage muss nach § 68 II VwGO bei vorheriger behördlicher Ablehnung eines Antrages auch für die Verpflichtungsklage ein Vorverfahren erfolglos durchgeführt worden sein, außer dies ist durch Gesetz entbehrlich, so gem. § 110 I 2 iVm S. 1 NRWJustG. Ausnahmen finden sich in § 110 II NRWJustG (→ Rn. 789). **1137**

Ausnahmsweise ist **bei staatlicher Untätigkeit ohne zureichenden Grund** die Klage gem. § 75 S. 1 VwGO auch ohne Vorverfahren zulässig (**Untätigkeitsklage**). Als zureichender Grund anerkannt ist ein besonderer Prüfungsaufwand im konkreten Fall, nicht aber die allgemeine Arbeitsüberlastung der Behörde.[23] **1138**

Grundsätzlich ist Voraussetzung für die Erhebung der Untätigkeitsklage, dass seit dem Antrag auf Erlass des VA drei Monate verstrichen sind; bei besonderen Umständen wie besonderer Dringlichkeit (zB lebensnotwendige Sozialleistungen) kann auch eine kürzere Frist geboten sein, § 75 S. 2 VwGO. **1139**

Liegt ein zureichender Grund für die Verzögerung vor, so weist das Gericht die Klage freilich nicht als unzulässig ab, sondern setzt gem. § 75 S. 3 VwGO das Verfahren bis zum Ablauf einer von ihm zu bestimmenden Frist aus. **1140**

---

21 Art. 11 BayPAG; §§ 1, 3 BWPolG.
22 Steiner/*Schenke* VerwR BT II Rn. 75. → Rn. 1259f. zu grundfreiheitlichen Schutzpflichten.
23 OVG Hamburg NJW 1990, 1379.

E. Klagefrist

1141 Für **Versagungsgegenklagen** beträgt die Klagefrist **einen Monat** ab Zustellung des Widerspruchsbescheides bzw. ab Bekanntgabe des ablehnenden VA (§ 74 II, I VwGO). Für **Untätigkeitsklagen** beginnt diese Frist nicht zu laufen. Hier gilt daher nur die **Grenze der Verwirkung.**

F. Rechtsschutzbedürfnis

1142 Das Rechtsschutzbedürfnis fehlt, wenn der Kläger vor Erhebung der Klage noch keinen **Antrag** auf Erlass des VA **bei der zuständigen Behörde** gestellt hat.[24] Zudem fehlt es im Fall der positiven **Konkurrentenklage,** wenn das erstrebte Ziel deshalb nicht mehr erreicht werden kann, weil das **Kontingent endgültig und unwiderruflich erschöpft** ist. Weitere Fälle sind denkbar und es kommt allgemein darauf an, ob besondere Umstände vorliegen, welche das Interesse an der Durchführung des Rechtsstreits entfallen lassen.[25]

1143 **Beispiel:** A bewirbt sich neben anderen Bewerbern auf einen **Beamtenposten.** Nachdem dieser an den Konkurrenten B **vergeben** worden ist, erhebt A Verpflichtungsklage darauf, selbst die Stelle zu erlangen. Für die Verpflichtungsklage fehlt hier das Rechtsschutzbedürfnis, weil die ausgeschriebene Position bereits durch den B besetzt ist. Auch in Kombination mit einer Anfechtungsklage gegen die Ernennung des B kann A mit seiner Verpflichtungsklage keinen Erfolg mehr haben: Eine besetzte Planstelle kann nicht nochmals vergeben werden. A hätte stattdessen Widerspruch gegen die der Ernennung des B vorausgehende Auswahlentscheidung erheben und einen Antrag auf einstweilige Anordnung nach § 123 VwGO stellen müssen, die Stelle vorläufig nicht zu besetzen.[26] Wird allerdings entgegen einer solchen gerichtlichen Anordnung die Stelle besetzt, kann das Klagebegehren in der Hauptsache weiter verfolgt werden,[27] ebenso bei einer Ernennung vor Ablauf der Wartefrist, innerhalb welcher der Unterlegene gegen die ihm mitgeteilte Auswahlentscheidung klagen und sich sogar ans BVerfG wenden können muss.[28]

§ 16 Begründetheit der Verpflichtungsklage[29]

A. Allgemeiner Rahmen

1144 Die Verpflichtungsklage ist gem. § 113 V 1 VwGO begründet, soweit die **Ablehnung oder Unterlassung des VA rechtswidrig,** der **Kläger dadurch in seinen Rechten verletzt** und die **Sache spruchreif** ist. Rechtswidrig ist die Ablehnung oder das Unterlassen des VA dann, wenn der Kläger einen Anspruch auf den begehrten VA hat. Damit korrespondiert die subjektive Rechtsverletzung. Daher bedarf es, anders als im Rahmen der Anfechtungsklage, nicht deren gesonderter Prüfung.

---

24 *Schmitt Glaeser/Horn* VerwProzR Rn. 287.

25 BVerwG NVwZ-RR 1999, 472.

26 → Rn. 1050. Die Anforderungen an die Glaubhaftmachung des Anordnungsanspruchs dürfen wegen Art. 19 IV iVm 33 II GG nicht überspannt werden, BVerfG NVwZ 2003, 200.

27 BVerwGE 118, 370 (375).

28 BVerwGE 138, 102 (Rn. 37).

29 *Ehlers* JURA 2004, 310; *Fendt* JA 2000, 883; Übungsfall: *Pünder* JuS 2000, 682; wichtige Entscheidungen: BVerwG DÖV 1981, 226 – Wahlwerbung; BVerwGE 84, 71 – Silhouettenschneiden; 91, 135 – Benutzung öffentlicher Einrichtungen; OVG Münster NJW 1993, 2635 – Hamburger Stadtsiegel.

Spruchreif ist die Entscheidung, wenn alle tatsächlichen und rechtlichen Vorausset- 1145
zungen für eine abschließende gerichtliche Entscheidung gegeben sind.[30] Bei fehlender
Spruchreife, also insbesondere bei Ermessens- und Abwägungsentscheidungen, bei
bestehendem Beurteilungsspielraum oder noch erforderlicher Sachverhaltsaufklärung
kann nur ein **Bescheidungsurteil** ergehen, § 113 V 2 VwGO. In diesem wird der erlas-
senden Behörde aufgegeben, auf Grundlage der vom Gericht für richtig erkannten
Rechtslage erneut in der Sache zu entscheiden.

Der **maßgebliche Zeitpunkt für die Beurteilung der Begründetheit** ergibt sich im 1146
Gegensatz zur Anfechtungsklage[31] ohne Weiteres aus dem Klagegegenstand. Verpflichtungsklagen beziehen sich generell auf eine aktuelle Berechtigung. Daher kommt
es **grundsätzlich** darauf an, ob dem Kläger der geltend gemachte Anspruch im **Zeitpunkt der letzten mündlichen Verhandlung** zusteht[32] und nicht, ob dieser zum Zeitpunkt der Behördenentscheidung bestand.

> **Beispiel:** Auch wenn im Zeitpunkt der Behördenentscheidung noch ein Anspruch auf Ertei- 1147
> lung einer Baugenehmigung bestand, kann dieser Anspruch aufgrund einer **Änderung der
> Rechtslage** (zB Neuerlass eines Bebauungsplans) später entfallen und nicht mehr mit der Ver-
> pflichtungsklage durchgesetzt werden.

Nur **ausnahmsweise** kommt es nach Maßgabe des materiellen Rechts auf einen **frühe-** 1148
ren Zeitpunkt an. So ist bei der Verpflichtungsklage auf Erteilung eines Sozialhilfebe-
scheides der Zeitpunkt der Antragstellung entscheidend.[33]

Ansprüche auf den Erlass von VA können sich aus Zusicherungen gem. § 38 I 1149
VwVfG (→ Rn. 1260), öffentlich-rechtlichen Verträgen,[34] aus Gesetz oder aus Grundrechten ergeben. Ansprüche unmittelbar aus Grundrechten sind allerdings subsidiär
und kommen ohne gesetzliche Konkretisierung nur in Betracht, wenn sie andere nicht
belasten; insoweit gilt der Vorbehalt des Gesetzes. Für die Grundrechte wesentliche
Fragen hat der parlamentarische Gesetzgeber selbst zu entscheiden (**Wesentlichkeitstheorie**).[35]

So können **Subventionen** an bestimmte Zeitungen sowohl die in einer Demokratie sehr bedeutsame 1150
Pressefreiheit als auch die Wirtschaftsgrundrechte der Konkurrenten beeinträchtigen.

Daher bedarf es einer normativen Grundlage.[36] Besonders wichtig sind Ansprüche auf 1151
Erteilung einer Genehmigung oder Erlaubnis (B.), insbesondere einer Baugenehmi-
gung (C.) sowie einer Sondernutzungserlaubnis für die Benutzung öffentlicher Sachen
(D.), Ansprüche auf die Benutzung öffentlicher Einrichtungen (E.), auf polizeiliches
Einschreiten (F.) sowie Ansprüche nach § 51 VwVfG auf Wiederaufgreifen des Verwal-
tungsverfahrens (H.). Ansprüche können sich auch aus Unionsrecht ergeben (J.).

---

30 *Hufen* VerwProzR § 26 Rn. 16.
31 → Rn. 803 f.
32 BVerwGE 74, 115 (118).
33 BVerwG NVwZ 1993, 996.
34 → Rn. 1323 ff.
35 BVerfGE 58, 257 (268 ff.) – Schulausschluss; grdl. BVerfGE 33, 1 – Strafvollzug. Krit. *Maurer* VerwR
   AT § 6 Rn. 12 ff. → Rn. 827.
36 Ob in jedem Fall, ließ BVerfGE 80, 124 (131 f., 134 f.) – Pressesubventionen offen. Das Haushaltsge-
   setz wurde als nicht ausreichend angesehen, s. OVG Berlin NJW 1975, 1938.

B. Die Grundstruktur von Genehmigungsfällen

1152 Begehrt der Kläger die Erteilung einer Erlaubnis, Bewilligung oder Genehmigung, so setzt das in formeller Hinsicht zunächst die Stellung eines entsprechenden Antrags bei der zuständigen Behörde voraus; sein ursprüngliches Fehlen kann nach § 45 I Nr. 1 VwVfG geheilt werden. Materiell kann der Anspruch nur bestehen, wenn zum einen eine Genehmigungspflicht besteht und zum anderen die tatbestandlichen Voraussetzungen für die Erteilung der Genehmigung vorliegen, das beantragte Begehren also genehmigungsfähig ist.

I. Genehmigungspflichtigkeit

1153 Die Genehmigungspflicht muss gesetzlich bestimmt sein. Ist ein bestimmtes Verhalten hingegen **nicht genehmigungsbedürftig** oder bedarf es nur einer vorherigen Anzeige von Seiten des Bürgers, so kann eine Verpflichtungsklage auf Erteilung einer Genehmigung auch keinen Erfolg haben. Verbietet der Staat dem Bürger dieses Verhalten, so genügt eine Anfechtungsklage gegen die Verbotsverfügung.

1154 **Beispiel:** Gemeingebrauch öffentlicher Sachen (§ 7 FStrG, § 14 I NRWStrWG[37]), genehmigungsfreies Bauen (§ 67 NRWBauO[38]), Versammlungen (§§ 14, 15 VersG), **Gewerbeausübung** (§ 14 GewO), sofern §§ 29ff. GewO bzw. entsprechende Landesregelungen (s. Art. 74 I Nr. 11, 125a I GG) nicht eingreifen: dann bedarf es einer Genehmigung.

II. Genehmigungsfähigkeit

1155 Wurde festgestellt, dass ein Verhalten **genehmigungspflichtig** ist, so ist in einem zweiten Schritt das Vorliegen der Voraussetzungen des Genehmigungstatbestandes, also die Genehmigungsfähigkeit, zu prüfen.

1156 **Beispiel:** Vorliegen der Voraussetzungen des § 75 NRWBauO[39] bei beantragter Baugenehmigung, nach §§ 4ff. GastG im Hinblick auf die Gaststättenerlaubnis nach § 2 I, der §§ 4, 6, 19 BImSchG für eine Anlagengenehmigung oder der § 8 FStrG, § 18 NRWStrWG[40] für die Erteilung einer Sondernutzungserlaubnis.

C. Anspruch auf Erteilung einer Baugenehmigung[41]

I. Anspruchsgrundlagen

1157 Ein **Anspruch auf Erteilung einer Baugenehmigung** besteht nach § 75 I 1 NRWBauO bzw. den entsprechenden Bestimmungen der Landesbauordnungen,[42] **wenn dem beantragten Vorhaben öffentlich-rechtliche Vorschriften nicht entgegenstehen.**

1158 Das gilt auch für den **Anspruch auf Erteilung eines Bauvorbescheides gem. § 71 I NRWBauO.**[43] Mit Hilfe des Vorbescheides lassen sich bereits im Vorfeld der Erteilung der Baugenehmigung problematische Einzelfragen verbindlich klären. Der wichtigste Fall des Vorbescheides ist die sog. **Bebauungsgenehmigung,** die umfassend die bau-

---

37 Art. 14 BayStrWG; § 13 BWStrG.
38 Art. 57, 58 BayBO; § 50 BWLBauO.
39 Art. 68 BayBO; § 58 BWLBauO.
40 Art. 18f. BayStrWG; § 16 BWStrG.
41 *Beaucamp* JA 2005, 471; *Dollerer* JURA 2004, 753; *Dürr* JuS 2007, 328; *Schoch* JURA 2004, 317.
42 Art. 68 BayBO; § 58 BWLBauO.
43 Art. 71 BayBO; § 57 BWLBauO.

planungsrechtliche Zulässigkeit eines Vorhabens feststellt. Entgegen dem Wortlaut »kann« besteht kein Ermessen. Auch die Bebauungsgenehmigung kann gem. §§ 71 II, 75 I NRWBauO[44] nur versagt werden, wenn öffentlich-rechtliche Vorschriften entgegenstehen. Weniger Examensrelevanz besitzt dagegen der Anspruch auf Erteilung einer **Teilbaugenehmigung** (vgl. § 76 NRWBauO[45]).

II. Formelle Anspruchsvoraussetzungen

Erste Voraussetzung für den Anspruch auf Erteilung einer Baugenehmigung ist ein entsprechender **schriftlicher Bauantrag** (vgl. § 69 NRWBauO[46]) mit allen für seine Bearbeitung erforderlichen Unterlagen **bei der zuständigen Behörde**. In NRW sind dies als **untere Bauaufsichtsbehörden** gem. §§ 62, 60 I Nr. 3 NRWBauO[47] die Städte und (für kleine kreisangehörige Städte und Gemeinden) die Kreise. **1159**

Zudem bedarf es des **Einvernehmens der Gemeinde nach § 36 BauGB.** Diese Mitwirkung der Gemeinde dient als solches der Sicherung der gemeindlichen Planungshoheit, ist aber nicht drittschützend iSv § 839 BGB, Art. 34 GG (→ Rn. 1371) und nicht von einer konkreten Betroffenheit kommunaler Selbstverwaltungsangelegenheiten abhängig. Ihr **Unterbleiben führt** daher **unabhängig von einer materiell-rechtlichen Prüfung zur Rechtswidrigkeit** der Baugenehmigung. Diese kann deshalb auch von der Gemeinde selbst angefochten werden.[48] Über das Einvernehmen hat der Gemeinderat bzw. ein von ihm gestellter Ausschuss als Inhaber der Planungshoheit zu entscheiden, nicht der Bürgermeister, der nur die laufenden Amtsgeschäfte eigenständig wahrnimmt (zB § 63 NRWGO). Das »kann« in § 36 II 3 BauGB deutet auf Ermessen; dieses widerspricht aber der Bindung an Art. 14 GG. Es besteht die Möglichkeit der Ersetzung, wodurch die formelle Rechtmäßigkeit erfüllt wird. Wird das Einvernehmen versagt, kann der Bürger die Gemeinde darauf nicht verklagen; er hat vielmehr eine Verpflichtungsklage auf Erteilung der Baugenehmigung gegen die zuständige Baubehörde zu richten, da nur diese nach außen in Erscheinung tritt.[49] Entsprechendes gilt, wenn aufgrund einer Rechtsverordnung nach § 36 I 4 BauGB die **Zustimmung der höheren Verwaltungsbehörde** nötig ist. **1160**

Gemäß § 36 II 2 BauGB **gelten nach zwei Monaten** das Einvernehmen der Gemeinde und die Zustimmung der Verwaltungsbehörde **als erteilt.** Diese **Frist beginnt** mit dem Eingang des **Ersuchens der Genehmigungsbehörde.** Gleich steht die **Einreichung des Antrags bei der Gemeinde,** wenn sie im Landesrecht vorgeschrieben ist (zB § 53 I BWLBauO). Dann kennt die Gemeinde den Antrag bereits; daher muss nicht bis zum Ersuchen gewartet werden, bis die Frist läuft.[50] **1161**

> **Beispiel** nach BVerwGE 122, 13: Problematisch ist, wenn nicht alle für erforderlich gehaltenen Unterlagen vorliegen. Normalerweise läuft die Frist nach § 36 II 2 Hs. 2 BauGB ab Einreichung der vollständigen Unterlagen. Benötigt die Gemeinde aber noch weitere Entschei- **1162**

44 Art. 71, 68 I BayBO; §§ 57 II, 58 I BWLBauO.
45 Art. 69 BayBO; § 61 BWLBauO.
46 Art. 64 BayBO; § 53 BWLBauO.
47 Art. 53 BayBO; §§ 48, 46 II BWLBauO.
48 BVerwG NVwZ 2008, 1347.
49 → Rn. 745. Zur Ersetzung: OVG Lüneburg NVwZ 2000, 1061, vgl. auch die landesrechtlich vorgesehene Ersetzung eines rechtswidrig verweigerten gemeindlichen Einvernehmens iSd § 36 BauGB, zB § 80 II NRWBauO (nur für öffentliche Bauherren), § 54 IV BWLBauO.
50 BVerwGE 122, 13 (20f.).

dungsgrundlagen, muss sie sich aktiv darum kümmern. Ansonsten geht der mit der Frist verbundene **Beschleunigungsgedanke** unter. Je nach Landesrecht muss sie sich selbst an den Bauherrn wenden oder diesen über die Genehmigungsbehörde zur Ergänzung auffordern lassen. Versäumt sie dies, beginnt die Frist nicht erst mit Stellung des kompletten Bauantrags, sondern mit dessen Einreichung. Das gilt auch dann, wenn Ergänzungsbegehren der Gemeinde sachlich nicht gerechtfertigt sind, weil sie außerhalb des auf das Bauplanungsrecht beschränkten kommunalen Aufgabenbereichs liegen (zB Naturschutzbelange). § 36 II 2 Hs. 2 BauGB bildet also eine zur ordnungsgemäßen Mitwirkung verpflichtende **Entscheidungsfrist.**

1163 Sind wie in NRW bei großen und mittleren kreisangehörigen sowie kreisfreien Städten die **Bauaufsichtsbehörde und die Gemeinde,** in der gebaut werden soll, **identisch,** **verliert das Genehmigungserfordernis seinen Sinn gänzlich** (vgl. § 60 I Nr. 3 NRWBauO). Dann bestehen schon keine zwei verschiedenen Willensträger, die zu koordinieren sind. Das gilt unabhängig davon, ob in einer Gemeinde für die Erteilung der Baugenehmigung und die Erklärung des Einvernehmens unterschiedliche Organe zuständig sind. In jedem Fall kann sie sich als Rechtsträger auf ihre **Planungshoheit** berufen und darauf gestützt die Erteilung der Baugenehmigung verweigern. Dieses Recht kommt also unabhängig von der Erteilung des Einvernehmens nach § 36 BauGB zur Geltung. Dieser Verfahrenssicherung bedarf es daher nicht.[51]

III. Materielle Voraussetzungen

1. Genehmigungspflichtigkeit

1164 **Genehmigungspflichtig** sind gem. **§ 63 I NRWBauO**[52] insbesondere die Errichtung, Änderung, Nutzungsänderung und der Abbruch baulicher Anlagen. Der Begriff der **baulichen Anlagen** ist in § 2 I 1 NRWBauO[53] als mit dem Erdboden verbundene, aus Bauprodukten hergestellte Anlagen definiert. § 2 I 3 NRWBauO[54] erweitert diesen Anlagenbegriff. Eine Verbindung mit dem Boden besteht auch, wenn die Anlage durch eigene Schwere auf dem Erdboden ruht oder auf ortsfesten Bahnen beweglich ist oder wenn die Anlage nach ihrem Verwendungszweck dazu bestimmt ist, überwiegend ortsfest benutzt zu werden (§ 2 I NRW BauO). Zu diesen Anlagen gehören Zelte, die mit Heringen und/oder ähnlichen Befestigungen mit dem Erdboden verankert sind, genutzte Wohn-, Bau- und Verkaufswagen, bei denen die Funktion als Transportmittel bei wertender Betrachtung in den Hintergrund tritt, sowie Pkws mit Vorzelt bzw. Windschutz, wenn diese überwiegend ortsfest benutzt werden. Fliegende Bauten sind demgegenüber nach der Legaldefinition des § 79 I BauO NRW bauliche Anlagen, die geeignet und bestimmt sind, an verschiedenen Orten wiederholt aufgestellt und zerlegt zu werden. Nur bei dauernder oder längerfristiger Aufstellung auf einem und demselben Platz ohne Standortänderung sind sie bauliche Anlagen, die dem gewöhnlichen bauaufsichtlichen Verfahren unterworfen sind.[55]

Ausgenommen von **der Genehmigungspflichtigkeit** sind nach **§§ 65–67 NRWBauO**[56] kleinere Anlagen sowie bestimmte Wohngebäude im Bereich qualifizierter Bebauungs-

---

51 BVerwGE 121, 339 (342 ff.).
52 Art. 55 BayBO; § 49 BWLBauO.
53 Art. 2 I 1 BayBO; § 2 I 1 BWLBauO.
54 Art. 2 I 3 BayBO; § 2 I 3 BWLBauO.
55 VG Aachen Beschl. v. 3.7.2013 – 5 L 193/13 Rn. 18 ff.
56 Art. 57 f. BayBO; §§ 50 f. BWLBauO.

pläne. Allerdings sind diese Vorhaben gleichwohl nach Maßgabe von § 67 NRWBauO der Bauaufsichtsbehörde schriftlich anzuzeigen. Es handelt sich mithin bei § 67 NRWBauO um ein **Genehmigungsfreistellungsverfahren.** Die Bauaufsichtsbehörde kann uU nach § 67 I Nr. 3 NRWBauO erklären, dass ein Genehmigungsverfahren durchgeführt werden soll, wodurch das Freistellungsverfahren beendet wird. Damit kann es trotz Vorliegens der Voraussetzungen des § 67 NRWBauO[57] zum Erfordernis einer Baugenehmigung kommen. Umgekehrt ist dies ebenso der Fall, wenn der Bauherr aus Gründen der Rechtssicherheit gem. § 67 I 3 NRWBauO die Durchführung des Baugenehmigungsverfahrens selbst beantragt. Genehmigungsbedürftige Vorhaben bedürfen grundsätzlich einer schriftlichen Genehmigung (vgl. § 75 I 2 NRWBauO[58]), ggf. im vereinfachten Verfahren nach § 68 NRWBauO.

2. Genehmigungsfähigkeit

Nach § 75 I 1 NRWBauO[59] ist die Baugenehmigung zu erteilen, wenn dem Vorhaben   **1165** öffentlich-rechtliche Vorschriften nicht entgegenstehen. Es dürfen also weder Normen des Bauordnungsrechts (jeweilige BauO), des Bauplanungsrechts (insbes. §§ 30 ff. BauGB) noch sonstige öffentlich-rechtliche Vorschriften entgegenstehen.

a) **Vereinbarkeit mit Bauordnungsrecht.** Das Bauvorhaben muss den materiellen   **1166** Anforderungen des Bauordnungsrechts genügen. Relevant sind hier neben der allgemeinen gefahrenabwehrrechtlichen Anforderung, nicht gegen die **öffentliche Sicherheit und Ordnung** zu verstoßen (vgl. § 3 I NRWBauO[60]), allenfalls Fragen der **Grenzabstände** zu anderen Grundstücken (vgl. § 6 I NRWBauO[61]) sowie das **Verunstaltungsverbot** (vgl. § 12 NRWBauO[62]). Nach Letzterem liegt eine unzulässige Verunstaltung nicht schon bei bloßer Unschönheit, sondern erst dann vor, wenn der Zustand des Bauwerkes das ästhetische Empfinden jedes für ästhetische Eindrücke offenen Betrachters verletzt.[63]

Beispiel: Denkmalgeschütztes Haus mit provokant überdimensionierter Werbeanlage.   **1167**

Fall nach VGH München DVBl. 2013, 525: B möchte ein Gebäude als Sporthalle für Funsportarten um-   **1168** nutzen, unter anderem für Paintball. Beim Paintball wird als Markierung gewertet, wenn ein Spieler durch den Ball an einer bestimmten Stelle des Körpers berührt und dadurch eingefärbt wird.

Anlagen sind gem. Art. 3 I 1 BayBO so anzuordnen, zu errichten, zu ändern und instandzuhalten, dass die öffentliche Sicherheit und Ordnung nicht gefährdet wird. Dies gilt nach Art. 3 III BayBO entsprechend für die Änderung der Nutzung von Anlagen. Die öffentliche Sicherheit umfasst auch den Schutz der (objektiven) Rechtsordnung und damit auch den **Schutz der Menschenwürde** iSv Art. 1 I GG (→ Rn. 864). Da nach Art. 1 I 2 GG auch Vorkehrungen gegen Würdeverletzungen durch Private getroffen werden müssen, darf ein Vorhaben nicht zugelassen werden, dessen Nutzung auf die Verletzung der Menschenwürde zielt. Die Menschenwürde ist dann verletzt, wenn die Subjektqualität des Menschen prinzipiell infrage gestellt wird und dieses Tun Ausdruck der Verachtung des Wertes des Men-

---

57 Art. 57 BayBO; § 51 BWLBauO.
58 Art. 68 II BayBO; § 58 I 3 BWLBauO.
59 Art. 68 I 1 BayBO; § 58 I 1 BWLBauO.
60 Art. 3 I BayBO; § 3 I BWLBauO.
61 Art. 6 BayBO; §§ 5f. BWLBauO.
62 Art. 8 BayBO; § 11 II BWLBauO.
63 BVerwGE 27, 129 (130f.).

schen ist, der ihm allein durch seine Existenz zukommt.[64] Die Spieler stehen sich beim **Paintball** in den Chancen gleich gegenüber und würdigen den Gegenspieler nicht zur bloßen Zielscheibe herab. Im Übrigen erfolgt die Spielteilnahme freiwillig (→ Rn. 939). Auch wird die Gewaltausübung gegen Menschen nicht verherrlicht und damit zur Grundlage für Auswirkungen auf allgemeine Wertvorstellungen und das Verhalten in der Gesellschaft, die den Wertvorstellungen nach Art. 1 I GG zuwiderläuft. Der Getroffene muss eben das Spielfeld verlassen, wie dies auch bei anderen Spielen der Fall ist. Dadurch erscheint der **Mensch** auch **nicht** als **bloßes Objekt**, in dessen Leben und körperliche Integrität nach Belieben eingegriffen werden kann. Vielmehr steht wie bei Indianerspielen oder Ritterspielen der Spielcharakter im Vordergrund – anders als bei Laserspielen (→ Rn. 940). Es sollen nur die schwerwiegenden Fälle auf der Basis von Art. 1 I GG verboten werden können; die Menschenwürdegarantie ist keine Bagatellvorschrift, durch die leichter Hand Spiele bzw. damit verbundene Nutzungen ausgeschlossen werden können. Es bedarf sorgfältiger Bewertung, die auf tatsächliche Erkenntnisse gestützt ist. Es muss sich nicht etwa der Antragsteller gegenüber allen vorgebrachten Vorwürfen entlasten. Ein Verstoß gegen die öffentliche Sicherheit liegt daher nicht vor. Art. 3 I, III BayBO ist daher gewahrt.

1169 **b) Vereinbarkeit mit Bauplanungsrecht.** Anders als das Bauordnungsrecht entscheidet das Bauplanungsrecht mit den planungsrechtlichen Anforderungen der §§ 30 ff. BauGB über die Zulässigkeit des Vorhabens als solchem. Im konkreten Fall beurteilt sich diese danach, ob sich das **Bauvorhaben im Geltungsbereich eines qualifizierten Bebauungsplanes (§ 30 I BauGB), im nicht qualifiziert beplanten Innenbereich (§ 34 BauGB)** oder **im Außenbereich (§ 35 BauGB)** befindet.

1170 **aa) Qualifiziert beplanter Bereich, § 30 I, II BauGB.** Ein Vorhaben ist nach § 30 I, II BauGB zulässig, wenn ein **qualifizierter allgemeiner oder vorhabenbezogener Bebauungsplan** vorhanden ist, dessen **Festsetzungen gewahrt** sind und die **Erschließung gesichert** ist. Die Wirksamkeit des Bebauungsplanes ist hier inzident so zu prüfen, wie dies isoliert bei einem Normenkontrollverfahren erforderlich ist.[65]

1171 Beispiel nach BVerwGE 133, 310: Zulässig ist dabei der **Ausschluss von Einzelhandelsbetrieben im Mischgebiet** nach § 1 V BauNVO, um ein Stadtzentrum zu stärken und dort die Neuansiedlung solcher Betriebe zu konzentrieren. Diese sind dann in dem betroffenen Mischgebiet unzulässig.

1172 Fehlt eine der Voraussetzungen des § 30 I BauGB, handelt es sich um einen **einfachen B-Plan.** Mangels näherer Festsetzungen zu Art und Maß der baulichen Nutzung etc sind § 30 III iVm §§ 34 oder 35 BauGB zu prüfen. Nähere Festsetzungen fehlen auch bei einem **vertragsbezogenen Bebauungsplan** mit bloß allgemeinen Festsetzungen, sodass ebenfalls § 30 III iVm §§ 34 oder 35 BauGB eingreifen.[66]

1173 Darüber hinaus ermöglicht der sog. **Abweichungsvorbehalt des § 31 BauGB** Ausnahmen (§ 31 I BauGB iVm §§ 2 III, 9 III BauNVO) und Befreiungen (§ 31 II BauGB).[67] Danach kann die Baugenehmigung auch dann erteilt werden, wenn Festsetzungen des Bebauungsplans nicht gewahrt sind. Das in dieser Vorschrift jeweils eingeräumte **Ermessen** bestimmt sich aufgrund des systematischen Zusammenhangs zunächst nach **bauplanungsrechtlichen Gegebenheiten und zudem nach Art. 14 I GG,** weil die Grundstücksnutzung eine Form der Eigentumsausübung darstellt.

---

64 VGH München DVBl. 2013, 525 Rn. 29 aE.
65 → Rn. 656 ff.
66 S. *Bernhardt* NVwZ 2008, 972 (974) → Rn. 680 f.
67 Speziell dazu: VGH Mannheim NVwZ 2004, 357.

Die Festsetzungen eines Bebauungsplanes stellen Inhalts- und Schrankenbestimmungen nach Art. 14 I 2 GG dar und prägen daher den Gehalt des Eigentumsrechts.[68] Wegen der in diesem Rahmen bestehenden **Baufreiheit** nach Art. 14 I GG liegt eine Ermessensreduzierung auf null nahe, wenn die Voraussetzungen von § 31 I bzw. II BauGB erfüllt sind. Umgekehrt muss ein **Vorhaben gebietsverträglich** sein, was bei Obdachlosen- und Asylunterkünften grundsätzlich der Fall ist, seit[69] § 31 II Nr. 1 BauGB (zunächst gem. § 246 IX und X BauGB bis Ende 2019) geändert wurde (→ Rn. 769). **1174**

Fall nach BVerwG NVwZ 2008, 786: Ein Dialysezentrum mit 33 Behandlungsplätzen und 17 Kfz-Stellplätzen soll in einem allgemeinen Wohngebiet errichtet werden. **1175**

Ein Vorhaben darf nicht den jeweiligen Gebietscharakter gefährden und deshalb **gebietsunverträglich** sein, auch wenn es gesundheitlichen Zwecken dient. Das gilt unabhängig davon, ob es sich um eine allgemein einem Baugebiet nach §§ 2–9 BauNVO zugewiesene Nutzungsart handelt oder ein ausnahmsweise zulässiges Vorhaben ansteht. Der Gebietscharakter wirkt daher auf jeden Fall eingrenzend. Das Kriterium der Gebietsverträglichkeit ist daher implizit in der BauNVO zugrunde gelegt. Ansonsten hätte es der Gebietsfestsetzungen mit näher bestimmten Nutzungen nicht bedurft. Entscheidend ist, ob sich das Vorhaben nach seiner typischen Nutzung eignet, auf den Charakter des jeweiligen Gebietes störend zu wirken. **Atypische Nutzungen** sollen **vermieden** werden. Relevant sind räumlicher Umfang und Größe seines betrieblichen Einzugsbereichs, Art der Betriebsvorgänge und die Intensität des Zu- und Abgangsverkehrs. 17 Kfz-Stellplätze sowie 33 Behandlungsplätze sind typischerweise in einem allgemeinen Wohngebiet nach § 4 I BauNVO problematisch. Auf eine konkrete Störung der Nachbarschaft nach § 15 BauNVO kommt es dann nicht mehr an.

bb) Unbeplanter Innenbereich, § 34 BauGB. Eine **Zwischenstellung** zwischen Vorhaben im Geltungsbereich eines Bebauungsplanes und im Außenbereich nehmen **Vorhaben im unbeplanten Innenbereich (§ 34 BauGB)** ein. Hier ist der Innen- vom Außenbereich abzugrenzen. Maßgeblich ist gem. § 34 I BauGB, ob ein »im Zusammenhang bebauter Ortsteil« vorliegt, also von den vorhandenen Gebäuden her **geschlossene und zusammenhängende Bebauung,** die **durch Baulücken nicht gestört** wird[70] und **keine** bloße **Splittsiedlung** darstellt. Entspricht die Eigenart der näheren Umgebung einem Gebiet der BauNVO, ist das Vorhaben nach der **Art** gem. § 34 II BauGB so zu behandeln, wie wenn es nach der BauNVO geplant wäre. Das Maß richtet sich aber immer noch nach § 34 I BauGB und nicht nach der BauNVO. **1176**

Handelt es sich hingegen nicht um ein Gebiet wie nach der BauNVO, greift § 34 I BauGB ein. Danach ist ein Vorhaben im Zusammenhang bebauter Ortsteile – also im Innenbereich – bei **Einfügen in die nähere Umgebung** zulässig. Unter den Voraussetzungen des § 34 IIIa BauGB kann ausnahmsweise vom Erfordernis des Einfügens in die Umgebung abgewichen werden, wenn es sich nicht um ein Vorhaben nach IIIa S. 2 handelt. **1177**

Für die Frage, ob das Vorhaben sich in die Eigenart der näheren Umgebung einfügt, ist dann zunächst die **vorhandene Bebauung zu ermitteln** und auf dieser Basis ein Rahmen aufzustellen, in dem gebaut werden darf. Diesem Rahmen muss das Vorhaben entsprechen. Der Rahmen wird sowohl durch die Ausstrahlung des Vorhabens auf die Umgebung als auch aus der Einstrahlung der Umgebung auf das Vorhaben geprägt. **1178**

---

68 Vgl. BVerwGE 88, 191; → Rn. 686 sowie → Rn. 1191.
69 Gegenteilig noch VG Ansbach v. 9.10.2014, AN 9 K 14.00830.
70 BVerwGE 31, 22; BVerwG NVwZ 1987, 406 selbst für größere Flächen.

1179 In einem zweiten Schritt sind die planungsrechtlich relevanten Spannungen hinzuzunehmen. Sie sind vorhanden, wenn das **Gebot der Rücksichtnahme** in unmittelbarem Verhältnis zu benachbarten Gebäuden nicht gewahrt bleibt. Treten solche Spannungen nicht auf, ist in jedem Fall eine Genehmigung zu erteilen. Sind sie vorhanden, ist sie zu versagen, auch wenn der Rahmen eingehalten wurde.[71]

1180 Eine **Begrenzung** der nach § 34 I und II BauGB zulässigen Vorhaben kann **durch Festsetzungen in einem Bebauungsplan gem. § 9 IIa BauGB** erfolgen (→ Rn. 666). Danach können nur bestimmte Arten baulicher Nutzungen für generell oder nur ausnahmsweise zulässig oder für unzulässig erklärt werden, **um zentrale Versorgungsbereiche zu erhalten oder zu entwickeln.** Deren **planungsrechtliche Voraussetzungen** sollen nach § 30 oder § 34 BauGB vorhanden oder in einem Bebauungsplan vorgesehen sein. Ein informelles Einzelhandelskonzept genügt also nicht. Weiter ist Voraussetzung letztlich ein auf die zentralen Versorgungsbereiche bezogenes **städtebauliches Entwicklungskonzept,** kann es doch nur dann gem. § 9 IIa 2 BauGB berücksichtigt werden.[72]

1181 Jedenfalls dürfen sowohl von Vorhaben nach § 34 I BauGB als auch nach II gem. § 34 III BauGB **keine schädlichen Auswirkungen auf zentrale Versorgungsbereiche** der Gemeinde oder anderer Gemeinden zu erwarten sein.[73]

1182 **Fall** nach BVerwGE 129, 307: K will in der Nähe der Innenstadt von X einen Elektrofachmarkt mit rd. 2250 qm errichten. Dieser hätte 75 % der im Versorgungsbereich schon vorhandenen Gesamt-Verkaufsfläche des Bereichs Elektro/Foto.

Das betroffene Innenstadtzentrum hat eine wichtige Versorgungsfunktion für die Bevölkerung und bildet schon von seiner Lage einen **zentralen Versorgungsbereich.** Das können aber auch Nebenzentren sowie Grund- und Nahversorgungszentren sein, sofern sie mehrere Einzelhandelsbetriebe mit sich ergänzendem bzw. konkurrierendem Warenangebot aufweisen. Der Begriff »zentral« ist also funktional zu verstehen und steht für eine Versorgung der Bevölkerung insbesondere mit Waren und Dienstleistungen des kurz-, mittel- und langfristigen Bedarfs über den unmittelbaren Nahbereich hinaus. Dies ergibt sich aus den baulichen Nutzungen, deren räumlicher Zuordnung und verkehrsmäßigen Anbindung.

§ 34 III BauGB verlangt kein tatsächliches Vorliegen zentraler Versorgungsbereiche. Vielmehr genügt deren Planung jedenfalls dann, wenn sie nicht nur informell, sondern in Raumordnungs- oder Bauleitplänen enthalten ist.

§ 34 III BauGB dient nicht dem Schutz vor Konkurrenz (Gebot der **Wettbewerbsneutralität des Planungsrechts**).[74] Schädliche Auswirkungen, die ein (anderes) Vorhaben hindern, setzen beachtliche Funktionsstörungen voraus. Sie ergeben sich vor allem daraus, dass die Funktionsfähigkeit des betroffenen zentralen Versorgungsbereichs in beachtlichem Maße beeinträchtigt und damit gestört wird. Das erfolgt insbesondere durch Kaufkraftabfluss. Indiz dafür soll ein Größenvergleich sein, während Marktgutachten oft schwierig sind. Hier deckt der neue Markt dasselbe Sortiment auf 75 % der bisher im zentralen Versorgungsbereich vorhandenen Fläche ab. Daher ist ein Kaufkraftabfluss und damit eine Störung der Funktionsfähigkeit zu erwarten. Eine solche schädliche Auswirkung auf den zentralen Versorgungsbereich macht das Vorhaben nach § 34 III BauGB unzulässig.

---

71 BVerwGE 55, 369 (386); BVerwG NuR 2000, 87 (89).
72 *Battis/Krautzberger/Löhr* NVwZ 2007, 121 (122 f.) auch näher zum Ganzen.
73 Einzelheiten: *Gatawis* NVwZ 2006, 272; *Uechtritz/Reidt* NVwZ 2007, 660 und 664.
74 OVG Münster NVwZ 2007, 735.

In § 34 IV BauGB werden die Gemeinden ermächtigt, **Satzungen** aufzustellen, um im 1183
Zusammenhang bebaute Ortsteile zu bestimmen und Außenbereichsgebiete als derartige Ortsteile festzulegen bzw. in derartige Ortsteile einzubeziehen. Dabei haben sie
die Vorgaben der V, VI zu beachten.

cc) Außenbereich, § 35 BauGB. Den Auffangtatbestand für alle Vorhaben, die weder 1184
unter § 30 BauGB noch unter § 34 BauGB fallen, bildet § 35 BauGB. Im Außenbereich
sind gem. § 35 I BauGB die in Nr. 1–7 aufgezählten und damit **privilegierten Vorhaben** zulässig, wenn öffentliche Belange nicht entgegenstehen und die Erschließung gesichert ist.[75] Wichtig sind hierbei vor allem land- und forstwirtschaftliche Betriebe
(Nr. 1 iVm § 201 BauGB: Definition der Landwirtschaft) sowie Wind- und Wasserenergieanlagen (Nr. 5). Dagegen sind **sonstige Vorhaben gem. § 35 II BauGB nur im
Einzelfall zulässig,** nämlich wenn öffentliche Belange nicht beeinträchtigt werden und
ebenfalls die Erschließung gesichert ist. Die unterschiedliche Behandlung liegt darin
begründet, dass für die Vorhaben des § 35 I BauGB eine Errichtung im Außenbereich
durchaus erwünscht ist, weil sie in allen anderen Gebieten zu schwerwiegenden Interessenskonflikten führten. Sonstige Vorhaben sollen dort dagegen grundsätzlich nicht
errichtet werden, damit der Außenbereich soweit wie möglich bebauungsfrei bleibt.

> **Beispiel:** Ein **Schweinemastbetrieb** sollte wegen der von ihm ausgehenden Geruchsemissio- 1185
> nen im Außenbereich errichtet werden (§ 35 I Nr. 4 BauGB) und stellt daher ein privilegiertes
> Vorhaben dar. Dagegen gehört ein **Wochenendhäuschen** von seiner Zweckbestimmung her
> nicht in den Außenbereich. Insbesondere ist auch nicht der Auffangtatbestand des § 35 I Nr. 4
> BauGB (»wegen seiner besonderen Zweckbestimmung nur im Außenbereich«) erfüllt. Es handelt sich deshalb um ein sonstiges Vorhaben gem. § 35 II BauGB. **Altenteilerhäuser** sind hingegen typisch für landwirtschaftliche Betriebe. Ob bauliche Nebenanlagen zu einem im Außenbereich belegenen Altenteilerhaus zulässig sind, richtet sich nach § 35 I Nr. 1 BauGB.
> Dazu gehören Garagen, nicht Swimmingpools: Letztere dienen mangels Verkehrsüblichkeit
> nicht einem landwirtschaftlichen Betrieb; sie gehören nicht zu dessen funktionsgerechten
> Nutzung. Eine Erweiterung folgt nicht aus § 14 I 1 BauNVO: Diese Vorschrift betrifft entsprechend ihrem Wortlaut »in dem Baugebiet« (vgl. § 1 II, III 1 BauNVO) nicht den Außenbereich. Daher beurteilt sich die Zulässigkeit des Swimmingpools nach § 35 II BauGB. Jedenfalls wird die natürliche Eigenart der ihn umgebenden Landschaft entgegen § 35 III 1 Nr. 5
> 4. Var. BauGB beeinträchtigt: Einer landwirtschaftlichen Umgebung ist ein Pool wesensfremd,
> auf eine optische Beeinträchtigung kommt es wegen des weiter aufgelisteten Begriffs der Verunstaltung nicht an.[76]

Die öffentlichen Belange sind, wenn auch nicht abschließend (»insbesondere«), in § 35 1186
III Nr. 1–8 BauGB aufgezählt, der sich entgegen seinem Wortlaut auch auf § 35 I
BauGB bezieht. Relevant ist hier zumeist die Gefahr der Entstehung, Verfestigung
oder Erweiterung einer Splittersiedlung (Nr. 7). Obwohl dort nicht eigens genannt, gehört auch das im gesamten Baugenehmigungsrecht zu beachtende **Gebot der Rücksichtnahme**[77] zu den öffentlichen Belangen. Von daher ist sicherzustellen, dass sich
das Bauvorhaben in die nähere Umgebung einfügt.

Obgleich **§ 35 II BauGB** dem Wortlaut nach der Behörde generell ein Ermessen ein- 1187
räumt, besteht **kein Versagungsermessen, wenn öffentliche Belange nicht beein-**

---

75 Übungsklausuren: *Droege* JuS 2007, 250; *Gerbig* JuS 2009, 836.
76 VGH Mannheim Urt. v. 20.7.2013 – 3 S 241/12 mwN.
77 → Rn. 771.

trächtigt werden.[78] § 35 II BauGB ist insofern im Hinblick auf Art. 14 I GG verfassungskonform auszulegen. Sind öffentliche Belange doch beeinträchtigt, ist im Rahmen von § 35 II BauGB ein Bauvorhaben unzulässig, ohne dass es einer Güterabwägung bedarf. Demgegenüber verlangt § 35 I BauGB für privilegierte Vorhaben, dass öffentliche Belange nicht entgegenstehen; hier ist also abzuwägen. Ein privilegiertes Bauvorhaben kann also trotz entgegenstehender öffentlicher Belange nach Ermessensausübung genehmigt werden.

1188 In § 35 IV BauGB werden die in Abs. 3 enthaltenen Kriterien zur Feststellung der Beeinträchtigung öffentlicher Belange teilweise wieder eingeschränkt. Bestimmten, nicht schon nach I privilegierten Bauvorhaben sollen die Kriterien des Abs. 3 Nr. 1, 2, 5 und 7 nicht vorgehalten werden können, wenn sie zumindest im Übrigen außenbereichsverträglich sind, wenn also zu diesen nunmehr eingeschränkten Kriterien kein weiteres hinzukommt. Man könnte hier von **teilprivilegierten Vorhaben** sprechen.

1189 Unter bestimmten Voraussetzungen dürfen die Gemeinden außerdem gem. § 35 VI BauGB **Satzungen** erlassen, durch die einer Wohnbebauung sowie kleineren Betrieben ein Widerspruch zum Flächennutzungsplan oder die Gefahr einer Splittersiedlung nicht entgegengehalten werden kann. Die Gemeinden haben es danach in der Hand, eine weitere Teilprivilegierung vorzunehmen.

1190 **dd) Grundrechtlich bedingte Zulässigkeit.** Erfüllt ein **Vorhaben** nicht die Voraussetzungen der §§ 30 ff. BauGB, so stellt sich die Frage, ob es dennoch **im Hinblick auf die Eigentumsgarantie des Art. 14 I GG** zulässig sein kann. Nach der stRspr des BVerwG wurde dies früher häufig unter den Aspekten des »**eigentumsrechtlichen Bestandsschutzes**« sowie der »**eigentumskräftig verfestigten Anspruchsposition**« bejaht.[79] Bestandsschutz bedeutet dabei, dass ein einst rechtmäßig errichtetes, nunmehr aber gegen Planungsrecht verstoßendes Bauwerk nicht abgerissen werden muss (passiver Bestandsschutz) bzw. erweitert werden darf (aktiver Bestandsschutz). Aus einer eigentumskräftig verfestigten Anspruchsposition sollte sich trotz Verstoßes gegen §§ 30 ff. BauGB sogar das Recht ergeben, ein unbebautes Grundstück schon deshalb bebauen zu dürfen, weil die Bebauung früher einmal zulässig war, sie sich aufdrängte und dieses Bebauungsrecht wie Eigentum zu behandeln sei.

1191 Angesichts der nach und nach ins BauGB eingefügten differenzierten Regelungen in §§ 31, 34 II und vor allem in § 35 IV BauGB ist aber **mittlerweile ein Rückgriff auf Art. 14 I GG regelmäßig verwehrt.**[80] Dementsprechend lehnt das BVerwG einen Bestandsschutz außerhalb dieser einfachgesetzlichen Regelungen allein aus Art. 14 I 1 GG mittlerweile ausdrücklich ab, da diese in zulässiger Weise Inhalt und Schranken der Baufreiheit gem. Art. 14 I 2 GG bestimmen.[81] Die Bedeutung des Art. 14 I 1 GG besteht demnach ausschließlich darin, dass ihm der Gesetzgeber bei seinen Regelungen und die Behörde bei der Normanwendung Rechnung zu tragen hat. Dies hat aber sachgerecht unter Beachtung der Gehalte der Eigentumsfreiheit zu erfolgen (→ Rn. 686 f.).

---

78 BVerwGE 18, 247 (250 f.); aA *Ortloff* NVwZ 1988, 320.

79 Vgl. etwa BVerwGE 47, 126 (131); 72, 362.

80 AA *Sieckmann* NVwZ 1997, 853 (856 f.) zu § 35 IV BauGB sowie Schoch/*Krebs* 4. Kap. Rn. 145 zu § 34 BauGB.

81 BVerwGE 85, 289 (294); 88, 191 (203); 106, 228 (234 ff.) mit Hinweis auf die Abweichung zur früheren Rspr. Zu § 34 I BauGB: BVerwG NuR 2000, 87.

Eine andere Frage ist, inwieweit andere Grundrechte als das Eigentumsgrundrecht, **1192** insbesondere die **Kunstfreiheit des Art. 5 III GG,** die Auslegung der §§ 30 ff. BauGB beeinflussen können.

Fall nach BVerwG DVBl. 1995, 1008 – Arno-Breker-Statuen: Kunstliebhaber K ist Eigentümer eines **1193** Grundstückes mit Ferienhaus im Außenbereich, dessen Umgebung vorwiegend land- und forstwirtschaftlich genutzt wird. Er möchte auf diesem Grundstück zwei jeweils mit Betonsockel fast 15 m hohe Monumentalfiguren des Künstlers Arno Breker aufstellen. Der Bauantrag des K wurde abgelehnt, weil das Bauvorhaben gem. § 35 III Nr. 1 und 5 BauGB den Darstellungen des Flächennutzungsplanes widerspreche, das Landschaftsbild verunstalte und die natürliche Eigenart der Landschaft beeinträchtige. K meint, das Aufstellen der Figuren könne schon aus Gründen der Kunstfreiheit nicht unzulässig sein.

Art. 5 III GG ist nicht schrankenlos, sondern durch konkurrierendes Verfassungsrecht beschränkbar (→ Rn. 384 f.). Den Ausgleich mit Art. 20a GG stellt hier § 35 III BauGB her; an ihm ist daher das Baubegehren des K zu messen. Als beschränkendes Gesetz ist aber § 35 III BauGB im Lichte des Art. 5 III GG auszulegen (**Wechselwirkung**).[82] Daher kann aufgrund einer wertenden Gesamtbetrachtung ein Kunstwerk planungsrechtlich zulässig sein, obwohl es öffentliche Belange nach § 35 III Nr. 1 und 5 BauGB beeinträchtigt. Diese können von dem gleichfalls öffentlichen Belang der **Kunstfreiheit** überwogen werden, außer die dieser widerstreitenden Belange haben im Einzelfall stärkeres Gewicht. Im Beispiel ist die monumentale Baukunst nicht gegenüber der Wahrung der Integrität von Natur und Landschaft vorrangig.

c) Vereinbarkeit mit sonstigen öffentlich-rechtlichen Vorschriften. Schließlich **1194** muss geprüft werden, ob die Erteilung der Baugenehmigung aus anderen als baurechtlichen Gründen versagt werden muss. Zu denken ist hier insbesondere an **Vorschriften des Denkmalschutz-, Straßen- oder Immissionsschutzrechts.**

Anspruch auf eine Baugenehmigung, § 75 I 1 NRWBauO **1195**

I. Formell
- zuständige Behörde; Unzuständigkeit Baubehörde bei Konzentrationswirkung, zB § 13 BImSchG
- schriftlicher Antrag (Heilung nach § 45 I Nr. 1 VwVfG)
- Einvernehmen der Gemeinde, § 36 BauGB

II. Materiell
- Genehmigungspflichtigkeit des Vorhabens
  - bauliche Anlage
  - Errichtung, Änderung, Nutzungsänderung, Abbruch, § 63 NRWBauO
  - Ausnahmen, §§ 65, 67, 79, 80 NRWBauO
- Genehmigungsfähigkeit: ör Vorschriften stehen nicht entgegen
  - Vereinbarkeit mit Bauordnungsrecht (jeweilige LBauO)
  - Vereinbarkeit mit Bauplanungsrecht (BauGB)

---

82 → Rn. 370.

Bei Bebauungsplan, § 30 I, II, III	Unbeplanter Innenbereich, § 34 (auch § 30 III)	Außenbereich, § 35 (auch § 30 III)
– Vereinbarkeit mit diesem – wenn nein: Ausnahme ohne Dispens nach § 31 (Ermessen) – vorgezogen bei Aufstellungsbeschluss nach § 33: begründet nur Zulässigkeit, verhindert sie nicht	– Übereinstimmung mit BauNVO, § 34 II: Zulässigkeit der Art nach BauNVO §§ 31 I und II analog – Einfügung in nähere Umgebung § 34 I – stets keine schädlichen Auswirkungen auf zentrale Versorgungsbereiche, § 34 III	– Privilegierte Vorhaben nach § 35 I – Sonstige Vorhaben nach § 35 II, IV, VI – Öffentliche Belange (§ 35 III): nicht entgegen (I: Abwägung)/ beeinträchtigt (II) Teilprivilegierung nach § 35 IV, VI

- Erschließung gesichert
- weder Veränderungssperre (§ 14 BauGB) noch Zurückstellung (§ 15 BauGB)
- Art. 14 I GG macht Vorhaben nicht unmittelbar zulässig, wirkt aber auf §§ 31, 34 II und 35 IV BauGB ein
- Vereinbarkeit mit sonstigem öffentlichen Recht, § 9 I FStrG etc.

D. Ansprüche auf die Benutzung öffentlicher Sachen, insbesondere Straßen

I. Allgemeines, Abgrenzung von Anfechtungssituationen

1196 Ansprüche auf Erlass von VA können auch im Hinblick auf die Benutzung öffentlicher Sachen bestehen. In aller Regel geht es dabei um die **Benutzung von Straßen** und damit um Fragestellungen, die im Bundesfernstraßengesetz (FStrG) oder den Straßen- und Wegegesetzen der Länder (NRWStrWG, BayStrWG, BWStrG) geregelt sind.

1197 Für die Nutzung öffentlicher Straßen ist aber – anders als für die Benutzung öffentlicher Einrichtungen[83] – **nicht stets eine Zulassung erforderlich**. Nur wenn eine Sondernutzung begehrt wird, benötigt man eine entsprechende Erlaubnis (§ 8 FStrG).[84] Der **Gemeingebrauch** von Straßen (§ 7 FStrG)[85] und partiell der **Straßenanliegergebrauch** (§ 8a FStrG)[86] sind dagegen erlaubnisfrei. Lediglich wenn der Bürger die Erteilung einer **Sondernutzungserlaubnis** begehrt, liegt daher eine **Verpflichtungskonstellation** vor. Möchte er dagegen eine Untersagungsverfügung aus der Welt schaffen, etwa mit dem Hinweis darauf, dass sein Verhalten sich noch im Rahmen des erlaubnisfreien Gemeingebrauchs befindet, will er abwehren und muss daher Anfechtungsklage erheben.

---

83 → Rn. 1222.
84 Entsprechend § 18 NRWStrWG; Art. 18 BayStrWG; § 16 BWStrG.
85 Entsprechend § 14 NRWStrWG; Art. 14 BayStrWG; § 13 BWStrG.
86 Entsprechend § 14a NRWStrWG; Art. 17 BayStrWG; § 15 BWStrG.

Beispiel: A wird verboten, in der Fußgängerzone Plakatständer aufzubauen und Handzettel zu verteilen, mit denen er über Menschenrechtsverletzungen in China aufklären will. Er begehrt nun aber nicht etwa die Erteilung einer Sondernutzungserlaubnis, sondern erhebt Widerspruch und anschließend Anfechtungsklage gegen die Verbotsverfügung, weil er meint, seine Benutzung der Straße sei noch Gemeingebrauch und deshalb auch ohne die Erteilung einer Erlaubnis zulässig (→ Rn. 1216). **1198**

II. Begriff der öffentlichen Sache

Öffentliche Sachen sind kraft Widmung dazu bestimmt, einem bestimmten Zweck unmittelbar zu dienen. So dienen Straßen dem Verkehr. Deren wesentlicher Unterschied zu einer öffentlichen Anstalt und einer öffentlichen Einrichtung besteht deshalb darin, dass sie als **öffentliche Sachen im Gemeingebrauch** im Rahmen der Widmung **ohne Zulassung** im Einzelfall eine **bestimmte Nutzung** ermöglichen. Der **Nutzer** hat insoweit eine **unmittelbare Rechtsposition,** während er bei Anstalten und Einrichtungen nur ein durch die Anstaltsorgane vermitteltes obligatorisches Recht auf Zulassung besitzt. Insofern wird das private Eigentum von dieser öffentlich-rechtlichen Zweckbindung überlagert; diese lastet als öffentlich-rechtliche Dienstbarkeit und damit wie ein dingliches Recht darauf. In diesem Maß ist das Recht des Eigentümers aus § 903 BGB eingeschränkt und die Sache von der verwaltungsrechtlichen Sonderordnung geprägt.[87] **1199**

Neben den hier vorrangig zu erwähnenden Straßen können auch Sportplätze, Bibliotheken, Parkplätze und Rathäuser zu den öffentlichen Sachen gehören. **1200**

Charakterisierend ist, dass die öffentlichen Sachen dazu bestimmt sind, **einem festgelegten öffentlichen Zweck unmittelbar zu dienen.** **1201**

Eine Sache erhält ihren Charakter als öffentliche Sache neben der Gemeinwohlfunktion allerdings nicht bereits durch die tatsächliche Indienststellung, sondern **konstitutiv** erst durch die **Widmung.**[88] Durch sie wird aus einer rein privaten Sache eine öffentliche Sache. Generell kann die Widmung einer öffentlichen Sache sowohl in der Form des VA als auch einer Rechtsnorm (zB Satzung) ergehen. Im Straßenrecht ist indes anerkannt, dass die Widmung als **Allgemeinverfügung gem. § 35 S. 2 Alt. 2 und 3 VwVfG** in der Rechtsform des VA ergeht.[89] Fehlt es an einem solchen formellen Widmungsakt, kann die Gebrauchsüberlassung oder, insbesondere bei Sachen im Verwaltungsgebrauch, die Inventarisierung einer Sache uU eine konkludente Widmung durch VA darstellen.[90] **1202**

III. Erlaubnispflichtigkeit

Die Benutzung einer öffentlichen Sache ist nur dann erlaubnispflichtig, wenn eine Sondernutzung begehrt wird, nicht dagegen, wenn ein Fall des Gemeingebrauchs oder des sog. Anliegergebrauchs vorliegt. **1203**

---

87 S. Ehlers/Pünder/*Papier/Durner* AllgVerwR § 41 Rn. 1 ff.

88 Zur Widmung und dem daraus resultierenden Nutzungsanspruch *Axer* NVwZ 1996, 114.

89 Steiner/*Steiner* VerwR BT IV Rn. 46 ff. Während dies im FStrG nicht ausdrücklich geregelt wird (vgl. § 2 I FStrG), ist in einigen Bundesländern ausdrücklich die Form der Allgemeinverfügung vorgesehen (so etwa in § 6 I 1 NRWStrWG).

90 OVG Münster NJW 1993, 2635 (2635) – Hamburger Stadtsiegel. Dazu auch BVerwG NJW 1994, 144 (144f.).

1. Gemeingebrauch und Sondernutzung

1204　Allgemein lässt sich Gemeingebrauch als **unentgeltlicher Jedermanns-Gebrauch ohne das Erfordernis besonderer Zulassung** definieren. Bei Straßen ist dies der Verkehr im Rahmen der Widmung und der verkehrsbehördlichen Vorschriften (§ 7 I 1 FStrG).

1205　**Beispiel:** Für die sog. **Anwohnerparkplätze** erfolgt in § 45 Ib 1 Nr. 2a StVO eine »Reservierung des Parkraums für die Berechtigten«. Demzufolge wird der Gemeingebrauch hier gruppenspezifisch auf Anwohner mit entsprechendem Parkschein beschränkt.[91]

1206　Nur in diesem Rahmen besteht ein Anspruch auf Gemeingebrauch; einen Anspruch auf Aufrechterhaltung des Gemeingebrauchs einer Sache gibt es dagegen nicht.[92] Dementsprechend gibt es auch keinen Abwehranspruch gegen Sondernutzungen auf Gemeingebrauchsflächen.[93]

1207　**Sondernutzung** und damit erlaubnispflichtig ist dagegen die **Benutzung** von im Gemeingebrauch stehenden öffentlichen Sachen, **die über** diesen **Gemeingebrauch hinausgeht** (§ 8 I 1 FStrG).

1208　**Beispiel:** Ein Eiscafé stellt im Sommer außerhalb des Ladenlokals Tische und Stühle in der Fußgängerzone auf.

1209　Weil Gemeingebrauch von Straßen die Teilnahme am Verkehr voraussetzt, stellt sich die Frage, wann das **Abstellen von Fahrzeugen im öffentlichen Straßenraum** noch als Teilnahme am Verkehr anzusehen ist und wann dies eine Sondernutzung darstellt.

1210　Solange ein abgestelltes Kraftfahrzeug jederzeit betriebsbereit für die Teilnahme am Straßenverkehr ist, bildet nicht nur das kurzfristige, sondern auch das dauerhafte und regelmäßige Abstellen Gemeingebrauch.[94] Diese notwendige **Rückbindung zum Verkehr** fehlt aber, wenn nicht zugelassene oder nicht betriebsbereite Fahrzeuge abgestellt werden. Dann liegt eine erlaubnispflichtige Sondernutzung vor.[95] Der Bezug zum Verkehr fehlt auch dann, wenn Fahrzeuge ausschließlich oder vorrangig zu gewerblichen Zwecken abgestellt werden, etwa Anhänger ohne Zugfahrzeug, aber auch Fahrzeuge mit Werbeaufschrift.[96] Ein vorrangiger Werbezweck muss aber durch objektive Anhaltspunkte hinreichend deutlich werden (Gestaltung, Dauer und Art der Aufstellung).[97]

1211　**Beispiel** nach BVerwG DVBl. 2012, 1434: Auch der Betrieb eines »**BierBikes**« gilt nicht als Gemeingebrauch, sondern als Straßensondernutzung. Hauptzweck ist, Partys, Feiern oder ähnliche Veranstaltungen auf der Straße durchzuführen[98] (s. § 7 I 3 FStrG, § 14 I, III NRWStrWG). Der Transport von Personen ist lediglich untergeordnet. Die ausschließlich objektive Gewichtung und Beurteilung des vorrangigen Zwecks dient dazu, möglichen Schutzbehauptungen des Nutzers zu seiner Motivation entgegenzuwirken.[99] »BierBikes« dürfen daher nur mit einer Sondernutzungserlaubnis betrieben werden. Die Erteilung liegt im Ermessen der Ordnungsbehörde und darf nicht durchweg abgelehnt werden.[100] Allerdings können die Ordnungsbehörden vorbehaltlich einer besonderen gesetzlichen Regelung (§ 14 IV NRWStrWG) Geneh-

---

91　Zu den Grenzen zulässiger Anwohnerparkberechtigungen BVerwGE 107, 38.
92　Vgl. § 14 I 2 NRWStrWG; § 13 II StrGBW; Art. 14 III BayStrWG.
93　OVG Lüneburg NJW 2004, 382 (383).
94　BVerwGE 23, 325; 34, 320 (324); BVerwG NJW 1982, 2332.
95　BVerwGE 34, 320 (324).
96　OLG Düsseldorf NVwZ 1991, 206; OVG Münster NJW 2005, 3162.
97　OVG Hamburg NJW 2004, 1970.
98　BVerwG DVBl. 2012, 1434 Rn. 4.
99　BVerwG DVBl. 2012, 1434, Rn. 13.
100　OVG Münster GewArch. 2012, 93 (94).

migungs- und Sondernutzungsgebühren erheben sowie Einfluss auf die Route nehmen und den Betrieb der »BierBikes« auf diese Weise unattraktiv werden lassen.[101] Falls die Betreiber ihr Geschäftsmodell in Stadtrundfahrten ändern, handelt es sich indes um keine straßenrechtliche Sondernutzung.[102]Ähnlich liegt der Fall bei **Flashmobs**. Sie gelten ebenfalls als straßenrechtliche Sondernutzung. Diese Versammlungen haben zwar normalerweise keine negativen Auswirkungen auf die Individualrechtsgüter, können jedoch eine konkrete Gefahr für die öffentliche Sicherheit darstellen.[103] Beim **Rucksacktrinken** werden alkoholische Getränke zu öffentlichen Veranstaltungen mitgebracht. Es überschreitet dann den Gemeingebrauch, wenn durch alkoholbedingte Begleiterscheinungen wie Anpöbeln von Passanten der Verkehrszweck gänzlich in den Hintergrund tritt.[104] Parallel dazu bildet die **Gehsteigberatung** nur dann eine Sondernutzung, wenn sie aggressiv durchgeführt wird, indem Passanten bedrängt werden.[105]

2. Straßenanliegergebrauch

Eine Zwischenstellung zwischen dem jedermann erlaubten Gemeingebrauch und der präventiv verbotenen Sondernutzung nimmt der **Straßenanliegergebrauch** (auch gesteigerter Gemeingebrauch) ein. Dieser ist notwendiger **Ausfluss des Eigentums** an einem Grundstück, das erreichbar sein muss, und deshalb letztlich durch Art. 14 I GG abgesichert.[106] Er ermöglicht einem abgegrenzten Personenkreis eine Nutzung ohne Erlaubnis.

1212

Einfachgesetzlich kommt diese besondere Rechtsstellung der Straßenanlieger, also Eigentümer und Besitzer von Grundstücken, die an einer öffentlichen Straße gelegen sind, nicht nur in der spezifischen Regelung des § 8a FStrG zum Ausdruck, sondern insbesondere in den **Regelungen der Landesstraßengesetze** (§ 14a NRWStrWG; § 15 I BWStrG; Art. 17 III 1 BayStrWG). Danach dürfen Straßenanlieger die an ihr Grundstück **angrenzenden Straßen** auch **über den Gemeingebrauch** hinaus ohne Erlaubnis in Anspruch nehmen, **soweit** diese Benutzung **zur Nutzung des Grundstücks erforderlich** ist. Hintergrund ist, dass die Straßenanlieger ihre Grundstücke nicht wirklich nutzen können, wenn sie nicht zugleich den angrenzenden öffentlichen Straßenraum mitbenutzen dürfen. Dabei ist aber auf die grundsätzliche Nutzung der öffentlichen Straßen für Verkehrszwecke Rücksicht zu nehmen. Der Gemeingebrauch darf nicht dauernd unmöglich oder erheblich beeinträchtigt werden; Eingriffe in den Straßenkörper sind gänzlich ausgeschlossen (s. § 14a I NRWStrWG).

1213

> **Beispiel:** Umfasst ist die Benutzung der anliegenden Straßen, um auf das Grundstück zu gelangen und es zu verlassen (**»Kontakt nach außen«**), sowie das zeitweise Abstellen von Mülltonnen auf dem Bürgersteig. Nicht erforderlich für die Grundstücksnutzung ist Fremdreklame,[107] wohl aber über dem Straßenkörper in die Luft ragende Eigenwerbung.[108]

1214

3. Kommunikativer Gemeingebrauch

Zwar bezieht sich der Widmungszweck von **Straßen** auf den Verkehr. Straßen bilden aber vielfach auch öffentliche Plätze bzw. Fußgängerzonen. Damit formen sie **Flächen für die Kommunikation und Begegnung** mit anderen Verkehrsteilnehmern und die-

1215

---

101 *Lund* DVBl. 2012, 1436 (1437).
102 *Lund* DVBl. 2012, 1436 (1437) unter Verweis auf OVG Münster NVwZ-RR 2012, 422 (424).
103 *Lenski* VerwArch 2012, 539 (549f.).
104 OVG Schleswig NordÖR 1999, 381 (382f.); dazu *Siegel* NVwZ 2013, 479 (480f.) mwN.
105 VGH Mannheim NJW 2011, 2352; zuvor VG Freiburg Beschl. v. 4.3.2011 – 4 K 314/11.
106 BVerwGE 32, 222 (224f.); 94, 136 (139). Vgl. auch → Rn. 502f.
107 BVerwG DÖV 1978, 373 (374).
108 BVerwGE 54, 1 (3).

nen damit der Verwirklichung der grundrechtlich durch **Art. 5 I GG** geschützten Meinungsfreiheit. Aufgrund der Wertung dieses Grundrechts kann sich der Gemeingebrauch auch auf die Nutzung des Straßenraums für Meinungsäußerungen erstrecken (**sog. kommunikativer Gemeingebrauch**).

1216 Das – nicht auf das Angebot entgeltlicher Leistungen gerichtete – Ansprechen von Passanten sowie das **Verteilen von Handzetteln** uÄ ist als Verkehr im weiteren (kommunikativen) Sinne **Gemeingebrauch** und bedarf daher keiner Sondernutzungserlaubnis.[109] Dagegen lässt sich auch nicht mehr von Verkehr im weiteren Sinne sprechen, wenn zwecks Meinungskundgabe **Informationsstände** im Straßenraum aufgestellt werden.[110] In solchen Fällen fließt die grundrechtliche Wertung aber in das Ermessen im Rahmen der Sondernutzungserteilung ein, sodass – insbesondere für die Wahlwerbung politischer Parteien auch im Hinblick auf Art. 21 GG – ein Anspruch darauf bestehen kann.[111] Ebenfalls kein Verkehr und damit eine erlaubnispflichtige Sondernutzung liegt vor, wenn Personen in werbender Absicht, zB um Bücher zu verkaufen, angesprochen werden.[112]

1217 Fußgängerzonen dienen vielfach auch der **künstlerischen Gestaltung** etwa durch **Pflastermalerei oder Straßenmusik**. Damit ist **Art. 5 III GG** betroffen. Indes fehlt der Bezug zum Verkehr. Die Straße wird für gänzlich andere Zwecke genutzt, die allenfalls daran anknüpfen und dadurch begünstigt werden, dass viele Leute vorbeikommen. Daher liegt kein Gemeingebrauch vor, sodass es grundsätzlich einer Sondernutzungserlaubnis bedarf, auf deren Erlass aber im Einzelfall im Hinblick auf die **Kunstfreiheit** ein Anspruch bestehen kann. Nur wenn das künstlerische Element gerade in der spontanen und unvorbereiteten Darbietung liegt (sog. **Spontankunst**), könnte das Erfordernis der vorherigen Erteilung einer Erlaubnis diese unmöglich machen und daher nicht mehr mit Art. 5 III GG vereinbar sein.[113] Deshalb kann hier ausnahmsweise eine **erlaubnisfreie Sondernutzung** zulässig sein.[114]

1218 Die Nutzung des öffentlichen Straßenraums für **Versammlungen gem. Art. 8 GG** bedarf keiner Sondernutzungserlaubnis. Insofern ist ausschließlich das speziellere VersG einschlägig, das die Regelungen der Straßengesetze verdrängt.

IV. Erteilung der Sondernutzungserlaubnis

1219 Liegen entsprechend der vorstehenden Abgrenzung zu Gemeingebrauch und Anliegergebrauch Sondernutzungen vor, bedarf es einer Erlaubnis. Für deren Erteilung ist die jeweilige Straßenbaubehörde zuständig bzw. für Ortsdurchfahrten die Gemeinde (zB § 8 I 2 FStrG, § 18 I NRWStrWG). Freilich besteht auf die **Erteilung einer Sondernutzungserlaubnis** für Straßen nicht generell ein Anspruch, sondern sie steht **im pflichtgemäßen Ermessen**.[115] In dessen Rahmen sind die Interessen des Antragstellers an der Nutzung den Beeinträchtigungen des Gemeingebrauchs gegenüber zu stellen. Bedeutung kann dies vor allem dann haben, wenn eine Versagung der Sondernut-

---

109 VGH München NVwZ-RR 1997, 258; OVG Hamburg DÖV 1992, 37. Anders aber nach OLG Köln NVwZ 2000, 350 (351) bei einer erzwungenen Kontaktaufnahme, bei der den Passanten die Meinungsäußerungen aufgrund des aggressiven und insbesondere lautstarken Vortrags aufgedrängt werden, weil dies nicht mehr von Art. 5 I GG umfasst ist.

110 Steiner/*Steiner* VerwR BT IV Rn. 145.

111 BVerwG DÖV 1981, 226f.

112 BVerwG NJW 1997, 406; OVG Hamburg NJW 1996, 2051; OVG Lüneburg NVwZ-RR 1996, 247.

113 BVerwGE 84, 71 – Silhouettenschneiden.

114 Dem entspricht der Verzicht auf das Erfordernis einer Anmeldepflicht nach § 14 VersG bei Spontanversammlungen, → Rn. 1648.

115 Anders im Bereich der Bundeswasserstraßen, wo gem. § 31 V WaStrG ein Anspruch gegenüber dem Wasser- und Schifffahrtsamt besteht.

zungserlaubnis gegen ein Grundrecht verstoßen würde. Ausnahmsweise kann dann eine **Ermessensreduzierung auf null** gegeben sein.

> **Beispiel:** Die Erteilung einer Sondernutzungserlaubnis für die Benutzung öffentlicher Straßen durch politische Parteien zwecks **Wahlwerbung** darf unmittelbar vor Wahlen im Hinblick auf Art. 5 I, 21 GG grundsätzlich nicht versagt werden.[116] Etwas anderes gilt indes bei einer über den üblichen und erforderlichen Umfang hinausgehenden Wahlwerbung, wie etwa bei der Beantragung für mehrere Hundert Plakatständer.[117]   **1220**

Ebenfalls eine Ermessensreduzierung auf Null kann sich im Hinblick auf Art. 5 III GG bei der Beantragung einer Sondernutzungserlaubnis für **Straßenkunst** ergeben. Freilich sind auch hier eventuell betroffene **Grundrechte Dritter** zu beachten und in die Ermessensentscheidung einzustellen. Mögliche kollidierende Grundrechte sind Art. 2 I GG bzgl. anderer in ihrem Fortkommen behinderter Verkehrsteilnehmer (evtl. sogar Art. 2 II 1 GG, wenn gesundheitsgefährdende Situationen entstehen können), Art. 14 I GG bzgl. Anlieger sowie Art. 5 III GG bzgl. konkurrierender Künstler.[118] Im letzten Fall eine Erlaubnis nach dem Grundsatz begrenzter Priorität zu vergeben,[119] begegnet denselben Bedenken wie im Rahmen der Zulassung von Gewerbetreibenden bei begrenzter Kapazität (→ Rn. 1246): Sie blendet materiell-rechtliche Positionen Einzelner aus.[120]   **1221**

E. Benutzung kommunaler Einrichtungen[121]

Ein beliebtes Examensproblem ist das der Zulassung zu öffentlichen, insbesondere kommunalen Einrichtungen. In diesem Bereich des **öffentlichen Sachenrechts**[122] geht es um Ansprüche, eine nicht im Gemeingebrauch stehende öffentliche Sache benutzen zu dürfen. Diese Nutzung bedarf regelmäßig einer Erlaubnis (→ Rn. 1199 ff.; klassisches Bsp.: Partei will **Wahlveranstaltung** nicht in der Fußgängerzone, sondern in der örtlichen Stadthalle abhalten[123]). Der für eine Benutzung erforderliche Zulassungsakt ist regelmäßig ein VA, sodass Zulassungsansprüche gerichtlich mit der Verpflichtungsklage durchzusetzen sind.   **1222**

I. Anspruchsgrundlagen

Für Einwohner der Gemeinde erwachsen Ansprüche auf die Benutzung kommunaler Einrichtungen aus dem **allgemeinen kommunalen Benutzungsanspruch** gem. § 8 II NRWGO.[124] Je nach Fallgestaltung können aber vorrangig Spezialvorschriften zu prüfen sein. So richtet sich die **Zulassung zu Messen und Märkten** nach §§ 69 ff. GewO[125] bzw. den nachfolgenden Landesvorschriften (Art. 74 I Nr. 11, 125 a I GG), Zulassungsansprüche von **Parteien** unter dem Gesichtspunkt der Chancengleichheit nach § 5 **ParteiG** als Ausfluss von **Art. 21 GG**. Ein unmittelbarer grundrechtlicher Anspruch auf Nutzung einer öffentlichen Einrichtung besteht grundsätzlich nicht.[126] Allenfalls   **1223**

---

116 BVerwG DÖV 1981, 226 f.
117 VG Düsseldorf NVwZ-RR 1997, 729 ff.
118 BVerwGE 84, 71 (76) – Silhouettenschneiden.
119 VG Berlin NJW 1995, 2650 – »Verhüllter Reichstag«.
120 → Rn. 563.
121 *Fehling* JuS 2003, 246; Fälle: *Erichsen/Frenz* JURA 1996, 213; *Gornig/Jahn* JuS 1992, 857.
122 Zum Verhältnis von Sachen- und Anstaltsrecht Ehlers/Pünder/*Papier/Durner* AllgVerwR § 38 Rn. 24 ff.
123 Dazu VGH Mannheim NVwZ-RR 2015, 148 sowie → Rn. 1238, 1242, 1244 f.
124 Art. 21 I BayGO, § 10 II BWGO bzw. den entsprechenden Bestimmungen der anderen Gemeindeordnungen.
125 Hierzu *Donhauser* NVwZ 2010, 931.
126 BVerwGE 91, 135 (137).

aus Gründen der Gleichbehandlung hinsichtlich der Benutzung einer Einrichtung können sich **Ansprüche aus Art. 3 I GG** ergeben.

1224 Ein Anspruch auf Gleichbehandlung setzt eine **tatsächliche Vergleichbarkeit der Situation** voraus. Daran fehlt es, wenn die behauptete Handlung von anderen (nicht in dem Maße) vorgenommen wird – so Inkasso im großen Stil bei einer öffentlichen Sparkasse. Zudem kann ein **Ausschluss sachlich gerechtfertigt** sein – so beim Eintreiben unberechtigter Forderungen bzw. Verdacht rechtswidriger Handlungen.[127]

1225 Geht es um die Zulassung zu öffentlichen Einrichtungen, die wie öffentliche Verkehrsmittel von Monopolbetrieben der Gemeinde unterhalten werden, sowie um dringend benötigte Leistungen der Daseinsvorsorge, für die keine Alternativen bestehen (zB Strom, Wasser), kann ein **zivilrechtlicher Kontrahierungszwang** bestehen (s. § 22 PBefG).

II. Der allgemeine kommunalrechtliche Benutzungsanspruch

1226 Ein **allgemeiner,** personell aber auf die Gemeindeeinwohner beschränkter **Anspruch auf Benutzung kommunaler Einrichtungen** besteht nach § 8 II NRWGO[128] **unter vier Voraussetzungen:** Es muss eine öffentliche Einrichtung vorliegen, der Anspruchsteller muss aktiv legitimiert sein, es darf keine Schranke aus dem »geltenden Recht« eingreifen sowie keine tatsächliche Schranke (Kapazitätserschöpfung) entgegenstehen.

1. Vorliegen einer öffentlichen Einrichtung

1227 Öffentliche Einrichtungen sind Gegenstände und Gesamtheiten von Gegenständen, die von der Gemeinde bestimmten öffentlichen Zwecken gewidmet sind und deren Benutzung einer besonderen Zulassung bedarf. Ist keine solche Zulassung notwendig, liegt eine öffentliche Sache im Gemeingebrauch vor. Zu den öffentlichen Einrichtungen gehören die klassischen Anstalten der Daseinsvorsorge wie Schwimmbäder, Hallen, Museen und Bibliotheken. Die Widmung erfolgt durch Gesetz oder VA, uU aber auch konkludent.

1228 So ist auch eine Wiese eine öffentliche Einrichtung, die seit jeher ohne formelle Widmung für **traditionelle Volksfeste** zur Verfügung gestellt wurde.[129] Als diese erstmals einem solchen Zweck diente, brachte die Gemeinde de facto den entsprechenden Zweck zum Ausdruck.

1229 Die Eigenschaft als öffentliche Einrichtung wird nicht dadurch beeinflusst, dass sie von einer eigenständigen juristischen Person **in privater Rechtsform** betrieben wird (Bsp.: Stadtwerke-AG, Stadthallen-GmbH).[130] Diese Möglichkeit ist lediglich Ausdruck der grundsätzlichen Organisationsfreiheit der Gemeinden. Erforderlich ist daher eine entsprechende Einwirkungsmöglichkeit der Gemeinde auf diesen Betreiber, um ihren Einwohnern den Zugang zu der Einrichtung verschaffen zu können.[131] Deshalb kann die **Zulassungsentscheidung nicht vollständig auf Private** übergehen. Diese Entscheidung stellt vielmehr eine Ausübung öffentlicher Gewalt dar, welche grundsätzlich nur staatlichen Einheiten zusteht. Auf Privatpersonen kann sie nur durch Beleihung

---

127 OVG Lüneburg DVBl. 2010, 973 (974f.): kein Konto für Abo-Fallen im Internet.
128 Art. 21 I BayGO; § 10 II BWGO.
129 Nur die Zulassung zu Messen und Märkten richtet sich nach §§ 69ff. GewO, → Rn. 1223.
130 Vgl. zur Frage des zulässigen Rechtsweges bei Betrieb durch eine juristische Person des Privatrechts → Rn. 1115f.
131 → Rn. 1115.

übertragen werden, was jedoch eine gesetzliche Grundlage voraussetzt. Eine solche Grundlage fehlt aber in den Gemeindeordnungen.[132]

> **Beispiel** nach BVerwG DVBl. 2009, 1382: Ein kulturell, sozial und traditionsmäßig bedeut-
> samer **kommunaler Weihnachtsmarkt** soll aufgrund von Art. 28 II GG zum gemeinwohl-
> orientierten ortsbezogenen Handlungsspielraum (→ Rn. 159 ff.) gehören, den die Gemeinde
> nicht ohne Weiteres aufgeben darf. Diese kann ihn daher **nicht (materiell) privatisieren** und
> sich so ihrer bisherigen Aufgabenverantwortung entledigen.
> Hierfür bedürfte sie eines rechtfertigenden Grundes, etwa um erst eine **ordnungsgemäße Er-**
> **ledigung** sicherzustellen. Daran fehlt es indes hier; im Gegenteil würden auf die Besucher des
> Weihnachtsmarktes ggf. höhere Preise zukommen, was gerade sozial schwache Gemeindeein-
> wohner treffen würde.

1230

Auch eine privatrechtliche Ausgestaltung des Benutzungsverhältnisses etwa durch allgemeine Geschäftsbedingungen berührt nicht den Charakter als öffentliche Einrichtung. Sie betrifft nicht das (öffentlich-rechtliche) »Ob« der Zulassung, sondern die Abwicklung, das »Wie« **(Zwei-Stufen-Theorie).**[133]

1231

> **Fall** nach OVG Lüneburg DVBl. 2013, 253: Der Betreiber eines regionalen Museums möchte von der
> Gemeinde die Gestattung zum Weiterbetrieb erhalten. Diese hatte vor Ablauf der Vertragsdauer von
> 20 Jahren das Nutzungsverhältnis außerordentlich gekündigt und die Herausgabe des Grundstücks so-
> wie der darauf stehenden Gebäude zu einem festgesetzten Zeitpunkt gefordert. Der Museumsbetrei-
> ber wehrt sich und beruft sich auf § 30 NKomVG,[134] weil es sich um eine öffentliche Einrichtung han-
> dele, die dem wirtschaftlichen, sozialen und kulturellen Wohl der Einwohner dient. Es sei zudem
> unschädlich, dass der Betreiber eine juristische Person des Privatrechts ist.

1232

> Bei einer öffentlichen Einrichtung stellt die Kommune eine »von ihr unterhaltene sächliche, perso-
> nelle oder organisatorische Einheit zur allgemeinen Benutzung zur Verfügung«[135]. Wenn ein privater
> Betreiber eine öffentliche Einrichtung übernimmt, muss er der Kommune ein Weisungs- und Mitwir-
> kungsrecht einräumen, damit diese die Zweckbindung der Einrichtung wahren und durchsetzen kann.
> Das ist hier aber nicht gegeben. Es handelt sich daher um ein **privates Museum**.

2. Aktivlegitimation

Anspruchsberechtigt sind neben den **Einwohnern der Gemeinde** sowie Grundbesit-
zern und Gewerbetreibenden auch die ihnen **gleichgestellten juristischen Personen**
und Personenvereinigungen (§ 8 IV NRWGO).[136] Dazu gehören insbesondere auch
die **Ortsverbände politischer Parteien**, sodass neben § 5 ParteiG auch der kommunalrechtliche Benutzungsanspruch für die Zulassung von Parteien zu Stadthallen von Bedeutung sein kann. Politische Parteien ohne Ortsverband in der jeweiligen Gemeinde
haben dagegen einen Zulassungsanspruch nur nach Maßgabe des § 5 ParteiG.[137]

1233

Für **Auswärtige** besteht ausweislich des Wortlautes der jeweiligen Anspruchsgrundlagen **kein Benutzungsanspruch**. Teilweise wird vertreten, den Zulassungsanspruch generell auf Personen zu erweitern, die jedenfalls im Einzugsgebiet einer öffentlichen

1234

---

132 VGH München NVwZ 1999, 1122.
133 → Rn. 1114.
134 Niedersächsisches Kommunalverfassungsgesetz.
135 OVG Lüneburg DVBl. 2013, 253 (254).
136 Art. 21 IV BayGO; § 10 IV BWGO.
137 Fall: *Bader* JURA 2009, 940.

Einrichtung ihren Wohnsitz haben.[138] Diese Nutzung liegt oft bereits im **Rahmen der Widmung der öffentlichen Einrichtung.**

1235 **Beispiel** nach BVerfG DVBl. 2016, 1597: Die Benutzung eines Schwimmbades oder Theaters ist nach dessen Nutzungsordnung nicht auf Einwohner beschränkt. Bei der Preisgestaltung ist Art. 3 GG zu wahren. Soweit auswärtige Besucher höhere Gebühren bezahlen müssen, bedarf es der Rechtfertigung durch **hinreichende Sachgründe für eine Bevorzugung Einheimischer.** Diese können

- in der Beschränkung knapper Ressourcen auf den eigenen Aufgabenbereich (Art. 28 II GG),
- in einem Ausgleich für die besonders belasteten Gemeindeangehörigen,
- in der Inanspruchnahme Auswärtiger für einen erhöhten Aufwand oder
- in der Förderung der kulturellen und sozialen Belange bzw. der Stärkung des kommunalen Zusammenhalts durch besondere Vorteile der Gemeindeeinwohner liegen.

Solche Gründe fehlen hingegen, wenn eine kommunale Einrichtung von ihrem (Vermarktungs-)Konzept her auf das Anziehen auswärtiger Besucher angelegt ist, den Tourismus fördern und Gewinne erzielen soll. Höhere Preise zulasten Auswärtiger verletzen daher Art. 3 I GG sowie auch Art. 56 AEUV, soweit Dienstleistungen angeboten werden: Auch die **passive Dienstleistungsfreiheit** (→ Rn. 110), die Inanspruchnahme von Leistungen für Unionsbürger aus anderen EU-Staaten darf daher nicht erschwert werden, was durch eine diskriminierende Preisgestaltung der Fall ist. Daher sind die solchermaßen erhobenen Eintrittsgelder nichtig. Die **EU-Grundfreiheiten** verleihen **unmittelbar einforderbare Rechte** (→ Rn. 780).

1236 Daher steht es den Gemeinden frei, die Einrichtungen auch an Auswärtige zu vergeben. Daraus erwächst diesen indes kein Rechtsanspruch auf Überlassung, sondern nur auf eine rechtmäßige Ermessensausübung. Das der Gemeinde zustehende Ermessen kann sich aber, etwa aus Gründen der **Gleichbehandlung,** zu einer Zulassungspflicht verdichten.

3. Rechtliche Schranken

1237 **a) Nutzung nur im Rahmen der Widmung.** Der Anspruch auf Benutzung öffentlicher Einrichtungen wird »im Rahmen des geltenden Rechts« gewährt. Grundlage ist zunächst die **Widmung,** die die Nutzungsmöglichkeiten der Einrichtungen, meist konkretisiert durch eine Nutzungsverordnung, näher definiert. Damit muss die begehrte Nutzung vereinbar sein.

1238 **Beispiel:** Eine Gemeinde widmet einen Park nur für Erholungszwecke und kulturelle Veranstaltungen und schließt politische Veranstaltungen ausdrücklich aus. Für die Durchführung einer politischen Kundgebung durch eine Partei besteht daher grundsätzlich kein Benutzungsanspruch. Allerdings kann eine Beschränkung des Widmungszwecks nicht daraus abgeleitet werden, dass in der betreffenden Einrichtung noch keine vergleichbaren nichtöffentlichen Parteiveranstaltungen stattgefunden haben.[139]

1239 Zudem kann ein Zulassungsanspruch auch daran scheitern, dass durch die Veranstaltung eine **Beschädigung der öffentlichen Einrichtung** zu erwarten ist.

1240 **Beispiel:** Rockkonzert einer Band, die ihre Fans regelmäßig (erfolgreich) dazu aufruft, die Hallenbestuhlung zu zerstören.

---

138 Steiner/*Seewald* VerwR BT I Rn. 149.
139 VGH Mannheim NVwZ-RR 2015, 148 (Ls. 1).

b) Einhaltung sonstigen Rechts. Ob der Rahmen des geltenden Rechts eingehalten **1241** wird, kann vor allem **bei umstrittenen politischen Veranstaltungen** und zu befürchtenden Gewalttätigkeiten oder konkreten Verstößen gegen Strafgesetze fraglich sein.

Fall: Der neu gegründete Ortsverband der als rechtsradikal bekannten Deutschen Arbeiterpartei 2000 **1242** (DAP 2000) will in der gemeindlichen Stadthalle eine Wahlkampfveranstaltung abhalten und beantragt daher bei der Gemeinde, die Halle nutzen zu dürfen. Diese lehnt den Antrag ab. Zum einen verfolge die DAP 2000 verfassungswidrige Ziele und könne schon deshalb nicht zur Hallennutzung zugelassen werden. Zum anderen seien Straftaten von Rednern (Volksverhetzung, § 130 StGB) und Gewalttaten linker Autonomer sehr wahrscheinlich.

Für Parteien gilt das sog. **Parteienprivileg** des Art. 21 II 2 GG. Danach gilt eine Partei solange als verfassungsgemäß, wie nicht das BVerfG sie für verfassungswidrig erklärt hat.[140] So ist der Antrag auf Verbot der NPD gescheitert – trotz nationalsozialistischen Gedankenguts, aber wegen fehlender tatsächlicher Beeinträchtigung der FDGO.[141] Diese Wertung gilt auch entsprechend für die Zulassung zu kommunalen Einrichtungen, bildet diese doch die Grundlage dafür, dass Parteien überhaupt Veranstaltungen abhalten und damit am politischen Wettbewerb teilnehmen können. Die Zulassung der DAP 2000 kann daher nicht mit dem Argument abgelehnt werden, sie verfolge verfassungswidrige Ziele, solange das BVerfG die Partei nicht für verfassungswidrig erklärt hat.

Den Rahmen des geltenden Rechts bilden insbesondere **Strafvorschriften.** Verstößt eine Veranstaltung also schon ihrer Art nach gegen eine Vorschrift des StGB, so wird dieser Rahmen verlassen und es besteht kein Zulassungsanspruch. Würde die Veranstaltung der DAP 2000 etwa unter dem Wahlkampfmotto »Ausländer raus!« stattfinden, könnte die Zulassung wegen Widerspruchs zu § 130 StGB versagt werden.

Nach der Rspr. besteht zudem auch dann kein Zulassungsanspruch, wenn nach Maßgabe des Polizei- und Ordnungsrechts gegen die Veranstaltung eingeschritten werden müsste, weil eine **Gefahr für die öffentliche Sicherheit** droht.[142] Indes würde damit die Gemeinde über Fragen entscheiden, die allein den Polizei- und Ordnungsbehörden zugewiesen sind und damit gegen die Kompetenzordnung verstoßen.[143]

Schon deshalb kann die Zulassung nicht allein mit Hinweis auf die drohenden Gewalttätigkeiten Autonomer versagt werden. Im Beispielsfall könnte unter diesem Aspekt aber auch nicht nach Maßgabe der Rspr. und hM die Zulassung abgelehnt werden. Die Ausschreitungen drohen nicht von der DAP 2000, sondern von Dritten, für deren Verhalten die DAP 2000 keine Verantwortung trägt, soweit sie es nicht selbst bezweckt.[144] Daher könnte gegen sie mangels Störereigenschaft (auch nicht unter dem Aspekt der Zweckveranlassung) polizeirechtlich nicht vorgegangen werden (→ Rn. 886 ff.).

4. Tatsächliche Schranken

Der Benutzungsanspruch umfasst weder einen Anspruch auf Neuerrichtung noch auf **1243** die Fortführung bisheriger Einrichtungen,[145] auf Erweiterung oder die bestimmte Ausgestaltung einer öffentlichen Einrichtung.[146] Denn die Entscheidung darüber obliegt allein der Gemeinde. Daher kann sich eine tatsächliche Schranke des Benutzungsanspruchs im Einzelfall aufgrund der **begrenzten Kapazität** einer öffentlichen Einrichtung ergeben.

---

140 Die Entscheidung des BVerfG ist konstitutiv, BVerfGE 12, 296 (304 f.) – Parteienprivileg; 13, 46 (52) – Parteiverbot. Das eigentliche Privileg liegt aber darin, dass andere Vereine bereits vom Innenminister verboten werden können (vgl. § 3 II VereinsG).
141 BVerfG NJW 2017, 611 – NPD-Verbot.
142 VGH Mannheim NVwZ 1994, 587; VGH München NJW 1989, 2491 (2492).
143 *Erichsen/Frenz* JURA 1996, 213 ff.
144 BVerfG DVBl. 2001, 62 – »Club 88«.
145 VGH Kassel NJW 1979, 886 – Kindertagesstätte.
146 BVerwG DÖV 1990, 977 (978).

1244 **Beispiel:** Die Stadthalle ist am jeweiligen Termin schon belegt. Das Prioritätsprinzip kann auch einen Bundesparteitag hindern.[147] Es stehen weniger Kirmesplätze zur Verfügung, als sich Schausteller darauf beworben haben.

1245 Vor allem bei der **Zulassung zu Volksfesten und Ausstellungen** ergibt sich dann das Folgeproblem, wie aufgrund der begrenzten Kapazität zwischen verschiedenen Ausstellern auszuwählen ist. Es muss ein **sachliches Auswahlkriterium** gewählt werden. Bei Volksfesten hängt der Erfolg davon ab, dass zuverlässige und anziehende Aussteller das Bild bestimmen. Anerkannte Kriterien sind dabei die Attraktivität des Schaustellergeschäfts,[148] das Prinzip zeitlicher Priorität – selbst bei Anträgen politischer Parteien[149] – und die Zuverlässigkeit des Bewerbers (»Bekannt und bewährt«),[150] die jedoch nicht allein über Jahre bestimmend sein kann, weil dann neue Bewerber keine Chance hätten (s. bislang auch § 70 I GewO).[151] Hat sich die Gemeinde aber einmal für einen bestimmten Maßstab entschieden und damit eine Verwaltungsübung gezeigt, ist sie daran gebunden und darf nicht davon abweichen. Das verlangt schon **Art. 3 I GG.**

1246

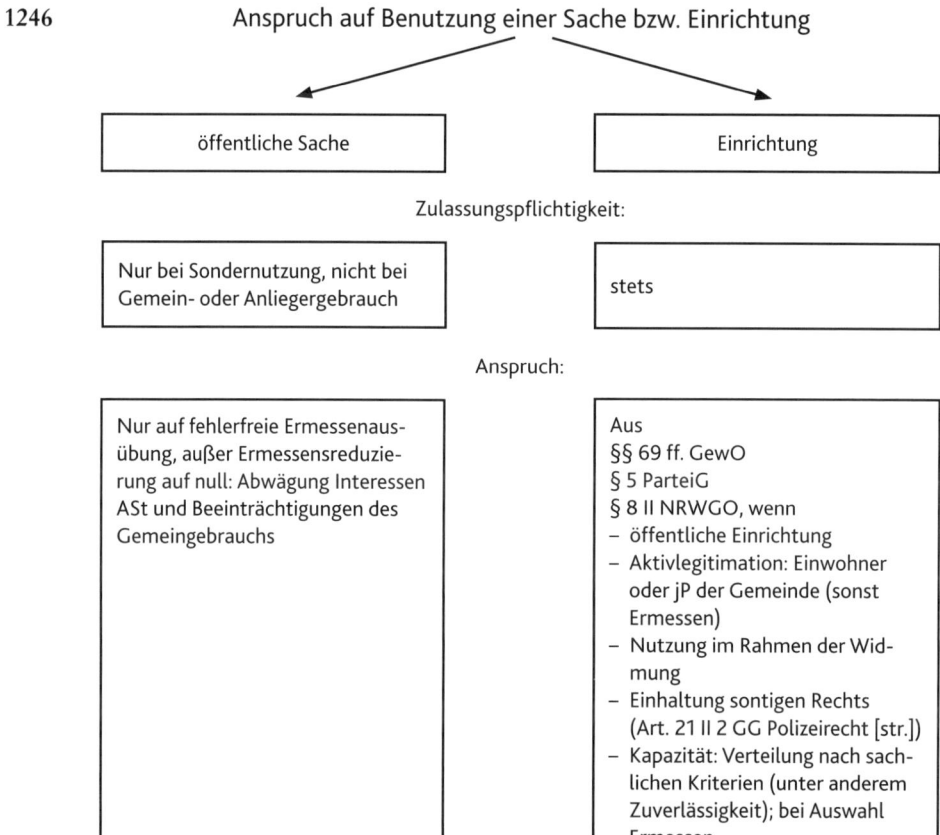

Anspruch auf Benutzung einer Sache bzw. Einrichtung

öffentliche Sache	Einrichtung

Zulassungspflichtigkeit:

Nur bei Sondernutzung, nicht bei Gemein- oder Anliegergebrauch	stets

Anspruch:

Nur auf fehlerfreie Ermessensausübung, außer Ermessensreduzierung auf null: Abwägung Interessen ASt und Beeinträchtigungen des Gemeingebrauchs	Aus §§ 69 ff. GewO § 5 ParteiG § 8 II NRWGO, wenn – öffentliche Einrichtung – Aktivlegitimation: Einwohner oder jP der Gemeinde (sonst Ermessen) – Nutzung im Rahmen der Widmung – Einhaltung sontigen Rechts (Art. 21 II 2 GG Polizeirecht [str.]) – Kapazität: Verteilung nach sachlichen Kriterien (unter anderem Zuverlässigkeit); bei Auswahl Ermessen

---

147 VGH Mannheim NVwZ-RR 2015, 148 (Ls. 2).
148 OVG Lüneburg NVwZ 1983, 49 (50).
149 VGH Mannheim NVwZ-RR 2015, 148 (Ls. 2).
150 VGH München NVwZ 1982, 120 – Oktoberfest.
151 OVG Lüneburg NJW 2003, 531.

F. Anspruch auf polizeiliches Einschreiten

Bereits im Rahmen der Klagebefugnis wurde geklärt, dass sich auch aus Ermessensvorschriften subjektive Rechte ergeben und daher grundsätzlich Ansprüche des Einzelnen auf das Tätigwerden von Polizei- und Ordnungsbehörden bestehen können. In der Begründetheit ist nunmehr zu klären, welche Voraussetzungen für einen solchen Anspruch auf polizeiliches Einschreiten gegeben sein müssen. **1247**

> **Beispiel:** E ist Eigentümer eines regelmäßig von wechselnden Hausbesetzern bewohnten Mietshauses in Berlin. Er beabsichtigt, das Haus abzureißen, und möchte daher das Haus räumen lassen. Da zivilrechtliche Räumungsverfügungen gegen die **Hausbesetzer** angesichts des ständig wechselnden Personenkreises nicht zu einer erfolgreichen Räumung des Hauses führen können (vgl. § 253 II Nr. 1 ZPO), verlangt er von der Polizei, das gesamte Haus zu räumen. **1248**

I. Zuständigkeit der Polizei für den Schutz privater Rechte

Der Anspruch gegen die **Polizei** auf Einschreiten setzt zunächst voraus, dass diese überhaupt **zuständig** ist. Aufgabe der Polizei ist es gem. § 1 I NRWPolG[152], Gefahren für die öffentliche Sicherheit und Ordnung abzuwehren. Für die **Durchsetzung privater Rechte** ist die Polizei grundsätzlich nicht zuständig. Sie ist nicht Erfüllungsgehilfe privater Rechtsdurchsetzungen gegen Mitbürger. Hierfür stehen stattdessen die ordentlichen Gerichte zur Verfügung. Allerdings besteht gem. § 1 II NRWPolG[153] eine **subsidiäre Zuständigkeit der Polizei,** wenn gerichtlicher Schutz nicht rechtzeitig zu erlangen ist und wenn ohne polizeiliche Hilfe die Verwirklichung des Rechts vereitelt oder wesentlich erschwert würde. **1249**

Im Beispielsfall würde der Rechtsschutz vor den ordentlichen Gerichten versagen, weil E aufgrund der ständig wechselnden **Hausbesetzer** das Haus nicht aufgrund von zivilrechtlichen Räumungsverfügungen gänzlich räumen lassen könnte. Nur mithilfe der Polizei kann er sein Eigentumsrecht an dem Mietshaus umfassend verwirklichen. Die Polizei ist daher ausnahmsweise auch für den Schutz seines privaten Rechtes zuständig. Sofern die Hausbesetzung den Tatbestand des § 123 StGB erfüllt, liegt ein Verstoß gegen die Rechtsordnung und damit eine Störung der öffentlichen Sicherheit vor (→ Rn. 864). Dann darf die Polizei bereits im Hinblick auf ihre generelle Zuständigkeit, Gefahren für die öffentliche Sicherheit abzuwehren, einschreiten. **1250**

II. Erfordernis eines subjektiv-öffentlichen Rechts

Zusätzlich zur Zuständigkeit der Polizei und dem Vorliegen der Eingriffsvoraussetzungen setzt der **Anspruch auf polizeiliches Einschreiten** ein **subjektiv-öffentliches Recht** voraus – auch aus den Grundrechten: So kann eine polizeiliche Duldung des Bewerfens von Versammlungsteilnehmern mit Gegenständen das Recht auf Schutz der Versammlung nach Art. 8 I GG verletzen.[154] Beim Schutz privater Rechte durch die Polizei tritt der subjektiv-rechtliche Charakter deutlich zu Tage. Geht es um die **Abwehr einer Gefahr für die öffentliche Sicherheit,** so kann ein subjektiv-öffentliches Recht daraus erwachsen, dass die Gefahr aufgrund der Beeinträchtigung des Rechtsgutes eines Bürgers besteht.[155] **1251**

---

152 § 1 I MEPolG; Art. 2 I BayPAG; § 1 I BWPolG.
153 § 1 II MEPolG; Art. 2 II BayPAG; § 2 II BWPolG.
154 VG Münster Urt. v. 28.11.2014 – 1 K 2698/13: im konkreten Fall verneint.
155 BVerwGE 11, 95 (97); 37, 112 (113); Steiner/*Schenke* VerwR BT II Rn. 75.

1252   Kein subjektives Recht besteht daher auf den Schutz staatlicher Einrichtungen, wohl aber beim **Schutz von Gesundheit, Ehre und Freiheit** – einschließlich der Ausübbarkeit der Grundfreiheiten[156] – des Einzelnen. Beim Schutz der objektiven Rechtsordnung kommt es darauf an, ob hinter der jeweiligen Norm ein Rechtsgut des Einzelnen steht. So ist das von § 123 StGB geschützte Rechtsgut nicht der öffentliche Frieden, sondern das **Hausrecht** des Einzelnen.

III. Ermessensreduzierung auf null

1253   Den Polizeibehörden steht grundsätzlich ein **Opportunitätsermessen** zu, also ein Ermessen, ob sie beim Vorliegen einer Gefahr für die öffentliche Sicherheit oder zum Schutz privater Rechte eingreifen oder nicht. Eine Pflicht dazu besteht grundsätzlich nicht, wohl aber die Pflicht in ermessensfehlerfreier Weise zu prüfen, ob eingeschritten werden soll.[157] Dementsprechend besteht für den Einzelnen grundsätzlich auch nur ein **Anspruch auf ermessensfehlerfreie Entscheidung** und nicht unmittelbar auf Einschreiten.

1254   Nur wenn sich der Spielraum des Opportunitätsermessens im Einzelfall so weit verengt, dass **nur** das **Eingreifen** den Anforderungen an eine **pflichtgemäße Ermessensausübung** entspricht (Ermessensreduzierung auf null),[158] besteht ein Anspruch auf polizeiliches Einschreiten. **Je gewichtiger** das **gefährdete Rechtsgut** und **je größer die Wahrscheinlichkeit der Realisierung der Gefahr ist, desto eher** kann ein **Anspruch auf Einschreiten** bestehen. Dies kann bei entsprechend gravierenden Gefahren der Fall sein, wenn Gesundheit oder gar Leben bzw. das Eigentum des Bürgers in hohem Maße gefährdet sind.

1255   **Beispiel** nach BVerwGE 11, 95: Anspruch des Nachbarn einer giftige Stoffe emittierenden Chemiefabrik gegen die Polizei- oder Ordnungsbehörde auf ein Einschreiten dagegen.

1256   Im Regelfall erwächst damit aber nur ein **Anspruch** auf polizeiliches Tätigwerden überhaupt, nicht aber **auf das Ergreifen einer bestimmten Maßnahme**. Ein solcher Anspruch besteht nur dann, wenn auch insoweit das polizeiliche Ermessen auf null reduziert ist, weil einzig die vom Bürger geforderte Maßnahme Erfolg verspricht.

1257   Der Nachbar im obigen Beispiel hat konkret auch einen Anspruch auf sofortigen Erlass einer Untersagungsverfügung, wenn nur so einer erheblichen Gefährdung seiner Gesundheit vorgebeugt werden kann.[159]

1258   Zudem können **gegenläufige Rechte** derer, gegen die eingeschritten werden soll, polizeiliches Handeln **begrenzen**. Solche Rechte können vor allem aus den Grundrechten erwachsen.

1259   **Fall** nach EuGH ECLI:EU:C:2003:333 – Schmidberger: Demonstranten blockieren vorübergehend die Brenner-Autobahn und beeinträchtigen daher den freien Warenverkehr.

---

156 → Rn. 1088 sowie → Rn. 1259f.
157 Steiner/*Schenke* VerwR BT II Rn. 69; vgl. § 3 I NRWPolG; § 3 I MEPolG; Art. 5 I BayPAG; § 3 BWPolG.
158 → Rn. 1135.
159 S. auch *Schoch* JuS 1994, 754 (759).

Zwar haben die Mitgliedstaaten eine Schutzpflicht für die Ausübbarkeit der **Warenverkehrsfreiheit** (→ Rn. 1088). Sie müssen also ausreichende Maßnahmen treffen, um Hemmnisse für den freien Warenverkehr auch durch Handlungen Privater zu beseitigen. Zu deren Gunsten greifen hier indes die Meinungsäußerungs- und vor allem die **Versammlungsfreiheit** (→ Rn. 299) ein, die auch unionsrechtlich geschützt sind (s. Art. 6 I EUV, Art. 11 f. GRCh). Grundrechte vermögen Beeinträchtigungen der Grundfreiheiten zu rechtfertigen (→ Rn. 90).

Daher bedarf es der **Abwägung** anhand sämtlicher Umstände des Einzelfalls, die ein **Gleichgewicht** zwischen den verschiedenen Interessen wahren muss. Dabei haben die zuständigen Stellen ein weites Ermessen, das freilich die Verhältnismäßigkeit und dabei insbesondere die Angemessenheit wahren muss. Ein völliges Versammlungsverbot hätte Gewalttätigkeiten befürchten lassen. Ein vorübergehendes Dulden der Brenner-Blockade war daher das mildeste Mittel und wegen der nur zeitweisen Beeinträchtigung von Art. 34 AEUV angemessen.

G. Anspruch aus Zusicherung gem. § 38 VwVfG

Als Anspruchsgrundlage gegen eine Behörde auf den Erlass eines VA kommt weiterhin eine **Zusicherung gem. § 38 VwVfG** in Betracht. Bei dieser handelt es sich um die Zusage der Behörde, später einen bestimmten VA zu erlassen oder zu unterlassen. Nach überwiegender Ansicht ist die Zusicherung selbst ein **VA,** sagt sie doch in einem konkreten Fall einem Einzelnen etwas verbindlich zu und trifft daher eine einzelfallbezogene Regelung mit Außenwirkung.[160] Der Rechtscharakter der Zusicherung ist aber deshalb von untergeordneter Bedeutung, weil nach § 38 II VwVfG die §§ 44 f., 48 f. VwVfG ohnehin entsprechende Anwendung finden. Soll ein VA nachfolgen, ist schon deshalb Verpflichtungsklage zu erheben;[161] die Zusicherung ist Anspruchsgrundlage gem. § 113 V VwGO. **1260**

Damit die behördliche Zusage eine entsprechende Wirkung entfaltet, sind die in § 38 VwVfG aufgeführten formalen, verfahrensrechtlichen und inhaltlichen Anforderungen einzuhalten. So ist die **Schriftform** anders als bei sonstigen VA **gem. § 38 I 1 VwVfG** zwingend, Beteiligte sind anzuhören und andere Behörden einzuschalten (§ 38 I 2 VwVfG). Besondere Bedeutung kommt **§ 38 III VwVfG** zu, wonach die **Behörde** bei einer maßgeblichen Änderung der Sach- und Rechtslage nach Abgabe der **Zusicherung von ihrer Bindung befreit** wird. **1261**

Abzugrenzen ist die Zusicherung zum einen von VA, die bereits jetzt über die Zusage des künftigen Erlasses eines VA hinaus eine Regelung treffen. So vom **Subventionsgrundbescheid,** der eine Subvention gewährt, ohne schon deren genaue Höhe zu bestimmen, oder vom **Vorbescheid,** der teilweise schon selbst die Vereinbarkeit eines genehmigungspflichtigen Vorhabens mit bestimmten Rechtsvorschriften endgültig regelt. Zum anderen ist die Zusicherung von **unverbindlichen Auskünften, Hinweisen oder ähnlichen Maßnahmen** abzugrenzen. Mit diesen will sich die Behörde gerade noch nicht verbindlich festlegen. Vielmehr handelt es sich um reine **Wissenserklärungen,** die nicht auf bestimmte Rechtsfolgen gerichtet sind. **1262**

---

160 *Kopp/Ramsauer* § 38 Rn. 8.
161 Abgrenzend Stelkens/Bonk/Sachs/*Stelkens* § 38 Rn. 17 ff.

H. Wiederaufgreifen des Verfahrens[162]

I. Konstellation der Verpflichtungsklage

1263   **Beispiel** nach *Erichsen/Ebber* JURA 1997, 424: E wurde im November 2016 von der Stadt S als Grundstückseigentümer aufgrund wirksamer Satzung zur Zahlung eines Anliegerbeitrages in Höhe von 12 000 EUR verpflichtet. Nachdem E bezahlt hat, wird im April 2017 die zugrunde liegende Satzung mit Wirkung für die Zukunft aufgehoben. E beantragt nunmehr, das Verfahren wieder aufzugreifen und den Kostenbescheid aufzuheben.

1264   Begehrt der Kläger das Wiederaufgreifen des Verfahrens, hat er die **Aufhebung eines bestandskräftigen VA** zum **Ziel.** Vor der Bestandskraft muss er Anfechtungsklage erheben. Danach hat indes die Behörde eine Entscheidung darüber zu treffen, ob sie die Aufhebung oder Änderung des unanfechtbaren VA prüft (s. § 51 I VwVfG), und sie muss ggf. einen neuen Sachbescheid erlassen. Der **Bürger begehrt** also jedenfalls den **Erlass eines VA** und hat daher Verpflichtungsklage zu erheben.

1265   Die **Anfechtungsklage** ist lediglich dann die richtige Klageart, **wenn** die Behörde zwar das Verfahren wieder aufgreift, die Entscheidung in der Sache aber genauso trifft wie vorher, mithin eine Änderung ablehnt: Dann liegt ein **Zweitbescheid** vor.[163] Stellt der Bürger hingegen zum zweiten Mal einen Antrag auf Erlass eines begünstigenden VA, nachdem der erste Antrag abgelehnt wurde, ist wiederum die Verpflichtungsklage die richtige Klageart, allerdings außerhalb des Anwendungsbereiches des § 51 VwVfG.

1266   Sieht man das Wiederaufgreifen entsprechend der Formulierung des § 51 I VwVfG als eigenständige Entscheidung und damit als VA an,[164] sind zwei Verpflichtungsklagen erforderlich: Die Erste ist auf das Wiederaufgreifen gerichtet und die Zweite auf die neue Sachentscheidung.[165] Indes knüpft die Entscheidung über das **Wiederaufgreifen** an **das alte Verfahren** an. Dieses wird nur aufgrund neuer Umstände in einem anderen Licht gesehen. Zudem bereitet das Wiederaufgreifen lediglich eine neue Sachentscheidung vor. Es ist zwar ein eigenständiges Verwaltungsverfahren, stellt aber **nur eine Vorfrage für die neue Sachentscheidung** dar.[166] Die gesamten Voraussetzungen des § 51 VwVfG sind von daher nur besondere Zulässigkeitsvoraussetzungen des Antrags auf neue Sachentscheidung. Es genügt deshalb, **eine** einzige **Verpflichtungsklage** mit dem Ziel auf neue Sachentscheidung zu erheben.

1267   Die **Antragsbefugnis** erwächst aus einem möglichen Anspruch auf eine neue Sachentscheidung. Dieser kann in einem Wiederaufgreifensgrund nach § 51 VwVfG liegen, aber auch in einem Anspruch auf Rücknahme nach Maßgabe der §§ 48, 49 VwVfG: Wenn die Behörde schon nach Ermessen einen VA zurücknehmen kann, muss sie erst recht die Möglichkeit haben, die Voraussetzungen für das Wiederaufgreifen zu prüfen.[167] Wird eine **Verpflichtungsklage** mit dem Ziel auf eine neue Sachentscheidung erhoben, ist diese **begründet, wenn** dem **Antragsteller** ein **Anspruch auf Wiederaufgreifen des Verfahrens und auf Erlass der begehrten Sachentscheidung** zusteht.

---

162 *Erichsen/Ebber* JURA 1997, 424; Fall: *Seiler* JuS 2001, 263; zu Konstellationen mit Drittbetroffenheit *Sanden* DVBl. 2007, 665.
163 → Rn. 742.
164 *Maurer* VerwR AT § 11 Rn. 56.
165 Stelkens/Bonk/Sachs/*Sachs* § 51 Rn. 69 ff.
166 *Erichsen/Ebber* JURA 1997, 424 (431).
167 *Maurer* VerwR AT § 11 Rn. 62.

II. Wiederaufgreifen nach § 51 VwVfG

Ein Anspruch auf Wiederaufgreifen des Verfahrens ergibt sich bei Vorliegen der Voraussetzungen des § 51 VwVfG:

1268

- Der **VA** ist **bestandskräftig.**
- Der Antragsteller hat einen der **Wiederaufgreifensgründe** nach § 51 I Nr. 1–3 VwVfG.
- Den Antragsteller trifft **kein grobes Verschulden,** dass er den Wiederaufgreifensgrund nicht schon im Ausgangsverfahren geltend gemacht hat, § 51 II VwVfG.
- Die **Dreimonatsfrist** des § 51 III VwVfG ist gewahrt.

1. Wiederaufgreifensgründe nach § 51 I Nr. 1–3 VwVfG

Die **nachträgliche Änderung der Sach- und Rechtslage nach § 51 I Nr. 1 VwVfG** umschließt nicht eine Änderung der Rspr.; diese stellt Recht nur fest, verändert es aber nicht.[168] Eine **Änderung der Rechtslage** ist hingegen bei rückwirkender Aufhebung, Änderung oder Erlass einer entscheidungserheblichen Norm gegeben.

1269

Im Beispielfall wurde die Satzung nur mit Wirkung für die Zukunft aufgehoben. Für den Zeitpunkt des Erlasses stellt sie daher weiterhin eine wirksame Rechtsgrundlage dar. Die Rechtslage hat sich daher nicht zugunsten des E iSv § 51 I Nr. 1 VwVfG geändert.

1270

Der Fall der **Nichtigerklärung der entscheidungserheblichen Norm** im Wege der verfassungs- oder verwaltungsgerichtlichen Normenkontrolle wird dem teilweise gleichgesetzt.[169] Aber auch hier wird Recht nicht legislativ verändert, sondern gerichtlich beurteilt. In diesem Fall besteht daher kein Anspruch auf Wiederaufgreifen des Verfahrens, sondern der betreffende VA kann nur gem. §§ 48, 49 VwVfG aufgehoben werden.[170] Eine solche Änderung muss zudem **ursächlich für die Verwaltungsentscheidung** gewesen sein; ansonsten hat sich etwa die Sach- oder Rechtslage nicht zugunsten des Betroffenen geändert. Der nachträglich hinzugetretene Zustand muss also dazu führen, dass nach materiellem Recht die Entscheidung anders hätte ausfallen müssen. Das gilt auch für das **Vorliegen neuer Beweismittel nach § 51 I Nr. 2 VwVfG**, also solcher Beweismittel, die zum Zeitpunkt des Erlasses des VA noch nicht existierten bzw. ohne Verschulden nicht rechtzeitig beigebracht werden konnten.

1271

2. Neue Sachentscheidung

Liegen die Voraussetzungen für ein Wiederaufgreifen vor, muss eine neue Sachentscheidung getroffen werden. Dazu besteht nach dem Wortlaut des § 51 I VwVfG eine **Pflicht.** Die neue **Sachentscheidung** hat die Behörde **nach dem materiellen Recht des Erstbescheides** unter Berücksichtigung der Wiederaufgreifensgründe des § 51 I VwVfG zu treffen.[171] Aus § 51 V VwVfG, wonach § 48 I 1 und § 49 I VwVfG »unberührt« bleiben, kann dagegen nicht gefolgert werden, die Sachentscheidung habe nach Maßgabe dieser Vorschriften zu ergehen und stehe daher immer im Behördenermessen.[172] Vielmehr will der Verweis lediglich auf die parallele Anwendbarkeit der §§ 48f. VwVfG neben § 51 VwVfG hinweisen.

1272

---

168 *Ule/Laubiger* VerwVerfR § 65 Rn. 19.
169 So Obermayer/Funke-Kaiser/*Schäfer* § 51 Rn. 54.
170 *Kopp/Ramsauer* § 51 Rn. 30 mN auch zur abw. Meinung.
171 So auch die hM: *Schenke* DÖV 1983, 320 (330); Ehlers/Pünder/*Ruffert* AllgVerwR § 26 Rn. 3 mwN.
172 So *Maurer* VerwR AT § 11 Rn. 61; wie hier BVerwGE 70, 110 (115).

III. »Wiederaufgreifen« nach §§ 48, 49 VwVfG

1273 Dass **§ 51 VwVfG keine abschließende Regelung** hinsichtlich der Aufhebung bestandskräftiger VA darstellt, folgt nicht erst aus § 51 V VwVfG, sondern bereits aus dem eindeutigen Wortlaut der §§ 48 I 1, 49 I 1 VwVfG. Insofern gibt es auch ein »Wiederaufgreifen« nach §§ 48 f. VwVfG, wenn die Behörde nach Maßgabe dieser Vorschriften einen belastenden VA aufheben soll. Da die **Aufhebung** danach aber **jeweils im Ermessen der Behörde** liegt, besteht zunächst lediglich ein Anspruch auf ermessensfehlerfreie Entscheidung. Dieser Anspruch erstarkt nur zu einem Anspruch auf Wiederaufgreifen bei einer Ermessensreduzierung auf null, so wenn dem Antragsteller die **Aufrechterhaltung des VA schlechthin unerträglich** ist.[173]

J. Ansprüche aus Unionsrecht

1274 Ansprüche auf den Erlass eines VA können sich auch direkt aus Unionsrecht ergeben. Dieses vermag unmittelbar auf die deutsche Rechtsordnung einzuwirken und daher auch Rechte für den Einzelnen unter anderem auf den Erlass eines VA zu begründen. Solche können aus den Grundfreiheiten als Diskriminierungs- und Beschränkungsverbote, die eine Gleichstellung mit Deutschen verlangen (→ Rn. 330, 525) sowie – allerdings sehr begrenzt – aus grundfreiheitlichen Schutzpflichten erwachsen.[174] Verordnungen wirken nach Art. 288 II AEUV wie deutsche Gesetze. **Richtlinien bedürfen zwar nach Art. 288 III AEUV der Umsetzung,** sodass dann das nationale Umsetzungsrecht die Anspruchsgrundlage bildet. Hinge indes die Implementierung von Richtliniengehalten in nationales Recht ausschließlich vom Verhalten der Mitgliedstaaten ab, wäre sie ausschließlich von diesen gesteuert und damit auch beliebig verzögerbar. Die Union setzt aber regelmäßig eine konkrete Umsetzungsfrist. Sie will damit die Verwirklichung der entsprechenden Inhalte zu einem bestimmten Zeitpunkt erreichen.

1275 Freilich stehen diese Inhalte von Richtlinien nicht immer konkret fest, überlassen sie doch nach Art. 288 III AEUV den Mitgliedstaaten Form und Mittel der Umsetzung und geben nur Ziele vor. Inhalte können nur **unmittelbar wirken, wenn sie unbedingt und hinreichend genau** formuliert sind.[175] Allerdings lassen sich konkrete Inhalte auch bereits dann ableiten, wenn der Rahmen bzw. die Ziele klar und eindeutig definiert sind. Dann stehen zumindest diese groben Determinanten fest.[176] Insoweit kann daher die entsprechende Richtlinie unmittelbar wirken, wenn die Mitgliedstaaten bis zum Ablauf der Umsetzungsfrist keine oder unzureichende Maßnahmen[177] ergriffen haben. Dabei kann auch ein vorgesehener Maßnahmetyp wie ein Luftaktionsplan eingefordert werden, ebenso konkrete Maßnahmen zu dessen Effektuierung wie Umweltzonen (→ Rn. 1297).

1276 Umsetzungsdefizite können auch dann bestehen, wenn Richtlinien **nicht hinreichend unbedingt und genau** sind und somit keine unmittelbare Wirkung entfalten können. Auch dann setzen sich Mitgliedstaaten über bestimmte unionsrechtlich vorgegebene Wirkungszeitpunkte hinweg. Da aber keine unmittelbare Wirkung in Betracht kommt,

---

173 BVerwGE 26, 153 (155); 28, 122 (127 f.).
174 → Rn. 1259 f. sowie auch → Rn. 1088, 1094 f.
175 EuGH ECLI:EU:C:1974:133 Rn. 12 – von Duyn; ECLI:EU:C:1987:431 Rn. 7 – Kolpinghuis.
176 S. EuGH ECLI:EU:C:1995:260 Rn. 39 – Großkrotzenburg zu Art. 2, 3 UVP-Richtlinie.
177 Zu den Umsetzungserfordernissen → Rn. 113 f.

bleibt nur ein **Staatshaftungsanspruch.**[178] Das gilt auch, wenn **Richtlinien nur zwischen Privaten wirken** sollen. Eine Richtlinie wirkt nur über eine staatliche Instanz unmittelbar; eine solche muss also zwischengeschaltet sein, ist doch eine Richtlinie gem. Art. 288 III AEUV an die Mitgliedstaaten gerichtet und nicht an den Bürger. Reflexe zulasten Einzelner sind aber unschädlich.[179]

Fall nach EuGH ECLI:EU:C:2014:2358 – Dano (Hartz IV): Eine Bulgarin bekam vom BSG Kassel Arbeitslosengeld II zugesprochen, nachdem sie in Deutschland ein Kind bekommen hat. Haben damit EU-Ausländer allgemein Anspruch auf Hartz IV?   1277

Ein Anspruch könnte aus dem allgemeinen Freizügigkeitsrecht nach Art. 21 AEUV iVm dem Diskriminierungsverbot gem. Art. 18 AEUV folgen. Er besteht jedenfalls bei rechtmäßigem Aufenthalt von bestimmter Dauer oder dem Besitz einer Aufenthaltserlaubnis.[180] Das Urteil Förster kann dahin gedeutet werden, dass der EuGH trotz Bedürftigkeit einer Studentin das Aufenthaltsrecht aus Art. 21 AEUV heranzieht.[181] Dadurch entstehen aber Divergenzen zur Freizügigkeitsrichtlinie 2004/38/EG[182], die für soziale Ansprüche zulässigerweise einen Mindestaufenthalt bzw. einen Bezug zu einer Erwerbstätigkeit verlangt (Art. 14 I, 24). Das entspricht auch der Grundkonzeption der allgemeinen EU-Freizügigkeit, die kein Prinzip der Vollintegration begründet (→ Rn. 1461). Daher dürfen, wenn diese Voraussetzungen nicht erfüllt sind, Sozialleistungen verweigert werden (zur Grundrechtskonformität → Rn. 253). Nachdem das BSG einen Anspruch unmittelbar aus Art. 1 I GG bejaht hatte, hat der Gesetzgeber diesen Anspruch ausgeschlossen.

§ 17 Einstweiliger Rechtsschutz auf Erlass eines VA[183]

A. Regelungsanordnung nach § 123 I 2 VwGO

Soll das auf den Erlass eines VA gerichtete Begehren im einstweiligen Rechtsschutz durchgesetzt werden, so richtet sich dieser nach § 123 VwGO. §§ 80 V, 80a VwGO betreffen nur die Fälle, in denen in der Hauptsache Anfechtungsklage zu erheben ist. Da der Erlass eines VA eine Rechtserweiterung darstellt, handelt es sich dann jeweils um **Regelungsanordnungen** gem. § 123 I 2 VwGO. Um einen Anspruch darauf im Hinblick auf Art. 19 IV GG hinreichend zu wahren, ist die dem Erlass eines begünstigenden VA entgegenstehende und daher vom Anspruchsteller **angefochtene Entscheidung adäquat zu überprüfen.** So kann bei einem Eilantrag auf Zulassung zum Jahrmarkt (→ Rn. 1223) nicht pauschal auf eine Vergabe aller verfügbaren Plätze verwiesen werden. Diese ist vielmehr auf ihre Korrektheit zu prüfen. Die Durchsetzung eines Anordnungsanspruchs bei Irregularitäten ist Sache der Behörde.[184] Gerade wenn   1278

---

178 → Rn. 1389.
179 EuGH ECLI:EU:C:2004:12 Rn. 56 f. – Wells.
180 EuGH ECLI:EU:C:2004:488 Rn. 35 ff., bes. 43 – Trojani.
181 S. EuGH ECLI:EU:C:2008:630 Rn. 40 ff. – Förster.
182 Des europäischen Parlaments und des Rates v. 29.4.2004 über das Recht der Unionsbürger und ihrer Familienangehörigen, sich im Hoheitsgebiet der Mitgliedstaaten frei zu bewegen und aufzuhalten, zur Änderung der VO (EWG) Nr. 1612/68 und zur Aufhebung der RL 64/221/EWG, 68/360/EWG, 72/194/EWG, 73/148/EWG, 75/34/EWG, 75/35/EWG, 90/364/EWG, 90/365/EWG und 93/96/EWG, zuletzt geändert durch VO (EU) Nr. 492/2011 des Europäischen Parlaments und des Rates v. 5.4.2011, ABl. EU 2011 L 141, 1.
183 Ausf. zu § 123 VwGO → Rn. 1071 ff., Übersicht → Rn. 1084; zur Konkurrentenklage: BVerwGE 118, 370 und *Tegethoff* JA 2004, 732; zum einstweiligen Rechtsschutz der Gemeinde: *Sikora* JA 2005, 40; wichtige Entscheidung: EuGH ECLI:EU:C:1995:369 – Atlanta Fruchthandel.
184 BVerfG NJW 2002, 3691 (3692), → Rn. 1125.

der Erlass eines VA begehrt wird, stellt sich im Rahmen des einstweiligen Rechtsschutzes häufig die Frage, ob eine grundsätzlich unzulässige Vorwegnahme der Hauptsache verlangt wird oder ob diese ausnahmsweise zulässig ist.[185]

B. Für Hochschulzulassungen

1279 Eine bedeutsame Konstellation im Rahmen des einstweiligen Rechtsschutzes bei Verpflichtungsklagen bilden Hochschulzulassungen. Der Anordnungsanspruch folgt aus den die **Vergabe von Studienplätzen** regelnden Vorschriften, jedenfalls aber aus **Art. 12 I GG**. Die Berufsfreiheit bezieht sich auch auf die Berufsausbildung als Grundlage für die Berufswahl und verleiht zwar keinen **Anspruch** auf Erweiterung von Hochschulen, aber **auf gerechte Verteilung der vorhandenen Kapazität**.[186] Diese muss wegen der Bedeutung des Studiums für die Berufswahl **vollständig ausgenutzt** werden.[187]

1280 Daher wird einem auf die eigene Zulassung klagenden Bewerber bei erst im Rechtsstreit festgestellter freier Kapazität ein Studienplatz auch zugebilligt, wenn er zB den an sich erforderlichen Notendurchschnitt unterschreitet.[188] Immerhin müssen im Verhältnis der klagenden Bewerber zueinander die Verteilungsmaßstäbe angewendet werden, die sonst für die Vergabe von Studienplätzen gelten. Die nichtklagenden Bewerber sind nicht einzubeziehen.[189]

1281 **Fall** nach BVerwGE 139, 210: M bewarb sich ohne Erfolg im Wintersemester 2016/2017 für einen Studienplatz im Fach Medizin. Daraufhin beantragte er vergeblich an fünf baden-württembergischen Hochschulen eine Zuweisung eines Studienplatzes außerhalb der festgesetzten Zulassungszahlen.

> Werden bei einem Verwaltungsprozess nicht angegebene Kapazitäten bei den Studienplätzen aufgedeckt, so befinden sich diese nach der Definition außerhalb der zentralen Vergabe. Die baden-württembergischen Hochschulen können gleichwohl nicht von den VG zu einer anderen Verteilungsart, wie zB einer Verlosung, verpflichtet werden: Art. 15 I Nr. 6 Staatsvertrag 2006 definiert die **Studienplatzvergabe** »außerhalb der festgesetzten Kapazität als eine Sonderform des Nachrückverfahrens für im innerkapazitären Vergabeverfahren nicht in Anspruch genommene Studienplätze«.[190]
> Die geschützte Wahlfreiheit auch des Studienortes nach Art. 12 I GG umfasst nicht, wenn Studienplatzbewerber wie M an möglichst vielen Hochschulen Klage erheben und somit die Entscheidung des Studienortes vom Erfolg der geführten Kapazitätsprozesse und nicht vom Antrag im Verteilungsverfahren abhängig machen. Es wird in diesem Fall deutlich, dass der Studienplatz vor dem Studienort Priorität hat. Nach § 32 I 2 HRG, Art. 11 I 2 Staatsvertrag 2006 und § 3 III 3 VergabeVO ZVS können nun höchstens sechs Studienorte gewählt werden. Verengt wird diese Einschränkung zusätzlich durch § 24 S. 3 VergabeVO Stiftung, der den Hochschulen bei der Teilnahme an dem Auswahlverfahren die Möglichkeit lässt, die Vorauswahl nach dem Grad der Ortswahl auszurichten. Hat ein Bewerber die betreffende Hochschule lediglich an fünfter Stelle genannt, könnte er für diese nicht gemeldet werden.

1282 Damit wird allerdings auch bei schlechterer Qualifizierung ein klagender einem nichtklagenden Bewerber vorgezogen, und zwar allein durch die Tatsache der Klageerhebung. Art. 12 I GG gibt indes eine Verteilung von knappen Studienplätzen nach be-

---

185 Allg. → Rn. 1083.
186 → Rn. 1090.
187 BVerfGE 33, 303 – Numerus clausus; 85, 36 (60); s. allerdings *Steinberg/Müller* NVwZ 2006, 1113 (1118f.) im Gefolge der Autonomie der Hochschulen.
188 BVerfGE 39, 258 (268ff.) – Kapazitätsausnutzung; BVerwGE 60, 25 (32); anders noch BVerwGE 42, 296.
189 BVerwGE 139, 210.
190 *Neumann* jurisPR-BVerwG 16/2011 Anm. 5.

rufsbezogenen Kriterien (zB Abiturnote, Eignungstest) und der Wartezeit vor, um die **Verteilungsgerechtigkeit** zu wahren.[191] Eine solche Zuweisung an klagende Bewerber unabhängig davon, ob sie nichtklagenden Mitbewerbern vorzuziehen sind, verletzt deren Rechte nur dann nicht, wenn an diese der Studienplatz ohnehin nicht mehr hätte vergeben werden können, also die Kapazität ansonsten verfiele. Dann bedarf es keines Ausgleichs innerhalb von Art. 12 I GG, und der Anordnungsanspruch besteht ohne eine Abwägung mit den Belangen der Mitbewerber.

Der **Anordnungsgrund** ergibt sich daraus, dass die **Studienzulassung für das ange-**   1283
strebte Semester durch Zeitablauf unmöglich wird. Er entfällt nicht automatisch mit Beginn der Vorlesungen,[192] da ggf. ein Nacharbeiten möglich ist. Weitergehend schließt ihn das BVerfG selbst dann nicht aus, wenn der Vorlesungsbetrieb in dem Semester, für das die Immatrikulation begehrt wird, bereits abgeschlossen ist, soweit es um die Sicherung von Restkapazitäten geht und zu diesem Zweck noch Eilverfahren laufen.[193] Schließlich kann der Bewerber immerhin einen Studienplatz erlangen, durch den er dann im Folgesemester auch Vorlesungen besuchen kann. Durch die Verweigerung der (vorläufigen) Zulassung drohen dem beruflichen Fortkommen des Antragstellers schwere Nachteile bis hin zur vollständigen Vereitelung eines Berufswunsches. Daher ist ihm unzumutbar, die Hauptsacheentscheidung abzuwarten.

Vielmehr kann der Studienplatzbewerber seinen Anspruch ohne die drohenden unzu-   1284
mutbaren Rechtsnachteile nur durchsetzen, wenn er sogleich zum Studium zugelassen wird. Die Hauptsacheentscheidung käme für ihn zu spät. Sie kann daher aufgrund von Art. 19 IV GG jedenfalls dann vorweggenommen werden, wenn ein Obsiegen absehbar ist. Hinter ihr bleibt die Regelungsanordnung immer noch dadurch zurück, dass sie nur eine **vorläufige Studienzulassung** anordnet.

Das Problem der Vorwegnahme der Hauptsache kann sich auch **vor Studienbeginn**   1285
stellen.

Fall: Der 19-jährige K hat seine Abiturprüfung erfolgreich abgelegt. Die Schule verweigert aber die Aus-   1286
stellung des Abiturzeugnisses, weil er sich angeblich zusammen mit anderen Schülern illegal die Abi-
turklausuraufgaben verschafft habe. K beantragt nun vor dem zuständigen VG im Wege des einstweiligen Rechtsschutzes nach § 123 VwGO, ihm das Abiturzeugnis auszustellen, damit er sich für das
kommende Semester für ein Hochschulstudium bewerben kann.

Grundsätzlich widerspricht es dem **Verbot der Vorwegnahme der Hauptsache**, in einem vorläufigen
Verfahren den Erlass eines VA anzuordnen. Dadurch würde die eigentlich in der Hauptsache zu erhe-
bende Verpflichtungsklage überflüssig werden. Ginge man aber davon aus, dass K in der Hauptsache
obsiegen würde, so käme die Entscheidung für ihn angesichts der langen Dauer von verwaltungsgerichtlichen Streitigkeiten zu spät. Das Abwarten würde für ihn insbesondere vor dem Hintergrund
des Art. 12 GG, der sich auch auf die **Berufsausbildung** bezieht, unzumutbar sein. Daher kann eine
vorläufige Ausstellung des Abiturzeugnisses angeordnet werden.

---

191 BVerfGE 43, 291 (314, 317 ff.) – Parkstudium.
192 S. BVerfG NVwZ 2003, 857 (858).
193 BVerfG NVwZ 2005, 681.

C. Bei Zweifeln an entgegenstehendem EU-Recht

1287   Es kann sich die Frage stellen, ob eine **vorläufige Regelung** auch dann getroffen werden kann, wenn diese **einem unionsrechtlichen Rechtsakt zuwiderläuft,** an dessen Gültigkeit Zweifel bestehen.[194]

1288   **Fall** nach EuGH ECLI:EU:C:1995:369 – Atlanta Fruchthandel: Der deutsche Bananenimporteur B kann aufgrund der EG-Bananenmarktordnung von 1993 und den ihm daraufhin vom zuständigen Bundesamt für Ernährung und Forstwirtschaft nur begrenzt zuerkannten Bananeneinfuhrkontingenten lediglich noch die Hälfte dessen importieren, was er bisher nach Deutschland einführen durfte. Nachdem er gegen die Begrenzung der Kontingentierung Klage vor dem Verwaltungsgericht Frankfurt a. M. erhoben hatte, legte dieses dem EuGH die Frage zur Vorabentscheidung vor, ob die Bananenverordnung gültig sei. Um größere Umsatzverluste bis zur Entscheidung des EuGH zu vermeiden, beantragt B nunmehr nach § 123 VwGO den Erlass einer einstweiligen Anordnung auf Erteilung zusätzlicher (vorläufiger) Einfuhrlizenzen.

Gegen die Möglichkeit einer einstweiligen Anordnung nach § 123 VwGO in solchen Fällen könnte sprechen, dass die Entscheidung über die Gültigkeit einer EU-Verordnung nach Art. 267 AEUV dem EuGH vorbehalten ist. Indes kann eine solche Entscheidung sehr lange dauern. Zudem wird sie durch eine **vorläufige Regelung** nicht vorweggenommen, sodass die Durchsetzung des Unionsrechts nicht gefährdet wird. Das die einstweilige Regelung erlassende Gericht muss aber die Frage nach der **Gültigkeit der Unionsrechtsnorm** dem EuGH in einem **eigenständigen Verfahren nach Art. 267 AEUV** vorlegen. Weiter ist zu beachten, dass auch die Tätigkeit der nationalen Gerichte dem Vollzug des Unionsrechts dient. Das Interesse der Union an einer einheitlichen Rechtsanwendung muss daher angemessen berücksichtigt werden.

Unter diesen Voraussetzungen können bei erheblichen Zweifeln an der Gültigkeit einer Unionsrechtsnorm dieser **widersprechende einstweilige Anordnungen** gem. § 123 I VwGO ergehen, wenn dem Antragsteller ein schwerer und nicht wiedergutzumachender Schaden droht.[195] Dies entspricht den Grundsätzen für Anordnungen nach § 80 V VwGO und orientiert sich gleichfalls an den Art. 278, 279 und 267 AEUV.[196]

Dem B konnten daher die **zusätzlichen vorläufigen Kontingente** zugesprochen werden. Schließlich bestanden nicht nur begründete Zweifel an der Rechtmäßigkeit der Bananenverordnung im Hinblick auf den Eingriff in Rechte betroffener Unternehmer,[197] sondern dem B drohte ohne den Erlass einer einstweiligen Anordnung nach § 123 VwGO ein die Existenz seines Unternehmens bedrohender finanzieller Schaden.

---

194 → Rn. 1016f. zu §§ 80, 80a VwGO.

195 EuGH ECLI:EU:C:1995:369 Rn. 51 – Atlanta Fruchthandel.

196 EuGH ECLI:EU:C:1995:369 Rn. 28 – Atlanta Fruchthandel; instruktiv *Stern* JuS 1998, 769 (776); abl. *Schoch* JZ 1995, 113 (113f.).

197 → Rn. 1018ff. Der EuGH hat allerdings die Gültigkeit der Bananenverordnung festgestellt, ECLI: EU:C:1995:369 – Atlanta Fruchthandel; BVerfGE 102, 147 – Bananenmarktordnung die Vorlage des VG Frankfurt a. M. nach Art. 100 GG als unzulässig abgelehnt (→ Rn. 49f.). EuGH ECLI:EU: C:1996:452 Rn. 34ff. – Port verpflichtete allerdings die Kommission, Übergangsmaßnahmen zu erlassen.

6. Kapitel. Sonstiges Verwaltungshandeln und Geldzahlungen

§ 18 Die allgemeine Leistungs(vornahme)klage[1]

A. Allgemeines

Die allgemeine Leistungsklage ist zwar nicht ausdrücklich in der VwGO geregelt, ihre **1289** Existenz im Verwaltungsprozessrecht ergibt sich aber aus §§ 111, 113 V und 43 II VwGO. Mit ihr kann in erster Linie das Begehren auf Vornahme eines staatlichen Handelns, das nicht im Erlass eines VA besteht, durchgesetzt werden. Dieser Grundfall der allgemeinen Leistungsklage lässt sich daher auch genauer und in Abgrenzung zur Leistungsunterlassungsklage[2] als Leistungsvornahmeklage bezeichnen. Die **Leistungsvornahmeklage** ist also dann zu erheben, wenn der Kläger ein **schlicht-hoheitliches Handeln** begehrt (zB eine Auskunft) oder gegen den Staat **Folgenbeseitigungs- bzw. Geldleistungsansprüche** geltend macht, bei deren Bestehen gleichfalls eine staatliche Leistung erfolgen muss.

B. Zulässigkeit

I. Verwaltungsrechtsweg, insbesondere kraft Sachzusammenhang

1. Eröffnung des Verwaltungsrechtswegs, § 40 I VwGO

Wird eine vertragliche Leistung begehrt, so liegt eine öffentlich-rechtliche Streitigkeit **1290** vor, wenn Grundlage ein **öffentlich-rechtlicher Vertrag** ist, also ein Vertrag, dessen Gegenstand dem öffentlichen Recht zuzuordnen ist.[3] Im Bereich sonstiger **öffentlich-rechtlicher Geldleistungsansprüche** bestehen diverse Sonderzuweisungen an die ordentlichen Gerichte (§ 40 II 1 VwGO, § 49 VI 3 VwVfG, § 43 I NRWOBG; s. Art. 34 S. 3 GG). Wird die Vornahme einer **sonstigen Leistung** begehrt, ist die **Rechtsnatur der jeweiligen Anspruchsnorm** entscheidend. So sind der Informationsanspruch nach § 4 UIG[4] sowie der presserechtliche Informationsanspruch nach PresseG öffentlich-rechtlich zu qualifizieren.[5]

Problematisch ist vielfach die **Einordnung von Äußerungen, Informationen und** **1291** **Warnungen** von Trägern öffentlicher Gewalt, deren Widerruf begehrt wird. Sind Zweck und Funktionszusammenhang öffentlich-rechtlich, ist der Verwaltungsrechtsweg gegeben. Das trifft etwa zu bei Verlautbarungen im Rahmen staatlicher Informationstätigkeit[6] oder aus Gründen des Gesundheitsschutzes.[7] Schwieriger sind die Fälle, in denen auf **Widerruf einer (beleidigenden) Äußerung** geklagt wird.[8]

---

1 *Geis/Meier* JuS 2013, 28; *Kemmler* JA 2005, 908; *Prüfungsaufbau: Proppe* JA 1999, 58; wichtige Entscheidungen: EuGH ECLI:EU:C:2008:447– Janecek; BVerwGE 82, 76 – Jugendsekten; 87, 37 – Glykol; BVerwGE 147, 312; VGH Mannheim NJW 1990, 2770 – Obdachloseneinweisung; NJW 1997, 754 – Scientology.

2 → § 12.

3 Näher dazu → Rn. 1330.

4 S. BVerwGE 102, 282 (284); OVG Münster DVBl. 1995, 1020f.

5 S. OVG Münster NJW 1995, 2741.

6 BVerwGE 82, 76 – Jugendsekten.

7 BVerwGE 87, 37 – Glykol.

8 Vgl. VGH Mannheim NJW 1990, 1808; *Rozek* JURA 1994, 378.

1292 | **Beispiel:** Bürgermeister B behauptet in einer Ratssitzung im Zusammenhang mit der Vergabe eines öffentlichen Auftrages, der sich um diesen bewerbende Architekt A sei ein Betrüger. Hier könnte die Anspruchsgrundlage für den Widerruf entweder privatrechtlich (§ 1004 BGB) oder öffentlich-rechtlich (FBA bzw. § 1004 BGB analog)[9] sein. Die Rechtsnatur des Widerrufsanspruchs richtet sich nach der Rechtsnatur des zu widerrufenden Verhaltens (sog. **actus-contrarius-Theorie**). Welche Rechtsnatur der Äußerung des B zukommt, muss dem Sachzusammenhang entnommen werden, in dem sie fiel. Hier äußerte sich B während einer Ratssitzung in seiner Funktion als Bürgermeister und damit öffentlich-rechtlich. Auf den – im Übrigen öffentlich-rechtlichen Charakter – der Auftragsvergabe kommt es damit nicht an. Der Widerrufsanspruch ist daher vor dem VG geltend zu machen.

2. Der Rechtsweg kraft Sachzusammenhang, § 17 II GVG

1293 Insbesondere **Geldzahlungsansprüche** ergeben sich manchmal aus verschiedenen Anspruchsgrundlagen, die teils Verwaltungsgerichten und teils, wie die Amtshaftung, den ordentlichen Gerichten zugewiesen sind. Lässt sich ein Klageanspruch auf verschiedene materiell-rechtliche Anspruchsgrundlagen stützen, für die jeweils verschiedene Rechtswege gegeben sind, kann für alle Klageansprüche **ein Rechtsweg kraft Sachzusammenhang** gem. § 17 II GVG bestehen. Dann darf das Gericht des zulässigen Rechtswegs den Rechtsstreit unter **sämtlichen Gesichtspunkten** entscheiden, also die Klärung des einheitlichen prozessualen Anspruchs anhand aller Klagegründe vornehmen.[10] Eine Ausnahme besteht jedoch dann, wie § 17 II 2 GVG klarstellt, wenn das Gericht kraft Verfassung zuständig ist, wie die ordentlichen Gerichte für Amtshaftungsstreitigkeiten (Art. 34 S. 3 GG) und Enteignungsentschädigungsansprüche (Art. 14 III 4 GG). Die verfassungsrechtliche Zuweisung darf nicht durch den Sachzusammenhang aufgehoben werden.

1294 | **Beispiel** ist die **Klage eines Beamten**, der durch ein rechtswidriges Verhalten seines Dienstherrn geschädigt wurde. Für die Verletzung der Fürsorgeverpflichtung ist gem. § 54 I BeamtStG der Verwaltungsrechtsweg eröffnet. Für den Amtshaftungsanspruch gegen den Dienstherrn ist gem. Art. 34 S. 3 GG, § 40 II 1 VwGO der ordentliche Rechtsweg gegeben. Nur das ordentliche Gericht darf über beide Anspruchsgrundlagen, also aus beamtenrechtlicher Fürsorgeverletzung und Amtshaftung, befinden. Das VG dürfte nicht auch über die Amtshaftung entscheiden.

II. Statthaftigkeit

1295 Als **Klage auf jede denkbare staatliche Leistung, die nicht in einem VA besteht,** ist die allgemeine Leistungsklage nur dann statthaft, wenn der Kläger sein Begehren nicht durch Anfechtungs- oder Verpflichtungsklage erreichen kann. Wenn dem begehrten tatsächlichen Handeln also ein VA vorausgeht, so ist die Verpflichtungsklage statthafte Klageart.[11] Auszugehen ist daher von der Abgrenzung nach § 35 VwVfG.[12] Der Anwendungsbereich der allgemeinen Leistungsklage ist damit sehr weit und umfasst neben den Hauptfällen der Ansprüche auf schlicht-hoheitliches Handeln (Bsp.: Auskunfts- und Informationsansprüche), der Geldzahlungsansprüche und der Folgenbeseitigungsansprüche auch Ansprüche auf Abschluss oder Erfüllung eines öffentlich-rechtlichen

---

9 → Rn. 1307.
10 → Rn. 1030f.
11 Übungsklausur: *Kleinbauer* JuS 2007, 241 ff.
12 → Rn. 732 ff.

Vertrages, Ansprüche auf Normerlass (sog. Normerlassklage)[13] sowie Unterlassungs-ansprüche (sog. Leistungsabwehr- bzw. -unterlassungsklage).[14]

III. Klagebefugnis

Wie die Verpflichtungsklage ist auch die allgemeine Leistungsklage nur bei Vorliegen einer Klagebefugnis zulässig. Zum Ausschluss von Popularklagen ist § 42 II VwGO auf die allgemeine Leistungsklage **analog** anzuwenden.[15] Danach ist die Klagebefugnis indes nur dann zu verneinen, wenn dem Kläger der geltend gemachte Leistungsan-spruch offensichtlich und eindeutig nach keiner Betrachtungsweise zustehen kann.[16] Je nach Anspruchsgrundlage kann auch der Staat klagen, so auf Erfüllung eines öffent-lich-rechtlichen Vertrages.[17] Einforderbare Ansprüche des Einzelnen können auch aus einer nicht (ordnungsgemäß) umgesetzten, aber hinreichend bestimmten und den Ein-zelnen begünstigenden **Richtlinienbestimmung** folgen, wenn sie im nationalen Recht fehlen (→ Rn. 783, 1128 f.). 1296

> **Fall** nach EuGH ECLI:EU:C:2008:447 – Janecek: Ein Anwohner einer viel befahrenen Straße in München sieht sich durch Luftschadstoffe, die über den Werten des Luftreinhalteplanes liegen, in seiner Gesund-heit beeinträchtigt und fordert einen Aktionsplan ein, wie er der umzusetzenden EU-Richtlinie ent-spricht. 1297

> Früher hat das BVerwG nur ein Recht Betroffener auf planunabhängige Maßnahmen bejaht, um ge-sundheitliche Beeinträchtigungen abzuwehren. Dafür kommen insbesondere straßenverkehrsrecht-liche Maßnahmen wie ein Verbot des Lkw-Durchgangsverkehrs in Betracht.[18] Die Erstellung von Ak-tionsplänen will indes die Einhaltung bestimmter Luftgrenzwerte sichern. Sieht das nationale Recht zwar andere Maßnahmen, nicht aber die als spezielles Planungsinstrument geforderten Aktionspläne vor, können Letztere von betroffenen Personen unmittelbar auf der Basis der umzusetzenden EU-Richtlinie eingefordert werden. Sie müssen entsprechend der Zielsetzung der Richtlinie Maßnahmen enthalten, die diese Gefahr auf ein Minimum verringern und schrittweise die Luftbelastung unter diese Werte oder Schwellen zurückführen können. Das kann der Einzelne gerichtlich einfordern. Mitt-lerweile verleiht § 47 I BImSchG ein subjektives Recht auf die Einrichtung von Umweltzonen, das auch Umweltverbände gerichtlich einfordern können.[19]

IV. Sonstige Zulässigkeitsvoraussetzungen

1. Vorverfahren

Die Zulässigkeit einer allgemeinen Leistungsklage setzt keine Durchführung eines Vorverfahrens voraus (§ 68 VwGO e contrario). Eine Ausnahme bilden Beamtenstrei-tigkeiten nach § 54 II BeamtStG. 1298

---

13 → Rn. 1108 f.
14 → Rn. 1023 ff.
15 BVerwGE 36, 192 (199); 60, 144 (150); 99, 64 (66); *Schenke* VerwProzR Rn. 492.
16 BVerwGE 44, 1 (3).
17 → Rn. 1324.
18 BVerwGE 129, 296 (301); 128, 278 (289 ff.).
19 BVerwGE 147, 312 mAnm *Frenz* UPR 2014, 1.

2. Klagefrist

1299 Anders als bei Anfechtungs- und Verpflichtungsklagen ist bei der allgemeinen Leistungsklage **keine** Klagefrist einzuhalten. Die Klagemöglichkeit ist indes nach den allgemeinen Rechtsgrundsätzen des Instituts der Verwirkung zeitlich begrenzt.[20]

3. Rechtsschutzbedürfnis

1300 Das allgemeine Rechtsschutzbedürfnis fehlt, wenn mit einer Klage kein rechtsschutzwürdiges Interesse verfolgt wird. Dies ist insbesondere dann der Fall, wenn der Kläger den angestrebten Erfolg auf einem einfacheren Weg erreichen kann. Ein solcher ist etwa ein **Antrag** auf die begehrte Leistung **bei der Behörde** vor Erhebung einer Klage.

1301 Begehrt die Verwaltung eine **Verurteilung des Bürgers,** fehlt es am allgemeinen Rechtsschutzbedürfnis, wenn sie einen VA erlassen und sich damit ihren eigenen Vollstreckungstitel schaffen kann. Unbeachtlich muss dabei jedenfalls sein, dass eine gerichtliche Anfechtung eines solchen VA absehbar ist, weil dadurch sowohl der zusätzliche Rechtsschutz des Widerspruchsverfahrens als auch der Vorrang der Anfechtungsklage umgangen würden.[21] Da der VA an eine untergeordnete Position des Bürgers anknüpft, ist der Erlass eines VA nach Abschluss eines (auf Gleichordnung gerichteten) **öffentlich-rechtlichen Vertrages** grundsätzlich ausgeschlossen. Hier kann sich aber der Bürger – wie im Übrigen auch die Behörde – der sofortigen Vollstreckung nach § 61 VwVfG unterworfen haben. Dann fehlt auch das allgemeine Rechtsschutzbedürfnis für eine Leistungsklage.

C. Begründetheit der allgemeinen Leistungsklage, insbesondere Folgenbeseitigungsanspruch

I. Allgemeines

1302 In der Begründetheit ist zu prüfen, ob der geltend gemachte **Leistungsanspruch tatsächlich besteht.** Meist wird das Leistungsbegehren auf Folgenbeseitigung oder Zahlung einer Geldleistung gerichtet sein.[22] Dies ist aber nicht zwingend, da Inhalt des mittels allgemeiner Leistungsklage durchzusetzenden Anspruchs auch sonstiges Verwaltungshandeln[23] sein kann, soweit dieses keinen VA darstellt, der mit der spezielleren Verpflichtungsklage durchgesetzt werden muss. Typisches sonstiges Verwaltungshandeln ist die Auskunftserteilung.

1303 **Fall** nach OVG Münster NJW 1995, 2741: Der in NRW ansässige A-Verlag, der eine steuerrechtliche Zeitschrift herausgibt, bittet das Justizministerium NRW, ihm im Zusammenhang mit einer Veröffentlichung einige ungeklärte rechtliche Fragen zu den Richtlinien für das Strafverfahren und das Bußgeldverfahren (RiStBV) zu beantworten. Das Ministerium kommt dieser Bitte nicht nach, sondern erklärt nur, diese Fragen seien bisher nicht Inhalt von Regelungsvorschlägen gewesen, und verweist den A-Verlag an den in Angelegenheiten der RiStBV federführenden Justizminister eines anderen Bundeslandes. Daraufhin klagt der A-Verlag gegen das Justizministerium NRW auf Erteilung der begehrten Auskunft.

---

20 BVerwGE 44, 294 (298), → Rn. 905.
21 *Hufen* VerwProzR § 17 Rn. 11; aA BVerwGE 58, 316 (318); VGH Mannheim VBlBW 1995, 314.
22 S. näher zu den möglichen Anspruchsgrundlagen § 20.
23 Einschließlich des Normerlasses → Rn. 1108 ff.

Die zulässige Leistungsklage ist begründet, wenn der A-Verlag gegen das Justizministerium einen Anspruch auf Beantwortung der Fragen hat. Nach § 4 I NRWPresseG sind die Behörden verpflichtet, den Vertretern der Presse die der Erfüllung ihrer öffentlichen Aufgabe dienenden Auskünfte zu erteilen. Allerdings bezieht sich dieses **Auskunftsrecht** nur auf **Tatsachen** und beinhaltet nicht die Verpflichtung zu einer rechtlichen Stellungnahme. Auch aus Art. 5 I 2 GG lässt sich ein solcher Anspruch nicht herleiten. Zwar fällt auch die Informationsbeschaffung in den Schutzbereich der Pressefreiheit.[24] Die insofern begrenzte Auskunftspflicht des § 4 I PresseG stellt jedoch eine abschließende und mit Art. 5 I 2 GG vereinbare Konkretisierung des Gesetzgebers dar. Die Klage ist daher unbegründet.

Fall nach VGH München NJW 2004, 3358: Eine Zeitung begehrt Auskunft über nichtöffentliche Gemeinderatssitzungen wegen Neueinstellungen.   **1304**

Dass eine Sitzung nichtöffentlich ist, bildet eine Verfahrensvorschrift und begrenzt daher den materiell-rechtlichen presserechtlichen Auskunftsanspruch nicht. Entscheidend ist damit der Inhalt der Sitzung. Darauf bezogen bedarf es einer Abwägung zwischen der **Notwendigkeit der öffentlichen Information** und **entgegenstehenden Geheimhaltungsinteressen.** Solche dominieren für Erwägungen über die personelle Auswahl, nicht hingegen, wenn bereits eingestellte Personen oder die Zahl eingegangener Bewerbungen veröffentlicht werden sollen. Verweigert die Gemeinde eine Auskunft, muss sie die Gründe dafür nennen, um eine Nachprüfung zu ermöglichen.

II. Der allgemeine Folgenbeseitigungsanspruch (FBA)[25]

1. Grundlage

Haben staatliche Maßnahmen bereits negativ auf den Rechtskreis des Betroffenen eingewirkt, genügt das bloße Unterlassen nicht, sondern die **eingetretenen Folgen** müssen **rückgängig** gemacht werden. Insofern wird die positive Vornahme einer Leistung und damit aus der Sicht des Anspruchstellers eine **Rechtskreiserweiterung** begehrt, also nicht die reine Abwehr staatlichen Handelns wie beim Unterlassungsanspruch.[26] So hat die Beleidigung durch einen Beamten den Ruf des Betroffenen schon diskreditiert, haben staatliche Warnungen und Empfehlungen bereits zu Absatzeinbußen geführt. Diesbezüglich kann dann ein FBA bestehen.   **1305**

Beispiel: Der Bürgermeister B weist den Obdachlosen O durch eine befristete Verfügung in die Wohnung des W ein. Nach Fristablauf verlangt W von B, dass er O wieder aus der Wohnung entfernt. – Bei drohender Obdachlosigkeit darf eine befristete Einweisung in eine Wohnung auf der Basis der ordnungsbehördlichen Generalklausel erfolgen (→ Rn. 769). Weil der Wohnungseigentümer Nichtstörer ist, darf dies nur befristet geschehen. Nach Zeitablauf oder auch Aufhebung oder festgestellter Rechtswidrigkeit der Einweisungsverfügung entfällt die Grundlage dafür, dass O in der Wohnung bleiben darf, und damit auch die Duldungspflicht des W. Dieser hat daher gegen die Gemeinde einen FBA.[27] B ist verpflichtet, eine entsprechende Anordnung gegen O zu erlassen und durchzusetzen. Zur Erfüllung dieses Anspruchs muss B deshalb gegen O eine auf § 14 I NRWOBG (§ 8 I MEPolG) iVm § 123 StGB gestützte **Räumungsverfügung** erlassen. Dieser bildet die notwendige Befugnisnorm – der FBA selbst nicht[28] (→ Rn. 1316).   **1306**

Zu unterscheiden sind zwei Formen des FBA: Der **Vollzugsfolgenbeseitigungsanspruch,** der auf die Beseitigung der Folgen eines vollzogenen rechtswidrigen VA zielt   **1307**

---

24 S. BVerfGE 91, 125 (134) – Fernsehaufnahme im Gerichtssaal und → Rn. 318.
25 *Bumke* JuS 2005, 22; *Brugger* JuS 1999, 625; *Übungsfall: Detterbeck* JuS 2000, 574.
26 → Rn. 1023, 1069.
27 AA Schenke DVBl. 1990, 328 (328 f.).
28 Für einen Anspruch aus der Generalklausel VGH Mannheim NVwZ 1987, 1101.

(vgl. § 113 I 2 VwGO),[29] und **der allgemeine FBA,** der auf die Beseitigung der rechtswidrigen Folgen von Realakten gerichtet ist. Vom Inhalt her ist die Situation vergleichbar mit dem zivilrechtlichen Beseitigungs- und Unterlassungsanspruch nach § 1004 BGB.[30] Indes reagiert der FBA wie der Unterlassungsanspruch auf die Beeinträchtigung des grundrechtlich geschützten Rechtskreises durch faktisches staatliches Handeln; ist dieses rechtswidrig, soll der FBA die Folgen beseitigen und den grundrechtlich geschützten Rechtskreis wiederherstellen. Daher ergibt sich der FBA wie der Unterlassungsanspruch anerkanntermaßen aus den Grundrechten.[31]

2. Voraussetzungen

1308 Entsprechend der Grundrechtsprüfung setzt ein FBA voraus, dass **durch hoheitlichen Eingriff in ein subjektives Recht ein rechtswidriger Zustand** geschaffen wird.[32] Dabei ist es durchaus möglich, dass der Eingriff ursprünglich rechtmäßig war und der Zustand erst später rechtswidrig wird. Klassisches Beispiel hierfür ist die rechtmäßige Einweisung eines Obdachlosen, die erst nach Ablauf der Einweisungszeit zu einem rechtswidrigen Zustand führt (→ Rn. 1306).[33]

1309 Umgekehrt kann ein zuvor rechtswidriger Zustand durch eine zwischenzeitliche **Legalisierung** wiederum rechtmäßig geworden sein und damit einen Anspruch auf Folgenbeseitigung ausschließen. So, wenn im Obdachlosenbeispiel die abgelaufene, weil zunächst befristete Einweisungsverfügung verlängert wird.

1310 Der Anspruch darf noch **nicht verjährt** sein. Gewohnheitsrechtlich entwickelt, könnte die bisher angenommene dreißigjährige Regelverjährung weitergelten.[34] Eine Übertragung der dreijährigen Regel- und zehnjährigen Höchstverjährungsfrist nach §§ 195f., 199 BGB könnte als Analogie zulasten des Bürgers ausscheiden.[35] Sie könnte sich wegen **öffentlich-rechtlicher Besonderheiten** verbieten, wie dies für die Inanspruchnahme von Störern gilt (→ Rn. 906). Zwar geht es hier um die Beseitigung von Folgen, nicht um die Herstellung gemeinwohlverträglicher Zustände, und solche Folgen stehen regelmäßig nicht ewig im Raum. Auch hat der Gesetzgeber bei der Schuldrechtsreform insoweit keine Sonderregelung getroffen.[36] Indes bildet der FBA eine Umkehrreaktion auf staatliches Handeln. Ist dieses zeitlich unbegrenzt zulässig, muss es auch der FBA sein (vgl. aber zu Geldleistungsansprüchen → Rn. 1387, 1413f.).

3. Rechtsfolgen

1311 Der FBA ist darauf gerichtet, den **ursprünglichen Zustand** (sog. status quo ante) durch Beseitigung der Folgen des rechtswidrigen Verwaltungshandelns **wiederherzustellen.** Insofern umfasst er auch lediglich die Folgen, die durch das angegriffene Verwaltungshandeln unmittelbar hervorgerufen wurden. Die mittelbaren Folgen wie etwa Gewinneinbußen bei einer Verschlechterung der Geschäftsentwicklung auch noch Jahre nach einer staatlichen Produktwarnung werden hingegen vom FBA nicht erfasst (→ Rn. 1069 aE). Hier können dem Bürger allenfalls der Amtshaftungsanspruch nach Art. 34 GG, § 839 BGB oder staatliche Entschädigungsansprüche helfen.

---

29 Hiernach kann auf Antrag des Klägers über den FBA bei erfolgreicher Anfechtungsklage gegen den VA mitentschieden werden.
30 Für eine Analogie zu diesem VGH Mannheim NVwZ 1991, 184 (185).
31 BVerwGE 82, 76 (95f.) – Jugendsekten, → Rn. 1052ff.
32 Näher → Rn. 1051 zum weitgehend parallelen Unterlassungsanspruch.
33 VGH Mannheim NJW 1990, 2770 (2771) – Obdachloseneinweisung.
34 S. *Kopp/Ramsauer* § 53 Rn. 10.
35 Kopp/Schenke/*W.-R. Schenke/R. P. Schenke* § 113 Rn. 81 aE.
36 Näher *Dötsch* DÖV 2004, 277 (280f.).

Beispiel (→ Rn. 1306): Mit dem FBA kann W von B nur die Räumung der Wohnung von O, nicht aber auch die Beseitigung der durch O in der Wohnung verursachten Schäden verlangen. Hier ist W auf andere Anspruchsgrundlagen verwiesen, zB § 39 I NRWOBG (→ Rn. 1420). **1312**

Der Anspruchsteller kann deshalb grundsätzlich auch **keinen Geldausgleich** verlangen. Dies ist das wichtigste Abgrenzungskriterium zu allein auf Geldzahlung gerichteten Schadensersatz- und Entschädigungsansprüchen. Die Wiederherstellung kann etwa durch den Austausch ölverseuchten Bodens mit neuer Erde,[37] aber auch zB durch Widerruf einer ehrkränkenden Äußerung geschehen.[38] **1313**

Wiederhergestellt werden kann aber nur, was **tatsächlich möglich, rechtlich zulässig und der Verwaltung zumutbar ist**.[39] **1314**

Tatsächlich unmöglich ist es zB, den an einem Haus verursachten Schaden zu beseitigen, wenn dieses inzwischen aufgrund eines Sturmes eingestürzt ist. **1315**

Die rechtliche Zulässigkeit kann daran scheitern, dass für die Folgenbeseitigung in die **Rechte eines begünstigten Dritten** (etwa eines Obdachlosen) eingegriffen werden müsste. Dann bedarf es für diesen Eingriff einer Ermächtigungsgrundlage für die Behörde. Der FBA selbst stellt keine solche dar (Bsp → Rn. 1306).[40] **1316**

Der Behörde nicht zumutbar ist die **Wiederherstellung** dann, wenn diese **in keinem vernünftigen Verhältnis** mehr **zu** dem für sie notwendigen **Aufwand oder den erforderlichen Kosten** steht. **1317**

Wurde etwa eine Straße zu weit in ein privates Grundstück hinein gebaut, ist es schwerlich zumutbar, die Straße wieder herauszureißen. **1318**

Der FBA will nur die durch staatliches Handeln bedingten Folgen rückgängig machen, nicht die durch privates Zutun entstandenen. Nicht erfasst werden deshalb solche Folgen, die durch privates Mitverschulden entstanden sind. Daher ist **§ 254 BGB analog** anwendbar.[41] **1319**

§§ 249 ff. BGB treffen Regelungen für die Form der Beseitigung von Folgen. Bei unteilbarer Leistung ist entsprechend § 251 I BGB daher ausnahmsweise auch im Rahmen eines FBA Geldersatz zu leisten.[42] Auch **bei Unzumutbarkeit der Wiederherstellung** soll sich der FBA analog § 251 II 1 BGB als **Folgenentschädigungsanspruch** in einen Anspruch auf Geldentschädigung umwandeln.[43] Zwar spricht gegen eine Heranziehung dieser zivilrechtlichen Grundsätze, dass der FBA als grundrechtlich fundierter Anspruch eigentlich allein auf die tatsächliche Herstellung des rechtmäßigen Zustandes gerichtet ist. Letztlich müssen jedoch unbillige Ergebnisse vermieden werden. Daher kann der FBA in den § 251 BGB entsprechenden Ausnahmefällen dennoch auf Geldersatz gerichtet sein. **1320**

---

37 OVG Münster NVwZ-RR 1997, 618.
38 VGH Mannheim NJW 1997, 744 – Scientology.
39 Krit. zum Merkmal der Zumutbarkeit als Voraussetzung des FBA *Erbguth* JuS 2000, 336.
40 VGH Kassel NVwZ 1995, 300 (301 f.); näher dazu *Ossenbühl/Cornils* StaatshaftungsR 384 ff.
41 BVerwGE 82, 24 (26 f.).
42 BVerwGE 82, 24 (28): Rechtsgedanke der §§ 251 BGB, 74 II 3 VwVfG; OVG Münster NVwZ 1994, 795; krit. *Schenke* JuS 1990, 370.
43 S. VGH München NVwZ 1999, 1237 und krit. dazu *Erbguth* JuS 2000, 336.

D. Einstweiliger Rechtsschutz bei Begehren auf Leistungsvornahme[44]

1321 Für den einstweiligen Rechtsschutz beim Begehren auf (vorläufige) Leistungsvornahme gilt entsprechend das im Rahmen der Verpflichtungsklage Ausgeführte:[45] Es handelt sich regelmäßig um **Regelungsanordnungen gem. § 123 I 2 VwGO**, bei denen vor allem auch geprüft werden muss, ob sie die Hauptsache vorwegnehmen und ob diese Vorwegnahme ausnahmsweise zulässig ist oder nicht.

1322 **Prüfung einer Leistungsvornahmeklage (mit FBA)**

A. Zulässigkeit
   I. Verwaltungsrechtsweg, § 40 I VwGO:
      Rechtsnatur der Anspruchsnorm, ggf. nach actus contrarius
      • öffentlich-rechtlicher Vertrag: Gegenstand des Vertrages
   II. Statthaftigkeit: staatliche Leistung, die nicht VA
   III. Klagebefugnis, § 42 II VwGO analog: Leistungsanspruch nicht offensichtlich ausgeschlossen
   IV. (Vorverfahren, Frist: nicht erforderlich, außer § 126 III BRRG, Verwirkung)
   V. Rechtsschutzbedürfnis
   VI. Beteiligten- und Prozessfähigkeit
   VII. Klagegegner: Rechtsträger der Behörde, gegen die Leistungsanspruch erhoben wurde

B. Begründetheit
   geltend gemachter Leistungsanspruch besteht
   • auf gesetzlicher Grundlage (zB § 4 I PresseG)
   • oder nach allg. FBA
      I. hoheitlicher Eingriff in subjektives Recht
      II. dadurch (nicht notwendig sofort) rechtswidriger Zustand, der noch andauert
      III. Wiederherstellung des ursprünglichen Zustandes (zB Widerruf, grds. kein Geld), wenn tatsächlich möglich, rechtlich zulässig und Verwaltung zumutbar
      IV. kein Mitverschulden, § 254 BGB analog

---

§ 19 Leistungsansprüche aus öffentlich-rechtlichem Vertrag[46]

A. Allgemeines

1323 Leistungsansprüche können vor allem auf einem öffentlich-rechtlichen Vertrag beruhen. Möchte der **Bürger** einen solchen **Leistungsanspruch** gerichtlich durchsetzen, kann er dies im Wege der Leistungsklage vor dem Verwaltungsgericht. Gleiches gilt für Schadensersatzansprüche aus der Verletzung öffentlich-rechtlicher Verträge (§ 40 II 1

---

44 Allg. zum Verfahren nach § 123 VwGO → Rn. 1071 ff.
45 → Rn. 1278 ff.
46 *Höfling* JuS 2000, 625; Übungsfälle: *Butzer* JURA 1995, 325; *Erichsen/Scherzberg* JURA 1994, 212; wichtige Entscheidungen: BVerwGE 84, 183; 92, 56 – Einheimischenmodell (»Weilheimer Modell«).

VwGO e contrario) einschließlich **culpa in contrahendo**[47] sowie die Rückabwicklung bzw. Erstattungsansprüche bei nichtigem Vertrag.[48]

Auch wenn die **Behörde Leistungsansprüche gegen den Bürger** durchsetzen will, muss sie hierfür grundsätzlich eine Leistungsklage erheben. Das kann sie direkt im Klageverfahren, wenn der Vertragspartner den Anspruch eindeutig abgelehnt hat.[49] Die behördliche Durchsetzung mittels eines VA nach den Regeln des Verwaltungsvollstreckungsrechts[50] ist nach Abschluss eines öffentlich-rechtlichen Vertrages nicht mehr möglich. Schließlich hat sich die Behörde durch den Abschluss des Vertrages auf die Ebene der Gleichordnung mit dem Bürger begeben. Daher **fehlt** ihr die für den Erlass eines VA erforderliche **VA-Befugnis.** Etwas anderes gilt freilich, wenn sich der Bürger gem. § 61 I 1 VwVfG der sofortigen Vollstreckung unterworfen hat. Dann ist der Vertrag selbst Vollstreckungstitel und kann nach § 61 II 1 VwVfG in entsprechender Anwendung des VwVG vollstreckt werden. **1324**

Auch **Dritte** können gegen einen öffentlich-rechtlichen Vertrag vorgehen, sofern sie durch ihn möglicherweise in ihren Rechten verletzt sind. **1325**

> **Beispiel:** Die Baubehörde verpflichtet sich vertraglich, dem A eine Baugenehmigung unter Dispens von nachbarschützenden Vorschriften zu erteilen. Nachbar B macht die Unwirksamkeit des Vertrages geltend. **1326**

Richtige Klageart ist dann nicht die allgemeine Leistungsklage, sondern eine Klage nach § 43 I VwGO auf Feststellung der Unwirksamkeit des Vertrages. **1327**

B. Vorliegen eines öffentlich-rechtlichen Vertrages

Der Vertrag setzt als **zweiseitige Regelung** zwei gleichgeordnete Willenserklärungen voraus. Der VA ist demgegenüber einseitig, und zwar auch dann, wenn er wie bei der Beamtenernennung der Mitwirkung durch den Begünstigten bedarf (sog. **mitwirkungsbedürftiger VA**). Entscheidend für die Abgrenzung ist die gesetzliche Ausgestaltung sowie der Wille der Beteiligten. Indiz für das Vorliegen eines Vertrages ist vor allem, wenn der Bürger die inhaltliche Gestaltung beeinflussen konnte und gleichberechtigt an der Entstehung beteiligt ist. **1328**

Dazu gehört auch ein Prozessvergleich. Das gilt selbst dann, wenn die Behörde als Vertragsbestandteil einen VA erlassen hat. Schließlich handelt es sich immer noch um eine umfassende vertragliche Regelung, mit der die Erfüllung durch VA nur direkt verbunden war.[51] **1329**

Öffentlich-rechtlich ist der Vertrag dann, wenn der Gegenstand des Vertrages, also der **Vertragsinhalt** öffentlich-rechtlich ist.[52] Er muss sich also auf einen öffentlich-rechtlich geregelten Sachverhalt beziehen, mithin die Ausgestaltung oder Abänderung öffentlich- **1330**

---

47 *Maurer* VerwR AT § 14 Rn. 57; *Schenke* VerwProzR Rn. 147; aA BGH NJW 1986, 1109 f., → Rn. 1356.

48 BVerwGE 133, 85.

49 BVerwG NVwZ 2013, 209 (Ls. 1, 211 f., Rn. 37 ff.) bezogen auf ein Anpassungsverlangen nach § 60 VwVfG.

50 Allg. *Waldhoff* JuS 2015, 862.

51 BVerwG NVwZ 2013, 209 (212).

52 BVerwGE 92, 56 (58 f.) – Einheimischenmodell (»Weilheimer Modell«); GmS-OBG NJW 1998, 2295 (2297).

rechtlicher Rechte oder Pflichten betreffen. Ein solcher Bezug liegt auch vor, wenn der Vertragsinhalt nur eine Geschäftsgrundlage bildet, so bei einem **Folgekostenvertrag**, bei dem die Leistungen in untrennbarem Zusammenhang mit einem Bebauungsplan als Leistung der Gemeinde stehen. Enthält ein Vertrag sowohl privatrechtlich als auch öffentlich-rechtlich zu qualifizierende Regelungen (**sog. gemischter Vertrag**), entscheidet der Schwerpunkt des Vertrages über die Gesamtqualifikation. Bei gemischten Verträgen genügt es nach hM, wenn eine der beiden synallagmatischen Pflichten öffentlich-rechtlich ist. Insoweit nicht charakteristisch sind vor allem Geldzahlungspflichten: In diesen Fällen entscheidet der Zweck bzw. der Gesamtcharakter des Vertrages.[53]

1331   Das **Zustandekommen** des Vertrages richtet sich gem. § 62 S. 2 VwVfG nach den Vorschriften des BGB, wenn keine Spezialregelung existiert.

C. Rechtmäßigkeit des Vertrages

I. Zulässigkeit der Vertragsform

1332   Der Vertrag als Handlungsform ist auch ohne ausdrückliche Ermächtigung zulässig und nur gem. § 54 S. 1 VwVfG dann ausgeschlossen, wenn ein **Vertragsformverbot** vorliegt. Das sind Regelungen, die den Erlass eines VA zwingend vorsehen (zB § 8 BeamtStG, § 2 III Nr. 2 VwVfG für Prüfungen) oder von ihrem Sinn und Zweck her eine Regelung durch Vertrag ausschließen. Vor dem Hintergrund der Gewaltenteilung sind **Verträge** problematisch, **die** den **Normgeber binden**, etwa zur Aufstellung eines Bebauungsplanes. Einen solchen Vertrag verbietet § 1 III 2 BauGB.

II. Formelle Rechtmäßigkeit

1333   Zuständig für den Abschluss des öffentlich-rechtlichen Vertrages, der an die Stelle eines VA tritt, ist die Behörde, die diesen erlassen würde, wie sich aus § 54 S. 2 und § 58 II VwVfG ergibt. Nach **§ 57 VwVfG** bedarf der öffentlich-rechtliche Vertrag der **Schriftform**,[54] soweit nicht durch Rechtsvorschrift eine andere (strengere) Form vorgeschrieben ist. Daher ist ein völliger Verzicht auf die Schriftform nicht möglich. Bei **alltäglichen Massenverträgen** wie dem Erwerb einer Eintrittskarte für ein kommunales Schwimmbad folgt die **Formfreiheit** allerdings aus allgemeinen Gepflogenheiten (Gewohnheitsrecht).[55]

1334   Das **Zustimmungserfordernis des § 58 I VwVfG** gilt jedenfalls für Verträge, die bereits das Erfüllungsgeschäft enthalten (sog. Verfügungsverträge) und in Rechte eines Dritten eingreifen (zB Erteilung einer Baugenehmigung unmittelbar durch Vertrag). Bereits die Vorstufe dazu, nämlich die Verpflichtung zum Erlass etwa einer Baugenehmigung, führt aber zu vertraglichen Verpflichtungen der Behörde, die eine Beeinträchtigung von Rechten Dritter vorzeichnen. Daher ist das Zustimmungserfordernis auch auf diese sog. **Verpflichtungsverträge** zu erstrecken.[56] Dasselbe gilt für die nach **§ 58 II VwVfG** erforderliche **Mitwirkung der Behörden**, die auch nach § 38 I 2 VwVfG zu einem solch frühen Zeitpunkt einsetzt.

---

53 *Maurer* VerwR AT § 14 Rn. 11.
54 S. *Schlemminger* NVwZ 2009, 223.
55 *Kopp/Ramsauer* § 57 Rn. 6.
56 HM OVG Münster NVwZ 1988, 370 (371); *Kunig* DVBl. 1992, 1193 (1196); aA *Maurer* VerwR AT § 14 Rn. 30.

III. Materielle Rechtmäßigkeit

Der Inhalt des Vertrages darf nicht gegen zwingende gesetzliche Normen verstoßen, **1335** insbesondere nicht gegen §§ 55 f. VwVfG. In § 55 **VwVfG** wird für den nach § 54 S. 2 VwVfG grundsätzlich zulässigen subordinationsrechtlichen Vertrag im Falle von Ungewissheiten über die Sach- oder Rechtslage (sog. **Vergleichsvertrag**) die strikte Gesetzesbindung partiell gelockert, indem an deren Stelle das pflichtgemäße Ermessen zum Abschluss des Vergleichs tritt.

> **Beispiel:** So sieht § 13 IV BBodSchG in Altlastfällen, bei denen häufig neben rechtlichen vor **1336** allem tatsächliche Unsicherheiten über Verursachung und Ausmaß der Bodenverunreinigung bestehen, öffentlich-rechtliche Sanierungsverträge zwischen Bürger und Behörde eigens vor. Vergleichsverträge, die den Bürger zu Sanierungsmaßnahmen verpflichten, können gem. § 55 VwVfG abgeschlossen werden, wenn die Behörde den Abschluss zur Beseitigung der Ungewissheit nach pflichtgemäßem Ermessen für zweckmäßig hält. Stellt sich im Nachhinein heraus, dass der durch einen solchen Vertrag Verpflichtete per Gesetz (vgl. § 4 BBodSchG) gar nicht sanierungspflichtig war, so bleibt der Vertrag dennoch rechtmäßig.

Der **Austauschvertrag** unterliegt insbesondere auch dem Koppelungsverbot nach **1337** § 56 I 2 VwVfG. Dieses bezweckt zweierlei: Zum einen soll der Verkauf von Hoheitsrechten ausgeschlossen werden, zum anderen soll der Bürger davor geschützt werden, aufgrund der Machtposition der ihm übergeordneten Behörde übervorteilt zu werden.

> **Beispiel:** A möchte ein Wohnhaus bauen. Die Stadt B ist zur Erteilung der Baugenehmigung **1338** aber nur in einem Vertrag bereit, in dem sich A gleichzeitig verpflichtet, einen Betrag von 2 000 EUR für die Restauration des Rathauses zu zahlen. Dieser Vertrag verstößt gegen § 56 I 2 VwVfG, weil die Gegenleistung des Bürgers jedenfalls **nicht im Zusammenhang mit der vertraglichen Leistung** der Behörde steht. Demgemäß ist er rechtswidrig und wegen § 59 II Nr. 4 VwVfG sogar nichtig.

D. Nichtigkeit des Vertrages

Damit ein öffentlich-rechtlicher Vertrag unwirksam ist und damit keine Grundlage **1339** mehr für Leistungsansprüche bilden kann, muss er nicht nur rechtswidrig, sondern nichtig sein, wie aus der **Regelung in § 59 VwVfG** folgt. Nach dieser Vorschrift sind bei subordinationsrechtlichen Verträgen zunächst die speziellen Nichtigkeitsgründe des § 59 II VwVfG (zB Nr. 4 im Hinblick auf Austauschverträge) zu untersuchen. Erst danach folgt eine Prüfung von § 59 I VwVfG iVm BGB-Vorschriften.

Problematisch ist die **Reichweite der Nichtigkeitsregelung des § 59 I VwVfG iVm** **1340** **§ 134 BGB.** Würde man § 134 BGB uneingeschränkt anwenden können und jede zwingende Norm des öffentlichen Rechts als ein Verbotsgesetz im Sinne dieser Vorschrift ansehen, wären alle rechtswidrigen öffentlich-rechtlichen Verträge zugleich auch nichtig und die differenzierende Regelung des § 59 II VwVfG überflüssig. Damit entsprechend dem System des § 59 VwVfG nur hinreichend gravierende Verstöße zur Nichtigkeit führen, ist auch eine Nichtigkeit nach § 59 I VwVfG iVm § 134 BGB lediglich bei einem **qualifizierten Rechtsverstoß** gegeben.[57] Abzustellen ist daher nicht auf § 134 BGB, sondern auf den Sinn und Zweck der die Rechtswidrigkeit begründenden Norm. Bloße Verfahrensfehler reichen regelmäßig nicht, hingegen eher Verstöße gegen inhaltliche Verbote.[58]

---

57 BVerwGE 84, 183 (187 ff.).
58 Näher *Maurer* VerwR AT § 14 Rn. 41 ff.

1341 Begründet § 59 II bzw. I VwVfG die Nichtigkeit eines Vertrages, kann nach § 59 III VwVfG immer noch ein **Teil des Vertrags** wirksam sein. Aufgrund des durch einen öffentlich-rechtlichen Vertrag begründeten Austauschverhältnisses ist aber eine gegenseitige Abhängigkeit regelmäßig gegeben.

1342 **Beispiel** nach BVerwGE 133, 85: Aus dieser Gegenseitigkeit der Leistungen können sich auch Schwierigkeiten bei der **Rückabwicklung** ergeben. Sie erfolgt über einen **öffentlich-rechtlichen Erstattungsanspruch** (→ Rn. 1441). Kann die **Leistung des öffentlichen Vertragspartners nicht mehr rückgängig** gemacht werden, wie der Erlass einer Bausatzung nach § 34 IV BauGB, **schließt** dies indes eine **Rückforderung des Bürgers nicht einfach aus.** Vielmehr müssen besondere, in der Person oder im Verhalten des Bürgers liegende Umstände hinzutreten, die das Rückforderungsbegehren als treuwidrig erscheinen lassen.[59] Hierfür ist eine Gesamtbetrachtung notwendig. Ein ausschlaggebendes Indiz ist, wenn der Betroffene einen ihm zunächst entstandenen Vermögensnachteil auf den Erwerber des Grundstücks vertraglich abgewälzt hat. Dann liegt bei ihm gar kein auszugleichender Vermögensnachteil mehr vor. Ein solcher wird aber nicht durch die Betrachtung hypothetischer Kausalverläufe ausgeschlossen (zB Vereinbarung eines niedrigeren Preises bei Kenntnis der Vertragsnichtigkeit). Entscheidend ist das tatsächliche Gegebensein.

1343 Liegt keine Nichtigkeit vor, ist zwar der Vertrag trotz seiner Rechtswidrigkeit wirksam; ggf. steht aber der **Behörde** ein **Kündigungsrecht** nach § 60 I 2 VwVfG zu; bei **Wegfall der Geschäftsgrundlage** greift § 60 I 1 VwVfG. In beiden Fällen können Rückerstattungsansprüche bzw. die Weigerung der Erfüllung von Vertragspflichten rechtsmissbräuchlich sein, wenn etwa die andere Partei ihre Gegenleistung nicht mehr zurückerhalten kann.

1344 Die Verhältnisse haben sich nach § 60 I 1 VwVfG wesentlich geändert, wenn als gemeinsame Grundlage des Vertrages angenommene und als fortbestehend vorausgesetzte tatsächliche Umstände oder rechtliche Bedingungen weggefallen sind; dabei muss die gemeinsame Vorstellung nicht zusätzlich auf konkrete künftig eintretende Ereignisse oder deren Ausbleiben gerichtet gewesen sein. Dazu gehört etwa, wenn eine bestimmte Berechtigtenposition von vornherein nicht bestand. Dann ist die Ausgleichsfunktion der beiderseits geschuldeten Leistungen so stark gestört, dass es dem betroffenen Vertragspartner nach treuem Glauben unmöglich wird, in der bisherigen vertraglichen Regelung seine Interessen auch nur annähernd noch gewahrt zu sehen. Ein weiteres Festhalten ist ihm daher nicht zumutbar.[60] **Vorrangig** ist allerdings eine **Anpassung des Vertragsinhalts.** Diese gelingt insbesondere bei finanziellen Regelungen, so bei einem **Prozessvergleich** über finanzielle Ansprüche. Dabei spielt dann auch der Vertrauensschutz eine Rolle. Dies gilt insoweit, als dieser bei einer Regelung durch VA bestehen würde. Schließlich hat ein Prozessvergleich eine parallele Abschlussfunktion in amtlicher Form wie ein VA. Ein **Vertrauensschutz** ist dementsprechend gem. § 49 II 1 Nr. 3, VI iVm § 48 II 3 Nr. 3 VwVfG ausgeschlossen, wenn der Betroffene die Widerruflichkeit (hier des Prozessvergleichs) kannte oder grob fahrlässig nicht kannte. Dies ist der Fall, wenn ein Hinweisschreiben über eine fehlende Berechtigungsposition, welche die Grundlage des Vertrages bildete, den Betroffenen erreicht.[61]

---

59 S. bereits BVerwGE 111, 162 (174).
60 BVerwG NVwZ 2013, 209 (Ls. 4 und 5, 214f.).
61 BVerwG NVwZ 2013, 209 (217).

§ 20 Geldleistungsansprüche[62]

Es gibt eine Vielzahl von Geldleistungsansprüchen, die strukturell sehr verschieden **1345** sind: Grundsätzlich ist zwischen Schadensersatz (A., B.), Entschädigung (C.), Erstattung (D.) und Aufwendungsersatz (E.) zu unterscheiden.

1346

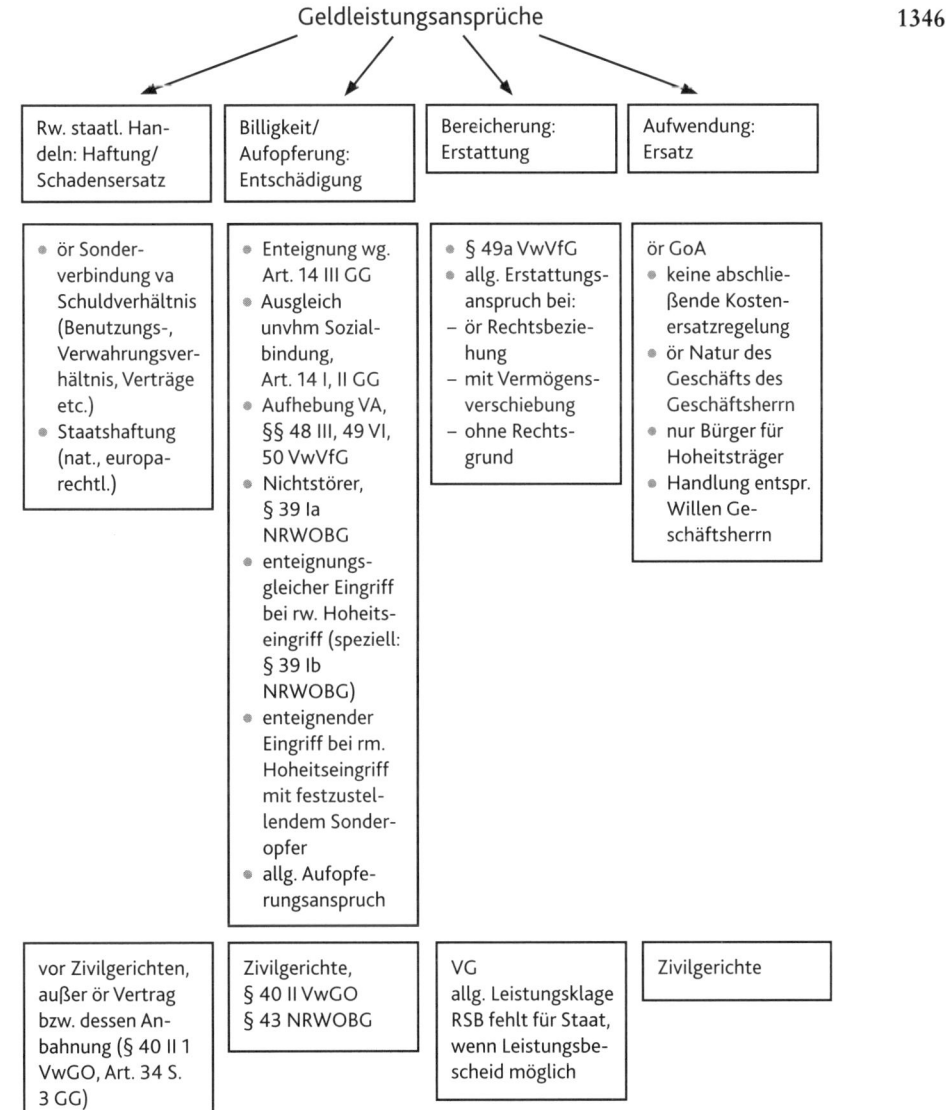

Geldleistungsansprüche

Rw. staatl. Handeln: Haftung/ Schadensersatz	Billigkeit/ Aufopferung: Entschädigung	Bereicherung: Erstattung	Aufwendung: Ersatz
• ör Sonderverbindung va Schuldverhältnis (Benutzungs-, Verwahrungsverhältnis, Verträge etc.) • Staatshaftung (nat., europarechtl.)	• Enteignung wg. Art. 14 III GG • Ausgleich unvhm Sozialbindung, Art. 14 I, II GG • Aufhebung VA, §§ 48 III, 49 VI, 50 VwVfG • Nichtstörer, § 39 Ia NRWOBG • enteignungsgleicher Eingriff bei rw. Hoheitseingriff (speziell: § 39 Ib NRWOBG) • enteignender Eingriff bei rm. Hoheitseingriff mit festzustellendem Sonderopfer • allg. Aufopferungsanspruch	• § 49a VwVfG • allg. Erstattungsanspruch bei: – ör Rechtsbeziehung – mit Vermögensverschiebung – ohne Rechtsgrund	ör GoA • keine abschließende Kostenersatzregelung • ör Natur des Geschäfts des Geschäftsherrn • nur Bürger für Hoheitsträger • Handlung entspr. Willen Geschäftsherrn
vor Zivilgerichten, außer ör Vertrag bzw. dessen Anbahnung (§ 40 II 1 VwGO, Art. 34 S. 3 GG)	Zivilgerichte, § 40 II VwGO § 43 NRWOBG	VG allg. Leistungsklage RSB fehlt für Staat, wenn Leistungsbescheid möglich	Zivilgerichte

---

62 *Beljin/Micker* JuS 2003, 970; zur außervertraglichen Haftung der EU: *Breuer* JA 2004, 813; Übungsfälle: *Detterbeck* JuS 2003, 1003; *Detterbeck* JuS 2000, 574; wichtige Entscheidungen: BVerfGE 58, 300 – Nassauskiesung; BGHZ 74, 144 – Bankenaufsicht; 106, 323 – Überplanung von Altlasten; 161, 6; zum Schutzbereich der Staatshaftung: 166, 22; BGH DVBl. 2006, 1180 – Obdachloseneinweisung; NVwZ 2013, 167; NJW-RR 2013, 1490; NJW 2014, 1588 – Verkehrssicherungspflichten; EuGH ECLI:EU: C:1991:428 – Francovich; ECLI:EU:C:1996:375 – MP Travel; ECLI:EU:C:2003:513 – Köbler.

A. Haftung aus öffentlich-rechtlichen Sonderverbindungen

I. Öffentlich-rechtliche Sonderverbindungen

1347 Auf den öffentlich-rechtlichen Vertrag sind gem. § 62 S. 2 VwVfG die bürgerlich-rechtlichen Vorschriften anwendbar und damit auch §§ 280, 311, 323 ff., 286 BGB sowie die Grundsätze über den Vertrag mit Schutzwirkung zugunsten Dritter. § 40 II 1 VwGO geht aber von **weiteren Schadensersatzansprüchen** aus der Verletzung öffentlich-rechtlicher Pflichten aus und setzt damit die Existenz weiterer, diese Pflichten begründender Rechtsverhältnisse voraus, die vom öffentlich-rechtlichen Vertrag zu unterscheiden sind. Die **öffentlich-rechtliche Verwahrung** wird in dieser Vorschrift im Zusammenhang mit vermögensrechtlichen Ansprüchen eigens genannt. Sie tritt etwa nach polizeirechtlicher Beschlagnahme oder Sicherstellung auf und bildet ein Musterbeispiel eines **verwaltungsrechtlichen Schuldverhältnisses** bzw. einer öffentlich-rechtlichen Sonderverbindung.

1348 Eine solche Sonderverbindung setzt ein **besonders enges Rechtsverhältnis** zwischen Bürger und Staat voraus, aus dem sich dann spezifische Rechte und Pflichten ergeben können. Solche Rechtsverhältnisse entstehen nicht nur durch die außerordentlich enge **Verbindung staatlicher Beamter**[63] bzw. **Angestellter** zum Staat, sondern vor allem auch bei der **Inanspruchnahme von Leistungen im Bereich der Daseinsvorsorge**, also durch öffentlich-rechtliche Benutzungs- und Leistungsverhältnisse. Solche erwachsen etwa aus der Benutzung öffentlicher Einrichtungen (zB Abwasserkanal).[64] Das Anstaltsbenutzungsverhältnis muss freilich öffentlich-rechtlich ausgestaltet sein.[65] Bei privatrechtlichen Benutzungsverhältnissen ergeben sich unmittelbar privatrechtliche Ansprüche.

1349 Das Rechtsverhältnis darf **nicht durch Sonderregelungen abschließend** geordnet sein. Dann besteht kein Bedürfnis mehr für eine Heranziehung der zivilrechtlichen Regeln über die Vertragshaftung. Diese Regeln sind dagegen mit Sonderregelungen parallel anwendbar, die sich nicht auf Leistungsstörungen aus dem Sonderverhältnis beziehen, sondern etwa auf ein begründbares Verwaltungsvollstreckungsverhältnis.[66]

II. Haftung

1350 Liegen die vorgenannten Voraussetzungen vor, sind die **zivilrechtlichen Haftungsvorschriften entsprechend** anzuwenden, insbesondere die Regelungen über Leistungsstörungen und Unmöglichkeit sowie culpa in contrahendo. Erforderlich ist also **Verschulden**. Das Verschulden seiner Erfüllungsgehilfen hat der Verwaltungsträger gem. § 278 BGB zu vertreten.

1351 Damit kommen auch **Haftungsbeschränkungen** in Betracht. Indes passt der geminderte Verschuldensmaßstab bei unentgeltlicher Verwahrung nach § 690 BGB zwar auf private Gefälligkeitsverhältnisse, nicht aber auf den unabhängig von einer Entlohnung zur Sorgfalt verpflichteten Staat, der etwa durch Beschlagnahme eines Gegenstandes eine Sonderverbindung begründet hat.

---

63 BVerwGE 80, 123; 107, 29.
64 BVerwG NJW 1995, 2303; VGH Mannheim NJW 2003, 1066.
65 → Rn. 1114.
66 VGH Mannheim NJW 2003, 1066 (1067).

Der besondere Charakter des konkreten Rechtsverhältnisses ist auch bei einer Haf- **1352** tungsbeschränkung durch eine **Anstaltssatzung oder durch Allgemeine Geschäfts-** **bedingungen** zu beachten. Da es um die partielle Haftungsfreistellung eines stets an öffentlich-rechtliche Grundsätze gebundenen Verwaltungsträgers geht, bestimmen diese auch über das Ausmaß zulässiger Haftungsbegrenzungen. Eine **Haftungsfrei-** **zeichnung** muss daher **sachlich gerechtfertigt und verhältnismäßig** sein. Sie darf also nicht den Zwecken des Verwaltungshandelns zuwider laufen und muss insbeson- dere angemessen sein. Der Benutzung von Monopoleinrichtungen kann sich der Bür- ger nicht entziehen. Daher können hier generell Haftungsbegrenzungen schwerlich gerechtfertigt sein, die nicht durch den besonderen Zuschnitt der Einrichtung bedingt sind. Eine spezielle Regelung trifft § 309 Nr. 7 BGB für einen Haftungsausschluss bei grobem Verschulden.

Art und Umfang des Schadensersatzes bestimmen sich nach § 249 ff. BGB. **Mitver-** **1353** **schulden** mindert den Schadensersatz nach § 254 BGB analog.

Die **Verjährung** dieser aus dem Zivilrecht abgeleiteten Ansprüche richtet sich nach **1354** den allgemeinen zivilrechtlichen Verjährungsvorschriften der §§ 194 ff. BGB.

III. Zivilrechtsweg

§ 40 II 1 VwGO weist Schadensersatzansprüche aus der Verletzung öffentlich-recht- **1355** licher Pflichten, die nicht auf öffentlich-rechtlichen Verträgen beruhen, dem **ordent-** **lichen Rechtsweg** zu, ebenso vermögensrechtliche Ansprüche aus öffentlich-recht- licher Verwahrung. Der Wortlaut ist eindeutig. Daher kann von ihm nicht unter Hinweis auf den Zusammenhang zwischen Haupt- und Schadensersatzanspruch und der Eröffnung des Verwaltungsrechtsweges für Schadensersatzansprüche des Staates gegen den Bürger abgewichen werden.[67]

Ansprüche aus culpa in contrahendo gehören nach dem BVerwG bei einem Zusam- **1356** menhang mit der Anbahnung eines öffentlich-rechtlichen Vertrages dann vor die Zivil- gerichte, wenn das Verschulden auch Gegenstand eines Amtshaftungsanspruchs sein könnte.[68] Die culpa in contrahendo entspringt indes der Vorstufe des Vertrages (s. § 311 II BGB), sodass insoweit stets der Verwaltungsrechtsweg gegeben ist (→ Rn. 1323), so- weit man nicht § 17 II 1 GVG eingreifen lässt.

B. Staatshaftung[69]

Vor den Zivilgerichten geltend zu machen sind gem. Art. 34 S. 3 GG auch Ansprüche **1357** aus Amts- bzw. Staatshaftung. Diese sind **nach § 839 BGB, Art. 34 GG zweigliedrig:** Der handelnde »Beamte« begründet die Amtshaftung, die dann auf den Staat überge- leitet und dadurch zur Staatshaftung wird. Von daher wird zunächst vom Amtswalter her gedacht; der Staat ist nur der in Anspruch zu nehmende Zahlende. Folge ist, dass der Beamte selbst nicht aus Deliktsrecht – auch nicht aus § 18 StVG[70] – haftet und den Staat keine Haftung aus § 831 BGB trifft, aus der er sich exkulpieren könnte. Das

---

67 S. dagegen BVerwGE 37, 231 (236 ff.).
68 BVerwG NJW 2002, 2894.
69 *Durner* JuS 2005, 793 und 900.
70 BGHZ 121, 161 (167).

Unionsrecht geht dagegen von einer **originären Haftung der Mitgliedstaaten** aus, denkt also vom Staat her.

I. Amtshaftung nach nationalem Recht

1. Verhältnis zu anderen Ansprüchen

1358 Eigens für verschuldete Pflichtverletzungen im hoheitlichen Tätigkeitsbereich aufgestellt, schließt dieser Anspruch zwar sämtliche verschuldensabhängigen Deliktstatbestände aus, nicht hingegen die verschuldensunabhängigen Ansprüche aus Enteignung, Aufopferung einschließlich deren spezialgesetzlicher Konkretisierungen zB nach § 39 I lit. b NRWOBG, § 67 NRWPolG,[71] öffentlich-rechtlicher GoA und Gefährdungshaftung (insbes. § 7 StVG). Nicht verdrängt sind auch die Ansprüche aus öffentlich-rechtlichem Vertrag und öffentlich-rechtlicher Sonderverbindung.

2. Handeln im öffentlich-rechtlichen Tätigkeitsbereich

1359 Während § 839 I BGB auf das Verhalten eines Beamten abstellt, lässt es Art. 34 GG genügen, dass jemand in **Ausübung eines ihm anvertrauten öffentlichen Amtes** handelt. Die zivilrechtliche Ausgangsnorm ist im Zusammenhang mit den verfassungsrechtlichen Garantien zu sehen. Der Begriff »Beamter« in § 839 BGB ist daher im **haftungsrechtlichen** Sinne zu verstehen. Erforderlich ist nur, dass jemand hoheitlich gehandelt hat. Der Begriff »jemand« deutet an, dass es auf den Status der handelnden Person nicht ankommt. Auch juristische Personen können daher Beamte sein.[72]

1360 Entscheidend ist die **Einbeziehung in die öffentliche Verwaltungstätigkeit.** Das Handeln des **Amtswalters** muss also dem öffentlichen Recht zuzurechnen sein, bei einem Handeln im Bereich des Privatrechts greift hingegen § 823 BGB. Amtswalter können also nicht nur Beamte im beamtenrechtlichen Sinne sein, sondern auch Angestellte und selbst Personen des Privatrechts.

1361 Zum Beispiel agieren Private als Hoheitsträger, wenn ihnen Hoheitsbefugnisse übertragen wurden und sie damit **Beliehene** sind.

1362 Die Verwaltung handelt bisweilen nicht nur durch VA, sondern auch durch **Realakte,** also schlicht hoheitlich.[73] Ein Beispiel ist das **Abschleppen von Kfz.** Hierfür werden vielfach Abschleppunternehmer durch privatrechtlichen Werkvertrag verpflichtet. Diese Maßnahme hätte die Polizei auch selbst etwa durch ein eigenes Abschleppfahrzeug ausführen können, und sie erfolgt auf ordnungsrechtlicher Grundlage. Mit der Beauftragung eines Privaten hat sie nur von ihrer Wahlfreiheit Gebrauch gemacht, auch Private zur Ausführung der von ihr angeordneten Maßnahmen heranzuziehen. Daraus dürfen dem Bürger aber keine Nachteile entstehen. Man befindet sich immer noch im öffentlich-rechtlichen Tätigkeitsbereich: Das Abschleppen eines Kfz ist hoheitliches Handeln und keine Maßnahme des Privatrechts auf der Ebene der Gleichordnung. Allein dies ist aus der Sicht des Betroffenen entscheidend. Deshalb muss auch insoweit ein Amtshaftungsanspruch eingreifen, dient er doch dazu, dem Bürger mit dem Staat einen solventen Schuldner zur Verfügung zu stellen.

---

71 § 45 I MEPolG; Art. 70 I BayPAG; § 55 I BWPolG.
72 BGHZ 161, 6; aA *Heintzen* VVDStRL 62 (2003), 220 (254 mit Fn. 173).
73 *Remmert* JURA 2007, 736.

Daher kommt es auch nicht darauf an, ob der Abschleppunternehmer selbstständig **1363** oder gleichsam als »**Werkzeug**« des Hoheitsträgers gehandelt hat (Werkzeug- oder Ingerenztheorie).[74] Ist der Einfluss der den Privaten heranziehenden öffentlich-rechtlichen Körperschaft gering, ist die Gefahr von Pflichtverletzungen und damit das Bedürfnis nach einem solventen Schuldner gerade umso größer.

Vielfach werden Private auch zu Hilfstätigkeiten herangezogen, so der Schülerlotse als **1364** **Verwaltungshelfer**. Er ist gleichsam der verlängerte Arm des Staates und ersetzt staatlich angestellte Kräfte wie die Polizei. Die Tätigkeit selbst wird vom Staat geordnet und vom Verwaltungshelfer nur ausgeführt. Sein Verhalten kann daher einen Amtshaftungsanspruch auslösen.[75]

Ist damit letztlich allein entscheidend, dass im öffentlich-rechtlichen Tätigkeitsbereich **1365** gehandelt wurde, stellen sich **dieselben Probleme wie bei** der Abgrenzung zwischen öffentlich-rechtlichen und privatrechtlichen Streitigkeiten bei der **Eröffnung des Verwaltungsrechtsweges**. In der Leistungsverwaltung kommt es auf die konkrete Ausgestaltung des Benutzungsverhältnisses an. Bei fehlenden Anhaltspunkten zählt der **Funktionszusammenhang**.[76] Wird etwa eine Dienstfahrt wie regelmäßig zur Ausführung von Verwaltungstätigkeiten unternommen, liegt ein Zusammenhang mit der öffentlich-rechtlichen Tätigkeit vor.

Verkehrssicherungspflichten sind an die Eigentümereigenschaft geknüpft und daher **1366** **grundsätzlich privatrechtlich**, es sei denn, sie sind **öffentlich-rechtlich** ausgestaltet wie nach § 9a NRWStrWG.[77] Dann ist auf die Grenzen zu achten; so die hinzunehmenden Lebensrisiken etwa aus natürlichem Astbruch. Eine **straßenverkehrssicherungspflichtige Gemeinde** muss bei gesunden Straßenbäumen ohne spezifische Anzeichen auch dann **keine besonderen Schutzmaßnahmen** ergreifen, wenn bei diesen – wie zB bei der Pappel oder bei anderen Weichhölzern – ein erhöhtes Risiko besteht, dass im gesunden Zustand Äste abbrechen und Schäden verursacht werden können.[78] Die nach §§ 44 ff. StVO begründete **Verkehrsregelungspflicht**, die private Unternehmer als in den **öffentlich-rechtlichen** Tätigkeitsbereich eingeschaltete Private wahrnehmen, ist immer öffentlich-rechtlich. Ihnen wird in diesem Zusammenhang keine hoheitliche Gewalt übertragen,[79] sondern sie dienen der Behörde lediglich als **Werkzeug**.

In Ausübung und damit in äußerem und innerem Zusammenhang mit den vorgenannten **1367** öffentlich-rechtlichen Tätigkeiten muss der geltend gemachte Schaden entstanden sein, nicht nur bei deren Gelegenheit (zB Fahrt zum Außentermin, nicht Abstecher zur Tante).

3. Verletzung einer drittbezogenen Amtspflicht

a) Allgemeines. Die **Amtspflichten** nach § 839 BGB sollen durch die **persönlichen** **1368** **Verhaltenspflichten** des Amtswalters gegenüber demjenigen, für den er das Amt aus-

---

74 So aber BGHZ 48, 98 (103); aA *Ossenbühl/Cornils* StaatshaftungsR 22 ff.; *Maurer* VerwR AT § 26 Rn. 13; eine Lockerung der Werkzeugtheorie findet sich denn auch in BGHZ 121, 161 (164).
75 BGHZ 161, 6.
76 → Rn. 1033 ff. und → Rn. 1291.
77 Art. 72 BayStrWG; § 59 BWStrG.
78 BGH NJW 2014, 1588 – Verkehrssicherungspflichten.
79 BVerwGE 35, 334 (341).

führt, bestimmt sein.[80] Das Verhältnis des Bürgers zum Staat wird aber durch die dem jeweiligen Hoheitsträger obliegenden Pflichten geprägt. Der Amtswalter handelt nur für diesen Hoheitsträger. Seine Person tritt bei der Begründung des Amtshaftungsanspruchs zurück, es kommt nur auf das Handeln im öffentlich-rechtlichen Tätigkeitsbereich an.[81] Daher müssen auch **die staatlichen Pflichten entscheidend** sein, die in diesem Tätigkeitsbereich dem Bürger gegenüber bestehen. Der Amtswalter nimmt diese Pflichten nur wahr, und zwar im Augenblick der schädigenden Handlung. Damit korrespondiert auch die Bezeichnung »Amtspflichten«. Einem Dritten gegenüber obliegen sie dem Amtswalter in der Gestalt, wie sie den Hoheitsträger verpflichten.

1369 Während rechtmäßiges Verwaltungshandeln keine Amtspflichtverletzung bilden kann, liegt sie bei **Begehung einer unerlaubten Handlung iSv § 823 BGB** stets vor. Weiter können Amtspflichtverletzungen aus falschen Auskünften oder Amtsmissbrauch resultieren oder aus einem Verstoß gegen Pflichten aus öffentlich-rechtlicher Verwahrung[82] oder bei Erteilung einer Baugenehmigung[83] oder – allgemeiner – bei einem **Verstoß gegen Pflichten zu verhältnismäßigem Verhalten oder zur fehlerfreien Ermessensausübung.**[84] Auch ein Unterlassen kann eine Amtspflichtverletzung begründen, sofern eine Pflicht zum Tätigwerden auch gegenüber dem Geschädigten bestand. So kann eine Pflicht zur Verhinderung von Schäden bestehen.[85]

1370 Die Rechtmäßigkeit des Verwaltungshandelns ist eine Frage, deren Beantwortung in erster Linie den Verwaltungsgerichten zugewiesen ist. Daher besteht eine **Bindung an rechtskräftige Entscheidungen,** ggf. aus Fortsetzungsfeststellungsklagen, die gerade auch im Hinblick auf Staatshaftungsansprüche zulässig sein können.[86] Ein VA kann dagegen in diesem Zusammenhang keine Bindungswirkung entfalten, geht es doch hier nicht um seine Wirksamkeit, sondern um seine Rechtmäßigkeit; diese gilt es zu überprüfen.

1371 Die verletzten Pflichten müssen **drittbezogen** sein, also zumindest auch die **Wahrnehmung der Interessen des Einzelnen** bezwecken. Der Anspruchsteller muss also in den **persönlichen Schutzbereich** der verletzten Amtspflicht fallen, der geltend gemachte Nachteil in den **sachlichen Schutzbereich.**[87] Daran fehlt es bei § 36 BauGB.[88]

Der Bürger hat (also) auch keinen Amtshaftungsanspruch gegen die Gemeinde wegen Versagung des Einvernehmens, da ihr dabei keine den Bauwilligen schützenden Amtspflichten obliegen, wenn die Baugenehmigungsbehörde nach § 36 II 3 BauGB iVm landesrechtlichen Vorschriften das rechtswidrig verweigerte Einvernehmen ersetzen kann. Dies gilt auch dann, wenn der (einfache) Bebauungsplan, dessen Festsetzungen das Bauvorhaben widerspricht und auf dessen Inhalt die Verweigerung des Einvernehmens gestützt wird, unwirksam ist, selbst wenn dies gerichtlich noch nicht festgestellt

---

80 StRspr, zB BGHZ 34, 184; BGH WM 1994, 430.
81 → Rn. 1360.
82 OLG Schleswig NVwZ 2000, 234. Zur Parallelität mit Ansprüchen aus öffentlich-rechtlicher Sonderverbindung → Rn. 1347.
83 OLG Celle NVwZ-RR 1999, 422.
84 BGHZ 74, 144 (155 f.) – Bankenaufsicht.
85 BGH NJW-RR 2013, 1490 – zu Mäharbeiten am Grünstreifen einer Bundesstraße.
86 → Rn. 1642; vgl. *Beaucamp* DVBl. 2004, 352.
87 S. näher zur Schutznormtheorie → Rn. 767.
88 BGH NVwZ 2013, 167; → Rn. 1160.

wurde.[89] Das ist die Konsequenz einer umfassenden Ausklammerung des Einvernehmens, da auch rechtswidrige Gemeinderatsentscheidungen einen Amtshaftungsanspruch auslösen können (→ Rn. 1379).

b) Sonderproblem Gemeinderatsentscheidung. Sonderprobleme bestehen bei **Gemeinderatsentscheidungen.**   1372

Fall nach BGHZ 106, 323: Der Gemeinderat beschließt die Umplanung eines infolge früheren Umgangs mit Chemikalien altlastenverseuchten Geländes in ein Wohngebiet. Dort erwirbt ein Auswärtiger A ein Grundstück unter Ausschluss jeglicher Gewährleistung. Später werden Verunreinigungen festgestellt.   1373

Ansprüche aus § 39 BauGB scheiden aus, da es hier nicht um die Änderung, Ergänzung oder Aufhebung eines Bebauungsplanes geht, sondern um seine Rechtswidrigkeit als solche. **Ordnungsrechtliche Entschädigungsansprüche** bestehen ebenfalls nicht, da die Aufstellung des Planes kein Ordnungsrecht bildet.[90] Ansprüche aus enteignungsgleichem Eingriff[91] kommen deshalb nicht in Betracht, weil der fehlerhafte Bebauungsplan keine vorhandene Rechtsposition reduziert; A hat das Grundstück erst nach Erlass des Bebauungsplanes erworben. Es bleibt ein Anspruch aus § 839 BGB, Art. 34 GG.

Es handelten **Gemeinderatsmitglieder**. Sie sind nicht selbstverständlich Beamte im haftungsrechtlichen Sinne.[92] Vom Ansatz her genießen sie die Freiheit des Mandates. Das ergibt sich aus Art. 28 I 2 GG, der die Volksvertretung in Ländern und Gemeinden nebeneinander stellt. Einer Wahl durch das Volk würde es nicht entsprechen, wenn die Gemeinderäte einer anderen Stelle weisungsunterworfen wären. Ihr öffentliches Amt haben sie nicht von der öffentlich-rechtlichen Körperschaft empfangen, auf die die Haftung letztlich überzuleiten ist, sondern vom Volk. Allerdings ist die Tätigkeit der Gemeinderäte oft sehr stark von normativen Vorgaben (hier insbes. § 1 VI BauGB) bestimmt, die für die Gemeinderatsmitglieder verbindliche Vorgaben enthalten. Insofern treten sie nicht als Parlament, sondern als Verwaltungsorgan in Erscheinung und können Beamte im haftungsrechtlichen Sinn sein. So ist es beim Erlass von baurechtlichen Satzungen, die durch § 1 BauGB näher vorgezeichnet sind. Insoweit sind die Räte daher Beamte iSv § 839 BGB.

Der Beschluss des Bebauungsplans war rechtswidrig, weil die Altlastenverseuchung trotz hinreichender Anhaltspunkte missachtet und damit wegen Verstoßes gegen § 1 VI Nr. 1 BauGB (»gesunde Wohnverhältnisse«) das Abwägungsverbot verletzt wurde.

Die Pflicht, das Abwägungsgebot einzuhalten, müsste drittbezogen sein. Zwar ist eine Satzung grundsätzlich eine Rechtsnorm und damit abstrakt-generell, also ohne Individualbezug. Dieser wird aber für **Bauleitpläne** durch § 1 VII BauGB hergestellt, der eigens die Abwägung öffentlicher und privater Belange verlangt. Zugunsten der Betroffenen entfaltet das **Gebot der Rücksichtnahme** drittschützende Wirkung. Die Bauleitplanung hat gerade auch die künftige Bebauung in den Blick zu nehmen.

Deshalb fällt A in den persönlichen Schutzbereich. Wegen der hervorgerufenen Gefahren für die Wohngesundheit gehört der Schaden auch zum sachlichen Schutzbereich. Die Verletzung einer drittbezogenen Amtspflicht liegt damit vor.

c) Grundsätzlich keine Haftung für legislatives Unrecht. Ebenso wie der Erlass von   1374
jedenfalls baurechtlichen Satzungen sind Maßnahme- und Einzelfallgesetze sowie der
Sonderbereich des Europarechts[93] nennenswerte Ausnahmen von dem Grundsatz,
dass Parlamentarier keine Beamte nach § 839 BGB sind und im Gesetzgebungsprozess

---

89 BGH NVwZ 2013, 167 – Amtshaftung einer bayrischen Gemeinde wegen Verweigerung des Einvernehmens.
90 OLG Köln NJW 1991, 2710.
91 → Rn. 1424 ff.
92 S. BGHZ 108, 224 (230).
93 → Rn. 1407 f.

eventuell bestehende Amtspflichten wegen des prinzipiell abstrakt-generellen Charakters von Rechtsnormen jedenfalls nicht gegenüber Dritten bestehen können, mithin diese Amtspflichten **nicht individualschützend** sind.[94] Die Legislative nimmt ihre Aufgaben gegenüber der Allgemeinheit und nicht gegenüber individualisierbaren Dritten wahr und der einzelne Abgeordnete kann sich nach Art. 38 I 2 GG auf die Freiheit des Mandats berufen.

1375   **Fall** nach BGHZ 102, 350 – Waldschäden: E, der Eigentümer eines forstwirtschaftlichen Betriebs, verlangt von der Bundesrepublik Ersatz für die durch Luftverschmutzung entstandenen Waldschäden. Nadelverlust, tote Äste und Wachstumsschwund hätten dazu geführt, dass die Bäume vorzeitig geschlagen werden mussten. E macht dafür die Bundesrepublik verantwortlich. Sie habe es unterlassen, mit entsprechenden gesetzgeberischen Maßnahmen, gegen das Waldsterben vorzugehen. Stattdessen habe sie Gesetze geschaffen, die in zunehmendem Maße die Möglichkeiten gebildet haben, dass immer mehr emittierende Betriebe entstanden sind.

Wegen des abstrakt-generellen Charakters einer Rechtsnorm wird insofern mangels individual-drittschützender Ausrichtung keine drittbezogene Amtspflicht verletzt. Ein gesetzgeberisches Unterlassen würde darüber hinaus allenfalls dann eine Amtspflichtverletzung darstellen, wenn eine individual-drittschützende Rechtspflicht zum Erlass einer Rechtsnorm bestünde. So weit greifen die grundrechtlichen Schutzpflichten aber nicht.[95] Damit hat E keinen Anspruch auf Amtshaftung, weder wegen des Erlasses Emissionen ermöglichender oder fördernder Gesetze noch für das Unterlassen von emissionsbegrenzenden Gesetzen.

4. Kausaler Schaden

1376   Der Schaden muss adäquat kausal durch die Amtspflichtverletzung verursacht sein. Hier gelten die üblichen zivilrechtlichen Maßstäbe.[96]

5. Verschulden

1377   Das Verschulden ist nach einem verobjektivierten Fahrlässigkeitsmaßstab zu beurteilen. Schließlich kommt es nicht darauf an, wer gehandelt hat. Maßgeblich ist daher die **Sicht eines pflichtgetreuen Durchschnittsbeamten.** So genügt es bei der Verletzung des Abwägungsgebots nach § 1 VII BauGB, dass den Ratsmitgliedern das Altlastenpotenzial hätte auffallen müssen. Eine Haftungsbegrenzung wirft dieselben Probleme wie bei einer öffentlich-rechtlichen Sonderverbindung auf.[97]

1378   Lediglich den **Rückgriff** auf den Handelnden lässt **Art. 34 S. 2 GG nur bei Vorsatz und grober Fahrlässigkeit** eingreifen. Damit soll der Beamte zu entschlussfreudigem Handeln bewogen und vor zu hohen Forderungen geschützt werden (Fürsorge). Dieser Zweck geht **bei** – etwa als Verwaltungshelfer eingeschalteten – **selbstständigen privaten Unternehmen** fehl; die Begrenzung des Art. 34 S. 2 GG gilt insoweit **nicht**.[98]

6. Haftungseinschränkung

1379   Der **Haftungsausschluss** nach der »**Subsidiaritätsklausel**« des § 839 I 2 BGB bei fahrlässigem Handeln setzt eine gleichwertige und tatsächlich realisierbare Ersatzmöglichkeit voraus. Der Staat wird aber dann nicht entlastet, wenn sich auch der anderweitige

---

94 BGHZ 56, 40 (46); 84, 292 (300).
95 BVerfG NJW 1998, 3264; → Rn. 1094f. zu Normerlassansprüchen aus grundrechtlichen Schutzpflichten.
96 BGHZ 34, 375 (381); 96, 157 (171).
97 → Rn. 1351f.
98 BGHZ 161, 6.

Anspruch gegen einen Verwaltungsträger oder zB einen Rentenversicherungsträger richtet. § 839 I 2 BGB greift daher nicht ein.

Auch dem Grundsatz der haftungsrechtlichen **Gleichbehandlung aller Verkehrsteil-**   **1380** **nehmer** widerspräche ein Haftungsausschluss. Daher findet bei Amtspflichtverletzungen im Straßenverkehr § 839 I 2 BGB keine Anwendung,[99] jedenfalls soweit nicht Sonderrechte nach § 35 I und VI StVO gebraucht wurden.[100]

Eine Haftungseinschränkung kann sich daneben aus § 839 III[101] iVm § 254 BGB erge-   **1381** ben. Ein Sonderfall des **Mitverschuldens** iSv § 839 III BGB liegt dann vor, wenn der Geschädigte die Ergreifung zumutbarer Rechtsmittel gegen die Amtspflicht versäumt hat.[102] Bei den Anforderungen an das Verhalten des Geschädigten sind indes die **Grundrechte zu berücksichtigen,** da ein hoheitlich geprägtes Rechtsverhältnis vorliegt.

Bei Schadensersatz wegen unterlassener Einstellung kann wegen des von Art. 12 I GG umfassten Rechts   **1382** auf auch örtlich freie Arbeitsplatzwahl (→ Rn. 542) nicht ohne Weiteres auf die Obliegenheit zu anderweitiger Arbeitsplatzsuche verwiesen werden.[103]

Eine Haftung könnte auch durch eine Festlegung im Rahmen einer gemeindlichen Sat-   **1383** zung ausgeschlossen sein. **§ 839 BGB** steht indes **nicht zur Disposition des Satzungsgebers;** anderenfalls könnte er sich einen Haftungsfreibrief für eigenes Fehlverhalten verschaffen. So weit reicht aber die Satzungsgewalt der Gemeinde nicht.[104] Daher kann die Haftung nur durch formelle Gesetze ausgeschlossen sein.

7. Passivlegitimation

Der Staatshaftungsanspruch wird zwar von Amtswaltern ausgelöst, geht aber nach   **1384** Art. 34 GG auf die Körperschaft über, die dem Amtswalter das öffentliche Amt anvertraut hat. In der Regel ist dies die **Anstellungskörperschaft.** Für einen Beamten mit zwei Dienstherren haftet diejenige Körperschaft, in deren Tätigkeitsbereich er tätig geworden ist. Besteht kein Dienstverhältnis, ist es diejenige, die die handelnde Person eingeschaltet hat.

Beliehenen wurde von anderen staatlichen Einheiten ein öffentliches Amt übertragen,   **1385** sodass diese anvertrauende Körperschaft die Haftung treffen soll.[105] Indes sind Beliehene selbst Verwaltungsträger. Daher liegt es näher, dass sie selbst die Verantwortlichkeit trifft. Handeln für sie Angestellte, wird deren Haftung auf die Beliehenen als Verwaltungsträger, die sie eingeschaltet haben, übergeleitet.

8. Rechtsfolge

Rechtsfolge des Amtshaftungsanspruches ist **Schadensersatz.** Im BGB ist gem. § 249   **1386** BGB grundsätzlich der Schadensersatz in **Naturalrestitution** zu leisten. Für § 839 BGB, Art. 34 GG wird dies **abgelehnt.** Wegen der vom Beamten auf den Staat übergehenden Haftung könne nur verlangt werden, was vom nach § 839 BGB persönlich haf-

---

99 BGHZ 68, 217.
100 BGHZ 113, 164 (167 ff.).
101 Zu § 839 II BGB → Rn. 1409.
102 Ehlers/Pünder/*Grzeszick* AllgVerwR § 44 Rn. 36.
103 BVerfG NJW 2003, 125 (126).
104 BGHZ 61, 7 (14).
105 BGHZ 49, 108 (115 ff.); 118, 304.

tenden Beamten gefordert werden könnte. Der Beamte als Privatmann kann aber keine Amtshandlung vornehmen.[106] Indes wird die Haftung auf den Staat übergeleitet, und dieser, nicht aber der Beamte selbst wird in Anspruch genommen.

1387 Für die **Verjährung** galt bislang § 852 BGB. Somit bereits früher zivilrechtlich geordnet, greift nunmehr für diesen Anspruch[107] die Nachfolgeregelung ein und nicht eine allgemeine gewohnheitsrechtliche Dreißigjahreshöchstgrenze.[108] Als Schadensersatzanspruch verjährt der Amtshaftungsanspruch daher gem. **§§ 195, 199 BGB** in drei bzw. dreißig Jahren. Widerspruch und Anfechtungsklage gegen einen amtspflichtwidrig erlassenen VA unterbrechen analog zu **§§ 204, 209 BGB** die Verjährung.[109] Damit werden die verwaltungsprozessualen Vorgehensmöglichkeiten adäquat berücksichtigt.

II. Staatshaftung für unionsrechtswidriges Verhalten[110]

1. Anwendungsbereich

1388 **a) Fehlverhalten von Unionsorganen.** Das Fehlverhalten von Unionsorganen bzw. Unionsbediensteten wird durch den AEUV selbst geregelt. Während Art. 340 I AEUV die vertragliche Haftung der Union statuiert, begründet **Art. 340 II AEUV** eine Schadensersatzpflicht der Union für fehlerhafte Amtstätigkeit im nichtvertraglichen Bereich. Durchzusetzen ist sie gem. Art. 268 AEUV vor dem **EuGH**.

1389 **b) Defizitäre Richtlinienumsetzung.** Unionsrecht wird im Regelfall von den Mitgliedstaaten vollzogen bzw. umgesetzt. Schäden aus unionsrechtswidrigem Verhalten treten also vor allem auf dieser Ebene auf. Insoweit gewährt der **AEUV** aber **keinen expliziten Haftungsanspruch**. Aus dem AEUV ergibt sich freilich die unmittelbare Wirkung hinreichend bestimmter und genauer Richtlinienbestimmungen.[111] Aber auch nicht so konkrete Vorschriften können eine Begünstigung des Einzelnen bezwecken. Wenn ihre Einhaltung schon nicht unmittelbar durchgesetzt werden kann, so können doch Schadensersatzansprüche verletzte Interessen des Einzelnen ausgleichen. Sie bilden zudem ein Instrument, damit die Mitgliedstaaten Unionsrecht auch umsetzen bzw. anwenden.[112] Das gilt auch dann, wenn eine unmittelbare Wirkung ausscheidet, weil es sich um Rechtsbeziehungen zwischen Privaten handelt. So lag der Fall bei der Nichtumsetzung der Richtlinie über **Pauschalreisen.**

1390 Beispiel nach EuGH ECLI:EU:C:1996:375 – Erich Dillenkofer/»MP Travel«: Ein deutscher Pauschalurlauber saß in seinem Urlaubsort fest, weil der Reiseveranstalter aufgrund Konkurses nicht mehr für den Rückflug sorgen konnte. Den Rückflug musste er selbst organisieren und bezahlen. Die EG-Richtlinie über Pauschalreisen gab indes vor, dass im Falle der Zahlungsunfähigkeit des Reiseveranstalters die gesamte Reise des Verbrauchers von Reisebeginn an sichergestellt sein muss und die gezahlten Beträge zu erstatten sind. Der EuGH bejahte einen Staatshaftungsanspruch gegen die Bundesrepublik Deutschland, die diese zwischen Pri-

---

106 BGHZ 34, 99.
107 S. demgegenüber für den FBA → Rn. 1310.
108 Dafür *Heselhaus* DVBl. 2004, 411 (416f.).
109 BGHZ 95, 238 (241ff.); BGH NJW 2001, 218. Nach BGH NJW 1995, 2778 soll auch eine Klage auf Feststellung der Nichtigkeit des der Vollziehung zugrunde liegenden VA dafür genügen.
110 *Frenz/Götzkes* JA 2009, 759; *Wegener* JURA 2004, 479; Übungsfall: *Ruffert* JuS 1999, 54; Leitentscheidungen: EuGH ECLI:EU:C:1991:428 – Francovich; ECLI:EU:C:1996:79 – Brasserie du pêcheur; ECLI:EU:C:2003:513 – Köbler; ECLI:EU:C:2006:391 – Tragetti del Mediterraneo.
111 → Rn. 47, 1276.
112 Grundlegend EuGH ECLI:EU:C:1991:428 – Francovich.

vatpersonen und daher nicht unmittelbar wirkende Richtlinie nicht rechtzeitig umgesetzt hatte und so erst den Schaden der Urlauber ermöglicht hatte.

c) Verletzung unmittelbar geltenden Primär- oder Sekundärrechts. Schäden kön- 1391 nen auch eingetreten sein, bis die **unmittelbare Anwendung einer Richtlinie** oder auch von primärem Unionsrecht feststeht. Zudem kann die Ausgestaltung von Unionsrecht im Einzelnen umstritten sein. Das Fehlverhalten, das bis zur Klärung durch den EuGH eingetreten ist, kann für den Einzelnen nur durch Schadensausgleich kompensiert werden. So wurden die Bierhersteller aus anderen EU-Mitgliedstaaten durch das deutsche Reinheitsgebot benachteiligt und erlitten dadurch Schäden, bevor die Unionsrechtswidrigkeit dieser Regelung festgestellt wurde.[113] Wenn schon für die fehlende Umsetzung nicht hinreichend genauen und bestimmten Sekundärrechts Staatshaftungsansprüche greifen, müssen diese erst recht bei einer **defizitären Anwendung unmittelbar geltenden Primär- und auch Sekundärrechts** bestehen.[114] Der Einzelne soll in jeder Hinsicht davor bewahrt werden, dass er durch mitgliedstaatliche Unionsrechtsverstöße Schäden erleidet. Der Entschädigungsanspruch stellt daher die notwendige Ergänzung der unmittelbaren Wirkung dar.[115]

Deshalb kann auch das **Verhalten von Richtern** einen Staatshaftungsanspruch be- 1392 gründen, wenn sie trotz bestehender Pflicht (→ Rn. 73 ff.) nicht gem. Art. 267 AEUV vorlegen. Gerade auch die höchsten Gerichte sind insoweit Garanten des Unionsrechts.[116]

Freilich dient der Schadensersatzanspruch nicht nur der Durchsetzung des Unions- 1393 rechts, sondern auch dem Ausgleich individueller Beeinträchtigungen. Die Rückkoppelung an die individualbegünstigende Wirkung der verletzten Norm muss daher bleiben.

Allerdings besitzt der nationale Gesetzgeber wie auch der Unionsnormgeber zumeist 1394 ein **weites Ermessen,** wie er Recht setzt. Die Freiheit des Normgebers wäre erheblich behindert, wenn gegen ihn in jedem Falle Schadensersatzansprüche erhoben werden könnten. Dies entbindet ihn allerdings nicht davon, Unionsrecht zu wahren. Aus diesem ergeben sich in erheblichem Umfang Verhaltens- oder Unterlassungspflichten. Dieser Rahmen ist auch dann einzuhalten, wenn ein Gestaltungsspielraum – ggf. nach Art. 288 III AEUV – besteht. Dann hat sich das Ermessen innerhalb dieser Grenzen zu bewegen. Diese dürfen jedenfalls nicht **offenkundig** und **erheblich** überschritten werden.

Die Aufrechterhaltung eines unionsrechtswidrigen Normzustandes muss **nicht ver-** 1395 **schuldet** gewesen sein. Der Gesetzgeber hat viele Fragen, die sich gleichzeitig aufdrängen, zu bewältigen und kann nicht allen gleichzeitig nachgehen. Daher würde ein Staatshaftungsanspruch gegen normsetzende Organe praktisch leer laufen, wenn er von einem Verschulden abhinge.

Generell ist dem Unionsrecht ein Verschuldenselement bei der Umsetzung und An- 1396 wendung fremd. Es greift daher auch nicht bei einem Fehlverhalten von Behörden oder Richtern. Die besonderen Umstände der Gesetzgebung werden dadurch berücksichtigt, dass ein hinreichend qualifizierter Verstoß gegen Unionsrecht vorliegen muss.

113 → Rn. 87 ff.
114 EuGH ECLI:EU:C:1999:271 – Konle.
115 EuGH ECLI:EU:C:1996:79 – Brasserie du pêcheur.
116 EuGH ECLI:EU:C:2003:531 Rn. 33 f. – Köbler.

2. Grundvoraussetzungen

1397 In dem vorgenannten Umfang ist ein Staatshaftungsanspruch originär unionsrechtlich vorgegeben, nicht aber seine nähere Ausgestaltung. Aus seinen Zwecken, dem Unionsrecht zum Durchbruch zu verhelfen und die Belange begünstigter Unionsbürger zu wahren, ergeben sich gleichwohl unionsrechtlich begründete **Mindestvoraussetzungen**.[117]

1398 a) **Individualbegünstigende Norm.** Die **unionsrechtliche Norm,** gegen die verstoßen wurde, **bezweckt die Verleihung von Rechten an die Geschädigten.** Deren Kreis muss dabei nicht abgrenzbar sein. Vielmehr kann die individualbegünstigende Wirkung auch eine Gesamtheit bestimmter Personen betreffen.

1399 **Beispiel:** So sollte die Richtlinie über Pauschalreisen[118] den Schutz aller Verbraucher vor der Zahlungsunfähigkeit bzw. dem Konkurs der Reiseveranstalter dienen.

1400 Den Kreis der Schutznormen zieht der EuGH sehr weit.[119] Dazu gehört etwa auch das Diskriminierungsverbot.[120] Um die Haftung nicht umgehen zu können, darf die Drittbezogenheit kein Hindernis im Hinblick darauf sein, dass die Richtlinienumsetzung im Allgemeininteresse erfolgt. Sie hat dann nach dem EuGH außer Betracht zu bleiben.[121]

1401 b) **Qualifizierter Verstoß.** Der Verstoß ist **hinreichend qualifiziert.** Nicht jeder Verstoß gegen Unionsrecht löst einen Staatshaftungsanspruch aus, sondern nur ein gravierender. Dies hängt im Normsetzungsbereich mit der Gestaltungsfreiheit des Normgebers zusammen.[122] Indes kann von den unterschiedlichsten Organen und in den verschiedensten Konstellationen gegen Unionsrecht verstoßen werden. Daher bedingt die Art des Verstoßes mit die Voraussetzungen eines Entschädigungsanspruchs. Nur bei entsprechenden Ermessensspielräumen und Unsicherheiten rechtfertigt sich eine Reduzierung auf **offenkundige und erhebliche Überschreitungen der Befugnisse.**

1402 Ist hingegen das **Unionsrecht strikt,** lässt es also nicht die Wahl zwischen verschiedenen Möglichkeiten zu, oder liegt ein Urteil des EuGH mit eindeutigen Aussagen vor, bildet grundsätzlich bereits die **bloße Verletzung** des Unionsrechts einen hinreichend qualifizierten Verstoß.[123]

1403 Für die **Rspr.** kann dies allerdings im Hinblick auf mögliche Rechtswertungen gerade in Streitfällen nicht gelten. Insoweit bedarf es daher ebenfalls einer **offenkundigen und erheblichen Rechtsverletzung.** Das setzt eine **eindeutige, durch den EuGH geklärte Rechtslage** voraus, die nicht beachtet wird, oder das **Unterlassen einer sich aufdrängenden Vorlage.** Es bedarf einer Gesamtschau aller Gesichtspunkte des Einzelfalles.

1404 **Beispiel** nach EuGH ECLI:EU:C:2003:513 – Köbler: So kann es nicht genügen, wenn der EuGH einen Parallelfall entschieden hat, der aber in einem Detail abweicht, sodass sich zwingende Schlüsse auf den zu entscheidenden Fall verbieten. Zudem soll die Nichtvorlage an den

---

117 EuGH ECLI:EU:C:1996:375 – MP Travel.
118 → Rn. 1390.
119 → Rn. 780 ff.
120 EuGH ECLI:EU:C:1971:116 Rn. 11 – Schöppenstedt.
121 EuGH ECLI:EU:C:1996:79 Rn. 71 f. – Brasserie du pêcheur.
122 → Rn. 1394.
123 BGHZ 134, 30 zu Brasserie du pêcheur.

EuGH dann keinen hinreichend qualifizierten Verstoß bilden, wenn irrig angenommen wurde, die Rechtsfrage sei durch den EuGH bereits geklärt. Selbst eine zunächst irrige Übernahme einer EuGH-Rspr., die später wieder rückgängig gemacht wurde, und eine dann unterlassene Vorlage sollen für eine hinreichende Rechtsverletzung nicht ausreichen. Damit wird indes die Messlatte allzu hoch gehängt, ist doch die richtige Handhabung des Unionsrechts maßgeblich auf Richter angewiesen.

c) Unmittelbarer Kausalzusammenhang. Zwischen diesem Verstoß und dem Scha- 1405
den, der dem Geschädigten entstanden ist, besteht ein **unmittelbarer Kausalzusammenhang.** Gerade um Lücken aus einer verspäteten Beachtung des Unionsrechts zu schließen und den Begünstigten hieraus keine Nachteile entstehen zu lassen, ist bereits der Schaden zu ersetzen, der vor einem EuGH-Urteil eingetreten ist. Erforderlich ist eine objektive Vorhersehbarkeit iSd **Adäquanztheorie.**

3. Unterschied zu § 839 BGB, Art. 34 GG

Jenseits dieser unionsrechtlichen Grundanforderungen ist die Ausgestaltung des 1406
Staatshaftungsanspruchs den Mitgliedstaaten überlassen. Zwei Gesichtspunkte müssen sie aber beachten: Sie dürfen die Verwirklichung des Staatshaftungsanspruchs nicht übermäßig erschweren oder unmöglich machen **(Effizienzgebot)**, und die aufgestellten Voraussetzungen dürfen nicht ungünstiger sein als bei Verstößen ohne Unionsrechtsbezug **(Diskriminierungsverbot). Konstruktiv** kommen **zwei Wege** in Betracht: **Anpassung von § 839 BGB, Art. 34 GG**[124] oder Fortentwicklung der EuGH-Rspr. zu einem **parallelen, eigenständigen unionsrechtlichen Staatshaftungsanspruch.**[125] Für den ersten Weg spricht der Ansatz, nationale Strukturen so weit zu erhalten, wie ihnen nicht (zumal richterlich geformtes) Unionsrecht entgegensteht, für den zweiten eine klare Trennung der Ursprünge und der sich daraus ergebenden Prägungen.

Jedenfalls ergeben sich **Unterschiede** zum herkömmlichen nationalen Verständnis der 1407
Staatshaftung: Nicht nur die das Unionsrecht ausführende Verwaltung kann hoheitlich tätig sein, sondern auch der Gesetzgeber, wenn er Richtlinien falsch oder gar nicht umsetzt oder Normen erlässt, bei denen er Unionsrecht einhalten muss. Eine **Staatshaftung für legislatives Unrecht**[126] **ist nicht ausgeschlossen.**[127] Das muss auch für privatrechtliches Handeln gelten, da ansonsten nur § 831 BGB mit der weiten Exkulpationsmöglichkeit nach § 831 I 2 BGB eingriffe. Nach dem EuGH dürfen indes die nationalen Haftungsregelungen die europarechtlich gebotene Entschädigung nicht leerlaufen lassen.[128]

Die unionsrechtlichen Maßstäbe über die Drittbezogenheit verdrängen auch Art. 38 I 1408
2 GG, der an sich drittbezogene Amtspflichten der Parlamentarier ausschließt.[129] Ein **Verschulden** ist nicht erforderlich, eine hinreichend qualifizierte Pflichtverletzung reicht aus. Eine Subsidiarität nach § 839 I 2 BGB scheidet aus.

Verletzt ein Richter Unionsrecht, würde bei Anwendung des in § 839 II BGB vorgese- 1409
henen **Spruchrichterprivilegs** im richterlichen Bereich eine Staatshaftung bei Unions-

---

124 Etwa *Streinz* JURA 1995, 6 (10).
125 »Dualistische Konzeption«, *Ossenbühl/Cornils* StaatshaftungsR 628 f.; wohl auch BGHZ 134, 30.
126 → Rn. 1374.
127 S. auch BGHZ 134, 30 (33 f.).
128 EuGH ECLI:EU:C:1991:428 Rn. 45 – Francovich.
129 → Rn. 1374 sowie → Rn. 58.

rechtsverstößen weitgehend leer laufen. Dabei beruht die wirksame Durchsetzung des Unionsrechts maßgeblich darauf, dass es von Richtern angewendet wird (→ Rn. 1392). Dass dann Zivilgerichte über die Einhaltung etwa der Vorlagepflicht entscheiden, ist als Konsequenz der nationalen Aufgabenverteilung hinzunehmen.[130]

1410   Für die **Passivlegitimation** ergeben sich keinerlei Besonderheiten; es ist nicht etwa stets die Bundesrepublik Deutschland als EU-Mitgliedstaat passiv legitimiert, sondern jeweils die staatliche Einheit, die Unionsrecht verletzt hat.[131]

1411

Amtshaftung bei Verstößen gegen nationales Recht	Staatshaftung bei Verstößen gegen Europarecht

I. Handeln im öffentlich-rechtlichen Tätigkeitsbereich

Öffentliche Verwaltungstätigkeit (auch Verwaltungshelfer, Beliehene, Gemeinderat bei verbindlichen Vorgaben) nicht nur bei Gelegenheit	Auch Gesetzgebung, Justiz (kein Richterprivileg) Auch privatrechtliches Handeln für einen Träger der öffentlichen Hand

II. Verletzung einer drittbezogenen Amtspflicht

Norm bezweckt auch Wahrnehmung des berührten Einzelinteresses	• Norm des Unionrechts, die Individuen Rechte verleihen will • keine Drittbezogenheit bei nationaler Gesetzgebung • Verstoß muss hinreichend qualifiziert sein

III. Kausaler Schaden: obj. Vorhersehbarkeit nach Adäquanztheorie
IV. Verschulden
V. Haftungseinschränkung

1. Subsidiaritätsklausel, § 839 I 2 BGB 2. Mitverschulden 3. nur durch formelles Gesetz (hM)	kein Verschulden erforderlich keine Haftungseinschränkung

VI. Passivlegitimation:

Anstellungskörperschaft bei Doppelstellung: Funktionstheorie im Übrigen: Anvertrauenstheorie	Staatliche Einheit, die Unionsrecht verletzt

---

130 AA *Ossenbühl/Cornils* StaatshaftungsR 613 f. mwN.
131 EuGH Slg. 1999 I-3099 – Konle; näher *Gundel* DVBl. 2001, 95.

C. Entschädigungsansprüche[132]

I. Abgrenzung zu Schadensersatzansprüchen

Schadensersatz folgt aus der Rechtswidrigkeit staatlichen Handelns und ist auf Naturalrestitution bzw. Geldersatz nach §§ 249 ff. BGB gerichtet. Dagegen wird Entschädigung gewährt, um ein für den Betroffenen unbilliges Ergebnis auszugleichen, das durch staatliches Handeln verursacht wurde. **Entschädigungsansprüche** sind daher **Billigkeitsansprüche** und bestehen neben Schadensersatzansprüchen, reichen aber nicht so weit wie diese. So wird etwa kein entgangener Gewinn aus Entschädigungsansprüchen gewährt (§ 252 BGB). Die Enteignungsentschädigung kann in begründeten Ausnahmefällen unter dem Marktwert liegen (Bsp. Enteignung von Grundstücken zum Schutz vor Hochwasser oder Entschädigung im Rahmen einer Bodenreform).[133] **1412**

Grundlage der Entschädigungsansprüche ist jeweils der **allgemeine Aufopferungsgedanke**. Danach muss der Staat denjenigen entschädigen, dem zum Wohle der Allgemeinheit unmittelbar durch den Staat ein Sonderopfer auferlegt wird (§§ 74 ff. Einl. ALR). Dieser Aufopferungsgedanke liegt sowohl den spezialgesetzlichen Ausprägungen als auch der Pflicht zu gesetzlich geregelter Entschädigung bei einer Enteignung gem. Art. 14 III GG sowie den gewohnheitsrechtlichen Ansprüchen wegen Aufopferung, enteignendem und enteignungsgleichem Eingriff zugrunde. **1413**

Insbesondere für Entschädigungs- und Aufopferungsansprüche werden Bedenken geltend gemacht, die unabhängig von der Kenntnis eingreifende **Verjährungshöchstgrenze** von zehn Jahren nach § 199 IV BGB anzuwenden.[134] Indes wurde im neuen Verjährungsrecht gerade keine Sonderregelung für vermögensrechtliche Ansprüche im öffentlichen Recht getroffen. Für diesen Bereich können die Aspekte der Rechtssicherheit und des Rechtsfriedens als Hintergrund der zivilrechtlichen Verjährung greifen (dagegen → Rn. 906, 1310). Daher finden hier die allgemeinen zivilrechtlichen Verjährungsvorschriften entsprechende Anwendung.[135] Gegen eine Heranziehung von § 197 I Nr. 1 BGB für eigentumsbezogene Ansprüche spricht dessen Ausnahmecharakter.[136] Daher ist § 199 IV BGB analog anzuwenden. **Bei Kenntnis** greift die **Dreijahresfrist nach §§ 195, 199 I BGB.** **1414**

II. Spezialgesetzliche Entschädigungsansprüche

Zunächst muss geprüft werden, ob spezialgesetzlich normierte Entschädigungsansprüche einschlägig sind. **1415**

1. Enteignungsentschädigungen

Eine Enteignung bildet einen **individuellen Zugriff des Staates** auf eine konkrete Eigentumsposition, der auf deren vollständige oder teilweise Entziehung gerichtet ist. Sie geht über die Sozialbindung bzw. Inhaltsbestimmung nach Art. 14 GG[137] dadurch hinaus, dass sie Eigentum nicht nur prägt und beschränkt, sondern die Privatnützigkeit des Eigentums beseitigen will. Sie stellt es mithin ganz oder überwiegend in den Dienst der Allgemeinheit oder Dritter – auch eine Enteignung zugunsten Privater ist zulässig, da auch damit öffentliche Zwecke verfolgt werden können (zB bei Abfallentsorgungs- **1416**

---

132 *Sydow* JURA 2007, 7; *Kemmler* JA 2005, 156 und 659; Übungsfälle: *Detterbeck* JURA 1997, 379; *Heckmann/Klein* JuS 1995, 331; *Schliesky/Hansen* JuS 1998, 49; wichtige Entscheidungen: BGHZ 131, 163; 158, 263; BVerfG NJW 2017, 217 – Atomausstieg.
133 BVerfGE 24, 367 (420 f.); *Maurer* VerwR AT § 27 Rn. 65 ff.
134 Abl. *Heselhaus* DVBl. 2004, 411 (416).
135 ZB *Maurer* VerwR AT § 27 Rn. 72 a.
136 S. BT-Drs. 14/6040, 105 f.
137 → Rn. 515 ff.

anlagen oder beim Rohstoffabbau).[138] Voraussetzung dieses Zugriffs des Staates ist die vollständige oder teilweise Übertragung auf einen anderen Rechtsträger, also die **Änderung der Eigentumsordnung**; diese erfolgt zur Güterbeschaffung. Dieses zweite Merkmal ist nach dem BVerfG stets konstitutiv.[139] Fehlt es, sind die Folgen für den Betroffenen parallel, wenn Güter für ihn wertlos werden – wie bei einem vorgezogenen Laufzeitende von Kernkraftwerken. Daher bedarf es auch bei einer solchen Konstellation ausnahmsweise einer Ausgleichsregelung, wenn auf berechtigtem Vertrauen beruhende Investitionen entwertet werden oder eine Anlagenamortisation innerhalb eines Unternehmens abgeschnitten wird.[140] Dabei handelt es sich aber nicht um eine entschädigungspflichtige Enteignung. Diese ist nach dem BVerfG auf Fälle der Güterbeschaffung beschränkt. Damit handelt es sich um eine davon zu unterscheidende Kategorie eines **angemessenen Ausgleichs bei bloßem Eigentumsentzug ohne Güterbeschaffung.** Dieser Ausgleich bemisst sich vor allem danach, inwieweit der Eigentümer diesen Eigentumsentzug selbst herbeigeführt hat oder er ihm jedenfalls zuzurechnen ist[141] – so bei zu behebenden Flächenverunreinigungen oder der Schaffung von Gefährdungstatbeständen. Es handelt sich um eine **Ausgleichspflicht eigener Art,** welche die Verhältnismäßigkeit einer Sozialbindung sichert.

1417 Eine Enteignung setzt aufgrund der **Junktimklausel** des Art. 14 III GG notwendig eine gesetzliche Entschädigungsregelung voraus (zB §§ 93 ff. BauGB, §§ 19, 19a FStrG, §§ 30 ff. NWDschG). Fehlt diese, ist die Enteignung rechtswidrig. Der Bürger muss unmittelbar gegen sie vorgehen. Er kann nicht stattdessen die Enteignung dulden und dann auf eine angemessene Entschädigung klagen.[142]

2. Sonstige Entschädigungsansprüche

1418 Über die durch Art. 14 III GG gebotenen Regelungen hinaus bestehen verschiedene gesetzlich eröffnete **Entschädigungsansprüche wegen sonstiger Eingriffe in Rechtspositionen,** so § 48 III (iVm § 49 VI bzw. § 50 VwVfG), § 74 II 3 VwVfG, § 21 IV BImSchG, § 8a IV, V FStrG.

1419 Besonders bedeutsam ist der **Entschädigungsanspruch bei Maßnahmen von Ordnungsbehörden** gem. § 39 NRWOBG (iVm § 67 NRWPolG bei Polizeimaßnahmen).[143] Nach der ersten Variante besteht ein Entschädigungsanspruch für einen Nichtstörer, der im sog. polizeilichen Notstand in Anspruch genommen wurde und dem dadurch ein Schaden entstanden ist.

1420 Fall nach BGHZ 131, 163; BGH DVBl. 2006, 1180 – Obdachloseneinweisung:[144] Ein Obdachloser wird gem. § 19 NRWOBG rechtmäßig in eine Wohnung eingewiesen und richtet dort erhebliche Schäden an.

Auch diese Schäden sind eine Folge der behördlichen Inanspruchnahme, sodass der Eigentümer gem. § 39 lit. a NRWOBG vom Grund her gegen die Behörde einen Entschädigungsanspruch in Höhe der **Reparaturkosten** hat. Für **Vermögensnachteile** verlangt § 40 I 2 NRWOBG indes einen unmittelba-

---

138 BVerfGE 134, 242 – Garzweiler; BVerwGE 85, 44 (146 ff.).
139 BVerfG NJW 2017, 217 – Atomausstieg; → Rn. 525.
140 BVerfG NJW 2017, 217 Rn. 260, 310 ff. – Atomausstieg; → Rn. 525.
141 BVerfG NJW 2017, 217 Rn. 261 – Atomausstieg unter Verweis auf BVerfGE 102, 1 (17 f., 21).
142 BVerfGE 58, 300 – Nassauskiesung: kein »Dulde und Liquidiere« → Rn. 529.
143 § 45 I MEPolG; Art. 70 I BayPAG; § 55 I BWPolG.
144 → Rn. 831 f., 1306, 1312.

ren **Zusammenhang.** Dieser setzt einen inneren Zusammenhang mit der behördlichen Maßnahme voraus, dh es muss sich eine bereits in der hoheitlichen Maßnahme angelegte besondere Gefahr realisieren. Er wird bejaht, wenn der Vermieter bereits die Vollstreckung eines Räumungstitels gegen den daraufhin eingewiesenen Mieter in die Wege geleitet hat. Aufgrund dieser Vorgeschichte liegt das Risiko eines unsachgemäßen Gebrauchs oder gar der mutwilligen Zerstörung besonders nahe.

Ein unmittelbarer Zusammenhang soll dagegen nach der zweiten Entscheidung nicht vorliegen, wenn nur eine Kündigung wegen Mietrückständen ausgesprochen wurde. Die Behörde beanspruche den Gebrauch der Wohnung nicht für sich, sondern für den Obdachlosen, sodass sie sich selbst dessen »Exzessschäden« nicht zurechnen lassen müsse. Indes hat der Vermieter den Obdachlosen nicht freiwillig aufgenommen. Die Einweisung führte unmittelbar zum Gebrauch der Mietsache. Dazu gehört auch ein Verhalten, das diese Mietsache erhält. Deshalb ist der Unmittelbarkeitszusammenhang zu bejahen, wenn diese Pflicht verletzt wird. Im Übrigen ist die Unterscheidung, ob jemand bereits die Zwangsräumung betreibt oder erst gekündigt hat, künstlich. Dann muss die Behörde nur früh genug einweisen, um etwaigen Entschädigungsansprüchen aus dem Weg zu gehen.

Ohne eigenes Zutun und damit gleichsam wie ein Nichtstörer wird auch ein **Anscheinstörer** in Anspruch genommen, der den Anschein der Gefahr oder der Störung nicht vorwerfbar verursacht hat. Daher ist auf ihn **§ 39 I lit. a NRWOBG**[145] analog anzuwenden.[146]   1421

Die zweite Alternative (zB § 39 I lit. b NRWOBG)[147] sieht einen **Entschädigungsanspruch aufgrund sonstiger ordnungsbehördlicher rechtswidriger Maßnahmen** vor und deckt damit das weite Spektrum dieses Handelns ab, zB die rechtswidrige Ablehnung einer Baugenehmigung[148] oder die Abgabe sich einander widersprechender Lichtzeichen bei einer Ampel[149] – nicht aber die zutreffende Anwendung nicht evident GG- oder EU-widrigen nationalen Rechts.[150] Voraussetzung ist stets, dass die Maßnahme gegenüber dem Geschädigten getroffen wurde. Entschädigt werden nur Vermögensnachteile (§ 40 NRWOBG).[151] Der Anspruch verjährt in drei Jahren (§ 41 NRWOBG iVm §§ 194ff. BGB).[152] Zuständig sind die ordentlichen Gerichte (§ 43 NRWOBG).[153]   1422

III. Entschädigung aus Aufopferung, enteignungsgleichem und enteignendem Eingriff

Liegt keine Enteignung vor oder fehlt eine gesetzliche Entschädigungsregelung, können Ansprüche wegen einer **Aufopferung** des Bürgers für die Allgemeinheit aus allgemeinen Instituten bestehen.   1423

1. Enteignungsgleicher und enteignender Eingriff

Der **Enteignungsbegriff** ist auf gezielte Eingriffe in konkrete Eigentumspositionen begrenzt. Der enteignungsgleiche und enteignende Eingriff deckt demgegenüber weitergehend **faktische Beeinträchtigungen eines vermögenswerten Rechtes des Bürgers** ab. Wegen dieser Verschiedenheit können diese Institute nicht auf Art. 14 III GG   1424

---

145 § 45 I 1 MEPolG; Art. 70 I BayPAG; § 55 I 1 BWPolG.
146 BGHZ 117, 303 (307 f.) – Mastkälber.
147 § 45 I 2 MEPolG; Art. 70 II BayPAG.
148 BGHZ 84, 292 (294).
149 BGHZ 99, 249 (251 f.) – »feindliches Grün«.
150 BGHZ 205, 63.
151 § 46 MEPolG; Art. 70 VII BayPAG.
152 § 48 MEPolG.
153 § 51 MEPolG; Art. 73 I BayPAG.

gestützt werden, sondern folgen aus dem allgemeinen Aufopferungsgedanken der §§ 74 ff. Einl. ALR in seiner gewohnheitsrechtlich geprägten Ausformung.[154]

1425 In Anlehnung an diese Vorschriften ist derjenige berechtigt, der unmittelbar durch eine **hoheitliche Maßnahme eine Beeinträchtigung** an seinem Eigentum erdulden musste und dem dadurch ein Sonderopfer auferlegt wurde, zB durch Beschädigungen eines Hauses in Folge von Kanalarbeiten oder Waldbrandschäden aufgrund einer Bundeswehrschießübung.[155]

1426 Der **enteignungsgleiche Eingriff** setzt ein **rechtswidriges Handeln** voraus (Handlungsunrecht), der **enteignende Eingriff** rechtmäßiges Handeln, durch das dem Bürger gleichwohl **als Nebenfolge** wegen unvorhersehbarer Umstände ein **Sonderopfer** entsteht (nur Erfolgsunrecht). Bezogen auf das Waldbrandbeispiel liegt ein enteignungsgleicher Eingriff daher vor, wenn die Bundeswehrschießübung aufgrund vorhersehbarer Brandgefahr gar nicht in der Nähe des Waldes stattfinden durfte. War die Ortswahl hingegen nicht zu beanstanden und wurde der Brand nur durch unvorhersehbaren Zufall entfacht, ist ein enteignender Eingriff gegeben. Beide Ansprüche haben dieselbe Rechtsgrundlage und bis auf den genannten Unterschied dieselben Tatbestandsvoraussetzungen.

1427 **a) Beeinträchtigung des Eigentums unmittelbar durch hoheitliche Maßnahme.** Eine **eigentumsrechtliche Position iSv Art. 14 I GG** muss beeinträchtigt sein, nicht lediglich das Vermögen als solches oder bloße Gewinnchancen. Eingewirkt haben muss eine **hoheitliche Maßnahme.** Das kann sowohl ein Rechtsakt wie eine Baugenehmigung für den Nachbarn[156] als auch ein Realakt sein wie ein durch mangelhaften Hochwasserschutz entstandener Wasserschaden.[157] Dem mangelhaften Hochwasserschutz steht ein gänzlich unterlassener Hochwasserschutz gleich. Aus Sicht des beeinträchtigten Bürgers ist es gleichgültig, durch welche Variante ein Wasserschaden entsteht. Daher kann auch grundsätzlich jedes **Unterlassen** einen Entschädigungsanspruch auslösen, wenn eine Rechtspflicht zum Handeln bestand,[158] nicht nur ein »qualifiziertes Unterlassen«.[159]

1428 Eine Entschädigung für **legislatives Unrecht** wirft ähnliche Probleme auf wie bei der Staatshaftung.[160] Bei einer unüberschaubaren Haftung des Staates wäre der Gesetzgeber in seiner Entschlusskraft sehr gehemmt. Daher gibt es keine Entschädigung für verfassungswidrige formelle Gesetze und darauf beruhende rechtswidrige Vollzugsakte, die Eigentum beeinträchtigen.[161] Eine unzumutbare Inhalts- und Schrankenbestimmung führt nur zu einer Ausgleichsregelung, die das BVerfG von der Enteignungsentschädigung klar separiert (→ Rn. 1416). Überschaubar ist der Personenkreis dagegen bei rechtswidrigen untergesetzlichen Normen.[162] Zum Beispiel bei einem Bebauungsplan ist der Kreis der Betroffenen auch so eng, dass noch ein **Sonderopfer** vorliegen kann.[163]

---

154 BGHZ 90, 17 (29 ff.).
155 BGHZ 37, 44 (47).
156 BGHZ 86, 356 (358).
157 BGHZ 117, 240 (252 ff.).
158 *Ossenbühl/Cornils* StaatshaftungsR 260 ff.
159 So aber BGHZ 56, 40 (42); 120, 124 (132).
160 → Rn. 1374 und → Rn. 1394.
161 BGHZ 100, 136 (145).
162 BGHZ 111, 349 (353).
163 *Schwerdtfeger* Fallbearbeitung ÖffR Rn. 356.

Der Schaden am Eigentum muss sich **unmittelbar** und damit als notwendige, aus der   1429
Eigenart der hoheitlichen Maßnahme typische Folge ergeben. Umstände können auch
dazwischen getreten sein, so wenn eine städtische Mülldeponie Möwen anlockt, die die
Aussaat anliegender Landwirte vernichten.[164] Es liegt ein klassisches Zurechnungs-
problem vor, das in Ermangelung konkret verletzter Schutznormen vielfach auch
nach Wertungsgesichtspunkten gelöst werden kann.

b) Sonderopfer. Diese Beeinträchtigung des Eigentums muss für den Bürger ein Son-   1430
deropfer bedeuten. Ist die Maßnahme wie **beim enteignungsgleichen Eingriff** rechtswidrig, wird das **Sonderopfer bereits durch diese Rechtswidrigkeit indiziert.** Bei der
zu unterscheidenden Ausgleichsregelung bei rechtswidriger Inhaltsbestimmung geht
es um kein Sonderopfer, sondern um die Sicherung der Verhältnismäßigkeit der Sozialbindung: Auszugleichen ist das, was nicht schon durch die Sozialbindung des Eigentums entzogen werden kann, weil etwa besondere Vertrauensaspekte in eine gesetzliche Regelung eine Rolle spielen.

> **Beispiel** nach OLG Brandenburg NVwZ-RR 2000, 77: Die Vollsperrung einer Bundesstraße   1431
> über längere Zeit führt zu Einbußen bei einem angrenzenden Gewerbebetrieb. Diese Einbu-
> ßen will der Gastronom G ersetzt haben. War die Vollsperrung nicht erforderlich und damit
> rechtswidrig, weil die Straßenarbeiten auch bei einer Anliegerverkehr weiterhin ermöglichen-
> den Teilsperrung hätten durchgeführt werden können, so wäre das Sonderopfer schon auf-
> grund der Rechtswidrigkeit zu bejahen.

Bei rechtmäßigen Maßnahmen und damit beim **enteignenden Eingriff** muss dagegen   1432
das Sonderopfer positiv festgestellt werden. Das **Sonderopfer** wird durch die wertende
Feststellung geprüft, ob die **Beeinträchtigung** noch zumutbar ist oder eine **besondere
Belastung** darstellt. Diese Kriterien werden aus der Schweretheorie[165] bzw. der Sonderopfertheorie[166] abgeleitet.[167] Sie sind zu kombinieren. Maßgeblich sind die Umstände des Einzelfalles.

Einem Grundstückseigentümer können durch öffentlich-rechtliche Nachbarn an sich   1433
nicht mehr **Immissionen** zugemutet werden, als er durch einen zivilen Nachbarn zu
dulden hat. Daher können insoweit die Maßstäbe und Kriterien des **§ 906 II BGB** herangezogen werden.[168] Weil in unserer zivilisierten Gesellschaft ein bestimmter Lärm-
pegel normal ist, besteht ein Sonderopfer aufgrund von Verkehrsimmissionen nur
dann, wenn die zugelassene Nutzung der Straße die vorgegebene Grundstückssitua-
tion nachhaltig verändert und dadurch das benachbarte Wohneigentum schwer und
unerträglich trifft.[169]

c) Zum Wohle der Allgemeinheit. Dieses Sonderopfer muss allgemeinwohlbezogen   1434
sein. Wegen der Weite dieses Begriffes ergeben sich hier **kaum Einschränkungen.**
Rechtswidrige Eingriffe sind ohnehin schwerlich allgemeinwohlbezogen, sodass dieses
Kriterium insoweit fraglich erscheint.[170] Maßnahmen der Zwangsvollstreckung etwa
erfolgen lediglich im Gläubigerinteresse und sind daher nicht allgemeinwohlbezogen.

---

164 BGH NJW 1980, 770.
165 BVerwGE 5, 143 (145); 61, 295 (300 f.).
166 BGHZ 6, 270 (280); 117, 240 (252); 125, 258 (264); OLG Brandenburg NVwZ-RR 2000, 77 f.
167 → Rn. 516.
168 S. BGHZ 57, 359 (366).
169 BGHZ 97, 114 (116).
170 *Ossenbühl/Cornils* StaatshaftungsR 314 f.

1435 **d) Subsidiarität.** Im allgemeinen Schadensrecht hat der Bürger die Obliegenheit, sich selbst vor Schäden zu bewahren. Daher entfällt nach § 254 BGB analog ein Anspruch, wenn der Bürger nicht das ihm Mögliche und Zumutbare getan hat, um den Schaden abzuwenden. Dieser Gedanke kommt auch in § 839 III BGB zum Ausdruck, der aber auf die ein rechtswidriges und schuldhaftes Handeln voraussetzende Staatshaftung zugeschnitten ist. Jedenfalls können Schäden dann abgewendet werden, wenn ein Erfolg versprechendes Rechtsmittel in Betracht kommt.[171] **Primärrechtsschutz** geht also **vor Sekundärrechtsschutz.** Das entspricht ganz der Konzeption des BVerfG für Art. 14 III GG[172] und zur ausnahmsweisen Entschädigungspflicht aus einer unzumutbaren Sozialbindung.[173] Alle denkbaren Möglichkeiten des Primärrechtsschutzes müssen aber nicht ausgeschöpft werden. Es kommt auf die Umstände des Einzelfalles an. Die Inanspruchnahme einer von mehreren möglichen Primärrechtsschutzmöglichkeiten reicht dabei aus.[174]

1436 Zunächst ist also ein **Störungsabwehranspruch** geltend zu machen. Dieser kann auch in einem **Folgenbeseitigungsanspruch** bestehen,[175] so gegen Immissionen. Führt ein solcher Primäranspruch nicht zum (gänzlichen) Unterlassen einer staatlichen Beeinträchtigung, kann ein Anspruch auf Schutzmaßnahmen bestehen, sei es, dass sie der Staat selbst vornimmt,[176] sei es, dass der Staat als Entschädigung Geld zur Verfügung stellen muss, damit der Geschädigte selbst solche Schutzmaßnahmen trifft (zB nach § 74 II 2 bzw. 3 VwVfG). In letzterem Fall handelt es sich um einen sonstigen Entschädigungsanspruch.[177]

1437 **e) Rechtsfolge.** Ein Anspruch aus enteignungsgleichem oder enteignendem Eingriff hat eine angemessene Entschädigung in Geld zur Folge. **Auszugleichen** ist aber grundsätzlich nur der **Substanzverlust,** nicht der entgangene Gewinn.[178] Zu leisten hat ihn nach der Rspr. der Verwaltungsträger, in dessen Interesse die Maßnahme erfolgte.[179] Zu seinen Gunsten ging zwar das Sonderopfer. Dieser Verwaltungsträger lässt sich aber oft schwerlich feststellen. Es können auch mehrere Verwaltungsträger in Betracht kommen. Klarer und eindeutiger ist daher eine **Entschädigungspflicht des Verwaltungsträgers, dessen Organ für den Eingriff verantwortlich ist.**[180]

Enteignungsgleicher/enteignender Eingriff

  I. Beeinträchtigung des Eigentums unmittelbar durch hoheitliche Maßnahme: rechtswidrig/rechtmäßig

  II. Sonderopfer

  III. Zum Wohle der Allgemeinheit

  IV. Subsidiarität

  V. Rechtsfolge

---

171 BGHZ 90, 17 (31 ff.).
172 BVerfGE 58, 300 (322) – Nassauskiesung.
173 BVerfG NJW 2017, 217 Rn. 260 – Atomausstieg.
174 S. BGHZ 92, 34 (50).
175 → Rn. 1305 ff.
176 S. zu Immissionen → Rn. 1433.
177 → Rn. 1418 und auch § 42 BImSchG.
178 → Rn. 1412. Vgl. aber Ehlers/Pünder/*Grzeszick* AllgVerwR § 45 Rn. 79 mwN.
179 BGHZ 72, 211 (214); 90, 17 (20).
180 *Maurer* VerwR AT § 27 Rn. 101.

2. Der allgemeine Aufopferungsanspruch

Der enteignungsgleiche und der enteignende Eingriff decken Beeinträchtigungen des Eigentums iSv Art. 14 I GG ab. Korrespondierend dazu gibt es für **Eingriffe in nicht-vermögenswerte Rechte** wie Leben, Gesundheit und Freiheit den allgemeinen Aufopferungsanspruch. Seine Tatbestandsvoraussetzungen stimmen mit denen des enteignenden bzw. enteignungsgleichen Eingriffs überein. Statt Beeinträchtigungen des Eigentums bedarf es der Verletzung eines nicht-vermögenswerten Rechts. 1438

Der allgemeine Aufopferungsanspruch hat allerdings **praktisch keinen Anwendungsbereich mehr,** weil nahezu alle denkbaren Fälle spezialgesetzlich erfasst sind, so der Impfschaden nach gesetzlich vorgeschriebener Impfung gem. § 60 I IfSG, eine Körperverletzung aufgrund von Polizeimaßnahmen durch § 39 I NRWOBG.[181] 1439

D. Öffentlich-rechtlicher Erstattungsanspruch[182]

I. Nach § 49 a VwVfG

Der öffentlich-rechtliche Erstattungsanspruch ist gleichsam der **Bereicherungsanspruch des öffentlichen Rechts.** Zum Teil ist er spezialgesetzlich angeordnet, so in § 71 II S. 2 BBG, § 50 SGB X[183] und insbesondere § 49 a VwVfG. Diese Vorschrift erfasst die Rückabwicklung von Leistungen auf der Basis von VA, die mit Wirkung für die Vergangenheit nach § 48 oder § 49 VwVfG aufgehoben wurden (→ Rn. 950 ff.) oder in Folge des Eintritts einer auflösenden Bedingung unwirksam geworden sind (§ 36 II Nr. 2 VwVfG). Die anderen Fälle der Nichtigkeit nach § 44 VwVfG bleiben unerfasst, ebenso die Aufhebung außerhalb des Verwaltungsverfahrens, namentlich im Verwaltungsstreitverfahren. § 49 a II und III VwVfG sprechen nur vom Begünstigten und sehen eine Fristsetzung durch die Behörde vor. Das deutet darauf hin, dass **nur** die **Aufhebung begünstigender VA** erfasst ist. Die Rückabwicklung der Aufhebung belastender VA richtet sich daher nach dem allgemeinen öffentlich-rechtlichen Erstattungsanspruch. 1440

Das gilt auch bei der Aufhebung mit Wirkung ex nunc sowie bei Leistungen, die nicht in Folge eines VA, sondern im Rahmen eines Verwaltungsvertrages (Bsp. → Rn. 1342) oder schlichten Verwaltungshandelns erbracht wurden. 1441

Der Erstattungsanspruch besteht zwar bereits mit der Unwirksamkeit bzw. Aufhebung des VA, wie die strikte Formulierung des § 49 a I 1 bzw. § 49 a III 1 VwVfG zeigt. Gleichwohl ist er nach § 49 a I 2 VwVfG durch einen **Leistungsbescheid** festzusetzen. Dazu ist die Verwaltung verpflichtet, wie die unbedingte Formulierung des § 49 a I 1 VwVfG zeigt. Demgegenüber besteht für die Aufhebung von VA Ermessen. Wenn aber die Verwaltung eine Erstattung erbrachter Leistungen verlangt, zeigt sie damit zugleich, dass sie ihr Ermessen dahingehend ausgeübt hat, den diesen Leistungen zugrunde liegenden VA aufzuheben. Der Leistungsbescheid kann daher konkludent die Rücknahme bzw. den Widerruf des begünstigenden VA beinhalten.[184] 1442

---

181 § 45 I MEPolG; Art. 70 I BayPAG; § 55 I BWPolG; → Rn. 1422.
182 *Schoch* JURA 1994, 82.
183 Gilt analog bei BAföG, OVG Münster NWVBl. 1992, 369.
184 BVerwGE 67, 305 (313).

1443 Der **Umfang der Erstattung** richtet sich **gem. § 49a II 1 VwVfG nach §§ 812ff. BGB.** Der Entreicherungseinwand nach § 818 III BGB wird aber gem. § 49a II 2 VwVfG zumeist abgeschnitten, weil § 48 II 3 und § 49 III VwVfG gerade an das Verhalten bzw. die Kenntnis des Leistungsempfängers anknüpfen. In Fällen mit Unionsbezug ist § 818 III BGB ohnehin gesperrt, würde doch sonst die Durchsetzung unionsrechtlich gebotener Rückforderungsansprüche unmöglich gemacht.[185] **Zinsen** können gem. § 49a III, IV VwVfG verlangt werden, also auch bei nicht alsbaldiger[186] zweckentsprechender Verwendung. Zu diesem Zeitpunkt entsteht der Anspruch, er wird aber erst mit Erlass des Feststellungsbescheides fällig.[187]

1444 Bei **Verwaltungsverträgen** verweist § 62 S. 2 VwVfG auch auf §§ 812ff. BGB. Insoweit gelten nicht die Einschränkungen nach § 49a II VwVfG. Der Entreicherungseinwand schlägt also durch.

II. Nach allgemeinen Grundsätzen

1445 Existiert keine Spezialvorschrift,[188] können gleichwohl **ungerechtfertigte Vermögensverschiebungen** nicht bestehen bleiben. Daher wird der allgemeine Erstattungsanspruch jedenfalls von der Rspr. als Ausdruck eines allgemeinen, auch im öffentlichen Recht geltenden Rechtsgrundsatzes angesehen, der zudem **gewohnheitsrechtlich anerkannt** ist.[189] Jedenfalls ist nach den Voraussetzungen der §§ 812ff. BGB zu prüfen, wenngleich diese Normen nicht explizit heranzuziehen sind.

1446 Zunächst muss eine **öffentlich-rechtliche Rechtsbeziehung zwischen Anspruchsteller und -gegner** bestehen. In der Regel ist dies die Kehrseite der zugrunde liegenden (vermeintlichen) Rechtsbeziehung; diese muss also öffentlich-rechtlich sein.[190]

1447 Im Rahmen dieser Rechtsbeziehung muss der Anspruchsgegner etwas erlangt haben. Diese **Vermögensverschiebung** muss durch eine Leistung öffentlich-rechtlicher Natur eingetreten sein. Um aber insgesamt ungerechtfertigte Vermögensverschiebungen ausgleichen zu können, genügt auch eine Vermögensverschiebung in sonstiger Weise.[191]

1448 Zudem muss die Vermögensverschiebung **ohne Rechtsgrund** erfolgt sein. Einen solchen Rechtsgrund können VA, öffentlich-rechtliche Verträge und auch Gesetze so lange darstellen, wie sie wirksam sind. VA bilden mithin auch dann einen Rechtsgrund, wenn sie rechtswidrig sind. Hier ist also zu differenzieren, ob ein VA oder Vertrag lediglich rechtswidrig[192] oder nach § 44 VwVfG bzw. § 59 VwVfG nichtig ist. Bei VA ist zudem eine (wirksame) Aufhebung zu prüfen. Daneben kommt in Betracht, dass etwa

---

185 → Rn. 969ff. zur Rücknahme unionsrechtswidriger Beihilfen.
186 Fehlendes Verschulden ist insoweit unbeachtlich und zählt nur beim Ermessen, BVerwGE 116, 332 (333).
187 BGH NVwZ 2006, 964.
188 Der öffentlich-rechtliche Erstattungsanspruch ist subsidiär, VGH Mannheim NJW 2003, 1066 bzgl. Verwaltungsvollstreckungsvorschriften mit der Möglichkeit, Kostenersatz zu verlangen; → Rn. 1349.
189 BVerwGE 36, 108 (110); 71, 85 (88); 100, 56 (59).
190 Kehrseitentheorie, BVerwGE 25, 72 (76ff.).
191 S. VGH München NVwZ-RR 1991, 196.
192 Bei VA gilt dann der Vorrang der Anfechtungsklage mit ggf. einer Rückabwicklung über § 113 I 2 VwGO.

ein vorläufiger VA gegenstandslos wurde. Die Vorläufigkeit muss aber eindeutig gekennzeichnet sein.

Kein Rechtsgrund liegt auch vor, wenn ein **Nichtakt** vorliegt. Ein VA setzt gem. § 41 VwVfG die Bekanntgabe an den Adressaten voraus; diese Bekanntgabe muss willentlich erfolgen. Daran fehlt es, wenn etwa ein Nichtgeschäftsfähiger einen Bescheid erhält und diesen dann dem gesetzlichen Vertreter aushändigt. Ihm gegenüber wurde er nicht bekannt gegeben, sodass der VA nicht gem. §§ 41, 43 I VwVfG wirksam werden konnte.[193]   **1449**

Sind so die Voraussetzungen des öffentlich-rechtlichen Erstattungsanspruchs gegeben, ist gem. § 818 II BGB der **erlangte Wert herauszugeben.** Ist der Bürger Anspruchsteller und der Staat Anspruchsgegner, gilt wie stets: Der Staat hat Geld zu haben und kann sich daher nicht auf den **Wegfall der Bereicherung** berufen.   **1450**

Zugunsten des Bürgers können nicht einfach §§ 818 III, 819 BGB unbesehen übernommen werden. Im Öffentlichen Recht geht es insbesondere im Bereich der Aufhebung von VA um einen Ausgleich zwischen dem Vertrauensschutz des Bürgers und der Gesetzesbindung der Verwaltung. Die in § 49a VwVfG getroffene Wertentscheidung kann daher regelmäßig übertragen werden. Auch **der eine Leistung grob fahrlässig Verbrauchende** bleibt daher **rückzahlungspflichtig;** positive Kenntnis des mangelnden Rechtsgrundes ist nicht erforderlich. Korrigierende Umstände können sich im Einzelfall aus dem Grundsatz von Treu und Glauben ergeben.[194]   **1451**

III. Durchsetzung

Der **Bürger** klagt einen öffentlich-rechtlichen Erstattungsanspruch gegen den Staat im Wege der **allgemeinen Leistungsklage** ein; er will in erster Linie Geld.[195] Auch der Staat hat für Erstattungsansprüche gegen den Bürger zumal dann allgemeine Leistungsklage zu erheben, wenn man die Verwaltung zum Erlass eines Leistungsbescheides ohne gesetzliche Grundlage wie die nach § 49a I 2 VwVfG nicht als berechtigt ansieht.[196] Für den Erlass des GrundVA bestand freilich eine Ermächtigung, und die Rückforderung ist nur die **Kehrseite.**[197] Dementsprechend hat der **Staat** den Erstattungsanspruch gegen den Bürger durch **Leistungsbescheid** geltend zu machen. Eine Leistungsklage des Staates gegen den Bürger ist dann mangels Rechtsschutzbedürfnis ausgeschlossen.[198] Bei Realakten bzw. öffentlich-rechtlichen Verträgen ist hingegen der Vorbehalt des Gesetzes nicht gewahrt, wenn keine eigene Ermächtigungsgrundlage für einen Leistungsbescheid besteht. Daher ist Leistungsklage zu erheben.   **1452**

---

193 VGH München NJW 1984, 2845: Entziehung der Fahrerlaubnis gegenüber einem Geschäftsunfähigen.

194 Vgl. BVerwG NJW 1998, 3135.

195 Zu unterscheiden ist eine Anfechtungsklage gegen einen wirksamen VA mit einem Annexantrag auf Leistung nach § 113 I 2 VwGO, → Rn. 976.

196 Ehlers/Pünder/*Gurlit* AllgVerwR § 35 Rn. 32.

197 → Rn. 1446.

198 → Rn. 1301.

IV. Konkurrenzen

1453   Wie neben zivilrechtlichen Bereicherungsansprüchen können neben öffentlich-rechtlichen Erstattungsansprüchen andere Ansprüche wie etwa ein Folgenbeseitigungsanspruch bestehen.

E. Aufwendungsersatz[199]

1454   Aufwendungen können schließlich auch nach den Grundsätzen der öffentlich-rechtlichen **GoA** ersetzt werden. Deren Anwendungsgebiet ist jedoch stark begrenzt. Infrage kommt jedoch a priori eine Fülle unterschiedlicher Fallkonstellationen, nach denen der Staat sowohl auf der Seite des Aufwendungsersatzberechtigten (Geschäftsführer) als auch auf der des -verpflichteten (Geschäftsherr) stehen kann.

1455   Ob eine öffentlich-rechtliche oder eine privatrechtliche GoA vorliegt, bestimmt sich nach der **Rechtsnatur des Geschäfts,** das der Geschäftsherr an sich selbst durchführen würde; es zählt also nicht die Rechtsnatur der vom Geschäftsführer ergriffenen Maßnahmen.[200] Ansonsten könnte durch eine Geschäftsführung die Rechtsnatur eines Geschäfts geändert und damit der öffentlich-rechtliche Tätigkeitsbereich de facto zurückgedrängt werden.

1456   Anspruchsgrundlage auch der öffentlich-rechtlichen GoA sind §§ 677, 683, 670 BGB (analog). Eine öffentlich-rechtliche GoA scheidet allerdings aus, wenn **abschließende Sonderregelungen für den Kostenersatz** vorhanden sind.[201]

1457   So gibt es Kostenersatzgrundlagen für eine **polizeiliche unmittelbare Ausführung** und eine Ersatzvornahme, mithin ein fremdes Geschäft, das dem Bürger als Polizeipflichtigem obliegt.[202]

1458   Im Bereich der **Feuerwehr** gibt es keine bundeseinheitliche Regelung für die Kostenregulierung. Ist in dem Brandschutzgesetz eines Bundeslandes die Anwendbarkeit der GoA enthalten und nicht ausgeschlossen, kann der öffentliche Aufgabenträger seine Kosten vom Störer ersetzt verlangen.[203] Oft wird auch zwischen öffentlichen Feuerwehren und privaten Werkfeuerwehren unterschieden. Die entstandenen Kosten kann der private Träger vom öffentlichen ersetzt verlangen, der wiederum den Störer belangen kann – oder der private Träger nimmt Letzteren über GoA direkt in Anspruch.[204]

1459   Generell können allerdings nur verdrängende Spezialregeln einschlägig sein, wenn der **Hoheitsträger Geschäfte des Bürgers** besorgt. Eine **GoA des Hoheitsträgers für den Bürger als Geschäftsherrn** ist hingegen **nicht** denkbar.[205] Ansonsten könnte der Hoheitsträger den Vorbehalt des Gesetzes insbesondere für Kostenfragen unterlaufen.

1460   Einer **öffentlich-rechtlichen GoA eines Hoheitsträgers für einen anderen Hoheitsträger** steht grundsätzlich entgegen, dass die Zuständigkeitsordnung die Aufgaben von Verwaltungsträgern festlegt. Art. 35 GG sieht eigens die Amtshilfe vor. Darüber hinaus kommt eine GoA daher nur in Notlagen in Betracht. Als Rechtsgedanke wird

---

199 *Bamberger* JuS 1998, 706; *Schoch* JURA 1994, 241.
200 BGH NVwZ 2016, 870.
201 OVG Münster Urt. v. 12.9.2013 – 20 A 433/11.
202 BGHZ 156, 394.
203 BGH NVwZ-RR 2011, 925; *Franßen/Blatt* NJW 2012, 1031 (1034).
204 *Franßen/Blatt* NJW 2012, 1031 (1033).
205 BGHZ 156, 394. Vgl. zum Streitstand *Linke* DVBl. 2006, 148; Ehlers/Pünder/*Gurlit* AllgVerwR § 35 Rn. 13f.

Art. 104 a GG herangezogen.[206] Damit bleibt als Fallgruppe nur noch, dass der **Bürger für den Hoheitsträger** handelt. Grundsätzlich bestimmt indes der Hoheitsträger, wie er die Aufgaben erledigen lässt und ob er dabei Private einschaltet. Gleichwohl erlaubt die Rspr. die öffentlich-rechtliche GoA, sofern dabei spezifische öffentliche Interessen berücksichtigt werden, mithin staatliches Ermessen nicht unterlaufen wird etc.[207] Voraussetzungen sind, dass der Bürger ein (auch) **fremdes Geschäft** besorgt, **Fremdgeschäftsführungswillen** besitzt und dem **Willen des Geschäftsherrn entsprechend** handelt. Um aber die besonderen öffentlichen Interessen zur Geltung kommen zu lassen, kann § 679 BGB analog nur dann zur Anwendung kommen, wenn diese im Einzelfall spezifisch berücksichtigt werden. Ansonsten würden die für öffentlich-rechtliches Handeln geltenden Grundsätze unterhöhlt.

> **GoA**
> I. Keine abschließende Regelung für den Kostenersatz
> II. Öffentlich-rechtliche GoA: nach Rechtsnatur des Geschäfts, das Geschäftsherr selbst durchführen müsste
> III. (Auch) fremdes Geschäft
> IV. Fremdgeschäftsführungswille
> V. Handeln entsprechend Willen des Geschäftsherrn einschl. öffentl. Interessen

F. Sozialleistungsansprüche

Der EuGH verneint ausdrücklich einen primärrechtlichen Anspruch auf Sozialleistungen schon auf der Basis des **allgemeinen Freizügigkeitsrechts**. Zwar genießen auch die EU-Einwanderer ohne Job den Status eines Unionsbürgers allein schon kraft der Staatsangehörigkeit ihres Heimatstaates gem. Art. 20 I AEUV, haben damit einen Anspruch auf die gleiche rechtliche Behandlung in der gleichen Situation im sachlichen Anwendungsbereich des AEUV und so auch auf Einhaltung des Verbots der Diskriminierung aus Gründen der Staatsangehörigkeit nach Art. 18 AEUV (→ Rn. 110, 330, 782, 1132).[208] Dieses Verbot gilt aber lediglich »unbeschadet besonderer Bestimmungen der Verträge in ihrem Anwendungsbereich«. Art. 20 II und Art. 21 I AEUV sehen das Recht, sich im Hoheitsgebiet der Mitgliedstaaten frei zu bewegen und aufzuhalten, nur unter den Bedingungen und innerhalb der Grenzen nach den Verträgen und der auf ihrer Basis erlassenen Maßnahmen bzw. der Durchführungsvorschriften vor, worauf der EuGH eigens verweist.[209] Diese sind damit ausgestaltbar und nicht absolut zu setzen. Lediglich die Freizügigkeit als solche ist gewährleistet, nicht aber die Ausübung im Einzelnen und vor allem nicht die Verbindung mit Sozialansprüchen. Diese begründet – auch zusammen mit Art. 18 AEUV – **kein Prinzip der Vollintegration**.[210] Daher zählen die Konkretisierungen nach Art. 24 der Allgemeinen Freizügigkeitsrichtlinie (Unionsbürgerrichtlinie) 2004/38 und Art. 4 VO 883/2004. Daraus ergeben sich letztlich mitgliedstaatliche Spielräume, **EU-Einwanderer ohne Job,** die nicht be-

1461

206 BVerwGE 110, 9.
207 BGH NVwZ 2004, 764 (765); OVG Münster NWVBl. 1990, 99.
208 S. bereits EuGH ECLI:EU:C:2013:9725 Rn. 25, 27 – N.; ECLI:EU:C:2002:432 Rn. 28 – D'Hoop; ECLI:EU:C:2001:458 Rn. 31 – Grzelczyk.
209 EuGH ECLI:EU:C:2014:2358 Rn. 60 – Dano (Hartz IV).
210 Näher *Frenz* HdB EuroparR I Rn. 4108 ff. mwN auch zur abw. Meinung.

reits fünf Jahre im Hoheitsgebiet eines Mitgliedstaates ansässig sind, **von Sozialleistungen auszuschließen.** Wegen dieser nationalen Möglichkeiten lässt der EuGH auch die EU-Grundrechte nicht eingreifen und begrenzt damit zugleich deren Reichweite für Richtlinienvorgaben, welche nationale Spielräume eröffnen (→ Rn. 253). Art. 1 I GG gibt ebenfalls keine unmittelbaren Ansprüche auf Sozialleistungen, sondern legt nur Mindeststandards für die Gesetzgebung fest.[211]

---

[211] BVerfGE 125, 175 – Hartz IV (Regelleistungen nach SGB II); 132, 134 Rn. 100 ff. – Asylbewerberleistungsgesetz.

3. Teil. Feststellung der Rechtswidrigkeit

7. Kapitel. Verfassungsrechtliche Feststellungsbegehren: Handeln von nationalen Verfassungsorganen

§ 21 Organstreitverfahren[1]

Im Organstreitverfahren nach Art. 93 I Nr. 1 GG, §§ 13 Nr. 5, 63–67 BVerfGG ent- **1462**
scheidet das BVerfG in Konflikten der obersten Bundesorgane über die diesen durch
die Verfassung zugewiesenen Rechte und Pflichten. Das Organstreitverfahren dient
der **gegenseitigen Abgrenzung der Kompetenzen von Verfassungsorganen** oder
ihren Teilen **in einem Verfassungsrechtsverhältnis** und nicht der davon unabhängigen Kontrolle der Grundgesetzkonformität eines Organhandelns; es handelt sich um
keine objektive Beanstandungsklage. Aus dem Verfassungsrechtsverhältnis zwischen
den Beteiligten müssen sich die streitigen Rechte und Pflichten ergeben.[2]

A. Zulässigkeit

I. Parteifähigkeit von Antragsteller und Antragsgegner

Antragsteller können gem. **§ 63 BVerfGG** außer den dort ausdrücklich genannten **1463**
Bundesorganen auch die im GG oder in den Geschäftsordnungen des Bundestages
und des Bundesrates **mit eigenen Rechten ausgestatteten Teile dieser Organe** sein.
Das sind die Präsidenten von Bundestag und Bundesrat, Ausschüsse (zB Unter-
suchungsausschüsse des Bundestages, Art. 44 GG) und Fraktionen,[3] Gruppen nach
Art. 10 IV GOBT,[4] aber auch Minderheiten, denen bestimmte Rechte eingeräumt sind,
so nach Art. 39 III 3, 42 I 2, 44 I GG,[5] und sogar **einzelne Abgeordnete** aufgrund von
Art. 38 I 2 GG.[6]

Nicht dazu gehört die **G10-Kommission,** auch wenn sie von der Bundesregierung die
angeforderten **NSA-Selektorenlisten** nicht (zur Einsicht) bekommt: Sie ist weder ein
oberstes Bundesorgan noch in den genannten Bestimmungen mit eigenen Rechten ausgestattet: weder aus Art. 10 II GG, der keine verbindlichen Verfassungsauftrag enthält
und vor allem keinen verfassungsunmittelbaren Status verleiht, noch aus der GOBT;
sie ist nicht Teil des Bundestages.[7]

---

1 *Sachs* JuS 2012, 1148; *Barczak/Görisch* DVBl. 2011, 332; *Engels* JURA 2010, 421; *Ehlers* JURA 2003,
315; Übungsfälle: *Lammers* JA 2015, 526; *Straßburger* JuS 2015, 714; *Keber* JA 2012, 917; *Geis/Meier*
JuS 2011, 699; *Greve* VR 2010, 346; wichtige Entscheidungen: BVerfGE 24, 300 – Wahlkampfkostenpauschale; 67, 100 – Flick-Untersuchungsausschuss; 68, 1 – Pershing II; 80, 188 – Wüppesahl; 84,
304 – PDS; 90, 286 – AWACS; 104, 310 – Pofalla II; 108, 251 – Aktenbeschlagnahme; 113, 113 – Visa-
Untersuchungsausschuss; 114, 121 – Bundestagsauflösung; DVBl. 2016, 1535 – G10-Kommission.
2 BVerfG DVBl. 2016, 1535 Rn. 29f. – G10-Kommission.
3 BVerfGE 67, 100 (123) – Flick-Untersuchungsausschuss; 70, 324 (350) – Haushaltskontrolle.
4 BVerfGE 84, 304 (318) – PDS.
5 Dazu BVerfGE 67, 100 (126) – Flick-Untersuchungsausschuss.
6 BVerfGE 80, 188 (209) – Wüppesahl. S. aber auch → Rn. 1471.
7 BVerfG DVBl. 2016, 1535 Rn. 43ff. – G10-Kommission.

1464　Art. 65 S. 2 GG weist den Mitgliedern der Bundesregierung im Verhältnis zum **Bundeskanzler** die **Ressortverantwortung** zu. Meinungsverschiedenheiten zwischen den Bundesministern entscheidet hingegen nach Art. 65 S. 3 GG die Bundesregierung intern und damit nicht das BVerfG im Organstreitverfahren. Etwas anderes gilt, wenn ein **Minister** in den Geschäftsbereich eines anderen übergreift.

1465　Darüber hinaus und als Verfassungsbestimmung nicht durch § 63 BVerfG begrenzbar (→ Rn. 121 f.), nennt Art. 93 I Nr. 1 GG andere Beteiligte, die durch das GG oder in der Geschäftsordnung eines obersten Bundesorgans mit eigenen Rechten ausgestattet sind. Unmittelbar aus dieser Verfassungsbestimmung antragsberechtigt sind daher der Gemeinsame Ausschuss nach Art. 53a GG und die Bundesversammlung nach Art. 54 GG sowie insbesondere die politischen Parteien. Diese, allerdings nicht Wählervereinigungen,[8] werden durch Art. 21 GG als Beteiligte am politischen Leben benannt und mit eigenen Rechten ausgestattet.[9] Sie sind daher antragsberechtigt, so weit es um ihren Status nach Art. 21 GG und damit um ihre Stellung als am Verfassungsleben Beteiligte geht.[10] Diese ist zB betroffen, wenn ihr Recht auf Chancengleichheit im Rahmen der Parteienfinanzierung verletzt wird[11] oder eine allgemeine und nicht zielgerichtete Beobachtung bzw. Diskussion im Hinblick auf ein **Verbotsverfahren** wegen fehlender **Verfassungstreue** erfolgt[12] – eine kaum praktikable Unterscheidung.

1466　Auch **Antragsgegner** können nur die in § 63 BVerfGG bzw. Art. 93 I GG aufgeführten Organe bzw. Organteile sein. Richtiger Antragsgegner ist das nach dem Vorbringen des Antragstellers in seine Rechte eingreifende Organ. Das ist etwa nicht der eine Partei beobachtende **Verfassungsschutz** – Art. 87 I GG nennt Gegenstände der bundeseigenen Verwaltung und keine Rechte[13] –, wohl aber die dies anordnende bzw. sich darauf bezogen äußernde Bundesregierung.[14]

II. Streitgegenstand (Statthaftigkeit)

1467　Gegenstand des Organstreitverfahrens können nach **§ 64 I BVerfGG** konkrete rechtserhebliche Maßnahmen und (auch gesetzgeberische)[15] Unterlassungen sein, die sich auf Rechte und Pflichten des Antragstellers beziehen, und zwar aus dem Verfassungsrechtsverhältnis mit dem Antragsgegner (→ Rn. 1462).

III. Antragsbefugnis

1468　Der Antragsteller muss eine **mögliche Verletzung oder unmittelbare Gefährdung in eigenen Rechten** gem. § 64 I BVerfGG substanziiert geltend machen. Das Recht muss sich aus dem GG unmittelbar ergeben oder sich zumindest aus ihm ableiten lassen, wie das Recht der Fraktionen auf gleichberechtigte Beteiligung in den Ausschüssen des

---

8　BVerfGE 79, 379 (383 ff.) – Parteiverbot.
9　BVerfGE 82, 322 (335) – Bundestagswahl 1990.
10　BVerfGE 82, 322 (335) – Bundestagswahl 1990; 84, 290 (298) – DDR-Parteivermögen; 85, 264 (284) – Parteienfinanzierung II.
11　BVerfGE 85, 264 (283 ff.) – Parteienfinanzierung II. Dazu → Rn. 1519.
12　BVerfG NVwZ 2013, 568 (Rn. 26) – NPD, wo aber schon kein hinreichender Vertrag vorlag.
13　Diese ergeben sich aus dem Bundesverfassungsschutzgesetz (BVerfSchG).
14　BVerfG NVwZ 2013, 568 (Rn. 25) – NPD, ebenso für Bundestag und Bundesrat.
15　Vom BVerfG für gesetzgeberische Unterlassungen bislang noch nicht entschieden, da Verfahren stets an der Frist scheiterten, zB BVerfGE 92, 80 (87). Zust. jedenfalls VerfGH Nordrhein-Westfalen DVBl. 1999, 1271; LVerfG Mecklenburg-Vorpommern NordÖR 2001, 64 (65).

Bundestages.[16] So konkretisiert § 57 GOBT die aus Art. 38 I 2 GG folgenden Mitwirkungsrechte der Abgeordneten und Fraktionen.

Das **Recht muss dem Antragsteller grundsätzlich selbst zustehen.**[17] So soll Art. 68 I   1469
GG zur politischen Stabilität im Verhältnis von Bundeskanzler und Bundestag beitragen; er schützt aber nicht eine Partei, die nicht im Bundestag vertreten ist, etwa vor einer zu kurzen Wahlvorbereitungszeit.[18] Der in Art. 46 II bzw. Art. 40 II 2 GG aufgestellte Genehmigungsvorbehalt für strafrechtliche Verfolgung bzw. Ermittlungsmaßnahmen dient in erster Linie dem Parlament als Ganzem, um dessen Arbeits- und Funktionsfähigkeit zu erhalten (→ Rn. 1480 f.). In Verbindung mit Art. 38 I 2 GG hat allerdings der einzelne Abgeordnete aufgrund seiner individuellen Repräsentations- und Mitwirkungsfunktion einen Anspruch darauf, dass sich der Bundestag bei der Entscheidung über die Aufhebung der Immunität nicht von sachfremden, willkürlichen Motiven leiten lässt.[19] Eine solche Gefahr besteht insbesondere für Oppositionsabgeordnete, aber nicht ausschließlich. Umgekehrt ist das in Art. 20 I, II GG gewährleistete **Demokratieprinzip** kein Recht des Bundestages, weshalb eine allgemeine, von konkreten Rechten des Bundestages losgelöste Verfassungskontrolle namentlich von Unionsrecht ausscheidet.[20]

Möglich ist, dass ein Organteil Rechte des Organs, für das der Antragsteller auftritt,   1470
geltend macht. So kann eine **Fraktion Rechte des Bundestages** geltend machen.[21] Das gilt nicht nur im Verhältnis zur Bundesregierung, sondern auch im Hinblick auf die Parlamentsmehrheit, welche die Regierung politisch stützt. Damit wird die **Parlamentsminderheit** geschützt und die Kontrollfunktion des Parlaments gestärkt.[22] Eine **Prozessstandschaft** ist also insofern zulässig, sie darf aber **nicht durch den einzelnen Abgeordneten** erfolgen. Dieser ist kein Organteil, also eine nach der Geschäftsordnung ständig vorhandene Gliederung des Bundestages,[23] und kann daher nicht etwa Rechte des Bundestages auf hinreichende Beteiligung bei Auslandseinsätzen der Bundeswehr geltend machen[24] – im Gegensatz zu einer Oppositionsfraktion.[25]

IV. Rechtsschutzbedürfnis

Das Rechtsschutzbedürfnis wird als Zulässigkeitsvoraussetzung nicht eigens genannt,   1471
ist aber dennoch erforderlich. Ein Organstreitverfahren ist mangels Rechtsschutzbedürfnisses unzulässig, wenn dem Antragsteller ein einfacher Weg zur Verfügung steht, sein Ziel zu erreichen. Dies ist insbesondere der Fall, wenn er die dargelegte **Rechtsverletzung durch eigenes Handeln hätte vermeiden können.**[26] Das Rechtsschutzbedürfnis ist hingegen nicht allein deshalb ausgeschlossen, weil die Legislatur-

---

16 BVerfGE 70, 324 (350 ff.) – Haushaltskontrolle.
17 BVerfGE 71, 299.
18 BVerfGE 114, 107 (115) – Bundestagsauflösung 2005.
19 BVerfGE 104, 310 (325 ff.) – Pofalla II auch im Hinblick auf Art. 46 IV GG; 108, 251 (273) – Aktenbeschlagnahme für Art. 40 II 2 iVm Art. 47 S. 2 GG.
20 BVerfGE 123, 267 (339) – Lissabon.
21 BVerfGE 67, 100 (125) – Flick-Untersuchungsausschuss; 68, 1 (69 ff.) – Pershing II.
22 BVerfGE 123, 267 (339, 431 im Hinblick auf die Subsidiaritätsklage vor dem EuGH als Minderheitenrecht) – Lissabon.
23 BVerfGE 123, 267 (337) – Lissabon.
24 BVerfGE 117, 359 (366 ff.) – ISAF I; zu Bundeswehreinsätzen *Hölscheidt/Limpert* JA 2009, 86.
25 BVerfGE 123, 267 (338) – Lissabon.
26 Vgl. BVerfGE 68, 1 (77 f.) – Pershing II; 90, 286 (338 f.) – AWACS.

periode beendet[27] oder der Abgeordnete aus dem Bundestag ausgeschieden ist.[28] Hingegen besteht neben einer **Verfassungsbeschwerde,** mit der gleichfalls eine Verletzung von Art. 38 I GG durch Unionsrecht geltend gemacht werden kann (→ Rn. 22), »kein eigenständiges statusspezifisches Rechtsschutzinteresse«[29].

1472   **Beispiel** nach BVerfGE 108, 251 – Aktenbeschlagnahme: Soweit der **fachgerichtliche Rechtsweg** gegen staatsanwaltschaftliche Ermittlungsmaßnahmen beschritten werden kann, entfällt das Rechtsschutzbedürfnis jedenfalls nicht, wenn es um eine nur im Organstreitverfahren zu klärende Auslegung der Verfassung geht. Daher ist umgekehrt das Organstreitverfahren nur in diesem Rahmen gegenüber der **Verfassungsbeschwerde** vorrangig. Eine solche ist **weiterhin wegen der Verletzung subjektiv-öffentlicher Rechte möglich** – etwa aus Art. 38 I 2 iVm Art. 47 S. 2 GG.[30]

V. Form und Frist

1473   Die Form ergibt sich aus §§ 23 I, 64 II BVerfGG. Nach § 64 III BVerfGG ist eine **sechsmonatige Frist** ab Bekanntgabe einzuhalten. Bei einem Unterlassen wird die Frist durch eine eindeutig erkennbare Weigerung in Gang gesetzt.[31] Allerdings kann eine rechtliche Betroffenheit danach eintreten, wenn nämlich eine Bestimmung an rechtliche Voraussetzungen anknüpft, die sich in der Person des Antragstellers erst später verwirklichen. Dann beginnt die Frist ab diesem Zeitpunkt.[32]

1474   **Beispiel** nach BVerfGE 104, 310 – Pofalla II: Keine solche zusätzliche personenbezogene Voraussetzung besteht aber bei einem Beschluss des Bundestages am Beginn der Legislaturperiode, die Immunität generell aufzuheben. Diese allgemeine Freigabe der Ermittlungtätigkeit belastet schon, sodass es nicht der Einleitung eines konkreten Ermittlungsverfahrens bedarf, um die rechtliche Betroffenheit auszulösen. Die Frist des § 64 III BVerfGG läuft daher sofort.

B. Begründetheit[33]

I. Maßstab und Inhalt der Entscheidung

1475   Der Antrag ist begründet, wenn die verfassungsmäßigen Rechte oder Pflichten des Antragstellers oder des Organs, dem dieser angehört, durch einen Verstoß des Antragsgegners tatsächlich verletzt oder unmittelbar gefährdet werden. Prüfungsmaßstab sind diese **verfassungsmäßigen Rechte,** nicht aber die Regelungen der Geschäftsordnung, es sei denn, diese sind eine Konkretisierung von Verfassungsnormen. Es ergeht ein **Feststellungsurteil,** unabhängig von einem subjektiven Recht des Antragstellers. Eine Aufhebung oder Vornahme einer Maßnahme sieht § 67 BVerfGG indes nicht vor. Das Feststellungsurteil bindet alle Staatsorgane (§ 31 I BVerfGG) und verpflichtet so den Antragsgegner, die getroffene Maßnahme wieder rückgängig zu machen.

---

27 *Fleury* VerfassungsProzR Rn. 63.
28 BVerfGE 108, 251 (273) – Aktenbeschlagnahme.
29 BVerfGE 123, 267 (337) – Lissabon.
30 → Rn. 22 zur Antragsbefugnis aus Art. 38 I 1 GG.
31 BVerfGE 92, 80 (89).
32 BVerfGE 80, 188 (209ff.) – Wüppesahl.
33 *Fuerst/Steffahn* JURA 2012, 90.

II. Die Rechtsstellung von Abgeordneten und Fraktionen

Inhalt eines Organstreites nach Art. 93 I Nr. 1 GG, § 13 Nr. 5 BVerfGG können die unterschiedlichsten materiellen Probleme hinsichtlich der verfassungsrechtlichen Kompetenzen und Rechte der möglichen Antragsteller und -gegner sein. Stets muss es sich
aber um solche aus dem zwischen beiden bestehenden Verfassungsrechtsverhältnis
handeln (→ Rn. 1462). Klausurrelevante Konstellationen betreffen vor allem die Rechtsstellung von Abgeordneten und Fraktionen.

1476

1. Abgeordnete

Abgeordnete sind gem. Art. 38 I 2 GG Vertreter des ganzen Volkes und wirken als solche bei der Arbeit des Bundestages mit. Sie sind Träger eines besonderen öffentlichen
Amtes; diesen Status können sie im Organstreitverfahren verteidigen. Gemäß Art. 38 I
2 GG nur ihrem Gewissen unterworfen, genießen sie die **Freiheit des parlamentarischen Mandates,** und zwar in der gesamten parlamentarischen Arbeit, so bei der Teilnahme an Sitzungen und Abstimmungen im Plenum sowie in den Ausschüssen und
Fraktionen.[34]

1477

Fall nach BVerfGE 118, 277; BVerwGE 135, 77 – Anzeige Nebeneinkünfte: Ein MdB weigert sich wegen
seiner anwaltlichen Pflicht zur Verschwiegenheit, seine Einkünfte aus Mandaten gegenüber dem Bundestagspräsidenten offen zu legen.

1478

Die Freiheit des Mandats ist auch Pflicht; nämlich zur Wahrnehmung der damit verbundenen Reprä-
sentationsaufgaben. Sie sind die Konsequenz der Stellung des Abgeordneten als Vertreter des ganzen
Volkes. Darin liegt zugleich eine Begrenzung der Freiheit des Mandats durch die Repräsentations- und
Funktionsfähigkeit des Parlaments. Nicht im »Ob«, sondern lediglich im »Wie« der Repräsentation ist
der Abgeordnete frei.[35] Diese Tätigkeit hat im Mittelpunkt zu stehen. Dabei handelt es sich um keine
Behinderung nach Art. 48 II GG, das Mandat zu übernehmen,[36] sondern um eine durch Art. 38 I GG
angelegte Ausgestaltung der Abgeordnetenstellung.[37] Daher wird der Parlamentarier aus Steuergel-
dern bezahlt. Diese sichern ihm seine finanzielle Unabhängigkeit. Somit ist er nicht auf eine zusätzliche Tätigkeit angewiesen. Aus einer solchen können vielmehr **Interessenkollisionen** erwachsen –
so bei anwaltlichen Mandaten.
Deshalb können die Abgeordneten durch eine nähere Regelung nach Art. 38 III GG verpflichtet werden, ihre **Nebentätigkeiten** und die daraus erwachsenden Einkünfte zum Einsehen offen zu legen, soweit sie auf für die Ausübung des Mandats bedeutsame Interessenverknüpfungen hinweisen können.
Dadurch erlangt der Wähler die entsprechenden Informationen, um sich ein Urteil auch über die unabhängige Wahrnehmung des Mandats durch seinen Abgeordneten bilden zu können.
Zudem wird durch das Offenlegen von Interessenverbindungen der glaubwürdige Konfliktausgleich
und damit die Repräsentations- und Funktionsfähigkeit des Parlaments gesichert. Diese überwiegt zusammen mit der notwendigen Möglichkeit demokratischer Willensbildung die privaten Interessen des
Abgeordneten, seine Tätigkeiten neben dem Mandat informationell abzuschirmen.
Transparenzregeln sind daher grundsätzlich auch im Hinblick auf die Doppelnatur des Abgeordneten
als Mandatsträger und Privatperson gerechtfertigt.[38] Sie sind auch im Einzelnen angemessen, wenn
sie Mindestbeträge festlegen und sogar Aufwandsentschädigungen einbeziehen, können doch auch
sie auf Interessenverflechtungen deuten.[39] Dass Verstöße gegen die Anzeigepflichten mit wirksamen

---

34 Fall: *Thiele/Lange* JuS 2008, 518.
35 AA Maunz/Dürig/*Klein* Art. 48 Rn. 34.
36 AA Sondervotum *Hassemer und andere* BVerfGE 118, 277 (346 ff.).
37 BVerfGE 118, 277 (334).
38 AA auch zum Folgenden Sondervotum *Hassemer* und andere BVerfGE 118, 277 (377 ff.).
39 BVerfGE 118, 277 (368).

Sanktionen durchgesetzt werden können, sichert die Funktionsfähigkeit des Parlaments und die Gleichbehandlung aller Abgeordneten. Wegen Letzterer scheiden auch Ausnahmen für eine spezifische Berufsgruppe aus.

1479 Flankiert wird die Freiheit des parlamentarischen Mandats gem. Art. 38 I GG durch den Schutz der **Indemnität und Immunität** nach Art. 46 GG. Erstere dient vor allem dem Abgeordneten, Letztere insbesondere dem Parlament (→ Rn. 1469). Über die **Aufhebung** der Immunität nach Art. 46 II GG entscheidet der Bundestag daher grundsätzlich in eigener Verantwortung mit weitem Entscheidungsspielraum. Der **Anspruch** des Abgeordneten **auf willkürfreie Entscheidung** ist nur verletzt, wenn seine verfassungsrechtliche Stellung als gewählter Repräsentant, der arbeitsfähig bleiben muss, um seine Mitwirkungsrechte wahrzunehmen, in grundlegender Weise verkannt wird. Für eine solche Verletzung reicht selbst der Verdacht eines politischen Zusammenhangs, etwa für eine spektakuläre Durchsuchung vor einer Wahl, nicht aus. Es müssen sachfremde Motive für ein Strafverfahren offen zu Tage treten. Daraus kann auch eine Pflicht für einen Aussetzungsbeschluss nach Art. 46 IV GG erwachsen.[40]

1480 Das **Zeugnisverweigerungsrecht nach Art. 47 GG** schützt ebenfalls weniger den einzelnen Abgeordneten als vielmehr die ungestörte Parlamentsarbeit.

1481 **Fall** nach BVerfGE 108, 251 – Aktenbeschlagnahme: Das Bundestagsbüro und die Wohnung des Mitarbeiters eines Bundestagsabgeordneten werden durchsucht; dort gefundene Akten werden beschlagnahmt. Der Bundestagspräsident hatte die Genehmigung dazu erteilt.

Auf das Büro eines Mitarbeiters im Bundestag kann der Abgeordnete jederzeit Zugriff nehmen, sodass es wie sein eigenes dem mit dem Zeugnisverweigerungsrecht korrespondierenden Beschlagnahmeprivileg nach Art. 47 S. 2 GG unterliegt. Das gilt hingegen nicht für außerhalb des Bundestages gelegene Mitarbeiterräume, zumal nicht für Wohnräume (Art. 13 GG). Art. 47 GG verlangt generell die Respektierung des **Vertrauensverhältnisses zwischen Abgeordnetem und Dritten**, außer der Mandatsträger ist selbst einer Straftat verdächtig (s. aber vorstehend zu Art. 46 GG). Im Zusammenhang damit anvertraute Schriftstücke dürfen daher nicht beschlagnahmt werden.

Hingegen sind auch die Räume im Bundestag nicht gänzlich **Ermittlungsmaßnahmen** verschlossen. Den Weg dafür macht der **Bundestagspräsident** mit seiner Genehmigung gem. Art. 40 II 2 GG als Ausfluss seines **Hausrechts** (nicht seiner Polizeigewalt aufgrund Art. 40 II 1 GG) nach seinem Ermessen frei. Dabei darf er aber die Rechte der Bundestagsabgeordneten nach Art. 38 I 2 iVm Art. 47 S. 2 GG nicht verletzen. Er darf den Abgeordnetenstatus nicht grob verkennen und seine Entscheidung nicht auf sachfremde, willkürliche Motive stützen.

Damit hat der einzelne Parlamentarier wie im Rahmen von Art. 46 GG einen Anspruch auf **willkürfreie Entscheidung**. Schließlich dient auch Art. 47 GG nicht in erster Linie dem einzelnen Abgeordneten, sondern dem Parlament als Ganzem, nämlich dem Schutz seiner räumlichen Integrität und damit seiner Funktionsfähigkeit. Als Verlängerung der Immunität nach Art. 46 GG bietet auch Art. 47 GG nur so weit Schutz, wie die Durchsuchung und Beschlagnahme Teil einer ungerechtfertigten Verfolgung und damit sachfremd sind.

1482 Die Rechtsstellung der Abgeordneten kann zum einen durch den Bundestag(spräsidenten) bzw. die Entscheidungen der Mehrheitsfraktionen beeinträchtigt werden, zum anderen durch die Fraktion, der sie angehören.[41] **Als Vertreter des ganzen Volkes** müssen alle Abgeordneten **in gleicher Weise an der parlamentarischen Arbeit mitwirken** dürfen, um ihre Repräsentativfunktion ausüben zu können. Diese Status-

---

40 BVerfGE 104, 310 (332 ff.) – Pofalla II.
41 → Rn. 1491 f.

gleichheit folgt nicht aus der die Bestimmung der Abgeordneten und damit Wähler betreffenden Wahlrechtsgleichheit nach Art. 38 I 1 GG, sondern aus dem auf den Abgeordnetenstatus bezogenen Art. 38 I 2 GG: Jeder Einzelne ist in gleicher Weise Vertreter des ganzen Volkes.[42]

Abgeordnete haben daher das **gleiche Recht auf Zugang zu Informationen und auf Mitwirkung** an den Beratungen des Bundestages,[43] das Stimm- und Rederecht, das parlamentarische Initiativrecht, das Recht auf Zusammenschluss in Fraktionen oder Gruppen und die Teilnahme an parlamentarischen Wahlen.[44] Allerdings kann das Rederecht eines Abgeordneten beschränkt werden, um die **Funktionsfähigkeit des Parlaments** zu erhalten. Der Kern des parlamentarischen Rechts darf jedoch nicht berührt werden, sodass jedenfalls Mindestredezeiten zu gewähren sind.[45] Das hat aus Gründen einer ausgewogenen Präsentationsmöglichkeit auch für **innerparteiliche Minderheiten** (zB zum ESM-Vertrag) zu gelten. 1483

Ebenso Ausfluss dieser Gleichheit ist das Recht aller Abgeordneten auf eine **gleich hoch bemessene Entschädigung.** Der Parlamentspräsident und dessen Stellvertreter als Bundesorgane mit besonderen vom Abgeordnetenstatus losgelösten Rechten und Pflichten dürfen allerdings eine höhere Vergütung erhalten.[46] Grundsätzlich ist auch die gesetzliche Gewährung von zusätzlichen Entschädigungen für Abgeordnete mit besonderen Funktionen von der Parlamentsautonomie gedeckt. Die Befugnis des Parlaments, Funktionszulagen zu schaffen, wird aber durch Art. 38 I GG begrenzt. 1484

Zusätzliche Entschädigungen für einzelne Abgeordnete dürfen nicht dazu führen, dass das parlamentarische Handeln am Erreichen einer höheren Einkommensstufe ausgerichtet (»Abgeordnetenlaufbahn«) und so die Entscheidungsfreiheit beeinträchtigt wird. 1485

Mit der Verfassung vereinbar ist daher **nur** die Gewährung einer **Funktionszulage an die Fraktionsvorsitzenden** wegen deren politischer Bedeutung. 1486

Dagegen verstoßen entsprechende Zulagen für die stellvertretenden Fraktionsvorsitzenden, die parlamentarischen Geschäftsführer der Fraktionen und die Ausschussvorsitzenden gegen die Freiheit des Mandats und den Grundsatz der Gleichbehandlung der Abgeordneten.[47] Sie haben weiterhin nur ihre Rechte als Abgeordnete und lediglich in deren Gefüge kommt ihnen eine herausgehobene Stellung zu. Eine **höhere private Entschädigung ist für die Wahrnehmung ihrer Aufgabe nicht Voraussetzung** und damit auch nicht wie bei Fraktionsvorsitzenden durch die Effektivität der parlamentarischen Arbeit und die herausgehobene Stellung geboten. Eine solche Stellung verleiht ihrerseits Unabhängigkeit und birgt damit weniger die Gefahr angepassten Verhaltens zur Wahrung höherer Bezüge; ein solches kann dem Erhalt einer Vorsitzendenposition gerade zuwiderlaufen. 1487

---

42 BVerfGE 84, 304 (324) – PDS.
43 BVerfGE 70, 324 (355) – Haushaltskontrolle.
44 BVerfGE 80, 188 (217 ff.) – Wüppesahl.
45 BVerfGE 96, 264 (285) – Fraktions- und Gruppenstatus.
46 BVerfGE 40, 296 (318) – Abgeordnetendiäten.
47 BVerfGE 102, 224 (244) – Abgeordnetenentschädigung; aA BVerfG NJW 1998, 1054 (1055 ff.); StGH Bremen NVwZ 2005, 929.

1488 Da Abgeordnete nach Art. 38 I 2 GG Vertreter des ganzen Volkes und nicht einer Partei oder Fraktion sind (vgl. auch § 13 I GOBT), ändert ein **Partei- oder Fraktionsaustritt** an der Stellung des Abgeordneten als Mandatsträger nichts. Dem fraktionslosen Abgeordneten stehen deshalb vom Ansatz her die gleichen Mitwirkungsrechte wie anderen Abgeordneten zu. Daher hat er Anspruch auf Mitgliedschaft in einem Bundestagsausschuss (vgl. § 57 I 2 und II 2 GOBT). Darin kann er voll mitwirken, nicht jedoch voll stimmen: Das volle Stimmrecht wäre überproportional und würde damit seiner Stellung als Vertreter des ganzen Volkes, das die Gewichte in bestimmtem Verhältnis auf die Parteien verteilt hat, widersprechen.[48]

2. Fraktionen

1489 In engem Zusammenhang mit den Rechten des Abgeordneten stehen die der **Fraktionen**. Neben Art. 53a I GG sind §§ 45 ff. AbgG und §§ 10–12 GOBT einschlägig. Fraktionen werden definiert als Zusammenschlüsse von mindestens 5 % der Mitglieder des Bundestages (§ 10 I GOBT). Daher folgt die verfassungsrechtliche **Rechtsstellung** der Fraktionen wie die der Abgeordneten aus Art. 38 I 2 GG und nicht etwa aus Art. 21 I GG.[49] Sie ist mithin aus der Rechtsstellung der einzelnen Mitglieder abgeleitet. Nach der Zahl der einer Fraktion angehörenden Abgeordneten richtet sich daher die Dauer ihres Rederechts und die Stärke in den Ausschüssen. Mit dieser Maßgabe sind Fraktionen am parlamentarischen Leben und vor allem an Entscheidungen gleichberechtigt beteiligt.

1490 Das Teilnahmerecht einer Fraktion an Beratungen kann gem. BVerfG jedoch aus **zwingenden Gründen des Geheimschutzes** durchbrochen werden, wenn begründete Zweifel bestehen, ob die erforderliche Geheimhaltung durch die Fraktion gewahrt wird.[50] So wurde der Bundestagsfraktion der Grünen in den 1980er Jahren die Teilnahme an den Beratungen des Haushaltsetats für die Aufgabenbereiche verwehrt, die dem Geheimschutz unterliegen. Indes wurde auch eine Partei, die nach Auffassung der anderen Parteien nicht auf dem Boden der **freiheitlich demokratischen Grundordnung** steht, nach demokratischen Prinzipien ins Parlament gewählt. Darüber können sich andere Fraktionen nicht hinwegsetzen, indem sie dieser den Zugang zu Beratungen oder Ausschüssen verwehren, es sei denn, das BVerfG hat nach Art. 21 II GG entschieden. Dann erst steht die Verfassungswidrigkeit der Partei fest.

3. Das Verhältnis des Abgeordneten zu Fraktion und Partei

1491 Aus der eng mit dem Fraktionsstatus verwobenen Rechtsstellung von Abgeordneten ergeben sich auch Konfliktfelder. Die Freiheit des parlamentarischen Mandats nach Art. 38 I 2 GG steht potenziell gegen die **Fraktionsdisziplin,** die letztlich die Konsequenz der Organisation der politischen Kräfte in Parteien nach Art. 21 GG und dann in Fraktionen ist. Diese Spannung wird nur teilweise mit dem Ansatz aufgelöst, dass das freie Mandat vor dem Hintergrund des Art. 21 GG in eine parteienstaatliche Demokratie eingebettet ist. Daraus rechtfertigt sich zwar vom Grunde her, dass die Parteien aufgrund ihres verfassungsrechtlichen Auftrages zur politischen Willensbildung auch berechtigt sind, in Form der Fraktionsdisziplin die Willensbildung zu beeinflussen.[51]

---

48 BVerfGE 80, 188 (223) – Wüppesahl.

49 BVerfGE 84, 304 (322) – PDS.

50 BVerfGE 70, 324 (358 ff.) – Haushaltskontrolle; aA Sondervotum *Mahrenholz* BVerfGE 70, 366 (371).

51 *Degenhart* StaatsR I Rn. 655 ff.

Diese Einwirkung ist aber dadurch begrenzt, dass der Abgeordnete nach Art. 38 I 2 **1492** GG nur seinem **Gewissen** unterworfen ist. Zumal sich die parlamentarische Rechtsstellung der Fraktionen aus Art. 38 I 2 GG ableitet (→ Rn. 1489), haben sich auch die Fraktionen daran zu halten und entsprechend zu konstituieren. Selbst basierend auf der Position des freien Mandats, haben sie dieses zu wahren. Entscheidungen einzelner Abgeordneter sind zu respektieren, auch wenn sie von der überwiegenden Fraktionsmehrheit abweichen.

Eine freiwillige Übernahme von Programmzielen und Ansichten einer Partei bzw. **1493** Fraktion ist insofern unproblematisch. Die zur Durchsetzung der Fraktionsdisziplin eingesetzten Mittel dürfen aber nicht in **Zwang** ausarten. Generell **unzulässig** sind Verpflichtungen zu einer bestimmten Ausübung des Mandats,[52] ebenso rein finanzielle Druckmittel ohne politischen Bezug.[53] Ohnehin ist Fraktionszwang **rechtlich unverbindlich** und kann daher allenfalls politisch binden.

Genauso unzulässig ist auch ein unmittelbar **von der Parteiebene ausgehender** **1494** **Zwang,** durch den der Status als unabhängiger Abgeordneter infrage gestellt wird. Eine Abweichung darf daher auch nicht im Nachhinein sanktioniert werden – etwa durch ein Parteiordnungsverfahren. Das gilt erst recht, wenn eine solche Abweichung vorher angekündigt wird, so vor der Wahl des Ministerpräsidenten mit den Stimmen einer bestimmten Partei. Die Alternative wäre dann, insoweit eine unabhängige Meinung nur heimlich bei der geheimen Abstimmung und nicht mehr offen zum Ausdruck zu bringen. Ein solches verborgenes unabhängiges Verhalten ist aber nicht im Sinne einer offenen Demokratie.

Auch darf die Partei einen Abgeordneten nicht dazu zwingen, schon vor Ablauf der **1495** Wahlperiode zwecks **Rotation** auf sein Mandat zu verzichten.[54] Damit wäre der Abgeordnete vom Ansatz her Repräsentant einer Partei statt Vertreter des Volkes. Ist der Abgeordnete aber damit einverstanden, ist es Ausdruck seines Verständnisses des freien Mandates, kürzer als eine ganze Legislaturperiode im Bundestag zu verweilen. So kann es für ihn Ausdruck politischer Überzeugung sein, immer wieder neue Personen und damit auch neue Ideen in den Bundestag einziehen zu lassen. Dann wird er vom Volk als Vertreter dieser Vorstellung gewählt.

4. Die Einsetzung von Untersuchungsausschüssen

Eine wichtige Waffe der parlamentarischen Minderheit ist, die Einsetzung eines Unter- **1496** suchungsausschusses nach Art. 44 I GG verlangen zu können. Diese ist bereits auf Antrag eines Viertels der Abgeordneten verpflichtend, ohne dass der beantragte Untersuchungsgegenstand geändert werden kann, außer er wird vom Bundestag für verfassungswidrig gehalten (§ 2 PUAG[55]). Das in Art. 44 GG gewährleistete Untersuchungsrecht soll die **Voraussetzungen für eine wirksame parlamentarische Kontrolle** schaffen und ist daher in seiner näheren Konkretisierung vor diesem Hintergrund auszulegen. Träger dieses Rechts und damit Herr des Untersuchungsverfahrens

---

52 *Maurer* StaatsR I § 13 Rn. 67.
53 *Degenhart* StaatsR I Rn. 656.
54 StGH Niedersachsen NJW 1985, 2319.
55 Gesetz zur Regelung des Rechts der Untersuchungsausschüsse des Deutschen Bundestages (Untersuchungsausschussgesetz – PUAG) v. 19.6.2001, zuletzt geändert durch Art. 4 I des Gesetzes v. 5.5.2004.

ist dabei der Deutsche Bundestag als Ganzer. Der eingesetzte **Untersuchungsausschuss** übt seine Befugnisse als **Hilfsorgan des Bundestages** aus.[56]

1497   **Beispiel** nach BVerfG NVwZ 2016, 922: Muss das erforderliche Quorum (1/4 der Mitglieder des Bundestags zur Einrichtung eines Untersuchungsausschusses) angesichts der bestehenden großen Koalition für eine effektive Opposition gesenkt werden? Spezifische Oppositions-(fraktions)rechte sieht das GG nicht explizit vor; sie lassen sich auch nicht aus dem verfassungsrechtlichen **Grundsatz effektiver Opposition** ableiten: Die Quoren der Mitglieder des Bundestages für die Ausübung von Minderheitenrechten sind schließlich vom Verfassungsgeber bewusst und ausdrücklich vorgegeben: 1/3 nach Art. 39 III 3 GG und 1/4 nach Art. 23 Ia 2, 44 I 1, 45a II 2 und 93 I Nr. 2 GG. Spezifische Oppositionsfraktionsrechte scheitern auch an Art. 38 I 2 GG. Daher bleibt es dabei, dass nach Art. 44 I 1 GG 1/4 der Mitglieder des Bundestages der Einrichtung eines Untersuchungsausschusses zustimmen muss, auch wenn sich dabei im Ergebnis zwei Oppositionsfraktionen zusammentun müssen.

1498   Aufgabe des Untersuchungsausschusses ist es, Sachverhalte zu untersuchen, deren Aufklärung **im öffentlichen Interesse** liegt. Von diesem sind aber angesichts der parlamentarischen Funktion des Untersuchungsausschusses nur solche Vorgänge des gesellschaftlichen Bereichs umfasst, die in unmittelbarem Zusammenhang mit Regierungs- und Verwaltungsmaßnahmen stehen.[57] So ist die Einsetzung eines Untersuchungsausschusses, der rein privates Handeln zum Inhalt hat, unzulässig.[58]

Ebenso darf **nicht** die aktuelle **interne Willensbildung der Bundesregierung untersucht** werden, weil diese vom besonders schützenswerten »Kernbereich exekutiver Eigenverantwortung« umfasst wird.[59] Die Kontrollkompetenz des Bundestages erstreckt sich **nur** auf bereits **abgeschlossene Vorgänge**. Aber auch bei abgeschlossenen Vorgängen hält das BVerfG[60] Fälle für möglich, in denen die Regierung aus dem »**Kernbereich exekutiver Eigenverantwortung**« geheim zu haltende Tatsachen nicht mitteilen muss. Diese sich aus dem Gewaltenteilungsprinzip ergebende Einschränkung der Untersuchungsgegenstände kann aber nur in Ausnahmefällen greifen,[61] da die Willensbildung in der Vergangenheit stattgefunden hat und abgeschlossen ist und daher auch nicht mehr beeinträchtigt werden kann.

1499   Zudem würde ansonsten die parlamentarische Kontrolle mangels der dazu nötigen Informationen aus dem Bereich der Vorbereitung von Regierungsentscheidungen praktisch leer laufen. Damit muss der Untersuchungsausschuss grundsätzlich auch auf Informationen aus dem Bereich der **regierungsinternen Willensbildung** zugreifen können. Er darf allerdings nicht die Funktionsfähigkeiten in Eigenverantwortung der Regierung beeinträchtigen. Daher sind Erörterungen im Kabinett besonders schutzwürdig. Das gilt weniger für vorgelagerte Beratungs- und Entscheidungsabläufe.[62]

1500   Eine weitere Grenze für Beweiserhebungen bildet das **Staatswohl**. Dieses darf nicht durch das Bekanntwerden geheimhaltungswürdiger Informationen gefährdet werden. Das lässt sich aber schon regelmäßig dadurch verhindern, dass wirksame Vorkehrun-

---

56 BVerfGE 124, 78 (114) – BND-Untersuchungsausschuss.
57 *Maurer* StaatsR I § 13 Rn. 139.
58 *Jarass/Pieroth* Art. 44 Rn. 4.
59 BVerfGE 67, 100 (139) – Flick-Untersuchungsausschuss.
60 BVerfGE 67, 100 (139) – Flick-Untersuchungsausschuss.
61 v. Münch/Kunig/*Versteyl* Art. 44 Rn. 25; einschr. und ausf. auch StGH Bremen DVBl. 1989, 453 (455 ff.).
62 BVerfGE 124, 78 (121 ff.) – BND-Untersuchungsausschuss.

gen gegen das Bekanntwerden von Dienstgeheimnissen getroffen werden. Daher können unter Berufung auf das Staatswohl nur unter ganz besonderen Umständen Akten vorenthalten werden.[63]

Beschränkend ist noch das **Recht auf informationelle Selbstbestimmung.** Schließlich haben parlamentarische Untersuchungsausschüsse gem. Art. 1 III GG die Grundrechte zu beachten. Daher muss der grundrechtliche Datenschutz **mit dem Beweiserhebungsrecht des parlamentarischen Untersuchungsausschusses abgewogen** werden. Dabei ist auch zu prüfen, ob die Öffentlichkeit auszuschließen ist oder sonstige Vorkehrungen zur Geheimhaltung zu treffen sind. Allerdings kommt dem **Öffentlichkeitsprinzip** ausweislich Art. 44 I GG für das parlamentarische Untersuchungsverfahren ein besonderer Stellenwert zu.[64]   1501

> **Fall** nach BVerfGE 67, 100 – Flick-Untersuchungsausschuss: Ein eingesetzter Untersuchungsausschuss soll den Zusammenhang zwischen Parteispenden und einer Steuerbefreiung klären. Ihm gegenüber weigert sich das Bundesfinanzministerium, volle Akteneinsicht zu gewähren, und begründet dies mit dem Steuergeheimnis. Der Untersuchungsausschuss möchte sich aber von der Sachlage ein vollständiges Bild machen.   1502

> Die Exekutive kann nicht den Gegenstand der parlamentarischen Kontrolle bestimmen. Kernbereiche interner Beratung werden nicht berührt. Daher ist das Bundesfinanzministerium zur Gewährung voller Akteneinsicht und zur Auskunftserteilung verpflichtet. Eine nähere Regelung trifft nunmehr § 18 PUAG.

Zudem muss der **Untersuchungsgegenstand hinreichend bestimmt** sein. Den Gegenstand eines aufgrund einer Minderheitenenquête eingesetzten Untersuchungsausschusses darf die **Mehrheit nicht** gegen den Willen der Minderheit **verändern oder erweitern.**[65] Ansonsten würde das Kontrollrecht der Minderheit leerlaufen. Diese hat das Recht, die Beweiserhebung mitzugestalten; ihre Beweisanträge sind daher zu befolgen.[66]   1503

Die **Beweisaufnahme** darf **nicht** von der Mehrheit **ohne hinreichenden Grund abgebrochen** werden. Dafür genügt die Ankündigung einer Vertrauensabstimmung mit anschließenden Neuwahlen nicht.[67]   1504

Zulässig sollen jedoch **Zusatzfragen** der Mehrheit sein, wenn sie den Untersuchungsgegenstand im Kern unverändert lassen und nur dazu dienen, ein umfassenderes und wirklichkeitsgetreueres Bild des angeblichen Missstandes zu vermitteln. Hält die Mehrheit darüber hinaus Sachverhalte für aufklärungsbedürftig, muss sie diese zum Gegenstand einer eigenen Untersuchung machen.[68]   1505

Das **Verfahren vor dem Untersuchungsausschuss**[69] ist im Gegensatz zu anderen Ausschüssen grundsätzlich öffentlich (Art. 44 I 1 GG); allerdings kann die Öffentlich-   1506

---

63 BVerfGE 124, 78 (123 f.) – BND-Untersuchungsausschuss.
64 BVerfGE 124, 78 (125 f.) – BND-Untersuchungsausschuss.
65 BVerfGE 49, 70 (86) – Untersuchungsausschuss; näher geregelt in § 3 iVm § 2 II PUAG.
66 BVerfGE 105, 197 (221 f.) – Parteispenden.
67 S. BVerfGE 113, 113 (125 ff.) – Visa-Untersuchungsausschuss.
68 BVerfGE 49, 70 (87 f.) – Untersuchungsausschuss
69 S. auch *Schröder* NJW 2000, 1455 zu den Besonderheiten, wenn das Verhalten politischer Parteien Gegenstand der parlamentarischen Untersuchungen ist.

keit durch Beschluss ausgeschlossen werden (Art. 44 I 2 GG, § 14 PUAG). Für **Beweiserhebungen**, näher geregelt in §§ 17 ff. PUAG, finden gem. Art. 44 II 1 GG die Vorschriften der StPO entsprechende Anwendung (s. auch §§ 21 ff. PUAG). Dass nach Art. 44 II 2 GG das Brief-, Post- und Fernmeldegeheimnis unberührt bleibt, verwehrt einem Untersuchungsausschuss, unmittelbar in Art. 10 GG insbesondere nach den §§ 99 ff. StPO einzugreifen.[70] Das **Abhören von Telefonaten** ist damit **ausgeschlossen.**

1507 Etwas anderes kann allerdings gelten, wenn es um die **Verwertung von Akten** geht, die das **Ergebnis vorausgegangener Eingriffe in Art. 10 GG** bilden. Schließlich geht es in Untersuchungsausschüssen gerade darum, Rechtsverstöße aufzudecken. Die Verantwortlichkeit dafür kann nur geklärt werden, wenn ein Untersuchungsausschuss von diesen Akten Kenntnis nimmt und sie verwertet. Auf diese Weise können auch wirksame Vorkehrungen gegen künftige Verstöße getroffen werden.[71]

1508 Der Ausschuss hat **Beweiserhebungen** zu beschließen (§ 17 PUAG) und kann insbesondere Zeugen vernehmen,[72] Ordnungsgelder festsetzen und **Beugehaft** beantragen.[73] Die Beweiserhebung umfasst dabei den gesamten Vorgang der Beweisverschaffung, Beweissicherung sowie Beweisauswertung und damit auch schon die Ladung von Zeugen und die Anforderung von Dokumenten. Die **Beweismittel** müssen zwar **abgrenzbar** und die Beweisziele erkennbar sein, um die für die Vollziehbarkeit eines Beweisbeschlusses hinreichende Bestimmtheit zu wahren. Indes gilt es, die Besonderheiten des parlamentarischen Untersuchungsverfahrens angemessen zu berücksichtigen. Es geht nicht um die Feststellung der individuellen Schuld einer Person im Hinblick auf einen bestimmten fest umrissenen Tatbestand, sondern um die **Aufklärung eines Sachverhalts zu politischen Zwecken,** vor allem um die Wahrnehmung der Kontrollfunktion des Parlaments. Daher bedarf es **keiner Beweiserhebung** im strafprozessualen Sinn. Die Beweiserhebung eines Untersuchungsausschusses muss mithin nicht auf bestimmte Tatsachen bezogen sein. Beweisanträge dürfen nur nicht ohne jegliche tatsächliche Grundlage »völlig ins Blaue« gestellt werden.[74]

5. Bundestagsauflösung

1509 Abgeordnete sind nach Art. 38 I 2 iVm 39 I 1 GG für **vier Jahre als Vertreter des Volkes gewählt.** In diesen Status greift eine **Auflösung des Bundestages** vor Ablauf der Wahlperiode ein. Dieser Status wird darüber hinaus mittelbar geschwächt, wenn eine solche Auflösung ohne weitere Schranken realisiert werden kann. Sie ist **nur gerechtfertigt, wenn das GG dies erlaubt.** Art. 68 I GG sieht eine Auflösung vor, wenn der Bundeskanzler die Vertrauensfrage stellt, diese nicht die Mehrheit der Bundestagsabgeordneten findet und der Bundespräsident auf Vorschlag des Bundeskanzlers den Bundestag innerhalb von 21 Tagen auflöst. Diese Entscheidung trifft der **Bundespräsident** nach seinem pflichtgemäßen, aber **weiten politischen Ermessen. Grundlage** dafür ist allerdings, dass die **Voraussetzungen des Art. 68 GG** vorliegen.[75]

---

70 BVerfGE 124, 78 (126 f.) – BND-Untersuchungsausschuss.
71 BVerfGE 124, 78 (127 f.) – BND-Untersuchungsausschuss.
72 BVerfGE 77, 1 – Neue Heimat. Näher §§ 20 ff. PUAG.
73 BVerfGE 76, 363 – Lappas. S. zB §§ 21 I 1, 27 I, 28 VI, 29 II PUAG.
74 BVerfGE 124, 78 (115 f.) – BND-Untersuchungsausschuss.
75 BVerfGE 114, 121 (148 f., 169 f.) – Bundestagsauflösung 2005; bereits BVerfGE 62, 1 (35 f.) – Bundestagsauflösung 1982.

Art. 68 GG zielt auf die Sicherung oder Wiederherstellung einer handlungsfähigen par- **1510** lamentarischen Mehrheit. Ziel des GG ist vor dem Hintergrund der Erfahrungen der Weimarer Republik eine **handlungsfähige Regierung,** die nicht ohne Not aufgegeben werden darf, wie auch Art. 67, 62 GG zeigen. Der Bundeskanzler darf daher nicht einfach einen ihm geeignet erscheinenden Neuwahltermin herbeiführen. Vielmehr muss seine Handlungsfähigkeit verloren gegangen sein. Das Merkmal der fehlenden Handlungsfähigkeit ist zwar in Art. 68 GG nicht ausdrücklich benannt, wird aber vom BVerfG gefordert.[76] **Art. 65 GG setzt voraus, dass der Bundeskanzler die Richtlinien der Politik bestimmt.** Er darf daher nicht lediglich ein Getriebener sein, sondern muss noch nach seinen Vorstellungen die Grundlinien der Politik bestimmen können und dafür über genügend eigenständige politische Handlungsspielräume verfügen. Hierzu bedarf er einer **stabilen parlamentarischen Mehrheit.** Ob er nach den parlamentarischen Kräfteverhältnissen darüber verfügt und noch zu einer selbstgestalteten Politik in der Lage ist, obliegt seiner zukunftsgerichteten Beurteilung und Einschätzung, die zumal angesichts taktischen Verhaltens in der Politik auf praktische Schwierigkeiten stößt. Diese **Prognoseentscheidung des Bundeskanzlers** ist daher **nur eingeschränkt gerichtlich nachprüfbar.** Die gegenteilige Einschätzung darf nur nicht eindeutig vorzugswürdig sein.[77] Die Grundlage müssen freilich tatsächlich vorhandene Umstände bilden.

Dabei **genügt es, wenn der Bundeskanzler seine Mehrheit künftig bei Abstimmun-** **1511** **gen in Gefahr sieht.**[78] Daher darf er auch eine sog. **unechte Vertrauensfrage** stellen, die auf Neuwahlen zielt und eine Kanzlermehrheit gerade nicht erreichen will. Die Sicherung gegen Missbrauch bildet insbesondere, dass drei Verfassungsorgane übereinstimmend die Auflösung des Bundestages herbeiführen müssen. Dies sichert die Verlässlichkeit der Annahme, dass die Bundesregierung ihre parlamentarische Handlungsfähigkeit verloren hat.[79]

> **Beispiel** nach BVerfGE 114, 121 – Bundestagsauflösung 2005: So genügt es, wenn ein Bundes- **1512** kanzler nach mehreren verlorenen Landtagswahlen die Kanzlermehrheit bei Abstimmungen über von ihm für unverzichtbar gehaltene, aber umstrittene Vorhaben nicht mehr sicher erwartet und dafür tatsächliche Anhaltspunkte sprechen. Er muss nicht erst die Niederlage suchen, sodass das bisherige Erreichen dieser Mehrheit nicht entgegensteht.[80] Damit hängt allerdings die Auflösbarkeit des Bundestages sehr stark von der Einschätzung des Bundeskanzlers ab, die freilich von der ihn nicht mehr unterstützenden Mehrheit des Parlaments mitgetragen werden muss.

III. Politische Parteien

1. Allgemeines

Politische Parteien sind gem. § 2 I ParteiG auf Dauer oder längere Zeit angelegte Ver- **1513** einigungen natürlicher Personen mit dem Ziel, die politische Willensbildung im Bund oder in einem Land zu beeinflussen. Erforderlich ist die Absicht, an Bundes- oder

---

76 BVerfGE 114, 121 (Ls. 2) – Bundestagsauflösung 2005.
77 Dem Bundeskanzler einen noch weiteren Entscheidungsspielraum zubilligend Sondervotum *Lübbe-Wolff* BVerfGE 114, 182 (186 ff.).
78 BVerfGE 114, 121 (154, 159 ff.) – Bundestagsauflösung 2005.
79 BVerfGE 114, 121 (158) – Bundestagsauflösung 2005.
80 Demgegenüber die Risiken von Abstimmungen als Bestandteil des politischen Alltags sehend Sondervotum *Jentsch* BVerfGE 114, 170 (175 f.).

Landtagswahlen teilzunehmen;[81] **nicht** vom Parteibegriff erfasst sind daher sog. **Rathausparteien**[82] sowie Ausländerparteien gem. § 2 III ParteiG. Die Parteien werden wegen ihrer verfassungsrechtlichen Bedeutung bevorzugt, indem sie gem. **Art. 21 II 2 GG** nur durch das BVerfG für verfassungswidrig erklärt werden dürfen, und auch dies nur bei Bedrohung für die Demokratie,[83] während andere Vereine gem. § 3 VereinsG durch die Exekutive verboten werden können (sog. **Parteienprivileg**). Obwohl die politischen Parteien als (nicht rechtsfähige) Vereine des bürgerlichen Rechts keine Staatsorgane sind, können auch sie Organklage erheben, soweit die Gewährleistung ihrer Rechte aus Art. 21 GG im Verhältnis zu Staatsorganen infrage steht.[84] Oft wird es dabei um die Gewährleistung der Chancengleichheit und in diesem Zusammenhang auch um Fragen der Parteienfinanzierung gehen.

2. Gewährleistung der Chancengleichheit der Parteien

1514 Alle Parteien müssen formal gleichbehandelt werden. Dies folgt allgemein aus Sinn und Zweck des Art. 21 GG. Die **Chancengleichheit bei der Gewährung öffentlicher Leistungen** ist zudem einfachgesetzlich in § 5 ParteiG festgeschrieben; gem. § 5 I 2 ParteiG sind Abstufungen je nach Bedeutung der Parteien erlaubt.

1515 Die **Chancengleichheit im Bereich des Wahlrechts** steht zudem in engem Zusammenhang mit der durch Art. 38 I 1 GG garantierten Wahlgleichheit. Dieses grundrechtsgleiche Recht wendet sich jedoch in erster Linie an den Wähler selbst, sodass Parteien sich bei Verletzungen ihrer Chancengleichheit im Rahmen von Wahlen auf Art. 21 I iVm 38 I 1 GG berufen müssen. Die die Chancen- und Wahlrechtsgleichheit einschränkende **5 %-Klausel des § 6 VI BWahlG** ist, weil sie als Grundlage für stabile Mehrheiten die **Regierungsfähigkeit** zu erhalten hilft, zulässig.[85] Gilt dies jedenfalls auf Bundesebene, so könnte man bei der Wahl zu Länderparlamenten aufgrund eingeschränkterer Gesetzgebungsbefugnisse daran zweifeln. Aber auch auf Landesebene werden 5 %-Klauseln durch den Zweck legitimiert, die **Funktionsfähigkeit** des Landtages und die Integrationsfunktion der Parteien zu sichern, ohne gegen den Grundsatz der Verhältnismäßigkeit zu verstoßen; es geht nicht um die zweckmäßigste Lösung. Die Befreiung der Parteien (hier der dänischen) Minderheit in § 3 I 2 LWahlG Schleswig-Holstein als Rückausnahme von der 5 %-Klausel berührt zwar die Wahlrechtsgleichheit in ihrer Ausprägung als Erfolgswertgleichheit und die Chancengleichheit der Parteien, ist aber durch die **Schutzpflicht des Landes** für die politische **Mitwirkung** der nationalen dänischen **Minderheit** nach Art. 5 II Landesverfassung legitimiert.[86]

1516 Obwohl auf Unionsebene bedeutende Entscheidungen fallen, erachtete das BVerfG eine 5 %- und selbst eine **3 %-Klausel bei den Wahlen zum Europäischen Parlament** für **grundgesetzwidrig**.[87] Dort gibt es zwar ohnehin eine Zersplitterung der Abgeordneten. Umso eher ist es aber angesichts der wachsenden Bedeutung des Europäischen

---

81 Auch BVerfGE 89, 266 (270).

82 BVerfGE 6, 367 (373); 47, 253 (272) – Wahlvorschriften für Bezirksvertretungen; krit. zu dieser Eingrenzung: *Jarass/Pieroth* Art. 21 Rn. 7.

83 BVerfG NJW 2017, 611 – NPD-Verbot (keine demokratische Kanonen auf extremistische Spatzen).

84 → Rn. 1465. Die Parteifähigkeit politischer Parteien für verwaltungsgerichtliche Streitigkeiten folgt aus § 3 ParteiG.

85 BVerfGE 82, 322 (338) – Bundestagswahl 1990.

86 LVerfG Schleswig-Holstein Urt. v. 13.9.2013 – LVerfG 9/12 (Ls. 4–6).

87 BVerfGE 129, 300 (dazu *Ehlers* JURA 2012, 45) sowie BVerfGE 135, 259 – Drei-Prozent-Sperrklausel.

Parlaments wie im Bundestag vonnöten, effektive Parlamentsfraktionen zu haben.[88] Tiefergehend verlangt die vom BVerfG vorausgesetzte zweifache demokratische Legitimation[89] eine parallele und gleichgewichtige Handhabung. Weitergehend ist das Europäische Parlament im Zuge seiner Aufwertung das demokratische Legitimationsorgan auf Unionsebene und daher nicht nachteilhafter als das nationale Parlament zu behandeln, solange die Wahl noch nach nationalen Grundsätzen verläuft und sich nicht auch die Verteilung der Abgeordneten in den Mitgliedstaaten nach europäischen Grundsätzen richtet.[90] Vielmehr sichert eine Sperrklausel gerade eine kraftvolle Arbeit des Europäischen Parlaments und damit seine Fortentwicklung zum maßgeblichen demokratischen Legitimationsorgan auf Unionsebene mit entscheidend gestaltender und prägender Wirkung, welche es auch einmal an die Stelle der nationalen Parlamente treten lassen kann.

Es ist widersprüchlich, dass das BVerfG eine solche Entwicklung sogar auf der Basis einer 3%-Klausel hemmt, aber gleichzeitig eine mangelnde demokratische Legitimation auf Unionsebene beklagt und deshalb weiteren Kompetenzübertragungen – etwa im steuerlichen oder sozialen Bereich[91] – einen Riegel vorschiebt. Das gilt zumal angesichts der verschärften europäischen Banken- und Finanzkrise. Daraus kann sich auch eine abweichende verfassungsrechtliche Beurteilung durch geänderte Verhältnisse ergeben.[92] Dabei kann der Gesetzgeber auch konkret absehbare künftige Entwicklungen berücksichtigen. Die weitere Entwicklung muss aber aufgrund hinreichend belastbarer tatsächlicher Anhaltspunkte schon gegenwärtig verlässlich zu prognostizieren sein.[93]

Für die **kommunale Ebene** wird eine 5%-Klausel jedenfalls nicht im Hinblick auf funktionsfähige Vertretungsorgane für erforderlich und daher nicht für zulässig gehalten.[94] Das soll selbst für eine 3%-Klausel bei Bezirkswahlen gelten, wie das Hamburger VerfG entschied.[95] Den kommunalen Parlamenten obliegen in erster Linie verwaltende Tätigkeiten; über ihnen steht die Rechtsaufsicht.   1517

Bei der **Wahlvorbereitung** muss ebenfalls die Chancengleichheit der Parteien gewährleistet werden. Deshalb ist etwa eine gesteigerte Öffentlichkeitsarbeit der Regierung im Wahlkampf unzulässig, wenn nicht die Information, sondern die werbende Aufmachung im Vordergrund steht.[96] So musste eine Pressemitteilung aus dem Internetauftritt eines Bundesministeriums entfernt werden: Der Inhaber eines Regierungsamtes darf im politischen Meinungskampf nicht Möglichkeiten nutzen, die ihm aufgrund seines Regierungsamtes zur Verfügung stehen, während sie den politischen Wettbewerbern verschlossen sind.[97] Die Bezeichnung der NPD durch den **Bundespräsidenten** als »Spinner« blieb dagegen unbeanstandet, da es sich um **keine** evidente Vernachlässigung der Integrationsaufgabe und damit **willkürliche Parteinahme** handelte.[98] Die für   1518

---

88 Ebenso Sondervotum *Di Fabio/Mellinghoff* BVerfGE 129, 300 (346).
89 S. BVerfGE 123, 267 (364f.) – Lissabon.
90 Die Durchbrechung der Wahlgleichheit ist allerdings mit der Einbettung in das bestehende politische System legitimiert, *Frenz* HdB EuropaR V Rn. 311ff.
91 BVerfGE 123, 267 (358).
92 BVerfGE 129, 300 (322).
93 BVerfGE 135, 259 (Ls. 2).
94 BVerfGE 120, 82 – 5%-Klausel; VerfGH Nordrhein-Westfalen NVwZ 2000, 666.
95 VerfG Hamburg DVBl. 2013, 304.
96 BVerfGE 44, 125 (151ff.) – Öffentlichkeitsarbeit.
97 BVerfGE 140, 225 – Äußerungsbefugnis Bundesministerin.
98 BVerfGE 136, 323 – Äußerungsbefugnis Bundespräsident.

den Bundespräsidenten geltenden Maßstäbe lassen sich aber nicht auf die Mitglieder der **Bundesregierung** übertragen: Letztere müssen gewährleisten, dass ein Rückgriff auf die mit dem Regierungsamt verbundenen Mittel und Möglichkeiten unterbleibt. Dabei muss das **Neutralitätsgebot** gewahrt sein.[99] Das Recht der Parteien auf Chancengleichheit aus Art. 21 I GG ist nicht auf den Wahlkampf beschränkt, sondern es gilt auch für den politischen Meinungskampf und Wettbewerb im Allgemeinen. Der Appell eines Regierungsmitglieds über amtliche Kommunikationswege an die Stadt- und Gemeinderäte, dass es keine Gemeinsamkeiten auf der Basis von Anträgen einer bestimmten Partei geben dürfe, verletzt das aus Art. 21 I GG folgende Neutralitätsgebot zulasten dieser Partei.[100]

3. Parteienfinanzierung

1519   Den verfassungsrechtlichen Status der Parteien und partiell auch deren Recht auf Chancengleichheit berührt die (staatliche) Parteienfinanzierung. So darf die staatliche **Wahlkampfkostenerstattung** nicht davon abhängig gemacht werden, dass mindestens 2,5 % der Wählerstimmen erreicht wurden.[101] Diese Hürde verstößt gegen das Prinzip der Chancengleichheit der Parteien und kann nicht wie die 5 %-Klausel des allgemeinen Wahlrechts dadurch gerechtfertigt werden, die Funktionsfähigkeit des Parlaments zu gewährleisten. Sichergestellt werden darf aber die Ernsthaftigkeit der Wahlkampfbemühungen, die bei 0,5 % (Bundestags-/Europawahl) bzw. 1 % (Landtagswahl) Stimmenanteil (§ 18 IV 1 ParteiG) nicht mehr bestritten werden kann.[102]

1520   Das derzeitige **Parteienfinanzierungssystem** zeichnet sich dadurch aus, dass zwar eine allgemeine staatliche Finanzierung der Parteien zulässig ist, allerdings nur für die in § 18 V iVm § 24 IV Nr. 1–7 ParteiG benannten Einnahmen, also weniger als 50 % der Gesamteinnahmen, um die Staatsfreiheit der Parteien zu garantieren. Vorrangig findet daher eine private Finanzierung aus Beiträgen und Spenden statt.

4. Sonderproblem: Rückforderung nach ParteiG

1521   a) **Rechtsgrundlage und Grenzen.** Um jedoch eine verdeckte Einflussnahme auf die politische Parteienlandschaft durch private Mäzene zu verhindern, sind Herkunft und Verwendung der einer Partei zugeflossenen staatlichen und privaten Mittel jährlich in einem **Rechenschaftsbericht** zu veröffentlichen (§§ 23 ff. ParteiG).

1522   **Vereinfachtes Beispiel:**[103] Wegen drohender Niederlage bei einer Bundestagswahl sammelt die A-Partei fleißig Spenden für den Wahlkampf, ohne sie zu verbuchen oder Namen zu nennen. Zudem werden Gelder aus nichtdeklarierten Auslandskonten eingesetzt. Nach § 25 III 1 ParteiG müssen Spenden über 10 000 EUR unter Angabe des Namens, der Anschrift und der Gesamthöhe der Spende im Rechenschaftsbericht verzeichnet werden. Weigert sich der ehemalige Vorsitzende der A-Partei aufgrund eines gegebenen Ehrenwortes, die Namen der von ihm geworbenen Spender bekannt zu geben, muss die Partei den doppelten Betrag zurückzahlen (§ 31 c I 2 ParteiG). Diese Sanktion ist insoweit abschließend, erstreckt sich aber nur auf

---

99 BVerfGE 138, 102 – Äußerungsbefugnis Bundesministerin.
100 Thüringer Verfassungsgerichtshof NVwZ 2016, 1408 für die Verlinkung zu einem Interview mit Ministerpräsident Ramelow auf der Facebook-Seite des Freistaats Thüringen oder dem Twitter-Account der Thüringer Staatskanzlei.
101 BVerfGE 24, 300 (335 ff.) – Wahlkampfkostenpauschale; vgl. BVerfGE 85, 264 (293 f.) – Parteienfinanzierung II sowie § 18 III ParteiG.
102 BVerfGE 24, 300 (342) – Wahlkampfkostenpauschale.
103 → Rn. 726; zum alten ParteiG BVerwG NJW 2003, 1135.

Spenden, nicht auf Mittel anderer Herkunft. Auch über sie ist nach § 23 ParteiG öffentlich Rechenschaft abzulegen. Bei einem unrichtigen Rechenschaftsbericht entsteht ebenfalls ein Zahlungsanspruch in Höhe der doppelten Summe (§ 31 b 1 ParteiG). Der Präsident des Deutschen Bundestages stellt diese Verpflichtung fest (§§ 31 b 3, 31 c I 3 ParteiG) und muss die A-Partei danach zur Zahlung auffordern.

Ergeben sich aus einer solchen Entscheidung des Bundestagspräsidenten aber für eine **1523** Partei **finanzielle Engpässe,** wie dies bei einer Rückforderung von hohen Millionenbeträgen vorgezeichnet ist, kann **Art. 21 GG** verletzt sein.[104] Das ist dann der Fall, wenn eine Partei infolge Geldmangels durch das Ausbleiben bzw. die Rückgabe öffentlicher Gelder keine wirksame politische Öffentlichkeitsarbeit, zumal in Wahlkämpfen, mehr zu leisten vermag. Dann ist sie in ihren Chancen beschränkt. Umgekehrt hat sie sich freilich durch die fehlende Deklarierung von Mitteln Wettbewerbsvorteile verschafft und gegen Regelungen des ParteiG verstoßen. Die als **Sanktionen** eintretenden Nachteile dürfen aber **nicht unverhältnismäßig** sein, **um insgesamt die Chancengleichheit der Parteien zu wahren.**

b) Klagemöglichkeit gegen Bundestagspräsident. Daraus resultiert auch ein Ansatz- **1524** punkt, gegen eine Entscheidung des Bundestagspräsidenten im Organstreitverfahren vorzugehen. Indes ergeben sich insoweit seine Rechte und Pflichten aus dem ParteiG, nicht (unmittelbar) aus dem GG oder der GOBT. Antragsteller und Antragsgegner stehen daher wegen der streitigen Rechte und Pflichten nicht, wie erforderlich, in einem »verfassungsrechtlichen Rechtsverhältnis«[105], sondern in einem verwaltungsrechtlichen, wenn dessen Ausgestaltung auch vom Verfassungsrecht mitgeprägt wird. Daher ist aber eine Anfechtungsklage gegen den Rückforderungsbescheid vor dem Verwaltungsgericht möglich.[106]

Organstreitverfahren

A. Zulässigkeit
  I. Parteifähigkeit von Antragsteller und -gegner, § 63 BVerfGG: keine Erweiterung etwa auf G 10-Kommission
  II. Streitgegenstand, § 64 I BVerfGG: notw. Bezug auf Rechte und Pflichten aus Verfassungsrechtsverhältnis Antragsteller/-gegner
  III. Antragsbefugnis, § 64 I BVerfGG: substanziierte Geltendmachung möglicher Verletzung o. unmittelbarer Gefährdung eigener Rechte (zB Art. 38 I 2 GG)
  IV. Rechtsschutzbedürfnis
B. Begründetheit
  Verletzung o. unmittelbare Gefähring verfassungmäßiger Rechte va von
  • Abgeordneten (etwa zur Einsetzung von Untersuchungsausschüssen: keine Erweiterung des Quorums nach Art. 44 I 1 GG)
  • Fraktionen
  • politischen Parteien

---

104 Im konkreten Fall verneint durch BVerfGE 111, 54 – Parteienfinanzierung. Vgl. *Klein* NJW 2000, 1441 (insbes. 1448 ff.) zur Vereinbarkeit mit dem »Parteienprivileg« des Art. 21 II GG.
105 BVerfGE 73, 1 (30 f.) – Parteienstiftungen.
106 → Rn. 726; zum Ganzen *Cornils* VerwArch. 91 (2000), 327.

§ 22 Bund-Länder-Streitigkeiten[107]

A. Bund-Länder-Streitigkeiten nach Art. 93 I Nr. 3 GG

1525 Die Anrufung des BVerfG bei **Meinungsverschiedenheiten über Rechte und Pflichten** des Bundes und der Länder nach Art. 93 I Nr. 3 GG, § 13 Nr. 7 BVerfGG ist die klassische Bund-Länder-Streitigkeit. Besonders hervorgehoben wird die Ausführung von Bundesrecht durch die Länder und die Ausübung der Bundesaufsicht.

I. Zulässigkeit

1526 Die Zulässigkeitsvoraussetzungen bestimmen sich nach §§ 68–70 BVerfGG; § 69 BVerfGG verweist auf die für das Organstreitverfahren maßgeblichen §§ 64–67 BVerfGG.[108]

1. Antragsberechtigung

1527 Antragsberechtigt sind die **Bundesregierung** bzw. die **Landesregierungen.** Partei ist gleichwohl der Bund bzw. das Land; diese werden nur durch die Regierung vertreten.

2. Streitgegenstand

1528 Streitgegenstand sind gem. § 69 iVm § 64 BVerfGG **Rechte und Pflichten aus dem GG** einschließlich ungeschriebener Verfassungsrechtssätze. Der Grundsatz der Bundestreue begründet für sich noch keine selbstständigen Pflichten, sondern wirkt nur auf anderweitig fundierte Pflichten ergänzend und variierend ein; aus ihm erwächst daher kein zulässiger Streitgegenstand.[109] Anlass sind nach Art. 93 I Nr. 3 GG Meinungsverschiedenheiten über (konkrete) Rechte und Pflichten zwischen den jeweiligen Streitparteien.

1529 Ein solches **Rechtsverhältnis zwischen Bund und Land** entsteht nicht im Hinblick auf die Wahrung der Abgeordnetenimmunität nach Art. 46 II GG bei gerichtlichen Ermittlungsmaßnahmen, da dadurch der Genehmigungsvorbehalt des Bundestages nicht angetastet wird. Verstöße gegen Strafverfahrensrecht haben für sich gesehen keine Verfassungsqualität.[110]

1530 Sämtliche Verfahren nach Art. 93 I GG knüpfen an konkrete Maßnahmen an. Verfahrensgegenstand kann daher auch hier **nur eine konkrete, rechtserhebliche Maßnahme des Antragsgegners oder dessen Unterlassen** sein. Dazu gehören auch Gesetze. Für deren Überprüfung ist aber auch die abstrakte Normenkontrolle nach Art. 93 I Nr. 2 GG einschlägig.

3. Antragsbefugnis

1531 Der Antragsteller muss gem. § 69 iVm § 64 I BVerfGG eine Verletzung oder unmittelbare Gefährdung eigener Rechte aus dem GG und hier aus dem Bundesstaatsverhältnis hinreichend plausibel geltend machen.

---

107 *Sachs* JuS 2012, 274; *Schultzky* VerwArch, 2009, 552; Übungsfälle *Lenski* ZJS 2009, 46; *Hermann/ Hofmann* JuS 2012, 543; wichtige Entscheidungen: BVerfGE 84, 25 – Schacht Konrad; 95, 250 – Restitution des Länderbestandes; 103, 81 – Pofalla I; 104, 249 – Biblis. Zum einstweiligen Rechtsschutz → Rn. 63, 178. S. auch BVerfGE 109, 1.

108 Dazu → Rn. 1467f.

109 BVerfGE 103, 81 (88) – Pofalla I.

110 BVerfGE 103, 81 (87) – Pofalla I.

4. Vorverfahren

Geht es um Mängel in den Ausführungen von Bundesgesetzen durch die Länder, so ist zunächst gem. **Art. 84 IV GG** die Entscheidung des Bundesrates als Vorverfahren zu beantragen. Erst gegen diese Entscheidung kann dann das BVerfG angerufen werden.   1532

5. Form und Frist

Der Antrag ist nach § 23 I 1 BVerfGG schriftlich einzureichen und nach § 23 I 2 BVerfGG zu begründen. Ist ein Vorverfahren notwendig, muss der Antrag innerhalb eines Monats ab Beschlussfassung des Bundesrates gestellt werden (§ 70 BVerfGG), sonst innerhalb von sechs Monaten ab Bekanntwerden der Maßnahme oder deren Unterlassung, § 69 iVm § 64 III BVerfGG. Danach ist bei Gesetzen aber noch die abstrakte Normenkontrolle möglich.   1533

II. Begründetheit

Der Antrag ist begründet, wenn eine Maßnahme oder Unterlassung des Antragsgegners gegen dessen Pflichten verstößt bzw. die Rechte des Antragstellers tatsächlich verletzt oder unmittelbar gefährdet. Dann ergeht ein Feststellungsurteil nach § 69 iVm § 67 BVerfGG. Nur der Beschluss des Bundesrates nach Art. 84 IV 1 GG wird aufgehoben.   1534

Entsprechend dem in Art. 93 I Nr. 3 GG genannten Schwerpunkt knüpft die Begründetheitsprüfung regelmäßig an die grundgesetzlichen **Verwaltungskompetenzen** und die sich daraus ergebenden Befugnisse der Bundesaufsicht an.   1535

1. Landeseigenverwaltung

Nach Art. 30, 83 GG ist die Ausführung von Bundesgesetzen grundsätzlich Ländersache; die landeseigene Verwaltung ist der **Regelfall**. Bei ihr vollziehen die **Länder** die Bundesgesetze nach Art. 84 GG **in eigener Verantwortung**.[111] Die Einrichtung der Behörden und das Verwaltungsverfahren obliegen grundsätzlich den Ländern, sodass darauf bezogene Bundesgesetze grundsätzlich ein Recht zu davon abweichender Landesgesetzgebung auslösen.[112] Der Bund gewährleistet nur einen ordnungsgemäßen Vollzug und übt zu diesem Zweck nach Art. 84 III 1 GG die **Rechtsaufsicht** aus. Anlass für die im Einzelnen in Art. 84 GG aufgezählten Aufsichts- und Einwirkungsmittel können daher vom Ansatz her nur Rechtmäßigkeitsgesichtspunkte und nicht Zweckmäßigkeitserwägungen sein.   1536

Der Bund kann freilich die Rechtslage mit Zustimmung des Bundesrates durch **allgemeine Verwaltungsvorschriften** nach Art. 84 II GG konkretisieren. Gemäß Art. 84 V GG kann die Bundesregierung auf der Grundlage eines zustimmungspflichtigen Bundesgesetzes **Einzelweisungen** erteilen. Sie sind nach S. 2 grundsätzlich an die oberste Landesbehörde zu richten, die sie dann auf hierarchischem Weg an die im konkreten Fall zuständige Behörde weitergibt. Die Einzelweisungen können **auch Sachfragen** betreffen.[113] Sie müssen aber **auf** konkrete **Einzelfälle beschränkt** bleiben, um die den Ländern grundsätzlich zugewiesene Eigenverantwortung zu wahren. Aus diesem Grund sind von Art. 84 V GG **auch mildere Mittel** wie Zustimmungs-, Einverneh-   1537

---

111 BVerfGE 37, 363 (390 f.) – Zustimmungsgesetz; 55, 274 (322 f.) – Berufsausbildungsabgabe.
112 → Rn. 200 ff., 232.
113 *Maurer* StaatsR I § 18 Rn. 13.

mens- und Anhörungserfordernisse erfasst (arg. a maiore ad minus).[114] Stets handelt es sich um behördeninterne Akte ohne Außenwirkung.

2. Bundesauftragsverwaltung

1538 Die Ausnahme ist die **Bundesauftragsverwaltung** gem. Art. 85 GG. Sie setzt voraus, dass sie durch das GG ausdrücklich vorgesehen ist. Auch hier ist die Einrichtung der Verwaltungsbehörden Angelegenheit der Länder; denn auch die Auftragsverwaltung ist Länderverwaltung.[115] Der Bund kann wiederum nur durch Bundesgesetz mit Zustimmung des Bundesrates die Behördeneinrichtung regeln. Weil aber das Verwaltungsverfahren im Gegensatz zu Art. 84 I GG nicht erwähnt wird, kann es erst recht geregelt werden; ohnehin sind die Einwirkungsmöglichkeiten des Bundes im Rahmen der ihm näherstehenden Auftragsverwaltung tendenziell stärker.[116] Der **Bund** hat die **Sach-**, die **Länder** haben die **Wahrnehmungskompetenz.** Daher besteht nach Art. 85 IV GG **Rechts- und Fachaufsicht** des Bundes. Grenzenlos ist diese allerdings nicht. So muss der Bund etwa bei der Herabstufung von Bundesstraßen die Finanzbedürfnisse der Länder berücksichtigen.

1539 **Fall** nach BVerfGE 102, 167 – Abstufung einer Bundesstraße: Der Bund weist das Land Schleswig-Holstein an, die B 75 zwischen Lübeck und Bad Oldesloe in eine Straße nach Landesrecht herabzustufen. Das Land weigert sich. Der Bund beantragt festzustellen, dass das Land durch seine Weigerung, die Weisung umzusetzen, gegen Art. 85 III GG verstoßen hat.

Der Antrag ist zulässig, da die Länder bei der Ausführung von Gesetzen im Auftrag des Bundes gem. Art. 85 III GG den Weisungen der zuständigen obersten Bundesbehörden unterstehen und das Land eine konkrete Maßnahme unterlassen hat. Der Antrag ist aber unbegründet, weil der Bund mit der Weisung den Bereich der in Art. 90 II GG geregelten Auftragsverwaltung verlassen und dadurch seine Befugnis zur Erteilung von Weisungen überschritten hat. Die Auftragsverwaltung umfasst die gesamte Bundesstraßenverwaltung, also Hoheits- und Vermögensverwaltung. Die Verwaltungszuständigkeit des Bundes geht aber keinesfalls weiter als seine Gesetzgebungskompetenz aus Art. 74 I Nr. 22 GG für »den Bau und die Unterhaltung von Landstraßen für den Fernverkehr«. Hierzu zählt die Abstufung einer Bundesstraße in eine Straße nach Landesrecht nicht. Die Weisung zur Abstufung verlangt vom Land nicht nur die Herausnahme der Straße aus einer Klasse nach Bundesrecht, sondern zugleich zwingend die Einstufung in eine Straßenklasse nach Landesrecht. Mit der Abstufung geht auch die Straßenbaulast auf das Land über. Damit greift die Weisung in die Finanzhoheit des Landes und so notwendig in den Gesetzgebungs- und Verwaltungsraum des Landes ein.

1540 Auf politische Vorstellungen eines Landes muss der Bund demgegenüber keine Rücksicht nehmen.

1541 **Fall** nach BVerfGE 84, 25 – Schacht Konrad: Bundesumweltminister T weist den bayerischen Ministerpräsidenten S an, die Zwischenlagerung abgebrannter Kernbrennstäbe im KKW Isar II anzuordnen. Dieser verweist auf die Notwendigkeit einer Dauereinlagerung und möchte die sich aus einer Zwischenlagerung ergebenden Gesundheitsrisiken nicht verantworten.

Die **Kernenergieverwaltung** unterliegt gem. Art. 87 c GG iVm § 24 I AtG der **Bundesauftragsverwaltung.** Die Bundesaufsicht umfasst gem. Art. 85 IV GG die **Rechts- und die Fachaufsicht.** Korrespondierend dazu steht den obersten Bundesbehörden gem. Art. 85 III GG das volle Weisungsrecht gegen-

---

114 BVerwGE 67, 173 (175 f.); aA *Maurer* StaatsR I § 18 Rn. 13 aE.
115 BVerfGE 81, 310 (331) – Gorleben.
116 BVerfGE 26, 338 (335) – Eisenbahnkreuzung.

über den obersten Landesbehörden zu. Darunter fallen jedenfalls Einzelweisungen, die rechtlicher und auch sachlicher Natur sein können. Nicht umfasst sind hingegen allgemeine Weisungen, da die Weisungen von den allgemeinen Verwaltungsvorschriften nach Art. 85 II GG abgrenzbar sein müssen.[117] Der Bund kann per Einzelweisung auch politische Ansichten durchsetzen. Die Verfassung verletzen darf er aber nicht. Das tut er dann, wenn er von den Ländern ein – nach dem BVerfG schlechthin unverantwortbares – Verhalten verlangt, das bedeutende verfassungsrechtlich geschützte Rechtsgüter gefährdet oder verletzt. Die Gesundheit ist durch Art. 2 II GG geschützt und daher ein solches Rechtsgut. Die Zwischenlagerung verhindert indes gerade, dass abgebrannte Kernelemente vagabundieren und dadurch Gefahren hervorrufen. Zudem wird die friedliche Nutzung der Kernenergie in Art. 73 Nr. 14 GG vorausgesetzt. Damit zusammenhängende unvermeidbare Restrisiken müssen auch aus Sicht grundrechtlicher Schutzpflichten hingenommen werden.[118] Ob zunächst eine Zwischenlagerung und dann eine Endlagerung erfolgt, ist eine politische Entscheidung. Diese darf per Weisung getroffen werden. Die Weisung war auch eindeutig und entspricht daher wie erforderlich dem Gebot der Weisungsklarheit.

3. Bundestreue

Eine Weisung muss dem **Gebot des bundesfreundlichen Verhaltens** entsprechen. Das   **1542** gilt auch für inhaltlich den Verwaltungsvollzug gleichermaßen prägende Maßnahmen wie den sog. Atomkonsens als Form des informalen Verwaltungshandelns,[119] nicht hingegen für eine dem Verwaltungsvollzug vorausliegende politische Entscheidung. Nach dem Grundsatz der Bundestreue haben Bund und Länder bei der Ausübung ihrer Befugnisse auf die gegenseitigen Belange **Rücksicht zu nehmen.** Dies kann im Einzelfall bis zu einem Verzicht auf ein Recht führen. Formal besteht eine Pflicht zur Information und zur Möglichkeit der Stellungnahme. Umgekehrt haben aber auch die Länder die Belange des Bundes im Auge zu behalten. Sie können etwa nicht einfach Lasten, die gesamtstaatlich bedingt sind und notwendigerweise ein Bundesland treffen, von sich weisen.

> **Beispiel** nach BVerfGE 84, 25 – Schacht Konrad: So kann etwa ein **Endlager** einem bestimm-   **1543**
> ten Bundesland je nach Eignung zugewiesen werden. Die **Zwischenlager** knüpfen an den Betrieb von Kernkraftwerken in dem jeweiligen Bundesland an und sorgen daher gerade für eine gerechte Lastenverteilung.

Bund-Länderstreitigkeiten nach Art. 93 I Nr. 3 GG

A. Zulässigkeit
   I. Antragsberechtigung
     Bundes-/Landesregierungen, § 68 BVerfGG
   II. Streitgegenstand
     Rechte und Pflichten aus dem GG, § 69 iVm § 64 I BVerfGG
   III. Antragsbefugnis
     § 69 iVm § 64 I BVerfGG: plausible Geltendmachung der Verletzung oder
     unmittelbaren Gefährdung eigener Rechte des GG aus dem Bundesstaatsverhältnis

---

117 *Jarass/Pieroth* Art. 85 Rn. 6; aA *Maurer* StaatsR I § 18 Rn. 16.
118 BVerfGE 49, 89 (143) – Kalkar; 53, 30 (56) – Mülheim-Kärlich.
119 AA BVerfGE 104, 249 (271) – Biblis; dagegen Sondervotum *Di Fabio/Mellinghoff* BVerfGE 104, 249 (273 ff.); *Frenz* NVwZ 2002, 561 (563).

> IV. Vorverfahren: nur im Fall des Art. 84 IV GG; dann Monatsfrist ab BR-Beschluss, § 70 BVerfGG
> V. Form
> Schriftlichkeit und Begründungspflicht nach § 23 I BVerfGG
> VI. Frist
> 6 Monate ab Bekanntwerden, § 69 iVm § 64 III BVerfGG; danach gegen Gesetze noch abstrakte Normenkontrolle; Sonderregelung § 70 BVerfGG
> **B. Begründetheit bei Pflichtenverstoß und Rechtsverletzung bzw. -gefährdung: § 69 iVm § 67 BVerfGG**

B. Andere Bund-Länder-Streitigkeiten nach Art. 93 I Nr. 4 GG

1544 Die Zulässigkeit anderer öffentlich-rechtlicher Streitigkeiten gem. § 13 Nr. 8 BVerfGG bestimmt sich nach §§ 71 f. BVerfGG. Dieses Verfahren ist in allen drei Konstellationen gem. Art. 93 I Nr. 4 Hs. 2 GG nur **subsidiär** möglich. Streitigkeiten zwischen Bund und Ländern sind vorrangig über Art. 93 I Nr. 3 GG zu lösen; daher werden hier nur öffentlich-rechtliche Streitigkeiten nicht verfassungsrechtlicher Art erfasst, sofern sie nicht dem BVerwG nach §§ 40, 50 I Nr. 1 VwGO oder dem BSG gem. §§ 51, 39 II SGG zugewiesen sind. Streitigkeiten zwischen den Ländern (Alt. 2) unterliegen dem Verfahren nach Art. 93 I Nr. 4 GG nur, wenn sie verfassungsrechtlicher Art sind (s. §§ 40, 50 I Nr. 1 VwGO). Ein Beispiel dafür sind Streitigkeiten aus Staatsverträgen etwa über die Vergabe von Studienplätzen.[120] Streitigkeiten innerhalb eines Landes (Art. 93 I Nr. 4 Alt. 3 GG), die sich entgegen dem Wortlaut nur auf Organstreitigkeiten beziehen, können regelmäßig durch die Landesverfassungsgerichte entschieden werden.[121]

8. Kapitel. Feststellungsbegehren für Verwaltungshandeln

§ 23 Kommunalverfassungsrechtliche Streitigkeiten[1]

A. Begriff und Bedeutung

1545 Häufiger als auf Bundes- oder Länderebene kommt es zu Streitigkeiten zwischen staatlichen Funktionsträgern im kommunalen Bereich. Ein solcher sog. Kommunalverfassungsstreit (KVS) ist ein Streit im Inneren einer Gemeinde zwischen deren Organen oder Organteilen wegen der Verletzung der ihnen als Organ oder Organteil zustehenden Kompetenzen und Rechte, also ein **Organstreit auf kommunaler Ebene.**

1546 Anlass eines KVS können die **verschiedensten Konstellationen** sein, so die Klage eines Ratsmitglieds gegen den Vorsitzenden wegen Sitzungsausschlusses,[2] auf Mitwir-

---

120 BVerwGE 50, 124 (137).
121 BVerfGE 66, 107.
1 *Otto* ZJS 2015, 381; *Ogorek* JuS 2009, 511; *Schoch* JURA 2008, 826; zum Kommunalrecht allg.: *Burgi* KommunalR; Übungsfälle: *Faßbender/Brückner* VR 2012, 59; *Peuker* JA 2009, 518; wichtige Entscheidungen: VGH München BayVBl. 1988, 16; BVerwG NVwZ 1988, 837; OVG Münster NJW 1989, 1105; BVerwG NVwZ-RR 1994, 352.
2 VGH München BayVBl. 1988, 16.

kung in einem Ausschuss[3] oder gegen den Ausschluss aus einer Gemeinderatsfraktion[4] und Klagen im Zusammenhang mit organinternen Wahlen.

Regelmäßig liegen dem KVS **Feststellungsbegehren** zugrunde. Dagegen bildet die **1547** Klage eines Ratsmitglieds auf Verhängung eines **Rauchverbots** ein **Leistungsverlangen.**[5] Unabhängig vom konkreten Klägerbegehren hat ein innerstaatlicher Streit objektiv immer auch die Funktion, die jeweils bestehenden Kompetenzen allgemein festzustellen, und beinhaltet insofern ein Feststellungselement. Die **rechtliche Bedeutung des KVS** liegt darin, dass sich aus dem Charakter als Innenrechtsstreit einige **Besonderheiten für die gerichtliche Geltendmachung** ergeben. Denn der Rechtsschutz nach der VwGO ist auf das Verhältnis Staat – Bürger, also ein reines Außenverhältnis, ausgerichtet.

B. Zulässigkeit der kommunalverfassungsrechtlichen Klage

I. Verwaltungsrechtsweg

Dem KVS liegen als kommunalem Organstreit **Vorschriften des Kommunalrechts** **1548** (insbes. der GO) zugrunde. Diese stellen typisches öffentliches Recht dar, sodass eine öffentlich-rechtliche Streitigkeit iSv § 40 I VwGO vorliegt. Das gilt auch bei einer Klage wegen Ausschlusses aus einer **Gemeinderatsfraktion:** Auch das Verhältnis der Fraktionsmitglieder untereinander ist eingebettet in die Kommunalverfassung und daher öffentlich-rechtlich.[6]

Demgegenüber sind **Parteien** keine Staatsorgane, sondern nichtrechtsfähige[7] Vereine **1549** bürgerlichen Rechts, sodass Zivilrecht maßgeblich ist (§ 37 ParteiG e contrario). Daher ist für innerparteiliche Streitigkeiten der Rechtsweg zu den Zivilgerichten eröffnet; über Parteiausschlüsse entscheiden Schiedsgerichte nach §§ 10 V, 14 ParteiG.

Trotz des Begriffs »Kommunal*verfassungs*streit« ist die **Streitigkeit nichtverfassungs-** **1550** **rechtlicher Art** iSv § 40 I VwGO, da es sich nicht um einen Streit auf der Ebene der Bundes- oder Landesverfassung, sondern der GO (»Kommunalverfassung«) handelt.

II. Statthafte Klageart

Kommunalverfassungsrechtliche Streitigkeiten spielen sich **im Inneren einer Ge-** **1551** **meinde** ab. Handelt es sich somit um verwaltungs- bzw. organinterne Maßnahmen, kann mangels Außenwirkung **kein VA** vorliegen, sodass **Anfechtungs- oder Verpflichtungsklage** ausscheiden.[8] Das gilt etwa für die Abwahl eines Oberbürgermeisters.[9] Allerdings können diese internen Maßnahmen auf die Persönlichkeit des Betroffenen durchschlagen, wie dies auch bei Maßnahmen in Sonderstatusverhältnissen der Fall ist.[10] So berührt das Verbot des Bürgermeisters, während der Ratssitzung politische An-

---

3 Vgl. OVG Koblenz NVwZ-RR 1996, 460.
4 OVG Münster NJW 1989, 1105.
5 Vgl. OVG Münster DVBl. 1983, 53.
6 OVG Münster NJW 1989, 1105; aA VGH München NJW 1988, 2754.
7 Ausnahme CSU (rechtsfähiger Verein).
8 So die hM, BVerwG NVwZ-RR 1994, 352; OVG Münster DVBl. 1991, 495; VGH München BayVBl. 1988, 16; VGH Mannheim NVwZ 1987, 854f.; aA *Schenke* VerwProzR Rn. 228.
9 VG Frankfurt a. M. NVwZ 2006, 720: Feststellungsklage.
10 → Rn. 746f.

stecknadeln zu tragen, in erster Linie die persönliche Meinungsfreiheit eines Ratsmit-gliedes.[11] In solchen Fällen der **Betroffenheit persönlicher Rechte** ist die Außenwir-kung und damit das Vorliegen eines VA zu bejahen und daher die Erhebung einer An-fechtungs- oder Verpflichtungsklage möglich. Dann handelt es sich aber auch **nicht** um einen **KVS,** da es um die Durchsetzung individueller und nicht organschaftlicher Rechte geht. Ob dem Begehren individuelle oder organschaftliche Rechte zugrunde lie-gen, kann mitunter schwierig zu beurteilen sein.

1552   **Fall:** Das Ratsmitglied R fordert den Bürgermeister B auf, ein Rauchverbot zu erlassen, weil er aufgrund des Zigarettenqualms nicht konzentriert an der Ratssitzung mitwirken könne.

Denkbar ist das Erfordernis eines Rauchverbotes sowohl im Hinblick auf die durch Art. 2 II GG gewähr-leistete körperliche Integrität als auch wegen bestehender organschaftlicher Rechte. Hier soll ein Rauchverbot ergehen, um einen ordnungsgemäßen Sitzungsablauf zu gewährleisten. Insofern stützt sich R auf seine organschaftlichen Mitwirkungsrechte als Ratsmitglied und nicht etwa auf Art. 2 II GG.[12]

1553   Früher wurde die Notwendigkeit gesehen, in Fällen des **KVS** von einer **Klage sui ge-neris** auszugehen.[13] Begründet wurde dies damit, dass die Klagearten der VwGO auf reine Außenverhältnisse zugeschnitten seien, nicht aber auf Innenrechtsstreitigkeiten. Indes ist das Klagesystem der VwGO nicht abschließend festgelegt. Die in Betracht kommenden Klagearten, also **Feststellungs- und Leistungsklage,** können jedenfalls entsprechend auf Innenrechtsverhältnisse angewendet werden.[14]

1554   Die **Feststellungsklage** ist gem. § 43 II VwGO grundsätzlich gegenüber der allgemei-nen Leistungsklage subsidiär. Dies gilt aber nur, soweit dieselbe Effektivität gewährleis-tet ist. Vielfach geht es dem Kläger bei einem KVS gerade darum, seine Stellung oder Verfahrensrechte, die durch einen bestimmten Rechtsakt verletzt sind, dauerhaft klären zu lassen. Dann ist die Feststellungsklage wirksamer und nicht subsidiär. Die **allge-meine Leistungsklage** geht hingegen vor, wenn es dem Kläger nicht (auch) um die Feststellung des Bestehens eines Rechtsverhältnisses geht, sondern er lediglich oder ge-rade ein Tun, Dulden oder Unterlassen begehrt wie im Falle eines Rauchverbots. Vor allem auch die Einhaltung der Verfahrensrechte der einzelnen Organe ist indes feststel-lungsfähig.

1555   Die große Bedeutung der Feststellungsklage erklärt sich auch daraus, dass im kommu-nalen Binnenbereich kein VA vorliegt. Allein auf diesen aber ist die **Fortsetzungsfest-stellungsklage nach § 113 I 4 VwGO** zugeschnitten.[15] Maßnahmen auf kommunaler Ebene sind vielfach bereits abgeschlossen, wenn geklagt wird. Daher bleibt nur die Klage auf Feststellung nach § 43 I VwGO.

III. Klagebefugnis

1556   Auch die Zulässigkeit von Leistungs- und Feststellungsklagen verlangt gem. **§ 42 II VwGO analog** das Vorliegen einer Klagebefugnis.[16] Der Kommunalverfassungsstreit

---

11 BVerwG NVwZ 1988, 837.
12 OVG Münster DVBl. 1983, 53 (54).
13 So etwa OVG Münster OVGE 17, 261 (263).
14 Zum Normenkontrollverfahren → Rn. 618.
15 → Rn. 1622.
16 → Rn. 1296 und 1595.

zielt aber nicht auf die Wahrung subjektiv-öffentlicher Rechte, die dem Außenrecht angehören, sondern von organschaftlichen Rechten. Es muss daher im konkreten Fall eine **wehrfähige Innenrechtsposition möglicherweise verletzt** sein. Das ist nicht schon jede Innenrechtsposition, sondern **nur eine solche, die der Herstellung oder der Erhaltung der innergemeindlichen Gewaltenteilung dient.** Solche Positionen erwachsen daraus, dass sich **Kontrastorgane** gegenüberstehen.

So besteht für die Ratsmitglieder das Recht, sich zu *Fraktionen zusammenzuschließen.* Hingegen ist ein Ratsmitglied **nicht** in seinen eigenen Rechten verletzt, **wenn ein Gemeinderatsbeschluss rechtswidrig** ist, etwa weil die Vorschriften über die Sitzungsöffentlichkeit verletzt sind[17] oder der Bereich der örtlichen Angelegenheiten[18] überschritten wurde (zB Ausweisung der Gemeinde als Zone ohne genmanipulierte Lebensmittel). Ebenso wenig besteht in aller Regel eine Klagebefugnis eines Ratsmitglieds **gegen die Mitwirkung eines anderen eventuell befangenen Mitglieds,**[19] hingegen durchaus im Hinblick auf die eigene.   **1557**

IV. Beteiligtenfähigkeit

Die Beteiligtenfähigkeit ergibt sich bei kommunalverfassungsrechtlichen Streitigkeiten nicht aus § 61 Nr. 1 VwGO, sondern aus **§ 61 Nr. 2 VwGO**, und zwar unmittelbar bei Kollegialorganen bzw. analog bei einzelnen Organgewalten wie dem Bürgermeister. Auch hier kommt es darauf an, dass ihnen ein eigenes wehrfähiges Recht zustehen kann.   **1558**

C. Begründetheit der kommunalverfassungsrechtlichen Klage

Im Rahmen einer kommunalverfassungsrechtlichen Streitigkeit ist die allgemeine Leistungsklage begründet, wenn der Kläger einen Anspruch auf die begehrte Leistung oder Unterlassung hat und durch deren Verweigerung tatsächlich in einem organschaftlichen Recht verletzt wurde. Die Feststellungsklage ist begründet, wenn das festzustellende Rechtsverhältnis und damit die geltend gemachte Innenrechtsposition tatsächlich besteht.   **1559**

Die kommunalverfassungsrechtliche Streitigkeit ist nur ein Beispiel für Streitigkeiten zwischen staatlichen Funktionsträgern, sodass die für sie entwickelten Grundsätze auch für **hochschul- und rundfunkinterne Streitigkeiten** angewandt werden können.[20] Typischerweise sind aber kommunalverfassungsrechtliche Streitigkeiten im Zusammenhang mit der Rechtsstellung von Ratsmitgliedern, Fraktionen und Fraktionsmitgliedern Gegenstand einer Klausur.   **1560**

I. Die Rechtsstellung der Ratsmitglieder

Die organschaftlichen **Rechte der Ratsmitglieder,** die im Rahmen eines KVS geltend gemacht werden können, finden sich jeweils in den Gemeindeordnungen im Abschnitt »Rat«.[21] Das wichtigste Recht eines Ratsmitglieds ist das auf Ausübung seines Mandats.[22] Aus diesem folgen unter anderem die Nebenrechte auf Teilnahme an Ratssitzungen, Abstimmungen und auf Mitwirkung in einem Ausschuss sowie Rede- und In-   **1561**

---

17 VGH Mannheim DVBl. 1992, 981; weitere Bsp. bei *Erichsen/Biermann* JURA 1997, 157 (159f.).
18 Art. 28 II GG → Rn. 162.
19 OVG Koblenz NVwZ 1985, 283.
20 Vgl. BVerwG NVwZ 1985, 112.
21 ZB §§ 40ff. NRWGO; §§ 24ff. BWGO; Art. 30ff. BayGO.
22 Vgl. § 44 I 1 NRWGO.

formationsrechte der einzelnen Ratsmitglieder.[23] Diese haben aber kein Recht darauf, dass im Gemeinderat nur rechtmäßige Beschlüsse gefasst werden.

1562   Daher wird auch bei einer Verletzung der Öffentlichkeit von Ratssitzungen eine wehrfähige Innenrechtsposition von Gemeinderatsmitgliedern abgelehnt. Indes nimmt ein solcher Ausschluss den Gemeinderatsmitgliedern die Möglichkeit, sich darzustellen, und verpflichtet sie zur Verschwiegenheit, sodass ein klagefähiges Recht vorliegt.[24]

1563   Auf der anderen Seite finden sich in den Gemeindeordnungen auch diverse **Pflichten**, die die Ratsmitglieder zu beachten haben. Die Wichtigste ist die Verpflichtung auf das **öffentliche Wohl** (§ 43 I NRWGO), deren Ausprägungen unter anderem die Pflicht zu Verschwiegenheit (§ 43 II iVm § 30 NRWGO) und Neutralität sind. Im Zusammenhang mit Letzterer stehen auch **Mäßigungspflichten** zur Sicherstellung eines ungestörten Sitzungsablaufes. Daraus kann ein Verzicht auf das Tragen provozierender Aufkleber folgen,[25] ein Kruzifix im Ratssaal ist zu entfernen.[26] Die persönliche Meinungs- und Bekenntnisfreiheit haben im Interesse einer ruhigen und sachlichen Beratungsatmosphäre im Rat zurückzutreten.

Der Modegeschmack ist aber individuell: Ist das **Markenlabel unauffällig** groß, darf das Tragen der betroffenen Kleidung nicht durch den Stadtratsvorsitzenden verboten werden. Das soll im Hinblick auf Art. 5 I GG selbst bei einer Marke gelten, die als **Erkennungsmerkmal Rechtsextremer** angesehen wird.[27] Indes droht dadurch die sachbezogene **Ungestörtheit des Sitzungsbetriebs verloren** zu gehen. Dass der Gemeinderat Verwaltungsorgan ist, spricht für ein mögliches Verbot.

1564   Ausdruck der Neutralität sind vor allem die speziell angeordneten **Mitwirkungsverbote** bei Ratsentscheidungen wegen Befangenheit, wenn das Ratsmitglied selbst oder ihm nahestehende Personen davon einen unmittelbaren Vor- oder Nachteil haben können (§ 43 II iVm § 31 I, II NRWGO).[28]

1565   Vom Vorliegen eines solchen Vorteils muss man bei einem Ratsmitglied ausgehen, das in dem Bereich **Grundeigentum** besitzt, für das ein **Bebauungsplan** erlassen werden soll,[29] nicht aber, wenn eine Hundesteuersatzung beschlossen wird und ein Ratsmitglied als **Hundebesitzer** davon betroffen ist. Dann **fehlt** es an dem für eine unmittelbare Betroffenheit erforderlichen »**individuellen Sonderinteresse**«.

1566   Ein trotz eines Mitwirkungsverbotes ergangener Ratsbeschluss ist grundsätzlich rechtswidrig; die unzulässige Mitwirkung kann aber gem. §§ 43 II, 31 VI NRWGO[30] nach Beendigung der Abstimmung nur geltend gemacht werden, wenn sie **für das Abstimmungsergebnis entscheidend** war. Unbeachtlich ist daher regelmäßig eine Teilnahme an der Beratung, weil deren Entscheidungserheblichkeit nicht objektiv festgestellt werden kann. Sogar die für das Abstimmungsergebnis entscheidende Mitwir-

---

23 Vgl. auch § 47 II 2 NRWGO.
24 OVG Münster NVwZ-RR 2002, 135 (135); VGH Kassel LKRZ 2009, 22 (22); näher *Rabeling* NVwZ 2010, 411 (413f.); abl. hM, etwa VGH Mannheim NVwZ-RR 1992, 373; VGH München BayVBl. 1992, 375.
25 BVerwG NVwZ 1988, 837 (838).
26 VG Darmstadt NJW 2003, 455 (456). Das gilt jedenfalls auf Verlangen → Rn. 398.
27 VG Gera Urt. v. 20.2.2013 – 2 K 267/12 Ge – Thor Steinar.
28 Art. 49 BayGO.
29 Bei der Aufstellung von Flächennutzungsplänen ist dagegen nicht vom Vorliegen eines individuellen Sonderinteresses auszugehen. Er erfasst nicht nur einen begrenzten Bereich, sondern das gesamte Gemeindegebiet (vgl. § 5 I 1 BauGB). Zudem bestünde ansonsten oft die Gefahr der Beschlussunfähigkeit des Rates (vgl. § 49 NRWGO), weil dann nahezu alle Ratsmitglieder unmittelbar betroffen wären.
30 Ebenso Art. 49 IV BayGO.

kung kann grundsätzlich nicht mehr geltend gemacht werden, wenn nach erfolgter Beschlussfassung mehr als ein Jahr vergangen ist (§ 54 IV 1 NRWGO).[31]

Auf den umgekehrten Fall, in dem ein Ratsmitglied gem. §§ 43 II, 31 IV NRWGO zu Unrecht als befangen von der Entscheidung ausgeschlossen wird, lässt sich § 31 VI NRWGO allerdings nicht entsprechend anwenden.[32] Gegen einen solchen Ausschluss muss der Betroffene vorgehen können, weil hier neben dem Aspekt des Minderheitenschutzes die Verletzung seines organschaftlichen Mitgliedschaftsrechts im Vordergrund steht.[33]   **1567**

II. Fraktionsrecht[34]

Häufig geht es im Rahmen eines KVS auch um die Einforderungen von Rechten der Fraktionen oder von Rechten der einzelnen Fraktionsmitglieder gegenüber der Fraktion als Ganzes. So hat eine Fraktion **weitergehende Rechte als das einzelne Ratsmitglied:** Sie kann den Rat einberufen lassen (§ 47 I 4 NRWGO), hat ein Recht auf Anträge zur Tagesordnung (§ 48 I 2 NRWGO) und besondere Rechte bei der Besetzung von Ausschüssen (§§ 50 III 3, 58 V NRWGO). Die Fraktion muss je nach Größe des Gemeinderates aus mindestens zwei bis drei Personen bestehen (§ 56 I 2 NRWGO).   **1568**

> **Beispiel** nach BVerwG NVwZ 2013, 442: Eine Fraktion hat auch Anspruch auf Zuteilung von Haushaltsmitteln. Diese muss dem allgemeinen Gleichheitssatz nach Art. 3 I GG entsprechen. Dem widerspricht eine rein proportionale Verteilung, bei welcher alle Fraktionen unabhängig von ihrer Größe denselben Geldbetrag erhalten. Zwar setzt sich nicht der für die Wahl maßgebliche formalisierte Gleichheitssatz aus Art. 28 I 2 GG für die Mittelverteilung fort, sodass diese sich strikt nach der Fraktionsstärke richten müsste. Indes ist der Zweck der Fraktionsmittel einzubeziehen. Er besteht darin, die sächlichen und personellen Aufwendungen der Fraktionen für ihre Geschäftsführungen ganz oder teilweise zu decken (zB § 35a III 1 SächsGemO). Damit muss sich der Verteilungsmaßstab an dem daraus resultierenden Bedarf für die Fraktionsgeschäftsführung orientieren.   **1569**

Aufgrund der zusätzlichen Rechte, die den Ratsmitgliedern durch die Zuerkennung des Fraktionsstatus vermittelt werden, hat es für den Einzelnen eine besondere Bedeutung, Mitglied einer Fraktion zu werden bzw. zu bleiben. Durch den **Fraktionsausschluss** werden dem vormaligen Fraktionsmitglied diese Rechte genommen. Deshalb schreibt § 56 II 3 NRWGO auch vor, dass die Fraktionen sich ein Statut zu geben haben, in dem unter anderem die Voraussetzungen für einen Fraktionsausschluss zu regeln sind. Dieses Statut muss bestimmte rechtsstaatliche Mindestanforderungen erfüllen. In materieller Hinsicht bedeutet dies, dass der Ausschluss nur bei **Vorliegen eines wichtigen Grundes** zulässig ist.[35] In formeller Hinsicht bedarf es eines fraktionsinternen Mehrheitsbeschlusses sowie der vorherigen Anhörung des auszuschließenden Fraktionsmitgliedes.[36]   **1570**

---

31 Dies gilt freilich nur für sog. einfache Ratsbeschlüsse. Für Satzungsbeschlüsse greift die Spezialregelung des § 7 VI NRWGO ein.

32 *Schmitz* AL 2015, 61 (63); aA Schoch/*Schmidt-Aßmann/Röhl* 1. Kap. Rn. 93 (auf die konkrete Kausalität abstellend, wenn gesetzlich nichts anderes bestimmt ist); vgl. auch VGH Mannheim NVwZ 1987, 1103 f.

33 Er ist daher auch klagebefugt, → Rn. 1556 f.

34 Näher zum Begriff und zur Rechtsnatur von Fraktionen → Rn. 1489.

35 OVG Münster NJW 1989, 1105 (1106).

36 OVG Münster NJW 1989, 1105 (1106).

1571   **Kommunalverfassungsstreit (KVS)**

A. Zulässigkeit

    I. Verwaltungsrechtsweg, § 40 I VwGO
    ör Streitigkeit nichtverfassungsrechtlicher Art

    II. Statthafte Klageart

- keine Klage sui generis
- Allgemeine Leistungsklage: bei begehrtem Tun o. Unterlassen
- Feststellungsklage: (dauerhafte) Klärung der Stellung oder von Verfahrensrechten: daher idR kein § 43 II VwGO
- keine KVS: Anfechtungs- oder Verpflichtungsklage wg. persönlicher Rechte

    III. Klagebefugnis, § 42 II VwGO (analog)
    organschaftliches Recht = wehrfähige Innenrechtsposition möglicherweise verletzt: bei Gegenüberstehen sog. Kontrastorgane

    IV. Beteiligtenfähigkeit nach § 61 Nr. 2 VwGO (analog)

    V. Klagegegner
    der, der Anspruch behauptet bzw. gegenüber dem das streitige Rechtsverhältnis besteht (bestehen soll)

B. Begründetheit

    I. Leistungsklage: Anspruch auf begehrtes Tun oder Unterlassen und Verletzung in organschaftlichem Recht

    II. Feststellungsklage: Bestehen der geltend gemachten Innenrechtsposition

§ 24 Feststellungsklage[37]

A. Zulässigkeit

I. Verwaltungsrechtsweg

1572 Ob Feststellungsbegehren öffentlich-rechtliche Streitigkeiten iSv § 40 I VwGO darstellen, bestimmt sich danach, ob das den Klagegegenstand bildende **Rechtsverhältnis öffentlich-rechtlich** ist. Das ist dann der Fall, wenn dieses Rechtsverhältnis von öffentlich-rechtlichen Normen geprägt wird.[38]

II. Statthaftigkeit[39]

1. Allgemeine Feststellungsklage gem. § 43 I Alt. 1 VwGO

1573 Die Feststellungsklage nach § 43 VwGO erfasst drei verschiedene Ziele: Die Feststellung des Bestehens eines Rechtsverhältnisses **(positive Feststellungsklage)**, die Feststellung seines Nicht-Bestehens **(negative Feststellungsklage)** und die Feststellung der Nichtigkeit eines VA **(Nichtigkeitsfeststellungsklage)**. Auch die **Fortsetzungs-**

---

37 *Wöckel* JA 2015, 205; als Rechtsschutz gegen EU-Verordnungen: *Lenz/Staeglich* NVwZ 2004, 1421 ff.; Prüfungsaufbau: *Ehlers* JURA 2007, 179; Übungsfälle: *Geis/Schmidt* JuS 2012, 599; *Hartmann/Barczak* VR 2012, 274; *Ogorek* JA 2016, 279; wichtige Entscheidungen: BVerwGE 40, 323 – Krabbenkamp; 111, 306 – Universelles Leben; 130, 180 – Strategische Telefonüberwachung (G10).

38 → Rn. 720 ff. bei der Anfechtungsklage.

39 Zur Statthaftigkeit der Feststellungsklage gegen Rechtsverordnungen: BVerfGE 115, 81 dazu Anm. *Sachs* JuS 2006, 1012.

feststellungsklage bei Erledigung eines VA schon **vor Klageerhebung** wird als **originäre Feststellungsklage** qualifiziert (str.),[40] ebenso mangels VA eine Fortsetzungsfeststellungsklage **nach Erledigung einer Leistungs- oder Feststellungsklage,**[41] wenngleich man sich an die Voraussetzungen des § 113 I 4 VwGO anzulehnen hat.[42]

a) Rechtsverhältnis. Die allgemeine Feststellungsklage nach § 43 I Alt. 1 VwGO setzt **1574** ein Rechtsverhältnis als Streitgegenstand voraus. Ein **Rechtsverhältnis** ist eine rechtliche Beziehung, die sich aus einem konkreten Sachverhalt aufgrund einer öffentlich-rechtlichen Regelung für das Verhältnis einer Person zu einer oder mehreren Anderen oder zu einer oder mehreren Sache(n) ergibt.[43]

Mögliche Bezugspersonen sind dabei Normgeber, Normadressat und Normanwender. **1575** Letzterer vollzieht die streitgegenständlichen Vorschriften und steht daher regelmäßig dem Normadressaten gegenüber. Der Normgeber dagegen erlässt meist eine Bestimmung und setzt sie nicht um. Der hauptsächliche Gesetzgeber, der Bund, setzt sie auch dann nicht durch oder überwacht sie, wenn sie unmittelbar Pflichten begründet und damit self-executing ist. Die Länder vollziehen Bundesgesetze gem. Art. 83 GG grundsätzlich als eigene Angelegenheiten. Daher kann **gegen** eine **Bundesvorschrift keine Feststellungsklage** gegen den Bund erhoben werden, selbst wenn in allen Bundesländern dieselben Streitpunkte auftauchen. Es besteht zum Bund kein feststellungsfähiges Rechtsverhältnis. Art. 19 IV GG erfordert keine Weiterungen, ist doch Rechtsschutz zu erlangen und brächte auch eine Klage gegen den Bund nur eine Inzidentprüfung der streitigen Norm.[44]

Ein öffentlich-rechtliches Rechtsverhältnis ergibt sich auf jeden Fall **aus subjektiv-öf-** **1576** **fentlichen Rechten** des Bürgers, wozu **Ansprüche, Beherrschungs- und Gestaltungsrechte** gehören. Auch bei Rechtsverhältnissen zwischen einer Person und einer Sache handelt es sich um die Feststellung von Rechtsbeziehungen zwischen Personen. Ein solches Verhältnis lässt sich in ein Bündel von Rechtsverhältnissen zwischen Personen aufteilen, die durch die Sache nur vermittelt werden.[45]

> **Beispiel:** Durch die **Widmung** einer Straße als öffentlich-rechtliche Straße iSv § 6 NRWStrWG **1577** wird uU eine Vielzahl von zwischen Personen bestehenden Rechtsverhältnissen begründet. So ist gem. § 14 I NRWStrWG jedermann die Benutzung der Straße im Rahmen des **Gemeingebrauchs** gestattet (→ Rn. 1199 ff.), was ein subjektiv-öffentliches Recht gegenüber dem Staat darstellt. Zudem werden durch den Status der Straße öffentlich-rechtliche **Duldungspflichten** gegenüber dem Eigentümer der Straße begründet.

Gegenstand einer Feststellungsklage muss nicht immer das Rechtsverhältnis als Ganzes sein, sondern diesen bilden auch **einzelne** sich aus ihm ergebende **Rechte und Pflichten.** **1578**

> **Beispiel:** So kann die Verpachtungsberechtigung eines Apothekeneigentümers, der für seine eigene Apotheke bereits eine **Apothekenerlaubnis** besitzt, zum Gegenstand einer Feststellungsklage gemacht werden. Die Verpachtungsberechtigung ist dabei Teil des durch die Apotheken- **1579**

---

40 Näher → Rn. 1630 ff.
41 Näher → Rn. 1622, offen BVerwGE 100, 83 (91).
42 BVerwGE 111, 306 (309) – Universelles Leben.
43 BVerwGE 100, 262 (264); 89, 327 (329); 62, 342 (351).
44 BVerwGE 129, 199 (204 f.).
45 *Schenke* VerwProzR Rn. 378 ff.

betriebserlaubnis begründeten und von den Normen des Apothekengesetzes beherrschten Rechtsverhältnisses zwischen dem Inhaber der Apotheke und dem Staat.[46]

1580 Gegenstand der Feststellungsklage können auch einzelne Gestaltungsrechte im Rahmen eines **öffentlich-rechtlichen Vertrages** sein. Sog. **Statusrechte** wie zB die Staatsangehörigkeit oder die Mitgliedschaft in einer Körperschaft des öffentlichen Rechts enthalten zumeist eine Vielzahl von Rechten und Pflichten.

1581 **b) Konkret.** Feststellungsfähig im Rahmen von § 43 I Alt. 1 VwGO ist allein ein hinreichend **konkretes Rechtsverhältnis.** Es muss sich also aus einem bereits übersehbaren Sachverhalt ergeben.[47] Unzulässig ist daher die Feststellung der Gültigkeit oder Ungültigkeit einer Norm oder deren generelle Anwendbarkeit auf einen nicht einmal absehbaren Sachverhalt.

1582 **Beispiel** nach BVerwG NVwZ 2009, 1170: Nicht ausreichend ist der Hinweis, dass ein bestimmtes Verhalten den Tatbestand des Betruges erfüllen könnte, ohne dass mit der Einleitung eines straf- oder berufsrechtlichen Verfahrens gedroht wird.

1583 **Beispiel** nach BVerwG NVwZ 2010, 1300: Insoweit ist Voraussetzung, dass die Norm »self-executing« ist, sich also aus ihr unmittelbar Rechte und Pflichten ergeben, so wenn durch Verordnung ein Tarifvertrag über Mindestarbeitsbedingungen auf eine ganze Branche (hier Briefdienstleistungsbranche) erstreckt wird **(Mindestlohn).** Mittlerweile gilt das Mindestlohngesetz. Nur dann besteht ein feststellungsfähiges Rechtsverhältnis iSv § 43 I VwGO, ohne dass die rechtlichen Beziehungen zwischen Normgeber und Normadressat durch Verwaltungsvollzug konkretisiert oder individualisiert werden müssen (→ Rn. 37 f.). Die Anpassung des Mindestlohns erfolgt ebenfalls nicht individuell, sondern mit allgemeiner Verbindlichkeit.

1584 Für abstrakte Rechtsverhältnisse steht allenfalls das Normenkontrollverfahren nach § 47 VwGO zur Verfügung. Insoweit bedarf es zunächst einer Konkretisierung des Rechtsverhältnisses zB durch einen VA, um Feststellungsklage erheben zu können. Die zugrunde liegende Rechtsnorm kann dann inzident kontrolliert werden.

1585 Eine **Konkretisierung** kann **durch jede rechtlich relevante Handlung** im Bereich des öffentlichen Rechts erfolgen, so durch VA, Rechtsnorm, öffentlich-rechtlichen Vertrag oder durch Realakt.[48] Eine Konkretisierung kann aber auch formloses Handeln der Verwaltung herbeiführen.

1586 **Beispiel:** A will auf seinem Grundstück, das im Bereich eines qualifizierten Bebauungsplans liegt, einen Maschendrahtzaun in Höhe von 2 m errichten. Gemäß § 65 I Nr. 13 NRWBauO sind Einfriedungen bis zu einer Höhe von 2 m genehmigungsfrei. Die zuständige Baubehörde erfährt von dem Vorhaben des A und kündigt ihm gegenüber an, im Falle der Verwirklichung eine Abrissverfügung zu erlassen, da sie im Gegensatz zu A von der Genehmigungsbedürftigkeit dieses Vorhabens ausgeht. In diesem Fall ist ein VA der Baubehörde noch nicht ergangen. Indes hat sich der vorliegende Sachverhalt durch die formlos deutlich gemachte Rechtsansicht der Baubehörde schon so weit zu einem konkreten Rechtsverhältnis verdichtet, dass A die Genehmigungsfreiheit seines Vorhabens durch Feststellungsklage gem. § 43 I Alt. 1 VwGO geltend machen kann. Er kann das Nichtbestehen eines Genehmigungsverhältnisses gegenüber der Baubehörde feststellen lassen.

---

46 BVerwGE 92, 172 (174).
47 BVerwGE 89, 327 (329); 77, 207 (211 f.).
48 *Schmitt Glaeser/Horn* VerwProzR Rn. 329.

Ergeben sich bereits aus einer feststehenden Rechtslage substanzielle wirtschaftliche   **1587**
Konsequenzen, folgt schon daraus die Konkretheit des Rechtsverhältnisses. So wurden
aufgrund neuer Pfand- und Rücknahmepflichten Einwegverpackungen herausgenommen. In diesem Falle ist auch kein schriftlicher Austausch von Divergenzen notwendig.
Das erforderliche streitige Rechtsverhältnis[49] resultiert schon aus einem Freistellungs-
antrag von neuen normativen Pflichten und dessen Ablehnung durch die Behörden
bzw. zu erwartenden Gegenmaßnahmen bei Verletzung dieser neuen Vorschriften.[50]

c) Gegenwärtig, vergangen oder zukünftig. Eine Konkretisierung liegt auch dann   **1588**
vor, wenn das Rechtsverhältnis in der **Vergangenheit** liegt, sofern nur noch immer
Auswirkungen auf den Kläger bestehen. In solchen Fällen sind jedoch höhere Anforderungen an das Vorliegen eines berechtigten Interesses zu stellen.

> **Beispiel** nach BVerwGE 2, 229 (231): Bei der Berechnung der Versorgungsbezüge eines Beam-   **1589**
> ten kann die Frage nach der richtigen Berechnung der letzten Dienstbezüge auch nach Eintre-
> ten des Beamten in den Ruhestand ein feststellungsfähiges Rechtsverhältnis darstellen. Das
> vergangene Rechtsverhältnis hat noch in der Gegenwart Auswirkungen, weil von der Höhe
> der Dienstbezüge die Höhe der Versorgungsbezüge abhängig ist.

Um überhaupt Rechtsschutz nach Art. 19 IV GG zu garantieren, müssen auch abgeschlossene Rechts-   **1590**
beziehungen feststellungsfähig sein, über die der **Betroffene erst nachträglich erfährt.** Das betrifft die
Überwachung von Telefongesprächen, über die erst im Nachhinein informiert wird.[51] Auch wenn
diese Information durch einen VA erfolgt,[52] geht es um die Überwachungsmaßnahme als solche. Deren
Anordnung richtet sich nicht gegen einzelne Personen und deren Telefonanschlüsse, sondern bezieht
sich auf eine bestimmte Gefahr, von der ausgehend die überwachten Telefonanschlüsse ausgewählt werden. Die Überwachungsmaßnahme bildet daher keinen VA, der mit einer Anfechtungs- oder später mit
einer Fortsetzungsfeststellungsklage bekämpft werden könnte. Vielmehr ist auf Feststellung der Rechtswidrigkeit der Überwachungsmaßnahme zu klagen.[53] Wegen der Bedeutung rechtzeitiger Information
(→ Rn. 424ff.) kann auch auf Feststellung geklagt werden, die Unterrichtung hätte früher erfolgen müssen.[54]

Auch **zukünftige Rechtsverhältnisse** sind feststellbar, wenn ein subjektives Recht   **1591**
zwar noch nicht besteht, aber nur von dem sehr wahrscheinlichen Eintritt eines anderen Sachverhalts abhängt. Will ein Beamter die im Falle seines Todes entstehenden Ver-
sorgungsansprüche seiner Frau feststellen lassen,[55] ist dieser Anspruch freilich bereits
im bestehenden Beamtenrechtsverhältnis angelegt und nur durch den Tod aufschie-
bend bedingt; von daher ist auch die Frage der Anspruchsberechtigung als solcher ein
gegenwärtiges Rechtsverhältnis. Solchermaßen konkretisierte gegenwärtige Rechtsverhältnisse[56] bilden die regelmäßige Grundkonstellation von Feststellungsklagen.

Schließlich muss das festzustellende Rechtsverhältnis auch nicht zwingend zwischen   **1592**
den Streitparteien bestehen. Es genügt auch ein **Rechtsverhältnis gegenüber einem
Dritten,**[57] sofern von diesem eigene Rechte des Klägers abhängen.[58]

---

49 BVerwGE 89, 327.
50 BVerwGE 129, 199 (207 f.) zur VerpackVO.
51 BVerwGE 130, 180 (184 f.) – Strategische Telefonüberwachung (G10); → Rn. 424 ff.
52 Dazu BVerwGE 130, 29.
53 BVerwGE 130, 180 (185 f.) – Strategische Telefonüberwachung (G10).
54 BVerwGE 130, 180 (192 f.) – Strategische Telefonüberwachung (G10).
55 BVerwGE 38, 346 (347 f.).
56 Um die Feststellung eines gegenwärtigen Rechtsverhältnisses geht es auch bei der sog. vorbeugenden
 Feststellungsklage, s. *Schenke* VerwProzR Rn. 408.
57 BVerwGE 39, 247 (248); 50, 60 (62).
58 Kopp/Schenke/*W.-R. Schenke* § 43 Rn. 16.

2. Nichtigkeitsfeststellungsklage gem. § 43 I Alt. 2 VwGO

1593   Voraussetzung für eine Nichtigkeitsfeststellungsklage ist das **Vorliegen eines VA**. Zudem muss plausibel geltend gemacht werden, dass dieser nichtig ist. § 43 I Alt. 2 VwGO nennt nur eine Klage auf Feststellung der Nichtigkeit eines VA. Dieser eindeutige Wortlaut des § 43 I Alt. 2 VwGO schließt eine Nichtigkeitsfeststellungsklage auf **Wirksamkeit eines VA** aus.[59] Allerdings kann der Kläger die Wirksamkeit eines ihn begünstigenden VA über die allgemeine Feststellungsklage gem. § 43 I Alt. 1 VwGO geltend machen. Die Prüfung des Bestehens eines Rechtsverhältnisses beinhaltet mittelbar auch die Wirksamkeitsprüfung des dieses Rechtsverhältnis begründenden VA. Der Vorrang der Verpflichtungsklage[60] wird hierdurch nicht berührt. Mit dem Begehren auf Feststellung der Wirksamkeit eines VA bringt der Kläger zum Ausdruck, dass er keinen neuen VA verlangt.

1594   Die **Nichtigkeit einer Norm** kann hingegen **nicht** festgestellt werden, um § 47 VwGO nicht zu umgehen (→ Rn. 1109 f.), ebenso wenig ihre Unanwendbarkeit wegen Verstoßes gegen Europarecht. Möglich ist jedoch eine **Klage auf Feststellung**, dass **kein Rechtsverhältnis** besteht, **weil** eine **Norm ungültig** oder unanwendbar ist.[61] Dann aber handelt es sich um einen Fall nach § 43 I Alt. 1 VwGO (→ Rn. 1574, → Rn. 1587).

III. Klagebefugnis

1595   Die Rspr. wendet **§ 42 II VwGO** auch auf den Fall der Feststellungsklage **analog** an.[62] Die Gegenmeinung in der Literatur verweist auf den Wortlaut des § 43 I VwGO, der nur ein berechtigtes Interesse verlangt, und darauf, dass sich § 42 II VwGO allein auf die in § 42 I VwGO genannte Leistungs- und Gestaltungsklage beziehe.[63] Indes hat die Feststellungsklage einen sehr weiten Anwendungsbereich; es sind auch solche Rechtsverhältnisse feststellungsfähig, die nur zwischen dem Beklagten und einem Dritten bestehen. **Um Popularklagen vorzubeugen,** bedarf es daher neben dem Interesse an der Feststellung eines Rechtsverhältnisses auch einer Betroffenheit in eigenen Rechten, sei es, weil der Kläger selbst an dem Rechtsverhältnis beteiligt ist, sei es, weil von diesem eigene Rechte abhängen.

IV. Feststellungsinteresse

1596   Zusätzlich muss der Kläger nach § 43 I Hs. 2 VwGO ein Feststellungsinteresse vorweisen. Insoweit muss kein rechtliches, sondern eben nur ein **berechtigtes Interesse** vorliegen. Darunter fällt jedes vernünftige Interesse, sei es **rechtlicher, wirtschaftlicher oder ideeller Natur.**[64] Dabei sprechen die Gründe, die für ein berechtigtes Feststellungsinteresse vorgebracht werden können, idR auch für ein Interesse an der **baldigen Feststellung** des Rechtsverhältnisses. Ein berechtigtes Interesse ist insbesondere gegeben, wenn die **Rechtslage unklar** ist, Kläger und Behörde darüber unterschiedlicher

---

59 Wie hier *Schmitt Glaeser/Horn* VerwProzR Rn. 336; *Hufen* VerwProzR § 18 Rn. 30; aA *Schenke* VerwProzR Rn. 412.

60 → Rn. 1602.

61 BVerwGE 129, 199 (204).

62 BVerwGE 100, 262 (271); 99, 64 (66); auch Schoch/Schneider/Bier/*Pietzcker* § 43 Rn. 29.

63 *Schmitt Glaeser/Horn* VerwProzR Rn. 341; *Hufen* VerwProzR § 18 Rn. 17.

64 Dazu *Schenke* VerwProzR Rn. 579, 571 ff.

Auffassung sind und der Kläger sein Verhalten von der Feststellung des Rechtsverhältnisses abhängig macht.[65]

Bei vergangenen Rechtsverhältnissen kommt als Feststellungsinteresse vor allem ein **verletztes Recht** in Betracht – so durch einen Eingriff in Art. 10 GG bei einer Telefonüberwachung oder eine verspätete Information darüber.[66]   **1597**

Ein Feststellungsinteresse ist für den Kläger häufig dann gegeben, wenn die **Genehmigungsfreiheit** seines Handelns in Streit steht. In diesen Fällen hat der Bürger zur Herstellung eigener **Dispositionssicherheit** ein Interesse an der Klärung der Rechtslage.   **1598**

> **Beispiel:** A möchte in einem Teil seines Lebensmittelgeschäftes eine Theke einrichten, an der er   **1599**
> warme Speisen an seine Kunden verkauft. Die zuständige Behörde ist im Gegensatz zu A der
> Ansicht, dafür bedürfe er einer **Gaststättenerlaubnis** nach § 2 GastG, zumal der als passionierter Hobbykoch geltende A dafür bekannt ist, dass er seine Gerichte unter Verwendung
> eines nicht geringen Anteils hochprozentiger Alkoholika zubereitet. A beruft sich auf § 2 II
> Nr. 3 GastG, der für die Verabreichung von zubereiteten Speisen eine Ausnahme von der Erlaubnispflicht vorsieht. Die Einrichtung der Theke stellt einen finanziellen Aufwand für A dar.
> Um später keinen behördlichen Maßnahmen ausgesetzt zu sein, die diesen Aufwand zunichte
> machen könnten, hat er ein Interesse an der Klärung der Genehmigungsbedürftigkeit, mithin
> der Feststellung.

Ein Interesse an einer abschließenden, feststellenden Entscheidung kann auch daraus erwachsen, dass sich der Kläger die Erträge einer bereits erhobenen Klage, deren Gegenstand sich erledigt hat, für einen späteren Prozess sichern möchte. Pate dafür steht § 113 I 4 VwGO, der niedrigere Anforderungen als § 43 I VwGO stellt und daher grundsätzlich von diesem zu unterscheiden ist.[67] Bei einer Erledigung besteht aber eine parallele Interessenlage.[68]   **1600**

So kommen im vorherigen Beispiel bei einer zunächst zu Unrecht behaupteten Erlaubnisbedürftigkeit vor den Zivilgerichten geltend zu machende Ersatzansprüche in Betracht, wenn deshalb der Betrieb erst verspätet anlaufen konnte.   **1601**

V. Keine Subsidiarität

Die Feststellungsklage darf nicht gem. § 43 II 1 VwGO subsidiär sein. Das ist sie dann, wenn **Rechtsschutz** durch Gestaltungs- oder Leistungsklage wenigstens im **gleichen Umfang** und mit **derselben Effektivität** gewährleistet ist.[69] Da die Rechtswege prinzipiell gleichwertig sind, gehören dazu auch zivilrechtliche Klagen. Einer Klärung etwa derselben Vorfragen für einen Schadensersatzanspruch auch im Verwaltungsrechtsweg bedarf es nicht. Eine gleichzeitige Geltendmachung vor der Zivil- und der Verwaltungsgerichtsbarkeit schließt eine Fortführung nach Erledigung des Hauptsachebegehrens aus; dann greift nicht die Prozessökonomie, sondern die Subsidiarität – der Gedanke des § 113 I 4 VwGO schlägt nicht durch.[70]   **1602**

---

65 Kopp/Schenke/*W.-R. Schenke* § 43 Rn. 24.
66 BVerwGE 130, 180 (193) – Strategische Telefonüberwachung.
67 BVerwGE 100, 83 (91): geplante Amtshaftungsklage begründet grundsätzlich kein Feststellungsinteresse.
68 → Rn. 1573 und → Rn. 1622.
69 BVerwGE 32, 333 (335); *Mann/Wahrendorf* VerwProzR § 19 Rn. 307.
70 BVerwGE 111, 306 (310) – Universelles Leben.

1603 Die Subsidiarität bezieht sich aber nur auf denselben Streitgegenstand. Die Feststellungsklage ist also **nicht subsidiär, wenn** sie den **Fall umfassender zu klären** vermag.

1604 **Beispiel:** Die Feststellung der Genehmigungsfreiheit ist umfassender als lediglich die Abwehr einer Abrissverfügung zB im Hinblick auf eine um ein Haus errichtete Mauer.

1605 **Beispiel** nach BVerwGE 40, 323 – Krabbenkamp: Verstößt eine Gemeinde bei der Aufstellung eines Bebauungsplans für ein an eine Nachbargemeinde angrenzendes Gebiet gegen das Abstimmungsgebot gem. § 2 II BauGB, ist eine Klage der Nachbargemeinde auf Feststellung des Bestehens des sich aus dem Abstimmungsgebot ergebenden Rechtsverhältnisses nicht subsidiär. Eine vorbeugende Normenkontrolle gegen eine noch nicht verkündete Satzung kommt im Rahmen des § 47 VwGO nicht in Betracht.[71] Die Möglichkeit der Nachbargemeinde, gegen die nach Erlass des Bebauungsplans erteilten zahlreichen Baugenehmigungen im Rahmen einer Anfechtungsklage gem. § 42 I VwGO einzeln vorzugehen, wäre nicht ebenso effektiv. Nach BVerwGE 40, 323 (327) ist auch nicht wegen § 43 II VwGO die vorbeugende Unterlassungsklage vorrangig.

1606 Das Subsidiaritätserfordernis bezieht sich allein auf die **Statthaftigkeit** anderer Leistungs- oder Gestaltungsklagen und deren Effektivität, nicht aber auf das Vorliegen anderweitiger spezieller Zulässigkeitserfordernisse dieser Klagen.[72] Mit auf ein Rechtsverhältnis bezogenen Feststellungsklagen dürfen also **nicht Voraussetzungen** für Anfechtungs- und Verpflichtungsklagen wie Frist und Widerspruchsverfahren **umgangen** werden. Damit dürfen über sie nicht bereits unzulässige Anfechtungsklagen doch noch bzw. noch nicht zulässige Klagen frühzeitig ermöglicht werden. Darin liegt auch der entscheidende Grund für die Subsidiarität der Feststellungsklage.[73]

1607 **Fall:** A wird als Grundstückseigentümer aufgrund der örtlichen Satzung ein Abwassergebührenbescheid für die Inanspruchnahme der gemeindlichen Kläranlage erteilt. Er ist der Meinung, die Gemeinde erwirtschafte durch zu hohe Festsetzung der Gebühren absichtlich Gewinne, was mit dem in § 6 I 3 KAG zum Ausdruck kommenden Äquivalenzprinzip unvereinbar sei. Zwei Monate nach Zustellung des Bescheides will er dessen Rechtswidrigkeit feststellen lassen.

Die durch den Bescheid begründete Zahlungspflicht des A gegenüber der Gemeinde ist ein Rechtsverhältnis iSv § 43 I VwGO. A hat auch ein Feststellungsinteresse, da ihn der Gebührenbescheid wirtschaftlich belastet. Die Anfechtungsklage ist aber die effektivere Klageart, zumal ihr Kassationswirkung zukommt, womit dem Kläger in höherem Maße gedient ist. Unbeachtlich ist im Rahmen der Subsidiaritätsüberlegungen allerdings, dass die Anfechtungsklage zum jetzigen Zeitpunkt wegen Verstreichens der Anfechtungsfrist nicht mehr möglich ist. Die Zulässigkeitsvoraussetzungen der Anfechtungsklage sollen gerade nicht durch die Erhebung einer Feststellungsklage umgangen werden.

1608 Eine solche Umgehung liegt hingegen nicht vor, wenn eine neue Norm ergeht, sodass die ursprünglichen VA überholt sind. Wurde gegen sie nicht vorgegangen, ist dies unschädlich.[74]

1609 Da der Unterschied zur allgemeinen Leistungsklage allein in der Erlangung eines vollstreckbaren Urteils liegt, werden von der Rspr. Ausnahmen des Subsidiaritätsprinzips **gegenüber Behörden** gemacht. Gegen sie soll daher generell eine Feststellungsklage

---

71 → Rn. 1109 f.
72 *Schmitt Glaeser/Horn* VerwProzR Rn. 337.
73 BVerwGE 77, 207 (211). Folglich spricht auch nichts dagegen, vor Klageerhebung die Rechtswidrigkeit erledigter VA mithilfe der allgemeinen Feststellungsklage feststellen zu lassen, sofern die Erledigung vor Ablauf der Widerspruchs- bzw. Klagefrist erfolgte. Näher dazu → Rn. 1630 ff., 1635 f. sowie → Rn. 1638.
74 BVerwGE 129, 199 (203).

zulässig sein, weil von ihnen erwartet werden könne, dass sie sich freiwillig einem Urteil auch ohne einen Vollstreckungsdruck unterwerfen.[75] Auch staatliche Einheiten können sich aber de facto hartnäckig der Befolgung von Urteilen widersetzen. Zudem ist eine solche beklagtenbezogene Ausnahme in § 43 II VwGO nicht angelegt,[76] sodass auch hier der Subsidiaritätsgrundsatz entgegen der Rspr. Anwendung findet.

Generell von dem Subsidiaritätserfordernis ausgenommen ist die **Nichtigkeitsfeststellungsklage.** Der Grund dafür liegt in der Schwierigkeit, im Vorhinein zu entscheiden, ob ein einem VA anhaftender Fehler zu dessen Nichtigkeit führt oder lediglich dessen Rechtswidrigkeit zur Folge hat.[77] **1610**

Die vorherige Stellung eines **Antrags gem. § 44 V VwVfG ist nicht Voraussetzung** für die Erhebung einer Nichtigkeitsfeststellungsklage.[78] Dafür spricht zunächst der eindeutige Wortlaut des § 43 VwGO. Zudem handelt es sich bei dem Antrag gem. § 44 V VwVfG lediglich um ein verwaltungsbehördliches Verfahren. Aus Gründen des effektiven Rechtsschutzes ist aus Sicht des Klägers die Feststellungsklage daher vorteilhafter, weil nur das Verwaltungsgericht mit Rechtskraft über die streitige Frage entscheiden kann. **1611**

VI. Sonstiges

Vorverfahren und Fristen sind grundsätzlich nicht einzuhalten (Ausnahme § 54 II BeamtStG). Passiv legitimiert ist der Träger der Behörde, die das behauptete Rechtsverhältnis bestreitet bzw. ein Rechtsverhältnis entgegen der Auffassung des Klägers in Anspruch nimmt. **1612**

B. Begründetheit

Die Feststellungsklage ist begründet, wenn das in Streit stehende Rechtsverhältnis entsprechend den Behauptungen des Klägers besteht oder nicht besteht bzw. der VA nichtig ist.[79] **1613**

> **Beispiel** nach BVerwGE 130, 180 – Strategische Telefonüberwachung (G10): Soweit durch den BND nicht personen-, sondern sachbezogen Telefongespräche mit ausländischem Bezug überwacht werden, ohne einzelne Anschlüsse gezielt herausgreifen zu können (→ Rn. 1589), liegen die Voraussetzungen für einen Eingriff in Art. 10 GG niedriger als im Polizei- und Strafprozessrecht. Die Notwendigkeit, rechtzeitig Aufschluss über eine außen- bzw. sicherheitspolitisch relevante Gefahr von hohem Gewicht für die Bundesrepublik zu erlangen, genügt. Das betrifft vor allem den internationalen Terrorismus. Dessen Bedeutung und die sich daraus ergebende zwingende Kooperation zwischen den Staaten erfordern eine breite Informationsgewinnung, unabhängig von der konkreten Gefahr eines Anschlags (s. dagegen das BVerfG etwa zur Rasterfahndung → Rn. 439 ff.). Um den Zweck der Überwachung nicht zu gefährden, besteht ein breiter Beurteilungsspielraum, wann der Betroffene darüber informiert wird. **Feststellungsklagen auf Rechtswidrigkeit einer erfolgten Telefonüberwachung** und einer zu späten Unterrichtung sind daher **regelmäßig unbegründet.** **1614**

---

75 BVerwGE 77, 207 (211).

76 *Hufen* VerwProzR § 18 Rn. 6; *Schenke* VerwProzR Rn. 420.

77 *Schmitt Glaeser/Horn* VerwProzR Rn. 339.

78 Str.; wie hier Kopp/Schenke/*W.-R. Schenke* § 43 Rn. 20; *Mann/Wahrendorf* VerwProzR § 19 Rn. 302; aA *Hufen* VerwProzR § 18 Rn. 32, der ohne einen vorherigen Antrag gem. § 44 V VwVfG das Feststellungsinteresse verneint.

79 Vgl. zur Nichtigkeit von VA → Rn. 1593.

1615   **Feststellungsklage, § 43 I VwGO**

A. Zulässigkeit

I. Verwaltungsrechtsweg, § 40 I VwGO
Rechtsverhältnis ist ör, wenn von ör Normen geprägt

II. Statthaftigkeit:
- bei streitigem Rechtsverhältnis, das hinreichend konkret, oder einzelnen Rechten bzw. Pflichten daraus
- vergangenes Rechtsverhältnis, wenn noch Auswirkungen, zukünftiges, wenn Auswirkungen absehbar
- bei Erledigung eines VA schon vor Klageerhebung (str., → Rn. 1630 ff.)
- im Hinblick auf Nichtigkeit VA: Nichtigkeitsfeststellungsklage, § 43 I Alt. 2 VwGO

III. Klagebefugnis, § 42 II VwGO analog:
Mögliche eigene Rechte des Kl. im Rechtsverhältnis oder von diesem abhängig

IV. Feststellungsinteresse, § 43 I Hs. 2 VwGO: rechtl., wirtschaftl. oder ideelles Interesse an baldiger Feststellung, zB wg. unklarer Rechtslage, Dispositionssicherheit bei Erledigung VA vor Klageerhebung wie bei FFK

V. Beteiligten- und Prozessfähigkeit

VI. Keine Subsidiarität, § 43 II VwGO: zB wg. umfassenderer Klärung (s. auch KVS)

VII. Weder Vorverfahren noch Frist (Ausnahme § 54 II BeamtStG)

VIII. Klagegegner: Träger der Behörde, die das Rechtsverhältnis entgegen Kl. bestreitet oder behauptet/(nichtigen) VA erlassen hat, § 78 I VwGO analog

B. Begründetheit
Rechtsverhältnis besteht (nicht) entsprechend Behauptung Kl. o.
VA ist nichtig

§ 25 Fortsetzungsfeststellungsklage (Rechtswidrigkeitsfeststellungsklage)[80]

A. Einordnung

1616 Die Fortsetzungsfeststellungsklage ist auf die **Feststellung der Rechtswidrigkeit eines mittlerweile erledigten VA** gerichtet. Eine gesetzliche Regelung findet sich in § 113 I 4 VwGO. Danach kann über eine bereits im Zeitpunkt der Erledigung des VA anhängige Anfechtungsklage trotz der zwischenzeitlichen Erledigung auf Antrag des Klägers entschieden werden.

1617 **Beispiel** nach BVerwGE 81, 74: Die Gaststättenerlaubnis von A wird nach §§ 4, 15 II GastG wegen angeblicher Unzuverlässigkeit widerrufen. Gegen den Widerrufsbescheid erhebt dieser eine zulässige Anfechtungsklage. Ehe es jedoch zur Verhandlung kommt, verkauft er das Lo-

---

80 *Ingold* JA 2009, 711; *Schenke* JuS 2007, 697; *Schübel-Pfister* JuS 2016, 418; Übungsfall: *Gött/Ruschemeier* JA 2015, 286; wichtige Entscheidungen: BVerwGE 26, 161 – Schwabinger Krawalle; 109, 203 – Filmbeschlagnahme; VGH München Beschl. v. 10.6.2015 – 10 C 15.880 – polizeiliche Nachschau; VGH Kassel NVwZ 2012, 1350 – Biblis.

kal an B weiter. Trotzdem möchte er die Rechtswidrigkeit des VA feststellen lassen, um einen negativen Eintrag in das Gewerbezentralregister zu vermeiden.

Dies ist freilich nur möglich, wenn die **ursprüngliche Anfechtungsklage** auch **zuläs-** **1618** **sig** war, insbesondere das erforderliche Vorverfahren erfolglos durchgeführt und die Klagefrist eingehalten wurde. Als **fortgesetzte Anfechtungsklage** gelten für die Fortsetzungsfeststellungsklage auch deren Zulässigkeitsvoraussetzungen. Anerkannt ist zudem, dass **§ 113 I 4 VwGO analog auf die Verpflichtungsklage** angewendet werden kann.[81] Zudem können Fortsetzungsfeststellungsklagen erhoben werden, wenn sich der **VA schon vor Klageerhebung erledigt** hat. Denn auch hier muss wegen der Rechtsschutzgarantie des Art. 19 IV GG eine Klagemöglichkeit bestehen. Dann wird § 113 I 4 VwGO analog angewendet – oder aber eine originäre Feststellungsklage angenommen (→ Rn. 1573, 1630 ff.).

B. Zulässigkeit

I. Eröffnung des Verwaltungsrechtsweges

Problematisch ist die Eröffnung des Verwaltungsrechtsweges bei Fortsetzungsfeststel- **1619** lungsklagen häufig im polizeilichen Bereich. Aufgrund der **Doppelfunktion der Polizei** als Gefahrenabwehr- sowie Justizbehörde iSd § 23 EGGVG ist zu unterscheiden, ob die Polizei im konkreten Fall **präventiv** (zur Gefahrenabwehr und Verhinderung von Straftaten) oder **repressiv** (zum Zwecke der Strafverfolgung) tätig wurde. Im zweiten Fall handelt die Polizei als Justizbehörde, und es liegt ein sog. **Justizverwaltungsakt** vor, dessen gerichtliche Überprüfung nach §§ 23 ff. EGGVG den ordentlichen Gerichten vorbehalten ist (sog. abdrängende Sonderzuweisung).[82]

Die Abgrenzung zwischen präventivem und repressivem Tätigwerden der Polizei er- **1620** folgt funktionell. Entscheidend ist, **welchen Zweck die Polizei** mit einer bestimmten Maßnahme **erreichen wollte** und wie sich der konkrete Sachverhalt einem verständigen Bürger bei natürlicher Betrachtung darstellt. Kann sich die Polizei sowohl auf präventive als auch auf repressive Normen berufen (sog. **doppelfunktionelle Maßnahme**[83]), verfolgt sie mithin beide Zielrichtungen, so muss auf den **Schwerpunkt ihres Handelns** abgestellt werden.[84] Bei der Strafverfolgung kann die Polizei zur Erforschung von Straftaten entweder aus eigener Kompetenz (vgl. § 163 StPO) oder als Hilfsbeamter der Staatsanwaltschaft iSv § 152 I GVG (iVm § 161 StPO) tätig werden. Die Gefahrenabwehr beinhaltet hingegen die Unterbindung von Störungen der öffentlichen Sicherheit und Ordnung, die sich nach dem Polizeigesetz richtet, § 1 I NRWPolG.

Beispiel: Hält die Polizei Demonstranten durch Räumung der Gleisanlagen davon ab, einen **1621** Castortransport aufzuhalten oder beendet sie eine Hausbesetzung durch Räumung, so geht es gerade um Gefahrenabwehr und Störungsbeseitigung. Hier verfolgt die Polizei präventive Zwecke. Bei der anschließenden **Identitätsfeststellung** muss unterschieden werden: Dient diese der Strafverfolgung, ist § 163b StPO einschlägig. Dann handelt die Polizei als Justizbehörde, sodass der ordentliche Rechtsweg nach § 23 EGGVG gegeben ist. Geht es demgegenüber (primär) um die Abwehr von Gefahren oder die Verhinderung künftiger Straftaten, ist

---

81 Näher dazu → Rn. 1626.
82 → Rn. 719.
83 S. Lisken/Denninger/*Denninger* HdB PolizeiR D Rn. 192.
84 AA *Schenke* VerwProzR Rn. 140: beide Rechtswege eröffnet.

§ 12 NRWPolG Befugnisnorm und für hierauf bezogene Streitigkeiten der Verwaltungsrechtsweg nach § 40 VwGO eröffnet.

II. Statthafte Klageart

1. Verwaltungsakt

1622 Fortsetzungsfeststellungsklagen sind dann statthaft, wenn die Rechtswidrigkeit eines VA festgestellt werden soll, der sich mittlerweile erledigt hat. Zunächst muss also ein VA vorliegen,[85] und dieser muss sich erledigt haben. Wegen seiner systematischen Stellung im auf VA bezogenen § 113 VwGO und dem insoweit eindeutigen Wortlaut des § 113 I 4 VwGO werden erledigte **Realakte** nicht erfasst. Die **Feststellung** ihrer **Rechtswidrigkeit** erfolgt daher über die allgemeine Feststellungsklage nach § 43 VwGO und nicht über § 113 I 4 VwGO.[86] Da die Interessen bei Erledigung zu denen von VA parallel liegen, ist die Zulässigkeitsprüfung allerdings an § 113 I 4 VwGO anzulehnen, wobei aber § 43 II VwGO vorgeht.[87]

2. Erledigung des Verwaltungsaktes

1623 **Erledigt** hat sich ein **VA** dann, wenn die rechtliche Beschwer nachträglich weggefallen ist, er also **keine Regelungswirkungen mehr entfaltet.** Dies kann neben den Fällen der Aufhebung (insbes. nach §§ 48, 49 VwVfG) auch auf andere Weise geschehen, insbesondere durch Zeitablauf, Zweckfortfall und Zweckerreichung, vgl. § 43 II VwVfG.

1624 **Beispiel:** Ein Spruchband eines Demonstranten wird sichergestellt und nach Beendigung der Demonstration dem Betroffenen wieder ausgehändigt. Ein beschlagnahmter Film wird auf der Dienststelle entwickelt, bestimmte Negative einbehalten und der restliche Film nach erfolgter Aufhebung der Beschlagnahme zurückgegeben.[88] Sofern **mehraktige Handlungen** wie häufig im Polizeirecht vorkommen, bedarf es einer entsprechenden **Differenzierung.** So ist im zweiten Beispielsfall zu beachten, dass es sich um zwei selbstständige Handlungen handelt. Zu erheben ist daher zum einen FFK, gerichtet auf die Feststellung, dass die Beschlagnahme des Films als VA rechtswidrig war, und/oder zum anderen Feststellungsklage nach § 43 VwGO, bezogen auf den davon unabhängigen Realakt der Filmentwicklung.

1625 Bei sachbezogenen VA kann das Regelungsobjekt untergehen oder das Eigentum verloren gehen, bei personenbezogenen VA der in dem Adressaten begründete Anlass wegfallen. Der **Vollzug eines VA führt hingegen grundsätzlich nicht zu dessen Erledigung,** weil dann der VA weiterhin den Rechtsgrund für die Vollzugsfolgen bildet. Kann der Vollzug hingegen nicht mehr rückgängig gemacht werden, ist Erledigung eingetreten. So führt die Beschlagnahme des Films oder die Abreise des Staatsgasts[89] allein nicht zur Erledigung des zugrunde liegenden VA. Vielmehr muss die Vollziehung erst rückgängig gemacht werden, zB durch Aufhebung der Beschlagnahme. Dass die Erledigung eines VA idR nicht mit dessen Vollziehung gleichgesetzt werden kann, ergibt sich zudem aus der **Existenz des Vollzugsfolgenbeseitigungsanspruchs**

---

85 → Rn. 732 ff.

86 Wohl BVerwGE 111, 306 (308) – Universelles Leben; *Schenke* VerwProzR Rn. 337; *Schmitt Glaeser/ Horn* VerwProzR Rn. 360; offen BVerwGE 100, 83 (91); aA VGH München BayVBl. 1992, 310; *Hufen* VerwProzR § 18 Rn. 45 f.

87 → Rn. 1602.

88 BVerwGE 109, 203.

89 → Rn. 807.

gem. § 113 I 2 VwGO, der direkt mit der Anfechtungsklage geltend gemacht werden kann.

3. Erledigung nach Klageerhebung

Fortsetzungsfeststellungsklagen sind statthaft, wenn sich ein **angefochtener VA nach** **1626** **Klageerhebung,** aber vor Ergehen eines Urteils (»vorher«) und damit während des Prozesses **erledigt** (unmittelbare Anwendung des § 113 I 4 VwGO). Auch der Verpflichtungsantrag bezieht sich, wenn der Antrag des Bürgers vorher von der Behörde abgelehnt oder der Erlass eines VA unterlassen wurde, auf einen VA, dessen Ablehnung oder Unterlassung rechtswidrig gewesen sein kann. Zudem ist auch hier das Ziel der ursprünglichen Klage unerreichbar bzw. sinnlos geworden, sodass die ursprüngliche Klage wegen Wegfalls des Rechtsschutzinteresses unzulässig wird. Erledigt sich eine **Verpflichtungsklage** während des Prozesses, so ist daher § 113 I 4 VwGO analog anzuwenden.[90] Gerade solche Fälle kommen immer wieder vor.

> **Beispiel:** Der Verpflichtungsantrag oder die Untätigkeitsklage eines Bauwilligen auf Erlass **1627** eines Bauvorbescheides (§ 71 NRWBauO), also die verbindliche Klärung beispielsweise der Frage, ob ein Grundstück überhaupt bzw. in der beabsichtigten Art und Weise bebaut werden darf, wird obsolet, weil inzwischen der Gemeinderat eine dem geplanten Vorhaben entgegenstehende Veränderungssperre gem. § 14 BauGB erlassen hat.[91]

Der Antrag eines türkischen Mädchens auf Befreiung vom koedukativen Schwimmunterricht aus Glau- **1628** bensgründen für ein bestimmtes Schuljahr erledigt sich mit Ablauf des Schuljahres.[92]

> **Beispiel:** Der Schausteller A möchte an der Düsseldorfer Kirmes teilnehmen, sein Zulassungs- **1629** antrag wird aber abgelehnt. Daraufhin erhebt er kurz vor Beginn der Kirmes eine Verpflichtungsklage auf Zulassung und stellt gleichzeitig einen Antrag auf einstweilige Anordnung nach § 123 VwGO. Dieser Antrag wird als unbegründet abgelehnt, während das Hauptsacheverfahren nach Ende der Kirmes noch nicht abgeschlossen ist. Hier kann A analog § 113 I 4 VwGO im Hinblick auf eine beabsichtigte Teilnahme in den folgenden Jahren oder die Geltendmachung eines Entschädigungsanspruchs einen Antrag auf Feststellung der Rechtswidrigkeit der Ablehnung stellen.

4. Erledigung vor Klageerhebung

Der **Fall der Erledigung des VA schon vor Klageerhebung** ist in § 113 I 4 VwGO **1630** nicht geregelt. Oft finden sich entsprechende Konstellationen im Polizei- und Versammlungsrecht, wo sich Maßnahmen sofort nach deren Anwendung erledigen. Der Zeitpunkt der Erledigung hängt häufig vom Zufall ab und entzieht sich dem Einfluss des Bürgers. Daher soll der Zeitpunkt der Klageerhebung nicht für die Art des Rechtsschutzes entscheidend sein. § 113 I 4 VwGO wird daher auch analog auf die Erledigung vor Klageerhebung angewandt.[93]

Indes handelt es sich dabei nicht um die Fortsetzung einer bereits anhängigen Klage, **1631** wie es für § 113 I 4 VwGO charakteristisch ist (→ Rn. 1626). Insofern sollte man jedenfalls hier korrekter von einer **Rechtswidrigkeitsfeststellungsklage** sprechen. Das Be-

---

90 BVerwGE 89, 354 (355); 94, 352 (355); 102, 142 (143); *Hufen* VerwProzR § 18 Rn. 43. Zur Umstellung einer Untätigkeitsklage BVerwGE 106, 295 und *Hufen* JuS 1999, 614; *Heinze/Sahan* JA 2007, 805 (809); *Decker* JA 2016, 241.
91 S. BVerwGE 106, 295 bzw. JuS 1999, 614 mAnm *Hufen*.
92 BVerwGE 94, 28; s. zu Art. 4 GG → Rn. 395.
93 BVerwGE 81, 226 (227); 87, 23 (25); *Hufen* VerwProzR § 18 Rn. 42; *Schenke* JuS 2007, 697 (699f.); *Ingold* JA 2009, 711 (713f.); *Heinze/Sahan* JA 2007, 805.

gehren des Klägers war niemals auf die Aufhebung bzw. den Erlass[94] des VA gerichtet, sondern von Anfang an auf die Feststellung seiner Rechtswidrigkeit.[95]

1632 Damit handelt es sich um eine **originäre Feststellungsklage.** Ein Rechtsverhältnis iSv § 43 I Alt. 1 VwGO ergibt sich aus den durch den erledigten VA begründeten Rechten und Pflichten;[96] auch ein rechtswidriger VA kann ein feststellungsfähiges Rechtsverhältnis begründen, sofern er nur wirksam ist.[97] Daher müssen auch nur die Zulässigkeitsvoraussetzungen der Feststellungsklage erfüllt sein. Dies hat Auswirkungen im Hinblick auf das (fehlende) Erfordernis eines Vorverfahrens, einer Klagefrist und die Prüfung des Feststellungsinteresses.[98] Schon diese Erleichterungen sprechen für die Feststellungsklage.[99]

III. Klagebefugnis

1633 In den Fällen der Erledigung nach Klageerhebung ist die Fortsetzungsfeststellungsklage eine umgestellte Anfechtungs- bzw. Verpflichtungsklage, sodass die Klagebefugnis nach § 42 II VwGO auch bei ihr gegeben sein muss. Bei einer **Erledigung vor Klageerhebung** ist ebenfalls **§ 42 II VwGO analog** zu prüfen. Zwar handelt es sich hierbei der Sache nach nicht um eine fortgesetzte Anfechtungs- bzw. Verpflichtungsklage, doch sogar bei Feststellungsklagen bedarf es zum Ausschluss von Popularklagen der entsprechenden Anwendung des § 42 II VwGO.[100] Daher ist die Fortsetzungsfeststellungsklage in allen Fällen nur dann zulässig, wenn der Kläger durch den ursprünglichen VA oder dessen Ablehnung bzw. Unterlassung möglicherweise in eigenen Rechten verletzt worden ist.

IV. Vorverfahren

1634 Bei der Frage, ob es eines Vorverfahrens bedarf, ist von maßgeblicher Bedeutung, wann das den VA **erledigende Ereignis** stattfand. War dies entsprechend § 113 I 4 VwGO **nach Klageerhebung,** so bedarf es regelmäßig nach Maßgabe des § 68 VwGO eines **erfolglos durchgeführten Vorverfahrens.** Dann handelt es sich um eine umgestellte Anfechtungs- bzw. Verpflichtungsklage, deren Voraussetzungen vorgelegen haben müssen, um sie nicht durch eine nachträgliche Fortsetzungsfeststellungsklage zu umgehen. Fehlt danach das erforderliche Widerspruchsverfahren, so ist die Fortsetzungsfeststellungsklage wie die Ausgangsklage unzulässig.

1635 Bei einer **Erledigung vor Klageerhebung** bedarf es dagegen **nicht** der **Durchführung eines Vorverfahrens.** In diesen Fällen handelt es sich um ein originäres Feststellungsbegehren, sodass nicht mehr an die Zulässigkeitsvoraussetzungen der Anfechtungs- bzw. Verpflichtungsklage anzuknüpfen ist.[101] Zudem wäre ein **Widerspruchsverfahren unstatthaft.** Weder kann damit die Aufhebung des VA nach dessen Erledigung erreicht werden noch gibt es für Behörden die Möglichkeit, einen dem Bürger dienlichen

---

94 Zur analogen Anwendung des § 113 I 4 VwGO auf die Verpflichtungsklage → Rn. 1626.
95 IdS auch BVerwGE 109, 203 (208 f.) – Filmbeschlagnahme; dazu *R. Schenke* NVwZ 2000, 1255.
96 → Rn. 1588 ff.
97 BVerwGE 109, 203 (209); *Ehlers* JURA 2001, 415 (418).
98 Beispielhaft BVerwGE 106, 295 (296).
99 BVerwGE 109, 203 (209).
100 → Rn. 1595.
101 → Rn. 1632.

rechtsverbindlichen »Rechtswidrigkeitsfeststellungsbescheid« zu erlassen.[102] Daher können auch die Zwecke des Vorverfahrens, also die Entlastung der Gerichte und die zusätzliche Selbstkontrolle der Verwaltung, nicht mehr erreicht werden.

Eine **Ausnahme** gilt freilich, wenn die **Erledigung erst nach Ablauf der Widerspruchsfrist des § 70 I VwGO** erfolgte.[103] Da der Kläger es dann versäumt hat, eine mögliche zulässige Anfechtungs- oder Verpflichtungsklage zu erheben, kann auch keine nachträgliche Fortsetzungsfeststellungsklage mehr erhoben werden. Ansonsten würde der Vorrang von Anfechtungs- und Verpflichtungsklage gegenüber der Feststellungsklage (s. § 43 II 1 VwGO) unterlaufen. | 1636

V. Klagefrist

Auch für die Klagefrist ist zwischen Fällen der Erledigung vor und nach Klageerhebung zu unterscheiden. Bei einer **Erledigung** erst **nach Klageerhebung** ist § 74 VwGO schon deshalb anwendbar, weil es sich um eine verlängerte Anfechtungs- bzw. Verpflichtungsklage handelt. | 1637

Ob eine Klagefrist auch bei einer **Erledigung vor Klageerhebung** gewahrt werden muss, ist dagegen **umstritten.** So wird für diese Fälle teilweise die Forderung nach Einhaltung einer Klagefrist auch bei Erledigung des VA vor dessen (formeller) Bestandskraft erhoben.[104] Freilich entfällt mit der Erledigung des VA auch die Funktion der Bestandskraft, nämlich Rechtsfrieden und Rechtssicherheit. Neben dem Charakter einer solchen Klage als originärer Feststellungsklage (→ Rn. 1632) spricht gegen die Anwendung des § 74 VwGO, dass dem erledigten VA anderenfalls de facto fortdauernde Wirkung beigemessen würde.[105] Deshalb ist bei einer Erledigung vor Klageerhebung (in offener Widerspruchsfrist oder nach Einlegung des Widerspruchs) nicht die Klagefrist des § 74 I VwGO einzuhalten. Die Verwaltung ist vor einer Klage noch Jahre nach der Erledigung des VA durch das Institut der **Verwirkung** geschützt.[106] | 1638

Letztlich ist **selbst bei Verlangen einer Klagefrist** in diesen Fällen die **Fortsetzungsfeststellungsklage** gegen vor Bestandskraft erledigte VA **regelmäßig** wegen Geltung der Jahresfrist des § 58 II VwGO **nicht verfristet.** Gerade bei den an Ort und Stelle erteilten VA in Fällen des Versammlungs- bzw. Polizeirechts fehlt es zumeist mangels Schriftform nach § 58 I VwGO an einer ordnungsgemäßen Rechtsbehelfsbelehrung. | 1639

VI. Berechtigtes Feststellungsinteresse[107]

§ 113 I 4 VwGO verlangt als besondere Sachurteilsvoraussetzung, dass der Kläger ein berechtigtes Interesse an der Feststellung der Rechtswidrigkeit des erledigten VA hat. | 1640

---

102 BVerwGE 26, 161 (165); *Ingold* JA 2007, 711 (714); *Hufen* VerwProzR § 18 Rn. 55; aA *Schenke* VerwProzR Rn. 666, der a maiore ad minus aus der Möglichkeit der Behörde, gem. § 44 V VwVfG die Nichtigkeit eines VA festzustellen, auf die Zulässigkeit eines Rechtswidrigkeitsfeststellungsbescheides schließt.

103 BVerwGE 26, 161 (167).

104 VGH Mannheim DVBl. 1998, 836. Für die Einhaltung auch einer Widerspruchsfrist *Schenke* JuS 2007, 697 (700) und *Hufen* VerwProzR § 18 Rn. 56.

105 BVerwGE 109, 203 (207) – Filmbeschlagnahme.

106 BVerwGE 109, 203 (208) – Filmbeschlagnahme. Das Institut der Verwirkung greift dann ein, wenn der Betroffene über einen längeren Zeitraum nichts unternommen hat und die Verwaltung darauf vertrauen kann, dass der Klageberechtigte von seinem Recht keinen Gebrauch mehr macht.

107 ZB für versammlungsrechtliche Streitigkeit BVerfG JuS 2005, 173 mAnm *Sachs.*

Entsprechend der auf ein Feststellungsurteil gerichteten und damit vergleichbaren Zielrichtung der Fortsetzungsfeststellungsklage ist diese Voraussetzung grundsätzlich vergleichbar mit dem berechtigten Interesse nach § 43 I VwGO. Darunter fällt jedes nach Lage des Falles anzuerkennende, schutzwürdige Interesse rechtlicher, wirtschaftlicher oder ideeller Art.[108] Dass der Regelungsgehalt des VA durch die Erledigung fortgefallen ist, gibt den Ausschlag, ob der **VA** trotzdem **noch Auswirkungen auf die Gegenwart oder Zukunft** hat. Ausgefüllt wurde dieser notwendige Bezug von der Rspr. durch **spezielle Fallgruppen**, in denen das Vorliegen eines Feststellungsinteresses zu bejahen ist.

- **Wiederholungsgefahr:** Sie besteht bei der konkreten bzw. naheliegenden Möglichkeit, dass unter im Wesentlichen unveränderten tatsächlichen und rechtlichen Gegebenheiten ein vergleichbarer VA wieder ergehen wird, so bei einer angestrebten alljährlichen Teilnahme an einem Volksfest.[109] Entsprechendes Indiz ist bereits die Tatsache, dass die Behörde ihr Verhalten als rechtmäßig einstuft und der Betroffene an seinem Verhalten in der Zukunft festhalten will. Möglicher Eilrechtsschutz in künftigen Fällen ändert daran nichts, ist dieser doch anders gelagert als der Rechtsschutz in der Hauptsache.[110]

- **Rehabilitationsinteresse:** Dieses ist anzuerkennen, wenn der VA diskriminierenden oder ehrenrührigen Inhalt hat, der dem Ansehen abträglich ist.[111] Das kann etwa für eine **polizeiliche Nachschau** gelten; es kann auch eine Wiederholungsgefahr bestehen.[112]

1641   **Beispiel:** Widerruf der Gaststättenerlaubnis wegen angeblicher Unzuverlässigkeit.[113]

1642   Von einer diskriminierenden Wirkung ist indes nicht schon generell bei einem **Eingriff in Grundrechte** auszugehen.[114] Ansonsten könnte letztlich jeder erledigte belastende VA als in Art. 2 I GG eingreifend mit der Fortsetzungsfeststellungsklage untersucht werden, sodass das Korrektiv des besonderen Feststellungsinteresses leerlaufen würde.[115]

- **Präjudizwirkung** für einen Amtshaftungs- oder Entschädigungsprozess: Hier soll der Kläger die »**Früchte**« des bereits **begonnenen Prozesses** für einen sich anschließenden, also nicht parallel erhobenen[116] Rechtsstreit erhalten können. Dieses Argument greift **nur bei Erledigung nach Klageerhebung.** Ansonsten fehlt es an erhaltenswerten »Früchten«, also Prozessergebnissen, sodass eine Inzidentprüfung im Rahmen des anderen Prozesses ökonomischer ist.[117] Prozessergebnisse sind auch dann nicht später verwertbar, wenn etwa eine geplante Anschlussklage vor den Zi-

---

108 → Rn. 1596.
109 → Rn. 1627 und BVerwGE 109, 203 (209) – Filmbeschlagnahme.
110 BVerfGE 110, 77 (86) – Versammlungsverbot.
111 BVerwGE 26, 161 (168): Behandlung als Störer während einer Versammlung; ähnlich VGH Mannheim DVBl. 1998, 836 (838): Filmen von Versammlungsteilnehmern ohne deren Einwilligung.
112 VGH München Beschl. v. 10.6.2015 – 10 C 15.880 – polizeiliche Nachschau.
113 → Rn. 1617.
114 In diese Richtung BVerwGE 61, 164 (174); 87, 23 sowie nunmehr BVerfGE 110, 77 (89) – Versammlungsverbot für Art. 8 GG.
115 *Thiele* DVBl. 2015, 954 (957).
116 BVerwGE 111, 306 (310) – Universelles Leben; zu der dortigen Konstellation → Rn. 1602.
117 S. BVerwGE 81, 226 (228); 106, 295 (297 ff.).

vilgerichten offensichtlich, dh ohne nähere Prüfung und nicht nur wahrscheinlich, aussichtslos ist.[118]

Beispiel nach VGH Kassel NVwZ 2012, 1350 – Biblis: Mit dem sog. Moratorium v. 18.3.2011 **1643**
wurde angeordnet, dass der Betrieb des Kernkraftwerks Biblis vorübergehend einzustellen
war. Obwohl sich der angegriffene VA nach § 113 I 4 VwGO erledigt hatte, bestand ein berechtigtes Interesse an der Feststellung der Rechtswidrigkeit des Moratoriums wegen **Scha-**
densersatzansprüchen. Ein Fortsetzungsfeststellungsinteresse liegt aber nur dann vor, wenn
ein Zivilprozess ernstlich angestrebt wird und nicht offensichtlich aussichtslos ist. Der VGH
Kassel sieht noch einen weiteren Grund für das Feststellungsinteresse der Kernkraftwerkbe-
treiberin, nämlich um eine ansonsten nicht zu berücksichtigende Grundrechtsverletzung geltend zu machen. Grundlage dafür ist Art. 19 IV GG, der stets Rechtsschutz bei einer staatlichen Rechtsverletzung verlangt.[119] Besonders das Recht auf Eigentum nach Art. 14 GG ist
hier betroffen, weil das Eigentum aus einer Kraftwerksanlage durch eine Betriebseinstellung
entwertet wird.[120]

C. Begründetheit

I. Maßstab

Soll festgestellt werden, dass ein belastender VA rechtswidrig war (ursprüngliche An- **1644**
fechtungssituation), ist die **Begründetheit der Fortsetzungsfeststellungsklage wie**
bei einer **Anfechtungsklage** zu prüfen. Soll festgestellt werden, dass die Ablehnung
bzw. Unterlassung eines beantragten VA rechtswidrig war, so gilt das gleiche Prüfungsschema wie bei der **Verpflichtungsklage.** Freilich ist die **Prüfperspektive** aufgrund der Erledigung jeweils **vergangenheitsbezogen.** Maßgeblicher Zeitpunkt dafür,
ob der VA rechtswidrig war und eine subjektive Rechtsverletzung des Klägers vorlag,
ist daher der Zeitpunkt der Erledigung.

II. Inhaltliche Prüfung: Konstellationen aus dem Versammlungs- und Polizeirecht

Inhaltlich kann im Rahmen von Fortsetzungsfeststellungsklagen grundsätzlich alles zu **1645**
prüfen sein, was auch im Rahmen der Begründetheitsprüfung einer Anfechtungs- oder
Verpflichtungsklage vorkommen kann. Besonders **typisch** sind **Konstellationen aus**
dem Polizei- und Versammlungsrecht.[121] Dort werden die entsprechenden VA jeweils sofort vollzogen, ohne dass sich der Vollzug sowie dessen Folgen gerichtlich
rückgängig machen lassen (Bsp. Auflösungen von Versammlungen, Platzverweise
etc). Ein weiteres Beispiel sind **Personenkontrollen,** die auch beim Betreten eines öffentlich zugänglichen Vereinslokals keine Durchsuchung nach Art. 13 II GG bilden
und daher auf die polizeiliche Generalklausel gestützt werden können.[122] Wurden im
Rahmen der Begründetheit der Anfechtungsklage schon die wichtigsten Probleme-
reiche des allgemeinen Polizei- und Ordnungsrechts[123] und im Rahmen der Grundrechte die des Versammlungsrechts[124] behandelt, so gilt die folgende Darstellung spezifisch der Auflösung von Versammlungen und polizeilichen Begleitmaßnahmen.

---

118 BVerwGE 100, 83 (91 f.).
119 VGH Kassel NVwZ 2012, 1350 (1352).
120 BVerfG NJW 2017, 217 – Atomausstieg Rn. 515.
121 *Meßmann* JuS 2007, 524; s. auch die Fallbesprechung von *Ludwigs/Schmidt* JURA 2015, 518.
122 BVerwGE 121, 345 (350).
123 → Rn. 863 ff.
124 → Rn. 292 ff. und 473 ff.

1. Versammlungsgesetz als lex specialis zum allgemeinen Polizeirecht[125]

1646 Bei polizeilichen Maßnahmen im Zusammenhang mit Versammlungen kann das **VersG** als speziell **versammlungsspezifische Gefahren regelndes Gesetz** den Rückgriff auf Befugnisnormen des allgemeinen Polizei- und Ordnungsrechts versperren. Gleiches gilt im Übrigen auch für das Straßenrecht. So bedarf eine auf öffentlichen Plätzen und Straßen durchgeführte Versammlung keiner Sondernutzungserlaubnis.[126]

1647 Damit der Anwendungsbereich des VersG eröffnet ist, muss zunächst überhaupt eine **Versammlung iSd VersG** vorliegen. Dies ist wie im Rahmen von Art. 8 GG[127] jede **friedliche Zusammenkunft mehrerer** (also mindestens zwei)[128] **Personen mit einem gemeinsamen Zweck.**[129] Keine Versammlung, sondern eine dem Polizeirecht unterfallende bloße Ansammlung liegt bei einem Menschenauflauf vor, zB durch Schaulustige bei einem Verkehrsunfall oder Interessierte vor einem politischen Verkaufsstand. Zudem erfasst der Anwendungsbereich des VersG grundsätzlich nur öffentliche Versammlungen.[130] **Private Versammlungen** können daher auch nicht aufgrund von §§ 13, 15 VersG aufgelöst oder verboten werden.[131]

1648 Die **Mittel,** die das VersG zum Einschreiten gegen Versammlungen zur Verfügung stellt, sind in erster Linie das **Versammlungsverbot, die Auflage (§ 15 I VersG)**[132] und die **Auflösung (§§ 13, 15 II, III VersG).** Wird die Pflicht zur Anmeldung der Versammlung zwei Tage vor deren Beginn gem. § 14 I VersG nicht erfüllt, so kann die Versammlung nach § 15 III VersG aufgelöst werden. Eine Auflösung kommt auch bei Gewalttätigkeiten in Betracht, schwerlich schon bei provozierenden Plakaten: Als **Minusmaßnahme** ist hier eine Beschlagnahme denkbar. Wenn § 15 III VersG schon eine Auflösung vorsieht, ist erst recht eine Beschlagnahme möglich, zumal wenn dadurch die Versammlung fortgeführt und so Art. 8 I GG effektiver realisiert werden kann.[133]

Bei sog. **Spontanversammlungen** wurde der Entschluss sich zu versammeln so kurzfristig gefasst, dass eine rechtzeitige Anmeldung nicht mehr möglich ist. Da Art. 8 GG das Recht gewährleistet, sich auch ohne Anmeldung zu versammeln, darf hier eine Auflösungsverfügung nicht wegen fehlender Anmeldung ergehen,[134] außer diese Versammlung konnte, wenn auch nicht 48 Stunden vorher, doch noch kurzfristig angemeldet werden.[135] Davon zu unterscheiden sind **Eilversammlungen,** zu denen sich

---

125 *Kötter/Nolte* DÖV 2009, 399; *Meßmann* JuS 2007, 524.
126 BVerfGE 73, 206 (249) – Sitzblockade I.
127 → Rn. 292.
128 *Kingreen/Poscher* StaatsR II Rn. 771. Es müssen also nicht mindestens drei oder gar sieben Personen sein, wie teilweise erwogen wird.
129 Näher → Rn. 295.
130 Mit Ausnahme der §§ 3 I, 21, 28 VersG, die auch auf nicht-öffentliche Versammlungen anwendbar sind.
131 Umstritten ist, ob deshalb ein Rückgriff auf die polizeiliche Generalklausel möglich ist; bejahend Steiner/*Schenke* VerwR BT II Rn. 210 mwN.
132 Zum vorläufigen verfassungsgerichtlichen Rechtsschutz nach § 32 BVerfGG gegen Versammlungsverbote BVerfG NJW 2000, 3051 – NPD-Versammlung; DVBl. 2002, 970 – Tarnveranstaltung; zu § 15 I VersG *Weber* KommJur 2010, 172 mit einem Musterbescheid für ein Versammlungsverbot.
133 Bei aA → Rn. 1654.
134 BVerfGE 69, 315 (350ff.) – Brokdorf. Spontanversammlungen müssen zwar nicht 48 Stunden vorher, aber trotzdem so bald wie möglich angemeldet werden.
135 BVerfGE 85, 69 (75) – Eilversammlung.

die Teilnehmer im Unterschied zur Spontanversammlung zwar geplant einfinden und die einen Veranstalter haben, aber ohne Gefährdung des Demonstrationszwecks nicht unter Einhaltung der Frist des § 14 VersG angemeldet werden können. Bei ihnen besteht zwar eine generelle Pflicht zur Anmeldung; diese ist aber nicht fristgebunden, sondern hat nur so früh wie möglich zu erfolgen.[136]

Ein **Versammlungsverbot nach § 15 I VersG** ergeht bei einer unmittelbaren Gefahr   **1649** für die öffentliche Sicherheit aufgrund einer **Gefahrenprognose.** Vor allem ist das Gewaltpotenzial einer Versammlung zu berücksichtigen.[137] Grundlage ist auch, wenn entgegen § 130 IV StGB die nationalsozialistische Gewalt- und Willkürherrschaft in einer die Würde der Opfer verletzenden Weise gebilligt und verherrlicht wird.[138] Das stört die öffentliche Ordnung. Eine geringere Beeinträchtigung als das völlige Verbot ist die örtliche bzw. zeitliche Verlegung.

Fall nach BVerfG NJW 2001, 1409 – Holocaust-Gedenktag I: R, eine rechtsextremistische Organisa-   **1650** tion, meldet bei der zuständigen Versammlungsbehörde der Stadt H für den 27.1.2001 eine Kundgebung mit Aufzug an. Die Versammlungsbehörde hat Bedenken gegen diesen Termin (Jahrestag der Befreiung des Konzentrationslagers Auschwitz am 27.1.1945) und regt eine Verschiebung um einen Tag auf den 28.1.2001 an. Der Antragsteller geht auf diesen Vorschlag nicht ein und meldet zusätzlich für den 27.1.2001 eine weitere Kundgebung an, die hinsichtlich Thema, Ort und Zeit weitestgehend identisch ist. Daraufhin verfügte die Versammlungsbehörde eine Auflage, die die zeitliche Verlegung der für den 27.1.2001 angemeldeten Demonstration auf den 28.1.2001 vorsieht, da rechtsextremistische Aufzüge am Holocaust-Gedenktag eine erhebliche Störung der öffentlichen Ordnung darstellten.

Gemäß § 15 I VersG kann die zuständige Behörde Versammlungen und Aufzüge verbieten oder von bestimmten Auflagen abhängig machen, wenn nach den zurzeit des Erlasses der Verfügung erkennbaren Umständen die **öffentliche Sicherheit oder Ordnung** bei deren Durchführung unmittelbar **gefährdet** ist. Unter öffentlicher Ordnung sind alle ungeschriebenen Regeln zu verstehen, deren Befolgung nach den jeweils herrschenden sozialen und ethischen Anschauungen als unerlässliche Voraussetzung eines geordneten menschlichen Zusammenlebens innerhalb eines bestimmten Gebiets angesehen wird.[139] Ein Verbot darf nach § 15 I VersG nur zum Schutz von Rechtsgütern, die der Bedeutung des Art. 8 GG zumindest gleichwertig sind, unter Wahrung des Verhältnismäßigkeitsgrundsatzes und nur bei unmittelbarer Gefährdung dieser Rechtsgüter ergehen. Daher rechtfertigt eine bloße Gefährdung der öffentlichen Ordnung im Allgemeinen ein Versammlungsverbot nicht.
Im vorliegenden Fall hat die Versammlungsbehörde jedoch kein Verbot ausgesprochen, sondern eine Auflage mit dem Inhalt einer **zeitlichen Verlegung** erlassen. Der öffentlichen Ordnung kann unterhalb der Verbotsschwelle eine beschränkende Wirkung zukommen, wenn einem Tag in der Gesellschaft ein eindeutiger Sinngehalt mit gewichtiger Symbolkraft zukommt.
Der 27.1.1945 ist offizieller Gedenktag an die Opfer des Nationalsozialismus, ihm kommt diese Symbolwirkung daher zu.
Bei der Verlegung eines Demonstrationstermins ist das aus Art. 8 I GG abzuleitende **Selbstbestimmungsrecht des Veranstalters über Ort, Zeit, Art und Inhalt der Veranstaltung** zu beachten. Daraus aber folgt nur das Recht des Veranstalters, sein Demonstrationsinteresse eigenständig zu konkretisieren. Es bezieht sich hingegen nicht auf die Gewichtung mit entgegenstehenden Rechtsgütern und die rechtliche Bewältigung von Interessenkollisionen. Insoweit bleibt dem Veranstalter nur der grund-

---

136 BVerfGE 85, 69 (75) – Eilversammlung.
137 BVerfG NJW 2010, 141.
138 BVerfGE 124, 300 – Wunsiedel; näher → Rn. 290.
139 S. insoweit auch BVerfG NJW 2001, 2069 (2071) – NVU-Versammlungsverbot; NJW 2001, 2072 (2074f.) – Versammlungsverbot; *Battis/Grigoleit* NVwZ 2001, 121 (127f.); *Schoch* JURA 2006, 27 (28).

sätzlich vorgegebene[140] Weg der Kooperation mit den Versammlungsbehörden, ansonsten obliegt diese Abwägung den Behörden und Gerichten. Kooperiert er wie hier nicht, kann dies unter anderem zu einem Absinken der Eingriffsschwelle der Behörden führen.

Der Veranstalter muss hier die Veranstaltung nur einen Tag später durchführen, ohne dass er eine spezifische Begründung für das ursprüngliche Datum vorweisen konnte. Die Auflage war daher zulässig.[141]

1651 **Fall** nach BVerfG NVwZ 2012, 749 – Holocaust-Gedenktag II: Die NPD meldete am 25.1.2012 für den 27.1.2012 eine Versammlung mit dem Motto »Von der Finanz- zur Eurokrise – zurück zur D-Mark heißt unsere Devise« in der Stadt T an. Zum selben Zeitpunkt fand ein Vortrag mit dem Titel »Von der Finanz- zur Eurokrise« statt. Die Versammlungsbehörde verfügte gem. § 15 I VersG unter Anordnung der sofortigen Vollziehung die zeitliche Verlegung des Termins auf den 28.1. Sie begründete dies damit, dass die Gefahr einer erheblichen Beeinträchtigung der öffentlichen Ordnung bestehe, wenn die NPD am Gedenktag der Opfer des Nationalsozialismus eine Versammlung abhalte. Durch diese Provokationswirkung könnte das sittliche Empfinden der Bürger erheblich beeinträchtigt werden. Das VG und das OVG lehnten einen Eilantrag auf Wiederherstellung der aufschiebenden Wirkung ab, weil die zeitliche Verlegung offensichtlich rechtmäßig sei.

Hier steht das Versammlungsthema nicht in direktem Bezug zum Gedenktag. Daher ist eine **unmittelbare Gefährdung** der öffentlichen Sicherheit oder Ordnung iSv § 15 I VersG fraglich. Sie kann nicht für diesen Tag pauschal angenommen werden, sondern dies verlangt eine nähere Feststellung, dass von der konkreten Art und Weise der Durchführung **Provokationen** ausgehen. Mangels inhaltlichen Bezugs zum Gedenktag ist zweifelhaft, ob das sittliche Empfinden der Bürger durch die Versammlung zum beantragten Zeitpunkt erheblich beeinträchtigt wird.

Gleichwohl erließ das BVerfG keine einstweilige Anordnung: Die Versammlungsbehörde hatte trotz kurzfristiger Anmeldung schnell entschieden, auch die Gerichtsbeschlüsse ergingen ohne Verzögerung. Das Erlassen der einstweiligen Anordnung hätte das Einleiten der notwendigen Maßnahmen für das benötigte Personal und die Ausrüstung erschwert, ein sicherer Ablauf ohne unkontrollierbare Störungen der öffentlichen Sicherheit hätte nicht zweifelsfrei gewährt werden können. Die Folgen der Entscheidung für die Antragstellerin wiegen weniger schwer. Die Versammlung wurde lediglich im Zeitpunkt verschoben. Dieser Eingriff in Art. 8 I GG wiegt nicht so schwer wie ein Verbot. Eine **zeitliche Verlegung** hat auch keinen Einfluss auf die Beachtung durch die Öffentlichkeit der Versammlung, da das Thema mit dem Gedenktag in keinem Zusammenhang stand.

1652 Nach § 15 II VersG kann eine **Veranstaltung insbesondere** dann **verboten** werden, wenn sie an einem Ort stattfindet, der als **Gedenkstätte von historisch herausragender, überregionaler Bedeutung** an die Opfer der menschenunwürdigen Behandlung unter der **nationalsozialistischen Gewalt- und Willkürherrschaft** erinnert, und nach konkret feststellbaren Umständen zu besorgen ist, dass die Würde der Opfer beeinträchtigt wird. Ein solcher Ort ist das Denkmal für die ermordeten Juden Europas in Berlin (§ 15 II 2 VersG). Durch Landesgesetz können weitere Orte bestimmt werden (§ 15 II 3 VersG). Diese neue Regelung ist jedoch insofern problematisch, als nunmehr Gedenkstätten von »nur« regionaler Bedeutung und auch Orte, die mit dem Nationalsozialismus zwar eng verbunden, aber eben keine Gedenkstätten sind, nach der Gesetzesänderung schwieriger zu schützen sind als zuvor.[142]

---

140 → Rn. 473.

141 Zum Verbot eines Trauermarsches der NPD am Volkstrauertag OVG Koblenz NVwZ-RR 2013, 641. Zumeist werden daraus resultierende Streitigkeiten im einstweiligen Rechtsschutz nach § 80 VwGO ausgetragen, da sich die Veranstalter gegen die sofortige Vollziehung nach § 80 II Nr. 4 I VwGO wenden (→ Rn. 992 ff.). Nach Verstreichen des Veranstaltungstermins bleibt nur die Fortsetzungsfeststellungsklage gegen das Verbot bzw. die Auflage.

142 *Enders/Lange* JZ 2006, 105; *Stohrer* JuS 2006, 15.

Versammlungsrecht kann mittlerweile Landesrecht sein (→ Rn. 126). Dabei können zu- **1653**
lässige Vorbereitungshandlungen vorgesehen sein. Dazu gehört die Bereitstellung
eines mit einer Mastkamera ausgerüsteten Einsatzfahrzeuges der Polizei am Versammlungsort für die in § 12 I und II NVersG genannten Zwecke. Indes werden Versammlungsteilnehmer unverhältnismäßig eingeschüchtert, wenn eine solche **Mastkamera**
fortlaufend auch nur teilweise ausgefahren ist – selbst im nicht eingeschalteten Zustand.[143]

Die **Maßnahmen nach dem VersG** sind jeweils **spezifisch auf die Versammlung als**
Ganze bezogen. Daher entfaltet es auch Sperrwirkung für das allgemeine Polizeirecht,
weil Versammlungen im Hinblick auf solche Maßnahmen den besonderen Schutz des
Art. 8 I GG genießen.[144] Gehen aber Gefahren nicht von der Versammlung selbst, sondern dem Gebäude aus, in dem eine Versammlung stattfindet, so ist ein Rückgriff auf
das Bauordnungsrecht, subsidiär auch auf die polizeiliche Generalklausel mangels spezifischen Bezugs dieser Gefahren zur Versammlung ohne Weiteres zulässig. Insofern
können die **Polizeigesetze** also dann zur **Anwendung** kommen, **wenn nicht gegen**
eine Versammlung an sich vorgegangen wird, auch wenn die Versammlung dadurch
mittelbar beeinträchtigt werden kann.[145]

2. Allgemeine polizeirechtliche Maßnahmen im Zusammenhang mit Versammlungen

Im Zusammenhang mit Versammlungen kommen häufig auch polizeiliche Maßnah- **1654**
men vor, für die das VersG keine Ermächtigung zur Verfügung stellt. So kann es vor,
während oder nach einer Versammlung zu Identitätsfeststellungen (§ 12 NRWPolG),
Platzverweisen (§ 34 NRWPolG) und Ingewahrsamnahmen (§ 35 NRWPolG) von
Versammlungsteilnehmern oder zu Maßnahmen gegen Nichtteilnehmer oder Störer
der Versammlung kommen.

a) Einschreiten gegen Dritte. Geht die Polizei **gegen Personen** vor, **die** gar **nicht Teil-** **1655**
nehmer der Versammlung sind, sondern im Gegenteil diese durch Gewalttätigkeiten
behindern, so kann sie ohne Einschränkungen aufgrund allgemeiner polizeigesetzli-
cher Befugnisse gegen diese einschreiten. Das VersG entfaltet keine Sperrwirkung,
weil ja nicht gegen die Versammlung, sondern im Gegenteil iSd Versammlungsteilnehmer eingegriffen wird. Das gilt auch, wenn einzelne Versammlungsteilnehmer gem.
§ 18 III bzw. § 19 IV VersG wegen gröblicher Störung der Ordnung von der Versammlung ausgeschlossen werden. Dieser Ausschluss muss aber hinreichend bestimmt und
deutlich sein.[146]

Fall: Linksradikale Autonome schleudern Steine aus einer Versammlung heraus auf Schaufensterschei- **1656**
ben. Oder aber sie werfen mit faulen Tomaten und Eiern auf die Teilnehmer einer ordnungsgemäß angemeldeten und nicht verbotenen NPD-Versammlung. – Hier kann die Polizei gegen die Gewalttäter
ohne Weiteres nach der polizeilichen Generalklausel[147] oder anderen Ermächtigungen des Polizeigesetzes vorgehen. Die Versammlungsteilnehmer haben aus Art. 8 I GG einen Anspruch auf staatlichen
Schutz vor Störungen und Ausschreitungen Dritter.

---

143 OVG Lüneburg v. 24.9.2015 – 11 LC 215/14.
144 Sog. Polizeifestigkeit des Versammlungsrechts, s. *Bünnigmann* JuS 2016, 695.
145 Steiner/*Schenke* VerwR BT II Rn. 142.
146 BVerfG NVwZ 2005, 80 (81).
147 VGH Mannheim NVwZ-RR 1990, 603 (604).

> Dieser Schutz einer ordnungsgemäß angemeldeten und friedlichen Versammlung, und sei es auch einer extremistischen Partei, findet allerdings seine Grenze an beschränkten staatlichen Ressourcen. Die Versammlungsbehörde muss nicht Polizeikräfte ohne Rücksicht auf sonstige Sicherheitsinteressen in unbegrenztem Umfang bereithalten. Daher greift der **Vorbehalt der tatsächlichen Verfügbarkeit.** Somit entfällt der Schutz, sofern ihn die Versammlungsbehörde mit hinreichender Wahrscheinlichkeit wegen der Erfüllung vorrangiger staatlicher Aufgaben nicht wirksam sicherstellen kann, selbst wenn sie externe Polizeikräfte heranzieht. Diese Umstände muss die Behörde im Einzelnen darlegen; eine pauschale Behauptung genügt nicht. Dann kommt aufgrund eines **polizeilichen Notstandes** sogar ein Verbot der ordnungsgemäß angemeldeten, friedlichen Versammlung in Betracht. Vorrangig sind aber Beschränkungen und Auflagen etwa durch eine geänderte Streckenführung, durch die der konkrete Versammlungszweck nicht gefährdet wird.[148]

1657   Ist der **Protest** der Gegner dagegen **friedlich** und nicht allein auf Sprengung einer anderen Kundgebung gerichtet,[149] kann er als **Gegendemonstration selbst eine Versammlung** bilden. Dann ist auch für deren Teilnehmer der Vorrang des VersG zu beachten.

1658   **b) Maßnahmen im Vorfeld oder nach Auflösung einer Versammlung.** Die Polizei kann schon im Vorfeld einer Versammlung ein Interesse haben, die **Identität anreisender Versammlungsteilnehmer festzustellen,** wenn sie gerade von diesen Ausschreitungen erwartet. Insofern kann sie ohne Weiteres Identitätsfeststellungen nach § 12 I Nr. 4 NRWPolG durchführen, es sei denn, diese dienen dazu, die Teilnahme dieser Personen an der Versammlung zu verhindern – etwa durch ein besonders langsames Vorgehen.[150]

1659   **Fall** nach OVG Lüneburg NJW 2006, 391: Polizeiliche Schreiben legen vermeintlich gewaltbereiten Adressaten nahe, sich nicht an Demonstrationen zu beteiligen, um polizeiliche Gefahrabwehrmaßnahmen zu vermeiden.

> Solche polizeiliche **Gefährderanschreiben** schüchtern die Empfänger ein, an Demonstrationen teilzunehmen.[151] Als Eingriffe in Art. 8 I und 5 I GG bedürfen sie einer gesetzlichen Grundlage. Die polizeiliche Generalklausel verlangt eine konkrete Gefahr. Es muss eine hinreichende Wahrscheinlichkeit bestehen, dass Straftaten begangen werden, deretwegen das Anschreiben verschickt wurde. Ein allgemeines Gewaltpotenzial genügt nicht. Vielmehr werden eine rechtskräftige Verurteilung wegen einer solchen Tat sowie eine akute Wiederholungsgefahr verlangt.
>
> Möglich ist auch eine erkennungsdienstliche Behandlung, aber nur zur (ggf. vorbeugenden) Verhütung einer Gefahr, nicht um eine Strafverfolgung zu ermöglichen. Hier hat der Bund nach Art. 74 I Nr. 1 GG die Kompetenz.[152]

1660   Ist eine Versammlung bereits aufgelöst, so kann sich eine Maßnahme auch nicht mehr gegen die Versammlung selbst richten. Folglich kann die Polizei **nach** einer **Versammlungsauflösung** gem. § 13 VersG zusätzlich **Platzverweisungen** nach § 34 NRWPolG aussprechen, wenn sich ein oder mehrere Teilnehmer trotzdem nicht vom Versammlungsort entfernen. Möglich sind auch anschließende Ingewahrsamnahmen. Vor der Auflösung der Versammlung sind diese Maßnahmen angesichts der Sperrwirkung des VersG dagegen nicht möglich.[153]

---

148 BVerfG NVwZ 2006, 1049.
149 Das wird von Art. 8 I GG nicht umfasst, BVerfGE 84, 203 (209f.) – Republikaner.
150 Steiner/*Schenke* VerwR BT II Rn. 142.
151 Übungsfälle: *Jötten* JuS 2008, 436; *Unkroth* JURA 2008, 464.
152 OVG Lüneburg NVwZ 2010, 69 zu § 15 I Nr. 2 NSOG.
153 BVerfG NVwZ 2005, 80.

c) Zulässigkeit der sog. Einkesselung. Ein besonderer Konflikt zwischen der Sperr- **1661** wirkung des VersG und dem Rückgriff auf allgemeines Polizeirecht besteht bei der sog. **Einkesselung von Versammlungsteilnehmern.**[154] Mögliche Rechtsgrundlagen hierfür sind § 12 II 3 NRWPolG, wenn die betroffenen Personen zwecks Identitätsfeststellung ohne räumliche Verbringung festgehalten werden, sowie die Ingewahrsamnahme gem. §§ 35 ff. NRWPolG,[155] wenn mit der Einkesselung ein zwangsweiser Ortswechsel einhergeht (sog. Wanderkessel).[156]

Solange die **Versammlung** mangels Auflösung noch **andauert**, sind solche Maßnah- **1662** men schon aufgrund der **Sperrwirkung des VersG** ausgeschlossen.[157] Wurde die Versammlung etwa nach § 13 VersG aufgelöst, so endet zwar der besondere Schutz von Versammlungen; die Auflösung bezweckt aber, wie § 13 II VersG verdeutlicht, neben der Beendigung der Versammlung auch die Zerstreuung der Personenansammlung. Dieser Zweck spricht letztlich gegen die generelle Zulässigkeit einer Kombination von Auflösung und daran unmittelbar anschließender Einkesselung.[158]

Fortsetzungsfeststellungsklage, § 113 I 4 VwGO **1663**

A. Zulässigkeit

  I. Verwaltungsrechtsweg, § 40 I VwGO:
     bei Doppelfunktion Polizei, wenn Schwerpunkt Gefahrenabwehr
 II. Statthaftigkeit:
     • erledigter VA nach Erhebung Anfechtungsklage
     • analog bei Verpflichtungsklage
     Erledigung VA schon vor Klageerhebung: originäre Feststellungsklage (str.)
III. Klagebefugnis, § 42 II VwGO
 IV. Vorverfahren nach § 68 VwGO
     nicht bei Erledigung VA vor Klageerhebung, außer Erledigung nach Ablauf Frist § 70 I VwGO
  V. Klagefrist nach § 74 VwGO, außer Erledigung VA vor Klageerhebung
 VI. Beteiligten- und Prozessfähigkeit
VII. Berechtigtes Feststellungsinteresse: Wiederholungsgefahr; Rehabilitationsinteresse; Präjudizwirkung für anderen Prozess
VIII. Klagegegner: § 78 I VwGO (analog)

---

154 S. VG Hamburg NVwZ 1987, 829 – Hamburger Kessel; OVG Bremen NVwZ 1990, 1188. Jüngst *Neumann* JURA 2013, 139.

155 §§ 13–16 MEPolG; § 28 BWPolG; Art. 17–20 BayPAG.

156 § 12 II 3 NRWPolG genügt hierfür dagegen nicht, weil er nur ein *Festhalten,* nicht aber eine räumliche Verbringung gestattet. Wie der »Wanderkessel« ist auch der sog. Verbringungsgewahrsam (zB das Verbringen von Stadtstreichern an die Stadtgrenze zwecks Verhinderung ihrer baldigen Rückkehr) als Freiheitsentziehung iSd Art. 104 I GG nur auf der Grundlage der Vorschriften über die Ingewahrsamnahme zulässig (ebenso Schoch/*Schoch* 2. Kap. Rn. 299; LG Hamburg NVwZ-RR 1997, 537; aA Steiner/*Schenke* VerwR BT II Rn. 96: Vollstreckung des Platzverweises genügt, sofern Verbringung nur von kurzer Dauer).

157 OVG Münster DVBl. 2001, 839 (840), auch im Hinblick auf Maßnahmen nach §§ 163 ff. StPO: Zulässigkeit allenfalls in Ausnahmefällen schon aus Verhältnismäßigkeitsgesichtspunkten und Schutzwirkung des Art. 8 GG bei friedlicher Versammlung.

158 S. aber auch KG Berlin NVwZ 2000, 468 (470) bei ständig ausweichenden und sich immer von neuem versammelnden Demonstranten.

B. Begründetheit
 I. Rechtswidrigkeit VA
 II. Verletzung subjektiver Rechte des Kl.
 III. Zum Zeitpunkt der Erledigung
 Typisch: Versammlungsauflösungen, Platzverweise, Beschlagnahmen
 Versammlungsrecht verdrängt Polizeirecht nicht bei Maßnahmen vor, am
 Rande und nach Versammlungen

Entscheidungssammlung

Hier sind von mir als besonders wichtig angesehene Entscheidungen aufgelistet. Es handelt sich um grundlegende und bei solchen aus neuerer Zeit auch um hochaktuelle und damit besonders examensverdächtige Judikate von EuGH, BVerfG, BVerwG, anderen Verwaltungsgerichten und BGH. Sie sind mit Angabe der Randnummer(n) aufgeführt, in der sie im Buch behandelt werden. Bei *kursiv* wiedergegebenen Fundstellen findet sich die Entscheidung in der Fußnote zu der Überschrift, die dieser Randnummer unmittelbar vorangeht.

Europäischer Gerichtshof

1	EuGH ECLI:EU:C:1963:1 – van Gend & Loos	*20*, 1087
2	EuGH ECLI:EU:C:1964:66 – Costa/ENEL	*20*, 57
3	EuGH ECLI:EU:C:1979:42 – Cassis	*85*, 90
4	EuGH ECLI:EU:C:1974:82 – Dassonville	86
5	EuGH ECLI:EU:C:1983:233 – Deutsche Milchkontor	38, 965
6	EuGH ECLI:EU:C:1987:126 – Reines Bier	87, *90f.*
7	EuGH ECLI:EU:C:1987:452 – Foto Frost	72, 1009
8	EuGH ECLI:EU:C:1990:290 – Tafelwein	977, 1006, 1014
9	EuGH ECLI:EU:C:1991:428– Francovich	*1345, 1388f.*
10	EuGH ECLI:EU:C:1993:932 – Keck	*85*, 88
11	EuGH ECLI:EU:C:1995:369 – Atlanta Fruchthandel	*1276, 1288*
12	EuGH ECLI:EU:C:1995:463 – Bosman	92, 103, 106
13	EuGH ECLI:EU:C:1996:375 – Dillenkofer (MP Travel)	*1345*, 1390, 1397
14	EuGH ECLI:EU:C:1997:163 – Alcan	970
15	EuGH ECLI:EU:C:2000:2 – Frauen zur Bundeswehr (Tanja Kreil)	112
16	EuGH ECLI:EU:C:2000:163 – Hessisches Gleichberechtigungsgesetz	600
17	EuGH ECLI:EU:C:2003:333 – Schmidberger (Brenner-Blockade)	90, 1088, 1259
18	EuGH ECLI:EU:C:2003:513 – Köbler	72, *1345, 1388*, 1392, 1404
19	EuGH ECLI:EU:C:2014:2358 – Dano (Hartz IV)	1277
20	EuGH ECLI:EU:C:2010:503 – Winner Wetten	109
21	EuGH ECLI:EU:C:2012:756 – Pringle	24
22	EuGH ECLI:EU:C:2013:105 – Åkerberg Fransson	68, 779, 1277
23	EuGH ECLI:EU:C:2013:625 – Inuit	*29*, 31
24	EuGH ECLI:EU:C:2014:238 – Digital Rights Ireland	449f.
25	EuGH ECLI:EU:C:2015:400 – OMT (Gauweiler)	41
26	EuGH ECLI:EU:C:2015:650 – Schrems	44
27	EuGH ECLI:EU:C:2016:776 – Parkinson	92
28	EuGH ECLI:EU:C:2016:970 – Sverige	450

Bundesverfassungsgericht

29	BVerfGE 7, 198 – Lüth	*133, 288*, 370, 382, *697*, 699, 705
30	BVerfGE 7, 377 – Apothekenzulassung	*531*, 536, 539, 556
31	BVerfGE 20, 162 – Spiegel	314 f., 318
32	BVerfGE 25, 256 – Blinkfüer	288, *697*, 705
33	BVerfGE 30, 173 – Mephisto	384, 404 f.
34	BVerfGE 33, 1 – Strafvollzug	408, 1149
35	BVerfGE 33, 125 – Facharztbeschluss	645
36	BVerfGE 33, 303 – Numerus clausus	244, *531*, 543 f., *1090 f.*, 1279
37	BVerfGE 39, 1 – Schwangerschaftsabbruch I	*119*, 938, *1092*, 1094
38	BVerfGE 47, 46 – Sexualkundeunterricht	422, 827
39	BVerfGE 49, 89 – Kalkar	*127*, 827, *1092*, 1541
40	BVerfGE 50, 290 – Mitbestimmung	328, 415, *531*, 538
41	BVerfGE 55, 72 – Präklusion	*573*, 587, 589, 592
42	BVerfGE 58, 300 – Nassauskiesung	*127*, 480, *491*, 515, 517, 527, 529, *1345*, 1417, 1435
43	BVerfGE 65, 1 – Volkszählung	288, 394, 427, 433, 435 f., 470, 493
44	BVerfGE 67, 100 – Flick-Untersuchungsausschuss	*1462 f.*, 1470, 1498 f.
45	BVerfGE 69, 315 – Brokdorf	*288*, 292, 295, 297, 473, 1648
46	BVerfGE 79, 127 – Rastede	*159 ff.*, 173, 573, 748
47	BVerfGE 80, 124 – Pressesubventionen	315, 827, 1151
48	BVerfGE 80, 137 – Reiten im Walde	*325*, 416
49	BVerfGE 80, 188 – Wüppesahl	*1462 f.*, 1473, 1483, 1488
50	BVerfGE 83, 130 – Josefine Mutzenbacher	359, 403, 409, 414 f., 472, 481, 489, 703, 879
51	BVerfGE 84, 304 – PDS	*1462 f.*, 1482, 1489
52	BVerfGE 88, 203 – Schwangerschaftsabbruch II	*1092*, 1094, 1106
53	BVerfGE 89, 1 – Mieterschutz	*491*, 497, 522, 629
54	BVerfGE 89, 155 – Maastricht	6, 21 f., 49, 55 f., 60, 64
55	BVerfGE 91, 228 – Gleichstellungsbeauftragte	175, 748
56	BVerfGE 93, 1 – Kruzifix	*133, 270*, 276, 358, 384, 398 f.
57	BVerfGE 93, 37 – Mitbestimmung der Personalräte	245
58	BVerfGE 93, 266 – »Soldaten sind Mörder«	*288*, 367, 427, *697*, 704
59	BVerfG NJW 1998, 3264 – Waldschäden	1093, 1095, 1375
60	BVerfGE 100, 226 – Baudenkmal	*491*, 495, 517 f., 520, 522, 524 f.
61	BVerfGE 101, 361 – Caroline von Monaco	*288*, 368, 422
62	BVerfGE 102, 1 – Altlasten	*520*, 895 f.
63	BVerfGE 102, 147 – Bananenmarktordnung	53 f.
64	BVerfGE 103, 44 – n-tv	316, 364

65	BVerfG NJW 2001, 1409 – Holocaust-Gedenktag	978, 1650
66	BVerfGE 104, 337 – Schächten	*270*, 274f.
67	BVerfGE 105, 252 – Glykolweine	*531*, 555, *1023*, 1069
68	BVerfGE 105, 279 – Bhagwan	*270*, 346, 396, 1068f.
69	BVerfGE 106, 62 – Altenpflege	*182*, 191f., 194
70	BVerfGE 108, 282 – Lehrerin mit Kopftuch	*270*, 357, 396
71	BVerfGE 109, 133 – Sicherungsverwahrung	210, 480
72	BVerfGE 109, 190 – Straftäterunterbringung	210
73	BVerfGE 109, 279 – »Großer Lauschangriff«	471
74	BVerfGE 110, 141 – Kampfhunde	184, 195, 214, 535
75	BVerfGE 110, 274 – Ökosteuer	149, 499, 505, 553, 577, 585, 590
76	BVerfGE 113, 273 – Europäischer Haftbefehl	475f.
77	BVerfGE 113, 348 – Präventive Telekommunikationsüberwachung	186, 205f., 211, 484f., 489
78	BVerfGE 115, 118 – Flugzeugabschuss	184, 262
79	BVerfGE 115, 320 – Rasterfahndung	307, 427, 439, 442ff.
80	BVerfGE 117, 244 – CICERO	314, 320
81	BVerfGE 118, 45 – Betreuungsunterhalt	602
82	BVerfGE 118, 79 – Emissionshandel	48, 55, 66f.
83	BVerfGE 118, 168 – Kontostammdatenabruf	425, 486
84	BVerfGE 118, 277 – Nebeneinkünfte Abgeordnete	1478
85	BVerfGE 119, 331 – Hartz IV AG	165
86	BVerfGE 120, 274 – Online-Durchsuchung	303, 312, 429f., 453f., 456, 487, 489
87	BVerfGE 120, 378 – Automatisierte Kennzeichenerfassung	457, 487
88	BVerfGE 121, 317 – Nichtraucherschutz	179, 201, *531*, 533, 547, 551, 570, 586
89	BVerfGE 123, 267 – Lissabon	21f., 37f., 46, *49ff.*, 64, 245, 1470f.
90	BVerfGE 124, 78 – BND-Untersuchungsausschuss	1496, 1499ff., 1506f.
91	BVerfGE 124, 300 – Wunsiedel	290, 363
92	BVerfG NVwZ 2009, 1221 – Glücksspiel	568
93	BVerfGE 125, 260 – Vorratsdatenspeicherung	73, 186, 447ff.
94	BVerfGE 125, 175 – Hartz IV-Regelsatz	253
95	BVerfGE 126, 286 – Mangold	*49*, 72, 80
96	BVerfGE 131, 268 – Sicherungsverwahrung	261
97	BVerfGE 132, 195– ESM-Vertrag	25
98	BVerfGE 132, 134 – Asylbewerberleistungsgesetz	253
99	BVerfGE 133, 783 – Antiterrordatei	458ff.
100	BVerfG DVBl. 2013, 903 – Ehegattensplitting	343
101	BVerfGE 133, 168 – Verständigung im Strafprozess	237
102	BVerfG NJW 2013, 1293 – NSU-Prozess	365
103	BVerfGE 135, 259 – Drei-Prozent-Sperrklausel	1516
104	BVerfGE 136, 323 – Äußerungsbefugnis Bundespräsident	1518

105	BVerfGE 138, 102 – Äußerungsbefugnis Bundesministerin	1518
106	BVerfGE 138, 296 – Lehrerin mit Kopftuch	396
107	BVerfGE 140, 225 – Äußerungsbefugnis Bundesministerin	1518
108	BVerfG DVBl. 2016, 641 – Akkreditierung	393
109	BVerfG DVBl. 2016, 971 – Sampling	708
110	BVerfG DVBl. 2016, 1050 – OMT	56
111	BVerfG DVBl. 2016, 1535 – G10-Kommission	1463
112	BVerfG DVBl. 2016, 1597 – Freizeitbad	1235
113	BVerfG NJW 2016, 1781 – BKA-Gesetz	455 f.
114	BVerfG NJW 2016, 3583 – CETA	38
115	BVerfG v. 27.10.2016 – 1 BvR 458/10	276, 282
116	BVerfG DVBl. 2017, 124 – Lehrerin mit Kopftuch	396
117	BVerfG NJW 2017, 217 – Atomausstieg	136, 525
118	BVerfG v. 17.1.2017 – 2 BvB 1/13 – NPD-Verbot	1242

Bundesverwaltungsgericht

119	BVerwGE 12, 87 – Endiviensalat	*711*, 752
120	BVerwGE 26, 161 – Schwabinger Krawalle	*1616*, 1635 f., 1640
121	BVerwGE 40, 323 – Krabbenkamp	630, *1023*, 1045, *1572*, 1605
122	BVerwGE 52, 122 – Schweinemäster	772
123	BVerwGE 92, 56 – Einheimischenmodell	*1323*, 1330
124	BVerwG NJW 1994, 956 – Glockengeläut	1036
125	BVerwG NJW 1995, 2938 – Wirtschaft und Touristik GmbH	777, *1023*, 1030, 1040, 1060
126	BVerwG NJW 1997, 406 – Anspruch auf Sondernutzungserlaubnis	1216
127	BVerwGE 102, 316 – Abschleppen von Kfz	842
128	BVerwGE 106, 228 – Doppelgarage im Außenbereich	491, 1191
129	BVerwGE 107, 215 – Kleingärten	625, 627, 684
130	BVerwGE 109, 203 – Filmbeschlagnahme	*1616*, 1624, 1631, 1638
131	BVerwGE 111, 306 – Universelles Leben	*1572*, 1573, 1602, 1622, 1642
132	BVerwGE 112, 221 – Nebenbestimmung	761 f.
133	BVerwGE 115, 189 – Laserspiel	936, 940, 944
134	BVerwGE 116, 347 – Kampfhundeverordnung	535, 651
135	BVerwGE 121, 339 und 122, 13 – Gemeindliches Einvernehmen	1161 ff.
136	BVerwGE 129, 199 – Einwegverpackungen	1110, 1575, 1587, 1594, 1608
137	BVerwGE 129, 307 – Elektromarkt	1188
138	BVerwGE 130, 180 – Strategische Telefonüberwachung	186, *1572*, 1590, 1597, 1614
139	BVerwGE 131, 100 – Heilung Bauplanungsfehler	661 f., 664
140	BVerwGE 133, 85 – Rückabwicklung Vertrag	1342, 1441
141	BVerwG DVBl. 2009, 1382 – Weihnachtsmarkt	159, 1230
142	BVerwGE 141, 329 – Videoüberwachung	871

Andere Verwaltungsgerichte

143	OVG Münster DVBl. 1983, 53 – Rauchverbot	1547, 1552
144	VGH Mannheim NJW 1990, 2770 (= NVwZ-RR 1990, 476) – Obdachloseneinweisung	833, *1289*, 1308
145	VGH Mannheim NVwZ 1994, 587 – Ulmer Stadthalle	1242
146	OVG Lüneburg NJW 1998, 97 – Nachfolge in abstrakte Polizeipflicht	910
147	OVG Münster DVBl. 2001, 839 – Einkesselung	1662
148	OVG Lüneburg NJW 2003, 531 – Jahrmarkt	1245
149	VGH Mannheim NVwZ 2004, 498 – Videoüberwachung öffentlicher Plätze	431, 482, 489, 870
150	OVG Münster DVBl. 2004, 133 – Fitness-Studio	*1023*, 1030, 1041, 1053, 1059, 1064
151	VGH Kassel NVwZ 2012, 1350 – Biblis	1643
152	VGH München DVBl. 2013, 525 – Paintball	1168

Bundesgerichtshof

153	BGHZ 40, 28 – Funkenflug	1455
154	BGHZ 99, 249 – Feindliches Grün	1422
155	BGHZ 102, 350 – Waldschäden	1375
156	BGHZ 106, 323 – Überplanung von Altlasten	*1345*, 1373
157	BGHZ 117, 303 – Mastkälber	874, 1421
158	BGHZ 121, 161 – Abschleppunternehmerfall	1357, 1363
159	BGHZ 131, 163 – Obdachloseneinweisung	1420
160	BGHZ 133, 265 – Tierkörperbeseitigung	507
161	BGH NJW 1997, 867 – Anwaltsfall	98
162	BGHZ 150, 343 – Münchener Oktoberfest	*1023*, 1031
163	BGH DVBl. 2006, 1180 – Obdachloseneinweisung	1420
164	BGH NVwZ 2013, 167 – gemeindliches Einvernehmen	1160, 1371
165	BGH NJW 2014, 1588 – Verkehrssicherungspflichten	1345

Sachverzeichnis

Fette Randnummern bezeichnen die Hauptfundstellen.